世界大戰

20世紀的衝突與西方的沒落

（又名：歷史的仇恨年代）

THE WAR OF THE WORLD

Twentieth-Century Conflict and the Descent of the West

廣場出版
AGORA
OF BOOK REPUBLIC

廣場 全球紀行16

世界大戰 20世紀的衝突與西方的沒落

THE WAR OF THE WORLD

Twentieth-Century Conflict and the Descent of the West

作　　者　尼爾．弗格森
責任編輯　葉新亭
總 編 輯　沈昭明
美術設計　達人整合設計
圖表重繪　呂昀禾
社　　長　郭重興
發行人暨出版總監　曾大福
出　　版　廣場出版
發　　行　遠足文化出版事業有限公司
231新北市新店區民權路108-3號6樓
電　　話　(02)2218-1417
傳　　真　(02)8667-1851
客服專線　0800-221-029
E-Mail　service@sinobooks.com.tw
官方網站　http://www.bookrep.com.tw/newsino/index.asp
法律顧問　華洋國際專利商標事務所　蘇文生律師
印　　刷　成陽印刷股份有限公司
二　　刷　二〇一三年三月
定　　價　650元

世界大戰 ： 20世紀的衝突與西方的沒落/
尼爾・弗格森(Niall Ferguson)著；翁嘉聲譯． --
初版． -- 新北市 ： 廣場出版 ： 遠足文化發行， 2013.03
面 ； 15.5X23公分 --（全球紀行;16）
譯自：The War of the World : Twentieth-Century Conflict and the Descent of the West

ISBN 978-986-88842-5-0(平裝)
1.戰爭 2.國際政治

542.2　　102002222

for
Felix,
Prcya,
Lacblan
and
Susan

如今這些仇敵安在？卡普雷？蒙太古？
且看何等懲罰加諸在你們的仇恨上，
那上天藉著愛情來奪走你們心愛的人。

《羅蜜歐與茱麗葉》第五幕第三場

那高高在天空之中的巨響為何
是慈母悲泣的低鳴
誰是那些覆面的人群洶湧
橫越無盡平原顛簸在崩裂的大地
只有平坦的天際圍繞
那深山之中是何許城市
在紫色大氣中崩潰重組又爆裂
傾頹而下的高塔
耶路撒冷雅典亞歷山卓
維也納倫敦
虛幻

《荒原》五

目錄

第三部分　殺戮空間

地圖清單

地圖 1 猶太人限制居住區
1 羅茲
2 切斯托霍瓦
3 賽得利茲
4 比亞韋斯托克
5 布列斯特-里托夫斯克
6 明斯克
7 莫吉列夫
8 戈梅利
9 科諾托普
10 匹利耶斯拉夫
11 伊利撒非格勒
12 伊可梯利諾斯拉夫
13 巴爾塔
14 阿納拿耶夫
15 基什尼奧夫
瑞 典
聖彼得堡
普斯科夫湖
諾夫哥羅德
里門湖
波羅的海
波羅的海行省
科夫諾
維捷布斯克
莫斯科
蘇淮企
維爾納
德 國
斯摩棱斯克
土拉
普羅克
羅姆沙
格羅德諾
莫吉列夫
卡利須
華沙
明斯克
賽得利茲
俄 羅 斯
普利佩沼澤區
匹亞特科夫
拉多姆
切爾尼戈夫
庫爾斯克
沃羅涅日
基爾采
盧比林
沃里尼亞
基輔
波爾塔瓦
卡爾科夫
奧地利-匈牙利
基輔
波多里亞
伊可梯利諾斯拉夫
比薩拉比亞
赫爾松
尼可拉耶夫
羅 馬 尼 亞
敖德薩
陶立達
亞述海
庫班
北
塞瓦斯托波爾
雅爾達
黑 海
限制居住區
限制居住區之內，猶太人若無特別的居住允許，被禁止之城鎮
在限制居住區之外，有顯著數量的猶太居民

俄羅斯
波蘭
克拉科夫
廉堡
加利西亞
西里西亞
策爾諾維次
提撒河
布科維納
多瑙河
德布勒森
布達佩斯
克勞森堡
匈牙利
川斯瓦尼亞
克隆史塔得
赫曼史塔得
多瑙河
貝爾格勒
羅馬尼亞
黑塞哥維那
塞爾維亞
塞拉耶佛
維謝格勒
多瑙河
蒙特內格羅

地圖 2 奧地利-匈牙利帝國

北
芬蘭
列寧格勒
沙尼亞
伏爾加河
脫維亞
宛
維爾納
明斯克
蘇聯
白俄羅斯
頓河
基輔
第聶伯河
烏克蘭
德涅斯特河
普魯特河
敖德薩
尼亞
布加勒斯特
多瑙河
黑海
利亞
喬治亞

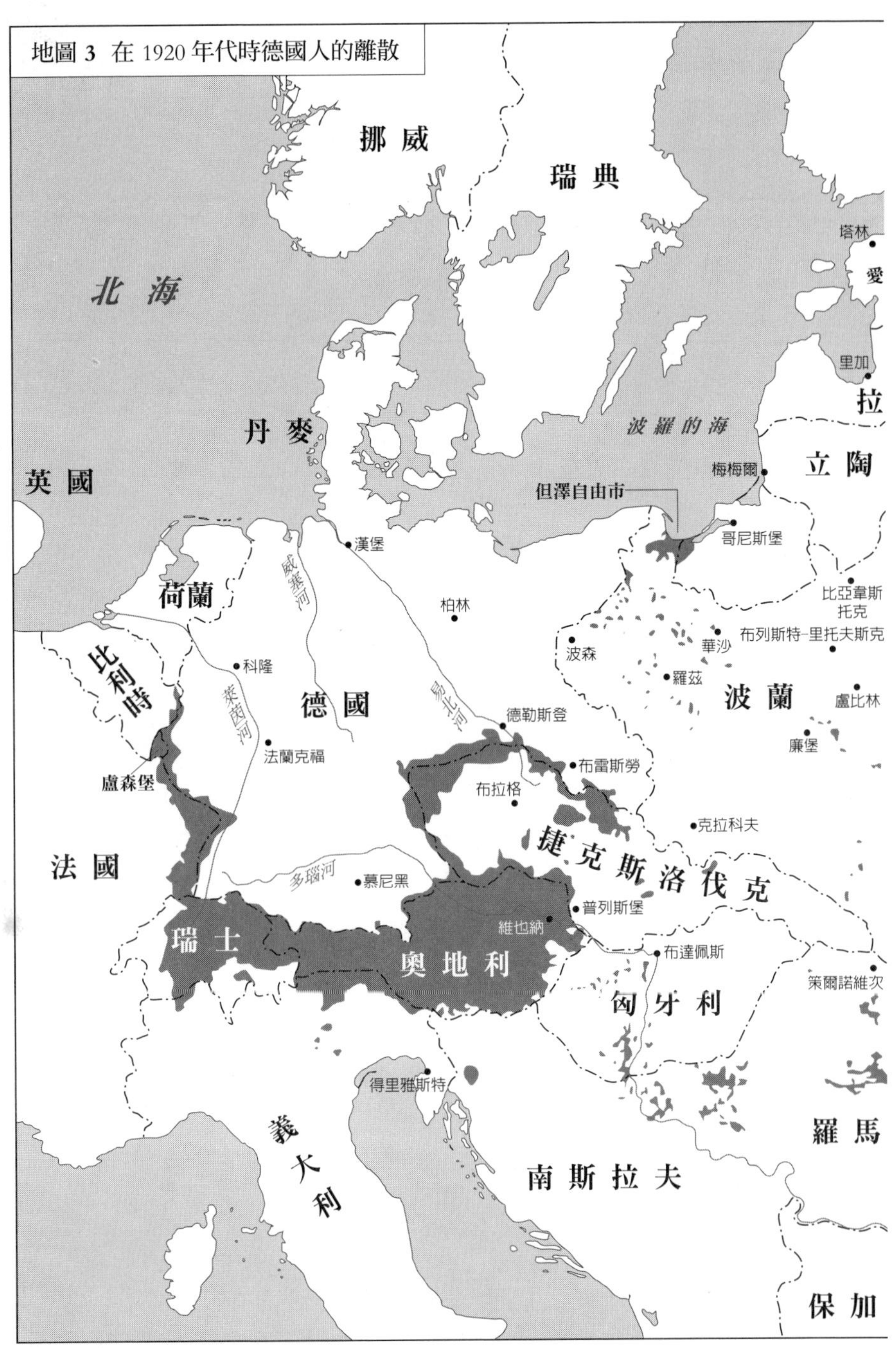

地圖 3 在 1920 年代時德國人的離散

0
200
400 哩
0
200
400 公里
俄羅斯蘇維埃聯邦共和國
蘇維埃社會主義共和國聯邦
芬蘭
愛沙尼亞
拉脫維亞
立陶宛
白俄羅斯
波蘭
摩爾達維亞
烏克蘭
洛伐克
牙利
羅馬尼亞
拉夫
保加利亞
阿爾巴尼亞
希臘
土耳其
土耳其
黑海
裏海
喬治亞
亞塞拜然
亞美尼亞
波斯
敘利亞
伊拉克
黎巴嫩
賽普路斯
克里特島

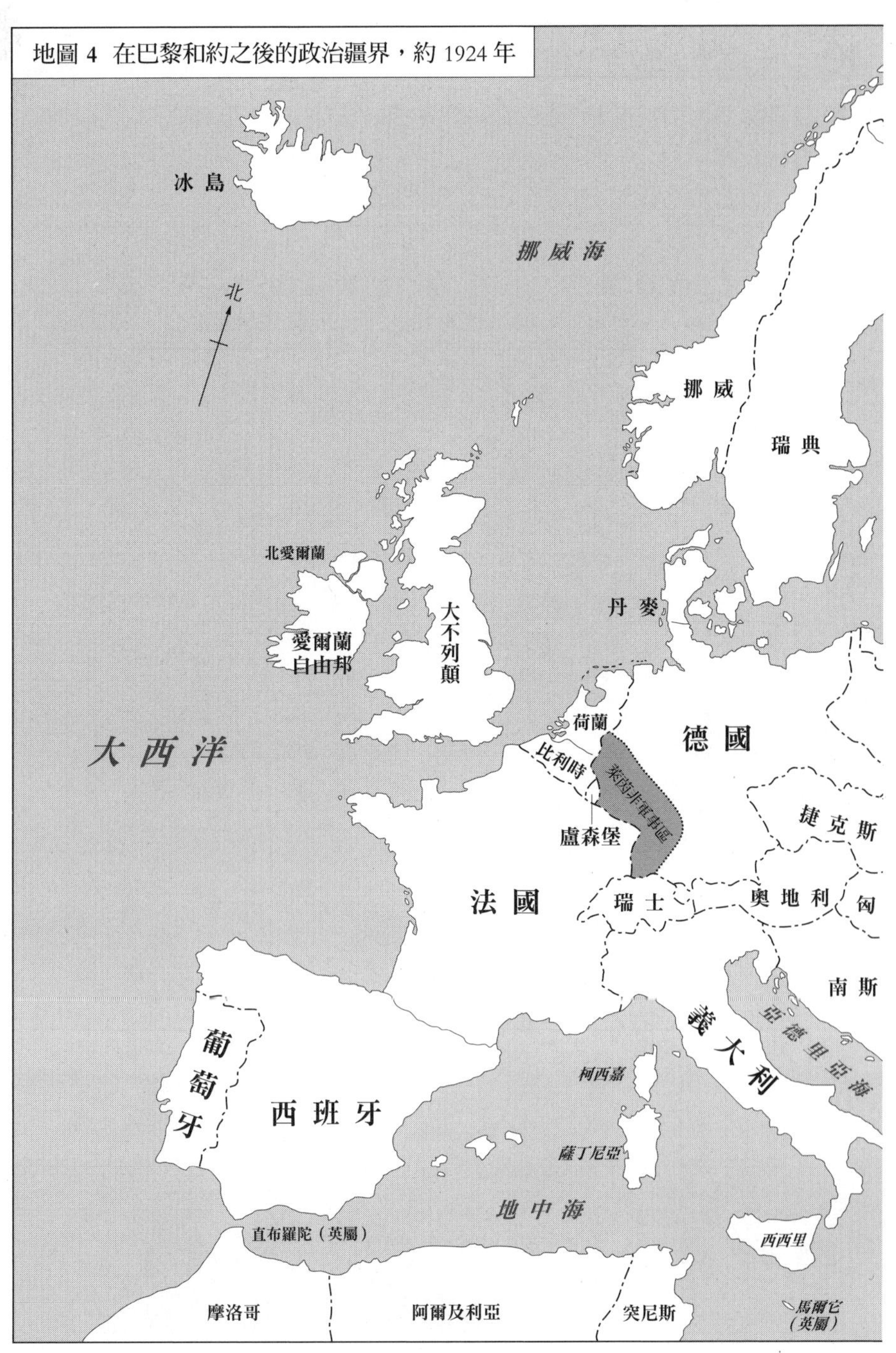
地圖 4 在巴黎和約之後的政治疆界，約 1924 年
冰島
挪威海
北
挪威
瑞典
北愛爾蘭
丹麥
大不列顛
愛爾蘭
自由邦
荷蘭
德國
大西洋
比利時
萊茵非軍事區
捷克斯
盧森堡
法國
瑞士
奧地利
匈
南斯
義大利
亞德里亞海
葡萄牙
西班牙
柯西嘉
薩丁尼亞
地中海
直布羅陀（英屬）
西西里
摩洛哥
阿爾及利亞
突尼斯
馬爾它
（英屬）

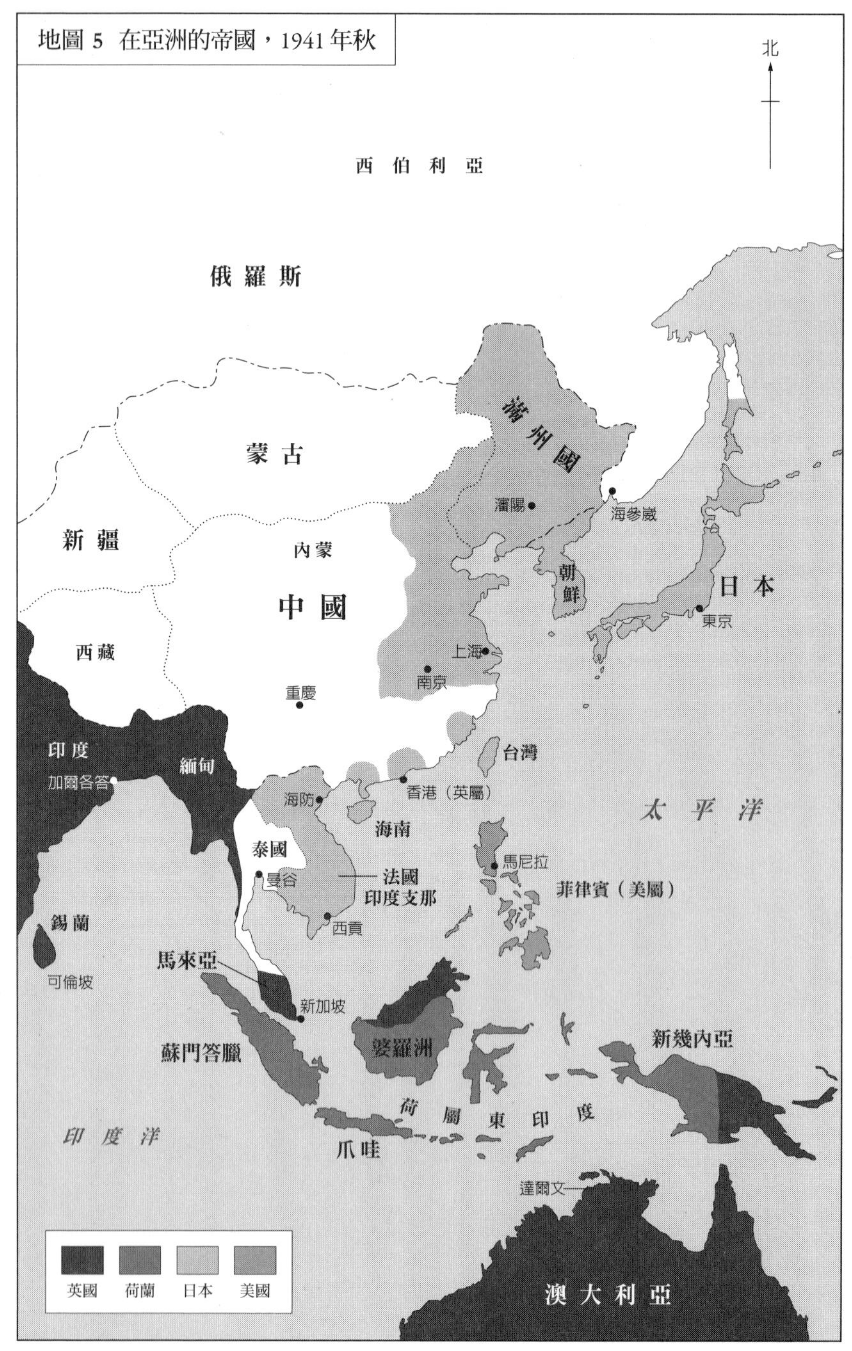
地圖 5 在亞洲的帝國，1941 年秋
北
西伯利亞
俄羅斯
滿州國
蒙古
新疆
內蒙
中國
西藏
瀋陽
海參崴
朝鮮
日本
東京
上海
南京
重慶
台灣
印度
加爾各答
緬甸
香港（英屬）
海防
海南
太平洋
泰國
曼谷
法國
印度支那
西貢
馬尼拉
菲律賓（美屬）
錫蘭
可倫坡
馬來亞
新加坡
蘇門答臘
婆羅洲
新幾內亞
荷屬東印度
印度洋
爪哇
達爾文
澳大利亞
英國
荷蘭
日本
美國

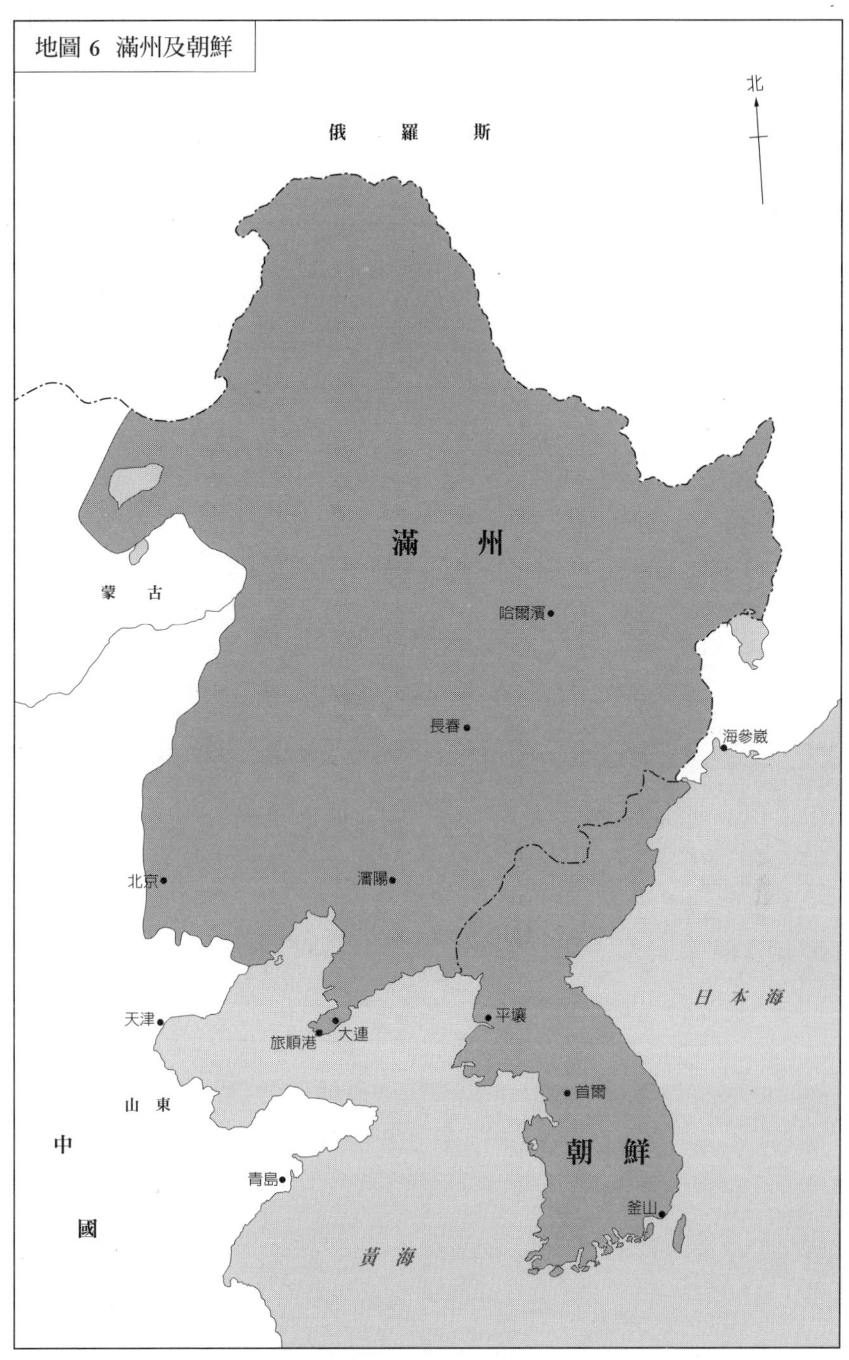
地圖 6 滿州及朝鮮
北
俄 羅 斯
滿 州
蒙 古
哈爾濱
長春
海参崴
北京
瀋陽
日本海
天津
平壤
大連
旅順港
首爾
山 東
中
朝 鮮
青島
釜山
國
黃 海

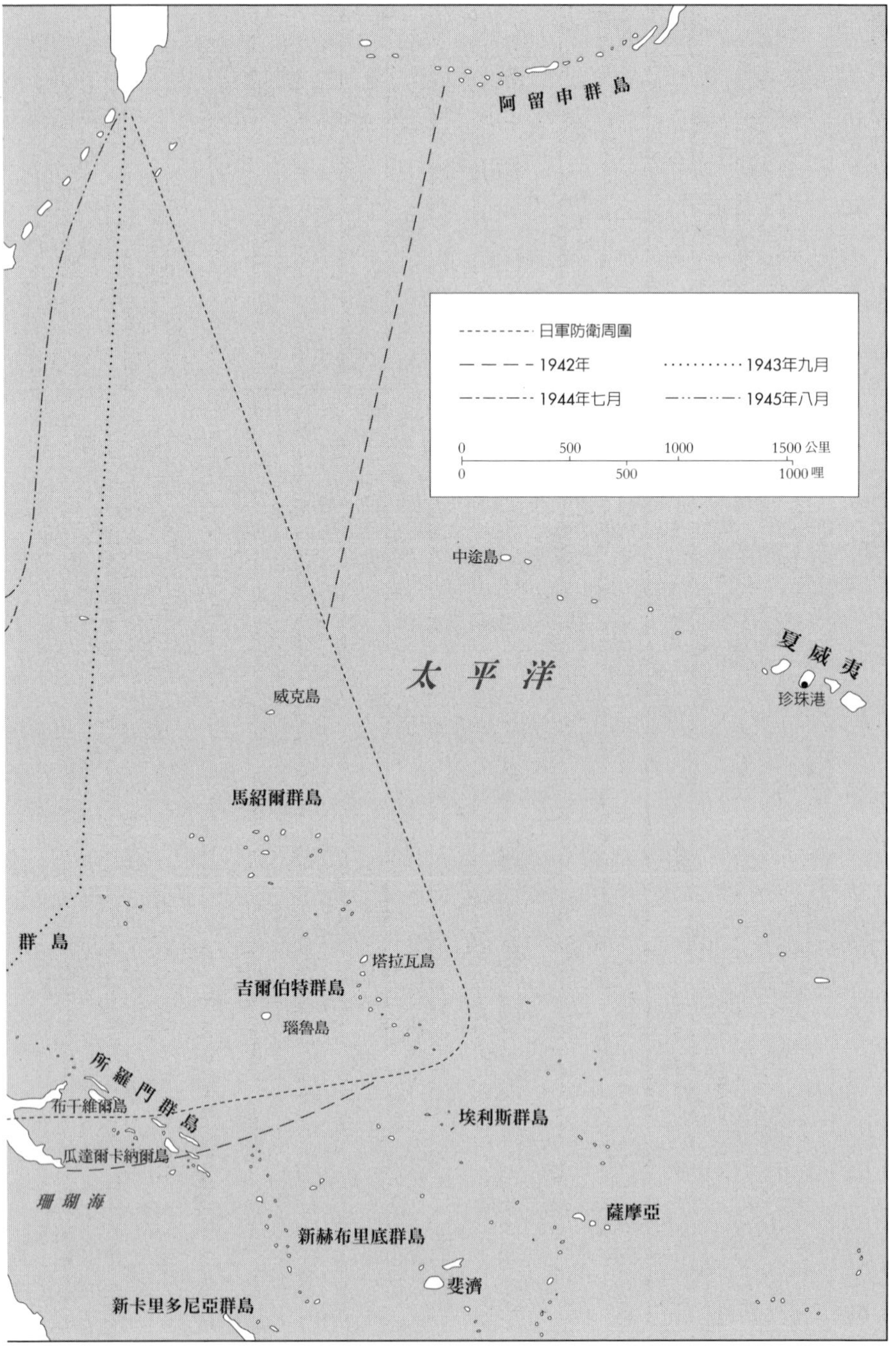

阿留申群島

日軍防衛周圍
1942年
1943年九月
1944年七月
1945年八月

0 500 1000 1500 公里
0 500 1000 哩

中途島
夏威夷
珍珠港
太平洋
威克島
馬紹爾群島
群島
塔拉瓦島
吉爾伯特群島
瑙魯島
所羅門群島
布干維爾島
埃利斯群島
瓜達爾卡納爾島
珊瑚海
薩摩亞
新赫布里底群島
斐濟
新卡里多尼亞群島

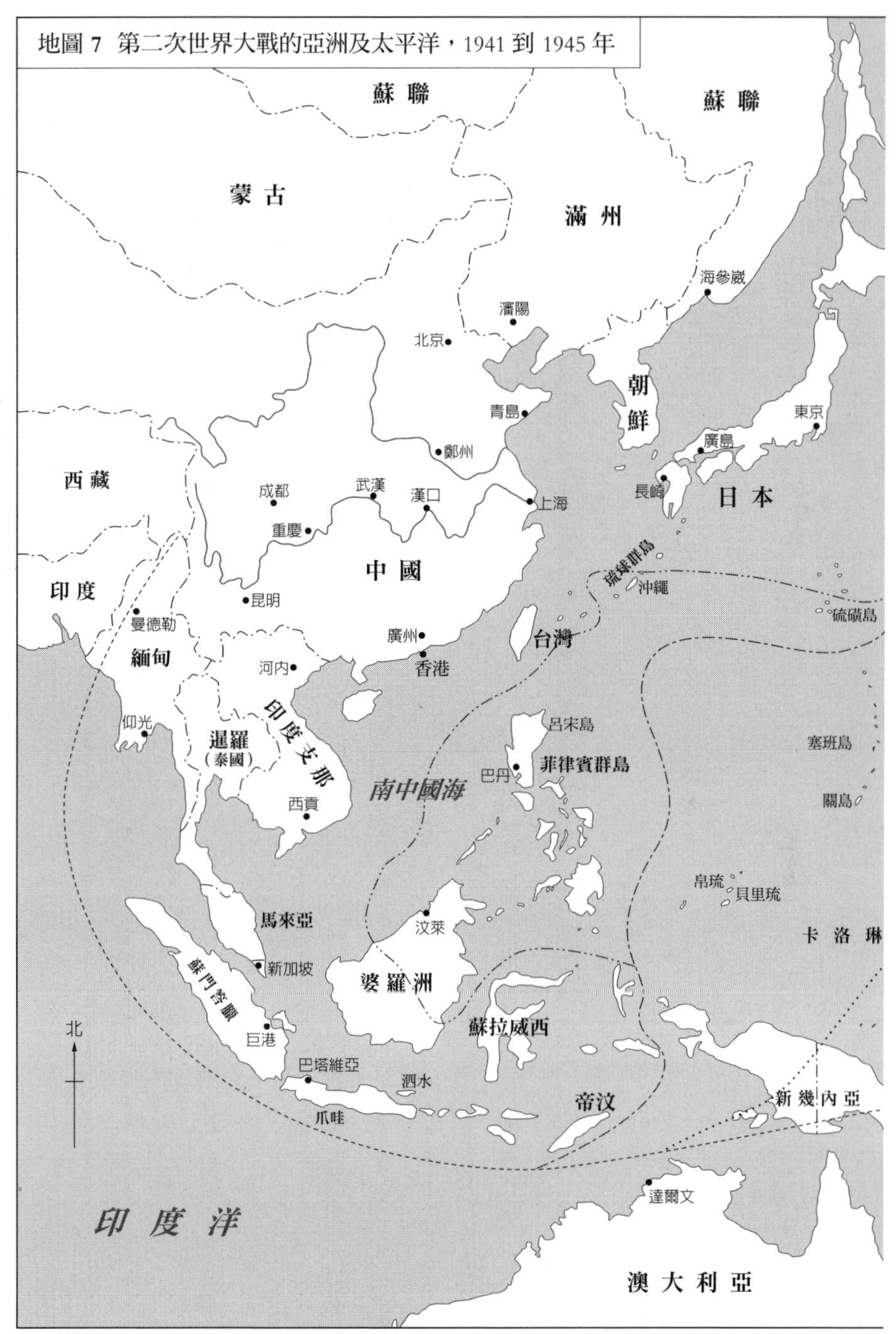

地圖 7 第二次世界大戰的亞洲及太平洋，1941 到 1945 年

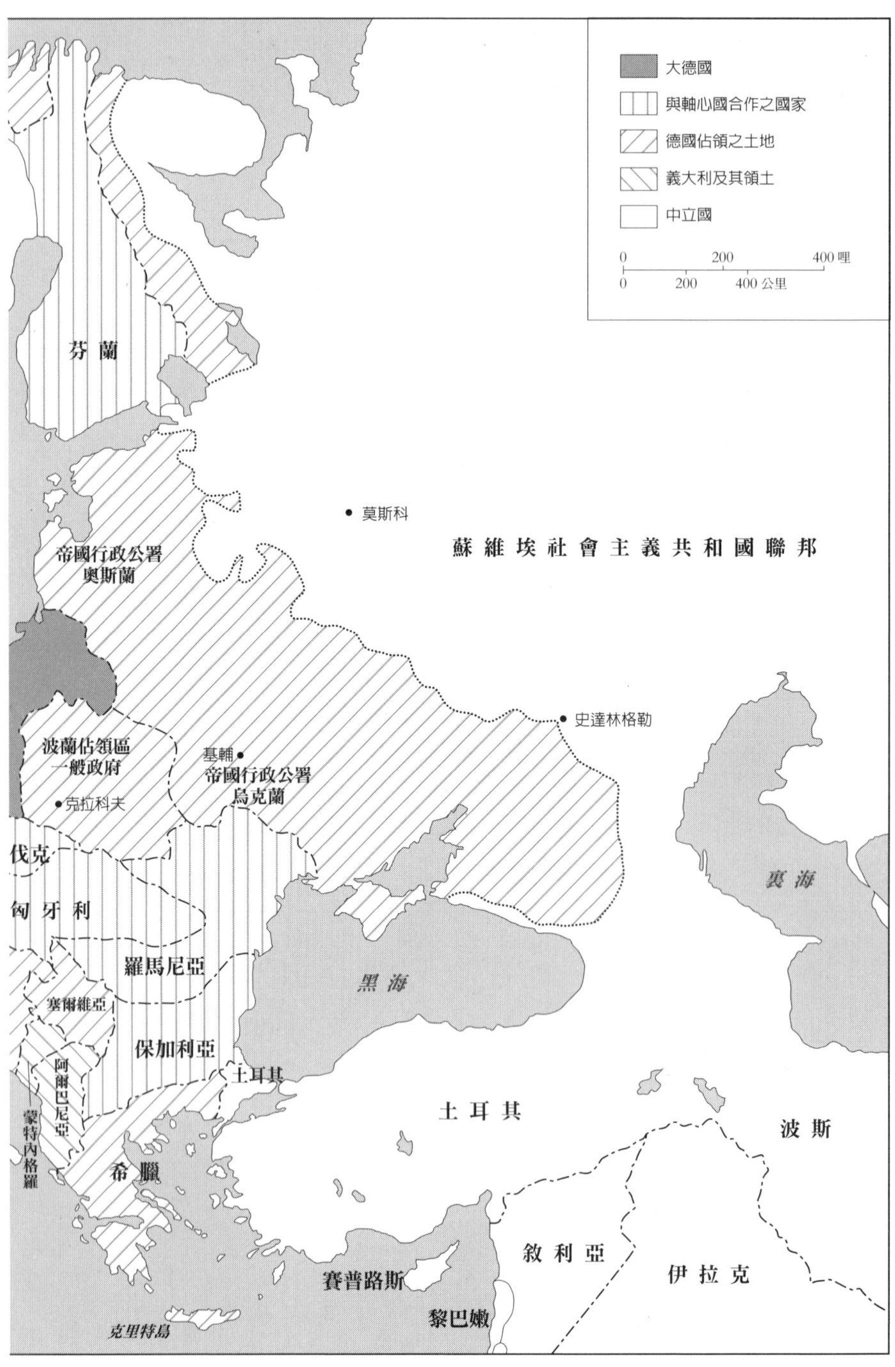
大德國
與軸心國合作之國家
德國佔領之土地
義大利及其領土
中立國
0
200
400 哩
0
200
400 公里
芬蘭
莫斯科
蘇維埃社會主義共和國聯邦
帝國行政公署
奧斯蘭
史達林格勒
波蘭佔領區
一般政府
克拉科夫
基輔
帝國行政公署
烏克蘭
伐克
裏海
匈牙利
羅馬尼亞
黑海
塞爾維亞
保加利亞
阿爾巴尼亞
土耳其
土耳其
蒙特內格羅
波斯
希臘
敘利亞
伊拉克
賽普路斯
黎巴嫩
克里特島

地圖 8　最大版圖時的納粹帝國，1942 年秋

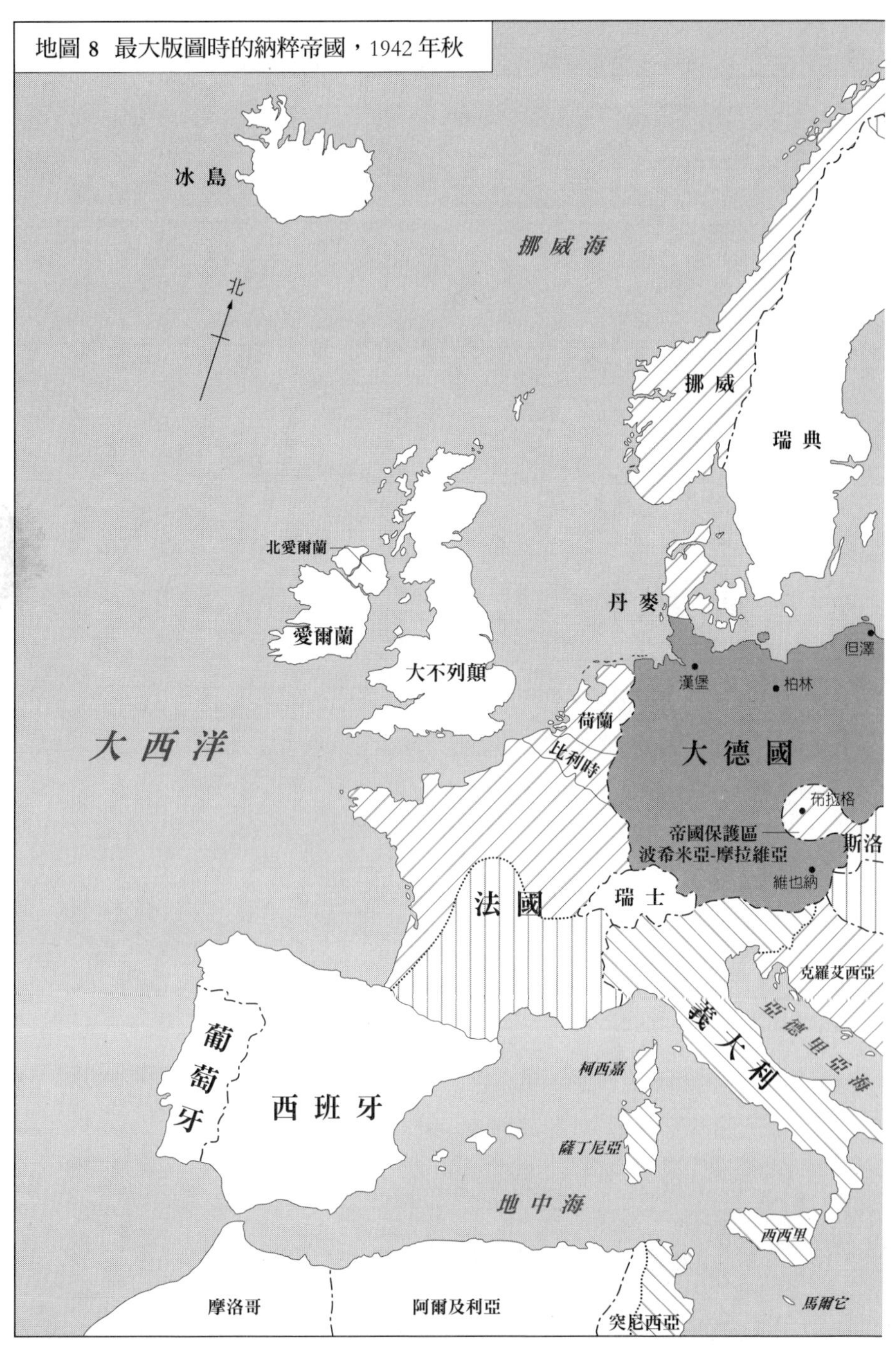

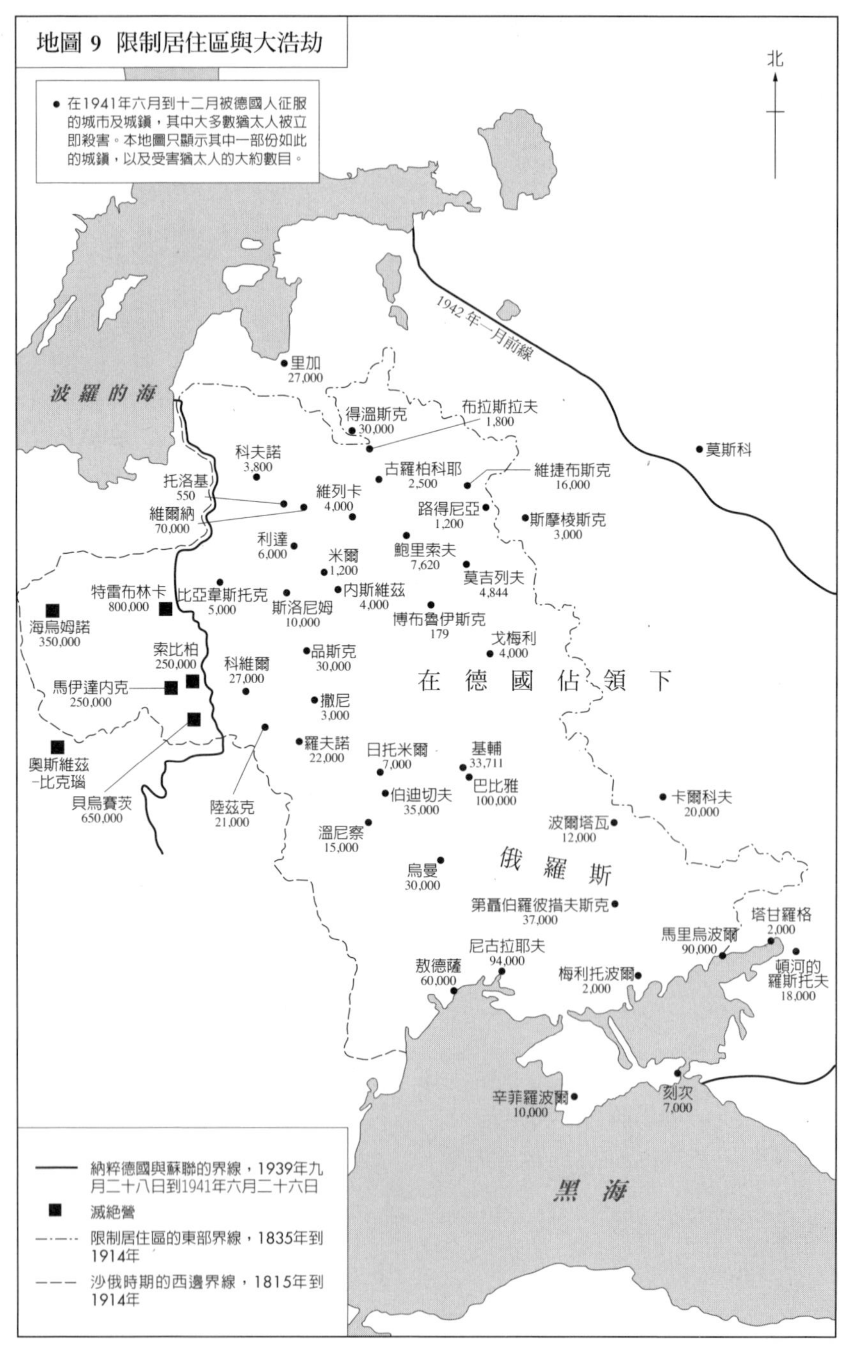
地圖 9 限制居住區與大浩劫
● 在1941年六月到十二月被德國人征服的城市及城鎮，其中大多數猶太人被立即殺害。本地圖只顯示其中一部份如此的城鎮，以及受害猶太人的大約數目。
北
1942 年一月前線
波羅的海
里加 27,000
得溫斯克 30,000
布拉斯拉夫 1,800
莫斯科
科夫諾 3,800
古羅柏科耶 2,500
維捷布斯克 16,000
托洛基 550
維列卡 4,000
維爾納 70,000
路得尼亞 1,200
斯摩棱斯克 3,000
利達 6,000
鮑里索夫 7,620
米爾 1,200
莫吉列夫 4,844
特雷布林卡 800,000
比亞韋斯托克 5,000
內斯維茲 4,000
斯洛尼姆 10,000
博布魯伊斯克 179
海烏姆諾 350,000
索比柏 250,000
品斯克 30,000
戈梅利 4,000
科維爾 27,000
在德國佔領下
馬伊達內克 250,000
撒尼 3,000
羅夫諾 22,000
日托米爾 7,000
基輔 33,711
奧斯維茲-比克瑙
伯迪切夫 35,000
巴比雅 100,000
貝烏賽茨 650,000
陸茲克 21,000
卡爾科夫 20,000
溫尼察 15,000
波爾塔瓦 12,000
烏曼 30,000
俄羅斯
第聶伯羅彼措夫斯克 37,000
塔甘羅格 2,000
馬里烏波爾 90,000
尼古拉耶夫 94,000
敖德薩 60,000
梅利托波爾 2,000
頓河的羅斯托夫 18,000
辛菲羅波爾 10,000
刻次 7,000
黑海
納粹德國與蘇聯的界線，1939年九月二十八日到1941年六月二十六日
滅絕營
限制居住區的東部界線，1835年到1914年
沙俄時期的西邊界線，1815年到1914年

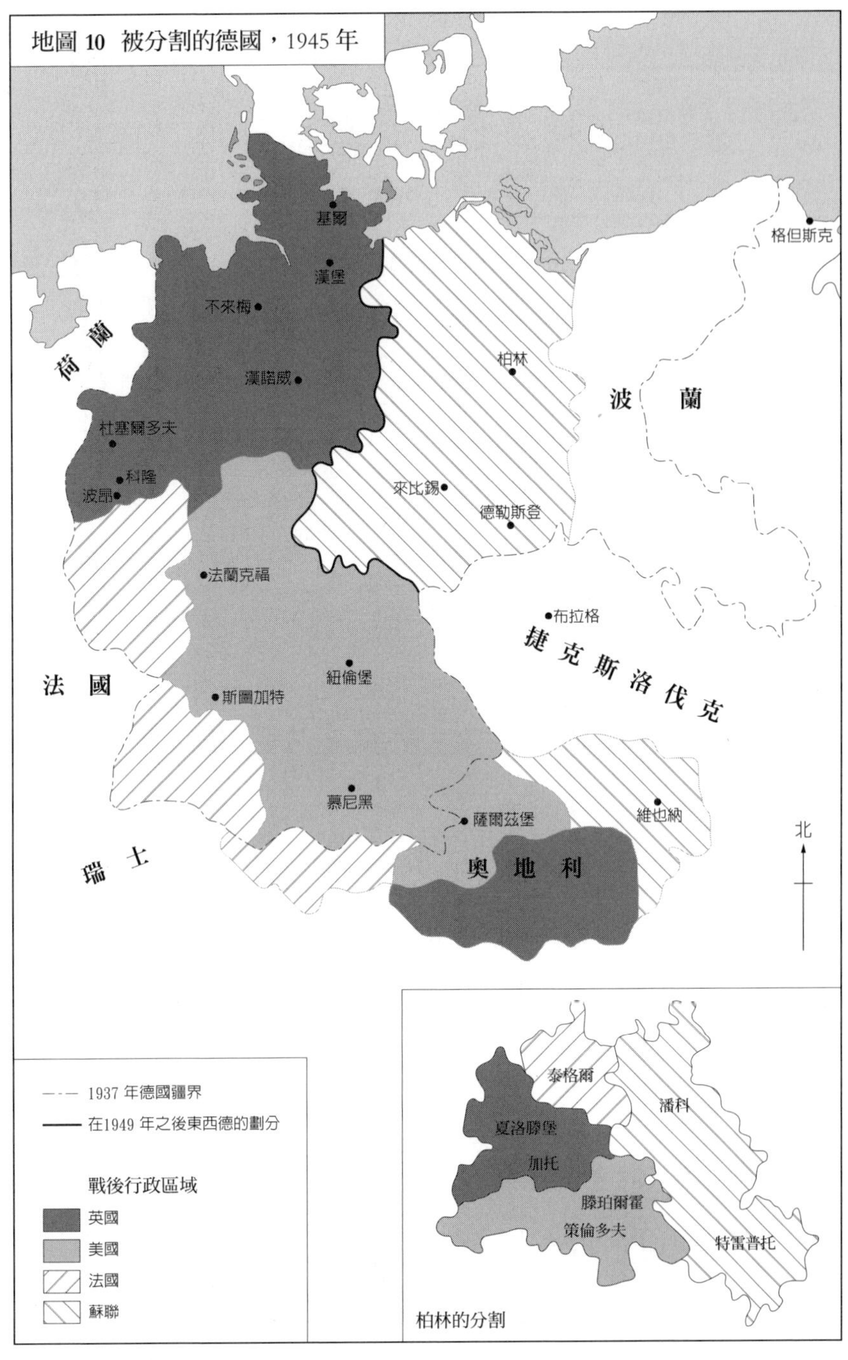
地圖 10 被分割的德國，1945 年
基爾
漢堡
不來梅
荷蘭
漢諾威
杜塞爾多夫
科隆
波昂
柏林
波蘭
格但斯克
來比錫
德勒斯登
法蘭克福
布拉格
捷克斯洛伐克
紐倫堡
法國
斯圖加特
慕尼黑
薩爾茲堡
維也納
瑞士
奧地利
北
1937 年德國疆界
在1949 年之後東西德的劃分
戰後行政區域
英國
美國
法國
蘇聯
泰格爾
潘科
夏洛滕堡
加托
滕珀爾霍
策倫多夫
特雷普托
柏林的分割

有關音譯及語言使用成規注意之處

以羅馬拼音將中文音譯至少有七個系統。大體而言，在本書所涵蓋之時間範圍內，英語世界從一個系統（威翟式拼音，Wade-Giles）轉變到另一個系統（漢語拼音），這部分是回應人民共和國以及國際標準化組織（International Organization for Standardization）正式採用該系統。因此，以或許最明顯的字詞為例，北京從Peking變成Beijing。

在專精亞洲史的同事建議之下，我採用拼音系統，儘管其中明顯的時代錯置。這其中例外是那些較早的威翟式羅馬拼音（特別是Yangtze，Chiang Kai-shek以及Nanking），這些對英語的讀者已經太熟悉，所以替換它們會帶來混淆。類似問題也發生在俄文名字的羅馬化。我儘可能使用英美的BGN/PCGN系統。

在這樣的脈絡之下，「滿洲」（'Manchuria'）這名稱值得簡短的評論。這是當代日本及歐洲對中國東北三省的指稱：遼寧、吉林以及黑龍江，而意圖來強調這區域做為最後一個帝國王朝發源地的歷史。這地方在清朝之前並非中國完整的一部份，這對俄羅斯及日本殖民者是有些重要的一點。

最後，日本名字是以通常在日本所使用的方式來呈現，所以名字會放在第二位，如「佛格森・尼爾」。

導論

房子在被碰觸到時，應聲瓦解，凹陷進去，竄出火焰；樹木隨聲一吼後，變成火炬……所以你們可以理解，當週一破曉之際，那令人恐懼的咆哮聲浪橫掃過世界裡的大城市——逃難的涓涓細流迅速加大為滔滔洪水，在激出白色泡沫的動亂中，往鐵路車站附近拍擊過去……難道它們在夢想或許能將我們滅絕？

威爾斯《世界間的大戰》

致命的世紀

威爾斯（H. G. Wells）《世界間的大戰》（*The War of the Worlds*，一八九八）在二十世紀前夕出版，遠遠不只是獨具原創性的科幻小說作品。它也是某種達爾文式的道德寓言，同時之間也是具有獨到先見之明的作品。在這本書出版之後的世紀中，像是威爾斯所想像的場景在全世界的城市裡變成事實：不只是倫敦這威爾斯設定為故事發生所在之處，而且也在布列斯特—里托夫斯克、貝爾格勒以及柏林；在史莫納、上海以及首爾。入侵者往城市郊區前進。郊區居民遲遲才理解他們其實是多麼容易受到傷害。入侵者擁有致命武器：裝甲車輛、火焰噴射器、毒氣、飛機。他們恣意使用這些武器，無情地同時對付士兵及平民。城市的防衛被突破。當入侵者靠近城市時，恐慌瀰漫四處。人們在混亂中逃離家園，蜂擁而至的難民堵住道路及鐵路。屠殺他們的工作變得更加容易。人們像牲畜一樣被宰殺。最後所有殘留的只是冒煙的廢墟以及成堆的焦屍。

當威爾斯踏著他新購的腳踏車繞著平靜的沃金鎮以及徹特西鎮騎行，想像著所有這些摧殘及死亡。當然（—而在此這正是天才才有的神來一筆—）他將火星人設定為犯下這些罪行的人。但之後當這些場景真的成為事實後，那些需要負責的人不是火星人，而是其他人類，即使他們在辯護驗明自己所進行之殺戮時，會將受害人標籤為「外來人」或「次等人」。這不是二十世紀所見證到不同世界之間的大戰，而是同一世界裡的大戰。

在一九〇〇年之後百年，無疑是現代史上最血腥的世紀，就相對值以及絕對值而言，都較之前的時代來得更是暴力。很明顯地，有更大比例的世界人口在主宰這世紀的兩次世界大戰中被殺，超過之前在地緣政治幅員上可相比擬的任何衝突（見圖I.1）。雖然「強權」之間的戰爭在之前一世紀中是更加頻繁，但兩次

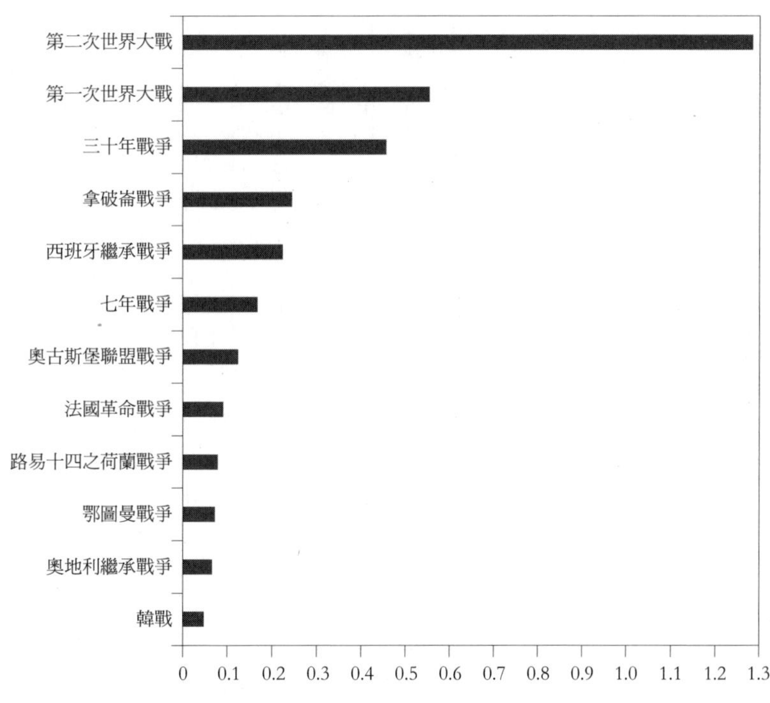

圖 I.1 戰場死亡人數佔世界人口百分比

世界大戰就它們激烈（每年的戰爭死亡）以及密集（每國家每年的戰爭死亡）的程度，則是無與倫比。就任何標準來說，二次大戰是有史以來人造的最大災難。然而儘管它們從史家那裡所得到的關注，世界大戰只是許多二十世紀衝突中的兩件。有超過一打的其它衝突，*其死亡人數或許越過百萬門檻。而死亡比例可相比擬者，則是第一次世界大戰「青年土耳其人」政權、一九二〇年代到一九五〇年代的蘇聯政權、一九三三年到

*墨西哥革命戰爭（一九一〇—二〇），俄羅斯內戰（一九一七—二一），中國內戰（一九二六—三七），韓戰（一九五〇—五三），在盧安達及浦隆地之間斷斷續續的內戰（一九六三—九五），在印度支那的後殖民戰爭（一九六六—七〇），伊索匹亞內戰（一九六二—九二），奈及利亞內戰（一九六六—七〇），孟加拉獨立戰爭（一九七一），莫三鼻給內戰（一九七五—九三），阿富汗戰爭（一九七九—二〇〇一），伊朗伊拉克的兩伊戰爭（一九八〇—八八）以及在蘇丹（自從一九八三年）以及剛果（自從一九九八年）仍在進行的內戰。在一九〇〇年以前，只有十九世紀中國的叛亂，特別是太平天國之亂，帶來了可堪比擬的致命性暴力：見附錄。

一九四五年之間的納粹國家社會主義政權，更不用提在柬埔寨的波布政權，這些政權對平民人口進行種族屠殺或「政治屠殺」戰爭。在兩次世界大戰之前、之間以及之後，沒有任何一年沒見證到大規模的組織性暴力發生在世界的這部份或另部分。

何以如此？是什麼使二十世紀，特別是從一九〇四年到一九五三年的五十年，特別血腥？這時代會特別地暴力似乎是個弔詭。畢竟在一九〇〇年之後的百年是段史無前例的進步時期。就實質而言，據估計全球生產之人均數字（—這是平均個人收入的大概基準，而且將幣值之變動列入考慮—），在一五〇〇年及一八七〇年之間增加地比五〇％稍多一些。然而在一八七〇年及一九八〇年間，它增加的倍數超過六倍半。以不同方式來表達，在一八七〇年及一九八〇年間的年複成長率是一五〇〇年及一八七〇年間的將近十三倍之多。在二十世紀結束時，由於許多科技進展和知識改善，人類比歷史任何其它時代平均生存地更久，並過更好的生活。在相當大部分的世界裡，人們因為營養改善以及克服傳染疾病，成功避免早夭。在一九九〇年英國的平均壽命是七十六歲，相較於一九〇〇年的四十八歲；嬰兒死亡率是過去的二十五分之一。人們不僅活得更久；他們也長得更大更高。老年變得比較不悲慘：在一九九〇年，六十幾歲美國男人的慢性病比例是世紀開始之初的三分之一。有越來越多的人能夠逃離馬克思和恩格斯所稱之「鄉村生活的愚蠢」，所以在一九〇〇年和一九八〇年間，生活在較大城市裡的世界人口的百分比加倍。人們因為工作更具效率，已經多了三倍休閒時間。那些將閒暇利用來爭取政治代表權，以及推動收入再分配的人，得到相當大的成功。幾乎不到五分之一的國家在一九〇〇年可以被視為民主政治；這比例在一九九〇年代超過一半。政府不再只提供國防及司法的基本性公益；新福利國家演化出現，承諾要消除如一九四四年貝弗里奇（Beveridge）報告所說的「匱乏…疾病、無知、污穢以及懶惰」。

在所有這些進展中，要解釋二十世紀異常的暴力，單純地說因為有更多的人更緊密生活在一起，或是有更具毀滅性的武器存在，並不足夠。無疑地將高爆炸藥投擲在擁擠的城市中，犯下大規模殺戮，會比以刀槍殺害散居在鄉村的人口，要容易許多。但假如那是充分的解釋，那這世紀末理應比世紀之初及之中都要更加暴力才對。世界人口在一九九〇年代首度超過六十億人，是第一次世界大戰爆發時的三倍。但實際上在這世紀最後十年中，武裝衝突數量有明顯下滑。軍事動員以及死亡之相對於整體人口，所曾紀錄過的最高比例，明顯地都是在這世紀的上半，在兩次世界大戰之間及立即之後出現。除此之外，今日之武器較之於一九〇〇年更具毀滅性。然而這世紀最嚴重的暴力是以最粗糙的武器來犯下：步槍、斧頭、刀劍以及手斧（以一九九〇年代的中非最為明顯，但在一九七〇年代的柬埔寨也是）。埃利亞斯·卡內提曾設法想像出一個世界，裡邊「所有武器都被廢除，而下一次戰爭中，只允許用嘴互咬」。但在如此徹底解除武裝的世界裡，我們能夠確定不會有種族屠殺？我們要瞭解何以過去百年對人命是如此摧殘，必須在這些謀殺背後尋找動機。

當我是學校學生時，歷史教科書對二十世紀暴力提出種種的解釋。有時候將其關連到經濟危機，宛如經濟蕭條及萎縮能夠解釋政治衝突。一個偏好方式是將威瑪時期德國的失業率升高，關連到納粹選舉票數的增加以及接著希特勒「奪取」權力，而這又被認為解釋第二次世界大戰之發生。但我開始懷疑，有些時候經濟快速成長難道不會跟經濟危機一樣會造成動盪？接著有理論認為這世紀是關於階級衝突：革命是暴力主要原因之一。但比起所謂普羅階級與資產階級之間所謂的鬥爭，族群分裂不是在實際上來得更重要嗎？另一個論證是二十世紀的問題是政治意識型態極端化的結果，特別是共產主義（極端化之社會主義）以及法西斯主義（極端化之民族主義），以及之前邪惡的「主義」們，特別是帝國主義。但是如宗教之傳統系統，或是其它表面上看似非政治性的想法以及假設，卻仍然具有暴力性的意涵，其所扮演之角色又當如何呢？還有，究竟是誰在打二十世紀的戰爭？在我還是孩童時所讀的書籍裡，通常是民族國家扮演主導性的角色：英國、德國、法國、俄羅斯、美國以及等等。這些政體之中有一些或所有，不是在某種程度上都是多民族、而非單民族的國家？尤其是舊的教科書將二十世紀的故事說成是段冗長、痛苦但終究令人滿意的西方勝利。英雄（西方民主政治）面對一連串惡棍（德國人、日本人、俄羅斯人）的挑戰，但最後還是邪不勝正。世界大戰以及冷戰因此是在全球舞台上演出的道德劇。但它們是嗎？西方真得贏了二十世紀的百年戰爭？

且讓我將那些孩童初步的想法以較為嚴格的詞語來重新陳述。在接下來的地方，我會辯論說，歷史學家對二十世紀暴力的傳統解釋是必要、但並非充分。科技上的變化，特別是現代武器破壞力的增強無疑是重要的，但它們只是回應想要更有效率去進行殺戮的根深蒂固慾望。事實上在這世紀中，武器的毀滅性與暴力之發生，並無正相關性的關連。

同樣地，經濟危機亦不能解釋這世紀的劇烈動盪。如已經提過，或許在現代史學作品中，最為人所知之因果鏈是從經濟大蕭條帶到法西斯主義崛起和大戰爆發。但這討人喜歡的故事在更仔細檢驗下，便會瓦解。並非所有受到大蕭條影響的國家都變成法西斯；也非所有法西斯的政權便會從事侵略戰爭。納粹德國在歐洲發動戰爭，但只有在它從經濟大蕭條中恢復過來之後。蘇聯先是站在希特勒這邊來發動戰爭，但它是與世界經濟危機隔離開來，但最後卻動員並且犧牲比其它交戰國更多的士兵。就整個世紀來看，這裡沒有普遍規則可以被辨識出。有些戰爭是在經濟成長時期之後；其它則是經濟危機的原因而非結果。有些嚴重的經濟危機沒有帶來戰爭。當然，雖然馬克思主義者長久以來試著去做，現在已經不可能說服人，說第一次世界大戰是資本主義危機的結果；相反地，是大戰結束了一段具有相當的高成長和低通膨的非比尋常全球經濟整合。

因此當然可以辯稱說戰爭之發生是與經濟無關的理由。艾瑞克・霍布斯邦稱之為「短暫的二十世紀」

(一九一四—一九九一)為「一個宗教戰爭的時代，雖然最好戰以及最血腥的宗教，是從十九世紀當代最經典世俗意識型態所收穫而來」。位居意識型態光譜的另一端，保羅・約翰森責怪這世紀的暴力是因為「道德相對論的崛起、個人道德的敗壞以及放棄猶太—基督教價值」。但是新意識型態的崛起或是老舊價值的衰敗就自身而言，不能被認為是暴力發生的原因，雖然這可以用來理解集權主義之知識起源。在大部分的現代史，一直都有極端的信念系統被提供，但它們只在某些時候和某些地方會被廣泛地接受，並據之來行為。在這方面反猶主義是個好例子。同樣地，將戰爭的責任歸諸一些瘋狂或卑劣之人，則是重複《戰爭與和平》之中，托爾斯泰所大加輕蔑的錯誤。自大狂或許會命令人去入侵俄羅斯，但人們何以要服從？

將這二十世紀的暴力主要歸諸現代民族國家的崛起，亦沒有說服力。雖然二十世紀的政體發展出史無前例的能力去動員大量人口，但這些可以、或是已經被輕易地被運用在和平，就如用在暴力的目的。比起之前時代，一九三〇年代的國家當然可以進行更多的「社會控制」。它們雇用像是兵團數量一樣多的公務人員、稅吏以及警察。它們提供教育、年金以及，在某些情形下，補貼保險，來預防疾病及失業。它們若沒實際上擁有鐵路及道路的話，還是會去加以規範。但所有這些能力在一九四五年戰後的年代有更進一步的發展，可是大規模戰爭的頻率卻反而減少。甚至通常是最具全面性福利的國家，最不可能在一九五〇、一九六〇及一九七〇年代捲入戰爭。正如之前在戰爭方式所發生的革命，轉變了早期近代國家，所以或許有道理是全面戰爭本身，反而促成福利國家的出現，創造出規劃、指揮及規範的能力，因為沒這些能力的話，那貝弗里奇報告或是詹森的大社會（Great Society），必然無法被構想出。所以當然不是福利國家帶來了全面戰爭。

那與國家如何治理有關係嗎？現在變得很流行去假設民主政治與和平之間的正相關，理由是民主政體之間往往不會彼此交戰。當然根據那基礎，民主政治在二十世紀期間長期的崛起中，理應降低戰爭的發生。

它或許會降低國家與國家之間戰爭的發生，然而至少有證據顯示在一九二〇、一九六〇及一九八〇年代的民主化浪潮中，後面緊跟著內戰以及分離戰爭爆發頻率的增加。這引導我們到一個核心點：我們太常純粹以國與國之間的戰爭來思考二十世紀的衝突，而忽略了在國家之內組織性暴力的重要性。最惡名昭彰的例子當然是納粹及其合作者針對猶太人所發動的戰爭，結果有將近六百萬人因此毀滅。納粹同時設法消滅其它被認為「不值得生存」的不同群體，特別是精神病患以及同性戀的德國人、被佔領之波蘭的社會菁英和新提人及羅瑪人。總計其它這些團體共有三百萬人被殺害。在這些事件之前，史達林對付蘇聯境內的少數族群，以及處決或監禁犯罪或被懷疑政治異議的俄羅斯人，犯下可堪比擬的暴行。在被流放到西伯利亞或中亞的大約四百萬非俄羅斯人中，估計有一百六十萬人因為所受的艱苦而受難喪命。蘇聯在一九二八年到一九五三年之間所有政治暴力的全部受害人，最低的估計是兩千一百萬人。但族群屠殺＊則是已經發生在集權主義之前。如我們將見，鄂圖曼帝國末年刻意針對基督徒少數族群所進行的強迫遷徙及蓄意謀殺政策，根據一九四八年的定義，就是等於種族屠殺。

＊一九四八年聯合國「防止及懲治危害種族罪公約」（Convention on the Prevention and Punishment of the Crime of Genocide）是一個被廣泛誤解的文件。其第二款對拉斐爾・萊姆金（Raphael Lemkin）在四年前一本書《軸心國在被佔領歐洲的統治》（*Axis Rule in Occupied Europe*）中所創造出的字眼，提出清楚的定義。它涵蓋「任何以下所犯下之行為，意圖要摧毀，整體或局部，一個民族、族群、種族以及宗教團體，如：

（a）殺害團體裡的成員；

（b）造成團體成員嚴重身體或心理傷害；

（c）刻意將意圖要造成其整體或部分身體毀滅的生活條件，加諸在該群體之上；

（d）加諸意圖要禁止其群體裡生育的措施；

（e）強迫將該群體的孩童轉移到另一群體。」

不僅種族屠殺被公約宣布這些是可被懲罰之罪行，還包括企圖要犯下種族屠殺的陰謀，直接和公開唆使犯下種族屠殺，企圖要犯下種族屠殺的行為，以及陰謀參與種族屠殺。

簡而言之，二十世紀的極端暴力極為多樣。這並非全然是武裝者之間的衝突而已。在所有歸諸二次大戰的所有死者中，至少有一半是平民。有時候他們因為其種族或階級而被檢選出來加以殺害。有些時候他們是不分青紅皂白之暴力的受害人，如英國及美國空軍將整座德國城市轟炸成廢墟。有些時候他們是被外來的入侵者謀殺；有時候則是喪命在自己鄰居的手上。所以很明顯地，任何要解釋這殺戮全然的規模，必須要超越傳統的軍事分析。

對我而言，要解釋二十世紀極端的暴力，以及何以如此之多會發生在某些時間（特別是一九四〇年代初），以及某些地方（特別是在中歐、東歐、滿洲及朝鮮），有三件事是必要的。這些可以被綜合為族群衝突、經濟波動以及帝國衰落。就族群衝突，我所意謂的是某些族群團體中社會關係的斷裂，特別是已經有相當發展之同化過程的崩解。因為種族差異理論裡遺傳原則的散播（即使那原則已經在政治領域裡已經消退），以及因為族群混居聚落處所在之「邊界」地區在政治上極為碎裂，這過程在二十世紀受到極大的刺激。就經濟波動，我指的是經濟成長率、物價、利率以及就業的變動，以及所有隨之而來的社會緊張及壓力。而帝國衰落，我所指的是在這世紀開始之初，主宰世界之歐洲多民族帝國的瓦解，以及因為在土耳其、俄羅斯、日本及德國裡出現了「帝國國家」（'empire-states'），挑戰舊帝國。這也是在指出在二十世紀最重要的發展是「西方的沒落」時，我心中所想到的。雖然美國在二次大戰結束時非常強大（——這沒言明之帝國當時正處於尖峰時期——），但她仍然不如四十一年前之歐洲帝國來得強大。

基因庫

赫曼・戈林直截了當稱呼第二次世界大戰是「偉大的種族戰爭」。這並非沒有道理，因為這的確是許多當代人所經驗到的。那時代賦予種族差異這概念的重要性，現在看起相當怪異。現代基因科學透露人類其實非常相像。就我們的DNA而言，我們毫無疑問是同一物種，其起源可追溯到十萬至二十萬年前的非洲，而近到六萬年（—眾所皆知，就演化上來說，這只是轉瞬之間—）之前，他們才開始擴散到新的大陸去。我們與種族身份關連在一起的差異只是表面性的：色素（祖先居住較靠近赤道的種族，黑色素細胞較暗色），面相（這使得在歐亞陸塊東端的人眼睛較長，而鼻子較短）和頭髮類型。在皮膚之下，我們所有人都相當相似。這反映出我們有共同的起源。＊誠然，地理上的擴散意謂人類在時間之中，會形成身體上相當不一樣的群體。這解釋何以中國人看起來相當不同於，例如說，蘇格蘭人。然而直接「形成物種」（speciation）或更準確說，發展出使物種間無法交配的「隔絕障礙」，並沒有足夠的時間將智人這物種做出更進一步的下分。甚至基因紀錄清楚指出，儘管它們外表上的差異，以及儘管距離以及無法彼此理解的障礙，不同「種族」從最早的時候就已經開始交配。路易吉・盧卡・卡瓦利—斯福扎以及他的同事，已經證明大多數的歐洲人是由中東往北及往西移居之農夫的後代。DNA紀錄顯示有一波波如此的移民，通常會伴隨著外來人與原生游牧民族相互的混雜。晚期羅馬帝國的大規模民族遷徙留下相同的基因遺產。所有之中最驚人者是關於歐洲人在十五世紀末發現新大陸，以及後續時代的征服、殖民以及與異族同居生活。今

＊所有存在今天的人類線粒體DNA定序都源自於一位非洲的女人，就像所有Y染色體可以回溯到一個男人。甚至已經被估計過，所有今天現存的人類DNA源自於不到八六〇〇〇個人。

日生物學家稱呼這過程為「人口擴散」。十九世紀種族主義者則提及「異族雜交」；諾埃爾・考爾德乾脆稱它是「要合併的衝動」。在莎士比亞寫作他的《奧泰羅》（他的異族婚姻會失敗，比較是因為他輕易相信別人、而非他的膚色）以及《威尼斯商人》（當波塔在考驗她的追求者時，亦觸及這議題）時，這種異族婚姻的現象已經相當常見。

對那些今日研究基因組的人，這結果清楚易解。非裔美國人有五分之一到四分之一的DNA可追溯回歐洲人。夏威夷居民至少有一半有「混合」的祖先。同樣地，今日日本人口的DNA顯示出有與早期來自朝鮮之定居者以及蝦夷族原住民的連姻。大多數猶太男性之中的Y染色體與那些在近東地方其他人相似；儘管巴勒斯坦人和以色列人之間激烈的敵對，他們在基因上沒有很不同。演化學家理查・列萬廷很出名地估算過，平均人類之中基因變化的總數裡有八十五%是發生在個人身上；只有六%是發生在種族上。影響膚色、髮型以及臉部特徵的基因變異，僅僅涉及在一個人DNA之數十億核甘酸裡微不足道的數量。對一些生物學家，這意謂著嚴格說來沒有人類種族存在。

其他人或許會偏好說，人類種族是正處於要停止存在的過程中。在一九六〇年代及之後進行研究的那代美國社會科學家，紀錄戰後美國異族連姻的興起。他們將它描寫成是美國生活中最重要的同化措施。雖然「多元文化主義」已經挑戰同化經常、且在每個地方被認為都是少數族群目標的這種想法，但升高的異族通婚比例仍廣泛地被認為會是降低種族偏見及衝突的關鍵指標。以美國兩位領導社會學家的話來說，「通婚的比例…是不同群體被接納程度以及社會整合特別好的指針」。美國人口普查現在會劃分出四個「種族」類別：「黑人」、「白人」、「美國本土原住民」以及「亞洲人或太平洋島人」。以這為基礎，在美國的二十位孩童中，有一位混合的起源，因為他們的雙親屬於不同類別的種族。從一九九〇年到二〇〇〇年之間，如此種族混和的夫婦對數，已經增加四倍，達一百五十萬對。

但人們在整個二十世紀中，屢次認為以及表現地好像在身體上獨特的「種族」便是不同的人種，並將這群或那群劃歸為「次等人」。雖然「人口擴散」過去曾平和地發生，甚至在一些環境裡沒被察覺，但在其它環境中，相異族群之間的關係被視為高度危險。那我們如何去解釋這核心的困惑：當人們在生物學上是如此地相似，卻願意去指認彼此為外來人種？這種意願是二十世紀最惡劣暴力的根源。假如沒有種族的話，那戈林的「偉大的種族戰爭」又如何能發生呢？

有兩個演化上的限制協助我們解釋種族差異的膚淺，但也解釋何以其不斷地持續。第一，當人們數量極少，而且生活是「孤獨、貧窮、骯髒、野蠻以及短暫」時，正如在我們物種已經存在的九十九%時間裡，最主要必做之事是狩獵或採集足夠食物，並繁殖後代。人們形成小團體，因為合作會改善個人做到這兩件事的機會。然而，彼此互相衝突的部落無可避免地會去競爭稀少的資源。因此衝突常採取掠奪的形式，以暴力去搶奪另一部落維持生計的方法，以及直接殺死不相關的陌生人，以除掉潛在的性對手。於是一些達爾文主義的人會辯稱說，人類是被基因所設定來保護親屬，並與「他人」戰鬥。誠然，一個成功擊敗敵手的戰士部落，假如誅殺敵對部落的所有人，不必然是理性的行為。因為生育的重要性，所以有道理去將敵對部落有生育能力的女性以及食物加以佔有。就那意義來說，即使造成部落暴力的演化邏輯，也是有助於異族交配，因為被擄獲之婦女將成為勝利者的性伴侶。

但是對這種強暴外面婦女的衝動，或許有生物學上的抑制。因為從人類及其它物種行為的證據，可以證明自然未必會偏好在同一物種中、但在基因上卻非常不同成員的交配。人類社會裡對近親亂倫有或多或少的普遍禁忌，是有生物學上的根據，因為同一血統的內親繁殖，會冒著後代之中有出現基因異常的危險。另方面，偏好遠親或完全陌生人做為交配對象，在史前時期必然是個不便。一個狩獵採集團體的物種，若只能依賴在基因上（—以及地理上—）疏遠的人才能成功繁殖，那物種必然不會持續很久。但正如預期，有很強的經驗證據顯示「最佳化的遠系繁殖」其實是在令人驚訝地小程度的基因區隔中做到的。在實際上，堂表兄弟姊妹或許比一位完全無關的對象，在生物學上是更好的配偶選擇。過去在猶太人之中常見很高比例的堂表兄弟姊妹婚姻，而這現在仍在高度內親化的撒馬利亞人之中仍然流行，但卻帶來相當少的基因異常。相反地，一位中國女性與一位歐洲男性結婚，他們的血型或許不相容的機率是相對地高，所以只有最初懷孕的孩子才能活下來。最後，分離開的人口族群會何以會如此快速地發展出如此獨特的臉部特徵，這本身必然就有其意義。有些演化生物學家辯論說，這不只是基因漂變，也是性選擇的結果；換言之，一個因文化所觸動，因而在亞洲多少會武斷地偏好眼折，或在歐洲偏好長鼻子，這些會相當迅速地去強化彼此分離之人口裡的那些個別特徵；相同的會吸引，而且持續吸引相同的。那些被「他類」所吸引的人，在性選擇上其實是非典型的。

另一個不同種族之間交配的更進一步可能障礙是：人種做為一延伸的親屬關係團體，或許具有「社會生物學」上的功能，去執行一種廣泛的偏袒親屬的行為，那是源自於我們不僅要透過性的內在衝動，但也間接透過保護我們自己的堂表親以及其他親屬，來複製自己的基因。人類的確傾向去信賴傳統定義（依據膚色、髮型以及面相）上認為是自己種族的成員，勝過其它種族成員，雖然在何種程度上這可以用演化和用灌輸文化偏見來加以解釋，仍有明顯問題。但總體來說，這些因素或許可以解釋：何以儘管現在這時代裡有史無前例的流動性以及互動性，種族觀念似乎消解地相當慢。近來對「微衛星標記」（microsatellite marker）的研究，已經挑戰種族從嚴格生物學來說並不真正存在的觀點，因此顯示出美國族群團體會將自己不同地認定為白人、非裔美國人、東亞人及西班牙人，在某些方面是可以在基因上加以區別。這裡要掌握的關鍵點是：我們原本就有跨族交配的能力，以及可辨識出之基因差異是持續存在，這兩者之間有其根本的張力。種族差異或許在基因上甚少根據，但是人們似乎被設計為要賦予它們重要性。

或許有人抗議，史學家，特別是現代史學家，沒有必要去插手演化生物學。難道文明人不是他所當關切、而非原始人的活動嗎？「文明」當然是我們給那些優於狩獵採集部落之人類組織型態的名稱。隨著系統性農業在四千年到一萬年之前開始發生，人們變得比較沒有那麼流動；同時之間，較可靠的食物供應意謂著他們的部落可以變得大上許多。在耕種者、戰士、祭司以及統治者之間的分工發展出來。但是文明化的聚落會經常受害於仍未經文明改造之部落的侵襲，這些部落幾乎不可能不去染指如此集中的食物養分以及繁殖能力。而且即使當（──這是逐漸地在時間之中發生──）大多數的人類會選擇定居生活的快樂，但這仍無法保證定居社會之間會和平共存。在地理上相距遙遠的文明或許會友善地交易，造成一個國際分工體系的逐漸浮現。但一樣可能的是一個文明會對另一個作戰，這是因為促使史前人類去如此做的相同底層動機：去奪取營養及繁殖的資源。的確，歷史學家可以只研究那些發展足夠到保存持久性紀錄的人類組織。但無論我們所研究的行政組織是如何複雜，我們不應忽視深藏在即使是最文明之人的根本動機。在一九〇〇年之後，這些本能會一再而在地被釋放出來。它們是造成第二次大戰如此劇烈的一大部分原因。

離散及限制區

「兩個民族未曾見面，」美國人類學家邁爾維爾・赫斯柯維茲曾經寫說，「但他們或許會將血液相混」。然而混血只是不同兩群人相遇時的一系列選項之一。少數族群或許為了繁殖的目的會維持其獨特性，但在其它所有方面或一些方面（語言、宗教信仰、衣飾、生活形態）會整合入多數族群之中。另外，跨族繁衍繼續下去，至少持續一段時間，但這兩個團體之一或兩者卻仍保留或甚至接受獨特的文化或族群身份。在此有個重要的區別。一方面，「種族」（'race'）是有關遺傳而來的身體特徵，經由DNA從雙親傳遞到孩子；另方面，「族群」（'ethncity'）是語言、習俗及儀式的集合，在家庭、學校以及寺廟中灌輸。一個在基因上混雜的人群十分有可能會分裂成兩個或更多個在生物學上無法分辨，但在文化上被區別出的族群團體。這過程或許是自願的，或許是基於脅迫，特別是有關宗教信仰上的主要變化。這兩個團體其中之一或兩者，甚至會選擇在居住上以及其它形式的區隔；多數人或許會堅持少數人必須居住在明顯劃分的空間，或少數人因為自己的理由而選擇如此做。這兩個團體或許友善地忽略彼此，或是發生摩擦，因此可能導致內爭或是單向的殺戮。團體或許會彼此交戰，或其中一團體也許受制於另一團體，而遭到驅逐。族群屠殺實在是個極端的情形：一團體設法滅絕另一團體。

假如少數團體因為沒有同化而冒著如此風險，那族群身份認同何以可持續存在，即使在生物上的區別都已不存在？當然今天較一世紀之前有更少的族群團體：且看，活語言數量上的減少。但儘管全球市場的最大努力以及民族國家強加文化上的一致性，許多少數文化卻證明非常具有韌性。的確，迫害有時往往會強化受迫害者的自我意識。將一個繼承而來的文化傳遞下去，或許就自身而言便令人滿足；我們很快樂地聽到我們孩子唱我們父母教過我們的歌。一個較功能性的解釋是：族群團體能夠在剛出現的市場中，提供有價值的信賴網路。當然如此網路所帶來的明顯代價是：它們的成功或許會激起其它族群團體的對立及敵意。一些「宰制市場的少數群體」特別容易受害於歧視、甚至掠奪；他們緊密構成的社區，在經濟上強勢，但政治上卻是脆弱。這或許對今日在部分亞洲離散*的華人而言為真，但它亦適用於一次大戰之前鄂圖曼帝國境內的亞美尼亞人，或是二次大戰之前中歐、東歐的猶太人。然而因為會令人想起例外（蘇格蘭人無疑地在整個大英帝國是「宰制市場的少數群體」，但引起甚少敵意），必須要加上兩項限定。第一，一個容易受害的少數族群在經濟上的宰制，不如其在政治上缺乏宰制來得重要。不僅只是富有的少數人會被迫害；絕非所有的歐洲猶太人都是富有的，而新提人和羅瑪人，在納粹要滅絕他們時，更是歐洲最窮的民族。這關鍵的因素是因為他們欠缺正式及非正式的政治代表性。第二項限定是：假如一個族群團體會被剝奪它的權力、財產或生存，它不可能有好的武裝。在兩個族群團體，雙方皆有武器，內戰比族群屠殺更有可能發生。

少數族群的人數相對大小並不重要。甚至也有情形是佔大多數人口卻成為少數族群暴力迫害的受害者，這看起來有點反直覺。正如在限制居住區（Pale of Settlement）†裡主要為猶太城市中的猶太人在二十世紀上半葉屢次發現，人數並不經常意謂著安全。兩群人之間同化的程度，做為族群衝突的預測指標，也是相當不重要的。或許有人以為高程度的社會整合必然會勸阻衝突，只因為要去辨認出或是隔離出一個高度同化的少數群體，有所困難。然而弔詭的是，在同化上的急升（例如，以通婚的比例來做標準），實際上或許是族群衝突的先兆。

*「離散」（Diaspora）一詞原先是用於來提及在巴比倫之囚後所有散居在異邦人之中的猶太人。這詞也可以用在其他仍然保持其最初之族群性的移民團體。

†限制居住區（Pale）這詞，就其指有明顯疆界以及／或受制於一個明確的司法管轄的區域，亦被用來去指在十二世紀末到十六世紀之間，英國司法管轄下的東愛爾蘭，以及在十四世紀中和十六世紀中，在英國司法管轄下的北部法國。俄羅斯有*cherta osedlosti*（直譯為「聚落的疆界」），在一七九一年之後沙皇帝國裡的猶太人被限制在此居住，但這有一些不同的性質。正如「離散」一詞有更廣泛的使用，限制居住區這詞，亦可用在與某特定族群團體有關的任何領土上。

表 **I.1** 在 **1920** 年代，在選定的歐洲國家、區域以及城市，涉及一位或兩位猶太伴侶之所有婚姻中，跨族通婚的百分比

	每百對婚姻中跨族通婚的百分比		每百對婚姻中跨族通婚的百分比
盧森堡	15.5	斯洛伐克	7.9
巴瑟爾	16.1	喀爾巴阡山－俄羅斯	1.3
史特拉斯堡	21.2	匈牙利	20.5
德國	35.1	布達佩斯	28.5
普魯士	35.9	得里雅斯特	59.2
巴發利亞	35.9	波蘭	0.2
黑森	19.9	波森／波茲南	39.2
符騰堡	38.1	布雷斯勞／弗羅茨瓦夫	23.8
巴登	26.4	廉堡／利沃夫	0.5
薩克森尼	43.5	布加勒斯特	10.9
柏林	42.7	蘇聯（歐洲部分）	12.7
馬格德堡	58.4	俄羅斯（歐洲部分）	34.7
慕尼黑	47.3	列寧格勒	32.1
曼因河的法蘭克福	30.4	基洛夫格勒	8.8
漢堡	49.1	烏克蘭	9.6
奧地利	20.9	白俄羅斯	6.1
維也納	19.8	拉脫維亞	3.3
捷克斯洛伐克	17.2	立陶宛	0.2
波希米亞	36.3	愛沙尼亞	13.5
摩拉維亞－西里西亞	27.6	維爾納	1.2

注意：所有資料是關於 1926 年到 1929 年或 1930 年，除了得里雅斯特（1921-1927），波蘭（1927），廉堡／利沃夫（1922-1925），蘇聯（1924-1926），俄羅斯（1926），列寧格勒（1919-1920），基洛夫格勒（1921-1924），烏克蘭（1926），白俄羅斯（1926），立陶宛（1928-1930），愛沙尼亞（1923）及維爾納（1929-1931）。

或許給一個所有例證中最重要的。在一九二〇年代時，中歐、東歐在同化上有相當進展。在許多混居的聚落中，跨越族群障礙的通婚比例，升到史無前例的高點。到一九二〇年代後期，幾乎每三個猶太人婚姻中，就有一個涉及德國猶太人與非信徒者。在大城市這比例升高至兩個有一個。這趨勢在奧地利、捷克斯洛伐克、愛沙尼亞、匈牙利、部分的波蘭、羅馬尼亞以及俄羅斯（見表I.1）皆然。這當然可以解釋為是成功同化以及整合的指針。但正是在這些地方，一些最嚴重的族群暴力在一九四〇年代時發生。以下所要探討的一個假設是在二十世紀中，對同化有某種的反撲，尤其是針對種族混合的同化。

這種可能性應該讓我們不安，但卻不令我們意外。我們畢竟已經在自己

的時代見過如此反撲的例子。在一九九〇年代的盧安達，圖契人（Tutsi）人與胡圖人（Hutu）之間發生可怕的暴力，即使圖契男性和呼圖女性之間的通婚相當平常。族群衝突也爆發在波斯尼亞，儘管在之前幾十年有高比例的跨族婚姻。這些事件也提醒我們族群之間的行為，並沒有從一端是和平混居，到另一端則是血腥族群屠殺的線型光譜。最濫殺的種族暴力可以與性的面向有關，如在一九九二年當塞爾維亞的軍隊被指控針對波斯尼亞伊斯蘭婦女，進行系統性的強暴行為，其目的是要強迫她們受孕，生下「小切特尼克（Četniks）」。這只是許多暴力形式中的一項，被設計來恐嚇穆斯林家庭逃離他們的家園？或是它顯現出以上所描述之原始衝動：讓敵人男性被殺害和讓敵人婦女受孕，來滅絕「他類」？將強暴婦女與射殺男人視為在意圖上無法區別的暴力形式，必然是過度簡化。針對少數族群成員所進行的性暴力經常是受到性慾（—雖然是一種施虐狂的性慾—）的幻想以及「滅絕式」的種族主義所引起。從一開始要掌握的關鍵點是：那在族群衝突中常被認為要負責的「仇恨」，並非直截了當的情緒；更應是我們一再而再遇見到不穩定的矛盾，一種厭惡及吸引交織混和，這長久以來一直都是美國白人和非裔美國人之間關係的特色。在稱呼一九〇四—一九五三年為「仇恨的年代」（Age of Hatred）時，我希望將注意力集中在那最危險人類情緒的複雜性。

種族模因

假如我們可以言之成理地辯論說「種族」不是一個在基因學上有意義的概念，那歷史學家要處理的問題是：何以它仍是現代世界如此強大且激烈的關注對象。同樣地，如所發生的，一個答案是從演化生物學中得來的：種族主義。就其強烈表達種族之間差異的意義來說，這是理查・多金斯所形容的「模因」（memes）之一，這在概念界裡行為地就像基因在自然界裡地行為一般。這種在生物學上有個別種族的模因概念，很反諷地會複製自己，並且比它所聲稱指認出的種族，能遠遠更成功地維持住自己的完整性。

在古代及中古世界中，沒有任何特色是無法加以泯除的。即使一個人曾是高盧人，他也可能成為羅馬公民。即使（—而且在剛開始尤其如此—）生為猶太人，他也可能變成一名基督徒。同時之間，血債血還的衝突卻可以在種族上無法分別、但卻無法和解的敵對氏族之間，延續多年、甚至多個世紀。種族特色及身份不可動搖的概念，在人類歷史裡其實來得相當晚。西班牙人一四九二年驅逐猶太人的非比尋常之處，正是在於其以血緣、而非信仰來定義猶太人的猶太性。即使在十八世紀的葡萄牙帝國中，一位黑白混血兒（「木拉圖」，mulatto）透過繳交給王室標準的費用後，可以取得白人的法律權力及特權。如眾所皆知，第一個以擬似科學方法來將人類下分為生物學上可區別之種族，是瑞典植物學家卡洛斯・林奈（Carolus Linnaeus; Carl von Linné）。在他的《自然的系統》（*Systema Naturae*，一七五八年），他認定出四個種族：美洲智人（Homo sapiens americanus）、亞洲智人（Homo sapiens asiaticus）、非洲智人（Homo sapiens afer）以及歐洲智人（Homo sapiens europaeus）。林奈就像許多模仿他的人，是根據他們的外表、氣質以及智力來加以排序；他將歐洲人置於演化之樹的頂端，之後接著（就林奈的情形）是美國人（「脾氣暴躁：固執、滿足、自由」），亞洲人（「嚴厲、傲慢、慾望多」）以及，總是一成不變地在底部，非洲人（「狡猾、遲鈍、愚蠢」）。林奈辯稱說歐洲人「受制於習慣」，但非洲人則是「反覆無常」。到美國革命時，這種思考方式已經令人驚訝地廣泛傳播；唯一真正的辯論是，究竟這種種族差異是反映出逐步偏離開某個共同的起源，或如主張多源發生的人（polygenist）說，其實沒有這樣的共同起源。到十九世紀結束時，種族理論家已經設計出更加複雜的歸類方法，最常見的是根據頭顱大小以及形狀，但是基本排序未曾變過。在他《遺傳的天才》（*Hereditary Genius*，一八六九年）一書中，英國博學通儒法蘭西斯・高爾頓設計出種族智力的十六點量尺，這將古代雅典人置於頂端，而澳大利亞原住民則是在底部。

這在人類思考的方式上是個深刻的轉變。之前人們傾向去認為權力、特權以及財產，以及無疑地隨之而來的社會責任，才能夠被繼承。在一九〇〇年仍然統治這世界如此多地方的王朝，是這原則的具體化身。即使在近代世界才偶而興起的共和國（—荷蘭、北美及法國—）假如已經不包括官職及地位的話，但在有關財富方面，仍傾向於維持繼承的原則。但在十八及十九世紀有新的政治信條出現。其中一個理論認為權力不是遺傳的特徵之一，所以領導人必須在人民的許可下選出。另一個則要求廢除繼承特權的整個架構；相反地，所有人應該在法律之前平等。第三個又辯論說，財富不應該由富裕家庭的菁英所壟斷，而是根據個別之需求來重新分配。但即使當民主政治者、自由主義者及社會主義者提出他們的辯論，種族主義者還是堅持說，繼承的原則無論如何是適用在人類活動中的每種領域。種族主義者主張不僅是膚色以及面相，而且還有智力、性向、人格以及甚至是道德和犯罪傾向，都可經由血液而代代相傳。這是現代另一個核心弔詭之處。即使當繼承原則不再支配職務以及所有權之分配，血液在被設想為是決定能力及行為的因素這方面，卻得到進展。人們不再能夠繼承他們父親的工作；他們在二十世紀的一些國家裡甚至不能再繼承他們的財產。但他們卻能繼承特徵，這他們雙親從種族來源所遺留下的遺產。

這其中關鍵的規範問題是：這種不同種族之間可以交配的明顯能力要被容忍到何種程度。對一些人而言，種族混雜根本是不可避免。一些思想家甚至認為這是可欲的。無論如何，那是從早期人類學家有關「外婚」的理論，當時正在發展中對遺傳疾病的理解，以及多少被誇張的堂表親結婚所具有之風險，所推論出的強烈含意。但現在對種族混雜這現象越來越常見的反應是加以譴責。在《牙買加史》（一七七四年），例如說，愛德華・隆格發現「（在那裡的）歐洲人：很容易偏離，縱情於每種感官享樂：因為這裡由，會去尋找有些黑種或黃種、在週日出生的女人，從這結合生下黃褐色的品種」。亞瑟・古比諾伯爵在《有關人類種族不平等的論文》（*Essay on the Inequality of Human Races*，一八五三—一八五五年）呼應林奈，並指認出三種種族的原型，其中雅利安（白種）是最高等的，而且就如一般情形，造就出所有偉大的歷史成就。但古比諾引進一個新想法：在當雅利安血液被通婚所稀釋之時，文明的衰頹經常就會來到。他同樣認為將智力優秀的白種種族，與較情緒性的黑種及黃種種族加以混和是無可避免，因為前者基本上是陽剛的，而後者基本上是陰柔的。但那並沒有讓他覺得種族混合比較不令人厭惡：「這品種複製自己越多，並跨過血緣，就會有更多的混亂發生。它將到達無限，當人數太多，以致於無法在之間有機會建立平衡：如此的人種只是可怕的種族混亂例證。」

在最極端的形式中，從對「種族混亂」的敵意中，產生歧視、隔離、迫害、驅逐，以及最終企圖去加以滅絕。多年來，歷史學家的職責似乎是去否認有如此種族歧視的光譜存在，並且特別對待納粹國家社會主義者對「猶太問題」所採取的「終極解決」，乃自成一類、獨一無二的「大浩劫」，這沒有前例，也沒有可堪比擬的例子。然而，本書的一個核心假設卻是：德國在二十世紀中的反猶主義是一般（—雖絕非普遍—）現象的一個極端情形。在主張猶太人系統性地想「污染」德國民族的「血液」時，希特勒及其他國家社會主義意識型態專家其實並沒說出任何新東西。這如我們將見到。而如此想法會形成不僅只是隔離以及驅逐，甚至最終成為系統性種族屠殺的根據，亦非獨一無二。那以「大浩劫」之名為人所知的主要辨識特徵，不是它要滅絕種族的目標，而是它是由一個擁有工業化經濟以及高度教育之社會等等所有資源的政權，來加以執行的。

這並非說所有犯下「大浩劫」的人都是因為畏懼種族混雜而如此去做，雖然有相當令人信服的證據指出，這的確在許多納粹領導份子中有這一強烈的動機。但許多積極從事種族屠殺的人也確實有粗鄙的物質動機；其他人則不過是在一座官僚機器裡道德目光褊狹的齒輪，他們就個別而言沒預期過、意欲過這機器所會造成的「累積之激進性」（cumulative radicalization）。有些犯罪的人只不過是在同儕壓力或系統性之軍事威嚇下行動；其他人則是無關道德的科技官僚，著迷於他們自己的偽科學理論；還有其他人則是在一個不道德的世俗宗教掌握下，經過洗腦的青年。然而，我們必須認知到種族主義世界觀對納粹第三帝國是根本的，而這根植於對人類生物學某種特定的概念：一個特別成功的「模因」，它已經在二十世紀開始之時，成功地在全世界複製自己。他甚至可能傳遞到相當偏遠以及看起來相當不適合的地點去。在十九世紀末，阿根廷被廣泛認為是從歐洲移民出之猶太人一個理想的目的地，因為那裡沒有反猶主義。但是在一九〇〇年代初期，作家如璜・阿欣納以及亞瑟・雷納・歐康納開始警告，猶太人會對阿根廷文化造成致命的威脅。「就只有在幾年前，」勞工錫安主義的刊物《麵包與尊嚴》在一九一〇年悲嘆說，

我們過去可以說阿根廷是一個新的以色列之地，一塊慷慨為我們打開大門的土地，在那裡我們享受共和國給予所有居民的相同自由，沒有種族或信仰區別。而現在呢？我們周圍整個氛圍充滿著對猶太人的憎恨，對猶太人敵視的目光從各角落射出；他們在各方向靜待機會，等待攻擊的良機⋯所有人都反對我們⋯而這不單單只是仇視猶太人；這是一種未來運動的徵象，這長久以來在其它地方是以反猶主義之名來被世人知道。

血緣的邊界

何以大規模族群衝突會發生在某些地方，而不在其它？何以在中、東歐，而不在南美？這問題的一個答案是：在世界某些部分，族群認同與政治結構有異常的不協調。拿最明顯的例子。在中歐、東歐的族群地圖是真正的拼圖（見圖I.2）。此處只需提及最大的群體。在北部有立陶宛人、拉脫維亞人、白俄羅斯人及俄羅斯人，這些人在語言上都有區別的；在中部有捷克人、斯洛伐克人及波蘭人；在南部有義大利人、斯洛文尼亞人、馬札爾人、羅馬尼亞人；在巴爾幹則是斯洛文尼亞人、塞爾維亞人、克羅埃西亞人、波斯尼亞人、阿爾巴尼亞人、希臘人以及土耳其人。散播在所有這些區域之中有一些說德語的社區。語言只是區隔這些族群團體的方式之一。說德國方言的有些人是新教徒，一些是天主教徒，而另些是猶太人。有些說塞爾維亞—克羅埃西亞語的人是天主教徒（克羅埃西亞人），一些是東正教徒（塞爾維亞人及馬其頓人），而一些是穆斯林（波斯尼亞人）。有些保加利亞人是東正教徒；其他（泊馬克人）是穆斯林。大多數說土耳其語的人是穆斯林，但有些（加告茲人）則是東正教徒。

中歐及東歐在十九世紀前的政治地理是與這相當異質性的聚落型態一致。這區域被瓜分在幾個大帝國之下。當地大多數人主要具有的是地方性的忠誠，但同時之間也對一個遙遠的帝國君主效忠。許多人所具有的認同及身份是無法嚴格歸類的，也說超過一種以上的語言；很典型地，奧地利的人口學家劃分出「母語」以及「日常使用語」。大多數斯拉夫人仍是種田，正如在十九世紀解放之前，還是農奴時所做的工作。中歐及東歐的城鎮相形之下，則與周圍鄉村在族群上有相當區隔。在北方，德國人及猶太人在城鎮中佔多數，就如他們在多瑙河盆地一樣；更往東一些，城鎮由俄羅斯人、猶太人及波蘭人所定居。亞德里亞海海岸的城鎮裡

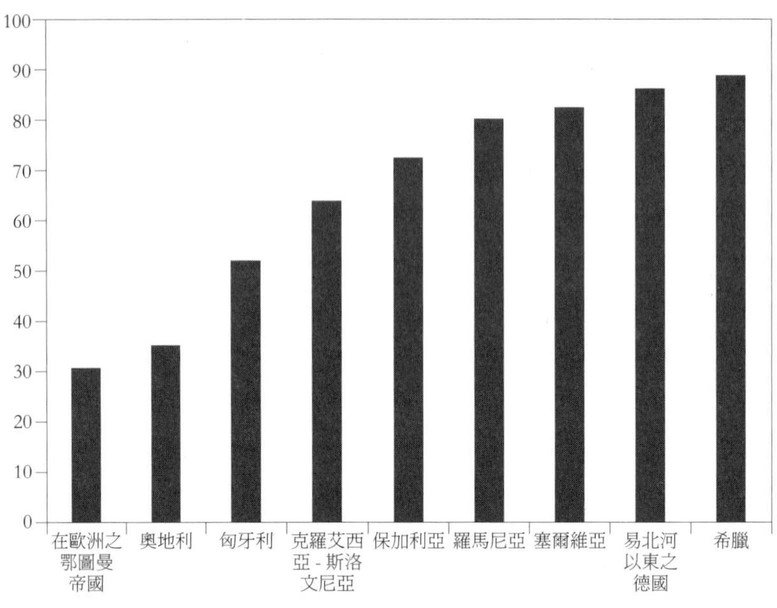

圖 I.2 多數族群人口佔總人口之百分比

經常住義大利人；一些巴爾幹的城鎮則是明顯地希臘人或土耳其人。在所有之中最驚人的是，那些國際性都會的貿易中心裡，沒有一個族群團體會佔大多數。在這許多之中或許可以一提的是薩洛尼卡，今日帖撒隆尼基，一個希臘起源的鄂圖曼港口，猶太人在那裡人數稍微勝過基督徒和穆斯林。但每個宗教社區又依序可以下分為不同的宗教派系以及語言次級團體：說猶德斯摩語的賽發迪南歐猶太人，以及意第緒語的阿胥肯納金東歐猶太人；基督徒的希臘人、保加利亞人以及馬其頓人（這些人一些說希臘語，一些說瓦拉幾語，一些則說某種斯拉夫語）；還有許多種類的穆斯林：蘇菲、貝克塔戌以及梅夫利夫斯；還有納克喜班迪斯和馬阿敏，他們則是從猶太教皈依過來的。

然而，隨著在一八〇〇年之後，民族國家逐漸浮現為理想的政治組織，這些多樣異質的安排開始崩潰。一些族群團體有足夠規模及良好組織，所以在二十世紀早期，它們已經建立自己的民族國家

（希臘、義大利、德國、塞爾維亞、羅馬尼亞、保加利亞、阿爾巴尼亞）雖然在每個情形之下，在他們的疆界內都有少數族群，而在疆界外有他們自己離散的同胞。＊馬札爾人做為奧匈雙元王國裡的地位較低的伙伴，幾乎享有所有獨立的特權。捷克人可以在波希米亞以及摩拉維亞之內享有某種程度的自治。波蘭人可以從三個曾將其消滅的帝國取回土地及人民，夢想恢復失去的主權。但許多其他的族群團體卻不能期盼成為國家的資格。有些根本就是人數太少：索布、溫德茲、卡斯胡柏斯、瓦拉幾、塞克利、卡爾帕妥・拉辛以及拉頂人。其它則是散播太廣：新提人及羅瑪人（通常都被誤導地稱為吉普賽人）。但仍有其它民族只盼望能在鄂圖曼的邊緣建立國家：猶太人及亞美尼亞人。

民族國家的模式益發被使用在中歐及東歐，衝突的潛在性就越大。在混合居住的現實（一幅有限制居住區及離散區的複雜拼圖）以及同質性之政治單位間，這兩者的差距根本就是太大。當國家的疆界越來越重要時，其間的籌碼變得太高；逐漸加大的生育率差距又提高了那些恐懼自己將會落入少數地位之人的焦慮。當然在理論上可以去構想在新的國家之中，所有不同族群團體願意將它們之間的差異，歸併到一個新的集體認同及身份之下，或是在一個平等的聯邦之中能分享權力。但真實結果也一樣有可能：其中多數人的族群團體會自立為唯一或至少是國家及資產的主要擁有者。國家被期望執行越多功能（而在一九〇〇年後，這些政府功能的數量有跳躍性的成長），那就有更多誘惑去將這個或那個少數族群團體排除在公民權所能享有的一些

＊在德意志國的東邊區域，例如說，有超過三百萬的波蘭人，超過十萬捷克人，大約相同數字的立陶宛人，以及約九萬的塞爾維亞人，更不用說在北方有顯著的丹麥人口，以及在西方有說法文的人口。每四位保加利亞的居民中，會有一位在族群上非保加利亞的人。少數族群構成羅馬尼亞十八％的人口，塞爾維亞人口的十六％以及希臘人口的一〇％。同時之間有剛超過一千三百萬名德國人生活在德意志國之外；四百萬名羅馬尼亞人生活在羅馬尼亞之外（與羅馬尼亞內總共人口五百五十萬人相比）；不到兩百萬名塞爾維亞人生活在塞爾維亞之外（與塞爾維亞內總人口二百三十萬相比）；有兩百萬希臘人生活在希臘之外（與希臘內總人口二百二十萬相比）。

或全部利益之外，同時之間又以徵稅及其它負擔來提高少數族群定居的代價。

因此這並非偶然，在一九四〇年代犯下大規模謀殺的地點中，有如此多正是在那些混合居住的區域，在那些有許多名稱的城鎮，如Vilna/Wilna/Vilne/Vilnius、Lemberg/Lwów/L’viv以及Czerbowitz/Cernăuţi/Chernovtsy/Chernivtsi。有相當明顯數量的納粹領導階層的人是來自一八七一年德意志國東部疆界之外的地方。就給一些例子：阿佛列得‧羅森柏格，《二十世紀神話》作者及納粹種族政策關鍵人物，出生在愛沙尼亞的雷瓦爾／塔林（Reval/Tallinn）。瓦爾特‧達瑞，一位移民到阿根廷的德國人，希特勒的農業部長，在東普魯士養馬時，發展出他種族理論的說法。納粹的國務秘書赫伯特‧巴克是在喬治亞的巴士米出生，他母親所來自的農耕家庭，早在十九世紀時已經定居該處。魯道夫‧容格是在波希米亞的德國飛地伊格勞／伊赫拉瓦（Iglau/Jihlava）成長，是許多來自邊界地區，爬上黨衛軍高層的其中一員。很有意義地，在上西里西亞的布雷斯勞／弗羅茨瓦夫（Breslau/ Wrocław），是一九三五年地方性納粹黨員中最公開推動反對種族混雜的地方之一。奧地利以及蘇台德區的德國人在報紙《衝鋒報》中，貢獻了不成比例大量的反猶文章。在管理貝烏賽茨死亡營的一小群黨衛軍軍官中，至少有兩位是來自波羅的海以及波希米亞所謂的「德裔人士」。

但是中歐及東歐只是二十世紀「殺戮戰場」中最為致命的。這將會變得清楚，在世界其它部分也具備一些這其中的關鍵特色：多元族群的人口、變動的人口平衡，以及政治上的碎裂。以一整區來考慮，在歐亞陸塊另一端的相對應者，則是滿洲以及朝鮮半島。在二十世紀的下半部，因為在本書尾聲所將探討的理由，強烈衝突的區域已經轉移到印度支那、中美洲、中東以及中非。但假如我們要掌握這世界五十年戰爭的獨特爆發性質，我們還是必須將焦點放在最前面的兩個區域。

經濟波動及其不滿

何以極端的暴力只會發生在某些時候？這答案是在於族群衝突是與經濟波動（volatility）有正相關的關係。當設法解釋社會及政治不穩定，只去尋找經濟危機的時刻並不足夠。生產與收入迅速增加可以和迅速萎縮一樣具有動盪性。經濟局勢的一個有用的衡量（—這甚少被史學家提及—）是波動，其意義是在某特定時段裡，相對於一個預給之指標，對此指標之偏移所發生的變化。不幸地，在這整個世紀裡，我們只能取得一些國家國內生產總值的可靠預估數字。然而物價及利率的數字則較容易取得，而這些使我們得以對相當數量的國家，以某種程度的準確性來衡量其經濟波動。

一個直截了當而且可以測試的命題是：在經濟高波動的時期會與社會政治緊張及扭曲有關連。這當然有啟發性，因為就七個主要工業化經濟體（加拿大、法國、德國、義大利、日本、英國及美國）來說，成長及物價的波動性在一九一九到一九三九年之間到達最高點，然後在二次大戰後長期穩定地下滑（見圖I.3）。經濟學家長久以來關注於要指認出經濟循環以及不同振幅的波形；他們傾向於去忽略景氣及蕭條在頻率及振幅上的變化。但正是這些在過去是重要的，而且至今仍是重要的。假如經濟活動如季節般地規則，經濟行為人的期望會據此調整，我們將不會再被突發的成長或是崩盤感到驚訝，就如我們對夏冬來到一樣不感到驚訝。但正因為是二十世紀經濟生活之不可預測性，才會產生那約翰・邁耶德・凱因斯所稱為雇主、借貸者、投資者、消費者以及甚至是政府官員的那種「野獸精神」。

過去百年中，經濟體制的結構以及經營管理的哲學，已歷經深刻的變化。在一九一四年之前，物資、資本以及勞動力的國際流動性是史無前例，而這點只有在最近以及僅有在部分上達到相同的程度。政府當

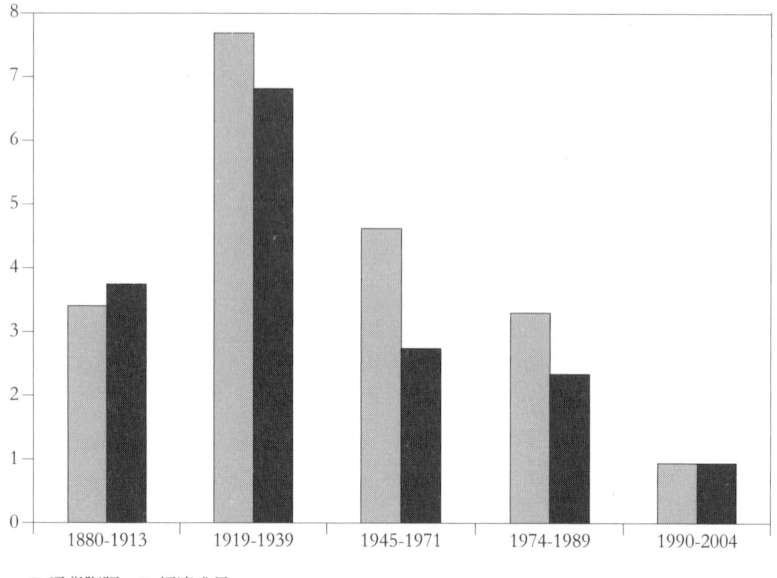

圖 I.3 經濟波動：七大經濟體 1880-2004 年通貨膨脹及經濟成長的標準偏移

時正剛開始將它們的運作範圍擴張到提供安全、司法以及其它基本公共利益之外的地方。中央銀行在運作上，至少在某種程度上被加諸自己的規定所約束：以黃金來固定國家貨幣的價值；這造成長期的物價穩定，雖然也在經濟成長上，帶來比我們現在所習慣還要更高的波動性。這些事情在第一次大戰之中及之後有劇烈的變化，見證到政府角色的顯著擴張和以金準制來固定匯率系統的崩潰。對當時許多人來說一方面，在國際市場力量如何以最佳化的方式來分配物資、勞工和資本，以及另方面，政府應該努力（例如）維持或提高產業就業率、穩定原物料產品價格或是改變收入及財富分配，這兩造雙方之間有所衝突。但是在戰爭期間對保護性關稅、赤字財政、沒收性賦稅以及浮動匯率的實驗，通常會有事先沒預期到的放大經濟波動的效果。計畫經濟則好一些，但卻是在效率及自由上付出相當的代價。雖然在二次大戰結束後的兩個十年，有關福利國家及計畫經濟的紀錄明顯地較佳，但是只有在一九七九年後回到自由市場方向時，政府才能夠在物價及成長上取得相對的穩定。而且只有在一九九〇年以後，有些評論者才可能嘗試性地去說「波動已死」，雖然這仍待觀察，究竟在何種程度上這代表國際經濟體制的改良、在何種程度上是在國家層級上財政及金融實用主義的成功，以及在何種程度上這只是幸運，而且相當可能只是稍縱即逝的西方浪費及亞洲節約的短暫結合。

這裡必須強調，這種相當格式化的敘述，僅適用於有限數量國家的例子上，以及多少武斷定義出的時間分期。如將這些主要國家工業經濟的表現代表成世界經濟整體的表現，那將會明顯是個錯誤。戰爭期間通貨膨脹及通貨緊縮、經濟成長與經濟萎縮的極端化，在不同國家之間變異極大。而從一九五〇年開始以來，在非洲、亞洲及拉丁美洲在經濟上的波動，則有相當不同的趨勢。

經濟波動是要緊的，因為它往往會惡化社會衝突。經濟危機的時代會對在政治上主宰的團體產生誘因，去將調整時所需的付出轉嫁給他人，這在直覺上似乎十分明顯。隨著國家干預經濟生活的增加，如此歧視性的再分配的機會，會明顯激增。在普遍困頓的時間中，有什麼比將某個特定群體從公共福利系統中剔除來得更容易呢？但或許比較不明顯的是，社會脫序也會隨著經濟迅速持續成長的時期而來，因為成長的利益甚少能夠公平地分配。或許正是在往上回升時期的少數贏家，將會接下來往下時期時，成為被再分配的對象。

再度地，我們可以用最著名的情形，歐洲猶太人，來闡明這點。傳統上史學家設法拿一八七〇年代末及一八八〇年代的經濟大蕭條，來解釋德國和其它地方（——以及在美國偶而出現的反猶民粹主義者——）反猶政黨在選舉上的成功。但在那時期中，農業產品價格滑落的這特色只提供部分的解釋。經濟成長並未被壓抑；而股市也不是沒從一八七〇年代的挫敗中恢復。讓那些陷在相對停滯之經濟部門（如傳統手工業以及小型農業）的人感到惱怒的是，那些處於較好利基的人可以從國際經濟的整合以及增加的金融中介獲得利益，享受繁榮。就如平常一樣，突然且激烈的中斷，如股市泡沫化及崩盤，比物價及生產的長期結構趨勢，會帶來更大的衝擊。經濟波動所帶來的兩極化社會及政治效應，結果是二十世紀一個不斷出現的特色。

帝國國家

二十世紀的暴力若沒被放在帝國的脈絡中，會無法理解，因為這在很大程度上是源自於在一九〇〇年主宰世界、多元民族之舊帝國的衰落。在世界大戰中幾乎所有主要交戰國所共通之處是它們都已經是帝國，或是設法成為帝國。除此之外，在這時期許多的大政治體，聲稱是民族國家或聯邦，但在仔細檢視之下，卻同樣也是帝國。這對蘇維埃社會主義共和國聯邦過去確實是如此；對今日之俄羅斯邦聯仍是如此。大不列顛及愛爾蘭（在一九二二年之後只有北愛爾蘭）聯合王國，就實質而言過去是、而且現在也仍是大英帝國；為簡潔之故，通常以英格蘭來提及之。＊創造於一八五〇年及一八六〇年代的義大利是皮埃蒙特的帝國，而在一八七一年的德意志國則是普魯士的帝國。在今日兩個人口最多的國家皆是帝國整合之後的結果。現代印度是蒙兀兒帝國及英屬印度的繼承者。中華人民共和國的邊界基本上是由清朝皇帝建立的。值得一提的是即使美國亦是「帝國共和國」；有些人會想會說她一直都是。

帝國很重要，首先是因為它們所造就的規模經濟。大多數民族國家可以武裝的人數會有人口學上的極限。然而帝國則比較不會受限；它的核心功能之一是動員及武裝由多個民族集合而來的大量軍力，並且徵稅

＊這讓患有自卑感情節的蘇格蘭人及威爾斯人大為懊惱。當本書作者仍然在牛津當學生時，所有現代史分為兩類：「英格蘭史」及「一般歷史」。為了對凱爾特的感受讓步，前一類被重新命名為「不列顛史」，然後是「不列顛諸島史」。

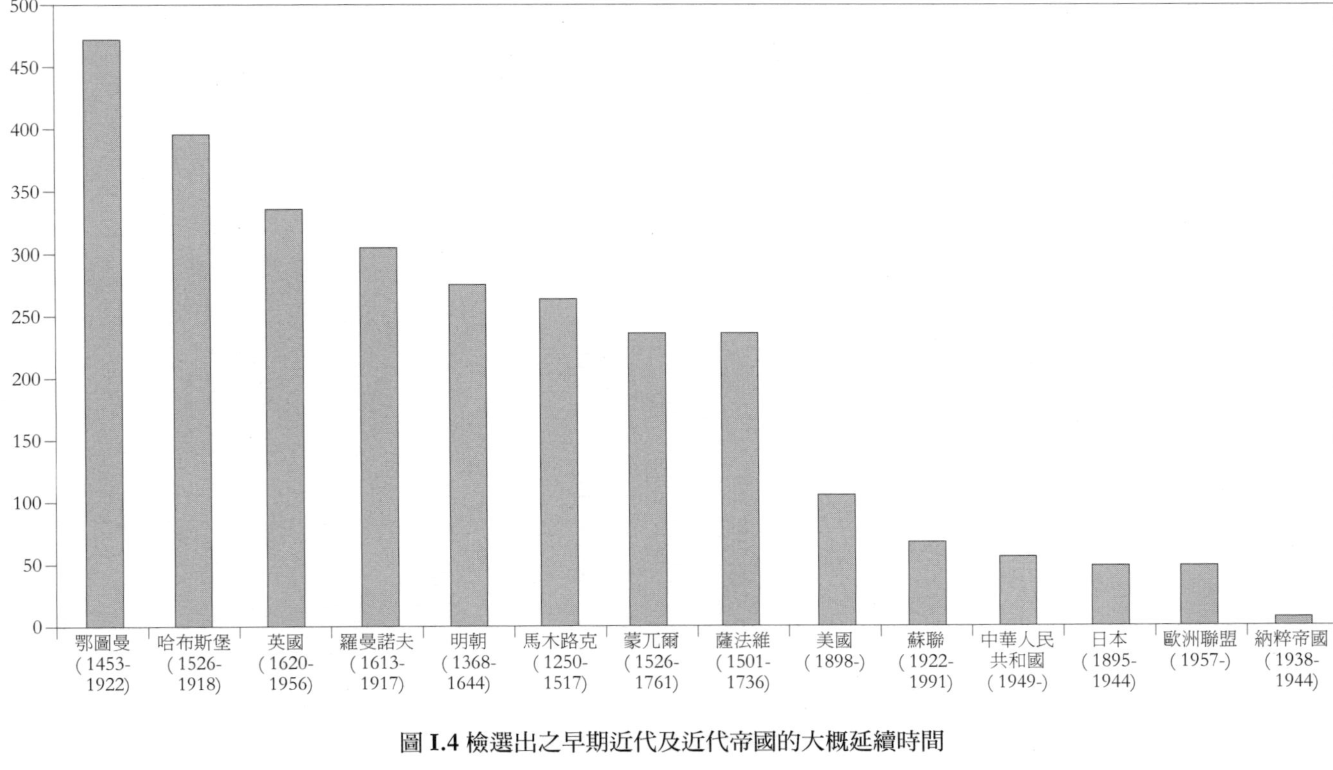

圖 I.4 檢選出之早期近代及近代帝國的大概延續時間

或舉債來支付他們，而這再度取自於超過一個民族的資源。因此如我們將見，許多二十世紀最大的戰役是由在帝國旗幟之下的多元民族進行的；史達林格勒之役以及阿拉曼之役只是其中兩個例證。第二，帝國之間的接觸點：它們之間的邊界及緩衝地帶，有可能會比在其帝國核心見證到更多暴力。波羅的海、巴爾幹以及黑海之間的三角形地帶是個衝突地區，不僅是因為它族群混雜，也因為它是霍亨索倫王朝、哈布斯堡王朝、羅曼諾夫王朝及鄂圖曼王朝交界點。滿洲及朝鮮在遠東佔有相類似的地位。隨著石油崛起為二十世紀主要的燃料，所以波斯灣在中東亦是如此。第三，因為帝國經常與經濟秩序之創造有關，所以國際商業整合之成長或消退也與帝國之興起及衰落關係密切。經濟上的限制以及機會，亦會決定帝國擴張的時機、方向和存在時間的長短，以及後殖民時代發展的性質。最後，帝國變異極大的平均壽命或許也提供暴力發生時機的線索，因為戰爭似乎必然盛行在帝國之初，但更尤其是在帝國存在即將結束之刻。

認為帝國或強權之崛起及衰落具有可預測的規律性，這樣的錯誤與老一輩經濟學家想去尋找出經濟活動的完美規律循環，沒有不一樣。相反地，在有關七十餘個歷史學家所指認出的帝國中，最令人驚訝是它們統治在時間長度以及空間幅員有異乎尋常的變異性。在第二個千禧年中，國祚最久遠的帝國是神聖羅馬帝國，這或許可從查理曼在八〇〇年的加冕算起，直到在一八〇六年被拿破崙解散為止。中國的明朝（一三六八—一六四四年）以及其直接之繼承者，滿洲或清朝，持續超過五百年，就如阿巴斯的哈里發（七五〇—一二五八年）。鄂圖曼帝國（一四五三—一九二二年）持續不到五百年，但只有在其最後半世紀的時期，才顯示出解體的徵象。哈布斯堡王朝及羅曼諾夫王朝的大陸帝國，各持續超過三百年，並在一次大戰結束時依序迅速滅亡。蒙兀兒帝國統治現代印度相當大一部份的地方約達兩百年之久。類似長度尚有埃及的馬木路克王朝（一二五〇—一五一七年）以及波斯的薩法維王朝（一五〇一—一七三六年）。要給西歐國家的海上帝

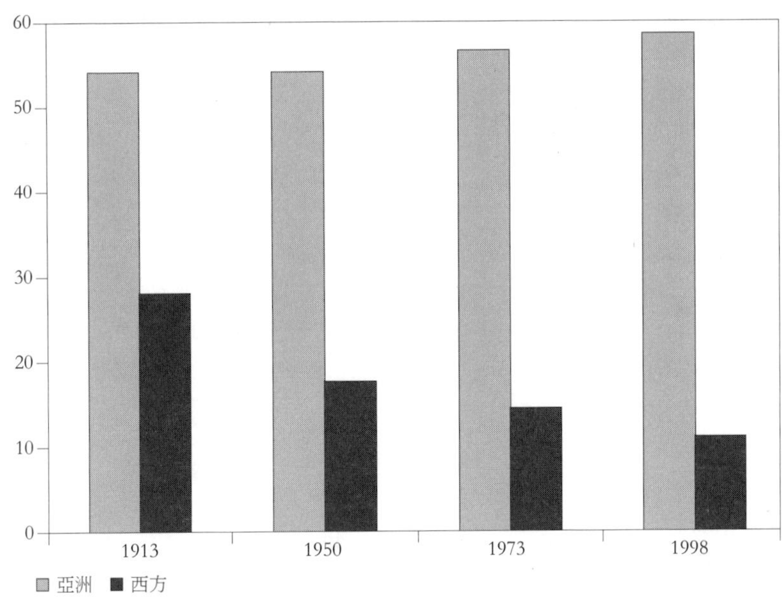

圖 I.5 西方及亞洲：世界人口的比例

國準確定下年限則比較困難，因為有多種不同的起點以及持續期間，但西班牙、葡萄牙、法國及英國或許都可以被說是持續約三百年之譜。同樣要注意的是，所有這些帝國的歷史也沒有展現出興起、極盛、衰落以及淪亡這相同的拋物線。帝國可以興起、衰落，然後再度興起，結果在回應某種極端的衝擊之後才崩潰。

相形之下，在二十世紀所產生的帝國在國祚上皆相對地短。布爾什維克的蘇聯（一九二二—一九九一年）持續不到七十年，這的確是不佳的紀錄，雖然建立在一九四九年的中華人民共和國尚未能與之匹敵。由俾斯麥所建立的德意志帝國（一八七一—一九一八年）持續四十七年。所有現代帝國中最稍縱即逝的是阿道夫・希特勒所謂的第三帝國，這在一九三八年之前並未擴張超過前一次帝國的疆界，而在一九四四年末時已經退回到原來疆界之內。技術上來說，第三帝國延續十二年；但以帝國這字詞真正意義來說，它僅僅只延續那段時間的一半。儘管（—但或許正因為

—）它們不夠長久，二十世紀的帝國結果是在其造成死亡及毀滅的能力上，格外異常。何以如此？這答案在於它們在權力集權化、經濟控制以及社會同質性，有史無前例的集中程度。

二十世紀的新帝國並不滿足於老帝國所特有多多少少毫無章法的行政安排：帝國及地方法律的雜亂混淆，將權力以及地位下放給本土的人民。新帝國從十九世紀的民族國家建立者那裡繼承對整齊畫一的無盡胃口；就那意義來說，它們比舊意義的老帝國更像「帝國國家」。新帝國排斥傳統宗教及法律對權力行使的限制，堅持要創造出新的科層系統來取代既存的社會架構；它們樂於掃除舊的政治體制。尤其是它們視殘酷不擇手段為美德。新帝國在追求目標時，願意向所有各類的國內及國外人民開戰，而非僅針對那些被認定是由國家武裝及訓練的代表人物而已。希特勒能夠指控英國在對付印度民族主義者過度軟弱，這完全典型於那種自視為皇帝的新世代。這有助於解釋何以這世紀大動盪的震央經常正是會位落在新帝國國家的邊緣地帶。這或許也是懷抱這些極端期望的新帝國國家，會比它們所設法取代的舊帝國，還要更遠遠地短暫。

西方的沒落

二十世紀的故事經常被呈現為西方的勝利；其中較大的一部份已經被名之為「美國的世紀」。第二次世界大戰經常被呈現為是美國國力以及品德的最高點，「最偉大世代」的勝利。在這世紀的最後幾年，冷戰的勝利導致法蘭西斯・福山很著名地宣布「歷史終結」，以及西方（假若非僅英美）自由民主資本主義模式的勝利。但這似乎是根本地誤讀過去百年的發展曲線，這曲線所見證到的比較像是世界正重新導向東方。

在一九〇〇年，西方的的確確主宰著世界。從博斯普魯斯海峽到白令海峽，所有那時以「東方」一詞為人所知者，幾乎都在某種或另種的西方帝國統治之下。英國已經統治印度很久，荷蘭統治東印度群島，法國統治印度支那；美國剛佔領菲律賓；俄羅斯企圖去控制滿洲。所有帝國主義的強權在中國已經建立寄生性的前哨站。簡而言之，東方已經臣服，即使那過程會涉及在統治者及被統治者之間遠較過去所願承認的更加複雜協商以及妥協。這西方宰制之所以值得一提，乃在於有超過一半世界的人口是亞洲人，然而僅有不到五分之一人口是屬於在提及「西方」時，我們心中所會想到的主宰性國家。使西方得以統治東方的東西，不是科學本身，而是將其系統性的使用在生產及毀滅上。這是何以在一九○○年時，西方生產超過全世界一半以上的產量，而東方幾乎只有四分之一。西方的主宰亦源自於東方帝國沒有將它們的經濟、司法及軍事系統現代化，更遑論其在知識生活上相對的停滯。民主、自由、平等以及甚至種族：所有這些概念皆是源自西方。同樣地，幾乎所有從牛頓到愛因斯坦的科學突破，也是如此。受到亞洲民族主義影響的史學家經常犯下錯誤，假設東方社會在約一九○○年時的落後是因為帝國主義「壓榨」的結果。這在很大程度上是個幻覺；更應該是，是亞洲帝國的積弱使得歐洲之主宰變為可能。

只有當西方在一九○○年時的主宰程度被理解到，二十世紀真正的敘述弧線才會顯露出來。這不是「西方的勝利」，而是歐洲帝國的危機，其最終的結果是亞洲強權無法被阻擋的興起以及西方的沒落。逐漸地，始於日本，亞洲社會將自己現代化或是被歐洲統治所現代化。而當這發生時，歐洲及亞洲的收入開始接近。而隨著差距縮小，西方相對的沒落變得無可遏抑。這無異於世界之重新轉向，將西方及東方從一五○○年以來的四百年失衡，給加以導正。沒有一位二十世紀的史學家可以忽略這浩大（——而且在持續進行——）的世俗轉移。

假如東方僅是將自己「西方化」，那當然我們或許仍然可以挽回「西方最後勝利」這種想法。然而沒有一個亞洲國家（甚至是在明治時代的日本）只是將自己轉化為是某個歐洲民族國家的翻版而已。相反地，大多數亞洲民族主義者堅持自己的國家不能依據事先設計好的套餐，而是必須依據菜單點菜，來進行現代化，只擁抱那些西方模式中適合他們的面向，同時保存他們傳統文化中重要的成分。這一點都不驚人。許多我們在西方文化中見到的（—以其帝國主義之化身呈現—），其實並不鼓勵模仿。當然這關鍵點是世界重新導向是已經無法或是無法能夠在沒有衝突下達成，因為西方沒有意願要放棄它們對亞洲人民及資源的掌握。所以即使當它們被日本軍隊在一九四二年全面性地擊敗，歐洲人及美國人反擊時，同樣都是以恢復西方宰制為目標，雖然會有相當不同的結果。在許多方面一直要等到一九九一年蘇聯的崩解，最後一個在亞洲的歐洲帝國才能說是已經沒落。就那意義而言，將二十世紀詮釋為不是西方的勝利、而是沒落，並以第二次大戰為關鍵性的轉捩點，似乎才是可以辯護的說法。西方帝國在東方死亡的陣痛，就像發生在中歐、東歐一樣地血腥，主要是因為它們在如日本、中國、北韓、越南及柬埔寨等國家，激起了對西方發展模式極端的反應。這是沒落（descent），其意義是西方再也無法掌握它曾在一九〇〇年時所享有的權勢。然而它也是另一種後續（descent），在於許多從東方所興起去挑戰那權力的國家，在許多方面可以辨識地是源自於西方的想法以及體制，雖然這是透過一種文化上混雜的過程。

五十年戰爭

同化與整合潛在上的不穩定；認定某些人是次等外人這種模因的散播；族群混雜邊界地帶的易爆性質；二十世紀中經濟生活的波動性；舊式多元種族帝國與短命新帝國國家之間的激烈衝突；這些標記出西方主宰之沒

落的抽搐：這些將在以下多所探索以及發展。

正如或許已經清楚，故事的核心是我們稱為第二世界大戰的事件。但是只有當我設法想對之前另本有關第一次大戰的書《戰爭的慈悲》（*The Pity of War*），再寫下適當的續篇時，我才理解到去寫作一本侷限在一九三九年到一九四五年這編年限制之中的另一本書，另一本聚焦在現在已經熟悉的陸海空軍衝突，將會如何無法使人受益。於是我開始自問：真正有一個第二次世界大戰？說有多處區域性衝突，難道不會是更正確的嗎？畢竟，那始於一九三九年只是一方面是波蘭，而另方面是納粹德國以及蘇聯，外加英國及法國僅以言詞、而非以行動站在處於劣勢那方的一場歐洲戰爭。波蘭的西方盟友直到一九四〇年前，並未真正進入衝突，而那時德國已經在西歐贏得一場短暫的勝利。在一九四一年，即使德國及英國的戰爭尚在初期階段，希特勒卻開始另一場相當不同的戰爭，槍口轉向去對付之前的盟友史達林。在此同時，墨索里尼在東非、北非及巴爾幹追求自己義大利帝國的虛幻夢想。所有這些都或多或少與日本在亞洲所發動的戰爭完全不相干：其中之一是針對中國，這已經在一九三七年開始，假如不是一九三一年的話；另一則是針對英國、荷蘭及法國在亞洲的殖民地帝國，而這在一九四二年中已經贏得；又另一則是對付美國，這無法打贏。在此期間，內戰在這些國際戰爭之前、之中及之後四處施虐，特別是在中國、西班牙、巴爾幹、烏克蘭及波蘭。而且在這被認為屬於同性質的二次大戰結束之後，立即有一波新暴力橫掃中東及亞洲，這史學家以去殖民化之名來加以美化。內戰及之後的分裂，創傷了印度、印度支那、中國及朝鮮；在最後的例子中，內戰升級為國與國之間的戰爭，以美國為首的聯盟和共產中國進行干預，之後兩大超強以代理人進行戰爭。全球衝突的戰場從中歐、東歐以及滿洲、朝鮮，轉移到拉丁美洲、印度支那以及撒哈拉沙漠以南的非洲。

因此或許可說，一九三〇年代後期以及一九四〇年代早期見證到整個組織性暴力之世紀、一個全球百年戰爭的逐步升高。即使以「第二次三十年戰爭」提及，亦是低估這巨變的規模，因為事實上真正全球衝突的時代始於一九一四年的十年前，而在一九四五年之後的八年結束；霍布斯邦從一九一四到一九九一年「短暫的世紀」這吸引人的想法也行不太通。在一九八九年（—以及甚至更是在一九七九年—）有一樣重要的中斷。另方面，蘇聯的崩潰見證到在冷戰時期進入休眠的族群衝突，又再度恢復，主要在巴爾幹；這是歷史的繼續，而非中止。最後，我決定將世界大戰定位在這兩個日期之間：一九〇四年，當日本首次針對歐洲在東方的宰制做出第一次有效的打擊；以及一九五三年，當韓戰結束，穿過朝鮮半島畫出分界線，符合那已經在中歐畫出來的鐵幕。但是隨著這五十年戰爭之後不是「長期和平」，而是我稱之為「第三世界的戰爭」。

霍布斯邦經常盼望有結局，盼望它們的敘述可以有終結的日期。但在寫作此書時，我已經開始懷疑究竟在此所描繪的世界大戰可以真正地在現在被認為已經結束。就像威爾斯《世界間的大戰》，這已經化身為流行文化的產物之一，會以或多或少固定週期出現，*在此所紀錄編年的世界大戰頑固地拒絕死去。看起來，只要人類設法陰謀摧毀他們的同胞人類，只要我們害怕、但又多少希望看到我們偉大城市化為廢墟，這戰爭便會再現，拒絕編年史對它的限定。

*在它最初出版的四十年後，當時空中轟炸的破壞威力在中國及西班牙已經被證明出來時，這故事因為歐森・維爾斯的廣播劇而觸及美國大眾，其逼真讓美國聽眾大為緊張。一九五三年一部電影對此進行翻拍，主角為基恩・巴瑞及安・羅賓森，成為冷戰時期可以贏得奧斯卡的譬喻：「以超級科學的恐怖武器來戰鬥」。二十年之後，輪到傑夫・韋恩來為被抗爭撕裂的七〇年代製作一齣火星人入侵的音樂劇。它們最近轉世投胎到史蒂芬・史匹柏格的導演下，其中火星人破壞美國東北的方式，必然會讓伊斯蘭恐怖份子期盼可以複製那種場景。

第一部份　火車大對撞

The Great Train Crash

第一章　帝國與種族

Empires and Races

在人類經濟進步史裡，那在一九一四年八月結束的時代是何其不尋常的一段事件。

約翰・邁耶德・凱因斯

在十九世紀最後兩個十年那種平順的精神之中，突然之間在整個歐洲興起一股被點燃的激情……人們是熱烈的英雄崇拜者，以及有關芸芸眾生之社會信條的熱烈追隨者；一方面有信念，但卻是持懷疑態度……一方面夢想古代城堡以及成蔭的大道……但也想到大草原、寬闊的地平線、鐵工廠以及軋鋼廠……有些人奮不顧身，將自己投入……到新的、但仍杳無足跡的世紀，而其他人則最後一次縱情於舊的世紀。

羅伯特・穆西爾

9/11/01

一九〇一年九月十一日的世界對一位擁有體面教育，在銀行有存款的健康白人來說，是個不壞地方。經濟學家約翰・邁耶德・凱因斯在十八年之後寫到時，可以混雜著懷舊以及反諷的情緒，來回顧那些日子。當時他所屬的階級能「以最低代價以及最少麻煩、最為方便舒適以及最便利設施的方式，去享受遠超過其它時代最大鉅富及最有權勢君王所能享受到的」：

倫敦居民可以在床上享用早茶時，用電話訂購他認為適當數量的全世界不同的產品，並合理期待它們會被及早地運送到他的門口；他可以同時間以相同方式，冒險將他的財富投資在世界任何角落的自然資源以及新興企業，無需費力或甚至麻煩，便能分享預期的成果及利益；或是他依據自己所喜或是資訊所提供之建議，決定要將自己財富的安全與任何大洲上有規模城市之市民誠信，結合一起。

不僅凱因斯的倫敦居民可以購買全世界的器物，將自己資產投資在全球廣大範圍的證券；他也可以以史無前例的自由和舒適，在地球表面上旅行：

假如他要的話，他可以立即藉著便宜舒適的交通到任何國家或任何氣候去，無需護照或其它形式文件，可以派遣僕人到某家銀行的鄰近分行，取得方便數量的貴重金屬，然後出國到海外地點，無需瞭解他們的宗教、語言或習俗，將化為錢幣的財富隨身攜帶，並會在遇到最小的干預時，覺得自己受到最大的委屈，並感到驚訝。

但關鍵之點，如凱因斯所見到的，是一九〇一年的人「視如此狀態為正常、確定以及永恆，除了往更加改善的方向之外，任何偏移則是異常、令人憤慨以及可以避免的」。全球化的第一代是如田園般的場景，甚至：

軍國主義或帝國主義、種族及文化上的競爭、壟斷、限制及排外的規劃及政治，這些將在這天堂裡扮演毒蛇的角色，現在只不過是他日常報紙上的消遣，似乎一般對社會及經濟生活的過程（──而這些生活的國際化在實際上已近乎完全──）沒有施展任何影響力。

這裡值得翻回去那黃金時代的《泰晤士報》（*The Times*），去確認凱因斯那有道理的著名回憶。就在兩架被劫持飛機去撞擊世界貿易中心雙子大樓的一個世紀前，「全球化」的確是項事實，即使「全球化」那笨拙的字眼尚未為人所知。在那一天（那是陽光普照的週三）凱因斯的倫敦居民可以在啜飲他的早茶時，向卡地夫訂購一袋煤，從巴黎訂購小牛皮手套，或是從古巴哈瓦納訂購一盒雪茄。假如他預期要到蘇格蘭松雞的禁獵地，他或許可以去買「布禮達卞（Breadalbane）防水及自行透氣的獵裝（蘇格蘭的斗篷及褶襉短裙）」；或假如他的興趣是在不同的方向，他可以訂購一本摩律斯·海姆的書，叫做《學童特殊不道德行為》。他可以將他的錢財投資在倫敦掛牌的將近五十家美國公司任何之一：其中大多數是如丹佛市和格蘭德河的鐵路公司（其最新報價會在那天報導）；或假如他喜歡的話，也可以投資在《泰晤士報》所報導的其它七個股市之一。假如他希望旅行，他可以在P&O（半島東方輪船公司）的定期船班半島號，這會如期在次日前往孟買及克拉蚩，或是P&O其它二十三艘船，在接下來的十個禮拜中定期前往東方的目的地，更不用說還有其它三十六條船運路線，提供從英格蘭到全球各角落的服務。紐約似乎在招手？那曼尼圖號明天出航，或是他可以等待漢堡美國線更豪華的俾斯麥伯爵號，這在十三日會由南安普頓出發。還是布宜諾斯・艾利斯更吸引他？或許他希望自己去看一下格蘭德國家電車公司是如何正在使用（或更該說，在如何虧損）他的錢？很好；多瑙河號在週五前往阿根廷，還有空位。

簡而言之，世界是他的生蠔，由他所控制開闔。但是凱因斯知道，這生蠔並不是沒有毒性。在《泰晤士報》裡九月十一日的頭條新聞之中有篇「希望性的」報導（但結果是徒然的希望）：美國總統威廉・麥金利正從五天前無政府主義者里翁・徹爾勾司的謀刺中，顯示復原的跡象。（「總統狀況極佳，」他的醫生被引述說。事實上麥金利在九月十四日過世。）這次攻擊讓美國公眾覺醒到目前為止一直被忽略、來自內部的威脅。報紙的紐約通訊員報導說，警察正在圍捕城市裡所有已知的無政府主義份子，雖然刺殺總統的陰謀據信是在芝加哥醞釀的，而在那裡有兩位無政府主義者愛瑪・高德曼以及亞伯拉罕・伊薩克已經被逮捕。「我已經執行我的職責，」徹爾勾司解釋說，他的意思是指無政府主義份子的職責是去殺害統治者，並對既存政府宣戰。當他被帶向電椅時，他又加上說，「我認為這必將有助於勞動的人民」。總統狀況正在改善以及犯人同夥正被搜捕的新聞，或許能讓我們的早餐讀報人感到安心，正如它已經安撫了前一日的股票市場。但他必然已經知曉暗殺國家元首變得擾人地頻繁。*無政府主義的意識型態以及恐怖主義行為的作法只是全球化花園裡，凱因斯在一九一九年時忘記提到的兩條「毒蛇」。

「軍國主義或帝國主義、種族及文化上的…規劃及政治」是什麼？在一九〇一年九月十一日的報紙上

*義大利國王在前一年被暗殺，奧匈的皇后在那兩年之前。在一九〇三年則是輪到塞爾維亞國王。

有這些事的充分證據。在南非，英國人與波爾人之間激烈進行的戰爭已接近第二年的尾聲。來自英國指揮官基金納勛爵的公報是樂觀的。根據他最近的報告說，在前一週有六十七位波爾人被殺，六十七人受傷以及三百八十四人被俘虜。更有一百六十三人已經投降。相對照之下，《泰晤士報》列出十八名英國士兵死亡，其中只有七位是因為敵軍行動的受害人。這種戰場上的損益平衡表，是對戰爭勝利非常英國式的衡量。但英國在此時擊敗敵人所採取的方式卻是極端嚴厲，雖然《泰晤士報》並未提及這些事。為了阻止波爾人從他們自己農莊取得補給，他們的妻子兒女被從家園趕到集中營管理，那裡的條件非常惡劣；在這階段，約三位裡有一位因為不良衛生以及疾病而死去。除此之外，基金納下令建立一整個鐵絲網以及監控碉堡的網路系統，來打斷波爾人的通訊路線。即使這些措施也無法讓《泰晤士報》的編輯覺得足夠去結束戰爭：

去允許波爾人拖長對抗，並訴諸野蠻的殘酷行為來加劇它⋯無法在她女兒國家、她帝國裡的伙伴眼中，提升母親祖國的性質⋯這整個國家同意我們必須要完全執行我們在南非所承擔的任務。我們不得有任何遲疑去採取必要政策及方法，並以最大的迅速及完美，來達成眼前的目的。

只有這報紙在開普敦的駐地人員，會對英國明顯嚴厲的政策感到不安，並發出警告：

鐵棍必須始終是鐵棍，因此沒必要（——甚至這會是個錯誤——）去用絲絨包覆它。然而揮打它的人應該牢記，使用力量從未與身為英國紳士的風範彼此不容⋯荷蘭人的政治觀點⋯不可能因為個別英國人給他們機會去懷疑我們繼承而來之統治能力，而有所改變。

英國人「繼承而來之統治能力」在非洲其它部分也歷經考驗。同一天的《泰晤士報》報導對烏干達之瓦南地部落以及岡比亞之「目無法紀的精神」，進行懲罰性征戰，這目無法紀云云的模糊東西，被認為已經造成兩名英國軍官的死亡。編輯接受對帝國普遍保守的觀點，認為帝國在軍事上過度延伸（或更應說，是人手不足），這似乎很清楚；否則如何去解釋他們呼籲要恢復十八世紀的民兵，「協助護衛國家是每個人職責這原則的具體化」？

另一個進一步令人不安的理由是歐陸強權間明顯緊張的關係。《泰晤士報》巴黎記者報導俄羅斯沙皇尼古拉二世即將來訪。首先，他要為在巴黎證券市場發行許多俄羅斯最新國債來鋪路；第二，他意圖向法國政府親自確保法俄軍事同盟的承諾。無論哪種解釋是對的，新聞記者在這種巴黎及聖彼得堡之間所彰顯出和諧氛圍中，察覺到危險。因為德國在一八七一年兼併亞爾薩斯—洛林，所以他注意到法國成為「今日歐洲唯一國家可以提出某種主張，而且是既無法、也不應承認這歐洲和平的時代是確定的唯一國家……假如局勢與愛國心同時強迫她，假如這是一個將其領土的缺口彌補起來……沒有人知道或能夠知道，法國或許會做出什麼」。但是沙皇之造訪最有可能的後果，必然是強化德國以及奧地利之間另一個對抗性的結盟，雖然這兩國關係最近因為德國提高進口關稅而有些不和，讓這關係陷入有些緊張。過度強調法俄的「兩強聯盟」必將會增加與這德、奧、土「三強聯盟」發生戰爭的風險：

我並沒提及〔這報紙記者模糊地結論說〕那些在任何時刻或許會和那些既存之聯盟加以結合的成分，因為行動之時刻尚未敲定，而且還沒靠近要敲定。那些在目前部署於這些聯盟的，還有時間等待，並在做出決定之前，持續她們的仲裁調解。

當然，我們想像中的讀者或許會對沙皇在他前往法國途中，也去造訪他德國凱撒表哥的消息感到欣慰，這件事很慎重地被半官方的《北德日報》形容為象徵俄羅斯與德國政府共同致力維持歐洲和平。比較不令人放心的是法國與鄂圖曼政府之間關係惡化的新聞，這促使《泰晤士報》去臆測蘇丹正在考慮以「逐漸增長的泛伊斯蘭運動」做為可能的武器，來對付法國及英國帝國。同樣在巴爾幹也有令人關切的理由。這報紙報導奧地利──匈牙利對外關係的稍微改善，但注意到：

> 這兩個在巴爾幹強權的個別影響力是基於不同的因素。俄羅斯的影響力是基於種族群體、共同的歷史記憶、宗教以及親近性；而奧匈則主要顯現在經濟⋯領域。在最近幾年沒有事情發生，減損俄羅斯或奧地利的影響力。兩個強權都能維持它們舊的地位。

當然在和平主義者眼中，一九〇一年不盡然是凱因斯所記得的伊甸園。在格拉斯哥舉行的世界和平會議（Universal Peace Conference）第十次會議中，史賓斯・華生博士在高呼「現在⋯是與他們所曾經知道過的一樣黑暗時代」時，促成在會場上「聽啊！聽啊！」這樣的回應叫聲。在對他的主題熱身後，華生指控不僅「在南非的恐怖戰爭，這他們無法在想到時，不感到屈辱」，但他也譴責「基督教國家猛撲中國，這是歷史所曾記載最令人厭惡的一段貪婪」；這提及到最近國際征討中國發生的義和團拳亂。在那同一版的《泰晤士報》的前頁一道廣告，讓人可以相信他對這次征戰動機的指責：

中國來的戰利品。在將掠奪物處理掉之前，最好去讓一位專家加以評估。新龐德街一〇四號拉金先生，有估價並購買東方藝術的專長。

社會主義者或許會質疑凱因斯自得意滿的主張，「人口中較大的一部份⋯就外表來看，是合理地滿意於他們的處境」，而且「對任何有超越一般能力或人格的人，進入中產和上層階級是可能的」。在九月十一日之前一週，《泰晤士報》報導說在倫敦有一千四百七十一件死亡。符合每年一千人中十六點九人，包括「七件死於天花，十三件死於痲疹，十四件死於猩紅熱，二十件死於白喉，二十七件死於百日咳，十七件死於腸熱症，二百七十一件死於腹瀉痢疾以及四件死於霍亂⋯」。同時間，在威爾斯靠近凱菲利的郎布拉達西煤礦爆炸，恐怕有二十名礦工已經遇難。跨海到愛爾蘭，木匠及家具工人聯合工會有七位成員在領導要求更高工資時被逮捕，並被指控「陰謀、攻擊以及威脅」。在倫敦登記有案的窮人，根據報紙，在十萬人之下。當時尚未有「老人年金制度⋯提供國家協助給那些已經在過去為未來做準備的人」。在英國要脫貧的最佳路線實際上是地理的流動、而非社會的流動。在一八九一年及一九〇〇年之間，《泰晤士報》紀錄至少有七十二萬六千人已經從英國移民出去。假如他們「是合理地滿意」，說實話，會有如此多人離開嗎？

舊帝國

在一九〇一年的世界是帝國的世界，但它們的脆弱、不是它們的強大才是問題。

其中最古老的清帝國及鄂圖曼王朝是相對地去中心化的政體；甚至對有些評論員來說，它們似乎正處於解體的邊緣。它們的財政系統有太長一段時間主要是將財富從鄉間邊陲向都會中心進行擬似封建的轉移。其它收入的來源變得越來越重要，特別是它們對海外貿易所徵收的稅，但在十九世紀末，這些大體上都逐漸失去。這過程在中國進展最快。始於一八四〇年代的廈門、廣州、福州、寧波以及上海，有無數的中國港口已經落入歐洲人掌控之下。滿臉橫肉的蘇格蘭人剛開始以這些做為橋頭堡，企圖為印度鴉片建立廣大市場。最後有超過一百個以上的「通商口岸」。歐洲公民在那裡享有「治外」法權：生活在「租借地」（'concessions' or 'settlements'），完全豁免於中國法律的管轄。中國海關總稅務司雖然名義上是中國政府的一部門，卻是由外國官員，一名來自北愛爾蘭阿爾斯特的人羅伯・哈特爵士來管理。以極為相同的方式，許多土耳其的稅收是由一八八一年成立的國債歐洲委員會來徵收，由外國債券持有人來控制。*這種驚人可見的主權限縮象徵在香港豪華壯觀的辦公室、上海外灘的上海銀行以及在伊斯坦堡的國債行政大樓，反映出舊帝國在財政及軍事上的弱點。要支付他們無法自己生產的現代武器裝備以及進行的基礎建設，中國及土耳其政府以在歐洲發行債券的方式來借貸相當的金額；國內的中間人根本無法與歐洲銀行所提供的數額及條件相比，因為後者可以透過在倫敦、巴黎及柏林的債券市場集資，取得更大及更廣的流動資金。但舊帝國以某項收入來源，像是關稅，做為擔保或抵押，而這意謂著這些收入一旦無法支付貸款時，會落入外國人的控制之下。在軍事挫敗之後，如土耳其一八七〇年代以及中國在一八九〇年代所遭受到的，無法支付的情形往往就

*委員會有七個會委員：兩位來自法國，從德、奧、義及鄂圖曼帝國各一位，以及英、荷合起來一位。直到債務被清償完畢之前，穆哈蘭的命令（decree of Muhareem）讓渡給委員會所有來自鹽及煙草的稅收、印花稅及烈酒稅、魚貨稅和某些地區絲織品的什一稅，還有一些可能來自提高的關稅及商店稅。從一些鄂圖曼屬地（——保加利亞、賽浦路斯以及東巴爾幹（Rumelia）——）的稅收亦流向該委員會。

會發生；結果證明單單只是購買西方的硬體，並不足以贏得戰爭。

因此不會令人驚訝，在一九〇一年之前，有如此多的西方人期望這兩個古老尊貴的帝國會走上波斯薩法維帝國及印度蒙兀兒帝國的道路，因為在十八世紀時，歐洲經濟的影響瓦解了這兩個帝國。但這實際上並未發生的。相反地，在中國以及土耳其有新一代的政治現代化者開始掌權；他們受到民族主義的影響，全心全意要避免之前降臨在東方帝國的命運。對那些一九〇八年在伊斯坦堡掌權的「青年土耳其人」所面對的挑戰，正如那些在三年之後推翻最後滿清皇帝的中國共和主義者所面對的：要如何轉化分崩離析、積弱不堪的帝國成為強大的民族國家。

或多或少類似的過程已經在奧地利及俄羅斯帝國裡發生，但這在一九〇一年時比較不明顯。雖然這兩個帝國在社會基礎上與其亞洲之對應者相似，但它們都已經在十八世紀時將財政稅收以及進行戰爭的能力加以現代化。但是這兩者也正在掙扎著去應付工業化戰爭的科技及政治挑戰。哈布斯堡王朝較小的中歐疆土，主要是被其多樣化的族群所削弱：至少有十八個民族橫越在五個不同的王國、兩個大公國、一個侯國、六個公國以及其它六個各式各樣政體的領土單位上。說德語的人口構成不到全部四分之一的人口。因為其體制上的去中心化，所以奧匈帝國只能勉強在軍事花費上，與其它大型強權一較長短。它穩定，但薄弱。卡林提亞誕生的小說家穆西爾很巧妙地捕捉當代人對這種受阻之帝國主義的意識：

並無野心要去擁有世界市場或是世界權力。此處位居歐洲中心，世界舊軸心的聚焦之處，字眼如「殖民地」以及「海外」聽起來有些內容，但是未曾嘗試過以及遙不可及⋯我們花費大量金錢在軍隊上；但只足夠確保維持在強權之中最弱國的第二名。

誠然，對內部的改革有週期性的辯論。在一八六七年以後，這改革將人多數的權力分割為一個多元的奧地利以及一個以馬札爾人為主宰之匈牙利的「雙元」（'dualism'）帝國，卻製造出無數的異常情形，像這玄妙的Kaiserlich-könig（皇帝—國王）（k.k.）以及Kaiserlich und könig（皇帝和國王）（k.u.k.），啟發了穆西爾去為這國家取了「卡卡尼亞」（'Kakania'）的綽號：

> 在書面上她稱呼自己為奧地利—匈牙利王國；然而，在說話時，我們以奧地利來提及之；亦即做為國家來說，奧地利根據宣誓已經被放棄，但在所有有關情感之事上，被保留下來，做為一種徵象：感情其實就像憲法一樣地重要，以及規定並非是人生中真正嚴肅之事。根據憲法，她是自由化的，但政府系統卻是官僚的。政府系統是官僚的，但一般對政府的態度卻是自由的。在法律之前所有公民平等，當然並非所有之人皆為公民。這裡有個國會，但國會是如此充滿活力地使用其自由，所以它通常是被關閉的；這裡也有緊急權力法案，據此可以在沒有國會下處理事情，但每次每個人正要為專制政治感到欣喜時，皇室卻下令必須再度回到國會政府。民族之間的鬥爭⋯如此劇烈，所以它們每年會有幾次造成政府機器卡住，完全停擺。但是在這期間，在現任政府與下任政府之間喘息的時刻，每個民族和其它民族卻是相處融洽，其行為就好像沒緊要之事般。

捷克人特別對自己在波希米亞的次等地位感到困擾及不滿，因此在一九〇七年引進普遍男性參政權後，能夠對他們的不滿做出更直率的表達。但追求某種哈布斯堡聯邦主義的規劃，未曾離開紙上作業。德國化的替代方法，也不是那脆弱語言拼圖的奧地利所能享有的選項；最多能夠做到的是維持德語做為指揮軍隊的語言，雖然帶來了被捷克作家亞羅斯拉夫・哈塞克在《好兵帥克》（*The Good Soldier Ševjk*）極可笑的諷刺結果。相反地，匈牙利持續要「馬札爾化」王國裡構成幾乎一半人口的非匈牙利人的運動，結果只是引爆民族主義的情結。假如這時代的潮流是趨向多元文化，那維也納必然是世界的羨慕對象：從心理分析到分離主義運動，維也納在這世紀之交的文化場景，是族群相互澆灌之後，所能帶來之益處的最佳宣傳。但假如這時代的趨勢是朝向同質性的民族國家，那雙元王國的未來前景的確坎坷。當諷刺家卡爾・克勞斯稱呼奧匈帝國是「世界毀滅的實驗室」時，他心中所想的正是在多層次之政體（——這被克勞斯綜合為一個「貴族—民主—財閥—官僚大雜燴」，aristodemoplutobürokratischen Mischmasch——），以及一個多元族群社會之間逐漸升高的緊張。這正是穆西爾所正要說的，當他形容奧匈「只是一個現代世界特別清楚的例子」：因為「在那國家…每個人都不喜歡其他每個人設法想一起相處…這在早一些時已經成型」。光憑對年邁皇帝法蘭西斯・約瑟夫的尊敬，並不足維持住這纖弱的架構。它甚至會以炸裂的方式結束。

假如奧匈是穩定但脆弱，俄羅斯則是強大但不穩定。「有條看不見的線，就像蜘蛛網一樣，它從皇帝陛下亞歷山大三世心中直接出來。另外有條線則是直接貫穿過所有的部長，經總督閣下，然後往下至士兵行伍階層，直到抵達我以及甚至更下層的士兵，」警察尼基法力克向年輕的馬克欣・高爾基解釋。「每件事…都是以無形的力量，被這條線連接一起、綑綁一起」。俄羅斯之集權化，就如奧匈帝國之去中心化、去集權化一樣，似乎足以勝任與西歐強權維持在軍事勢均力敵的任務。除此之外，俄羅斯執行「俄羅斯化」的選項，很侵略性地將俄語加諸在其龐大帝國裡其它少數族群身上。因為構成帝國全部人口約五十六％的非俄羅斯人有人數上的優勢，所以這種俄羅斯化是個有野心的策略。但俄羅斯的經濟似乎對沙皇及其部長造成最大的挑戰。儘管農奴在一八六〇年代廢除，但這國家的農業系統在組織上仍是社區性的，或許可以說是比較靠近印度、而非普魯士。但是要去建立一個富庶農夫地主的新階級（—有時候以kulaks（獨立富農）為人所知，這是因為他們被認為小氣吝嗇之故，而被如此稱呼—），卻只得到有限的成果。從狹隘的經濟角度來看，以推動農業生產以及外貿來資助工業化，這是成功。在一八七〇年及一九一三年之間，俄羅斯的經濟是以年平均約二點四％成長，比英國、法國及義大利還快，只稍微落後德國（二・八％）。在一八九八年到一九一三年之間，生鐵產量增加超過兩倍，生棉的消耗量成長八〇％，而鐵道網路成長超過五〇％。同樣在軍事上，國家所引導的工業化似乎行得通；俄羅斯在陸軍及海軍的開銷勝過其它歐洲帝國。因此一點都不令人驚訝，德國總理提奧博德・馮・貝特曼・侯維格擔心「在未來幾年俄羅斯逐漸升高的要求以及龐大力量，將根本無法抵擋」。然而將穀物出口視為優先（以支付俄羅斯迅速增加之外債），以及快速的人口成長，限制了普通俄羅斯人所能感受到的物質幸福感，而這些人有五分之四居住在鄉下。農民因為廢除農奴制度而被激起能擁有土地及自由的希望，已經幻影破滅。雖然生活水準幾乎確定是上升（假如從特殊貨物稅的收入能夠做為任何指針的話），但對普遍瀰漫的不平不滿卻沒有療方去對付，正如任何研究法國「古代政權」的學生都可以解釋。不平則鳴的農夫、麻木不忍的貴族、激進但無能的知識份子階層，以及一個擁有龐大但浮動人口的首都城市：這些正是史學家亞歷克西斯・德・托克維爾已經在一七八〇年代法國，指認出是革命的易燃組合成分。期望逐漸升高的俄羅斯革命正在形成中：尼基法力克警告高爾基不要涉入這革命，但徒勞無功。

西歐的海外帝國則是完全另一回事。西歐帝國是三世紀以來商業、征服以及殖民的成果，是一個相當可觀之全球化分工的受益人。在這「帝國主義」（—這字眼早在一八五〇年代末期已經變成貶抑之詞—）

＊的核心是一些大城市，這些通常結合了政治、商業以及工業功能。這些熱鬧的大都會城市就其自身而言，即是人類物質進步的標的，即使它們東端的貧民窟透露出進步的果實其實是何其不公平地被分配。從倫敦、格拉斯哥、阿姆斯特丹以及漢堡往外放射出的線路：航運線、鐵路線、電報線，這些是西方帝國權力的筋肉。定期的汽輪航班將這些大城市連接到全球各個角落去。它們在海洋上縱橫交叉來往；它們在大湖裡航行；它們在可航行的河流上，引擎發出軋軋聲來往。在港埠它們卸下、裝上乘客及貨櫃。從火車站這裡則發射出第二個維多莉亞時期的第二個大網路：鐵軌。沿著鐵軌很有節奏、依據仔細規劃的詳細時間表，一列列蒸汽火車喀拉喀拉地行進著。第三個網路是用銅線及橡膠、而非鐵做的，使利用電報迅速傳遞所有種類命令及訂單變為可能；這些命令（orders）帝國的官員必須遵守，訂單（orders）必須要由海外商人履行；甚至修會（holy orders）可以使用電報與數以千計、認真傳播西歐教義信條以及附帶傳授有用知識給異教徒的傳教士聯絡。這些網路以前所未見的方式將世界結合在一起，似乎要「消滅掉距離」，因此創造出原物料商品、製造成品、勞力及資本的真正全球市場。接著，正是這些市場讓美國中西部及西伯利亞草原有人居住，在馬來西亞種植橡膠，在錫蘭栽種茶葉，在昆士蘭養羊，在彭巴斯草原養牛，從慶伯利坑道挖鑽，以及從藍德（Rand）豐富的礦苗採金。

全球化有些時候被討論地好像是由私人執行者（—公司及非政府組織—）所帶來的自發性過程。經濟史家著迷地繪製圖表，紀錄商品、人員以及資本跨越國界流動，那整幅令人暈眩的成長。對全球生產有關的貿易、移民以及國際借貸都已到達必須在一九九〇年代才能再次見到的層次。單一的貨幣系統：金準制，幾乎

＊從《西敏評論》（*Westminster Review*）一八五八年十月：「為了降低民族的智能活力…向世界展示心靈的反覆不定將會在嚴厲的決心之下屈服：這些是帝國主義為自己所設下的任務。」

被每個主要經濟體採用，這鼓勵後來的世代在回顧一九一四年以前的年代為一個名符其實的「黃金」時代。就經濟而言，這無疑是如此。世界經濟在一八七〇年和一九一三年間，成長地比之前的任何時代更快。然而若沒有帝國，如此高層次的國際經濟整合是無法想像到的。我們必須謹記在心：整體而言，所有歐洲帝國的資產（——奧地利、比利時、英國、荷蘭、法國、德國、義大利、葡萄牙、西班牙以及俄羅斯——）涵蓋地球陸地表面的一半以上，而且統治大致一樣比例的人口。這是之前以及從那之後未曾見過的政治全球化。當這些帝國協同一致行動時，如從一八七〇年代起在非洲以及一八九〇年代起在中國，它們是不容許有任何反對。

西方帝國的最後根據當然還是武力。但，若這些主要西方帝國只是仰賴脅迫而已，它們必然無法維持它們在實際上所持續地那麼久。它們最強的基礎是它們有能力透過殖民地的設置以及與原居民的合作，創造、複製出許多不同比例大小的自己，造成某種「帝國的不規則幾何學」。這意謂著一位體面的英國旅行者，無論他是在南非德爾班、澳洲達爾文或印度大吉嶺，都可以信心滿滿地地去期望可以在當地紳士俱樂部裡，享受到下午茶或是強烈的琴酒。這意謂著一位晚期的維多莉亞時代英國軍官，無論他身在西印度的聖克里斯多夫島、西北非的獅子山國或是新加坡，都可以仰仗對當地語言及法律有可以運作的知識。誠然，每個區域會創造出在歐洲及本地菁英之間那種屬於自己的獨特平衡，這首先、而且主要是依賴當地氣候及資源是否吸引歐洲移民。但到一九〇一年時，一個精雕細琢的一致性儼然浮現，這是以一套發展過的社會階層架構系統為模式，而這外國人誤認為是階級系統，但英國人自己的理解這是從所繼承之身份和由皇家所頒授之地位，所演化出的一套繁複、而且部分並未成文的歸類方式。

所有在一九〇一年已經建立的帝國，設法將不得不為之事轉化為優點。從一八七七年及一九〇三年的德里宮，到維也納慶祝皇帝法蘭西斯．約瑟夫的生日，他們都會舉行多采多姿的慶典活

表 1.1：在 1913 年時的帝國

	領土（平方哩）	人口
奧地利	115,882	28,571,934
匈牙利	125,395	20,886,487
比利時	11,373	7,490,411
非洲	909,654	15,000,000
法國	207,054	39,601,509
亞洲	310,176	16,594,000
非洲	4,421,934	24,576,850
美洲	35,222	397,000
大洋洲	8,744	85,800
德國	208,780	64,925,993
非洲	931,460	13,419,500
亞洲	200	168,900
太平洋	96,160	357,800
義大利	110,550	34,671,377
非洲	591,230	1,198,120
荷蘭	12,648	6,022,452
亞洲	736,400	38,000,000
葡萄牙	35,490	5,957,985
亞洲	8,972	895,789
非洲	793,980	8,243,655
西班牙	194,783	19,588,688
非洲	85,814	235,844
俄羅斯（歐洲部分）	1,862,524	120,588,000
亞洲俄羅斯	6,294,119	25,664,500
英國	121,391	45,652,741
印度	1,773,088	315,086,372
歐洲	119	234,972
亞洲	166,835	8,478,700
澳大利亞及太平洋	3,192,677	6,229,252
非洲	2,233,478	35,980,913
其它	4,011,037	9,516,015
美國	2,973,890	91,972,266
非連續性領土	597,333	1,429,885
菲律賓	127,853	8,600,000
土耳其（亞洲）	429,272	21,000,000
歐洲土耳其	104,984	8,000,000
日本	87,426	52,200,679
亞洲	88,114	3,975,041
中國	1,532,420	407,253,080
亞洲	2,744,750	26,299,950
全世界	57,268,900	1,791,000,000
歐洲帝國	29,607,169	914,000,000
歐洲帝國 %	52 %	51 %

注意：人口總數為整數的約數，因為殖民地人口很明顯是以估計計算的。

動，來慶祝他們在族群上的多元性。英國的帝國理論專家，如佛德烈克・魯憂德，開始辯論究竟「間接統治」（這在實際上等於將相當的權力授權給當地酋長及邦主）會比親力為之的「直接統治」來得更好。即使如此，西方帝國正如其東方之對應者，已經在接近它們的終點，如魯迪亞德・吉卜林在他最好的詩〈退場〉（一八九七年）所預言：到十九世紀末期，英國人維持他們對遙遠屬地進行控制，所必須付出的代價，相對於所得到的好處，已經可見地攀升起來，而這些利益卻無論如何卻只流向一些相當少數的富有投資人身上。基・德・莫泊桑的《一名惡棍的歷史》（一八八五年）對政治菁英、金融市場以及帝國擴張之間所發展出不光彩的糾結，透露出一些韻味：

她正在說：

「啊，他們已經做件非常聰明的事。非常聰明：：這真是很厲害的運作。：：在拉羅什成為外交部長那天，遠征丹吉爾一事已經在兩人之間敲定，而且他們逐步地收購全部摩洛哥的債券，這已經掉到六十四或六十五法郎。它們很聰明地去購買，利用：：一些不會引人懷疑、見不得光的交易人。他們甚至成功地騙過羅斯柴爾德家族，他們很驚訝見到對摩洛哥債券有如此穩定的需求。他們回應的方法是將所有交易人的名字公諸於世，所有都是不可靠、而且窮途末日的人。那安撫了大銀行的疑心。所以我們現在要派出一支遠征軍，而只要我們成功，那法國政府將會保證摩洛哥的債務。我們的朋友將會賺到五千或六千萬法郎。您瞭解這如何運作？：：」

他說：「這真的非常聰明。至於那卑鄙的傢伙拉羅什，我會在這事跟他扯平。這個惡棍！他最好小心點：：我將會因為這點讓他付出當官的代價！」

然後他開始思考。他說得比較平靜：

「但我們應該從中取利。」

「你還可以去買這貸款的債券，」她說，「它還只有七十二而已。」

的確，在國內及一些殖民地擴大參政權，並不必然意謂著去殖民化。如果大英帝國曾有受過歡迎的話，那只有在其存在的最後半世紀才真正如此。但民主化會使其難以辯護為了帝國之安全，在承平時期卻要做出重大的花費，而那時大都會的選民卻明顯地是對社會安全更有興趣。只有在戰爭時期，如英國人在他們征服波爾人的痛苦掙扎時發現到，公眾才能被仰仗號召聚集在旗幟底下；但即使那種情緒也會在勝利代價變高的明顯時，迅速變為幻影而破滅。這即使是最狂熱的帝國主義者也能敏銳地意識到。在十九世紀最後十年離開英國的七十二萬六千人，其中七十二％不是前往到大英帝國其它部分去，而是到美國。「未來數年最大的問題」，《泰晤士報》不安地下此結論：

將是鞏固帝國，將其不同部分與這古老國家、它們共同的起源以及共同的娘家，一起形成有機以及重要的關連，將引導所有殖民地子民來協助帝國（在南非之）需求的高貴衝動，轉變為密不可分之聯合的運作關係。

然而如這報紙所承認，「這問題的解決切不可隨意提出」。

種族混合

舊帝國的世界原先曾是種族大熔爐。無論是在加勒比海、美洲或印度，英國的商人及士兵毫無忌諱和原住民婦女同床共枕，而且在許多情形中婚娶為妻。擁有原住民的妾曾是哈德遜海灣公司雇員的一般作法；東印度公司亦曾積極鼓勵這作法，並在一七七八年時提供五盧比做為每位士兵及其（一成不變的）印度妻子所生孩子受洗時的禮金。英國所解放之奴隸在獅子山國建立殖民地的人，也不反對跨族婚姻。當然，對那些仍然留在新世界為奴的非洲人及其後代，情形當然不太一樣，但跨族混種在那裡仍然持續。湯姆士・傑佛遜絕非唯一會利用權力來滿足性需求的奴隸主人：至少在殖民時期結束的北美，有六萬名的黑白混血的「木拉圖」存在。

「人口擴散」在其它帝國已經走得更遠，在殖民地的定居者往往單身，而非全家人移居。在巴西，早期葡萄牙定居者、土著以及非洲奴隸的性關係是相當沒有限制，即使這大部分會侷限在蓄妾方面。這故事在西班牙美洲大致相同。到一六〇五年時，當西班牙秘魯史學家賈西拉索設法去對「混血」（Creole）一詞做出準確定義，他必須創造出如「Quarteron」以及「Quartratuo」的概念，來分辨混血本身（西班牙及印地安父母的後代）和由西班牙人及混血人所生之後代，這兩者間的差異。荷蘭人定居在亞洲時，也毫不遲疑接受原住民的妻妾（雖然這種作法在南非的波爾人中較為少見）。從加拿大到塞內加爾到馬達加斯加，混血（métis）幾乎是法國殖民聚落普遍的副產品。一位法國殖民作家邁德利克—路易—埃利・莫羅・得・聖—梅里一七九七年所出版有關聖多明尼克島的陳述中，分辨出十三種膚色的色澤。

但是在一九〇一年時，對種族混合有種全球性的反感出現。早在一八〇八年，所有「歐亞混血」

（Eurasians）被排除在東印度公司軍隊之外，而一八三五年通婚在英屬印度中被正式禁止。在一八五七年暴動之後，英國對跨族性愛的態度開始強硬，視之普遍隔離過程的一部份，這現象通常（雖非相當合理）歸諸白人女性逐漸提高的可見度及影響力。但正如吉卜林、薩默塞特・毛姆以及其他許多小說可資見證，＊跨族結合依然持續，但他們的後代則被以毫不掩飾的嫌惡視之。一八八八年在印度服務英軍的官方妓院被取消；在一九一九年的克魯通告（Crewe Circular）明白禁止軍官在整個帝國之內擁有土著情婦。種族混合在這個時候已經意謂種族退化，而犯罪傾向被與土著及白人血液之間的比例來相關連；這些在海外僑民之中被普遍接受。這樣的主題可以在英國統治印度時所產生的兩個最受歡迎的小說中發現到，佛斯特的《印度之旅》和保羅・史谷特的《皇冠上的寶石》，而且造成一場激烈的運動，要避免印度裔法官來聽審涉及白人女性的案件。到一九〇一年時，種族隔離在大英帝國大部分地區已經成為規範。這在南非最為明顯。在那裡的荷蘭定居者從早期便禁止公民（burghers）和黑人結婚。這些布爾人的後代是之後立法的推動力量。在一八九七年在特蘭斯瓦省的波爾人共和國禁止白人女性和黑人男性有婚外情，而這禁令成為在好望角省（一九〇二年）、納塔爾省和奧倫治自由邦以及鄰近羅德西亞進行立法的平台依據。

在許多方面，偽科學只不過是為如此之措施提供複雜的理由而已。如誤解達爾文理論所推論出種族之間生存鬥爭的「社會達爾文主義」想法，或是辯稱說身體及心智的退化是來自於種族混雜的「種族健康」論，這些想法都是在禁令已經執行之後才出現的。這在英屬北美殖民地以及美國特別明顯。從英國人在北美開始定居的最早階段，便已經設計法律去阻礙種族混合，並且去限制黑白混血木拉圖的權益。從早在一六三〇年

＊這種文類的一個好範例是毛姆的〈水塘〉，在裡面一位運氣不佳的亞伯丁商人，徒勞無功地想將他半薩摩亞的新娘給西化。在英屬印度中，表面上看起來的歐洲仕女會被仔細檢查是否有與黑人有關（'tar brush'）的痕跡，例如在她們指甲下有獨特的顏色。

起的維吉尼亞，跨族婚姻是個可被懲罰的罪行，甚至在一六六二年的立法中被正式禁止；馬里蘭的殖民地在前一年通過類似法律。還有其它五個北美殖民地通過如此的法律。在美國建國一世紀之後，至少有三十八州禁止跨族婚姻。在一九一五年有二十八州保留如此的立法；有十個州甚至到達要讓這些禁止種族混雜成為州憲法。在一九一二年十二月甚至有企圖要修訂聯邦憲法，為了「永久禁止⋯黑人或有色人種與高加索種人⋯在美國的通婚」。因為禁止跨族婚姻的合理化基礎會演變，以及因為對種族純淨的新威脅浮現出來，這些種種法律以及憲法條款當然會與時俱變。對白人的白及黑人的黑在定義上現在變得更加準確：例如在維吉尼亞州，任何人有一個或更多個黑人的祖父母，會被定義為「黑人」；但是可能有一位「印地安的曾祖」，在法律上則仍然是白人。根據移民移入的型態，有一些州會將禁令包括「蒙古人」、「亞洲印地安人」、華人、日本人、朝鮮人、菲律賓人以及馬來人。罰則亦為多樣。有些法律乾脆宣佈跨族婚姻無效，剝奪這對配偶有關婚姻的法律權益；其它的則明確訂出長達十年的監禁。但這底層的動機似乎是相當地一致以及持續著。

法律上的禁令並無法防止有相當數量混血人口出現在北美洲。正是這種社會現實似乎提高（—假如它沒有在實際上創造出—）對族群混雜的焦慮，進而產生一大群有關這主題或多或少聳人聽聞的文獻。羅伯・諾克斯在一八五〇年出版的《人類種族》（*The Race of Men*）強烈地駁斥從「種族混雜」之中會產生任何好結果的想法；「木拉圖」是「自然界的畸形」。反對族群混雜最有影響力者之一，包括瑞士—美國的多元發生論者及哈佛教授讓・路易・魯道夫・阿加西斯。他在一八六三年八月被林肯的「美國被解放之人調查委員會」（American Freedmen's Inquiry Commission）的主持人塞繆爾・格雷得利・侯伊問到：究竟「非洲種族⋯在這國家中將會是一個持續下去的種族；或是它將會被白人種族所吸收、稀釋以及最後被消除掉」。阿加西斯回答說，政府應該「用每種可能的障礙，來阻止種族的混合以及混血兒的增加」：

混血兒的產生對自然所犯的罪，正如文明社會裡近親亂倫對人格純潔所犯的罪⋯這混合的想法對我非但一點都不是提供解決我們困難的方式，反而對我的感受來說是最為厭惡，我認為這是對每種自然感情的扭曲⋯我們應不遺餘力去制止那些忤逆我們較好之天性以及較高之文明以及較純粹之人格的⋯且先暫時構想一下這對我們的未來、共和國體制以及我們的文明會造成何種差異，假如不是由那些從同一根源的民族而來的有男子氣概的人口，而是自此之後竟然由半印地安人、半黑人，夾雜著白人血統所混種生出的陰柔軟弱後代，來定居美國時⋯我對這後果不禁感到寒顫。⋯我們要如何將一個較低等種族的污點給根除，一旦它的血緣被允許自由地流入到我們孩子的血液之中？

在更廣泛的廢奴辯論中，對有關木拉圖相對的力氣、道德以及生育能力的辯論，甚囂塵上。有些權威人士堅持他們「混血的活力」，而其他人（──特別是醫生以及「種族主義專家」約西亞・諾特）──）堅持他們的退化。在一八六四年，兩位反廢奴的記者發表一篇諷刺的小冊子，稱做《種族混雜：將種族加以混合的理論，施用在美國白人及黑人身上》（*Miscegenation: The Theory of Blending of the Races, Applied to the American White Man and Negro*），滑稽地聲稱混種會使得種族更有繁殖力，這是何以在內戰中南方部隊成功的關鍵，結果引起軒然大波。大多數反對解放的人實際上相信（以知名之古動物學家以及演化論動物學家科普（E. D. Cope）的話來說）：「混血兒不像白人種族一樣好，而且在某些方面會在落在黑人種族之下，特別是那伴隨著具有活力之體格的健壯特質」。根據諾特，種族混雜最後必將導致絕種，因為跨族婚姻之孩子本身即會無法繁殖，或產下無法繁殖之後代。這跨階層的混血兒也被懷疑會對社會秩序造成威脅。社會學家愛德華・拜倫・魯特辯論說，木拉圖是「一個不滿以及精神上不穩定的群體」，要為「所謂種族問題的嚴重階段負責」。後來在亞瑟・丁特爾惡名昭彰小說《對血統犯罪》（見第七章）裡所說的故事，同樣令人驚訝的是已經可以在美國小說，如羅伯・李・杜蘭《南方的呼喚》（一九〇八年）之中找到；在小說裡正是總統自己的千金懷孕生下一個暗膚色的小孩。

因此雖然奴隸制度在美國內戰後被廢除，南方各州不待片刻，便立即去建立種族隔離系統，在這系統裡禁止異族通婚以及性交合扮演核心的角色。在北方雖然沒有正式禁止，但絕非意謂著對跨族關係的容忍。哥倫比亞大學人類學教授法蘭茲・包艾斯推薦異族通婚（雖然只有在「白種男人與黑人女性之間」）做為降低種族緊張的方法。這相當不尋常，但甚少人接受他的願景。甚至如古納・邁爾多《美國的兩難處境》（一九四四年）提及：在種族間的正式障礙移除之後，種族焦慮似乎反而升高。異族夫婦通常會被白人社會流放、隔離，而且只要最高法院仍然支持州政府對異族婚姻的禁令是合憲的，如此夫婦始終只會是少數團體。美國人對種族混合的焦慮更因為十九世紀末及二十世紀初，從東歐及南歐來的新一波移民，而更為加劇，儘管至少在第一代移民中，新移民者執行相當嚴格的內親制。但對異族婚姻的反應採取了最極端的形式不是在美國。而是在歐洲；而且最令人訝異的是在德國。

猶太「問題」

初看之下有些奇怪，對族群混合的敵意竟然會以反猶主義方式呈現出來。在所有族群團體中，甚少有人能勝過猶太人（——至少在原則上——）對內親制的堅持。摩西五書（Torah）在這點相當明白：

當主你們的上帝必帶領你到那你將擁有的土地，而且會在你面前剷除掉許多民族……你必將打擊他們，徹底摧毀他們；你不得與他們建立誓約，也不得對他們示以慈悲：你亦不可與他們結親；你不得將女兒許配給他的兒子，他們亦不可將他們的女兒婚嫁給你的兒子。

在逾越的情形下，神的報復必會迅速且嚴厲。女兒膽敢出嫁到信仰之外的，會被正式宣佈為死亡。有些（——雖非所有——）猶太人社區會相當嚴厲地遵守禁令。例如在英國，在十七世紀末重建的小型猶太社區，在一八三〇年代之前只見到非常少數與外界的婚姻。所以當拿丹・羅斯柴爾德女兒叛教，婚嫁給亨利・費茲羅伊，這讓家族極為憂傷，讓社區十分沮喪。甚至儘管這猶太社區的規模是相對地小，猶太人與非信徒之間的連姻比例在一九〇一年之前的英國仍然很低。在維多莉亞時期，反對跨族婚姻的情形或許在猶太人自己之中，比在非猶太人中或許來得強烈，這麼說並不為過。但這卻仍無法避免英國文學中浮現出對猶太人之性慾的焦慮。一個早期的例證是喬治・法夸爾一七〇二年的劇本《雙胞胎對手》，裡邊好色的摩百特先生，隆巴底街的富有猶太人，秘密送一位年輕女性到他的家中，去生育他的私生子，這他希望以猶太人方式養大。威廉・霍加斯的《妓女生涯》在一七三三年被迪奧菲勒斯・希伯改寫成戲劇，進一步發展猶太人好色的主題；更多猶太通姦者及好色客可以在亨利・菲爾丁的劇本《露西小姐在鎮上》或是托比亞斯・斯摩列特的《羅德列克・藍登的冒險》和《派利革林・皮可爾的冒險》中找到。那十八世紀所嘲諷的，十九世紀則將其浪漫化。「流浪的猶太人」以及他美麗（但或許可以改宗）的女兒是小說，如史谷特的《艾凡赫》和約翰・高爾特的《流浪的猶太人》，更不用提喬治・艾略特相當溫和的《丹尼爾・德龍達》中常見的角色。在十九世紀結束時，相比之下，猶太人在英國文學裡已經和「白人奴隸」緊密相關。「白人奴隸」是賣淫的美化字眼。

德國經驗是不同。因為他們是如此晚才擁有海外帝國，德國人是在一個相對晚的時候，才採取「科學的」種族主義。古比諾的《論人類種族之不平等》一直要到一八九八年，才有德文翻譯。而因為非常少德國人移民到赤道的殖民地，他們於是比較有可能將進口的社會達爾文主義以及「種族健康」的理論，用在猶太人身上（——這是他們可以辨認出最接近的「外來」種族——），而不是用在非洲人或亞洲人身上。作曲家理查・華格納提供很好的例子，見證種族這「模因」如何傳到德國的方法。華格納在一八八〇年以法文原著閱讀古比諾，並且立即接受德國民族正逐漸降低自己的種族純粹性，而這他多少有些怪異地回溯到一六一八—四八年的三十年戰爭中，入侵軍隊曾強暴德國婦女的結果。在華格納眼中，任何德國人與猶太人血液的混合尤其特別有害。早在一八七三年（——換言之，甚至在他閱讀古比諾之前——）華格納已經拒絕跨族的婚姻是「解決〔猶太〕問題的方法」，辯稱說「那時將不再有任何德國人，因為金髮的德國血液並沒強大到能抗拒這吸血鬼」。我們可以看到諾曼人和法蘭克人成為法國人，但猶太血液遠比羅馬人血液更具侵蝕性。」其他人依循類似的思路。古比諾的另一名信徒，柏林的哲學家以及經濟學家尤金・杜靈在《猶太問題為種族、習俗及文化之問題》（一八八一年）中，悲悼「猶太種族之個性特徵被移植進來」，並呼籲要禁止跨族的混合婚姻，以保存德國血統的純淨。迪奧多・弗里奇的《反猶主義要點問答》（一八八七年）警告德國人要避免與猶太人有任何種類接觸，以保持他們血液的「純粹」。他對十誡的新說法包括：「你們要認為以猶太事物來污染你們民族的高貴本質是種罪行。要知道猶太人血液是無法被摧毀，並會在所有未來的世代中，以猶太人方式來塑造身體和靈魂」。「防範你們之中的猶太人，」另一個人警告說，因為沒有德國人可以確信他所有的祖先都曾抗拒過猶太人的污染。德國種族思想的定調作品，《十九世紀之基礎》（一八九九年），事實上是由一位英國人休斯頓・斯圖爾特・張伯倫所寫；他在二十幾歲時移民德國，婚娶華格納的一位女兒。張伯倫辯稱說，德國面臨種族同質性或是「混亂」兩者間的選擇。泛日耳曼聯盟的領導人海恩利希・克拉斯是另一位認為「一半混血」的混血兒在德國社會中扮演著有害的角色。

有些德國的反猶文學是粗糙地色煽腥。如同在英格蘭，德國這裡也有聳人聽聞的指控，認為猶太人在組織賣淫上扮演主導角色。標題為《妓院的猶太人》的小冊子，聲稱猶太人認為「腐化我們的處女、交易少女以及引誘女人不是罪惡，而是向他們的耶和華所進行的祭祀犧牲；相同情形亦適用於他們藉此促成之退化疾病以及傳染病的散播」。猶太裔德國女性主義者如柏塔・帕本漢指出，許多「白色奴隸交易」的受害人其實是來自東歐的猶太少女，但這些說法都徒勞無功。好色猶太人引誘或強暴非猶太女性的定型化看法，亦大約在這時候第一次出現在德國人對猶太人的醜化中。另外以相當不同方式來造成轟動的是，有一些書籍設法揭露被認為最高貴血統之家族，其實具有猶太祖先。一本模仿並戲謔貴族手冊《勾塔貴族目錄》（*Almanach de Gotha*）的書籍，叫《半勾塔》（*Semi-Gotha*），其作者們聲稱有超過一千個古老貴族及最近才成為貴族的家族，曾透過婚姻而成為部分或完全猶太。與如此掏糞糾結一起的是更邪惡的暗示，要以激進徹底的方式來「解決」所謂的「猶太問題」。東方學學者保羅・德・拉戛德在《猶太人與印度日耳曼人》（一八八七年）中，形容猶太人為「帶來退化的人」，將他們與「旋毛蟲和桿菌」相比較。在如此情形下，最好的治療方式是藉由「手術的干預以及醫療」來加以「根除」。在一八九五年帝國國會辯論中，反猶的國會議員赫曼・阿瓦德特提及猶太人為「霍亂桿菌」，要求權威當局「滅絕」他們，正如英國人已經在印度滅絕「惡棍」一樣。早在一八九九年，反猶的德國社會改革黨要求對「猶太問題」進行「終極解決」，採取「完全隔離以及（假如若自衛上有需要的話）最終將猶太民族根除」的形式。種族淨化者阿佛列德・普洛茲的德國種族優生協會亦要求「將人口中較沒價值的成分給滅絕掉」。

非常容易從如此之宣言畫出一條或多或少的直線，連到希特勒的死亡營去。但此處仍須強調，在這世紀之交還是有強烈的相反趨勢存在著。正如經常被提及，在一九〇一年的人若設法要預測未來的「大浩劫」，必然不會挑選出德國為必須要負責的國家。猶太人構成不到一％的德國人口，而那比例在二十年來不斷下滑。就絕對值與相對值來看，有遠遠更大的猶太社區存在俄羅斯的西部行省（見第二章）以及奧匈帝國的東邊部分，特別是加利西亞、布科維納以及匈牙利本身，更不用提羅馬尼亞以及，這點應該強調，美國：這國家已經有全世界最多的猶太人口。在一九〇〇年，猶太人口超過一萬人的五十八個歐洲城市中，只有三個（柏林、波森及布雷斯勞）是在德國，而只有在波森的猶太社區構成超過五％的人口。除此之外，同化過程在德國比在俄羅斯及奧地利更遠有進展。猶太人與非猶太人之間婚姻的法律障礙在一八七五年時已經移除，讓德國與比利時、英國、丹麥、法國、荷蘭、瑞士以及美國處於相同狀況。（匈牙利在一八九五年才隨著腳步，而在奧地利其中一方必須改變宗教，或雙方同時登記為不屬任何宗派，但在沙皇的俄羅斯則仍是非法。）其結果是驚人的。在一八七六年約有五％普魯士已婚猶太人，是以非猶太人為配偶。到一九〇〇年時，這比例升高到八・五％。就帝國整體來說，這比例從一九〇一年的七・八％升高到一九一四年的二〇・四％。如此統計數字必須小心使用，因為異族婚姻的內在機率與涉及之兩族人口的相對大小有關；若其它條件一樣，在猶太社區母數相對為小的情形下，如此婚姻在過去與現在發生的比例都是較高。但是同時代之研究者對這事實還是相當訝異：異族通婚比例在德國最高的地方是那些猶太社區最大者，亦即柏林、漢堡及慕尼黑等大城市。在一九〇〇年代初期，在漢堡大約五位猶太人有一位在結婚時，是以非猶太人為其配偶；柏林沒有落後太多（十八％），後面跟著慕尼黑（十五％）以及法蘭克福（十一％）。異族通婚在布雷斯勞也有可察覺到的增加。這數字在奧匈則是顯著地較低，甚至即使在維也納、布拉格以及布達佩斯亦然；在加利西亞以及布科維納，則幾乎沒有與異族通婚。同樣，猶太人在美國比在同時期的德國更少與異族通婚，反映出大部分猶太人是從同化比較沒有進展的東歐，移民到美國去；甚至一直要等到一九五〇年代，美國的猶太人才開始像一九〇〇年代的德國猶太人一樣，往外尋求結婚的對象。瑞士及英國亦是落後；只有丹麥及義大利的社區顯露出可以相比的猶太與異族通婚比例。在波森出生的社會學家亞瑟・魯頻眼中，這趨勢對在柏林及漢堡的猶太社區「構成一種對其持續存在的嚴重威脅」。另方面，他不得不觀察到，這種異族婚姻的散佈也證明那些反猶主義者所做之主張的虛假：這些人認為「猶太血液摧毀了純粹的『雅利安』種族，以及生理上對彼此的厭惡是如此，所以這兩種族之間的婚姻是不自然的⋯締結婚姻的雙方當然才是之間是否存在任何身體厭惡的最佳裁判！」

當反猶主義者要求針對猶太人要有法律歧視時，因此必須非常小心去定義他們所意謂的猶太人為何，因為異族通婚之下的後代已經有相當的人數，即使這些異族通婚所生子之平均數量是明顯地少於「純粹的」猶太人或是「純粹的」基督徒的婚姻，而這恰好與一些反猶主義者所擔心的相反。在一九〇五年時，單單在普魯士就已經有超過五千對異族連姻的夫婦，而在一九三〇年時，則是介乎三萬到四萬對之間。在二十世紀前三十年，如此異族婚姻所產生的孩子數量則是介乎六萬及十二萬五千之間。事實上由如此夫婦所生下來的孩子中，只有少數是以猶太人方式來撫養，雖然從種族主義觀點來看，這點並沒差別。由泛日爾曼領導者克拉斯在一九一二年所設計出的判定標準是：任何人在一八七一年帝國成立的日子時，屬於某個猶太宗教社區，便是猶太人，他們的後代同樣也是：「因此例如說，一位猶太人的孫子在一八七五年皈依新教，他的女兒與一位非猶太人結婚，例如說一位軍官，將仍會被視為猶太人」。他覺得有必要寫下如此的句子，本身便是有意義之事。

德國的政治文化也並非特別容易接受反猶主義，雖然反猶政黨在一八八〇年代及一八九〇年代享受過短暫時期的成功。馬克思（──他本身即為叛教的猶太人，婚娶一位非信徒──）平等以及世俗的教誨，在全世界沒有一個地方比在德國更普遍地被接受；到一九一二年時，德國的社會民主黨是這國家那絕非無能之帝國國會（Reichtag）裡的最大政黨。無疑地有些德國社會主義者無法完全免除於反猶主義，因為他們已經從一八四八年世代繼承下來，將猶太人與資本家之間的區別給模糊掉，但德國社會民主黨的領導階層始終如一地反對種族歧視的觀念。當美國一州又一州地引進對禁止異族通婚的法律、甚至成為州憲法，帝國國會仍拒絕在德國殖民地引進類似的法律。猶太人確實在威廉凱撒統治下，沒有遭受過法律上的歧視。此外，猶太人接受高等教育以及進入專業領域的機會，和歐洲任何其它地方一樣地好，假如沒有更好的話。但是猶太人卻更遠遠可能會在沙俄境內成為歧視及甚至是暴力的受害者。這正是何以在這世紀之交會有如此多的猶太人離開俄羅斯帝國，前往德國、奧匈以及更西邊的目的地。的確，我們無法理解在二十世紀猶太人發生何事，除非是在這種往西出走的脈絡之中，而這出走經常會帶來傳統猶太習俗的鬆動，其中最明顯的即是猶太人內親制鬆動。

對一些猶太人來說（──不只是魯頻，還有菲利克斯・泰爾哈伯及其他人──），這種跨族婚姻的增加只是「猶太宗教之衰頽」的徵象之一，這也出現在叛教、自殺、低生育率以及肉體及心智的退化。甚至這正是魯頻逐漸加強的信念：同化正是意謂猶太教的死亡，而這促使他從猶太教皈依為錫安主義（Zionism）的信徒。但在其他人眼中，跨族婚姻在事實上卻是解決猶太「問題」的答案。在普列斯堡出生的猶太人利奧波德・康珀特一八七四年的故事《廢墟之間》，描述一位猶太男孩與一位基督教女孩之間的愛情是同化的象徵，是對付迷信及偏見的解毒劑。正如奧地利社會民主黨員奧圖·鮑爾所說：「這所有猶太問題的最後一項」，將可以由「在愛情中年輕男性的傾向以及年輕女性的選擇」來加以解決。其他提倡跨族婚姻的德國人包括錫安主義者布呂赫，他相信灌輸勇武的「雅利安」基因將會強化東歐猶太人的性質。以皈依基督教的奧圖·衛寧傑的話來說，「配對的本能是最能移除個人與個人之間的限制，而猶太人最能打破如此的限制」。甚至有些反猶主義者也臣服在這種本能之下。十九世紀末的時勢評論者威廉·馬爾，《猶太戰勝德國》（一八七九年）的作者，通常被認為創造出「反猶主義」（anti-Semitism）這個字詞。馬爾呼應尼采所擔心的「未來及生命是屬於猶太人；屬於德國的是過去以及死亡」。但是在他具有顯露性的自傳性文章，標題為〈在親猶太主義之內〉，馬爾承認在學校以及後來在波蘭成為青年時，曾有猶太裔女友。他也回憶在一艘橫渡大西洋的汽輪上，與兩位年輕猶太女性打情罵俏。馬爾共結婚三次：一名妻子是一位叛教者的女兒，一位是「半個猶太女人」，而第三位則是「百分百的猶太女人」。如魯道夫·洛文斯坦曾經評論過，「性的因素是構成反猶主義基礎中，一種最強大但沒被承認的動機之一」。簡而言之，在德國人與猶太人之間有那值得被稱為「愛恨情仇」的關係存在。那些推論出跨族婚姻、生育率以及叛教趨勢的人，並非不合理地認為猶太「問題」，至少在德國，已經是在回答自己：透過同化而來的自願性消解。

反猶經濟學

反猶主義在一九〇一年所關心地不只是對種族混雜的恐懼。這麼說幾乎是多餘的。經濟上的不滿也是一樣重要。正是在十八及十九世紀解放之後，那些稱做阿胥肯納金的中、東歐猶太人在社會及經濟上異常的流動性，創造出一群反猶政策的核心支持者。那些覺得羅斯柴爾德家族及其親友從操控股票交易來獲得不法利潤的人，對種族優生不是特別有興趣。作家如法國人阿爾豐斯・突斯奈爾《猶太人，新時代之王》的作者，是位激進左翼人士，對猶太銀行家在突斯奈爾所稱之新「金融封建主義」裡扮演的主導角色，感到氣憤。馬克思自己也寫了一篇評論文章「論猶太問題」，指出資本主義者，無論其宗教為何，才是「真正的猶太人」。認為猶太人是「寄生蟲」的類似敵意，也被法國社會主義者皮耶・約瑟夫・普魯東和俄羅斯無政府主義者米凱爾・巴枯寧表達出。不擇手段的猶太金融家是在十九世紀大多數歐洲國家文學中會出現的角色；不僅出現在古斯塔夫・弗來塔格《借方與貸方》，也現身在巴爾札克《尼色穹豪宅》、左拉《金錢》以及安東尼・特羅洛普《紅塵浮生路》。左拉的袞德曼（Gundermann），例如說，是純正的「金融王，股市及世界之主……知道所有秘密之人，可以讓市場隨心所欲地上漲及下跌，正如上帝創造出雷電……黃金之王」。愛德華・德魯孟的《猶太法國》（一八八六年）背後的靈感是「一般聯合會社」（Union Genérale）銀行四年之前的崩潰，這德魯孟以及許多其他人怪罪到羅斯柴爾德家族。對奧古斯特・席哈克以及其他許多人來說，第三共和是完全在「猶太金融」的掌控中。

同樣在德國，在十九世紀末政治上最成功的反猶主義者是那些像奧圖・波可的人；他自封為「農民王」，將砲火指向猶太人的經濟角色。他的小冊子《猶太人：我們時代之王》（一八八六年），這到一九〇九年賣出一百五十萬冊，將之前法國人的辯論來加以調整適合黑塞地區農夫的品味，這些人是他的反猶人民黨的主要支持者。波可本人是一八八七—一九〇三年之間的帝國國會議員；一八九三年在這運動最高點時，他是在帝國國會中十七位自認反猶人士中的一位。到這時候，猶太人不僅以身為金融家開始受到攻擊，因為的確值得注意的是德國最富有家族的三十一％是猶太人，普魯士所有百萬富翁裡的二十二％；而且德國猶太人在專業領域理的代表性，令人驚訝地比在企業家或是商業經理人更好。德國人或許佔不到每百位德國人中的一位，但在二十世紀第二個四分之一世紀裡，每九位德國醫生裡有一位是猶太人，六位律師裡有一位。還有超過平均值數量的猶太人任職為新聞編輯、記者、劇場指揮以及學術研究人員。的確，他們只有在一項德國的菁英行業團體中代表性不足，而那是在軍隊裡的軍官團。所以反猶主義有些時候看起來不過是那些成就不足之人的嫉妒而已。然而猶太人在德國如何被看待卻有股相反的影響力在發生，而那便是在十九世紀末以及二十世紀初有逐漸增加的猶太人從東歐移入到德國。到一九一四年時，在德國大約有四分之一的猶太人被定義為外籍或是東方（這包括那些源自於上西里西亞以及波森的邊界行省）。這些所謂的東方猶太人（Ostjuden）是相對貧窮、信仰正統、以意第緒語（Yiddish）為語言，在德國猶太人，正如在德國的非猶太教信徒中，引起相當一樣的反應：不安，幾近厭惡。

猶太人在專業領域上的成功，在奧匈帝國是更為明顯，而在那裡他們無論如何構成了都會人口中較大的比例。他們在維也納知識份子階層上不僅出類拔萃，而且在布拉格的商業圈內扮演主導性的角色。東方猶太人的移民在維也納的數量也比在柏林的多。因此主要是在經濟上的不平不滿的基礎上，如泛日爾曼主義的喬治・里特・馮・循那赫以及基督教社會主義者卡爾・呂以格這些反猶主義者，能在戰前的奧匈得到政治上的勝利。正是從一八九七年一直到一九一〇年擔任維也納市長的呂以格，在非常迅速的社會同化脈絡中，具體而微地濃縮出要執行反猶主義時所面對的挑戰；當時他宣布說：「我決定誰是猶太人」。當英國猶太人代表會主席奈維爾・拉斯基在二十年之後拜訪維也納，當時的商業部長很愉快地向他解釋，呂以格的反猶主義「是科學的，因為當呂以格說『他是猶太人，因為我說他是猶太人』⋯他因此避免針對有用之猶太人所發動的反猶主義」。

如這句話所顯示，經濟上的反猶主義引起相當不同於種族上反猶主義的政策回應。口號「別向猶太人買！」早在一八七六年時就被德國天主教雜誌《日耳曼尼亞》所使用。三年之後從教士轉變為反猶的群眾煽動家阿道夫・史多克，要求將猶太人從教職以及司法系統驅離。如此的提議對非猶太教信徒的小生意人、專業人士以及白領雇員，特別具有吸引力，因為他們覺得沒有辦法去和他們同時代之猶太人的表現相比。「德國國家辦事員協會」是在最早的德國協會中，將「雅利安條款」寫入協會法條及規範之中，明白排除猶太人成為會員。許多學生兄弟會亦如此，包括一些傳統上自由寬容的聯誼會。當柏恩哈德・福司特以及邁克司・李柏曼・馮・宋能柏流傳一篇請願書，要求將猶太人排除在德國公務人員某些部門之外時，他們所收集到的二十二萬五千個簽名其中有四千個是來自大學生。很有意義地，正是一位學術研究人員，史學家海恩利希・馮・特賴奇克在一八七九年創造出這句話：「猶太人是我們的不幸！」

學術份子在泛日爾曼聯盟成員中，代表性特別強烈。聯盟從一九〇八年起的領導人是克拉斯，是威廉凱撒時代最極端的反猶份子之一。他以筆名書寫《假如我是凱撒》（一九一二年），發表一個相當可觀以及充滿不祥預兆的建議清單，來限制猶太人的經濟機會：

1. 德國邊界應該進一步禁止猶太移民。
2. 在德國沒有公民權的猶太居民必須被「立即且無情」地驅離。
3. 擁有德國公民權的猶太人，包括皈依基督教以及跨族婚姻的後代，必須被給予外僑的法律地位。
4. 猶太人應該從所有的公職逐離。
5. 猶太人不被允許在陸軍及海軍中服役。

6. 猶太人應該被剝奪參政權。
7. 猶太人應該排除教育和司法專業以及主導劇院之外。
8. 猶太記者應該被允許只能為明白認定為「猶太」報紙做事。
9. 猶太人不應被允許經營銀行。
10. 猶太人不應被允許擁有農地或是獲得對農地的貸款。
11. 猶太人應該支付兩倍德國人所繳交的稅金，來做為「他們身為外國人民所得到之保護的補償」。

很重要地，克拉斯認為這些「冷漠的殘酷」措施是要解決經濟成長、而不是經濟危機所導致之結果的方法。正是一八三四年所創造的日耳曼關稅聯盟，使得猶太人在德國的興起變成可能，因為猶太人（「一個生而來為金錢及物質進行交易的民族」）比德國人更知道要如何利用這擴大的自由市場：

因為所有這些因素以及許多其它經濟狀況，做生意的機會以史無前例的方式增加。一般德國人緩慢地去適應新的環境⋯甚至，我們或許可說直到今日，所有階級都尚未接受它們；我們特別想到小城鎮裡的中小企業以及幾乎所有的農業。猶太人則相當不一樣⋯因為他們的本能以及精神取向是朝向商業。他們的太平日子已經破曉；現在他們可以大展所長。

除了其它事之外，克拉斯的陳述完美地解釋那種族偏見的起伏，可以因為經濟上揚、也可以因為經濟危機而造成。

德國人的離散

在一九〇一年時，猶太人尚處於那將注定成為深刻變化的初期階段。世界上一千零六十萬猶太人中，有超過七〇%是生活在中歐及東歐的阿胥肯納金猶太人，其中又有三百萬是生活在俄羅斯的領土之中。如我們將見，這些人有強烈的誘因要往西遷徙，而正是如此，有數以十萬計的人數形成了紐約、倫敦東端、柏林、布達佩斯以及維也納的新猶太社區。然而那並不意謂在東歐已成立之猶太人社區的沒落。僅就人口上來說，如果不是在其它方面，他們仍持續繁榮。說猶太人就像二十世紀初的許多其它事情一樣，是正在全球化，應該是較為正確的。同時之間，類似的過程也正在轉化另一個離散團體。德國人以數百萬的數量（—或許總共多達五百萬—）在十九世紀過程中，已經橫渡大西洋，在美國的中西部建立大規模，而且自負為德國人的社區。然而另一個更早的德國人離散卻在同時之間必須面對相對衰落的經驗。

在一九〇一年時，有超過一千三百萬名德國人生活在帝國東邊疆界之外。大約有九百萬人住在奧地利，但約有四百萬人生活在更往東的地方，主要是在匈牙利、羅馬尼亞以及俄羅斯。在波羅的海沿岸、波蘭、加利西亞以及布科維納，還有在波希米亞和摩拉維亞。在斯洛伐克、匈牙利、川斯瓦尼亞以及斯洛文尼亞也可以找到德國人。這些居住地方並沒有侷限在哈布斯堡帝國的疆域內。同樣在俄羅斯領土，在沃里尼亞、比薩拉比亞和多布魯甲，在普魯特河和得涅斯特河河口，以及甚至在伏爾加河南段，都有德國人。現在要從納粹宣傳家在一九三〇及一九四〇年代為他們所做出的誇大聲明中，挽救出這些大致上已經消逝之德國社區的歷史，誠非易事。然而毫無疑問，有許多德國社區可以將其根源往回追溯數世紀。這是在十世紀末，在國王史提凡一世的命令之下，德國定居者首先到達匈牙利西部。在十二世紀，這過程再次重複，當時川斯瓦尼亞的

「薩克森人」＊被鼓勵定居下來，在那裡建立如克勞森堡、赫曼史塔得及比斯翠斯的城鎮。大約同時，德國人社區亦出現在斯洛伐克，特別是普列斯堡（今日布拉提斯拉發）、卡蕭（科希策）以及吉普斯（史畢斯卡），以及在斯洛文尼亞，特別是拉巴赫（盧比里亞那）。這些聚落通常有戰略性質，其意圖是要在基督教世界東部疆界建立防禦工事的聚落。這在波羅的海特別如此。在一四〇五年時，條頓武士團的領域，從易北河整路延伸至那發灣。托恩（今日托倫）、馬林堡（馬博客）、穆滅爾堡（梅梅爾）以及哥尼斯堡（卡里寧格勒），都是由這戰士修會所建立的。但德國人亦在東歐紮下民間與軍事的根。在波蘭許多城鎮，如盧比林以及廉堡（利沃夫），是根據德國法律模式在十三、十四世紀建立的。雖然經常被二十世紀戰爭的蹂躪給消滅掉（最徹底的破壞是在哥尼斯堡），德國在建築上的遺產，仍然可在今日的托倫見到；更無需提及布拉格，在那裡所有德國中最老的大學，便是由皇帝查理四世在一三四八年所建。

儘管之間數世紀的風暴及緊張，德國人在中歐及東歐經常享有（－若非具有主宰性－）特權的地位。不僅德國王朝、德國士兵以及德國官員管理這區域的兩大帝國。他們在波羅的海也是主要的地主。他們是在布拉格及徹爾諾維茨的官員及教授。他們耕種在川斯瓦尼亞最好的田地，並營運在瑞西塔以及阿尼納的礦區。但是創造出這些不同社區的移民並沒有維持足夠大的規模，來完全取代原住民。德國移民的人數無論如何都是少量的，或許在十二及十三世紀時是約一年兩千人。在十五及十六世紀時，德國人在波蘭城鎮的影響力已經是可見地被稀釋。在十七及十八世紀時，最先是瑞典，之後是俄羅斯，限制德國人在波羅的海的殖民活動。哈布斯堡企圖在巴納特、布科維納以及巴爾幹，重新安置德國人（'Swabians'），但只能部分補償這

＊他們其實是來自法蘭哥尼亞（Franconia），不是薩克森。

些趨勢。被皇后凱薩琳大帝吸引到伏爾加河畔及黑海沿岸的德國殖民者，事實上等於與他們祖國的文化切斷關係，正如橫渡大西洋的德國殖民者。在十九世紀下半，非德裔人士多少較高些的出生率，降低了這離散德國人的相對規模。更重要的是，斯拉夫農民大規模從鄉間移民到傳統德國的城鎮，製造出了強烈的「人口壓力」意識。例如說，在一八八〇年到一九〇〇年之間，布拉格市中心的說德語人口，由於捷克人的湧入，從二十一％降低到只有八％。褐煤煤礦城布旅克斯（今日莫斯特）的德國人從八十九％變成七十三％。有些地方，如在波希米亞東北的特勞特瑙（特魯特諾夫）或在摩拉維亞的伊格勞（伊赫拉瓦）較隔絕地方的德國社區，開始認為他們自己是居住在「語言孤島」（Sprachinseln）的居民。如此人口及社會上的轉移能夠用來解釋何以在德國之外的德國人，會在文化及政治上容易覺得脆弱。正是在特勞特瑙的德國工人，在一九〇四年建立德國工人黨。該黨領導人在一九一三年宣布說，他們主要的目標「是維持以及增加德國人的生存空間（Lebensraum）」，來對抗捷克「半人類」（'Halbmenschen'）所造成的威脅。這事實上是在回應一八九八年所創建的捷克國家社會主義黨。

德國最東端的領土也受到類似人口趨勢的壓力。住在東普魯士、西普魯士、波森以及上西里西亞等普魯士行省的德國人，例如說，也對帝國邊緣非德國人口會因為季節性（如果不是永久性的）波蘭移民勞工而大為膨脹，感到不安。（年輕的馬克斯・韋伯正是針對這主題進行他第一次的社會學研究。）梅梅爾（於東普魯士）、但澤（於西普魯士）、布朗伯格（於波森）以及布雷斯勞（於上西里西亞）的經驗，與在奧匈最東邊德國社區的經驗沒有完全不同。但這其中關鍵點是許多德國少數民族所定居的東方區域，也是有相對較為稠密的猶太人社區。反諷地，著眼於後來事件，德國人與猶太人在這些邊界地帶的關係其實有時候是近乎共生。這兩個團體比斯拉夫人更有可能居住在城鎮；他們也說變異的德語，因為東歐shtetl（其直接意義為「小城鎮」，等於德文的Städtl）的意第緒語，基本上是一種德國方言，即使加利西亞的意第緒語經常是以希伯來字母所拼寫的，也沒有比川斯瓦尼亞薩克森人所說的德語更遠離標準德語（High German）。猶太人在波希米亞以及其它哈布斯堡王朝西邊土地裡所說的所謂摩西德語（Mauschel-deutsch），更是接近標準德語。在布雷斯勞的猶太人是德國自由派知識份子的骨幹，不到一半的人嚴守教義，而且有許多人皈依基督教，不再自視為猶太人。在布拉格約有一半的猶太人是說德語，而且認為自己是德國社區的一部份；甚至他們在某種意義上就是德國社區，因為說德語的猶太人構成布拉格裡稍稍不到一半的德國人。如一位出身著名專業人士家庭的布拉格猶太人說，「任何向我們說我們不是德國人的人，我們必然會認為他是瘋子」。同樣在加利西亞，同化意謂著德國化，儘管德國人僅構成人口中的一小部分（〇・五％）。宗教哲學家馬丁・布伯雖然出生在維也納，但是由他在加利西亞的祖父母撫養長大，並且最先在廉堡求學，然後是在維也納、來比錫、柏林和蘇黎世：一個德語世界的知識之旅；最後將他帶到猶太教正統的哈西德（Hassidic）派以及錫安主義。作家卡爾・耶米・法朗佐斯，一位南歐系的賽發迪猶太人之子，在艾爾朗根讀醫，是在加利西亞的村落裘爾特科夫被撫養長大，在徹爾諾維茨就學，這他譽為「德國天堂的庭院」，在那裡他是條頓學生兄弟會的會員。對一位徹底德國化的猶太人像法朗佐斯，加利西亞及布科維納會像是「半亞洲」（Half-Asia），這是他最出名故事及描繪集的標題。就像許多其他人一樣，他的文學之路將他往西帶到維也納、格拉茨、史特拉斯堡以及最後是到柏林。

傳統上是捷克人，而不是那些非猶太教信徒的德國人，是已經同化、說德語的猶太人所無法信賴的。是波蘭人，不是德國人，會儀式性地將猶大的芻像在他們宗教節慶遊行時高高掛起。是白俄羅斯人，不是德國人，當他們看到在傀儡戲台上喝醉酒的哥薩克人毆打瘦骨如柴的猶太人時，會哈哈大笑。只有在十九、二十世紀之交時，這種德國人與猶太人的親密性才開始崩潰。而從一八九〇年代中開始，在維也納、然後是在布拉格的德國人，開始對自願性組織的會員身份，如體育俱樂部和學生兄弟會，採取種族隔離的原則。很典型地，是廉堡一場對猶太妓院老闆所進行的最惡名昭彰的審判，提供許多素材給較猥褻版本的反猶主義者。同樣地，要求限制猶太移民，若非逕自驅逐，在哥尼斯堡會比在科隆更可能獲得掌聲。而在但澤期刊《反猶者的明鏡》（*Anti-Semite's Mirror*）中，卡爾·帕戍提議，將猶太人加以滅絕或是驅逐，是猶太「問題」的最簡單解決方式。是在布拉格，愛因斯坦被任命為教授一事遭到耽誤，因為他「猶太人的出身」，這是在他發表劃時代特殊相對論大約六年之後。是在徹爾諾維茨，那裡移民使猶太人在人口中的比例增加到超過三〇%，所以法朗左斯的猶太人與非信徒之間注定失敗的愛情故事，似乎才有意義。在此處，在看起來似乎又是一個受困之「德國人國度」（Germandom）的東部邊界地帶，甚少人能夠苟同以同化的方法，特別是跨族通婚，能夠解決問題。但是在此是德國人，不是猶太人，開始擔心自己會被消溶掉。

閃亮的世界

一九〇一年的世界經濟上有前所未曾有過的整合。凱因斯在此事是明顯正確，正如他很正確地見到這整合一旦被打斷的話，要恢復則會相當困難。他也同樣正確地見到經濟上的互依互存，與史無前例的經濟成長有關，雖然我們現在可以見到在不同區域與不同國家之間的表現上，其實有明顯的差異（見圖1.1）。在美國的人均國內生產總值比快中國十九倍，比英國以及印度快兩倍。或許從一位《泰晤士報》讀者的觀點來看，較令人警惕的是幾乎所有英國的帝國對手，它們的經濟成長速度大約是英國的一倍半。

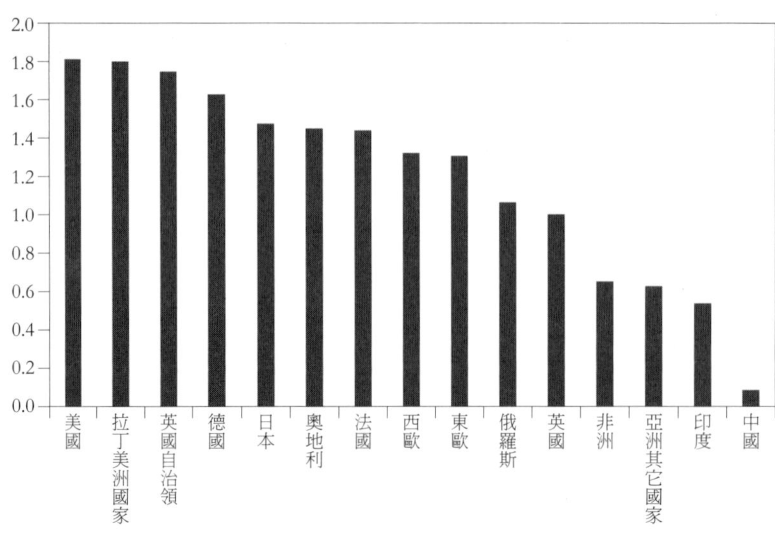

圖 1.1 1870-1913 年間國內人均生產總值之平均年成長率

但當他翻閱日報時，並非經濟的未來前景會讓我們富裕以及健康的白人感到憂慮，而是、尤其是，在這帝國及種族世界裡所具有龐大的衝突潛能。在芝加哥被逮捕，被認為是幕後企圖暗殺總統麥金利的無政府主義者，以他們的姓氏來判斷，皆是猶太人。這是巧合嗎？是否有方法迅速結束在南非的戰爭，但不讓波爾人懷恨在心？法國人與德國人，遑論俄羅斯人及奧地利人，是否注定遲早要彼此再度開戰？究竟有何社會問題，逼使如此多年輕的英國人移民海外，尋求機會？這國家的道德素質是否正在被「世俗主義」、「漠不關心」、「玩世不恭」侵蝕，如基督教衛理會議所擔心？「退化…是犯罪主要原因」，如在阿姆斯特丹「犯罪人類學大會」裡所告知？所有這些消息加總起來，當然不僅僅只是消遣、樂趣而已。有強烈證據顯示出這世界雖然閃亮，但它不是黃金時代。

在這時候誰最瞭解世界？或許這並不完全令人驚訝，對這穆西爾所回憶之「點燃的熱潮」，開啟這新世紀那種異常醞釀的新思想之中，有不成比例數量的主要貢獻者是來自中歐及東歐的猶太人或是猶太人的後代。阿爾柏特・

愛因斯坦的物理學、西格蒙・佛洛伊德的心理分析、忽果・馮・霍夫曼斯塔爾的詩歌、法蘭茲・卡夫卡的小說、卡爾・克勞斯的諷刺作品、古斯塔夫・馬勒的交響曲、約瑟夫・羅斯的短篇故事、亞瑟・施尼茨勒的劇本，甚至是路德維希・維特根斯坦的哲學，這所有並非皆可歸諸做為信仰的猶太教，而是歸諸一個高度數字化以及識字率的特殊環境，可以在當時時代及環境所允許之下迅速同化的少數族群，讓他們思想自由發揮，但卻也同時知曉他們自己個人與集體處境的脆弱性。每個人各以其不同方式受益於全球整合以及傳統宗教障礙消解的世紀末（fin-de-siécle）結合。每個人都在那混雜，在那以如此多元之語言、文化及民族為基礎，但只是脆弱地由它年邁皇帝的重力牽引來集結一起的「卡卡尼亞」中，開花結果。這似乎看起來像是相對論被轉化到政治上去。在一九〇一左右的時間誠然如凱因斯所說，是「一段異常的插曲」。太可惜，這沒法延續下去。

第二章　東方快車

Orient Express

我們要將俄羅斯從革命邊緣拉回來，所需要的是場小型戰爭的勝利。

維亞切斯拉夫・普列夫（此句話被歸諸於他）

黃禍與白禍

在一八九五年沙皇尼古拉二世收到一項非比尋常的禮物：一幅由德國藝術家赫曼・納克夫斯的繪畫，這是以他的君王皇帝威廉二世的所繪的素描草圖做為根據。標題為「黃禍」。它描繪有七位穿著軍服的女性，從一座山頂上焦急地凝視一個接近的暴風。這圖像帶有凱撒那不夠細膩之心靈的印記，不會讓人認錯。每個女性象徵主要的歐洲國家：不列顛尼亞（Britannia）立即由她盾牌上的米字旗被辨識出。有一個大型白色十字架漂浮在她們的上空。一位有翼的天使，手握一把有火焰的刀劍，嚴厲地向聚集形成的風雲擺出姿勢，風雲裡潛藏著一座盤坐的佛陀。在風雲中出現的雷電已經擊到下方平原裡許多尖塔的城市；大火正在肆虐。擔心有人無法掌握這寓言的意義，凱撒親自在一封伴隨的信件裡做出解釋。他寫道，這所描繪的是：

> 歐洲強權，由它們個別的精靈來代表；上天遣來的大天使邁可召喚它們，要團結起來去抗拒佛教、異教以及野蠻主義的入侵，來護衛十字架。重點是特別放在所有歐洲強權的聯合對抗⋯

在他原先素描草圖的邊緣，威廉寫下一個熱情的呼籲：「歐洲國家們，護衛你們最神聖的資產」。他心中所想的資產是他們共同的基督教遺產。「黃禍」顯然是亞洲的「異教思想以及野蠻主義」。其中意涵是假如要維持讓亞洲處於臣服狀況的話，歐洲帝國及美國必須團結起來。在「黃禍」繪製之前的幾個月前，凱撒已經敦促沙皇要與他一起行動，「來開發亞洲大陸，並且要護衛歐洲，免於龐大黃色種族的入侵」。

凱撒的幻想很快實現。就在五年之後，德國的確加入奧匈、英國、法國、義大利、俄羅斯、美國，以及（這應該注意）日本的軍隊，共同鎮壓義和團拳匪之亂，這在一八九八年出現於貧窮省分山東的本土反基督教運動。義和團的拳匪（「正義與和諧之拳」）最先將憤怒指向歐洲傳教士，造成數十個人被殺害；然後他們受到慈禧太后鼓勵，開始圍攻帝國首都北京的外國使館，殺害德國領事。威廉在德國遠征軍即將啟航時說，「這或許是西方與東方一場大戰的開始」。他喚起對五世紀匈奴人的記憶，敦促他的軍隊「要讓德國的名字在中國被記得千年，所以沒有中國人將膽敢再度去蔑視德國人」：

> 你們必須補救被犯下的錯誤……要活得配得上普魯士傳統的堅定！顯示出你們是基督徒……給這世界勇氣與紀律的一個榜樣！……沒有寬恕，不接受俘虜。任何人落入你們手中，便是刀下亡魂！

沒有任何東西比殲滅拳匪更能象徵十九世紀末西方已經建立對東方的主宰；他們所相信的武術以及精靈的魔術，在面對裝備精良的八國聯軍時，徒勞無功。*在解北京之圍後，這支國際武力通過紫禁城，進行「盛大遊行」，在午門為最近過世的維多莉亞女王舉行追悼儀式之前，曾經停下來為大英博物館去「取得」一些古老滿洲的石碑。他們然後深入山西、內蒙以及滿洲進行懲罰的征戰。例如在保定，當地官員因為被懷疑涉及傳教士的死亡，被軍事法庭軍法審判，公開處決；寺廟以及部分城牆被象徵性地炸毀。在山西首府太原，總督因為支持拳匪而被處決；對「殉道」傳教士的公共紀念碑也被豎立起來。這裡有政治及象徵性的報復。在所謂一九〇一年簽訂的「拳匪協議」（'Boxer Protocol'）（辛丑條約），歐洲強權被允許有在帝國首

*義和團相信在經過百日武術的訓練，他們將刀槍不入。在經過三百日之後，他們可以飛天遁地。

都駐軍的權力；中國政府必須支付高額的賠償金（六千七百五十萬英鎊），以及停止武器進口。如記者喬治·林區所言，如果這是文明的戰爭，那似乎毫無疑問是誰是贏家。但這勝利結果是欺騙的。在事實上，西方團結的霸權即將出現第一道裂縫。

雖然凱撒誤引阿提拉攻擊羅馬，多少糟蹋了他演講的效果，但他對「黃禍」的描繪，影射之前東方曾入侵歐洲：摩爾人在八世紀征服西班牙，十三及十四世紀成吉思汗以及帖木兒的蒙古鐵騎大軍，十七世紀鄂圖曼的圍攻維也納。這過程會在二十世紀重複，是世紀末共同的夢魘。俄羅斯的無政府主義者巴枯寧，警告歐洲帝國要提防他們在亞洲的「大遊戲」：「因為亞洲人數是以億計，這些詭計最有可能的後果…是喚醒這到目前為止熟睡不動的亞洲世界，將會再度侵襲歐洲」。哲學家暨詩人弗拉基米爾·索羅夫耶夫辨識出在「遠東一道接近的烏雲」以及「無數的蝗蟲大軍／像牠一樣無法滿足」。在他的《反基督的短篇故事》中，他預言日本人及中國人將會聯手來入侵並征服歐洲，遠及英吉利海峽。迪米粹·馬銘—西比里亞克的短篇故事《最後的閃爍》警告：一個真正黃色面孔野蠻人的潮流…洶湧襲向大陸」。如此的焦慮亦存在英國。牛津史學家查理·皮爾森警告說：「我們將會覺醒，發現自己…被那些我們瞧不起，視為奴隸，並且認為注定要服務我們需求的人，排擠在旁」。皮爾森警告說，雖然它或許「較低等」，但亞洲文明卻是更有「活力」以及「韌性」。「未來將會有一個『黃色』問題，或許是個『黃禍』問題，需要處理。」管理大清帝國海關的羅伯·哈特爵士如此寫下，「這事情之確定，就如太陽明天會照耀一樣」。

然而在實際上卻是「白禍」在威脅亞洲，甚至威脅世界其它地方。在所有歷史中，未曾有任何一個大規模的民族移動，能夠與在一八五〇及一九一四年之間從歐洲外移相比。在這時期全部歐洲的外移人口超過三千四百萬人；在一九〇一到一九一〇年十年間，將近有一千兩百萬人。當然大多數的移動是橫越大西洋，這是從一五〇〇年代以來，從西歐到美洲一直在進行中人口外移的一部份，現在到達最高峰。在一九〇〇到一九一四年間，有一百五十萬人離開英國前往加拿大，大多數永久定居。將近有四百萬的義大利人以及超過一百萬的西班牙人也離開歐洲，其中絕大多數前往美國或阿根廷。然而有逐漸增加的歐洲移民現在往東出發。特別是蘇格蘭人及愛爾蘭人群起前往澳大利亞及紐西蘭；在第一次大戰前夕，幾乎五個英國移民，就有一個前往澳洲、紐西蘭及附近南太平洋諸島的澳大拉西亞（Australasia）；在這世紀中期，則兩位有一位。從英國、荷蘭以及法國的居民也忙碌地在馬來亞、東印度以及印度支那建立大農場。在同時之間，有逐漸增加的中歐及東歐猶太人，受到錫安主義領導人迪奧多・赫茨爾（Theodor Herzl）所鼓舞，移往巴勒斯坦，希望在那裡建立一個猶太國家。＊最後，如我們將見到，有非常大量的俄羅斯人也往東出發，前往中亞、西伯利亞以及之外的地方。大致而言，所有這些移動是自願性的，不像數以百萬計的非洲人在十七及十八世紀被強制遷移到美洲以及加勒比海的農場。然而也有可堪相比數量的契約勞工從中國及印度在一九〇〇年出發，必須在歐洲人所擁有及經營的農場以及礦場工作；他們的處境僅比奴隸稍微好些。想必亞洲人會以更大的數量移往美洲及澳大拉西亞，但是因為在十九世紀末加諸在日本及中國移民的限制，而無法如此做。†

這大規模的民族遷徙是對一種有時是經濟推擠、有時是政治推擠的結合，所做出的回應。許多跨過大

＊錫安主義在本質上是猶太形式的民族主義。正如愛爾蘭人在十九世紀恢復凱爾特（Gaelic）語，所以猶太學者復興希伯來文。它在政治上的表達變得困難，因為缺乏一個明顯的地理焦點、將猶太人限制居住區（見61-62頁）轉變為一個猶太國家，從未是個實際的選擇。從一八六〇年代起，如「錫安之友」（Hoveve Zion）的組織，開始在鄂圖曼控制的巴勒斯坦建立殖民地，這運動除許多人外，還贏得艾德蒙・羅斯柴爾德男爵的支持。布達佩斯出身的新聞記者赫茨爾的書《猶太國家》（*Judenstaat*）在一八六一年出版，原先是草擬為針對羅斯柴爾德家族成為新猶太國家王室的一項提議。

†美國排華法案（The US Chinese Exclusion Act）是在一八八二年通過。在其提議者中有勞工領袖塞繆爾・岡帕斯（Samuel Gompers），其出身是猶太人。

西洋，或是進行更長的旅行到南非、澳大利亞及紐西蘭的移民，他們之所以如此做，是因為土地較便宜，而且勞動會得到比較好的報酬。有少數人離開歐洲是為了逃避種族或宗教的迫害；這對沙俄的猶太人特別如此（見以下）。新世界的社會不僅較歐洲的社會人口較為稀鬆；而且至少在某些方面，更為寬容。但我們絕不能忽視在促使大規模移民變得如此吸引人時，帝國的政治結構所扮演的角色。在一九〇〇年左右離開歐洲的移民者，大致上會前往那些殖民活動已經進行長達三世紀的目的地。從波士頓到布宜諾斯・艾利斯，從舊金山到雪梨，早期的移民者已經建立複製的歐洲城市，其語言及法律與那些「舊國家」基本上相類似，而其習俗在許多方面比較好。即使在歐洲聚落較為有限之地（──如在印度，這已經人口稠密，而且氣候上不適合歐洲人──）帝國會保證或多或少的行動安全。在印度的英國出生人口未曾構成全部數量的〇・〇五％。但是他們卻十分強大，不僅管理這國家，也壟斷它的經濟。許多東亞的大港埠，如我們已見，亦由有特權之歐洲少數團體來經營管理。

我們往往會認為十九世紀的帝國主要是海上的。但是他們也可以相同（──假如不是更多──）的便利來橫越大片的陸地。十九世紀末，沙俄不僅已經在歐洲取得相當大的西方帝國，延伸至芬蘭、波蘭及烏克蘭，而且還有一連串的高加索殖民地，延伸至波斯邊界；沙俄還有一個龐大的中亞帝國，橫越哈薩克斯坦，然後穿過滿洲，遠抵朝鮮邊界及日本海。其間的歐亞民族一個接著一個被降服。的確，到一九〇〇年時，非俄羅斯人構成沙皇領域裡超過一半以上的人口。在一八五八年，俄羅斯利用英國在第二次鴉片戰爭戰勝中國，以及太平天國動亂爆發的機會，趁機掠奪在黑龍江以北的土地；中國亦被迫割讓在烏蘇里江及日本海之間的土地。俄羅斯人正是在此處建立他們主要的太平洋港口海參崴：「東方之統治者」。

或許沒有一件事更能比龐大的橫越西伯利亞大鐵路，更能驚人地象徵俄羅斯在亞洲的權勢；這鐵道從莫斯科延伸到海參崴，長達六千哩，經過伏爾加河畔的雅羅斯拉夫，烏拉山的葉卡捷琳堡以及貝加爾湖的伊爾庫茨克，最後到達朝鮮半島北方的太平洋海岸。在世紀之交時這幾乎已經完全完成；在一八九七年時，最後一段橫越滿洲到達海參崴的一段鐵道已經動工。這橫越西伯利亞的大鐵路戲劇性地減少歐俄及亞俄之間旅行的時間，從數年降低到數日，大大地加速俄羅斯殖民中亞及東亞。在一九〇七到一九一四年間，至少有兩百五十萬名俄羅斯人在從烏拉山延伸到太平洋龐大一片的北亞土地，西伯利亞，過著新的生活。儘管這地帶後來因為成為政治犯流放的目的地而惡名昭彰，但這時只有一小部分的移民是被迫移居到此。無論如何，有許多被流放至此的人，對所看到的景象感到愉悅地驚奇。一八九七年佛拉迪米爾・烏里揚諾夫，一位在學生時期擁抱社會主義的世襲貴族，因為涉及革命性的解放勞動階級鬥爭聯盟組織，被判三年在西伯利亞的「行政流放」。他發現在在米努辛斯科區的石胡獻斯科生活相當舒適。「每個人都發現我在夏天變胖了，皮膚曬成褐色，現在看起來完全像是位西伯利亞人，」他高興地寫信給他母親。「這是你的狩獵及鄉村生活！」當沒有狩獵、射擊以及釣魚，列寧（—他後來想被人知道的名字—）可以自由讀書以及大量寫作。他甚至可以結婚，並將妻子及丈母娘接來一起住。

在更東邊，俄羅斯人的可見度變得稀薄。在一八九五年級一九〇〇年間，只有九萬人沿著黑龍江居住；甚至沿著這西伯利亞邊界的全部俄羅斯人口幾乎只有五萬。像在一九〇〇年代如此之多的亞洲海港，海參崴是個多元族群的城市，其中有在黑龍江灣岸邊的中國城，部分俄化的朝鮮社區以及日本小企業和妓院。將近有五分之二的人口，如俄羅斯人所說，是黃色。如同在殖民地區的疆界，這裡有異族通婚；以一位訪客的話來說：「俄羅斯女人不會反對以中國人為夫，而俄羅斯人也娶中國妻子」。在歐洲男人與日本女人之間也有異族通婚。但如此的混合是在一個毫不模糊的種族層級脈絡下發生。一個海參崴報紙提及「毆打滿洲仔（中國人）」是「我們的習慣。只有懶人才會不去做」。在中俄邊界的哈巴羅夫斯克，典型的俄羅斯居民被說是生活在以中國人勞力所蓋的房子裡……灶炕是用中國磚做的……在廚房中國男孩準備妥當……俄式茶飲。這屋子的主人喝他的中國茶，搭配來自中國麵包坊的麵包。屋子的女主人穿著中國裁縫做的衣服……在庭院裡，一位朝鮮小孩在劈柴工作。

在火車站，外國訪客聯想到英屬印度：

然而這裡不是英國軍官踱著高人一等的自信步伐來來去去，而印度人往旁讓路……這裡是俄羅斯軍官，整齊俐落，在月台上閒步，而畏縮一旁的中國人以及卑躬屈膝的……朝鮮人則讓路給他們……俄羅斯人……白皮膚及文明的西方人，他的步伐是征服者的步伐。

當有較大事情要做時，中國工人是不可或缺的，特別是在鐵道建設及造船。在一九〇〇年，海參崴造船廠十位工人中，有九位是中國人。但俄羅斯行政官員會毫無顧忌地將多餘的亞洲人加以驅逐，以維持俄羅斯人的主宰。在一九〇〇年各國干預拳匪之亂時，有三千到五千名的中國人在布拉戈維申斯克，被拿著鞭子的哥薩克人以及當地俄羅斯警察，強迫游泳越過寬廣和急流的黑龍江到中國那邊，因而溺死。他們沒有提供船隻，而那些抗拒或是拒絕入水的人，不是被射殺，便是被軍刀砍死。這少人知道的事件是二十世紀如此之多屠殺的先行者，充分暴露出俄羅斯人對所有亞洲民族徹底的輕賤。如托木斯克總督尼古來・鞏達第在一九一一年解釋說：「我的任務是要確保有許多俄羅斯人和很少的黃種人」。

雖然他們的亞洲領土已經十分龐大，但俄羅斯人並不滿足。以俄羅斯遠東軍的指揮官海軍將領葉夫金尼・凡諾維奇・阿列克謝耶夫以及戰爭部長阿列克謝・尼古拉耶維奇・庫羅帕特金為首的影響力人物，辯論說至少中國滿洲省的北方，這清朝祖宗的家，應該要併入沙皇的帝國裡，主要是因為要取得西伯利亞大鐵路最後連接到海參崴的土地。俄羅斯人已經從中國租借遼東半島，而且在亞瑟港（Port Arthur，今日旅順）已經有永久海軍基地。拳匪之亂提供實現兼併部分或全部滿洲的機會。在一九〇〇年七月十一日，俄羅斯政府警告在聖彼得堡的中國大使，將會派遣部隊去滿洲，保護當地俄羅斯人的資產。三天之後，俄羅斯人不顧中國威脅要砲擊任何從黑龍江沿流而下的運兵船，衝突於是發生。三個月之內，所有滿洲落入十萬名俄軍手中。「我們不能半途而廢，」沙皇寫道，「滿洲必須從北到南佈滿我們的軍隊」。似乎唯一擋住全盤接收的障礙是其它歐洲強權的抗拒。單獨這項便讓聖彼得堡三思。俄羅斯承諾撤軍，但扯後腿，強迫中國人要將實際上、若非法理上的主權讓出。自得自滿的俄羅斯人忘掉的是，他們的力量，特別是他們在科技上的優勢，不是上天賜給白皮膚之人來永久壟斷。事實上並沒有生物學上的因素會禁止亞洲人去採用西方形式的經濟及政治組織，也無法禁止去複製西方的發明。第一個想出要如何做的亞洲國家是日本。

對馬

自從一八六八年天皇權威復原，十五歲的天皇睦仁（明治）從京都被找出來，成為東京新政權的傀儡，日本已經開始進行一個急速的經濟、政治及軍事體制現代化。天皇成為一個普魯士風格的君王；神道教成為國教，就像北歐具有民族主義色彩的新教教會；以薩摩武士為人所知的封建武士，被轉化為歐洲型態的軍官團，他們的隨從則由徵召的士兵所取代。這國家也有嶄新的政治及金融體制。在一八八九年日本採行一個以普魯士為範本而仔細模仿出的憲法。日本的財政及金融體制歷經改革；現在日本有中央銀行和以英國金準制為根據的貨幣。此外，她到目前為止的農業經濟已經隨著紡織業的成長以及稱作「財閥」企業集團的出現，而開始工業化。即使在服裝上，日本領導者也西化，民間是持重的黑色禮服，士兵則是剪裁合身的藍色制服。但是策動這些轉變的人，如伊藤博文、山縣有朋以及松方正義，皆絕非盲從的西化論者。反而是他們設法駕馭西方體制來符合日本的目的，一個濃縮為「富國強兵」的計畫，相信日本的「國體」只能以擁抱「西方科學」才能保存。這其中目的不是要讓日本屈服在西方之下，而是恰好相反；讓日本能夠抗拒西方的主宰。新的「明治」（其意為「開明統治」）憲法或許標有「普魯士製」，正如新海軍看起來像是英國的，而學校看似法國的。天皇及其大臣或許會跳西方舞蹈，甚至違反日本傳統禮儀，笑出西方的笑容。但是他們底層以及極其嚴肅的目標一直都是要將笑容從歐洲人臉上給抹除掉。這只有一種方法去做到。那便是贏得戰爭。

在一八九五年日本向中國開戰。日本勝利是如此迅速以及全面，所以歐洲觀察家既印象深刻，又心生警惕。俄羅斯、法國及德國趕忙施壓日本放棄除了福爾摩沙島（現今台灣）＊之外的領土要求，以交換一大筆金錢的賠償及其它經濟讓步，雖然這些實際上等於承認日本是中國「不平等條約」體系的新平等參與者，因此才會有日本參加一九〇〇年國際討伐義和團拳亂的征戰。沒有人比庫羅帕特金對這「黃禍」的新表現更為

＊日本擴張其實始於一八七〇年代，當時她兼併小笠原群島和千島群島（一八七五年），以及包括沖繩的琉球群島（一八七九年）。原先日本在一八九五年的要求包括遼東半島。日本人在不情願之下交出後，它卻於一八九八年被俄羅斯租借並且佔領，日本人對此覺得相當喪氣。

警惕，他堅信二十世紀將會見證「在亞洲基督徒與非基督徒的大鬥爭」。他在一九〇三年造訪日本之後，向沙皇報告說：「我驚訝其高程度的發展⋯無疑地這人民在文化上和俄羅斯人一樣先進⋯大致來說，日本軍隊讓我認為是支有效的作戰武力」。讓庫羅帕特金憂慮的是，這支軍隊會對旅順造成直接的威脅。旅順遠離聖彼得堡，但卻十分靠近東京。

沙皇在一九〇三年任命阿列克謝耶夫為遠東總督，沿著鴨綠江部署俄羅斯部隊。這激怒日本，因為見到他們自己要殖民朝鮮的野心受到直接威脅。他們不是沒道理地提出瓜分的妥協：若日本在朝鮮的利益被認可，俄羅斯可以在滿洲維持其主宰。俄羅斯的回應是不屑一顧。如旅順報紙《新疆界》的編輯所說：「日本不是一個可以向俄羅斯下最後通牒的國家，而俄羅斯不應該從如日本這樣的國家收受最後通牒」。在一九〇四年二月五日，日本駐俄公使在聖彼得堡就是遞出這樣的最後通牒。四天之後開始在仁川港發生最初的交火。當晚日本海軍對旅順進行魚雷攻擊，擊沈主力艦沙皇太子號以及巡洋艦帕拉達號。次日，日本人繼續對仁川的俄羅斯船艦造成損傷。這些攻擊是在正式宣戰之前發生的。俄羅斯先是無法置信，然後是以憤怒回應。一支激發人心的愛國歌曲被編寫來禮敬瓦良格號的船員，他們在仁川被十五艘日本軍艦圍困，但仍拒絕投降：

我們正在離開安全堤岸前往戰場，
朝向那威脅的死亡。
我們會在開闊大海為祖國而死，
在那裡黃色臉孔的魔鬼正等待我們！

……

沒有石碑沒有十字架會標記我們
為俄羅斯軍旗的光榮而戰死之處。
只有大海波瀾將會榮耀
瓦良格號英勇的殘骸。

沙皇和他的部長決心要以最大的軍力來反擊報復。庫羅帕特金被任命為遠東指揮官，而斯提潘・歐希波維奇・馬卡洛夫海軍上將則被調去負責旅順的海軍行動。在六月，沙皇決定要派出俄羅斯帝國艦隊的菁英，第二艦隊，從波羅的海出發到實際上等於地球的另一端。聖彼得堡的人民很有信心地盼望勝利以及復仇。如一位俄羅斯軍官所言，日本軍隊雖然「不再是亞洲散兵游勇的雜牌軍」，但「仍非現代化的歐洲軍隊」。只需俄羅斯軍隊「用我們的軍帽來砸他們」，就足夠讓他們亂掉陣勢。新聞形容日本人是小個子、黃色的猴子（makaki），在俄羅斯母親巨大的白色拳頭之前，倉皇失措、逃之夭夭；或是如東方的蜘蛛，被壓扁在巨大的哥薩克氈帽下。根據莫斯科大學哲學教授特魯別茨科伊親王，俄羅斯現在正護衛整個歐洲文明，對付「黃色危機，由現代科技武裝的新蒙古大軍」。基輔大學的學術人員偏好將這戰爭描繪為基督教十字軍戰爭，來對付「蠻橫無理的蒙古人」，這種感受得到畫家韋列夏金的呼應；他事實上親自與太平洋艦隊一起航行。

這不是二十世紀最後一次去證明內在種族的優越，其實是種虛幻。俄羅斯海軍以令人驚奇的緩慢速度前進，主要是因為其總指揮官海軍上將季諾維・彼得羅維奇・羅傑斯特汶斯基私底下相信這次遠征注定失敗。俄羅斯人擔心另一次日本的突襲，誤向在北海多革淺灘的英國拖網漁船開火，擊沈一艘，但也傷害到自己的巡洋艦極光號。它們航行時載滿整船的煤炭以及補給品，好像期待日本艦隊正在下一個煤礦站等待突襲它們。日本人實際已經在八月取得滿洲海岸的海軍控制。同時之間他們的陸軍也已佔領首爾，並且登陸仁川（一九〇四年二月），實際上已經接收朝鮮半島；日本軍隊繼續在鴨綠（四月）以及鳳城（五月）對俄羅斯軍隊造成嚴重傷害。在日本第二軍在關東州登陸之後，俄羅斯在旅順的駐軍發現自己已經被包圍。整個一九〇四年下半有激烈戰鬥進行，最後以在十二月五日攻佔俯瞰旅順港口的關鍵山丘為最高潮。雖然日軍遭受嚴重損失，但最後還是在一九〇五年一月二日逼迫旅順俄軍投降。兩個月之後，在一波波日本士兵血腥的正面攻擊下，庫羅帕特金最後被迫交出謀克敦（Mukden，瀋陽）。在俄羅斯艦隊到達現場時，這戰爭實際上已經結束。海軍上將羅傑斯特汶斯基敗戰的預測被適時地充分證實。在一九〇五年五月二十七及二十八日對馬，日本艦隊在海軍大將東鄉平八郎指揮下，讓三分之二的俄羅斯艦隊（十四萬七千公噸的海軍硬體以及五萬條人命）葬身朝鮮海峽的海底。

庫羅帕特金在屈辱之中回到國內，只能痛苦地反省那對他而言是世界史的一個轉捩點：

> 戰爭只是正在開始。在一九〇四—五年發生在滿洲的事，只不過是一個前鋒部隊的遭遇戰……唯有保持亞洲和平對所有歐洲是件重要之事的共同認知下……才不會讓「黃禍」近身。

然而日本人贏得戰爭，在許多方面是因為他們比俄羅斯人更為歐洲；他們的軍艦更為現代化，部隊紀律更佳，火砲更為有效。對李奧・托爾斯泰這位俄羅斯文學的巨擘，日本勝利似乎是西方物質主義直截了當的勝利。相比之下，沙皇的系統看起來是「亞洲式的」，並且爛熟到等待被推翻。現在看起來日本可以集中力量去獵取一個強權不可或缺的配備：一個殖民帝國。

對這地區最有興趣的西方帝國，一點都不會為俄羅斯所受到的羞辱感到惋惜。另一方面，它們又再度積極去限制日本人因為勝利可能會主張的戰利品。它們在一九〇五年九月在新罕布什爾州朴茨茅斯簽訂俄日和約的協商中，施壓日本去滿足非正式、而不是正式的權益。俄羅斯將承認日本在朝鮮「最高的政治軍事以及經濟的利益」，但朝鮮本身將維持獨立。日本人以租借地名義獲得遼東半島，包括旅順以及俄羅斯在南滿的經濟資產（這代替金錢賠償），特別是南滿鐵道公司；政治上滿洲仍維持是中國的財產的形式。但並非每個日本人都滿意這些利益；激進民族主義份子形成反對議和的社團，然後在東京、橫濱以及神戶發生暴動。然而這其中根本要點是：西方強權現在很清楚，必須以平等之姿來對待日本；當日本在一九一〇年繼續兼併朝鮮，它們沒有激烈反對。同時之間，從日本商人觀點來看，被以平等來對待，允許他們利用天然優勢（——就地理以及文化而言——）去發展潛在龐大的中國市場。

然而日俄戰爭還有比這些更多的深刻地緣政治意涵。首先，這戰爭的激烈程度，特別是在瀋陽，這比之前世紀的交戰都來得更大。這暗示一個新的衝突區域於焉誕生；其潛在的不穩定性上，可與中歐及東歐相比。因此此處是另一條斷層帶，穿過滿洲及北韓，在那裡擴張過度的俄羅斯帝國，在黑龍江及鴨綠江之間，遇見新興、富有活力的日本帝國。在接下來這世紀的時間中，這地區的震動在強度上，可與震動歐亞陸塊西側，在易北河及第聶伯河之間的衝突區，可堪相比。第二，在瀋陽的軍事地震後，跟著出現海軍海嘯。假如西方在這世紀剛破曉時還主宰東方，那日本在對馬海峽的勝利，指出西方主宰的地位已經衰頹。

這揭露出身為歐洲人其實並沒有天生內在的優勢，像是一波波巨浪不僅橫掃過俄羅斯，也席捲整個西方世界。

馬克思主義轉向東方

一九〇五那年一月，當軍事災難在遠東蔓延，俄羅斯首都聖彼得堡爆發不滿；部隊向勞工及其家屬所發動的和平示威開火之後，爆發成革命。這場示威的領導人是位名為加朋的教士，本身其實並非革命人士，雖然他後來被如此呈現。但在「血腥禮拜日」（一九〇五年一月二十二日）的後續中，罷工、暴動以及兵變的浪潮襲遍俄羅斯整個國家，這似乎提供一個千載難逢的良機給大多數流亡在外真正的俄羅斯革命份子。聖彼得堡在一九〇五年一度實際上是由一種新的體制來經營管理：由地區工廠選出之勞工代表的委員會，稱做蘇維埃。其中成員有一位行為舉止誇張的社會主義記者，他以里翁・托洛茨基之名行世。

對托洛茨基來說，對馬海戰的失利是對沙皇系統所有差錯的指控。「俄羅斯艦隊不復存在，」他宣布說。「但不是日本人摧毀它，而是沙皇政府⋯不是人民要打這戰爭，而是統治集團的小圈圈，夢想要掠奪新地，而且要以鮮血來澆熄人民的憤怒」。在和平簽訂之後的第三天，沙皇政府不甘心地公布一部憲法，創造出第一個代議式的國會，Duma。托洛茨基將它撕裂，說這政權是「亞洲鞭笞與歐洲股市的結合」。俄羅斯的社會主義者所要的不僅僅是現在似乎所提出來的君主立憲。他們的願景是一個由工業勞動階級，無產階級，所領導的革命，這不只會推翻沙皇政府，甚至整個西方帝國主義系統。

托洛茨基的修辭並沒有打動沙皇大多數的子民。左派本身自己陷入深度的分裂。托洛茨基身為之前孟什維克（Menshevik，少數派）社會民主黨黨員，被布爾什維克（Bolshevik，多數派）的領導人烏里揚諾夫

（他在四年之前改名為列寧）以強烈的疑心看待之。＊更重要的，無論馬克思無產階級鬥爭對聖彼得堡龐大的工廠工人有何吸引力，這在俄羅斯一面倒的絕大多數農民，其實引起極少迴響。一九〇五年的革命採取許多形式，但甚少是馬克思所預期到的。他自己經常假設無產階級若不是在傳統上巴黎市中心的革命環境中起義，就會在蘭開夏或魯爾區的煙囪以及貧民窟之中爆發。在船艦波將金號上，憤怒的水手因為食物中的肉長蛆，所以升起紅旗。在此同時，在佛洛科藍斯克，農夫形成他們自己的「馬爾可夫共和國」，宣布從聖彼得堡獨立。在其它地方，農民掠奪並且燒毀他們地主的住宅，或是從地主的森林砍伐樹木。如一位去掠奪在巴伯洛夫郡（今日的沃羅涅日）彼得羅夫莊園的人解釋：「必需去掠奪以及燒掉它們，那他們才不會回來，而土地將轉移到農民身上」。在普隆斯克郡（今日的梁贊）警察首長報告轉述，農民正在說：「現在我們都是鄉紳，而且所有人皆平等」。

尚有一項困難。托洛茨基，出生時叫里普・布朗斯坦，一位殷實的烏克蘭地主之子，這家族源自於靠近包多瓦的小鎮，是名猶太人。對許多俄羅斯人而言，那點便自動使他成為可疑的人物。甚至有人主張俄羅斯之所以敗在日本人手中，本身即是因為猶太人的陰謀。根據尼路斯（S. A. Nilns），有一個叫猶太長老會議猶太人的秘密議會，將日本人催眠，讓他們相信他們是以色列的部落之一；猶太人的目的，尼路斯堅持，「是要讓發狂的俄羅斯浸在鮮血之中，並且用一個由日本所引導的復甦中國，以黃色大軍來淹沒俄羅斯，然後是歐洲」。內政部長維亞切斯拉夫・普列夫堅持：「在俄羅斯沒有革命的運動；只有猶太人是政府的敵人」。部長會議主席佘給・維特伯爵接受相同的看法，提起猶太人「是那受詛咒之革命的邪惡因素之一」。

＊布爾什維克儘管其名，實際上不是多數，而是一個相當小型的分離團體。

如我們已見，沒有其它歐洲國家會比俄羅斯帝國有更多的猶太人口。阿胥肯納金的猶太人是在中古時期從德國往東移向波蘭，以躲避神聖羅馬帝國的歧視及迫害。他們在十五世紀及十六世紀更往東移到立陶宛大公國，而且儘管在一六四八年烏克蘭叛亂時期，發生針對猶太人的暴力，這種東遷的移民及定居型態在十八世紀持續著。隨著瓜分波蘭，最稠密的猶太人定居區域落入到俄羅斯的統治之下，雖然（如我們已見）在已經被奧地利取得的加利西亞也有相當數量的猶太人；還有波森，這是由普魯士取得。俄羅斯三百萬猶太人明顯是沙皇的二等子民。凱薩琳二世在一七九一年已經成立一個限制居住區，雖然直到一八三五年前，它並沒有被準確地規劃出來。它由俄羅斯所控制的波蘭以及十五個行省所組成：科夫諾、維爾納、格羅德諾、明斯克、維捷布斯克、莫吉列夫、沃里尼亞、波多里亞、比薩拉比亞（在一八八一年取得）、切爾尼戈夫、波爾塔瓦、基輔（除了基輔城外）、赫爾松（除了尼可拉耶夫城外）、伊可梯利諾斯拉夫以及塔弗利達（除了雅爾達及塞瓦斯托波爾外）。猶太人不被允許進入俄羅斯內部。以今天的方式來說，限制居住區以寬闊的帶狀從立陶宛開始，通過波蘭東部以及白俄羅斯，直到烏克蘭及摩爾達維亞。事實上對這居住限制有例外之處。在一八五九年屬於第一級基爾特的猶太商人，這是俄羅斯商人所能盼望的最高社會等級，被允許可居住在俄羅斯各處，並進行生意，正如猶太裔的大學畢業生以及（在一八六五年之後）工匠技師。因此在主要的俄羅斯城市裡都有猶太人的社區：聖彼得堡、莫斯科、基輔以及敖德薩。一些其他猶太人決定要非法在限制區之外居住，但是他們會遭受官方當局定期的圍捕（這是在基輔猶太人生活的一個特徵）。

限制居住區域只是沙皇政府加諸在猶太人的許多限制之一而已。從一八二〇年代開始，直到一八六〇年代，猶太人像所有的俄羅斯人，都必須接受長達二十五年的軍事徵召，這系統不成比例地重壓在貧窮人家較年輕兒子身上。這是一個持續進行運動的一部份，要強迫猶太人皈依為基督徒；一旦移離他們的家庭，年輕徵召士兵會受到種種壓力去放棄他們的信仰。皈依基督教的猶太成年人會受到獎勵，包括設計鼓勵猶太人與妻子離婚的誘因。假如他們抗拒這些壓力，如大多數人確實如此，他們必需支付由猶太特許屠夫所宰殺之肉品的徵稅。他們被禁止雇用基督徒為家庭僕人。他們雖然被允許去就讀高中以及大學，但受到配額限制；即使在限制居住區裡，他們也不能構成超過一〇%的學生。他們亦不得成為地方議會議員，即使他們是居住在大多數居民為猶太人的城鎮裡。

在數世紀以來民眾對猶太人的敵意已經橫越歐洲，往東散播，但相對地晚到達俄羅斯。例如猶太人會以儀式方式來謀殺基督教小孩，將他們血液混在沒發酵的麵糰裡，在逾越節時烘烤的「血祭毀謗」（blood libel），似乎是源自於十二世紀的英格蘭。在十五世紀時，它已經傳到說德語的中歐；在十六世紀傳到波蘭，而在十八世紀牢固地留在從立陶宛到羅馬尼亞的整個東歐。在一八四〇年時對一件發生在大馬士革「血祭毀謗」，遭到國際同聲譴責。但此類之指控直到十九世紀末才出現在俄羅斯。對猶太人社區進行單純的暴力，亦非俄羅斯傳統。在俄羅斯被稱為「pogroms」（集體屠殺，直譯為「如雷電一般」）從中古時期開始，一直是西歐及中歐生活裡一個不斷出現的特色。在法蘭克福的猶太隔離區（ghetto）在一八一九年被徹底劫掠；當罷工礦工在一九一一年南威爾斯的粹德嘉，掠奪猶太人時，甚至有個像集體屠殺的事發生。在俄羅斯領土內最早紀錄的集體屠殺（一八二一年、一八四九年、一八五九年以及一八七一年在敖德薩），其實是當地希臘人社區之作為。

集體屠殺發生在所有種類的狀況之中，而且會針對各種受到「輕視排擠」的少數族群。但是在約一九〇〇年限制居住區的生活中，有四個明顯的特徵，可以解釋何以反猶的暴力會爆發在那裡，即使這在其它地方似乎已經逐漸銷聲匿跡。第一點，是猶太城居人口的迅速增加。例如在伊利撒菲格勒，他們的數量

表 2.1：1881-2 年時組織性屠殺的主要地點

城鎮	組織性屠殺之次數	猶太人佔人口總數之 %
赫爾松	52	
伊利撒非格勒		39
阿拿涅夫		50
敖德薩		35
基輔	63	
基輔		11
波多里亞	5	
巴爾塔		78
伊可梯利諾斯拉夫	38	
亞歷山德羅夫斯克		18
波爾塔瓦	22	
魯布納		25
切爾尼戈夫	23	
聶赫津		33
沃里尼亞	5	
塔弗利達	16	
別爾江斯克		10

史料來源：Goldberg, 'Die Jahre 1881-1882', pp. 40f.

在十九世紀中從五七四人增加到二三九六七人，構成三十九%的總人口。在工業城鎮伊可梯利諾斯拉夫，猶太人從一八二五年的一〇%人口增加到一八九七年的三十五%。基輔人口在一八六四到一八七四年之間幾乎加倍，但同時期其猶太人口卻增加五倍。這些例子並非不典型。猶太人在許多（雖非全部）集體屠殺活動地點的城鎮人口中，構成很高的比例（見表2.1）。

認為猶太人在限制居住區裡是生活在一個絕大多數為俄羅斯人之中的少數族群，這是相當錯誤。更應該說，限制居住區是個不同族群團體的拼圖，不僅有猶太人和俄羅斯人居住，還有波蘭人、立陶宛人、烏克蘭人、白俄羅斯人、德國人、羅馬尼亞人及其他人等。在伊利撒非格勒，猶太人其實是在一個族群混雜人口中最大的單一族群，儘管其構成不到五分之二的人口。雖然在伊可梯利諾斯拉夫有稍稍更多的俄羅斯人，但他們只構成四十二%的人口，稍微比猶太人多一些。烏克蘭人約佔十六%的人口，而其餘之中，有相當數量的波蘭人或德國人。甚至在一八九七年的人口普查，透露出這城市的人口包括了歐俄裡幾乎所有省分的原住戶，還有高加索十個省、中亞十個省以及西伯利亞七個省的人民，更不用說二十六個其它國家國民。這幫忙解釋何以在限制居住區裡的猶太人，通常不會被限制在隔離區裡。有時候雖會有特別的猶太區，但這些不是由外所強加的隔離；相反地，這是相當高的社會整合，特別是在高收入的群體之中。富有的猶太家庭，像是基輔的布羅德斯基家族，便是受人敬重的當地貴族，他們並沒將他們的慈善慷慨捐輸只侷限在自己的宗教社區裡。猶太人在伊可梯利諾斯拉夫同樣是當地菁英裡完整的一部份。

第二點，而且非不相關，是一些（並非全部）生活在俄羅斯統治之下猶太人所獲得的異常經濟成就。十九世紀末是一個有極大經濟機會的時代，因為沙皇政權在廢除農奴制度之後，進行一場富於野心的農業改革以及工業化計畫。無論是國際或是國內的貿易，有前所未見的繁榮。因為被法律禁止擁有土地，而且與他們的非信徒的鄰居相比，有比較多識字以及懂數字的教育，限制居住區裡的猶太人相當適合去掌握這出現的商業良機。在一八九七年，猶太人構成俄羅斯人所控制之波蘭裡所有商人及製造業主的七十三%，並且在往更東的市鎮區域正建立起可相比擬的主宰地位。大約同時間，他們構成基輔十三%的人口，佔這城市四十四%商人，處理大約三分之二的商業。他們在一九〇二年構成伊可梯利諾斯拉夫裡稍微超過三分之一的人口，但是是第一級基爾特的八十四%以及第二級基爾特的六十九%。這並非指涉所有限制居住區理的猶太人皆是富裕商人。許多人持續扮演他們傳統上在農夫生產者與市場經濟之間「中間人」的角色，或是旅店老闆和工匠。有相當數量的猶太人是悲苦地貧窮。以東歐猶太人文化之都出名的維爾納（今日之維爾紐斯），其中「會致命的」地窖，以及被認為是波蘭曼徹斯特的工業城羅茲裡「擠滿人的」貧民窟，都讓一位在一九〇三年在限制居住區旅行的英國國會議員大為震驚。在限制居住區猶太人世界的貧富兩極化，其實是集體屠殺會如此激烈的一項關鍵因素：集體屠殺之所以發生或許是因為菁英商人的財富所致，但幾乎卻常導向窮人的財產及人身成為最後的受害者。

第三項以及關鍵的因素在當時被大為誇張，但還是不可否認，那便是有不成比例的猶太人涉及革命性政治。托洛茨基並非異常現象。猶太女性海希雅・賀夫曼誠然在暗殺亞歷山大二世只扮演次要角色，但這暗殺是一八八一年集體屠殺的催化劑。但毫無疑問地，猶太人在帶頭造成一九〇五年革命的不同左翼政黨以及革命團體中，有過高的代表性，而同年發生的集體屠殺便是針對此點而發。例如，在一九〇七年俄羅斯社會民主黨第五屆大會裡，猶太人構成布爾什維克代表的十一％以及孟什維克代表的二十三％。有另外從三三八名全部人數中的五十九名，則是來自社會主義的猶太勞工聯盟（Bund）。總計，所有代表中的二十九％是猶太人，而這是相對於其在俄羅斯全部人口所佔的四％。猶太勞工聯盟在基什尼奧夫（Kishinev）集體屠殺發生後的言論，無助於平息革命活動具有猶太的性質。一份意第緒語的宣傳單清楚地將對抗資本主義、反沙皇主義與對抗反猶主義明白地連結起來：「以仇恨，以三倍的詛咒，我們必須為俄羅斯的貴族政府、為反猶的犯罪幫派以及整個資本主義世界，編織喪禮的壽衣」。

最後，很重要要認知到，在十九世紀末發生了從傳統反猶主義轉變到一個較「現代的」反猶主義，這與橫掃十九世紀西方的種族意識型態有關，雖然並非完全相同。一位叫布拉夫曼的猶太叛教徒首先在《陰謀之書》裡聲稱存在著一個秘密猶太組織，擁有邪惡的力量。這陰謀理論大大吸引新組織的注意，如俄羅斯人民聯盟，這結合了對獨裁政權的反動式忠誠以及激烈的反猶主義。正是這組織在聖彼得堡的報紙《俄羅斯旗幟》裡，摩爾達維亞的反猶人士帕佛羅奇・克魯薛芬發表偽造的「錫安長老的協議」（一九〇三年）一系列的文章，之後得到俄羅斯陸軍的出版許可，成為《我們不幸的根源》。雖然「協議」將會在兩次大戰之間造成更大的有害影響，但它在沙俄時期戰前時期，仍對醞釀這有毒的偏見做出獨特貢獻。俄羅斯的統治者曾有一度相信「猶太問題」可以運用簡單的強迫皈依便宜之計來解決。現在，新的陰謀理論家清楚表達這根本不夠。以《俄羅斯旗幟》的話來說：

政府的職責是要考慮猶太人做為一民族，對人類社區之危險，正如野狼、毒蠍、毒蛇、有毒蜘蛛以及其它生物，這些因為其對人類的貪婪成性，是注定毀滅，而且其滅絕是法律所推薦：猶太仔必須被置於如此的狀況，所以他們才會逐漸死絕。

如我們已見，如此語言在德國反猶圈內並非不知。但是在俄羅斯帝國裡，是語言導致了行動。

集體屠殺

一八八一年發生的集體屠殺，通常被視為是對沙皇亞歷山大二世遭到謀殺之後的回應；當時普遍謠傳，官方下令要對猶太人施加報復。暴力在復活節後立即發生，傳統上這節慶是基督教和猶太教社區的緊張時期，所以爆發並非偶然。在復活節週日三天之後的四月十五日，一位酒醉的俄羅斯人被從伊利撒菲格勒猶太人經營的酒吧踢出去。這是導火線。在「猶太仔打我們的人！」吶喊聲中，一群人集合起來，前去攻擊猶太人在市場裡的店鋪，然後再前往猶太人居住區。在伊利撒菲格勒甚少人被殺害或甚至受到受傷，雖然有位年長的猶太人後來被發現死在酒吧。更應說，這裡發生大肆破壞以及掠奪的狂亂行為，讓「許多屋舍留下破損的門戶及窗戶」，而「街道…覆蓋著（從掠奪而來之寢具所掉出來的）羽毛，並且受到破損家具的阻擋」。在接下來幾天，類似的暴動也發生在茲拿旻卡、勾爾塔、亞歷山德里亞、阿拿涅夫以及畢雷佐夫卡。最嚴重的暴力發生在四月二十六到二十八日之間的基輔，在那裡有些猶太人被殺害以及二十件強暴案被報導。再度地，這麻煩又散佈到鄰近區域。在接下來數月，在限制居住區南半部所有地方，都有猶太人受到攻擊。在敖德薩，對猶太人的攻擊始於五月三日，持續五天。在六月三十日，在匹利耶斯拉夫爆發新的集體屠殺，持續三天，儘管有波爾塔瓦總督親臨現場。總計，官方當局從四月到八月計算出二二四場集體屠殺。雖然死亡人數總共只有十六人，但對財產造成的損失卻是相當大。而這並非終點。聖誕節在華沙有次計畫性屠殺。一八八二年復活節又進一步在比薩拉比亞、赫爾松以及切爾尼戈夫見到猶太人被攻擊；在三月結束時，在巴爾塔有次特別激烈的集體屠殺，裡邊有四十名猶太人被殺或嚴重受傷。

是什麼造成這史無前例、突然迸發出來對猶太人的攻擊，這被過去史家以不同方式描述為像是股浪潮或是場瘟疫？過去常說是政府唆使。有些人責怪內政部長尼古來・伊格拿提夫，其他人則是指出這政權的藏鏡人：東正教教會會議裡的總監察人君士坦丁・波別多諾塞夫；還有其他人指出是沙皇本尊。但波別多諾塞夫指示教士要在講道時反對集體屠殺，而新沙皇亞歷山大三世也很清楚，對所發生之事感到遺憾。政府的確辯稱說，進行集體屠殺的人（pogromshchiki）對猶太人在經濟上有合理的不滿及抱怨；猶太人被說成是「壓榨…原來的住民」，從沒有生產性的活動中獲益，以及壟斷已經遭到他們「擄獲」的商業。沙皇本人不知反猶情緒會何時終結，因為「這些猶太仔使自己變得讓俄羅斯人如此厭惡，所以只要他們仍持續壓榨基督徒，這仇恨不會降低」。但如此評論幾乎不等於官方必須為集體屠殺負責的證據。這種對猶太人壓榨所做的虛虛實實指控，是反映出官方當局想設法瞭解、而非去原諒民眾的動機。其他官員則緊張地指出無政府主義者在煽動集體屠殺。以部長委員會主席里攸騰伯爵的話來說：

今天他們獵殺以及搶奪猶太人，明天他們將會去對富農動手，他們在道德上與猶太人無分軒輊，只不過是相信東正教信仰；或許接著便是商人以及地主……在面對……官方當局的不作為之下，我們或許能預期在不會遙遠的未來，會見到最可怕社會主義的發展。

在事實上，這些組織性的屠殺大多是自發性的現象，是在一個經濟動盪以及多元族群社區裡暴力的突發現象。假如集體屠殺有唆使者，他們最有可能是猶太人的經濟對手：俄羅斯的工匠以及商人。經常這些犯行者是失業的人；許多人醉酒；一面倒是男性。在被逮捕的四〇五二名的動亂份子中，只有二二二人是女性。除此之外，犯行者在社會背景上十分歧異。官方調查紀錄說：「辦事員、沙龍及旅館的女侍、工匠、駕駛者、穿制服的僕役、政府雇用按日計酬的人、休假的軍人，所有這些皆加入運動」。一位在基輔發生之時的目擊者看到「一大群的男孩、工匠以及勞工……一群『赤腳兵團』」。在伊利撒菲格勒的暴動者包括一八一名城裡居民、一七七名農夫、一三〇名除役士兵、六名「外國人」以及一名名義上的貴族。對被逮捕的人進行行業詳細調查中，只有三六三名資料被留存下來，包括一〇二名沒有專業技能的勞工、八十七名以日計酬的勞工、七十七名農夫以及三十三名家庭幫傭。農夫當然扮演他們的角色，誠懇地相信新沙皇頒佈了一個「要毆打猶太人」的命令。在切爾尼戈夫的一些村民如此相信這道命令，所以他們要求當地的「農地隊長」給書面保證，保證假如他們沒有去攻擊當地猶太人的話，他們不會被懲罰。然而農夫的主要角色是在集體屠殺爆發後，去掠奪猶太人的資產；他們會帶著空的車廂，不是武器，到達現場。更可能涉入實際暴力的是流動性的勞工，像是許多那時在烏克蘭設法尋找工作的無業俄羅斯人，或是從最近與土耳其戰爭後解甲歸田的士兵。

欲瞭解暴力擴散的關鍵之處，乃在於鐵路工人所扮演的角色。他們沿著限制居住區的一些鐵路主要幹道，散播攻擊猶太人的想法：從伊利撒菲格勒到亞歷山德里亞；從阿拿涅夫到蒂拉斯波爾；從基輔到布羅瓦利、科諾托普）和茲邁林卡；從亞歷山德羅夫斯克到歐列可夫、別爾江斯克以及馬里烏波爾。鐵路似乎是現代帝國主義的筋肉；這是橫越西伯利亞大鐵路背後的道理。現在結果卻是它也可以成為公共失序的傳輸機制。在這方面幾乎一樣重要的是地方當局沒有去扮演的角色。官方報告提及「地方上非猶太居民對在他們眼前發生的動亂漠不關心」。這漠不關心與長期性的警力不足相結合，讓暴動者可以自由發揮。在伊利撒菲格勒裡只有八十七名警察來管理四萬三千兩百二十九名居民。讓事情變得更糟的是，地方警察首長有兩天沒採取行動。簡言之，這一八八一年的集體屠殺，顯示出地方性的族群暴動可以在有現代交通，但沒有現代警力之下，像傳染病一樣散播。

在集體屠殺之後，政府的確採取步驟來懲罰必須負責之人。總共有三六七五人因為參加一八八一年的集體屠殺而被捕，其中二三五九人被審判，這證明集體屠殺是官方所唆使的說法不是正確的。但是沙皇以及他的部長大體上忽略他所任命的區域調查委員，其中有許多人建議放鬆加諸在猶太人身上的居住及其它限制。相反的是，另一個有關猶太人的官方委員會引進所謂一八八二年五月三日的臨時法，禁止猶太人在鄉間地帶或村落有新的聚落，以及禁止猶太人在週日及基督教節日進行交易。全面性從鄉間將猶太人驅離的計畫被嚴肅的考慮過，但並未採行。簡言之，猶太人的局勢在攻擊之後反而變得更惡劣，不是更好。對那些需要為集體屠殺負責之人進行懲罰，也沒有在接下來幾年，得以避免零星反猶暴力的發生。如我們已經看到的，許多俄羅斯的猶太人於是乎以往西移民來回應，到奧匈、到德國、到英格蘭、到巴勒斯坦以及，特別是到美國。

在一九〇三到一九〇六年之間所發生的事，在性質上則相當不同。俄羅斯第二次集體屠殺的爆發有四個明顯的階段。它在一九〇三年四月十九日始於比薩拉比亞的基什尼奧夫，再度地這又是在東正教的復活節期間。這導火線又是個經典的「血祭毀謗」，發現由一具男童屍體所觸發。根據反猶報紙《比薩拉比亞人》所聲稱，他是當地猶太人儀式性謀殺的受害人。在接下來的暴力中，數以百計的店鋪以及房子被掠奪和燒毀。然而這一次有許多人被殺害。單單在基什尼奧夫，有四十七名猶太人死去，而這只是四階段暴力中的第一階段。第二階段則與日俄戰爭的開始同時：這些是部隊動員的集體屠殺，這往往發生在部隊準備開拔到東方的集合地點；在一九〇四年有四十次，接下來在一九〇五年一月到十月初的另外五十次。第三以及最嚴重的階段是在十月中發生，那是在一九〇五年革命的高點。在十月十七日，沙皇頒佈自由主義政策的十月宣言那天，在敖德薩的猶太人再度受到攻擊；至少有三〇二人被殺害。基輔次日爆發；如在一八八一年一樣，對猶太人的財產有廣泛的摧毀：從撕破寢具所取下的羽毛又再度散落在街上；但這次也有殺戮。十月二十一日則是輪到伊可梯利諾斯拉夫。在十月三十一日到十一月十一日之間，在六六〇個不同地方有集體屠殺；超過八百名猶太人遭到殺害。最後階段發生在一九〇六年六月的比亞韋斯托克，以及三個月之後的希得利綺；在前地有八十二名猶太人被殺害。這些集體屠殺不僅較一八八一年的更為激烈（總計或許有多達三千名猶太人喪命），也散佈較廣。針對猶太人的暴力遠及西伯利亞的伊爾庫茨克以及托木斯克。雖然如一八八一年，在限制居住區的最北端行省並沒暴力發生。

有什麼不同？無疑地，這次有因為重複而不斷升高的成分：那些記得一八八一年的人能夠迅速地從對財物的暴力，升級為對人身的暴力。然而更重要的是這事實：這次有些猶太社區由當地猶太勞工聯盟份子及錫安主義份子組織「自衛」武力來加以反擊。這是在基什尼奧夫的情形；還有在戈梅利。在敖德薩有激戰發生。但是這些事情發生在革命危機脈絡的事實，才是真正的關鍵，確定這些集體屠殺是真正的政治事件，不似一八八一年所發生的。尼古拉二世告訴他母親說，進行集體屠殺的人代表著「一整群忠誠的人民」，憤怒地回應「社會主義者及革命份子的傲慢莽撞…以及，因為製造麻煩的死者中，十位有九位是猶太人，人民的憤怒是針對他們」。許多的外國評論者接受這種分析，特別是英國外交官，如在聖彼得堡的大使查理・哈定爵士，他的顧問西色爾・史普林・萊斯以及莫斯科總領事亞歷山大・莫瑞。在另方面，猶太組織將集體屠殺描繪為是官方所唆使，這樣的論斷被不只一代的學者所呼應。這兩個觀點不盡然正確。官方當局自然會誇張猶太人在革命裡所扮演的角色，但他們絕對構成遠遠不到九〇%的俄羅斯社會主義者。但另方面，指控內政部長自己協調屠殺的證據，卻被揭露出是偽造的。甚至在基什尼奧夫集體屠殺之後，普列夫似乎還採取步驟去緩和猶太人在限制居住區裡的處境，並且與錫安主義領導人赫茨爾以及「協助東歐猶太人外國聯合委員會」(Joint Foreign Commission for the Aid of the Jews of Eastern Europe)主席魯西安・吳爾夫會面。

所以誰要負責？唆使者是一群激烈的反猶主義者，如克魯薛芬（他除了出版《錫安長老的協議》外，也是煽動性報紙《比薩拉比亞人》的編輯），以及反革命民兵，如以武器來對抗革命的非正規「黑色百人團」，是這些人等的複雜結合。有些證據顯示這些犯行者攻擊猶太人，正是因為他們視猶太人為支持革命。例如說在基輔，帶頭集體屠殺的人吶喊說：「這就是你們要的自由！把那當作你們的憲法和革命！」但甚少證據顯示非猶太教信徒的社會主義者在這些屠殺之中，靠攏在猶太人那邊。這可以從我們對參與集體屠殺者的社會背景有限資料來做推論。在基輔，如在一八八一年，掠奪猶太人家庭以及店鋪主要是由「小流氓、流浪漢以及林林總總的烏合之眾」，大多數是十來歲的年輕人。然而在其它地方，缺乏階級意識的無產階級渣滓，得到一些勞工階級成員的加入，而布爾什維克及孟什維克的人聲稱以這些人之名行動。根據一位猶太自衛組的成員，在敖德薩的暴動者包括了「幾乎俄羅斯社會所有的階級…不僅有赤腳乞丐，也有工廠及鐵路工人、農夫、火車站站長…」。在伊可梯利諾斯拉夫，進行集體屠殺的人據說包括了「小資產階級、農夫、工廠工人、按日計酬工人、沒有值勤的軍人以及學校孩童」。除此之外，這些團體在許多情形下，有當地警察加入，他們慫恿暴動者，對猶太自衛隊開火，而且有時候甚至加入掠奪猶太人住宅。在動亂的後續中，三位基輔警察首長，包括一位上校，被停職，並控告懈怠職守，雖然他們並沒接受審判，而且這上校在一九〇七年之前還被復職。假如有如此之多的社會群體準備要攻擊以及殺害猶太人，認為俄羅斯革命是呈現出了「社會兩極化」這舊的想法，開始看起來有些值得懷疑；「族群兩極化」或許更是一個準確的描述。

對猶太人的暴力畢竟不是沙皇系統裡原來已經有之族群衝突的唯一跡象。波蘭人、芬蘭人以及拉脫維亞人是少數族群中，最常被帝國政權積極鎖定要「俄羅斯化」的對象；對於一九〇五年革命，他們的反應可以預測地是要進一步的政治自主。他們在社會民主黨派之中也是過度具有代表性。相比之下，最與舊秩序認同的少數族群是波羅的海的德國貴族，他們成為一九〇五年激烈攻擊的目標；在庫爾蘭（今拉脫維亞）裡約有一百四十處莊園的房舍，被四處掠奪的農夫夷為平地。簡言之，俄羅斯社會主義者或許會說階級的語言，但其他俄羅斯人—或更準確地說，生活在帝國西部邊緣多元族群地帶的沙皇其他子民—卻是以族群的語言來回應。一九〇五年的集體屠殺結果是一系列逐漸加遽之地震的第一波，這些地震在二十世紀的上半將會蹂躪、並且最後毀滅限制居住區。這些屠殺預示許多之後將會跟隨而來的事。

俄羅斯轉向西方

在一九〇五年革命中，社會主義及民族主義兩種衝力之間的分裂，協助沙皇政權重新掌握控制。到一九〇五年十二月結束時，蘇維埃已經被終結。托洛茨基與其他領導階層在監獄裡憔悴度日。

沙皇以及他的部長或許可被期望從一九〇五年的事件中學得謹慎。要避免另場戰敗及另場革命；他們或許只要選擇避免另場戰爭。但他們的假設似乎是他們與他們的帝國對手在未來發生戰爭，是勢不可免。如基里耶夫將軍在日記裡紀錄，「我們就像其他強大的國家一樣，設法擴張我們的領土，擴大我們『合法』的道德、經濟以及政治影響力。這是自然的秩序。」他最大的恐懼是，如他在九年之後所說，「我們已經成為二流強權」。下次俄羅斯主要要做的是要有更好的武裝，並且在更靠近自己的國家作戰。俄羅斯政府毫不畏懼革命復發的危險，反而開始一個大規模的重整軍備計畫。然而這次他們所修築的鐵路不是往東駛向亞洲，而是往西到德國及她的盟友奧匈帝國。沒有人懷疑這些鐵路的一個主要功能必然是運送軍隊，而不是物品。

歐洲的帝國們已經修築數以萬哩計的鐵道，來擴展及鞏固權勢，但沒有一個勝過沙俄。然而一八八一年和一九〇五年的族群衝突已經透露出鐵路可以同時傳送混亂及秩序。一九一四年夏天，當數以百萬計的人被鐵道運送到歐洲各地的戰場，這帶來新的揭露：突然之間變得十分清楚，帝國將行進通往毀滅之途。然而如同泰勒（A. J. P. Taylor）曾經說過的名言，尚未有走上戰爭的可預測時間表。當戰爭來臨，它讓大家都嚇了一跳。以此來看，就像在其它方面，以火車對撞這最恐怖的景象來比喻歐洲主宰世界時代的終結是最為洽當。

第三章　斷層帶

Fault Lines

現在戰爭發生，顯示出我們仍然還沒有用我們的四肢爬離我們歷史的野蠻階段。我們已經學會穿吊帶褲，寫出聰明社論，以及做出巧克力牛奶，但是當我們必須嚴肅決定一些部落如何在一個富庶的歐洲半島上和平共存時，我們除了大規模殺戮外，卻仍無能為力去找出方法來。

里翁・托洛茨基

在魯里坦尼亞王國（Ruritania）之死

一九一四年六月二十八日，一位患有肺結核的十九歲波斯尼亞年輕人，叫加夫里洛・普林西普，執行一件所有歷史中最成功的恐怖主義行動。他那天所射擊的幾槍，不僅打斷了繼承奧地利及匈牙利王位的哈布斯堡王朝法蘭西斯・費迪南大公的頸靜脈，也觸發了一場摧毀奧匈帝國的戰爭，將波斯尼亞—黑塞哥維那從帝國的一處殖民地轉變為一個新南斯拉夫國家的一部份。這些事實上正是普林西普或多或少想達成的事，即使他並沒有辦法預期到如此深遠的影響。但這些只是他行動意圖的部分結果。他所啟動的戰爭將不只侷限在巴爾幹；戰爭也在北歐以及近東留下明顯以及可怕的疤痕。這戰爭的戰場就像巨型屠宰場一樣，吸引並殺戮從全球各角落來的年輕人，犧牲了將近千萬條人命。它帶來新的以及可怕的毀滅方法，到目前為止仍只是威爾斯式科幻小說的內容：武裝及裝甲車輛如騎兵衝鋒，致命的毒氣雲，看不見的潛艇艦隊，它從空中如下雨般地投擲炸彈，以及讓大西洋的海床塞滿沈船。它比任何活人記憶所及之歐洲主要戰役都要持續更久，拖到四又四分之一年。而且不只是哈布斯堡王朝，它也推翻了其它三個王朝：羅曼諾夫、霍亨索倫以及鄂圖曼王朝。即使當停戰協定宣布時，戰爭卻拒絕停下；它在一九一八年往東橫掃，好像在躲避和平締造者的捕捉。

第一次世界大戰改變了每件事。一九一四年夏天，世界經濟正以看起來相當熟悉的方式繁榮。商品、資本及勞力的流動達到我們今日所熟悉的程度；橫跨大西洋的船運以及電報線路從未如此忙碌；而當資本及移民往西走，原物料及製成品則往東去。但戰爭讓全球化石沈大海，而且是實質上如此。由於德國的海軍行動，大多數是U型潛艇的攻擊，幾乎有一千三百萬噸的船運，沈入海底。國際貿易、投資以及移民完全崩潰。在戰爭之後的發展則是見到革命政權崛起，而這些政權根本上是敵視國際經濟整合。計畫取代市場；

自給自足以及保護主義取代自由貿易。貨物流通減少；人員及資本的流動幾乎乾枯。歐洲帝國對世界的掌握（──這是全球化的政治根源──）被施以沈重的打擊，如果還不能算是致命一擊。普林西普槍擊的餘波蕩漾，震撼全球。

但在二十世紀初，政治暗殺絕非不尋常，正如我們已經見到過總統麥金利不幸的案例。他的繼任者西奧多．老羅斯福也遭遇過暗殺，僅是咫尺之差。在一九〇〇年到一九一三年之間，全少有四十個國家元首、政客及外交官被謀殺，包括了四位國王、六位總理以及三個總統。單單在巴爾幹就有八次成功的暗殺，受害者包括兩位國王、一位皇后、兩位首相以及一位土耳其陸軍總司令。但何以這次特定的政治謀殺會有如此廣泛後果？

部分答案在於當大公被射殺時，他正在沿著一條世界的大斷層帶上行駛：這是西方及東方、歐美與亞洲之間決定命運的歷史邊界。從十五世紀直到十九世紀，波斯尼亞以及鄰近的黑塞哥維那是鄂圖曼帝國的一部分。他們有許多居民皈依伊斯蘭，因此可以服侍他們土耳其的統治者，以及充分享受鄂圖曼統治的利益。但波斯尼亞不曾完全是一個穆斯林的國家；裡邊有為數甚多的東正教塞爾維亞人以及天主教克羅埃西亞人，更遑論瓦拉幾人、德國人、猶太人以及吉普賽人。對一位維多莉亞時期的訪客來說，鄂圖曼的波斯尼亞與哈布斯堡的克羅埃西亞之間的薩瓦河，是歐亞的界線。其他人則認為流經塞拉耶佛的米爾加卡河才是邊界；或是德瑞納河，這流經維謝格勒的東邊。隨著鄂圖曼權力的衰落，實際上整個波斯尼亞成為爭執的邊界。在一九〇八年奧匈帝國正式兼併自從一八七八年柏林會議以來，她就已經享有實際控制的波斯尼亞。當費迪南大公在六年之後造訪塞拉耶佛時，他是在巡視一個新的帝國領土，而且在這裡已經投資相當多資金在新道路、鐵路以及學校，但仍需數以千計的奧匈軍隊駐紮來維持秩序。

地質斷層帶的問題是當地球板塊彼此不安摩擦時，就會發生地震。在一九一四年之前，地緣政治的板塊（這是帝國）是在塞拉耶佛下移動。土耳其讓步；奧地利往前推擠；俄羅斯亦然。俄羅斯的泛斯拉夫主義對奧地利兼併波斯尼亞感到驚駭。基里耶夫對自己政府默認事實的消息，反應出那受到羞辱的心情：「丟臉！丟臉！」他在他日記上寫下。「寧可死去！」但是奧匈兼併最主要的敵人嚴格來說不是帝國，而是一個有帝國野心的民族國家。塞爾維亞。

民族國家在歐洲史是相當新穎的。在一九〇〇年歐洲大部分都仍然是由建立久遠以及族群混雜的哈布斯堡、羅曼諾夫以及鄂圖曼帝國所主宰。大不列顛及愛爾蘭聯合王國是另一個如此的個體。一些較小的國家也是族群上異質：例如比利時與瑞士。還有許多小公國和大公國，像盧森堡或列支登士敦，都沒有屬於自己獨特的民族認同，但抗拒被吸收進去更大的政治單位。這些拼布般的政治結構在一個大規模移民逐漸增加（而非降低）族群混合的時代，有實際上的意義。但在政治民族主義者眼中，它們應該被丟進歷史的灰燼；未來應該屬於同質性的民族國家。法國，這從瑞士政治哲學家、主權在民先知盧梭（Jean-Jacques Rousseau）得到滋養的國家，提供一個民族國家建立的範例。法國是一個在革命中被鑄造以及再鑄造的共和國，在一九〇〇年時似乎已經將它所有舊的區域認同，鎔鑄為一個單一的「法國概念」。奧弗涅人、不列塔尼人以及加斯空人，同樣都自認是法國人，因為已經接受過相同標準化的學校教育以及軍事訓練。

民族主義最初似乎會對歐洲王權構成威脅。然而在一八六〇年代時，皮埃蒙特及普魯士王國藉著結合民族的原則，以及為求自保與進而自我壯大，創造新的民族國家。其結果：義大利王國及德意志國，無疑地離完美的民族國家還很遠。皮埃蒙特人對西西里人之陌生，正如他們好像是法國人；真正的義大利統一是在加富爾及加里波底的勝利之後，而這在實際上等於對南方民族進行小型殖民戰爭。同時之間，尚有許多德國人居住在奧圖・馮・俾斯麥的新國家疆界之外；那歷史學家稱之為統一戰爭，但在實際上仍是將說德語的奧地利人排除在外，而以普魯士為主導的「小德國」。然而在大多數民族主義者的眼中，一個不完美的民族國家比沒有任何民族國家來得更好。在十九世紀末，其它民族設法追隨義大利及德國的範例。有些人（──特別是愛爾蘭人及波蘭人，更不用提孟加拉人和其他印度人──）見到民族國家是取代受不同情帝國統治的另一選擇。但有一些人，如捷克，則滿足於在既存帝國的架構中，只想去追求較大自治權，繼續捉緊哈布斯堡奶媽，擔心離開會遇見更糟的事。塞爾維亞人的狀況則不同。在柏林會議（一八七八年）中，他們與蒙特內格羅人從鄂圖曼統治下取得獨立。在一九〇〇年時，他們的野心是要追尋皮埃蒙特及普魯士所立下的模範，以南斯拉夫（Yugoslav）民族統一之名來進行擴張。但如何取得這呢？一個明顯的可能性便是透過戰爭，這義大利及德國所採取的方式。但對塞爾維亞不利的因素甚多。要打敗已經土崩瓦解的鄂圖曼帝國（正如在一九一二年塞爾維亞和蒙特內格羅、保加利亞以及希臘聯手），或是打敗競爭對手的巴爾幹國家（當這些聯盟在次年因為勝利戰利品之分配而發生過）是一回事，但是要去對上奧匈帝國，則是另一回事。這不僅是一個較可怕的敵人，而且恰好是塞爾維亞出口的首要市場。

巴爾幹戰爭透露出巴爾幹民族主義的強處及限制。它的強處在於其激烈。它的弱點在於其分裂。戰鬥的激烈讓年輕托洛茨基印象十分深刻，他是以《基輔思想》刊物記者身份來做見證。即使在巴爾幹戰爭之後的和平還是殘酷，以一種新奇的方式將成為二十世紀一再出現的特徵。在民族主義者眼中，取得國外領土不再足夠：現在邊界及民族都必須移動。有時候這些移動是自發性的。穆斯林在一九一二年希臘人、塞爾維亞人以及保加利亞人前進時，往薩洛尼卡方向逃亡；保加利亞人為了躲避一九一三年入侵的希臘人，逃離馬其頓，而希臘人決定離開根據布加勒斯特條約割讓給保加利亞及塞爾維亞的馬其頓區域。有時候人口會被刻意的驅離，如希臘人被迫在一九一三年離開西色雷斯，以及在一九一四年離開部分的東色雷斯以及安納多利亞。在土耳其戰敗之後，協議人口交換：四八五七〇名土耳其人往一方向，而四六七六四名保加利亞人往另一方向，越過土保邊界。有些交換是要將族群混居的聚落轉變為相當吸引民族主義者想像的同質性社會。這對一些地區的影響是戲劇性的。在一九一二年和一九一五年之間，希臘馬其頓裡的希臘人增加約三分之一，但穆斯林及保加利亞人口衰退各二十六%及十三%。西色雷斯的希臘人口掉落達八〇%；東色雷斯的穆斯林人口增加約三分之一。這對歐洲許多其它多元族群社區的意涵，是明確地象徵惡兆。

直接開戰的替代方式是透過恐怖主義，來創造一個新的南斯拉夫國家。在奧地利兼併波斯尼亞之後，許多新組織突然冒出，誓言要抵抗奧地利在巴爾幹的帝國主義，並以任何好的、壞的手段來解放波斯尼亞。在貝爾格勒有「國家防衛」；在塞拉耶佛有「青年波斯尼亞」。在一九一一年有一個更極端以及極為秘密的團體形成：「統一或死亡」（Ujedinienje ili Smrt），亦以「黑手」（Crna Ruka）為人所知。它宣布的目標是要使塞爾維亞成為「塞爾維亞國家⋯統一的⋯皮埃蒙特」。它的印璽描繪：

> 一支強大的手臂握在手心一張展開的旗幟，在上面（——做為紋章——）有個骷顱頭及交叉的骨頭；在旗幟旁有一支刀、一顆炸彈以及一小瓶毒藥。在周圍環繞刻有以下的文字，從左到右：「統一或死亡」。

「黑手」的領導人是德拉古廷・迪米粹捷菲克上校，綽號「蜜蜂」（'Apis'），是成立該組織之七位塞爾維亞軍隊軍官之一。正是由迪米粹捷菲克訓練三位年輕恐怖份子，從一開始便擔任意圖是自殺性的任務，在奧匈皇位的繼承人造訪塞拉耶佛時謀殺他。殺手奈迪爾科・卡布利諾維克、崔夫可・格拉畢支以及加夫里洛・普林西普被送過邊界時，攜帶四把白郎寧M1910左輪手槍、六顆炸彈以及氰化物毒藥錠。大公好像是刻意要引誘他們，選擇在十四世紀科索沃戰役週年紀念來造訪塞拉耶佛：這是塞爾維亞民族主義日曆中最神聖的一天，聖維特斯日（St. Vitus' Day，Vidovdan）。

加夫里洛・普林西普生於長於克拉伊納叫波桑斯克・格拉赫弗的貧窮村落中；他在許多方面是原型的自殺炸彈客：有足夠的學生成分，去狂熱相信塞爾維亞民族主義的目的；有足夠多農民成分，會對奧地利佔領軍在塞拉耶佛妓院裡狂飲烈酒以及炫耀性地嬉鬧，感到震驚。他看越多他們古怪的行徑，他越被要將奧地利人踢出波斯尼亞，讓它成為一個新南斯拉夫國家一部份的想法所吸引。如他後來在審判時所解釋，他是「一位南斯拉夫的民族主義者，目的是要統一所有的南部斯拉夫人，而我不在乎是什麼型態的國家，但它必須獨立於奧地利……我們想：以任何方法來統一……以任何恐怖的方式」。他說他的目的是要「除去任何擋路以及作惡，阻礙民族統一之途的人」。他或許會選擇以傳統方式來完成目的；只可惜，他在一九一二年被塞爾維亞軍隊拒絕，因為他「太小太弱」。

在那改變命運的早晨，他和他同夥在沿著阿佩爾碼頭旁的遊行大道佔好位置，這條路是市中心的河岸大道。剛開始，這任務似乎搞砸了。卡布利諾維克向大公的敞篷車投擲炸彈，結果從折疊的敞篷車頂談回來，炸傷後面那輛車裡的兩個人以及二十名旁觀的人。大公的司機可以理解地要加速前進到安全處，但大公費迪南堅持要回頭，去看傷者情形如何，然後依據計畫前往市政廳。在那之後，他決定要探訪傷者。當這位緊張的司機在前往醫院路途中繞錯彎，向右轉向法蘭茲・約瑟夫街，普林西普當時正在購買中餐，突然發現自己與意圖行刺的目標面對面。他的視線變得模糊，並且在「充滿一種奇怪刺激的感覺」下，他瞄準擊發。他致命地打傷大公，子彈從喉嚨穿過，以及她懷孕的妻子公爵夫人蘇菲，這他不小心擊中腹部（他其實是瞄準軍事總督奧斯卡・帕提爾雷克將軍）。這天是這對皇室夫婦的第十四週年結婚紀念。

在完成任務之後，普林西普及卡布利諾維克雙雙企圖自殺，但是他們所攜帶的膠囊氰化物已經氧化，所以沒殺死他們。普林西普還設法舉槍自盡，但是被阻止。在審判時，普林西普被問及他行動意圖的後果。他回答：「我未曾想到在暗殺之後，將會有戰爭」。這是誠實，還是虛偽？歷史學家一向假設不是其一，就是另一。說普林西普在行動時，沒有意識將會發生某種地震，似乎幾乎難以置信。但我們必須牢記在心，地震不是輕易能預測到的事件。雖然大公遇刺結果是推倒骨牌的那點：致命的刺激，觸發帝國板塊驟發性地移動過整個歐洲；但這在當時並非隨即顯而易見。之後做為一件大事的第一次大戰，現在看來是被過度命定，注定發生；除非我們掌握到在當時的人眼中，戰爭爆發的機率其實是明顯偏低，否則我們無法真正理解它。

戰爭的震撼

歷史學家大體來說傾向於將第一次世界大戰爆發之前幾年，描繪為是一段緊張逐漸升高以及危機不斷加深的時間。他們聲稱戰爭不是在一九一四年夏天突然蹦上舞台；更應該說，它是在一段數年、甚至數十年的時間內逐漸邁向高潮。我們在回溯事件時，一個不算是不典型的方法是《有關第一次世界大戰起源之英國文件，一八九八年到一九一四年》。這套書是十一冊官方歷史的結構，在一九二六—一九二八年間出版。各冊的標題對戰爭之起源提供一個清楚的敘述架構，這延續十七年之久：

I 英國孤立的結束

II 英日聯盟及英法和解

III 對和解的考驗，一九〇四—六年

IV 英俄友好

V 近東：馬其頓問題以及兼併波斯尼亞，一九〇三—九年

VI 英德緊張：武裝及協商，一九〇七—一九一二年

VII 阿加迪爾（Agadir）危機

VIII 仲裁、中立及安全

IX 第一部份　巴爾幹戰爭：序曲。的黎波里戰爭。第二部分　巴爾幹戰爭：聯盟及土耳其

X 第一部份　戰爭前夕的近東與中東。第二部份　和平的最後幾年

XI 大戰爆發

幾乎所有有關大戰爆發起源的書，都是這敘述的變異。有些作者會在時間上更往前追溯。一位最近的德國史家將這戰爭的爆發描繪為是九次外交危機中的最後一次：一八七五年法德「戰爭在眼前」的危機、一八七五—八年東方的危機、一八八五—八年的保加利亞危機、一八八六—九年布朗傑（Boulanger）危機、一九〇五—六年摩洛哥危機、一九〇八年波斯尼亞危機、一九一一年阿加迪爾危機，以及一九一二—三年巴爾幹危機。這英國具有紀念性的戰爭起源歷史，也將其起源回溯到一八七一年德意志國的建立，特別強調在一八九七年之後英德的海軍競爭。研究戰前在陸路上的軍備競賽，往往集中在戰爭之前的十年。有些作家將他們的陳述集中在奧匈帝國的政策上，往往會將戰爭的倒數計時往甚至更後來的時候移去。但很少有人

在今天會嚴肅地主張，這在一九一四年夏天的戰爭，發生時有如晴天霹靂。

一九一四年夏天之前，這種衝突逐漸逼近的想法，與人們多年來已經預測戰爭的爆發，相互吻合；就這個觀點來看，當戰爭行動實際發生時，帶來的是舒解多過於震驚。左派數十年來已經預測軍國主義與帝國主義最後會製造出一個極大的危機；右派則幾乎是一致地描寫這戰爭會是達爾文競爭的一個良性結果。現在眾人皆普遍同意，在戰爭來到許久之前，歐洲社會已經準備好戰爭。帝國主義、民族主義、社會達爾文主義、軍國主義：圖書館對一次大戰之起源的書，簡直汗牛充棟。有些人強調國內的政治危機，其他人則是國際系統的不穩定；但所有人都同意它有很深的根源。然而現在的問題是在這許多危機逐漸增溫的敘述中，在被史家建構時不是為了捕捉在一九一四年實際狀況的過去，而是要創造出一個這戰爭起源的解釋，能與接下來四年所發生的浩瀚規模相互密合。但一個處理這問題的方式是要更準確地觀察當時其他人，對那史學家如此熟悉的外交危機，究竟採取何種態度。這麼做會透露出歷史在何種程度上是被後見之明的可疑好處所扭曲。因為事實是，第一次大戰是個突如其來的震驚，不是一個等待已久危機的爆發。人們只有在回顧時，才會決意說他們一直都看見到它的逼近。正因為那種理由，戰爭的結果才會如此撼動世界：不是已經預期到的，反而是沒有預期到的才會造成最大的震撼。

假如有任何社會群體會對一場世界大戰之來臨有強烈利益，那便是投資人以及在倫敦金融區（the City，戰前世界最大的國際金融市場）服務他們需求的金融家。這箇中理由至為明顯：他們在一旦發生如此戰爭時，會損失慘重。在一八八九年華沙金融家伊凡・布洛赫估計過「戰爭的立即後果是所有債券的價格下殺二十五%到五〇%」。記者諾曼・阿格內爾在他最暢銷的論文《大幻覺》中，對強權衝突的負面金融效果，也做出類似的要點。兩位作者都表達一種希望：這樣的經濟考量或許會讓主要戰爭變得如果不是不可能，至少比較不可能。但投資人，特別是握有由強權所發行債券的投資人，幾乎是無法把這點當作理所當然。我們因此期待任何使如此戰爭變得似乎可能的事件，會對投資者的感受有可察覺到的影響。然而從這看起來，金融區，包括一些最消息靈通的金融家，只有在非常晚的階段才察覺世界戰爭會即將發生。

在一九一四年，「拿丹・邁爾・羅斯柴爾德暨兒子」仍然是金融區裡首要的公司。與他們在巴黎及維也納的堂表兄弟保持密切關係的倫敦羅斯柴爾德家族，自從拿丹・邁爾・羅斯柴爾德在滑鐵盧戰役之前及之後創造了家庭財富以來，已經主宰債券市場將近一世紀。在一次大戰前，羅斯柴爾德各家族在他們之間共有超過三千五百萬英鎊的資本，所有這些都是家族的財產；合夥人的任務便是去經營這些巨大的投資組合。他們有一大部分是以歐洲政府債券的形式持有，這是所有投資中最為可靠的，也是羅斯柴爾德家族最熟悉的債券種類，因為他們長久以來便是在倫敦市場所發行之債券的主要承銷人。他們比任何人在一場歐戰中更會遭受損失，主要是因為如此戰爭必然確定會將這三家族分開，所以會使巴黎對付倫敦，以及或許倫敦對付維也納。但是這次戰爭爆發時幾乎讓他們完全措手不及。在一九一四年六月二十二日羅斯柴爾德勛爵告訴他在巴黎的親戚，他「相當贊成在有影響力圈內那有相當好根據的看法，認為除非俄羅斯人支撐塞爾維亞，否則後者將會接受屈辱，以及俄羅斯傾向是維持不動，在那裡的局勢並不利於做出前進的動作」。次日他寫說，他期待「在爭執中的不同事件，會在不訴諸武力下獲得安排」。在奧地利對塞爾維亞最後通牒的細節揭露之前，他期待「塞爾維亞人會給個交代」。在六月二十七日時，他表達「普遍看法認為奧地利在對塞爾維亞人做出要求是相當合理，而且假如因為一個匆促以及構思欠佳的行動，強權們做出任何或許會被視為寬恕一件殘酷的謀殺時，這也相當不適合強權們」。他有信心，英國政府將會「不遺餘力⋯努力來維持歐洲和平」。他在六月二十九日告訴他法國的親戚，「很難表達出任何正面的意見，但我想我可以說我們相信（法國意見）⋯去推測德國皇帝邪惡的動機與私底下的交易⋯是錯誤的；假如奧地利被俄羅斯攻擊的話，德國皇帝受制於一些條約及承諾要去協助她，但這是他最不希望去做的事」。德國凱撒與俄國沙皇「正在以電報方式，為和平的利益直接通信」；德國政府誠懇希望任何戰爭都能「區域化」。晚到七月三十一日時，羅斯柴爾德仍然繼續相信「在金融區的謠言是德國皇帝正在使用他在聖彼得堡及維也納的所有影響力，尋找最後解決方法，這對奧地利或俄羅斯都不會難以接受」。只有在這時候，最後一刻時，他才顯示出他掌握了這即將發生事情，所具有之規模的徵象。

羅斯柴爾德在理解事情上絕非遲鈍。六月二十二日時（——這超過塞拉耶佛謀殺三週以上——），《泰晤士報》發表了似乎是第一篇英文報導，影射在巴爾幹的危機或許會有負面的金融影響。這報導出現在第十九頁，它讀起來如下：

證券交易
受外國政治消息打壓
美國後來又再度凝聚人氣

股票市場在開市時，完全籠罩在被奧匈帝國及塞爾維亞關係日漸緊張之下⋯因為在近東局勢逐漸升高的嚴重性，〔股票交易〕人員的注意力暫時轉離北愛爾蘭阿爾斯特的危機⋯因為國內及國外前景不明，所以有普遍不願加碼投入。

然而在七月二十四日，《經濟學人》（*The Economist*）更關切的是「有關阿爾斯特持續的擔心」，而不是在巴爾幹的事件。相同的雜誌在八月一日版清楚表達金融區對這一週事件是如何驚訝：

金融世界在一連串的打擊之下蹣跚而行，這是國際信用的精密體系所未曾見證過的或甚至想像過如此……沒有如此廣佈以及如此全世界性的事在此之前曾經被知道過。沒有東西……可以比這價格的崩盤（——這不是因為一場小戰爭實際的爆發，而是因為害怕戰爭可能會在歐洲強權中爆發而造成的——）更清楚地去證明，要同時一起經營現代文明及從事戰爭，這是不可能的。

在此關鍵詞是「害怕戰爭」。雖然奧地利在六月二十八日已經向塞爾維亞宣戰，即使在這樣晚的階段，仍然是非常不確定其它強權是否會加入。晚到八月一日（——那時俄羅斯已經開始全面動員——），《紐約時報》的頭版標題仍是瘋狂地樂觀：

沙皇、凱撒以及國王或許會安排出和平。

金融市場的資料（明確地說，是政府債券價格的波動）明顯地強化這種印象：對那些有最大誘因來預期戰爭發生的人，這場戰爭的來臨是種震驚。五個眾所公認的強權，英國、法國、德國、俄羅斯以及奧匈帝國，在過去都發行過相當大量有利息的債券，用來支助戰爭，而且可以相信未來在歐洲發生主要衝突時，同樣會這麼做。在一九〇五年由這五大強權所發行之債券構成在倫敦掛牌近六〇%所有主權國家的固定收益債券。由法國、俄羅斯、德國以及奧匈帝國構成全部債券的三九%，以及所有主權債務的四十九%。正是對這些債券定期報價的市場利率—用專業術語說，殖利率—允許我們去推論，在朝向一九一四年（包括一九一四年）這過去幾年期間，投資者對戰爭預期的變化。

政治事件在一九一四年之前對投資者特別重要，因為關於它們的消息比詳細經濟數據更能隨時取得，而且固定可得。現代投資者往往會去看廣泛種類的指標數據，如預算赤字、短期借貸利率、實際和預估的通膨率以及國內生產總額成長率。他們每天都會被有關這些的資訊以及許多其它財政、金融以及總體經濟表現的措施所淹沒。然而經濟數據在過去較少，可以賴以為據判斷倒債的風險、未來通膨以及成長。在一次大戰前，歐洲主要經濟體的投資者對某些商品價格、黃金儲存、利率以及兌換率有相當好以及定期的資訊，但是除了年度預算外，其它財政資訊甚為稀少，而且對國家生產或收入並無固定或可靠的數字。在非國會型的王政，即使年度預算都並非經常可得，或是假如公布出來，仍無法令人相信。取而代之的是投資者往往會從政治事件來推論財政及金融政策，這些政治事件會固定地在私人通訊、報紙或是電報機構中報導。做出這些推論的最具影響力的根據帶有三種假設：

1. 任何戰爭將會打斷貿易，因此會降低所有政府的稅收；
2. 直接涉入戰爭將會增加一個國家的開銷以及降低稅收，導致要做相當規模的新借貸；以及
3. 戰爭對私人部門的衝擊，必然使得交戰國的金融當局難以將紙鈔轉換為黃金，因此增加通膨的風險。

在此基礎上，任何會增加戰爭可能性的事件，必然會對債券市場有可辨識到的衝擊。戰爭意謂新債券的

發行，換言之，增加債券供應量，因此降低既有債券的價格。戰爭也意謂增加紙鈔供給，因此降低被用來定價大多數債券之貨幣的購買力。一名理性投資人預期到主要戰爭要發生時，必將會因預期這些效果，而事先出售債券。假如金融市場看到一九一四—一八年戰爭的來臨，我們應該預期會見到債券價格的滑落，或是債券殖利率的增加（因為殖利率基本上是支付債券的利息，再除以債券的市場價格）。

然而非但沒有顯示出一場世界大戰正在逼近，一直到一九一四年七月之前幾年的大多數金融指標，暗示投資風險的降低。政治事件，這從一八四〇年代到一八七〇年代造成債券價格的大幅走動，似乎在接下來的二十年越來越無關緊要。國際債券市場的波動性也明顯地下滑。一旦投資者瞭解到一場強權的大戰是有真正可能性，債券價格會急速落下，但令人驚訝的是這直到一九一四年七月最後一週才發生，準確地說，是在奧地利對塞爾維亞下達（要求與奧地利合作調查塞拉耶佛暗殺）最後通牒公佈之後的一週。這最後通牒是在二十三日發佈。在七月二十二日及三十日（報價被公布的最後一天）之間，綜合價格下滑七％，法國公債下滑在六％以內，而德國是四％。奧地利及俄羅斯的下滑則是兩倍於綜合價格。即使如此，這些絕非史無前例的市場波動。這解釋簡單：當倫敦市場在七月三十一日收市，危機的規模尚未充分明顯。若是市場仍然交易，所有債券的價格必然會在更加下滑。俄羅斯一直要到七月三十一日，經過三天的猶豫不決，才開始全面動員，而德國政府也對聖彼得堡和巴黎發出最後通牒。德國在八月一日對俄羅斯宣戰，而在兩天之後對法國宣戰。英國直到四日才加入亂局：羅斯柴爾德家族以及《經濟學人》編輯同時反對這樣參戰的決定。在這些有強烈利益糾葛的各方眼中，在七月二十二日和七月三十日之間所發生的，在根本上是認為歐陸會發生一場強權大戰的機率大幅攀高；即使當時市場被迫關閉，世界大戰仍然還沒被視為確定。

當戰爭的機率突然升高時，被布洛赫、阿格內爾以及其他人長久以來即已預見的金融危機，開始以可怕

表 3.1：歐洲強權債券價格，1914 年七月到十二月

	7月8日	7月22日	7月27日	7月30日	8月20日	9月18日	12月19日	百分比變化 7月22日到7月30日	百分比變化 7月22日到12月19日
綜合價格 2½%	75.8	75.5	72.5	70.0	70.0	68.8	68.5	-7.3%	-9.3%
奧地利 4%	84.5	84.5	82.0	76.5			65.0	-9.5%	-23.1%
法國 3%	82.5	81.0	77.5	76.5				-5.6%	
法國 * 3%	83.0	81.3		82.5		73.7	70.6	1.5%	-13.2%
德國 3%	76.0	75.0	73.5	72.0				-4.0%	
俄羅斯 5%	102.5	102.5	98.0	93.0		90.5	93.5	-9.3%	-8.8%

* 波爾多報價

的速度展開。所發生之事是國際金融傳染的經典例證。維也納和布達佩斯的市場，一週來一直滑落，在七月二十七日週一停市，聖彼得堡在兩天之後亦宣布停市；在週四《經濟學人》認為柏林及巴黎的證券交易形同停市，除了名義上沒有外。歐陸證券市場的關閉，造成倫敦雙重危機。首先，外國人在倫敦取得的商業票據發現很難支付；那些英國銀行在接受票據後，在票據到期後，突然要面對普遍無法履行的債務。在同一時間，存放在倫敦銀行的歐陸資金發生大量提取，以及外國所擁有的債券被拋售。如羅斯柴爾德勛爵在七月二十七日緊張地向他法國堂表兄弟報告說，「所有外國銀行，特別是德國的，在今天從股市取走非常大量的現金，而且：市場曾經一度相當消沈，許多較弱的投機者不管價格，隨意拋售」。倫敦成為，如《經濟學人》所言，「整個歐陸債務清償的拋售地點」。在七月二十九日，隨著清算銀行拒絕接受它們財務緊迫股市客戶的要求，交易實際上已經停止，而最先有一些公司開始倒閉。次日，消息爆發出來，知名的證券交易商德倫堡&公司（Derenburg & Co.）已經被「敲槌」，宣布破產；這個，加上英格蘭銀行決定將貼現率從三%提高到五%，加深對市場的壓抑。在三十一日早上出現《經濟學人》稱之為「最後的響雷」：股市關閉；接著是英格蘭銀行再度提高貼現率到八%。此處沒有必要去詳細交代之後官方當局為避免全面性金融崩潰所採取的步驟。這關鍵點是在七月三十一日時，危機已經關閉了倫敦股市，而它持續關閉，直到一九一五年一月四日。沒有更好的見證能說明因為戰爭爆發所引起的金融衝擊。

關閉股市只是用來掩飾已經被釋放出來的危機；它無法避免危機。當市場關閉時，在這時期所紀錄下來的個別債券交易價格（這是平常管道之外的重要交易）使這點變得很清楚。在十二月十九日奧地利債券的定價比七月二十二日危機前價格少二十三%。就法國公債，這差距是十三%；就英國綜合價格以及俄羅斯債券（令人驚訝！）只有九%。然而這只是開始的結束。在戰爭進行期間，大量新發型的債券以及透過財政部票據折扣所創造出的金錢，導致（—正如專家所預測—）所有交戰國債券殖利率持續揚升。若非有種種對交戰國資本市場不同的管制，這些走向必然會顯著地更大，這使得投資人難以降低他們對戰前強權債券的曝險程度；還有系統性的中央銀行必要干預，來維持債券價格。即使如此，這些走向是相當大的。在一九一四年到一九二〇年間，從峰頂到谷底，綜合價格滑落四十四%。法國公債的數字與此相似：價格下滑四〇%。除此之外，英國及法國是出現在戰爭贏家那邊的兩個強權。其他三個則遭受戰敗及革命拖累。布爾什維克政府直接倒掉俄羅斯的債務，而在德國及奧地利的後革命政府透過超級通膨，將它們真正的債務負擔劇烈地降低。除了英國政府債券的持有人還可以合理希望他們的政府在戰爭結束後，會恢復他們投資的價值（這是自從喬治一世以來，在所有英國的戰爭之後皆是如此），對其他所有人來說，這些結果甚至比戰前最悲觀的評論者所預期到的還要糟。戰爭對羅斯柴爾德家族的衝擊是具有破壞性的。單論一九一四年，他們的損失將近一百五十萬英鎊，是公司歷史裡最大的虧損。在一九一三到一九一八年之間，倫敦合夥人的資本減少達一半。金融市場似乎直到一九一四年七月最後幾天才考慮到如此的劇本，這當然告訴我們一些關於一次世界大戰之起源的重要事情。看起來似乎（——用《經濟學人》的話來說——）金融區只有在七月三十一日才看到「戰爭的意義」：「在一閃之間」突然看到。

華爾街的故事亦是相同，紐約時報談及一場「大火」，雖然在此危機有不同的形式。在那裡資金吃緊的歐洲人要清算他們所持有的美國鐵路債券（有二〇%是在外國人手上），這威脅開啟一個甚至比一九〇七年上一次大「恐慌」還嚴重的金融危機。有趣地，事實上一直有顯著數量的黃金在整個一九一四年夏天流出紐約，顯然是因為俄羅斯企圖要在聖彼得堡建立黃金儲備有關。但在奧地利對塞爾維亞下達最後通牒的消息傳來時，這種提取達到尖峰。英鎊對美金的匯率陡升，因為投資人急迫地將資金匯回去歐洲；那些通常會利用美金疲軟來套匯取利的人，被戰時黃金運送保費激增所嚇阻。很自然，歐洲拋售讓美國股市受傷，在五天後奧地利宣戰時，跌掉三・五%。正如倫敦（——甚至在同一天——），在美國財政部長威廉・麥卡杜的鼓勵下，華爾街股市決定關閉。在外面新街（New Street）市場的非正式交易價格，顯示出市場或許並沒有完全崩盤（在十月結束時，它們又下降九%）。但那只是因為非正式市場太小，無法允許歐洲人將他們所要出售的資產加以兌現，以及因為麥卡杜同時注入緊急鈔票到美國銀行系統之中，避免紐約市倒掉它具有相當規模的外債，並且透過「戰爭風險保險局」（Bureau of War Risk Insurance）的出現，來鼓勵將美國物品運送到歐洲，讓黃金從大西洋回流美國。華爾街在缺乏緊急措施之下，必然會見到甚至比七年前更大銀行的倒閉潮。

何以金融市場會出其不意，被逮個正著？難道戰前的投資人在對上一次強權之間戰爭的記憶消退時，於是根本就低估戰爭對他們債券投資組合所具有的潛在衝擊？一個可能性當然是金融家是最早一批受害於那被後來人稱之為「短戰」幻想。他們讀過他們的伊凡・布洛赫及諾曼・阿格內爾；這兩位都辯論說一場主要戰爭會是史無前例的耗費，必然會使得如此的戰爭若不是變得不可能，便是至少會是短暫的。在一九一四年十一月一日，法國財政部長亞歷山大・里柏辯論說，戰爭必將會在一九一五年七月結束，這觀點也被英國統計家艾德加・克雷蒙接受。這裡值得加上，幾乎一樣樂觀的是凱因斯，他在一九一四年八月十日興奮地向碧爾翠絲・韋伯解釋：

他非常確定戰爭不會延續超過一年：他解釋，這世界極為富裕，但是它的財富很幸運地是一種不能迅速兌現來做為戰爭用途：它是以資本門設備，用來製造東西，而這對作戰毫無用途。當所有可以使用的財物用罄時（——這他認為將花費一年時間——），強權那時必須議和。

然而這年輕學究幼稚的樂觀主義並沒有被金融區廣泛接受，這或許幫忙去解釋當他從劍橋衝到財政部去提供戰爭時期的服務時，何以會和金融家有如此激烈的衝突。羅斯柴爾德家族充分理解他們正面對的危機規模。「戰爭的結果⋯是難以預測的，」羅斯柴爾德勛爵在七月三十一日時評論說，「但無論結果如何，隨著戰爭而來的犧牲及痛苦，將會浩大以及難以計算。在這情形下，這災難會比任何之前曾經見過或是知道的，都還要更大。」在八月一日《經濟學人》編輯以驚恐不安之心去預期「一場史無前例規模的戰爭，涉及人命損失以及對我們與現代文明相關之物的毀滅，會龐大到無法計算或預估，而且這預告的恐怖是如此驚悚，連想都不敢想」。甚少證據顯示金融區預期這戰爭「在聖誕節時，一切都會結束」。

戰前在金融波動及風險保險金的降低，或許背後有經濟上的技術因素。或許當越來越多的國家加入金準制，投資人不再擔心國際貨幣危機，雖然關於這點的證據並不令人信服。或許全球金融整合正在以放寬國際資本市場，來降低金融風險，雖然其結果或許會同樣地增加金融感染的風險。或許大多數國家在戰前的財政狀況已經真正改善，雖然投資者必將仍然預期在發生戰爭時會產生很大的赤字。另方面，或許是國家資本市場的加深所產生的資產流動性，讓投資者放心。大量新的儲蓄機構在十九世紀末期已經在已開發國家各處出現，這首度允許較小額的儲蓄人能夠間接地接觸債券市場。這些機構的「本土優先」（home bias）（通常，如在英國，這是由法律來規定執行）無疑地會造成國內債券的殖利率被壓低，並降低市場的波動性。然而我們不能排除這可能性：投資者真正認為一場主要歐戰的爆發，在一八八〇年以後的大部分時代，是件相當不可能之事。而且的確如此，直到一九一四年七月的最後一週。

即使對那些金融經驗老到的人，第一次世界大戰在來到時，似乎是個真正的驚訝。像生活在斷層帶的人一樣，投資者知道地震是可能，而且理解它的後果將會多嚴重，但無法預測它的時機，因此已經超過正常風險的評估之外。自從上一次大地震後，只要時間過去越久，就會越來越少人想到下一次。假如這觀點是正確的，那許多對一次戰爭起源的傳統史學是，很簡單地說，「過度決定」（over-determined）的事件。非但不是一條「前往災難的長路」，這裡只是一個突然的滑跤。如此的結論並不傾向於去支持那些仍然認為戰爭是根深蒂固之強權競爭，所將導致的一個不可避免結果，一個注定要發生的巨變。但這結論當然仍符合戰爭之爆發是一個可以避免的政治錯誤。

不列顛和平的結束

何以一九一四年到一八年的戰爭會是個驚奇？一個答案是或許當代人對後維多莉亞時期的「不列顛和平」

（Pax Britannica）有超過能夠被完全辯護的信心；相信世界上最大的帝國有能力去對一場歐陸危機所衍生出的全球枝節，進行損害管制。我們現在回顧，知道大英帝國當時在許多方面已經過度延伸。當代有些人也一樣懷疑。但是英國海軍持續獨霸，或許會鼓勵投資人去低估帝國脆弱之處。「不列顛和平」對投資人看起來是非常真實；這是何以他們願意借給英國統治底下的新興市場時，其利率只比英國國債利率高幾個基點。無論如何，和平不只是英國軍事及金融勢力的功能，它也基於強權外交的成功。諸如勢力平衡以及歐洲等的概念，都已經大體上被戰爭而弄得失去可信度；甚至在美國的國際主義者已經有種信條，認為戰爭是由於秘密外交這不健全體系所造成的。但在一九一四年七月失敗的國際體制，其實就避免主要強權戰爭之爆發這點上，已經在整個上世紀裡拿出合理的好成績單。

德國史家蘭克（Leopold von Ranke）在一八三三年寫作時，對正在展開的世紀有樂觀的看法。他說悲觀主義者或許會認為「我們的時代只擁有朝向瓦解的趨勢以及壓力。它的重要性似乎在於結束那自中古以來一直存在的結合及黏合性機構」。對「朝向偉大民主概念以及體制發展那無法抗拒的傾向，必然會造成我們現在正在見證的大變化」，保守份子或許會感到沮喪。但蘭克是樂觀的：

：非但僅滿足於負面否定，我們的世紀已經產生了最正面的結果。它已經產生了一個大解放，這不是瓦解之意的解放，而是一種建設性、統合性的意義。首先，它不僅產生了強權；它也更新了所有國家、宗教以及法律的原則；而且復興了每個個別國家的原則。我們時代的特色就正是在這事實上：〔就國家及民族而言〕所有的結合端賴於每個個別的獨立：若其中之一對其它具有決定性積極的主宰，必將導致其它的滅亡。將所有它們都融合唯一，必將摧毀每一個個別的本質。因此從個別以及獨立的發展，將會出現真正的和諧。

蘭克對強權之間會彼此維持平衡的能力深具信心，因此避免了單一歐陸強權主宰其它，而這正是拿破崙曾經幾乎做到的。蘭克的信心放錯地方。在一八一四年到一九〇七年之間共有七次（國家元首或總理）會議以及十九次（外交部長）協商；那些場合會討論以及，在很大的程度上，解決了主要外交事件。雖然欠缺我們自己時代裡國際秩序所具備的所有體制裝飾，這些定期的高峰會議所扮演的角色，其實並沒有非常不同於今日聯合國安理會常任理事國所做的。它們所簽訂的條約以及它們所仲介的協議並不會避免戰爭的發生，但是它們限制了戰爭，所以從維也納會議到塞拉耶佛暗殺之間的百年之間，沒有一個歐洲危機升級為全面性、涉及所有強權的衝突。這成就切不可小覷。

在一八一五到一九一四年間當然不是真正地和平；歐洲帝國進行過許多戰爭，將它們權威加諸在亞洲、美洲及非洲。但是歐洲本身則甚少見到戰爭。根據一項估計，在拿破崙戰爭及第一次世界大戰之間只有二十一場主要戰爭，而它們幾乎都以其有限的地理範圍、短暫時間以及低傷亡率而值得注意。十九世紀和之前三個世紀以及之後一個世紀相比，紀錄的確好上很多。將戰爭定義更為廣泛，包括小型的殖民衝突，則可顯示出來大多數戰爭是發生在歐洲之外。從一七八九年到一九一七年的二七〇場戰爭的這些例證來看，不到三分之一發生在歐洲。在這之間，只有二十八場是發生在民族國家之間，相對於民族獨立戰爭（二十八場）或是內戰（十九場）。在另總數為一八四場的另一套資料裡，只算進每年戰場死亡人數超過千人，則只有五十一場發生在歐洲。一九一四年世代在回顧過去時，十九世紀對他們並非和平的黃金時代，但也沒再次發生在一七九二—一八一五年間將歐洲弄得天翻地覆的那種戰爭。

儘管對軍國主義這主題所有寫過的書籍，但其實強權耗費在它們的武裝力量或是在他們所動員的人數，並沒有明顯的軍國主義傾向。在一八七〇和一九一三年之間，只有俄羅斯平均花費四%的國民生產淨值在國防上；英國、德國以及奧地利只花費剛超過三%。在相同時期，只有法國及德國平均會在他們的武裝勢力中，僱用到超過一%的人口：分別為一・五%以及一・一%。只有在後見之明的觀照下，才會使得歐洲看起來像是軍營，急切地等待動員。

薩克斯—科堡王朝

在一九一四年夏天有更進一步的理由讓歐洲人自得自滿，那便是歐洲在名義上的統治菁英是不尋常地整合。費迪南大公當然是哈布斯堡的人。但他也是那主要以德國貴族皇室為主、世系上盤根錯節糾纏一起之菁英中的一員，這些皇室成員自從十七世紀起已經提供了大多數的歐洲君主。

除了瑞士、法國（在第三共和開始之後）以及一些城市國家外，在一八一五年到一九一七年間，幾乎所有歐洲國家是帝國、王國、公國或是大公國。所有這些國家的元首職務是世襲的、不是選舉而來。在俄羅斯或多或少的開明專制以及挪威的自由主義王政之間，有令人眼花撩亂的憲政形式。但這些之間沒有一種政體會完全剝奪其世襲元首的權力，也沒有完全除去那關鍵的政府體制：宮廷。除此之外，除了他們國內政治權利之外（—這就其能夠施恩庇護（patronage）而言，仍然十分強大，即或他們在其它方面被加以設限—），皇帝、國王、皇后、親王以及大公在國與國的關係上具有獨特的角色。儘管工業化以及所有與現代化相關之現象，王朝政治仍然事關緊要。戰爭會為什列斯威及霍爾斯坦（Holstein）公爵爵位以及西班牙王位的繼承（—僅舉兩個例子—）而開打，這不只是因為它們提供聰明的政客有方便藉口來建立國家。當我們將注意力聚焦在所有十九世紀最重要的皇族薩克斯—科堡王朝時，在這被認為的現代時代中，其實很顯然仍然有明確地早期近代的意味。

薩克斯—科堡王朝的崛起可以從拿破崙戰爭開始算起，而且可以在科堡公爵．法蘭西斯．佛德烈克的第二任妻子奧古斯塔（從一八〇六年起，成為寡婦）所寫的日記來追蹤。科堡是那些微小的德意志國家中之一；拿破崙橫掃神聖羅馬帝國，從這些國家創造出萊茵邦聯時，它們遭受到滅國的威脅。但奧古斯塔的兒子們設法在法國及俄羅斯之間小心行事，並且得到適當的獎勵。在俄羅斯壓力之下，公國在一八〇七年被恢復給奧古斯塔的長子恩尼斯特。奧古斯塔的孩子婚都結得很好。除了一位女兒外，所有都以王室為對象，以自己的權力取得王室地位或是為其子女取得。一位女兒婚嫁給俄羅斯沙皇亞歷山大一世的弟弟；另一位則是婚嫁符騰堡的國王；第三位嫁給肯特公爵，喬治四世的弟弟。但是奧古斯塔的幼子利奧波德才是薩克斯—科堡鴻運的建立者。利奧波德在他第一位妻子英國喬治四世之女夏洛特公主，在一八一七年十一月分娩過世時，暫時遭到挫折，這是在他們結婚十八個月之後。但當他在一八三一年成為比利時國王，他的處境改變，而在此之前他還曾不是很認真地考慮是否要接受希臘的王位。

如《泰晤士報》在一八六三年寫下，薩克斯—科堡王朝的故事顯示出「在一個君王生活裡，一個成功會如何帶來另一個成功」。他們能夠前進到一個幾乎超過德國人所能夢想到野心之外的歐洲地位。他們枝開葉散，讓四處充滿他們的家族。他們在英國創造一個王室。皇后是利奧波德姊妹的女兒；她的子女是利奧波德外甥的子女。科堡家族在葡萄牙統治；他們與曾為皇室但已經沒落的奧里昂家族有關，並且多少與他們自己國家的主要家族關係密切。利奧波德親王自己三十年來統治一個歐洲小國裡最重要的國家，而他的長子與奧地利皇室的女大公建立婚姻。

除此之外，維多莉亞與阿爾柏特九位子女中，除了一位外，都與王室論婚嫁。維多莉亞女皇的女婿包括普魯士的佛德烈克，曾短暫為普魯士國王以及德國皇帝，什列斯威及霍爾斯坦的克里斯汀親王，及巴騰堡的亨利，其兄弟亞歷山大成為保加利亞國王；維多莉亞的媳婦有丹麥亞歷山德拉公主、瑪莉公主，她是沙皇亞歷山大二世之女及沙皇亞歷山大三世之姊妹。除了喬治五世，維多莉亞的孫輩之中有蘇菲，婚嫁給希臘國王君士坦丁；德國凱撒威廉二世；普魯士亨利親王；伊莉莎白，婚嫁給俄羅斯沙皇亞歷山大三世之弟什給；亞歷山德拉，婚嫁給俄羅斯沙皇尼古拉二世；瑪莉，婚嫁給羅馬尼亞費迪南一世；瑪格麗特，婚嫁給瑞典的古斯塔夫・阿道夫六世；維多莉亞・尤金妮，婚嫁給挪威阿爾豐索十三世；莫德婚嫁給丹麥的卡爾，稍後成為挪威的哈康七世。未來的尼古拉二世在一八九三年第一次造訪英格蘭，一場家庭重聚變得像是一場國際高峰會議：

> 我們接近查令十字路（Charing Cross）。在那裡我們遇見柏梯叔叔（未來的愛德華七世），亞力克斯姑姑（丹麥的亞歷山德拉），喬基（未來的喬治五世），路易絲、維多莉亞以及莫德…
>
> 兩小時之後阿帕帕（丹麥克里斯汀九世），阿瑪瑪以及瓦爾德馬叔叔（丹麥親王）到達。有如此之多我們的家人聚在一起，實在很好。

在四點三〇分我去看在克拉倫斯宮的瑪莉姑媽〔薩克斯—科堡公爵，阿佛列得之妻〕，並且在花園與她、阿佛列得叔叔及小鴨（他們的女兒維多莉亞・美麗塔〕一起喝茶。

當這其中最後一位在婚嫁給黑塞—達姆施塔特大公國的繼承人恩斯特・路德維希時，客人包括一位皇帝、一位皇后、一位未來皇帝加一位皇后、一位王后、一位未來國王加一位王后、七位親王、十位公主、兩位公爵、兩位公爵夫人、及一位侯爵夫人。他們都彼此關連。在一九〇一年維多莉亞女皇過世之年，這她所屬之延伸的親屬關係團體，不僅安坐在大不列顛與愛爾蘭的王位，也包括奧匈、俄羅斯、丹麥、西班牙、葡萄牙、德國、比利時、希臘、羅馬尼亞、保加利亞、瑞典及挪威。

雖然有越來越多的普通人擔心種族混雜的所謂惡性結果，但歐洲王室菁英必須要擔心相反的事：同系血緣繁衍的危險。在一八六九年時維多莉亞女皇便曾辯論過或許較好是「注入新的及健康的血統到它〔王室〕之中，雖然在國外的親王都彼此有所關連；我雖可以用王室裡的數位成員持續這些海外的結盟，但我相信新血統必將在道德上及身體上強化王位」。「假如沒有新鮮的血統偶而灌注，」她為護衛一位孫女（維多莉亞・摩瑞塔）與巴騰堡的亞歷山大在一八八五年時的結婚計畫寫說：「這家族會在身體上及道德上退化」。這話說得真對：系統性的同系繁殖有真正醫學上的缺點。有關血液凝結問題的血友病在這家庭樹狀圖中散佈出去，為男系帶來悲劇性的結果（因為這疾病是由X染色體攜帶的）。在維多莉亞的後代中，至少有九位受害者；他第八個孩子阿爾巴尼公爵利奧波德，她孫子黑塞的佛德烈克・威廉，她女兒碧爾翠斯的兒子瓦爾德馬及亨利，她孫女亞歷山德拉的兒子亞利克塞伊，她孫女愛麗絲的兒子魯柏特，以及她孫女維多莉亞・尤金妮的兒子阿爾豐索和鞏札羅。紫質症（Porphyria）也在皇室系統中遺傳，從喬治三世到維多莉亞的大女兒維琪以及凱撒威廉二世的姊妹夏洛特。

但是王室密切血緣關係的好處似乎很明顯；有什麼能夠被想像出來，會比歐陸國家元首間系統性的連姻，更能來抑制十九世紀民族主義那難以駕馭的趨勢？在一八九二年維多莉亞女皇高興地接受威廉・簡納爵士便宜行事的建議，他向她保證「沒有危險也沒有反對，因為他們〔維多莉亞・美麗塔和恩尼斯特・路德維希〕是如此強壯及健康，而且瑪莉姑媽也是如此。他說假如關係是如此緊密，那與他們的連姻只會導致更強壯以及更健康」。兩年之後，在他與女皇另一位孫女訂婚，她很高興被未來的沙皇尼古拉叫「奶奶」。當她的曾孫，未來的愛德華八世，在兩個月之後出生，維多莉亞被敦促要賜給阿爾柏特的教名，好像要在這種家庭成就上蓋上封印：

這將是科堡的世系，就像之前的金雀花王朝、都鐸王朝（因為歐文・都鐸之故）、斯圖亞特王朝以及喬治一世的布朗斯威克王朝（——因為他是詹姆士一世的曾孫，而這是科堡王朝——）保留了布朗斯威克王朝及之前所有的，並且加入它。

因此瞭解歐洲王室的關鍵是：它確確實實是真正地歐洲。傳統上，民族認同在根本上是與一個包容多元民族的王政彼此不相容。例如維多莉亞女皇通常在說她的家族時，是「我親愛的科堡家族」，並且認為薩克斯—科堡是王室適合的姓氏。她喜歡她的孩子以德語以及英語交談，因為她的「心思及同情」是，以她自己的話說，「都是德國的」。她很典型地將他女兒的名字給德國化，例如，從海倫娜（Helena）變成蓮倩（Lenchen）。她曾經宣布：「德國的成分是我希望被珍惜的，並且保留在我們親愛的家庭中」。她在一八六三年告訴比利時的利奧波德，「我的心是如此德國」，然而她也可以一樣輕易地將自己說成是英格蘭、蘇格蘭—甚至是印度的具體化。沙皇尼古拉二世以相當相同的方式，用英文寫信給他德國出生的妻子，正如他所寫給德國凱撒的親密信件。比利時人的王后會說流利的匈牙利語，因為她是位奧地利的女大公；她丈夫的父親是德國人，而母親是法國人。部分是因為這種國際化，歐洲王室在實際上等於是自成一格。儘管枝開葉散在整個歐洲，這家族不同枝系藉由通信以及頻繁的會面而凝聚一起。一位國王去拜訪另一位是屬於十九世紀外交的一部份。但在這些形式的背後，這些其實是真正的家庭聚會。這延伸出之皇室家族的成員甚至是以親暱的綽號來彼此熟悉對方。巴騰堡的喬治親王在尼古拉二世寫給他妻子的信件中是「喬基巴特」，而她一成不變地提到希臘國王時，為「希臘喬基」。對維多莉亞女皇來說，保加利亞的亞歷山大親王一直都是「我親愛的山德洛」。

假如這不同家族之間可以持續彼此婚配，這系統才能維持下去；即使與最高貴的非王室貴族婚配，也必然會打破這個王室魔法圈，因為貴族世家必然只是其中一個或另一個國家的菁英。當維多莉亞女王的女兒路易絲與阿蓋爾公爵的兒子結婚，這婚配被認為如此不尋常，所以它在憲政上的合宜性必須由女皇親自辯護。但是當她的女婿黑塞—達姆施塔特的路德維希在他第一任妻子維多莉亞的女兒愛麗絲過世後，考慮婚娶「一位俄羅斯離婚的仕女」時，她立即劃清界限。沙皇亞歷山大三世對巴騰堡的亞歷山大發生怨恨的根源（—而且是拒絕他接任保加利亞王位的一項理由—），是因為巴騰堡家族是貴賤通婚的後代。當大公法蘭西斯・費迪南忤逆其伯父皇帝法蘭西斯・約瑟夫，而婚娶喬泰克女伯爵蘇菲，他在宮裡未曾被真正地寬恕過。甚至，老皇帝還認為塞拉耶佛的暗殺是種對這種過失的神聖報復。在維也納宮廷的哀悼近乎隨意為之。在一九〇七年，凱撒威廉二世因為相同的理由，在實際上禁止了普魯士親王佛德烈克・威廉與廉朵夫女公爵寶拉之間的貴賤通婚。與其他王室成員的婚姻是規則。而唯有在當唯一剩下的選項只有是當處女的極端情形下，才會做出例外的決定。

所有這些的結果是一個非比尋常世系的混亂糾結。只需給一個例子，這維多莉亞女皇明顯喜歡提到：西班牙王后瑪麗亞・克麗絲汀娜是「已故大公佛德烈克以及女大公伊莉莎白（比利時之瑪莉的姊姊）所生之女。她的祖父是著名的大公查理，他的妻子是拿稍的公主，而她是海倫隔一層的堂表姊妹，也在自己母親那邊，是莉莉隔一層的堂表姊妹。」希臘親王克里斯多夫有一個一樣複雜糾纏的樹狀圖家譜：「我的父親是希臘國王喬治一世，生為丹麥親王威廉，英國皇后亞歷山德拉的兄弟⋯我的母親是女大公俄羅斯的奧嘉，大公君士坦丁的女兒以及尼古拉一世的孫女」。這種同系相互結親的多國菁英，一點都不令人驚訝會在某些地方會引起敵意。在巴騰堡亞歷山大遭遇不順的保加利亞冒險之後，赫伯特・馮・俾斯麥（──薩克斯─科堡最可怕敵人的兒子──）半嚴肅地抱怨說：「在英國皇室以及其最近的旁系親屬中，有種對純粹家庭原則的崇拜，而維多莉亞女皇被視為科堡氏族之各枝脈某種至高無上的領袖。這又有附加條款，秀給來自偏遠的親戚看」。讓薩克斯─科堡如此真正成功的理由，而且讓俾斯麥如此怨恨難消，是他們在社會與政治傾向上，大體上屬於自由派（這東西使他們有別於其他和英國有關之德國王朝，其中之一的漢諾威王朝，便是在俾斯麥手下受害）。當法國的議論人士將薩克斯─科堡家族與在一八四〇年代的羅斯柴爾德家族相比，其實比他們所知道地更近乎重點：因為這兩個德國南部的王朝彼此幾乎擁有共生關係。俾斯麥對維多莉亞女皇的同名女兒，對其不幸丈夫佛德烈克三世所具有的影響力，深為沮喪，所以他會在他們的兒子與所謂的科堡集團之間，盡其所能地製造嫌隙。

但將這種嫌隙視為預示了一九一四──一八年的世界大戰，則必然是種錯誤。威廉二世誠然對他自己的英國親戚態度曖昧。例如，當他們兩人一八八九年在維也納有機會見面，他拒絕接見威爾斯王子，因為聽聞到王子呼籲要歸還亞爾薩斯及洛林兩省。當結果是誤傳時，凱撒拒絕道歉。丹麥親王克里斯汀解釋說，「凱撒仍然相當新手在位，對自己以及自己能否做正確之事的能力，沒有完全的信心。他因此經常擔心有損其威嚴，所以他特別敏感，以免他的老親戚竟然會視他為『外甥』，而非『凱撒』」。而只有隨著時間過去，這種口角（—尤其是在凱撒自己容易受到刺激的心靈—）才逐漸會帶有戰爭即將發生的面向。在一九一四年之前，他事實上已經誠懇地努力改善與俄羅斯之間的關係，這俄羅斯是德國軍事規劃者以及外交官最擔心的國家。他積極鼓勵沙皇要對滿洲採取強硬路線，並承諾如果戰事發生，德國會加以支持。在一九〇四年他被邀請成為沙皇兒子的教父，這要求他熱切地答應。同樣在一九〇九年當他送復活節禮物給沙皇時，他小心地指出這是「代表沒有減少的愛及友誼：我們彼此關係的象徵」。

在但一九一四那年夏季危機時突然變得清楚的是：凱撒，就像他其他科堡親戚一樣，沒有權力去推翻軍事及政治專業人員所做的決定，假如他們決心要進行戰爭的話。這便是君主立憲的現實：王朝之間的親戚關係，不再能夠凌駕人民在武裝後，彼此間發生戰爭時的必要性。但是在君王們被反駁之前，沒有人能夠完全確定那是實情。而直到他們被反駁前，某種國王間產生妥協的可能性始終存在。英國駐聖彼得堡大使希望知道，是否「在最後之前沙皇尼古拉會否對奧地利皇帝做出個人呼籲，將奧地利的行動限制在俄羅斯能夠接受的範圍之內」。德國人派出凱撒之弟亨利親王到倫敦，去看喬治五世能否被說服維持中立。這些君王自己行為地好像停止戰爭是在他們的權限之內。「我向尼基說過，」沙皇的姊妹奧嘉回憶說，「而他回答說，威利是個討厭鬼及愛現鬼，但他不會發動戰爭」。「威利」和「尼基」每個人都努力將戰爭區域化：凱撒敦促奧地利人「停在貝爾格勒」，沙皇則延遲俄羅斯全面動員。這兩位君王甚至在敵意爆發之後，還持續尋求妥協，如英國駐柏林大使威廉・哥珊爵士多少有點不願承認：

> 當然許多德國的情形是真的；亦即德國（包括皇帝）在最後的確設法說服在維也納的人持續討論，並接受愛德華・格雷爵士的提議…皇帝及其隨從在維也納努力，這是真的——而德國人的情形是，簡而言之，在沙皇的要求下，凱撒正在維也納努力——俄羅斯動員——或更應說是下令動員…我最後聽到的是，俄羅斯告知帝國政府，沙皇沒被告知凱撒在維也納努力——於是要求另外三個小時來考慮德國的要求。當然在書寫這些文字時，皇帝沒發佈動員令…亞哥夫（德國外相）告訴我皇帝可怕地消沈，說他做為「和平皇帝」的紀錄已經結束。

「您和我都做了我們權力內的每件事來防止戰爭，」喬治五世在七月三十一日寫信給尼古拉二世，「但可惜我們受到阻礙，而這我們所有人多年來都害怕的恐怖戰爭，已經發生在我們身上」。這他在心中所想到的「我們」當然是幾乎都屬於那泛歐親屬關係團體的所有君王。這關係過去曾看起來像是對抗戰爭爆發的堡壘。現在如巴騰堡的瑪莉所哀悼，國際主義的日子已經結束。從此

> 俄羅斯的沙皇皇后（雖是德國出生）是一位俄羅斯人，正如比利時的王后，一位巴伐利亞出生，是位比利時人；而女公爵薩克斯—科堡—勾塔的瑪莉是位德國人，雖然他出生是位俄羅斯人，而且因為婚姻而成為一位英國公主。同樣地，阿爾巴尼公爵夫人雖然出生是瓦爾德克公主，是位英國人，而她的兒子，一位英國親王，藉著繼承薩克斯—科堡公爵爵位，成為德國人，而且在戰爭期間始終如此。在那段痛苦的時間中，我經常在想：你們幸運的德國人民，血緣始終沒有和外國人混雜，你們要說實在非常容易！

她所提及的薩克斯—科堡公爵是查理・愛德華，維多莉亞女皇成群結隊的孫子裡的一員。雖然在英國受教育，他在一九〇〇年繼承公爵爵位，在大部分的戰爭期間是穿著德軍制服，雖然（在他自己要求下）是在東戰場效命。為了要尊敬戰時的感受，所以科堡世系在一九一七年重新命名為「溫莎」世系，而巴騰堡家族變成蒙巴頓家族。歐洲的地震撼動每個社會階級，但震撼程度沒有能超過歐陸那國際化的王室菁英。王室非但無法造成戰爭發生，假如還有人如是主張的話；他們甚至毫無能力去阻止它。

將軍們的戰爭

一九一四年七月三十日德國駐聖彼得大使堡拍一封電報到柏林，重述他剛與俄羅斯外長沙查諾夫的一次長篇對話。主旨是俄羅斯軍事動員來護衛塞爾維亞，儘管會有「一場歐洲大災難的危險」，「已經不可能取消」。根據沙查諾夫，奧地利政府在暗殺之後已經對塞爾維亞政府做出無法被接受的要求。（奧地利堅持他們的官員必須出現在塞爾維亞對大公被暗殺陰謀的調查中，並在塞爾維亞拒絕後才宣戰。）德國大使明白指出「因為德奧聯盟之故，所以此處的動員會對我們自動產生結果」。但沙查諾夫立場堅定，「俄羅斯無法棄塞爾維亞於不顧。沒有政府能夠在依循如此政策，卻沒有嚴重影響王政」。凱撒對這電報的評論提供一個極吸引人的非正統詮釋，值得長篇引出。在一連串逐漸越來越氣憤的驚嘆表達（「胡說八道！」「啊哈！就像我懷疑的！」），他爆發出來：

輕浮以及軟弱即將要把世界投入最可怕的戰爭之中，這最後會以毀滅德國為目的。因為我沒有懷疑：英格蘭、俄羅斯以及法國在她們之間協議—因為奧地利之故，而找到根據來針對我們建立結盟的藉口（casus foederis）—要藉用奧地利—塞爾維亞衝突，成為對我們來進行一場滅絕戰爭的口實。因此有〔英國外相〕格雷對〔德國駐倫敦大使，親王〕里啟諾夫斯基的犬儒評論：「只要戰爭被侷限在俄羅斯及奧地利，英格蘭將會沈默旁觀，而只有當我們和法國都淌下混水後，他格雷才會被迫對我們採取積極的動作」；亦即，或是我們羞恥地背叛盟友，將他們犧牲給俄羅斯人，因此解散三方聯盟，或是我們將因為對我們盟友的忠誠，而同時被三方協約國來攻擊，受到懲罰，因此藉著聯手完全摧毀我們，來滿足他們的嫉妒心。簡言之，這是真正赤裸的局面，這緩慢且聰明地推動，當然是由愛德華七世開始，是由英格蘭、法國及聖彼得堡那些被否認的會議來執行以及系統性地建立起來。最後由喬治五世來做成結論，開始運作。藉此一位盟友的愚蠢及無能被轉變成捕捉我們的陷阱。所以儘管我們政治家及外交官盡了所有努力要去阻止，這著名的「包圍」德國最後終於成為一個完整的事實。這羅網突然撒在我們頭上，而英格蘭輕蔑冷笑地去收割她所堅持去執行純粹反德世界政策的最精彩成果，而對此我們無能為力；她只會絞緊我們因為出自於對奧地利忠誠而被套上的政治及經濟毀滅的絞繩，而我們只能孤立地在羅網中扭動身體。一個偉大的成就，這激起的結果將被其所摧毀之人景仰！愛德華七世在他死後，比仍然還活著的我更加厲害！有人相信英格蘭可以被這個或那個小手段給贏過來這邊或是被安撫！！！她未曾間斷，毫不留情一直追求她的目標：直到達成這點。而我們走進陷阱：！！！所有我的警告，所有我的呼籲說出來之後，卻毫無結果。現在來的是英國對此所表達的感恩！從我們對奧地利可敬老皇帝的忠誠所造成的進退兩難，我們陷於一種處境，這處境提供英格蘭所要的藉口，在正義的外表之下，來消滅我們，亦即她們是因為所謂在歐洲的「勢力均衡」，而來幫助法國，亦即以對英格蘭有利的方式來玩所有歐洲國家的牌，來對付我們！

對這乍看之下像是歇斯底里的謾罵，是否有任何實質內容？史學家會認為如果有的話，這裡其實甚少。多年來的共識一直是德國政府刻意將一九一四年的巴爾幹危機轉變為一場世界大戰。但這種說法當然是低估所有歐洲帝國所應該承擔的共同責任。但就一件事來說，奧地利政府幾乎不能被責怪在大公被暗殺之後，要求從塞爾維亞得到補償。他們對貝爾格勒的最後通牒，是在經過許多遲疑延宕之後，才在七月二十三日遞出，基本上所要求的只是塞爾維亞官方當局允許奧地利官員參與暗殺的調查。在所有事都考量後，即使這的確意謂對塞爾維亞主權的損傷，但並非是一個不合理的要求。畢竟那時的塞爾維亞是我們今天所謂的流氓政權。統治塞爾維亞的君王是在一九〇三年一場血腥政變中掌權；前任國王亞歷山大・奧柏瑞諾維奇在政變中被暗殺，別無他人，正是由「蜜蜂」所為。即使在這次暗殺中，殺手雖然沒有得到塞爾維亞政府同意，但由這相同的「蜜蜂」派遣到塞拉耶佛，可以說幾乎是在貝爾格勒官方當局確定知情下進行。如《經濟學人》在八月一日說：

可以很公平……去問……英國政府在類似案件中會做什麼，假如，例如說，阿富汗政府策劃要在印度西北造成一場叛變，以及假如阿富汗的殺手最後謀殺了一位威爾斯王子或公主？當然會有人吶喊報復，而我們可以確信從倫敦或加爾各答送到坎達哈的通知，會比維也納送到貝爾格勒的還要溫和嗎？

從現在觀點來看，站在恐怖主義受害者那邊、並且支持對抗恐怖主義的唯一歐洲強權，只有德國。

的確沒錯，當凱撒最初通知奧地利大使說，德國將會支持奧地利時，他明白表示說，「即使這會成為奧地利及俄羅斯之間的戰爭」，也會立即支持。但一個以俄羅斯不干預為前提的提供協助，必然是毫無價值。但何以俄羅斯人會感到如此強烈，要為塞爾維亞人出面干預呢？他們其實對貝爾格勒的政權沒有真正的影響力。他們的動機純粹是關乎威望，一種認為假如他們允許塞爾維亞被羞辱的話，這必然會被詮釋為俄羅斯另一次戰敗，而這是在對馬海峽災難不到十年之後，更不用提之前奧地利兼併波斯尼亞。正是在這樣基礎上，外長沙查諾夫與俄羅斯參謀總長尼古來・亞努斯凱維奇將軍說服遲疑的沙皇，下令全面動員龐大的俄羅斯軍隊。俄羅斯全面動員明顯地影射不只是要防衛塞爾維亞而已。這也意謂要入侵德國東部。

無疑地，德國將軍熱烈地捉住這戰爭的機會，但延遲自己的動員，為的是要讓俄羅斯看起來像是侵略者。但是德國對俄羅斯在一九〇五年以後重整軍備步調感到焦慮，有其道理；有合理的理由去擔心他們的東鄰在軍事上正逐漸變成無法被擊敗。這是何以德國參謀總長赫爾穆特・馮・莫爾特克（Helmuth von Moltke，小毛奇）堅持地辯論「在法國或俄羅斯都還沒有完成他們軍事組織的擴充前，我們將不會再找到一個比現在更有利的局勢」。如在塞拉耶佛暗殺六週之前，莫爾特克向亞哥夫解釋說：

> 俄羅斯將在兩年或三年之內完成他們的軍備。我們敵人軍事上的優勢會如此之大，所以他自己將不知道我們要如何去對付俄羅斯人。在他的觀點裡，除了進行先發制人的預防性戰爭，別無它法，這是為了在我們還能或多或少通過考驗時，要先去擊敗敵人。

如「或多或少」這片語清楚指出，德國人並不樂觀。莫爾特克自己曾早在一九〇六年時已經警告過威廉凱撒說，下一場戰爭必將是「冗長累人的戰爭」，這必然「會讓我們的人民極度疲憊，即使我們得到勝利」。他在一九一二年寫道，「我們必須自己準備好進行一場長期的戰爭，其中會有許多艱難以及拖延的戰役」。當他與他奧地利的對等人物法蘭茲・康拉德・馮・赫堅朵夫在一九一四年五月討論事情時，他還是一樣的幽暗：「我會盡力而為。我們沒比法國更有優勢。」無論如何，「越快越好」不只是莫爾特克一個人的口號。他俄羅斯的對等人物亞努斯凱維奇在沙皇最後同意全面動員時，威脅「要砸碎電話」，以免被告知皇帝又改變心意。如眾所皆知，德國人多年來在思索在入侵法國北部，要避開法國東部邊界所部署之強大防禦工事。法國將軍們絲毫不輸任何人，堅信攻擊具有建立士氣的益處，一點都沒有不積極求戰。他們絕不在德國人擊敗他們的俄羅斯盟友時，袖手旁觀；所以法國計畫是只要敵意行為一開始，法國就要從亞爾薩斯及洛林入侵德國南部。

凱撒錯誤最離譜之處是相信協約國強權已經小心規劃完成要包圍德國，特別是英國。實際上，愛德華七世或是其繼任的喬治五世，都幾乎沒有想過這種可能性；自由黨及保守黨的政客也沒有。相反地，自由黨外相格雷已經被他的黨員同事禁止去對法國做出具有約束性的承諾，更不用提對俄羅斯。對英國可能會直接涉入一場歐陸戰爭這種最終結果，英國幾乎沒有作任何軍事準備。在一九一四年七月最後一週，就大多數英國人來說，一場歐陸衝突正在展開，但這沒必要牽連他們。以《經濟學人》編輯的話來說，在巴爾幹的「爭吵」「不是我們造成的，也不是我們要關心的，就像一場阿根廷與巴西或中國與日本的爭吵一樣」。

但德國人在前進法國時，意圖要橫越比利時的事實，卻使英國陷入一個兩難。比利時的中立得到國際法的保證，得到所有歐洲強權，包括德國，在一八三九年已經簽署過條約的保證。塞爾維亞或許是個流氓政權；但比利時以其擁有薩克斯—科堡的國王以及戰略關鍵地點，則是另一回事。她的中立地位是屬於強權間協議網路的一部份，而這協議已經或多或少維持了一世紀的歐洲和平。難道國王陛下的政府（—自由黨政府更不可能—）願意見到國際法被破壞，卻袖手旁觀？還有，國際法或不國際法，難道他們準備見到德國擊敗法國，造成德國海軍基地出現在英吉利海峽對岸的前景？另外一方面，英國可用的地面部隊：六個師加上一個騎兵師，真得能對歐陸戰爭造成不同結果？一九一〇年起的軍事行動指揮官亨利・威爾森坦白地承認，這六個師還是「太少了五十個師」。甚至晚到一九一一年時的假設是：在歐戰發生時，任何的英國遠征軍將會被部署在中亞；換言之，在此地的戰爭，敵軍理所當然地將會是俄羅斯。很明顯，英國在西歐干預來對付德國軍隊，將必須動員大英全球帝國的全部海軍、財政及人力，才會具有決定性。但這只有假如戰爭被拖長時，才可能發生。

正如在二十世紀所常見，真正攸關的事經常常會躲過英國政客的注意。當內閣在八月二日週日（這個時候大多數閣員必然寧可離開到鄉間渡間去）午餐聚會中，討論內容是奇怪地博學。一些贊成中立的人大張旗鼓（但不正確）地辯論說，德國只會經過一部份的比利時。提議要干預的人是明確地少數，但卻有首相赫伯特・阿斯奎斯的撐腰，力辯說置之不理將是不榮譽的。或許更具說服力的是指出不干預會導致倒閣，而讓反對黨進來，而反對黨他們無論如何都會宣戰。阿斯奎斯及其同事必須要面對的兩難並沒有被真正地說清楚說出：這會是一場歐陸戰爭，一個德國或許能贏的戰爭，還是一場世界大戰，而對其結果沒人可以預見？在一陣子的呃呃嗯嗯支支吾吾之後，他們決定選擇後者。

對銀行家來說，戰爭是晴天霹靂的大災難。對外交家，這是在一般通信、交談以及會議都失敗後的最後途徑。對將軍，這突然之間像是一個壓迫而來的必要，因為耽誤只可能會對敵方有利。對君王們，他們仍然夢想國際關係是種家務事，但突然之間卻變得力不從心，好像革命已經爆發。但是那些反駁他們君王的人，對他們即將要進行的事，只有朦朧虛幻的概念。

因為在巴爾幹板塊的移動，現在已經觸動一場全球大地震，將會從根撼動所有的歐洲帝國。突然間，歐洲工業經濟體的龐大資源被從生產轉為毀滅。在五天之內，英國有一千八百列火車南行到南安普頓，每天十六個小時，每三分鐘抵達一列。十四條法國鐵道，每條每天有五十六列火車行駛。每十分鐘有一列德國火車在科隆橫渡萊茵河。法國與德國在雙方之間大約各自動員四百萬人。只需耗費幾天就將他們全部帶到鐵道的終點站。然而與那些希望一場戰爭將會削弱左派的人所期望的恰好相反，在戰前已經運作的革命勢力，最終會被現在正在動員的群眾所加強。甚至更令人憂心匆匆，那些在一九〇五年俄羅斯集體屠殺以及一九一二——一三年巴爾幹戰爭裡可辨識到的新型態族群衝突，現在被強權本身採用為合法的戰爭方式。這地緣政治地震的最終結果，將會對西方的主宰做出沈重（——若非致命——）的一擊，而這主宰地位直到一九一四年七月最後一週時，卻仍看起來令人放心地安穩。

第四章　戰爭的傳染

The Contagion of War

「對我們，人命不是考量。」

一位德國戰俘向維歐拉・阿斯奎斯說（一九一四年十月）

我們不是把手榴彈投向人類。

雷馬克《西線無戰事》

世界大戰

在一九一四年夏天所爆發的戰爭一直很有可能成為世界大戰。即使在戰爭開始之前，英國專家，如海軍部作戰參謀總長佛德烈克・史特迪爵士，清楚見到「我們下一場海軍作戰將會是全球性的，比之前的戰爭更是如此」。正因為英國干預的可能性促使莫爾特克在七月三十日晚上向他的副官說：「這戰爭將會變成世界大戰」。《泰晤士報》軍事記者查理・阿庫・瑞平頓通常被歸功創造出「第一次世界大戰」這語詞；但他的貢獻是認知到這非常有可能會不只發生一次。衝突的全球化是英國涉入戰爭不可避免的後果。一個控制這星球大約四分之一陸地表面以及甚至更高比例的海洋通道，但卻是只有一支「令人輕視」的小型歐洲陸軍，所以就其性質注定要進行一場全球大戰。

當然，假如德國像一八七〇年一樣，在幾個禮拜時間內便征服法國，這將不會成為一場世界大戰。但那非常不可能。現在面對德國戰略家的問題當然是他們必須在（至少）兩個陣線作戰。長久以來的假設是他們對這問題只有一種答案：由莫爾特克的前任參謀總長阿佛列得・馮・施利芬（Alfred von Schlieffen）所設計，以高速來包圍法軍的計畫。根據德國史家格哈德・里特爾的經典敘述，而他是以施利芬在退休之後所草擬的私人備忘錄為史料來源，這計畫是德軍的右翼要向西往巴黎、然後向南前進，從後方接近法軍，並且「殲滅」他們。為了要極大化敵軍後方的弱點，施利芬的計畫預期德國人要從洛林省撤退，製造出一道旋轉門；當法軍前進去奪回洛林省時，德軍將會轉向法國北方到他們背後。然而近來重新發現到有關參謀總部的「行程」以及其它戰前演習的紀錄，顯示出這並非施利芬在職期間所計畫的。因為德國人力的限制，他的目的轉而是要「在沿著邊界的戰爭中先擊敗法軍，然後在突破法國的防線」。甚至他或許都意圖要讓法軍先做出攻擊，然後德軍再反擊。在這樣的劇本中，擊敗法國只能在一場冗長的第二次戰役中做到。施利芬要包圍巴黎的後來計畫，只是一個在他退休之後所草擬，並假設德國有一支較大軍隊的話，或許會如何去做的說明。夢想要打一場現代版的坎奈（Cannae）戰役（這是漢尼拔包圍並且殲滅人數較多的羅馬人），對施利芬的繼任者是相當誘人，因為德國軍隊似乎太小，所以無法在兩個陣線上同時對法國及俄羅斯進行一場拖延的戰爭。一支小型但有效率的英國遠征軍或許會加入法國，似乎只是更加強化派出德軍右翼穿過比利時的論證。這致命的缺點是相關的德國部隊會被要求行軍過遠。亞歷山大・馮・克魯克將軍的第一軍（—這包括需要每天兩百萬磅糧秣的八萬四千匹馬—）必須平均日行十四・四哩，長達三週。

就某方面來說德軍相當靠近他們殲滅敵軍的目標。在一九一四年十二月結束時，法軍死亡總人數為十六萬五千人；甚至他們所有種類的傷亡人數，在九月十日時已經高達三十八萬五千人。不僅如此，法國已經失去十分之一的野砲以及五十萬支的步槍。更糟的是，他們有相當大比例的重工業能力現在落在敵人手中。這其中的困惑是：何以這些慘重的損失沒有導致法國完全的崩潰，一如在一八七〇年曾發生，而且將會在一九四〇年時再度發生。一些功勞當然必須歸諸堅毅不拔的法軍總司令約瑟夫・霞飛，特別是他在危機出現時，無情地清除老邁或無能的法軍指揮官。然而在根本上，時間是不利莫爾特克，而這是因為這簡單的理由：法軍一旦在離開他們運送軍隊的火車之後，可以重新部署地比德軍前進還來得快。在八月二十三日在莫爾特克右翼的三支軍隊，共計二十四個師，只需面對協約國十七個半師；在九月六日，他們增加到四十一個師。取得決定性勝利的時機已過，假如這曾存在的話。莫爾特克在馬恩河賭注失敗被揭露無遺。他本人精神崩潰。

德國人在西方的困難被他們盟友在東方沒預期到的要求，而變得複雜。柏林及維也納之間不幸地缺乏協調：「現在正是時候，」德國駐維也納武官在一九一四年八月一日宣布說，「兩邊的總參謀部要對有關動員、攻擊時間、會合地點以及確切軍隊力量，以絕對開誠布公來商討」。在那時已經太遲。奧地利人要攻擊塞爾維亞人，但被迫轉向去與俄羅斯人交戰。他們在加利西亞被俄羅斯人徹底地擊潰，一口氣損失三十五萬人。奧地利人或許也被期待會崩潰，如他們在一八五九年及一八六六年，但俄羅斯人沒有充分利用他們的優勢。他們在東戰場兩個主要戰區的鐵路系統，缺乏縱向聯繫。他們也被安插著一些可悲的將軍（特別是波士多波斯基，綽號是「瘋狂穆拉」（'Mad Mullah'））。德國人在坦能堡面對俄羅斯人時，終於施加他們一次坎奈戰役般的潰敗。德國在西方失敗的，在東方則是獲得成功。

隨著這些戰役，開始接下來的僵局場面：德國人無法在西戰場打垮法國人的士氣，而在同時之間被迫在東邊去支撐奧地利人，簡言之，無法贏得勝利。但因為在戰術上及執行上比他們的敵人更有效率，所以他們也無法被輕易擊敗。

德國人何以輸掉

一九一四年七月之後，戰爭在全球開打。各方（——但始於德國人——）設法在歐洲外的戰場贏得勝利，來解決歐洲戰略的僵局。凱撒自己已經早在七月三十日時便已經定調，當時他呼籲「我們在土耳其、在印度的領事以及情報人員等等…去點燃整個穆罕默德的世界，鼓勵激烈的叛變，來對付這厭惡、說謊以及沒有良心、全國都是店員的國家；因為假如我們要流血至死，英格蘭至少將失去印度」。這不僅只是皇帝的叫叫嚷嚷而已。三個半月之後，在德國新盟友鄂圖曼的蘇丹面前，伊斯蘭最高宗教權威發佈一道教令，宣部對英國及其盟友進行聖戰。它很快地被翻譯為阿拉伯語、波斯語、烏爾都語以及韃靼語，並向什葉派及遜尼派穆斯林宣告。因為全球兩億七千萬名穆斯林中的一億兩千萬人是在英國、法國或俄羅斯的統治底下，進行聖戰是種潛在革命性的呼籲。

但是德國人在進行全球戰爭時，要在三個無法克服的不利因素下辛苦進行。在海上，他們根本數量不如人。的確，他們在一些方面已經取得勝過英國皇家海軍的技術優勢。德國人在無線通訊上領先，而英國仍堅持納爾遜時代的旗語：這對一段距離之外的敵人是不可能辨識出，但對自己一支在濃霧中散開的艦隊，沒有比較能夠看清。就整體而言，德國戰鬥艦比英國對手火砲更準，而且裝甲更好。他們的軍官或許也訓練更好：英國有太多無能之徒，如糟糕的海軍副官拉弗・西莫爾屢次曲解在日德蘭半島的信號，湯姆士・傑克森艦長，海軍總部作戰部主任，特別擅長誤判或是忽視關鍵情報。在戰爭開始之初，德國人亦利用較多奇襲的成分。俄羅斯的船艦在一九一四年十月二十八日在檳城，被德國海軍埃姆登號以魚雷擊沈，當然還沒預備好這全球衝突的新時代。俄羅斯軍艦在甲板上只有十二發彈藥備妥，但在艙底下卻有六十名中國妓女。

但不利因素卻是一面倒地不利於德國在海上勝利。德國在福克蘭群島戰敗之後，被迫將海軍集中在歐洲，準備好水面艦隊來進行他們所希望在北海開打的決定性戰役，並且在大西洋東邊（經常是在愛爾蘭沿岸）部署他們的潛水艇。以邱吉爾著名的話來說，第一海軍大臣海軍上將傑利科是「兩邊唯一能在一個下午輸掉一場戰爭的人」。但傑利科是位夠好的將領，不會做出那種事。但也眾所皆知，他沒有好到在一個下午贏得一場戰爭。皇家海軍企圖以砲擊去攻佔加里波利半島，是次悲慘的失敗。（「沒有人類力量可以抵擋如此砲擊及火力的展現，」英國艦隊司令在接近黑海海峽時如是想。他錯了：土耳其的砲火及水雷便輕易地辦到。）很幸運地，英國只要不輸掉戰爭就足夠了，因為時間是在英國、她的帝國及盟邦那邊。他們擁有較多的資源，因此較能夠承受貿易中斷，而在決定性交戰被證明無法做到後，切斷貿易成為英國海上戰爭的第二個目標。很有意思地，在八月五日英國進入戰爭第二天，皇家海軍第一個戰爭行動便是切斷所有德國的國際電報纜線，這沿著法國、西班牙、北非以及美國海床鋪設。英國比德國軍事規劃者更清楚要如何贏一場世界戰爭。他們以實際切斷敵人與全球經濟來開始。他們也比較迅速地學會情報的重要性。德國海軍以三種主要密碼來開始戰爭。在一九一四年結束時，英國已經破解這三種，因此能在整個戰爭期間沒被察覺下，解讀德國人的無線電訊號。雖然軍情局第五處在打破德國間諜網，特別沒有成功，但是相形之下，德國海軍情報處卻沒成就任何在價值上可堪相比之事。

或許一樣重要的是，英國比德國更清楚要贏得我們現在所稱呼為世界輿論的必要性。若要以海軍有效圍堵德國的話，那只有忽略國際協議才有可能，像是一九〇八年的倫敦宣言清楚列出規定，規範要如何在戰時去對待中立國的船運。但英國上院拒絕批准宣言。憑著這點以及皇家海軍利用毫不留情的方式去騷擾那些被認為與德國貿易的中立國船隻，不打算與國外結交朋友。但是英國更擅長去將注意力轉移到德國在海上的暴行。就德國人自己來說，當他們砲擊英國港口以及下令潛水艇在沒有警告下擊沈商船時，他們沒見到他們其實正在對自己，就如對敵人，做出一樣多的傷害。英國及美國新聞媒體沒有比女人、小孩被德國「恐怖行為」炸成碎片或淹死，更是見獵心喜。如前任德國殖民部長柏恩哈得・鄧恩堡在德國潛艇擊沈客輪露西塔尼亞號之後說：「美國人無法以視覺想像十萬個德國小孩，由於英國封鎖而被緩慢、逐漸地陷入飢餓，但他們可以想像到因為一顆德國魚雷所造成的沈船遺骸中，一張可憐小孩的面孔」。完全沒有弄清楚過，何以有一二八名美國人會認為他們可以安然地在世界大戰期間乘坐英國船隻，橫渡大西洋。但不去強調這點，德國人反而為自己打造紀念露西塔尼亞所遭受之命運的勳章；英國人立即搶到這勳章，在倫敦複製，做為德國人邪惡的例證。

在皇家海軍沒有出現真正超大型的錯誤下，海上戰爭的結局似乎已經不可避免。同樣無望的是德國企圖去醞釀一場對付協約國的世界革命。以英雄般但徒勞無益死在美索不達米亞的偉大德國戰略家寇瑪・馮・德・哥茲堅持：

現在的戰爭很明確地是一段長期歷史發展的開始，其終點將會是英格蘭世界地位的潰敗⋯以及有色人種對歐洲殖民帝國的革命。

但這些事件是在德國輸掉戰爭很久之後才發生；甚至是在德國輸掉第二次世界大戰之後才發生的。在短期內，中央同盟國在促成去殖民化的努力，只是一樣可笑以及枉然。放蕩形骸的民族誌家李奧・弗羅貝紐斯白費力氣地想說服阿比西尼亞皇帝利基・亞撒到德國那邊。更荒謬的是德國到阿富汗埃米爾的遠征軍，其中的十五位成員經由君士坦丁堡旅行，攜帶著瓊斯頓（W.&A.K. Johnston）的一般世界地圖，並以假裝成馬戲團班子前進。英國人對帝國的大遊戲有太多經驗，所以如此冒險是不可能成功。在非洲，德國軍隊確實能夠持續作戰一段相當令人驚訝的長時間，並造成真正的傷害。英國在東非全部的損失超過十萬人，絕大多數是黑人部隊及挑夫。但重點呢？德國的目的是要牽制或許要被部署在歐洲的殖民地士兵，但是甚少那些投入非洲征戰的人，會在任何狀況下被送到歐洲。無論如何，大多數的戰爭是發生在德國的殖民地，特別是德屬東非（坦干伊克）。德屬西南非早在一九一五年七月時便向南非投降。其它，如多哥以及喀麥隆，在戰爭結束很久之前，就已經在協約國手中。

德國情勢的第三個弱點是財政。英國能夠比德國借到遠遠更多的錢財來支助戰爭，而且利息更低，這是由於她金融體制的廣及深，以及倫敦做為金融市場的特殊地位。她可以在國內借貸，從公眾，以及必要時，從英格蘭銀行；她可以從海外借貸，不僅從帝國的自治領及其它屬地，也可以從美國；她也可以慷慨地借貸給在歐陸信用比較沒那麼優良的盟友。戰前專家如布洛赫以及阿格內爾假設二十世紀戰爭的鉅額代價，必定會迅速迫使交戰的強權陷入破產。但是英國國債對國民生產總額的比例，在一九一八年沒有比一八一八年高過太多。「成功意謂著信用，」大衛．勞埃德．喬治在一九一六年宣布，「金融家會毫不遲疑地借貸給一個繁榮的企業」。這就所發生而言，確實為真，但她忽略當戰爭對英國不利時，由紐約的摩根大通所領軍的金融家，也不可能會拔掉資金插頭。協約國在這時候是真正地大到不能倒，其意義是：這是對美國出口業一個太大的客戶。到一九一六年時商品外銷已經到達美國國民生產總值的十二％，是戰前數字的兩倍，甚至是一八六九年到二〇〇四年之間最高的比例。那些外銷品大約有七〇％是銷往歐洲，絕大部分是前往英國及其盟友。即使德國無限制戰爭的軍事行動沒有在一九一七年四月將美國帶入戰爭，英國在財政上（—假如不是軍事上的話—）必然會得到抒困的協助。另種情形，如美國大使在一九一七年三月五日在倫敦指出，必然是中斷橫越大西洋的貿易，而這「幾乎對美國和對歐洲一樣壞」。那些如來自內布拉斯加州的美國參議員喬治．諾瑞斯，指責總統伍德羅．威爾遜「將美元的符號貼在美國國旗上」，並非完全無的放矢，雖然美國在一九一七年四月的干預，很清楚地主要是意圖在和平會議讓美國有一席之地；就像在華盛頓的許多人一樣，威爾遜誤認協約國聯盟已經接近勝利，而沒預期到還會需要相當大量的美國軍隊參戰。

所以一九一四—一九一八年的戰爭做為一場世界大戰，不是德國曾經能夠打贏的戰爭。但做為一場歐陸戰爭，其結果則遠遠較為不確定，而且儘管所有發生在大海或是殖民地這邊緣世界，戰爭其實是在歐洲決定的。只需一個例證。九十二%的所有英國傷亡是在法國遭受到的。從歐戰觀點來看，若這是一場世界戰爭，其意義只是來自世界各地的人出現在歐洲作戰。在一九一四年，在印度的英軍就比在歐洲更多，所以來自旁遮普的士兵很快就發現自己膝蓋深陷法蘭德斯的泥沼之中。他們又有來自所有大英帝國之人的加入：來自加拿大、澳大利亞、紐西蘭以及南非。法國同樣部署來自北非及西非的殖民地部隊。在戰爭結束時，這些軍隊又有來自美國超過四百萬人的加入。同樣地，俄羅斯的軍隊係來自沙皇帝國的各角落。的確，部分是因為交戰各方有能力將勢力延伸超越過他們國家的核心地帶之外，才讓歐戰能如此之久以及以如此規模來進行。

事實上有多個歐戰：一個在比利時及法國北部；另一個是在從波羅的海，經過加利西亞，打到布科維納；第三個則是發生在阿爾卑斯山奧地利及義大利兩邊的戰爭；第四個則是在巴爾幹以及黑海海峽區進行的。或許可說中央同盟國贏得第二、第三及第四個戰爭，擊敗俄羅斯、羅馬尼亞及塞爾維亞，在卡波雷托擊潰義大利軍隊（一九一七年十月到十一月），並擊退入侵加里波利半島的英軍。但是他們無法贏得第一個戰爭；或更該說，只有當他們在西方輸掉戰爭，他們在其它戰場的局勢才崩解。所以西戰線才是關鍵。從一九一四年末，直到一九一八年初，在那裡的戰爭看起來是場僵局。在本質上，它是場大包圍：法國及英國軍隊以極為有限的成功，來將德軍推移離開他們在初期攻勢受阻後所挖的戰壕。包圍攻勢不是新鮮事。然而這是第一次真正的工業化包圍。火車將人從前線運去運回，好像他們是輪班的作業員。在那裡他們通常花上更多的時間在修築及維護戰壕、挖地道以及做掩體；這是建設工程，但最後是為了要破壞。因為挖地道的人會挖向敵人的陣地，所以戰壕戰是種採礦業。但工業化作戰的本質則是火砲的工作。火砲在大小、機動和準確性，以及在炸藥破壞威力上的進展，意謂著有大量人員可以被他人從遠處殺死，而那些人唯一的工作便是保養以及發射巨型的火砲。在西戰線上，他們所擊出的砲彈造成絕大多數的傷亡，然而卻沒對任何一方帶來決定性的優勢。因此這戰爭，如許多當代人所說，像是巨大的機器，吞食咀嚼人命以及彈藥，好像這些是原物料。消耗戰的策略是將另一方「消磨殆盡」，這似乎是唯一結束這種機械化殺戮的方式，因為直到一九一八年幾乎所有突破在相當短的距離之外，便無法持續。

同袍

在西戰線上敵我士兵們彼此對壘，都是來自相當類似的背景。在兩邊都有產業工人以及農場勞工。在雙方都有貴族資深軍官以及中產階級資淺軍官。在雙方都有天主教徒、新教徒及猶太教徒。任何人想尋找出民族特色的根本差異，都會在這些戰壕裡的紀錄找不到。對這點沒有比由參戰士官兵所寫的四本最優秀小說，更能闡明這點：亨利．巴布斯的《在戰火之下》、艾利赫．馬里亞．雷馬克的《西線無戰事》、佛德烈克．曼寧的《運氣的中間那段》以及艾米利歐．路蘇的《薩丁尼亞兵團》。這些以幾乎可以互換的方式來描寫在行伍之中服役的經驗。所有作家，例如說，對他們自己個別部隊裡邊的差異，會比對峙雙方軍隊的差異來更為強調。「我們是哪個種族？」巴布斯問他的法國戰友。「所有的種族。我們來自每個地方。」他們連隊裡的一個人來自卡隆、另位來自賽特、第三位是不列塔尼、第四位是諾曼地、第五位是普瓦圖以及等等。曼寧（他自己是奧地利人）有幾次提及被認為是他戰友的「蘇格蘭雜種」，說話說得聽不懂。在雷馬克小說裡，一個關鍵角色：這永遠有辦法的卡特，明顯是波蘭族裔（他的全名為卡特辛斯基），而吉登來自北德。

同樣地，在各方的人都厭惡留在國內裡的逃兵者。「不只有一個國家，這不是真的，」巴布斯的佛帕特在一次不愉快的造訪巴黎之後，宣布說「有兩個國家。我要告訴你們，我們被分裂成兩個陌生的國家：

一個是前線，在那裡⋯一個是後方，在這裡。」「他們××娘一點都不甩我們的死活，」馬特羅氣憤地說。「我們跳進來跳出去，在整個法國被到處亂幹，而他們在我們打仗時，坐在家裡，搖著他們可惡的下巴說，假如他們年輕二十歲，他們會做什麼」。在《西線無戰事》裡的保羅・波易瑪感同身受，當他在家度假，遇見一位以前學校的校長。所有相關之人都接受路蘇小說的敘述者，對被新聞將前線生活做出浪漫化的報導，感到不耐。「看起來⋯我們像是聽音樂節奏來進行攻擊，而戰爭對我們來說，是一段長時間發瘋的歌唱及勝利。⋯我們是唯一知道戰爭真實狀況的人，因為它就在我們眼前」。

英國人、法國人、德國人以及義大利人對他們去奮戰的東西，都同樣不敬。在此是巴布斯的法國兵對這主題的說法：

「這讓人討厭，」佛帕特說。

「但我們撐下來了，」巴契咕噥地說。

「你們必須要，」巴哈迪說。

「為什麼？」馬特侯問道，沒有真正的情緒。

「沒有理由，只因為我們必須要。」

「沒有任何道理，」拉穆斯同意。

「不，是有的，」古空說，「是那個⋯嗯，事實上有很多。」

「繫好腰帶！最好沒有理由，因為我們必須撐下去。」

「就算是如此，」布萊爾以空洞的聲音說⋯「就算是如此，他們還是要殺掉我們。」

「首先，」提瑞特說，「我過去想到一大堆東西，將它們翻過來翻過去，想出來了。但現在我再也不想。」

「我也不想。」

「我也不想。」

「我從來沒試過。」……

「你們只要知道一件事，而那件事就是德國佬就在那裡，而他們在那裡挖洞待下來，還有他們一定不能通過，有一天他們要被幹掉，越快越好，」士官說。

曼寧的士兵也是相類似的調調。軍官或許會談到「自由，以及為你們的祖國以及後代奮戰，以及等等；但〔有人問〕我要知道的是我們在為誰而戰……」：

我們要為我們他×已經有的來戰，」麥德理說，直接了當地。

「而那幹我們的真棒，」愛哭鬼司馬特說。

「我不要為一大堆死老百姓來戰，」麥德理說，很講理地。「我為我自己及我們的人而戰。是德國佬他們先開戰。」

「俺告訴你，」愛哭鬼說，「有好幾千個可憐的傢伙，在德國防線那裡，一樣不知道，就像我們自己不知道，到底在幹什麼。」

「那麼那些傻瓜要為什麼而戰？」麥德理義憤填膺地問道。「他們幹嘛不待在家？」

「他們會說那不是我們的事。我們沒必要要淌入別人家的吵架裡，」愛哭鬼回答說。

一個人建議說這「假如有人在英格蘭登陸一些部隊，向他們秀一下戰爭是什麼樣子，對我們大家會是一件他媽的好事」。另一個人說他才「不要為見鬼的比利時作戰，你看。他們有人賣一條麵包都向我要五法郎。」在《西線無戰事》中對戰爭起源的爭議，沒有很不同。「這很好笑，當你想到的時候，」波易馬的一位朋友克魯普說。「我們出來保衛祖國。但法國人也在那裡保衛他們的祖國。哪個對？」吉登問戰爭怎麼開始，被告知說「通常一個國家很惡劣地羞辱另一個國家。」「一個國家？」他回答。「我不瞭解。德國的山不會羞辱另座法國的山，或河流，或是森林，或是麥田」。

最能團結戰鬥人員的是他們必須在其中進行戰鬥—並且與之對抗—的處境：冬天的寒冷，夏天的暑熱，掩體的潮濕，屍體的惡臭；但尤其是，對死亡的恐懼。普通士兵的生命很巧妙地被綜合起來：「從一個血腥的悲慘到另一個悲慘，直到我們崩潰。」普通士兵的士氣因為種種不同方法而避免瓦解，有些是官方核准的，有些則否。軍事訓練及軍紀當然關鍵，雖然死刑的使用比通常以為地更不常見。總計有二百六十九名英國士兵因為逃兵而被槍斃，而德國只處決十八位。在維持士氣一樣重要的是這基本要點：士兵只花費他們一小部分時間在前線，而且只有偶而才會被要求攻擊，這較之於在火砲連番轟炸下無助地畏縮，這出擊的經驗被普遍地形容為具有淨化的效果。在這之間有部隊運輸、訓練、休息、疲倦、假期。這些便是「當兵」的現實：既無聊無趣，又麻痺地沒有心思。如路蘇所說，這「沒有比那種在正常時候幾百萬礦工所過的日常生活，還要真正更糟」。在各方的人被睡眠、溫暖、食物、尼古丁、酒精以及性愛的機會（即使這些不經常都是事實）而弄得繼續撐下去。在《運氣的中間那段》裡的英雄柏恩在從開始的索姆攻勢中跌跌撞撞回來時，做的第一件事（——儘管已經被口乾舌燥——）是抽煙。後來因為被他朋友宣恩的夢魘所折磨，他點燃「不可避免的香菸」。香菸給嚴重受傷的人；只是為了讓他們在斷氣前吸上一口。更重要的是酒精：戰鬥回來的人員在抽煙後，做的第二件事是灌下一些威士忌。的確，柏恩的生命是由大量飲酒以及吃飽肚子來打發的。他和他的同袍渴求威士忌。他們丟掉「濫酒」。他們瞧不起法國啤酒，即使他們牛飲它。他們用便宜的「香檳」來款待自己。所有這些酒都是依照它們的強度來評斷。這點變得清楚：英國士兵主要想得到的東西便是爛醉如泥。他們法國的同袍相形之下，則是依據品味要求，而非讓人酒醉的效果，但要求也同樣不少。他們抽煙斗比抽香菸多，而且是以上癮的喜好來抽它。雷馬克的士兵渴望蘭姆酒、啤酒以及嚼煙。如路蘇的義大利上校所解釋，酒精「是這戰爭的推動精神（spirit，「烈酒」）⋯這是何以人們會以他們無窮盡的智慧，以「汽油」來提及酒精⋯這是場餐廳對餐廳、酒桶對酒桶以及酒瓶對酒瓶的戰爭」。幾乎一樣重要的是食物。從法國兵不耐煩地等待午餐（這開始了《在戰火之下》的小說），到德國人像小孩子般對他們的手持活動廁所感到高興（這開始了《西線無戰事》），戰壕裡的生活是環繞在消化上。在德國戰壕裡的快樂是四罐偷來的龍蝦罐頭或是一隻偷來的鵝；的確，波易馬跟他的朋友們在搜尋補充的食物上，比和敵人作戰花上更多的時間。很明顯地，當雷馬克的角色人物被分配到品質下降的配給品時，這表達出德國進行戰爭的努力已經結束了。

性愛無可避免地是身體愉悅中，最不容易取得的東西。一位巴布斯的角色心中不斷地被一位漂亮農村女孩所縈繞，但只有當他絆到她屍體時，才能摸到她。另方面，人們以相同突然的快樂去幻想帶上床一個「大大的、有彈性的廚房小妞，有很多地方可以讓手摸來摸去」。但這四本小說中，真正的感情滿足是採取現在會被稱為的男性情誼。經常有人辯論說這是軍隊團結真正的關鍵：不是愛國心，甚至不是對單位「帽上軍徽」的忠誠（「他們可以說他媽地想要的東西…但我們是他媽地一群好傢伙」），是「同袍情誼」，對最小作戰單位裡自己朋友的忠誠。「好的同袍情誼取代朋友情誼」，柏恩宣布說。「它不一樣：它有自己的忠誠及感情；我不太確定它是否會在偶而之間升高到一種友誼未曾觸及到的感情強度」。如所顯示，現實甚少會符合這樣的宣示。在前線單位所建立起來的關係是必然地脆弱，不僅受制於突然的死亡，還有升遷或是調離單位。「這是王八軍隊裡最糟的，」馬特羅評論說，「一旦你和一個傢伙變得有些親近，有些事便會發生。」即使柏恩臨時調離到勤務單位去做一些秘書工作，也動搖了和馬特羅及宣恩的友誼。但是同袍情誼在維持士氣上，比命令鏈貢獻更多。曼寧的角色中沒人同情逃兵的米勒，因為他犯下拋棄同袍的大罪：

「你們要如何做，假如他設法再溜掉一次？」柏恩問道。

「槍殺這傢伙，」馬歇爾說，白到整個嘴唇。

當他們憂鬱的同袍愛哭鬼說：「我們在這裡，沒辦法離開這點，士官。我們在這裡，既然我們在這裡，我們就是為我們自己戰鬥；我們只為自己戰鬥，也為彼此。」多少相同的感情也在巴布斯的法國兵以及雷馬克的德國兵表達出來。聽到他朋友的聲音，波易馬感覺到一股「驚訝的溫暖」：

那些聲音…猛然一搖，將我扯離開恐怖死亡那種可怕的孤立感覺，我幾乎屈服在那感覺之下…那些聲音所意謂的超過了我的生命，不只將恐懼壓下，它們是所有存在中最強大以及最有保護性的東西：它們是我伙伴們的聲音…我屬於他們，他們屬於我，我們將會分享相同的恐懼以及相同的生命，我們以強壯及簡單的方式彼此結合一起。我要將我的臉緊貼到他們，那些聲音，那些救了我的寥寥數字，而那些將會是我的支撐。那種「大規模的兄弟之情」，同袍情誼的感覺在現實上雖稍縱即逝，但在精神上卻是永恆，是真正地普世。

在所有這些方面，在西戰場的軍隊彼此都像是對方的鏡像。甚至在靠近《在戰火之下》結束之處，一位受傷的法國飛行員陳述一個從空中往下看的驚人戰壕景象，正是要強調這點：

……我可以在德國佬和我們之中看到兩個相同的聚合，在兩條平行線上，似乎要彼此接觸到：一群人，一個活動的中心，以及在其周圍那看似黑色沙粒散佈在灰色沙粒上；他們沒有再移動；這看起來不像是警報！……然後我理解到！這是禮拜日，而在我面前有兩個禮拜儀式在進行：祭壇、教士以及信徒大眾。我更靠近看，我知道更多，我可以看到有兩群集會相當類似——如此類似，看起來幾乎可笑。其中一個儀式（——無論你喜歡哪個——）是另外一個的鏡像反射。我覺得彷彿看見雙重影像。

戰壕裡的仇恨

所有這些戰鬥人員的相似性，讓許多之前以及之後的作家懷疑對峙的軍隊何以沒有更常去彼此交好，稱兄道弟？很出名的是，一些英國及德國士兵就是在一九一四年的聖誕節做那種事，當他們在一塊無人地帶玩足球，做為非官方的停戰。比較不出名的是，在一段較長的時間中，某種「我活，也讓別人活」的系統，會在某些相對安靜的戰線上演進出來。但是社會主義者希望士兵們會為了國際兄弟之情，而終將唾棄他們對國家的忠誠，卻在西戰線上未曾實現。何以如此？

這答案是當戰爭持續下去時，彼此仇恨會不斷增加，塗抹掉雙方戰鬥人員所共有的來源以及處境。「德國軍官，」巴布斯的提羅瓦，「嘔，不、不、不，他們不是人，是禽獸。他們是真正第一群特殊、下流的害蟲種類，我的老朋友。你可以稱呼他們是戰爭的病菌。你必須近看他們，那些可怕大大的、直挺挺的東西，像鐵釘一樣細，但上面掛著小牛的頭。」在激烈攻擊中，這是《在戰火之下》裡的高潮，敵人乾脆變成了「雜種」：

「你猜對了，伙計，我沒聽他說，我用刺刀刺進他的肚子，這麼深，我無法拔出。」

「然後我發現在戰壕底部有他們四個人。我叫他們出來，而每個人出來時，我把他撞開。我紅到手肘去。我的袖子因為這黏上去。」……

「我要對付三個人。我像瘋子一樣打。啊，當我們到達這裡，我們都像瘋子。」

同樣地，當他們爬上戰壕上端，在《運氣的中間那段》的士兵憎恨他們的敵人。曼寧寫說，「恐懼始終是一種沒有辦法安撫以及躁動不安的情緒，但那似乎被敲打以及鑄造成極為敏感的一點，變成和仇恨幾乎無法區隔。」柏恩因為馬特羅的死亡而弄得幾乎完全失去理智，在德國陣線中瘋狂亂跑：

三個人跑向他們，舉高雙手並且尖叫；而他將步槍靠到肩膀射擊；他裡頭的痛苦變成侵蝕的恨意，讓他充滿了狂喜的殘酷，所以他又開槍，然後又一次又一次……柏恩又再度掙扎往前，喘著氣，用被壓抑下來的聲音喃喃自語。

「殺掉這些混蛋！殺掉去他媽的豬仔！殺掉他們！」

如曼寧承認，這種嗜血有種快樂的性質：他甚至提及「戰鬥的狂喜，即使是肉體的情愛快樂，與之相比⋯都沒那麼刺激」。他寫說，有某種類型的士兵是「來捉、來殺，並且在殺戮中發出快樂的聲音」。柏恩自己被這「推向前衝」：

一個勝利的瘋狂⋯他同時是上帝最卑微以及最崇高的受造物。在他身體裡的驅力及憤怒⋯使他喘氣以及啜泣，但在裡面確有某種令人陶醉的喜悅，所以再度地他所有的心思似乎聚焦在強硬、光亮的動作點。痛苦及喜悅的兩種極端再度相遇，並且結合在一起。

這非常靠近雷馬克在《西線無戰事》對戰爭的陳述，在裡面波易馬及他的同袍「變成可怕的動物」：

我們不是在戰鬥，我們在保護自己，免於毀滅⋯我們被憤怒弄得瘋狂⋯我們會摧毀，我們會殺戮，來救我們自己，並且報復⋯我們已經失去對別人的感覺，我們幾乎無法認出彼此，當有人進入到我們視線範圍內⋯我們是沒有感覺的死人，我們因為某個詭計，某種可怕的魔法，才能不停奔跑，不停殺戮。

陣地被人攻陷的法國人，被恐怖地殺死，他們的臉被挖戰壕的工具劈成兩半，或是被步槍槍托打爛。攻擊者與被攻擊者同時被降低到禽獸的層次。

沒有東西會比在一次大戰期間對敵軍戰俘態度的改變，更能說明前線敵對的強度。戰爭規則清楚表明投降的人必須被適當對待；在海牙公約之下，殺死戰俘是犯罪行為。當代人也清楚理解活捉戰俘的實際利益，這不僅能透過訊問來達成蒐集情報的目的，而且也是為了宣傳。英國電影《索姆的戰爭》裡有相當部分是由被俘德國人的連續鏡頭所構成。約克士官擄獲了一百三十二名德國人，是美國在一九一八年戰爭宣傳裡的最突出部分。對戰俘的人道對待，也在針對敵人所做宣傳中扮演重要角色。在靠近戰爭結束時，持續努力要去傳達假如德國人投降的話，他們會被善待，甚至會比在他們在自己的戰線來得更好。數以千計的傳單被投擲到德國陣地去，其中有些不過是宣傳在協約國裡戰俘營的條件。英國官方攝影師被鼓勵要去拍攝「受傷以及受到驚嚇的德國兵」被給飲料以及香菸的鏡頭。美國人甚至設計出歡樂卡給投降的德國兵簽字，送給他們的親戚：「不要擔心我。對我來說，這戰爭已經結束。我有好食物。美國軍隊給戰俘和給他們自己士兵相同的食物：牛肉、白麵包、馬鈴薯、豆子、梅子乾、咖啡、奶油、煙草等等」。

然而在西戰線雙方的許多人卻因為「不接受戰俘」文化的增長，而被嚇阻不去投降。這是從消耗戰中自行發生的暴力循環。人們對殺害戰俘所提出的解釋理由，令人驚訝地清楚顯示出戰爭所釋放出的原始衝動。

在一些情形，戰俘被殺害，是因為要報復對平民的攻擊。德國人在戰爭開始的幾週最先跨過這門檻，當部隊為了對付所謂「自由射手」（francs-tireurs，身著平民衣服的狙擊手）進行攻擊，而做出殘酷報復。在比利時、洛林以及孚日等地村落被夷為平地，男性人口被就地處決，儘管許多攻擊是來自其他喜歡亂扣扳機之德國人所射出的友軍射擊，或是來自法國正規部隊的合法行為。總計有五千五百位比利時平民被殺，他們算是受害於入侵者這方瀕臨偏執狀況的緊張情緒，而非德國系統性去恐嚇當地人的政策。這些「暴行」當然曾發生過。一位士兵，係來自斯圖加特叫佩佐德的醫生，在他日計裡紀錄比利時阿爾隆村莊居民的命運。其中有超過一二〇人是因為所謂的狙擊和折磨德軍傷患而被槍殺：

他們接著被以腳拖走，丟成一堆，然後士官用他們的左輪手槍射殺那些還沒被步兵殺死的人。整個處決有牧師、一位女性以及兩位女孩做見證，他們是最後被射殺的人。⋯

如此事件在協約國的宣傳中被恐怖地加油添醋；除了射殺平民之外，德國人還被指控強暴以及殺嬰。早在一九一五年二月時，邁爾特是英國遠征軍裡「讓人瞧不起的老傢伙」（Old Cowtemptibles）之一，在日記中寫道：

我們知道我們現在忍受這些可怕的辛苦，是為了要保護在國內親愛的人，讓他們免於這些德國豬的虐待及強暴，這些人已經在法國及比利時做出一些可怕的事，切下孩子的手以及割掉女人乳房的恐怖行為。

一位澳大利亞士兵在一九一七年八月形容一位軍官如何槍殺兩位德國人，其中一位受傷，在砲彈坑裡：

德國人要求他給他同袍飲料。「好，」我們的軍官說，「我會給這—飲料，接招，」然後他將左輪手槍的子彈對著兩個人射光。這是唯一對付匈奴人的方式。我們之所以接受徵召，便是要來殺匈奴人，那些殺嬰孩的人。」

德國人也是最先轟炸城市的人；在斯卡伯勒以及倫敦上空的齊柏林飛船是一個新紀元的開始，在那裡死亡會從空而降落到毫無抵抗能力的城鎮居民。這些攻擊也引起報復。一位英國士兵回憶一位朋友如何被勸阻不要去殺一位被俘的德國飛行員：

他設法要發現他是否在倫敦上空投擲炸彈。他說，「假如他曾在那裡，我會槍殺他！他跑不了。」他必然已經做過。生命對你沒有意義。生命處於危險，而且當你得到一大堆從空而降、臭氣燻天的汽油桶，你不會同情他們的投降以及所有這種儒夫的事情。

但尤其是德國陸陸續續使用無限制潛艇戰術來對付商船以及客輪，這讓在另一邊的人大為痛恨。「有些〔投降的德國〕人雙膝跪地爬行，」一位英國士兵回憶，「將一位婦女或小孩的相片高舉頭上，但每個人還是被殺掉。這激情已經過去。我們還是冷血殺人，因為我們的職責是盡可能地殺戮。我多次想到露西塔尼亞。我事實上祈禱著報復那天的來到，而當我得到機會時，我殺死我希望命運允許我殺的那麼多」。在一九一五年五月，前衛雕刻家亨利・高迪耶—柏傑斯卡從西戰線寫信給詩人伊斯拉・龐德，形容最近一次與德國人的遭遇戰：「我們也有一些戰俘：十位，而我們正好知道『露西塔尼亞』號郵輪的損失，在經過士官及所有人十分鐘討論之後，他們被以步槍槍托處決」。

更常是，戰俘因為比較近來的敵人行動，而在報復下被殺害。這行為的方式在戰爭剛開始時，已經顯現出來：德國兵殺死法國戰俘，理由是法國兵之前殺死已經投降的德國人。在他一九一五年六月十六日的日記中，阿胥赫特・莫里斯紀錄自己殺死一位投降德國人的經驗：

在這時候，我看見一位匈奴人，相當年輕，跑下戰壕，雙手在空中，看起來受到驚嚇，高喊要求慈悲。我立即射殺他。見到他往前倒下，真是天賜的景象。一位林肯郡來的軍官對我發怒，但我們報復後所得到的，將所有的都洗刷掉。

隸屬皇家威爾斯燧發滑膛槍軍團的士兵富蘭克林・理查茲回憶見到他自己單位的另個人與六個戰俘沿著米寧路走下去，在幾分鐘後，以「兩顆炸彈」「做完把戲」回來。理查茲將他的行為歸諸「喪失好友讓他非常沮喪」這事實。雖然有些時候是自發性地，這樣的行為似乎是也被一些軍官鼓勵，他們認為「不接受俘虜」的命令會增加他們人馬的侵略性以及作戰的有效性。早在一九一四年九月時，就有人對一些德國部隊發佈口頭命令，將法國戰俘解決掉。但是對這種事並沒有獨特屬於德國人之處。一位英國准將被薩福克軍團的士兵在索姆戰役前夕聽到說：「你們可以接受戰俘，但我不要看到他們」。另一個第十七蘇格蘭高地輕步兵兵團的人回憶起命令說：「不能對敵人寬恕，不接受戰俘」。倫敦蘇格蘭兵團士兵亞瑟・胡巴德也收到嚴格的命令，不得接受戰俘，「假如受傷，絕對不可」。他回憶「在他剪掉一些鐵絲網之後的第一個工作，是對三個從深層掩體出來、流血嚴重的德國人，將彈匣裡的子彈打光，結束他們的痛苦，雖然他們哭求慈悲，但我有我的命令，而他們對我們這些可憐的傢伙也沒感覺」。在他對第二軍「近來戰役」的筆記中，日期為一九一六年八月十七日，克羅・雅各爵士將軍敦促不接受戰俘，因為他們影響掃蕩的工作。根據亞瑟・藍奇，在第三次伊普爾戰役的攻擊之前，兵團的命令包括這些字：「不接受戰俘」，這「與劃過的線，代表的是『做你想做的』」。

有些時候命令下達要殺死戰俘，只是因為要避免看管他們回到拘留區時的不方便。如准將克羅奇亞所評論：「英國士兵是親切的傢伙，而且可以安全地說，儘管有宣傳，但在法國甚少逾越應當的標準，**除了偶而他沒辦法將他們護送回戰線時，將戰俘給殺了。**」高登蘇格蘭高地軍團的約翰・尤金・克隆比在一九一七年四月被下令要在一個攻下的戰壕中，以刺刀刺殺投降的德國人，因為這「從軍事的觀點是權宜之計」。其它看似比較實際的理由也被使用。劍橋郡兵團的第一團士兵法蘭克・巴斯，在伊它普爾被一位教官告知：「記得，孩子…每位戰俘意謂一天的配給不見了」。第十都柏林燧發滑膛槍軍團歐布萊恩回憶被他的牧師告知（一個英國教士，叫做桑頓）：

很好，男孩們，我們明天即將要開始行動，假如你們接受任何戰俘，你們的配給就會減半。所以不要接受戰俘。殺掉他們！假如你們接受戰俘，那必須用自己的配給去餵。所以你會得到一半的配給。答案是：別接受戰俘。

在一九一五年六月十六日，在優異砲兵連的士兵查理・田姆斯，在靠近伊普爾的倍樂華德的進攻之後：

我們在砲火下有八小時之久，這對我比較像是一場夢，我們在當時必然是已經絕對瘋掉，有些人在砲擊結束之後，看起來已經神智失常，而當我們進入到德國的戰壕區時，數以百計的德國人已經被我們的砲火轟成兩段，但還是有許多人出來，要求我們給他們慈悲。皇家蘇格蘭人俘虜約三百名戰俘，他們的軍官告訴他們要和戰俘一起共用配給，並且要認為他們的軍官不是跟他們一夥，蘇格蘭人立即將整群人幹掉，並且吶喊「每個人去死、去地獄……」，而在五分鐘內，地面的德國人血液淹到腳跟深……

然而在最極端的情形下，殺死戰俘是以唯一的理由來進行：好的德國人是死掉的德國人。當米德爾塞克斯兵團第十二團在一九一六年九月二十六日進攻提普華時，法蘭克・馬克斯威爾（維多莉亞勳章得主）上校命令他的人手不得接受戰俘，理由是「所有德國人都應該滅絕」。在十月二十一日馬克斯威爾向他的團告別演說。在演說中他稱讚他的人馬已經「開始學會唯一對待德國人的方式，是將他們殺掉」。以士兵史提芬・葛拉漢的話說，「在軍隊裡對於德國人所形成的意見是，他們像是傳遞瘟疫之鼠的某類害蟲，必須要根絕。」少校坎貝爾據說告訴新的徵召士兵說：「假如有個肥胖多汁的匈奴喊出『慈悲！』，並談到他的妻子和九個孩子，給他刀鋒，兩吋就夠！結束掉他。假如你讓他跑，他是那種會有另外九個『仇恨』孩子的人。所以別冒險。」

這些態度會在西戰線生根，而在那裡雙方的族群差異事實上是相當有限，這顯示出來仇恨如何容易在全面戰爭野蠻化狀況下發展，而在那原本之間差異更深更大，無限制暴力的潛在性就會更大。

如此殺戰俘真正會多常發生是無法確知，但很明顯地，只有小部分投降的人是以這種方式被殺害。一樣清楚的是，並非所有接受到這樣命令的人都會贊成它，或覺得能執行它。數以十萬計的德國士兵被俘，特別是在戰爭的最後階段，但沒有遭受到虐待。但這其中所涉及的數量，仍不如投降是危險的這種看法。人們會誇大這些事件：它們變成戰壕神話。德國的戰壕報紙《戰爭宣傳頁》，一九一五年一月二十九日的頭版使用一個描寫如此事件的卡通：「米歇爾」往前到一位湯米；湯米舉起雙手；湯米那時開槍射擊前進的米歇爾；

米歇爾然後捉住湯米的喉嚨；他繼續用步槍槍托，將他打成肉餅，叫喊說「我會把你弄成一塊英國牛排」；然後被適度地獎賞一個鐵十字勳章。在真實生活裡，如此事件經常是沒有協調好的投降，而非欺騙所導致之結果：只需要有一個人繼續開槍，但他卻不知道他的同袍其實已經放下武器。但戰壕的文化偏好其中敵人會耍詐的說法。而以這種方式失掉人馬的單位，在未來比較不可能接受戰俘。當士兵傑克·艾胥禮在索姆被俘擄時，他的德國擄獲者告訴他，英國人射殺他們所有的戰俘，所以德國人「應該做相同的事」。

投降

第一次大戰確定十九世紀戰爭理論家卡爾·馮·克勞塞維茨（Carl von Clausewitz）的名言：擄獲敵人、而非殺死敵人是戰爭中勝利的關鍵。儘管德國人及其盟邦造成協約國巨量的死亡人數，但勝利卻沒實現：這是因為人口學上，每年會有或多或少足夠的法國及英國的新徵召戰士，去補足消耗戰所造成的人數缺口。然而它的確證明有可能，首先在東戰線，然後在西戰線，造成敵軍如此大量的投降，所以敵人作戰能力被致命性地削弱。在一九一七年大規模的投降（以及逃兵），是俄羅斯軍事挫敗的關鍵因素。總體來說，有超過一半的所有俄羅斯傷亡，是以人員被逮捕的形式出現，這將近是所有俄羅斯動員軍隊的十六%。奧地利及義大利亦以這種方式損失大比例的人馬：俘虜分別是傷亡人數的三分之一及四分之一。每四位被動員的奧地利人，結果是成為戰俘。義大利軍隊在卡波雷托的大規模投降，幾乎讓義大利退出戰爭。英國運氣的低潮（—從一九一七年十一月到一九一八年的五月—）見到英國被俘人數的大幅攀升：單單在一九一八年三月，約有十萬人被俘，這超過之前數年戰爭加起來的總和。然而在一九一八年八月，這次是德國士兵開始大量投降。在七月三十日和十月二十一日之間，在英軍手中的德國人總數增加將近四倍。這是戰爭正在結束的真正徵象。值得注意的是，紊亂的瑞士市場外匯交易員，也是採取相同的看法。當德國在一九一八年春天擄獲大量的戰俘，他們購買馬克，而在八月當局勢反轉時，大量釋出。

何以德國士兵，他們到目前為止是如此不願自行投降，卻在一九一八年八月突然之間以數以萬計的人數開始投降？最好的解釋（—再度又是依循克勞塞維茨—）是士氣的崩潰。這主要是因為在軍官以及眾人，終於理解到無法贏得戰爭。艾利赫．魯登道夫將軍的春季攻勢，在戰術上成功，但在戰略上失敗，而德國在過程中，損失慘重；然後協約國在八月七日及八日在亞眠的攻勢，如魯登道夫自己承認，「是德國自從戰爭開始以來，所遭受到的最大挫敗」。無限制潛艇政策沒有讓英國屈服；在布列斯特—里托夫斯克之後佔領俄羅斯領土，浪費德國稀有的人力資源；德國的盟友開始瓦解；美國人正在法國集結，雖沒經驗，但吃飽睡好，而且人數眾多。或許最重要的是英國遠征軍終於學會結合步兵、砲兵、裝甲以及空軍行動。單單就坦克及卡車數量來說，德國人在他們自己在春天啟動的運動戰中，現在已經處於完全無望的不利地位。德國勝利現在已經不可能。而正是這觀點迅速往行伍階級之間蔓延，將無法戰勝轉變為即將戰敗，而不是變為魯登道夫似乎在心中所想到的和局。在這觀照之下，上面所形容的大量投降只是普遍士氣危機的一部分，這危機也顯示在疾病、紀律失控以及逃兵上。

但無論如何他們的處境如何無望，德國士兵必須感覺到他們可以在戰爭結束之前去冒投降的風險。而那意謂著協約國士兵願意接受戰俘，而不是殺害投降的人。隸屬步槍旅第十三團的海軍備役中尉布雷克的證詞，說明這過程如何進行。在一九一八年十一月四日，在密集砲擊德國在魯維尼的陣地後，布雷克身先士卒去偵察敵人的機槍位置。在突襲並射殺兩位德國兵之後，他成功說服「五位表情相當驚嚇的德國守衛」從掩體出來。「我向他們做手勢，要他們先退後穿過彈幕，再走向我們這邊，」布雷克回憶說，「在稍稍遲疑之下，他們必須如此做。」他接著又對第二門機槍的機槍組重複這過程。在這個時候，天空破曉，布雷克很驚訝地看到「在周圍的果園以及過去的草地，都有一點一點的東西，敵人的頭偶而探出來看」。他決定他「最好設法讓他們走出他們的洞來」，所以他繼續做。「他們不喜歡走進彈幕中，而他們何以沒對我開槍，只有上帝知道，」但他成功地清除他可以看到的，解除他們武裝，送他們回到英軍陣線去。知道他的人馬在後面不遠，這勇敢的布雷克繼續推進下去。當他遇見一棟獨立屋舍，這是決定性的時刻：

我從它背後繞到前方，那裡沒門，但瞥進一個開向道路的房間，見到有一群德國人，有些坐著、有些站著。我不知道是誰比較驚訝：他們或我。無論如何，我比他們快一些鼓起勇氣，前進到恰好是出入口的地方，我左手拿一顆英製的手榴彈，右手拿著左輪手槍，我唯一能想到要說的是「投降！」，所以我如此說，在同時之間用手槍威脅他們，他們並不像是很願意投降，所以我重複「投降！」，而讓我出乎意料及喜悅的是他們真的「投降」，兩位軍官以及二十八名其它兵階。我的想法是他們正在開某種會，因為那時砲轟的彈幕還未完全靠近他們。兩位軍官，還有三個其它兵階的人還配戴著鐵十字勳章的綬帶！

在讓他們所有人都放下武器之後，布雷克也引導他們走向英軍的陣線，儘管英國的砲轟。在這之後，他還圍捕二十五或三十名德國人，包括兩門機槍的組員以及一門戰壕用的迫擊砲。

這陳述突顯出五件事。第一，那剛開始相當嘗試性的，很快地發展出自己的動能。明顯地，布雷克撞見的德國單位已經瀕臨瓦解；他的出現觸發了崩潰，以幾個人開始，並以一大群達到高點。第二，至少有些他所俘虜的人不是新兵，而是有經驗的部隊，他們之中有五個獲得鐵十字勳章。第三，對德國人而言，他們很清楚有人數的安全，因為單單一位英國軍官無法擊倒太多人。第四，德國軍官的角色會賦予投降的決定合法性，並確保大家遵守。最後，或許最重要，布雷克只射殺設法取槍的德國人；從一開始，他饒過那些手舉向天空的人。（或者可以比較正確地說，他將殺死戰俘的事，託付給砲兵，強迫他的戰俘穿過彈幕，走向英軍戰線。並非所有人都活下來。）很明白地，布雷克在某點之後，缺乏射殺向他投降之人的方法。若他們希望，德國軍官可以命令他們的人去射殺或逮捕他。但德國人有足夠信心他們將會被善待，所以他們選擇投降。

一次大戰在西戰線結束的方式上，布雷克的經驗上算是典型的。在最後幾週，德國軍隊已經到達自然科學家稱之為「自我維持迴路」（self-sustaining circularity）。簡言之，上面所述反對投降的論證，被支持投降的論證一面倒地勝過。在被擊敗後，德國軍官領導他們的人手接受成為俘虜：如果必要的話，這是進一步的證據證明德國是從胸前、而不是從背後被致命地捅一刀倒下的。

在東邊的戰爭

雖然最激烈的戰爭是在西戰線發生，第一次大戰最終對萊茵河以西的歐洲改變甚少。此處最大的領土變化是亞爾薩斯及洛林兩省回歸法國，而這些在一八七一年以前原本就是屬於法國的。無論如何，法國所蒙受的人力及經濟損失是如此規模，所以恢復原狀似乎不太可能持續下去。英國及美國雖曾大力干預，但在德國對法國北部及比利時的佔領終止時，他們便不再有興趣，急忙打道回府。一條從英吉利海峽到阿爾卑斯山相當狹長的領土遭受到不同程度的毀滅，但在西方戰爭最深刻的影響（這些是人口、經濟及心理的），只有在緩慢中才變得明顯。最初這裡的勢力均衡似乎沒有變化。相對照之下，在東戰線所進行更加機動性的戰爭，似乎改變了易北河以東幾乎所有的事。

在羅斯的小說《拉德茨基進行曲》中有一段難以忘記的段落，這解釋易北河以東何以會如此。這場景是在一九一四年六月二十八日在靠近俄羅斯邊界，偏遠的駐軍駐點城鎮裡，一間擁擠旅館的舞廳中；這一個地點，如羅斯所說，是「文明的奧地利人會被⋯熊、野狼以及甚至更可怕的禽獸，如虱子和臭蟲所威脅」。聚集在此的步兵軍官幾乎有雙元王國裡的各個國籍，每個人都以他自己的方式來對有關皇位繼承人被暗殺消息的混亂電報做出反應。佐格勞爾少校敦促舞會立即結束；佐胥赫騎兵隊長反對。預備役軍官馮・巴本豪森騎兵隊長宣布說，「各位先生，波斯尼亞遠在天邊。我們才不理會謠言。就我來說，去他們的！」「好棒！」納吉・耶諾男爵，一位馬札爾的貴族，因為在柏加銘有一位猶太祖父的事實，而被迫承擔「所有匈牙利鄉紳的缺點」：「巴本豪紳先生閣下說得對，絕對正確！假如皇位繼承人被暗殺，那還有其他繼承人留著！」馮・紳尼先生，在血緣上比納吉更馬札爾，充滿著一股突然而來的恐懼，擔心有猶太背景的某人或許在匈牙利民族主義這點上勝過他。他站起來說，「假如皇位繼承人已經遭到暗殺，那好，我們首先無法確知任何事，而第二，這一點都跟我們無關」⋯中尉金斯基，他在磨島河畔長大，聲稱說，無論如何，對王政皇位繼承人是個相當不穩定的選擇⋯巴提亞尼公爵，已經酒醉，在那時開始用匈牙利文向他的同胞說話⋯〔騎兵隊長〕葉拉吉茲，一位斯洛文尼亞人，勃然大怒。他恨匈牙利人就像他恨塞爾維亞人一樣。他喜歡王政⋯。他是位愛國者，但他覺得有一些些罪惡感，因為…他兩位青少年孩子已經在高談闊論要讓所有南部斯拉夫人都獨立。

雖然他自己瞭解馬札爾文，葉拉吉茲堅持匈牙利人要說德文，在那時候，他們其中之一宣布說，他及他的國人都「高興那雜種走了！」厝塔中尉，一位在索爾費里諾戰役中被封爵者的孫子，在酒醉中站起來回應這造成難堪的發言。他威脅要槍殺任何一個對死者口出不遜之言的人，他高喊「安靜！」，儘管在場的匈牙利人階級比他高。班吉歐公爵下令樂團要表演蕭邦的喪禮進行曲，但是醉醺醺的客人仍繼續跳舞，所以樂團不由自主地加快速度。在外面有暴風雨咆哮。這接下來的死亡之舞只有在僕人將樂師的樂器清理乾淨之後才結束。厝塔決定要辭去他的軍官任命；而他烏克蘭裔的勤務兵決定逃兵，回到家鄉布得拉基。「不再有祖國。它已經垮台，碎裂。」

在西歐所下的賭注是戰略性的，不是族群性的。英國人所得的結論是，他們無法允許德國擊敗法國以及俄羅斯，因為擔心會對英國安全造成一世紀以前拿破崙所曾造成過的類似威脅。當戰爭來到時，不列塔尼人沒有去對付加斯空人，瓦隆人和法蘭德斯人也沒干戈相待。蘇格蘭人、威爾斯人、英格蘭人以及許多愛爾蘭人彼此並肩作戰，沒有嚴重惡感。只有在愛爾蘭，第一次大戰導致了一場內戰，而即使那內戰，也沒有如經常所假設的衝突那般血腥。相對照之下，在東歐很早就理解到戰爭會導致多元民族帝國以及族群混雜社區這舊秩序的解體。在西戰線上，比利時及法國的平民只有短暫地出現在火線上。然而一旦戰爭的界線固定下來，戰鬥區域實際上已經軍事化；之後，一般而言平民會成為傷亡者，只有因為敵人沒瞄準確的砲火或他們自己不小心使然。東戰線則相當不同。在那裡從波羅的海到巴爾幹，戰鬥所具有大前進及大撤退的特色，屢次將大量的平民人口同時暴露在偶然以及刻意的暴力之下。

可以預期到，正是俄羅斯的猶太人限制區最令人害怕。在戰爭開始階段，至少有一百名猶太人被俄羅斯軍隊懷疑有間諜行為，就地處決，其假設是因為身為猶太人，便不可能對沙皇政權效忠。俄羅斯軍隊同時也進行系統性掠奪的政策。在一九一四年十月十四日，有約四千名猶太人被從他們在葛羅津（於華沙省）的家鄉趕離；他們被拒絕給予任何方式來運送他們的財產。在回應有關徵收的調查時，西南方面第四軍參謀部發佈命令：「從猶太人拿走所有東西」。在科夫諾地區有十五個地點在一九一五年十月見證到集體屠殺，而在維爾納地區有十九個猶太人小鎮在一九一五年八月及九月被摧毀。在明斯克、沃里尼亞以及格羅德諾也有對猶太人的攻擊。在許多村落中，猶太女人被軍人強暴。

當俄羅斯人在戰爭開始階段，進軍到奧地利領土內時，在加利西亞的猶太人也被系統性地虐殺。布洛第以及廉堡在被俄羅斯軍隊佔領立即之後，也發生系統性屠殺。在前者有九名猶太人被殺；在後者則是十七名。以一位在俄羅斯軍隊裡的猶太醫生的話來說：「在每個地方，方法都一樣：一個未曾被揭露身份的人做出一些挑釁的射擊後，接下來是搶劫、縱火以及屠殺。」在一九一四年十二月，一位將軍告訴他單位的部隊說：

記得，弟兄們，你們第一號敵人是德國人。他們已經吸我們的血吸很久，而現在要來征服我們土地。不要接受戰俘，以刺刀刺死他們——我來負責。你們第二號敵人是猶太仔。他們是間諜，會協助德國人。假如你們在田野間遇見一名猶太人，刺死他，我來負責。

哥薩克單位的行為是惡名昭彰地卑劣。在俄羅斯軍隊裡一位猶太士兵形容許多事件中的一件：

當我們行經一個村落，一位士兵瞧見在山丘上的一間房子，並告訴我們指揮官這可能是猶太人的家。軍官允許他過去察看一下。他回來時帶了喜悅的消息：的確有猶太人居住在那裡。軍官下令前進到房子。他們開門，發現有二十位猶太人嚇得半死。軍隊將他們帶出，軍官下令：「將他們切掉！將他們剁掉！」

另一個俄羅斯的單位下令靠近沃爾科維斯科小鎮裡的猶太人脫光衣服，彼此一起跳舞，然後騎在豬上，接著射殺每十位中的一位。在一九一五年四月到十月，當俄羅斯人從加利西亞撤退時，大約發生一百多件集體屠殺或是小型反猶事件，幾乎都是由士兵慫恿的。為剝奪奧地利人可以徵召的士兵，俄羅斯人也企圖隨軍帶走所有在十五歲到五十歲的男性人口；被佔領區的猶太人也以「不可靠成分」，被遣往俄羅斯人仍然控制的塔那波附近小區域。

如我們已見，對猶太人的暴力在戰前，一直都是東歐生活的特徵之一。將對猶太人進行集體屠殺孤立來看，必然是錯誤的。在整個東歐戰場上，都有對少數族群進行攻擊，有些時候、但非經常是由佔領軍犯下。在加利西亞的德國人隨著奧地利人在一九一四年廉堡及普熱梅希爾的戰敗，而被迫逃離家園。當奧地利人在撤退時，許多的德國村莊，例如瑪麗亞西爾夫，被俄羅斯的正規軍及哥薩克人焚為平地。當奧古斯特・馮・邁肯森所率領的德國增援部隊扭轉局勢，俄羅斯人從那些村落帶走人質回到俄羅斯。奧地利人在此同時處決許多被控告在佔領期間，與俄羅斯人勾結合作的波蘭人及烏克蘭人。類似的場景發生在布科維納，這地方在戰爭爆發的幾週內被俄羅斯人入侵，並在一九一六年夏天俄羅斯將軍布魯希洛夫的攻擊中，見到戰爭再度發生。在一九一七及一九一八年的混亂中，當德國看起來要贏得東方的戰爭，在波蘭及烏克蘭對獨立的期待之際，促成在加利西亞裡不同族群的激烈衝突。在更東邊的德裔人士也成為戰爭的受害人，即使他們住在離戰線幾哩之外的地方。從一開始，俄羅斯總指揮官尼古來・尼古來利費赫大公以及參謀總長亞努斯凱維奇將軍，便以最徹底的疑心來看待俄羅斯西戰線的非俄羅斯人口。不僅是猶太人，還有德國人、吉普賽人、匈牙利人和土耳其人都在戰爭期間被流放離開帝國西部行省；總計約二十五萬人。

戰爭在巴爾幹也有相同的破壞及結果，因為畢竟戰爭是在此處爆發。相對來說，塞爾維亞人在整個戰爭之中有最高的損失。並非所有暴力下的死亡都是正式的軍事交鋒所造成。在伊沃・安德里奇小說《德瑞納河的橋》令人難忘地形容在一九一四年戰爭爆發時，這對波斯尼亞地區不同族群所共居的城鎮維謝格勒，帶來何種衝擊：

> 人民被區分為那些被迫害的以及施加迫害的。那頭居住在人心裡的野獸，不敢顯露自己，直到法律及習俗的障礙被完全移除，而現在則是完全釋放出來。信號一發，障礙放下。正如經常發生在人類歷史中，暴力以及掠奪行為，甚至謀殺，都被默許，假如根據既定規則而行為，他們便以更高利益之名，來針對某種特定類型及信仰之有限人數來進行。一個能清楚張開雙眼來看，並且那時是活著的人，可以看到這奇蹟如何發生，以及整個社會在一天之內被如何轉變⋯⋯沒錯，一直都有隱藏的敵意、嫉妒和宗教不寬容，以及粗魯和殘酷，但是也有勇氣、友誼以及對節制和秩序的感情，約束了所有這些本能在可以被維持的限度之內，然後最終會冷靜下來，讓它們接受共同一起生活的普遍利益⋯⋯但人們⋯⋯在隔夜之間突然消失，好像他們突然死去，帶走他們所代表的習慣、風俗以及體制。

在這情形下，塞爾維亞少數族群在奧地利官方當局授意鼓勵下遭到迫害，但是穆斯林以及猶太社區有些時候實際上陷入兩邊交火之中。安德里奇的小說表面上是不斷發生之族群衝突的編年紀事，回溯到十六世紀，當鄂圖曼官方當局開始修築這小說標題的橋樑。但是這在德瑞納河上的橋樑原是意圖要象徵一個多元族群社區，如維謝格勒，和諧相處的能力；這是「東方與西方的連結」，在那裡城鎮裡不同信仰及文化裡的男人以及（稍後）女人，可以見面抽煙、喝咖啡以及聊天。儘管偶然在橋面上會出現暴力，但這橋樑抵擋住鄂圖曼衰落所帶來的壓力及緊張。只有在一九一四年時，塞爾維亞人、穆斯林「土耳其人」及德國「施瓦本人」（Swabians）的衝突，才變得無法被包容住，而橋樑則在實質上被炸掉。

維謝格勒只是許多多元種族城鎮中，被大戰撕裂的一座城鎮。用安德里奇的話來說，它只不過「提供一個傳染病最初徵兆中一個微小及最具說明性的例證，這最終變成歐洲性的，然後散佈到全世界」。西戰線已經透露出戰爭所新達到的工業化層級：這已經見證到死亡機器的引進，這在致命效果上可與威爾斯在《世界間的大戰》所想像到的可相比擬。但在東戰線也見證到在戰爭中一個一樣重要的轉變：在那裡古老中歐及東歐帝國的死前陣痛，消解了作戰人員及平民之間的舊界線。結果是開始這類戰爭要比結束它，來得更為容易。

第五章　民族墳場

Graves of Nations

大體而言，大型多元種族的帝國是過去的事，屬於一個當物質力量仍然佔有優勢，而因為民主政治尚未被認可，所以民族的原則還沒被承認的時代。

湯姆斯・馬薩里克，一九一八年

偉大的是、恐怖的是我主一九一八年，但一九一九年甚至更恐怖。

米凱爾・布爾加科夫，《白色衛士》

紅色瘟疫

一次大戰之後的和平，其實是戰爭以其它方式延續下去。布爾什維克宣佈結束敵對衝突，卻只是讓俄羅斯陷入一場野蠻的內戰之中。西方政治家草擬和平條約：每個戰敗的中央同盟國（德國、奧地利、匈牙利、保加利亞以及土耳其）各簽一個和約；每個國家就其自身而言，都是戰爭發生原因。而「報復」也沒有「一瘸一拐地跛行」，如凱因斯在《和平之經濟後果》所預測。但凱因斯預測的結果對了一半。他預期在凡爾賽條約所加諸之經濟負擔將會是戰後爭議的主題；歐洲「內戰」將會來臨，他寫到，「假如我們蓄意以讓中歐貧窮化為目的：假如我們採取的觀點是至少有一個世代，德國不能被信賴去享有即使只是些許的繁榮：德國年復一年必須被保持貧困，而她的孩子必須忍受飢餓及不良於行」。然而第二次大戰的原因並非經濟；至少不是凱因斯心中所想到的意義。它們是領土性的，或更準確說：它們源自於一邊是以「民族自決」原則為根據的領土安排，以及另一邊是族群混雜之聚落型態的事實，這兩者之間所發生的衝突。凱因斯也預期對和約的最先反應會來自德國。但事實上這是來自土耳其，雖然在那裡所發生的事，預示許多德國人後來將會做的。

俄羅斯前往內戰之路始於彼得格勒（Petrograd），這是戰時期間為了要討好民族主義情緒（「聖彼得堡」（'Sankt Peterberg'）聽起來太德國）而改名的俄羅斯首都。尼古拉二世是位虔誠、清教徒性格、智性有限之人，認為統治俄羅斯是對他個人內在力量的長期考驗。他辛苦工作，彷彿決心要證明他只是位戴皇冠的勞工這種聲明是真實的。「我一個人做三個人的工作，」他聲稱說，「讓每個人至少學會作兩件事。」不幸地是另外兩件他喜歡做的事（—而且看起來勝過他擔任沙皇的興趣—）是秘書及園丁。雖然前方局勢已經惡化，他仍然頑固地埋首在固定通信上，停下來只是去將走道的積雪掃淨。他德國出生的妻子，女沙皇亞歷山德拉，擁抱她自己那種誇張的東正教及集權主義，無法給予協助。「啊，我親愛的，」她寫給他說（用英文，正如他們之間其它所有的通信），「當最後您終於用手重敲桌面，並且當他們做錯時〔？〕，（對您的部長）大聲吼叫時，他們不會畏懼您；他們必須…啊，我的孩子，讓他們在您面前顫抖。敬愛您是不夠的…做像個彼德大帝、恐怖伊凡、皇帝保羅，將他們壓扁在您之下。現在您不要笑，我頑皮的。」這完全沒希望。直到最後，尼古拉拒絕「追隨人民，無論是左、是右或是中」。一九一六年十二月十六日，這對皇家夫婦所豢養的具有群眾魅力但又腐敗的聖人拉斯普丁，在懦弱的親王菲利克斯・尤蘇波夫及右派政客普里斯凱維奇的唆使及協助下，被沙皇的堂表德米翠大公親自殺害，因為他相信這位僧侶對沙皇及俄羅斯的外交政策有不良的影響力。但謀殺之後，事情並未改觀。一九一七年三月初，尼古拉在一場幾乎等於兵變的狀況下，被自己的將軍拋棄。他宣布棄位，嚴厲地抱怨「背叛、懦弱以及欺騙」。他及其妻子未曾瞭解過正在展開的革命。甚至亞歷山德拉對革命爆發的評論，算是對歷史最大的錯誤分析，值得更廣為人知：「這是惹是生非份子的運動，年輕男孩及女孩到處亂跑，到處尖叫他們沒有麵包，只會刺激…如果天氣冷，他們或許應該待在室內。」

取代沙皇位置的臨時政府，目的是要建立一個擁有自由主義憲法以及國會機制的共和國。它的機會其實不差。但它的領導階層堅持要持續戰爭，並耽擱土地改革的棘手問題，直到立憲會議選出。這替更極端的份子創造出機會。布爾什維克份子其實被革命嚇了一跳。「這令人震驚！」當列寧在蘇黎世聽到這消息時，他大喊。「如此驚人之事！只要去想像！我們必須回家！但如何呢？」德國最高指揮部回答這問題，不僅提供他一張火車票到彼得格勒，而且還透過兩個叫帕烏斯及加內次基的可疑中介，提供資金去顛覆新政府。臨時政府沒有將他及其同夥逮捕，雖然這相當應該去做，反而陷入遲疑。在八月二十七日，在批評新政權的保守人士唆使下，俄羅斯軍隊最高統帥拉夫爾・科尼洛夫將軍發動一次失敗的軍事政變。其沒預期到的結果是反而推升了布爾什維克份子在蘇維埃裡的支持；蘇維埃的出現變成像是種平行政府，不僅在彼得格勒（如在一九〇五年時），也在其它城市裡出現。兩個月之後，在一九一七年十月二十四日，布爾什維克自己發動政變。在當時，這似乎不像是件驚天動地、震撼全球的事件。甚至在什給・愛森斯坦在他的電影《十月革命》重拍此事時有更多人受傷。幾乎沒有人會認為這新的布爾什維克政權會存活下去。

布爾什維克份子承諾他們的支持者「和平、麵包、土地」以及「權力歸於蘇維埃」。但和平結果卻是卑屈的投降。在布列斯特—里托夫斯克，德國最高指揮部在護衛布格河的那些磚頭防禦工事中，對一個形形色色的布爾什維克代表團（為了維持革命的表象，所以一位叫羅曼・史塔戌可夫的農夫代表是半途找來的），提出要求全面性的領土讓步。托洛茨基在協商中負責布爾什維克的外交政策，決定以拖待變，大膽地，假如有些模糊地，宣布「既沒和平，也沒戰爭」。他希望假如協商可以拖延地夠久，世界革命或許會取而代之。德國人乾脆進軍波羅的海行省、波蘭及烏克蘭。士氣崩潰的俄羅斯軍隊幾乎沒有抵抗。一度甚至看起來德國人或許會攻佔彼得格勒，所以布爾什維克領導階層被迫匆忙移師到莫斯科，從此這成為他們的首都。當托洛茨基最後接受列寧對投降的論證（—這激烈辯論導致左翼社會主義革命者離開革命政府—），布爾什維克必須簽字交出俄羅斯戰前三分之一的農地及人口，超過一半的工業，以及將近九〇%的煤礦。在德國羽翼之下，波蘭、芬蘭、立陶宛以及烏克蘭變成獨立國家。德國在東邊贏得戰爭。他們送列寧回俄羅斯所花的錢，似乎得到漂亮的回收。

但是俄羅斯革命的結果，並非戰爭的結束，只是變形。德國在東邊的勝利被在西邊的戰敗化為烏有之後，在東邊的戰爭轉變成一場可怕的內戰，在許多方面就如同之前帝國間傳統戰爭一樣地耗費人命。兩場傳染病在一九一八年橫掃全球。一場是西班牙流行性感冒。第一次有紀錄的爆發是發生堪薩斯州的一個陸軍基地。這病毒好像是要嘲笑人類努力屠殺彼此，所以迅速傳遍美國，然後藉著美國運兵船渡海到歐洲。在六月，它到達印度、澳大利亞以及紐西蘭。兩個月之後，第二波流感幾乎同時襲擊麻州波士頓、法國不列塔尼以及獅子山國的自由鎮。至少有四千萬人死於這傳染病。但就像在它之前出現、並且散佈它的戰爭一樣，一九一八年的流感殺害了不成比例的年輕人。每百位介於二十五和三十四歲之間的美國人中，便有一位變成為「西班牙女士」（Spanish Lady）的受害者。令人驚訝的是，全球的死亡最高峰是在一九一八年十月及十一月。德國人原來已經準備去對抗由虱子傳播的斑疹傷寒，這在東戰線上是特別嚴重的威脅；當佔領如比亞韋斯托克這般的城市，他們的確已經投入相當多的資源去根除它。但他們就像其他人一樣，被這從西方傳來沒意料到的威脅，弄得措手不及。有理由相信這是德國軍隊在這幾個月崩潰的一個因素（見圖5.1）。

另一個傳染病是布爾什維克主義，這有段時間似乎和流感一樣具有傳染性，而且最終證明是一樣致命。隨著戰爭結束，蘇維埃式的政府在布達佩斯、慕尼黑以及漢堡宣佈成立。紅旗甚至在格拉斯哥市政府上高舉過。列寧夢想一個「歐洲及亞洲蘇維埃共和國聯盟」。托洛茨基宣布說，「到巴黎及倫敦之路是經由阿富汗、蓬遮普以及孟加拉的城鎮」。即使遙遠的布宜諾斯．艾利斯也被罷工以及街頭巷戰所撼動。

然而在俄羅斯本身，布爾什維克的權威在大城市之外是不存在。有三支反革命軍隊或是「白軍」對抗他們，均由經驗豐富的沙皇將軍領導：安東．鄧尼金的自願軍，是支有很多軍官、但甚少其他人的軍隊，從頓河河畔開始它的生涯；亞歷山大．高察克海軍上將在西伯利亞的軍隊，以及尼古來．尤登尼奇將軍在西北的軍隊。除此之外，白軍還有外國援助。捷克兵團是由捷克及斯洛伐克民族主義者所組成，在俄羅斯這邊作戰，來對抗奧匈帝國；在革命爆發時，其人數約有三萬五千人。這兵團的指揮官決心要為獨立奮戰，要沿著

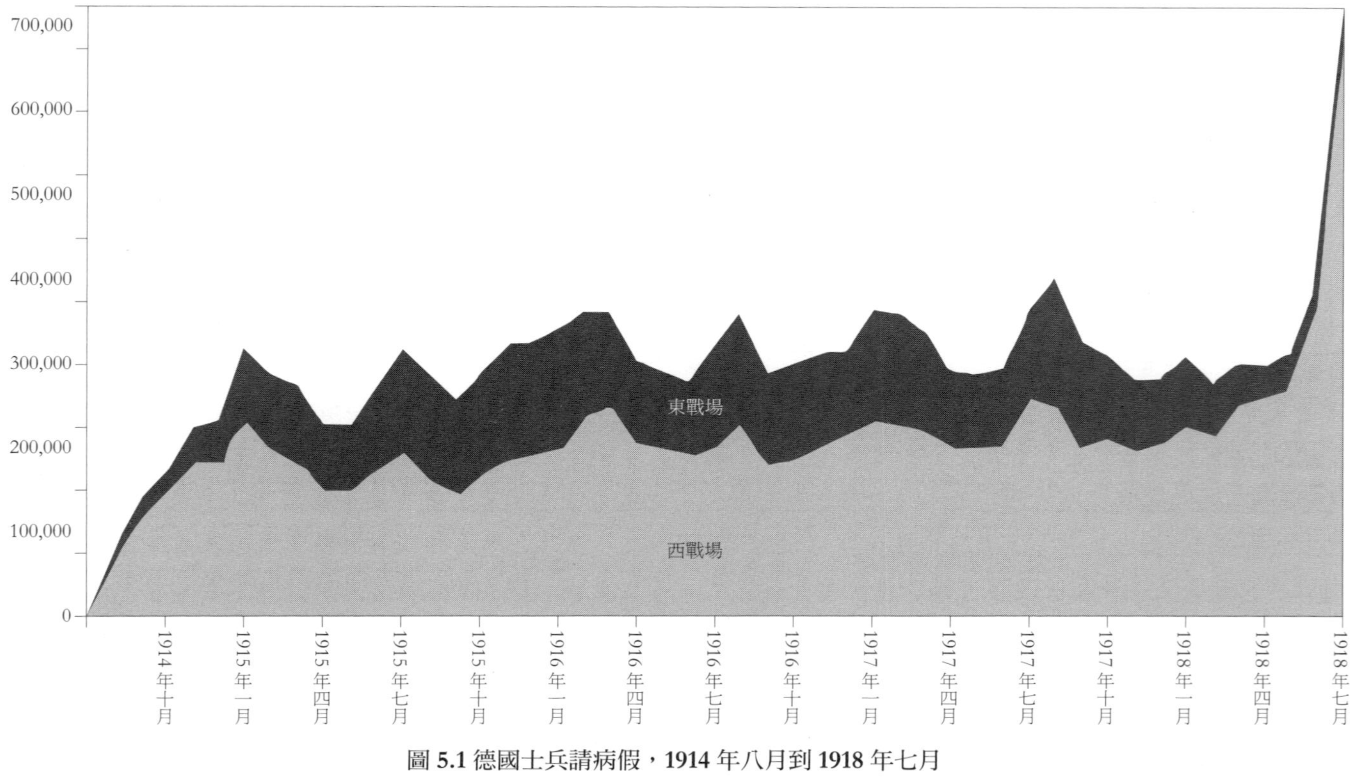

圖 5.1 德國士兵請病假，1914 年八月到 1918 年七月

西伯利亞大鐵路，往東前進，目的是要橫越太平洋、北美以及大西洋，然後繞回西戰線加入戰爭。他們帶領約一萬五千人出發。當布爾什維克在車里亞賓斯克設法解除他們武裝時，捷克人反擊。他們接著在薩馬拉加入社會主義革命黨人，協助他們成立一個由立憲會議成員組成的委員會（稱為Komuch），做為與列寧對抗的政府。在五月及六月之間，捷克人向東橫掃，佔領諾夫—尼古拉耶夫斯克、奔薩、塞茲蘭、托木斯克、鄂木斯克、薩馬拉以及最後是海參崴。同時之間，沙俄前盟友派出遠征軍，其主要目的是要讓俄羅斯繼續參戰。英國部隊在阿克安吉爾、莫曼斯克，以及海參崴登陸；法國則派兵到敖德薩，美國是到海參崴。協約國盟友也提供白軍武器及補給。日本人抓住機會從滿洲橫越黑龍江。在此同時，被認為是革命總部的城市在工廠關閉以及食物燃料供應枯竭時，開始唱空城計。當鄧尼金在一九一八年七月呼籲所有白軍往莫斯科會師時，布爾什維克政權看起來似乎是在風雨飄渺之中。一九一八年八月六日，白軍結合叛離的捷克兵團攻佔喀山。布爾什維克第五軍因為逃兵而大失血。烏法淪陷；辛柏斯克也是，這是列寧出生之地。沿著伏爾加河再往北一步，會將反革命部隊帶到下諾夫哥羅德的門前，開啟前往莫斯科之路。托洛茨基辭去外交事務人民委員一職後，現在有令人恐懼的任務，要去強化紅軍作戰的決心。我們已經見過，他的訓練是新聞記者，不是將軍。但是這位留著山羊鬍的知識份子，戴著夾鼻眼鏡，已經在巴爾幹以及西戰線見識過夠多的戰爭，知道沒有紀律的話，軍隊注定失敗。托洛茨基瞭解到自願軍並不足夠，堅持要徵兵。托洛茨基帶進來之前沙皇的士官以及軍官（—他們許多人之前在監獄裡苟延殘喘—），而他們的經驗在對付白軍時，至為重要。

托洛茨基有兩項優點。首先，布爾什維克控制中央鐵道樞紐，他可以從那裡快速移動部署軍隊。的確，他正是從自己特別設計的裝甲火車車廂，指揮行動，在戰爭進行期間，旅行約十萬哩。第二，雖然布爾什維克份子缺乏作戰經驗，但他們有從事恐怖行動的經驗；就像塞爾維亞的民族主義份子，他們在戰前同樣是以暗殺做為一種戰術。但他現在以戒嚴法之名，訴諸恐怖。

當抵達喀山，他所做的第一件事是將火車頭與車廂分開，對他的部隊宣示，他沒有打算撤退。他接著帶出二十七位逃兵到附近伏爾加河畔的史淮斯克，將他們槍殺。唯一確保紅軍新兵不會逃兵或是溜走，托洛茨基的結論是在他們背後架設機槍，射殺任何沒有前進去對付敵軍的人。這是他所提供的選擇：在前線可能死亡，以及在後方一定死亡。「我們必須一口氣終止，」他以典型尖酸刻薄用語來譏笑，「教宗—貴格派有關人命神聖的胡言亂語。」拒絕作戰的單位成員會被抽籤槍殺。這成為俄羅斯內戰的轉捩點，而且是布爾什維克假如贏的話，將會如何行為的惡兆。在對喀山當地伏爾加河上橋樑的激烈戰鬥中，托洛茨基的戰略使得那樣的結果變得明確地可能。橋樑被保住；九月十日，城市本身被再度攻佔。當白軍發現自己不僅被一支成長快速的紅軍所挑戰，還有他們後方頑強的烏克蘭人及車臣人，他們的進展變得搖搖欲墜。捷克人厭倦再戰下去；這兵團在被逐回薩馬拉以及烏拉山之外時，開始崩潰。立憲會議成員委員會的瓦解，留下高察克自稱為「最高領袖」，至於是什麼的最高領袖，則不清楚。在十一月結束時，鄧尼金已經輸掉沃羅涅日以及卡斯特羅諾。

西線戰爭結束的時機十分有利布爾什維克。它動搖了外國強權干預的合法性，特別是強權現在要處理自己爆發出來的左翼問題。只有日本顯示出有意要在俄羅斯領土上維持軍隊，但他們僅滿足於對在遠東的新領土做出主張，對俄羅斯其它地方則置之不理。誠然布爾什維克只控制前沙皇帝國一小部分。當德國從烏克蘭撤退，在俄羅斯西方造成一個權力真空，這是被米凱爾・布爾加科夫小說《白色衛士》令人難忘地描述。敵對的民族主義勢力、農民綠軍、白軍以及布爾什維克紅軍相互競爭鄉間地帶以及不斷減少的糧食，混亂到處都是。在東南烏克蘭，一位酗酒嚴重的無政府主義農民叫內斯托・「小父親」・邁克諾，領導一千五百名農民軍隊來對抗所有來犯的敵人：德國人、民族主義份子、白軍、紅軍。頓河的哥薩克人支持白軍，但不願冒險離家太遠；他們的進退兩難是米凱爾・肖洛霍夫小說《頓河靜靜地流》）的核心，其中悲劇角色的主人翁葛利果里・米列可夫陸續為白軍、紅軍以及民族主義游擊隊作戰過。還有一支西伯利亞的分離主義軍隊，他們同樣是在白綠旗幟下行進。這短曾暫與一個「全俄羅斯臨時政府」結盟，辦公室是在鄂木斯克的火車車廂裡。貝加爾湖以東地區落在一個背叛的軍閥葛利果里伊・謝苗諾夫的手中。農民特別常抗拒布爾什維克的統治。*真正的內戰不僅是發生在白軍及紅軍之間；它也發生在紅軍與綠軍之間，後者拒絕布爾什維克城市無產階級專政願景，所以拿起武器來抵抗被武斷扣押的糧食。

但是從一九一八年十一月起，內戰的趨勢變得有利於布爾什維克。在一九一九年四月之後，高察克的部隊被擊敗，而到七月彼爾姆再度落在布爾什維克手中，接著是在十一月輪到鄂木斯克。鄧尼金一九一九年夏天在烏克蘭得到一些成功，但在年底時已經失去基輔。尤登尼奇企圖攻佔彼得格勒，也告失敗，這在很大程度上歸功於托洛茨基凝聚城內的防守者，並將擊敗的白軍驅逐回愛沙尼亞，這他們所來自的地方。彼得・藍哥爾將軍的高加索軍在那年六月攻佔察裡津，但到一九二〇年一月，戰爭很清楚在實際上已經結束。盟軍切斷他們對白軍的援助。將軍們一個接一個逃走或，像高察克，被逮捕及處決。到一九二〇年夏天，列寧有足夠信心將革命往西邊輸出，下令紅軍前進華沙，並自信滿滿地說有必要將「匈牙利以及或許是捷克斯洛伐克，還有羅馬尼亞給蘇維埃化」。只有當他們被波蘭軍隊在維斯杜拉河決定性地擊敗時，才遏止了布爾什維克的瘟疫。

*政治上自決的農夫傾向於認同社會主義革命黨。正是農民的支持，使得社會主義革命黨在制憲會議選舉中，成為明顯贏家。但這黨派分裂為左派及右派，前者最初願意與布爾什維克聯手；另外，整個黨欠缺可以和列寧及托洛茨基之殘酷無情相匹敵的領導人物。

在這時候恐怖已經成為布爾什維克統治的基調。一個典型的托洛茨基命令是承諾「除了那些在犯罪現場被槍殺的，暗藏的煽動者、反革命軍官、怠工者、寄生蟲以及投機者都會被關起來」。一九一八年夏天的危機，將列寧想去擔任羅伯斯庇這種角色的衝動給合法化，以「革命受到威脅」的精神來統攬獨裁者的權力。他堅持唯一能確保農民交出穀物，來餵飽紅軍的方式，是下令進行對所謂的富農進行殺雞儆猴式的處決，這些是所謂貪婪成性的資本主義農夫，適合由布爾什維克來將其妖魔化。「沒有行刑隊，你如何進行革命？」列寧問道。「假如我們不能槍殺一位白軍的怠工者，那這是什麼樣的偉大革命？什麼都不是，只是空口及多愁善感的廢話。」他深信假如他不使用「最嚴厲的革命恐怖」，布爾什維克不會「從中成為贏家」；他公開呼籲「大規模恐怖來對付富農、教士以及白軍」。「操縱黑市者」將「會在現場被立即槍殺」。這整個示範性暴力的概念似乎點燃了列寧的想像力。在一九一八年八月十一日，他寫了一封信給在奔薩的布爾什維克領導者，充分說明這點：

> 同志們！富農的暴動必須無情壓制……必須殺雞儆猴。第一，吊死（我的意思是吊得必須讓人們都看得到）至少一百位已知的富農吸血鬼。第二，公佈他們的名字。第三，將他們所有穀物從他們那裡拿走。……做這件事，所以方圓百哩的人都能看見、發抖、知道以及哭喊：他們正在殺戮，會繼續殺戮吸血的富農……附筆：找出強悍一點的人來做。

富農是「蘇維埃政府的敵人……吸血鬼……蜘蛛……以及水蛭」。受到這種充滿憤怒的語言所慫恿，布爾什維克食物大隊毫無顧忌地殺掉設法抗拒他們掠奪的人。

革命之欠缺安全感鼓舞了恐怖主義的戰術。在七月十七日清早時，就在列寧發電報給一份丹麥的報紙說：「前沙皇」是「平安的」幾個小時後，布爾什維克人民委員雅科夫・尤若夫斯基以及一個臨時湊成的行刑隊，將皇室以及他們剩餘的僕人聚集在葉卡捷琳堡一間被強行徵收房子的地下室，這是他們被囚禁的地方；在經過極為簡單的初步訊問後，將他們近距離槍殺。托洛茨基原來希望有個壯觀的審判秀，但列寧決定最好不要「留給白軍一支活生生的旗幟」。*不幸地，因為皇室婦女將大量珠寶藏在衣服內襯裡，所以這幾乎形同可以防彈。其中一位行刑人差點被彈回的流彈波及。不同於傳奇故事，安娜斯塔西亞公主並沒存活下來，而是被刺刀結束生命。只有皇家的西班牙小獵犬「快樂」被饒了一命。沙皇其他親戚被捉起來成為人質，包括大公尼古萊、格雷戈里、德米翠、帕維爾以及加富列，其中四位後來被槍殺。暴力會生下暴力。在沙皇被處決一個月之後，一次幾乎殺掉列寧的暗殺行動，成為繼續加強革命恐怖的信號。

這新獨裁政權的核心是「全俄對抗反革命及怠工特別委員會」，簡稱赤卡（Cheka）。在菲利克斯・澤金斯基之下，布爾什維克創造出一種新的政治警察，會毫不遲疑直接處決嫌疑犯。「赤卡」，如其一位創建者所解釋，「不是一個調查委員會，法庭或裁判所。它是在一個國家內戰中，針對內部的戰鬥機關⋯它不審判，它打擊。它不寬恕，他殲滅所有在障礙另一邊被逮到的人。」布爾什維克的報紙《赤色新聞報》宣布說：「沒有慈悲，沒有寬恕，我們將會數以千計地來殺死我們的敵人。讓他們數以千計倒臥在血泊之中。為了列寧的血⋯讓小資產階級血流成河⋯盡可能越多的血。」澤金斯基非常高興接受這說法。在一九一九年九月二十三日，以一個例子說明，六十七位所謂的反革命份子被就地處決。在名單開頭是尼古來・史契普金，

*儘管在戰前所有皇室信誓旦旦的團結，喬治五世決定反對給他的俄羅斯表親們在英國的政治庇護。在布爾什維克設法想出要如何去處理他們時，他們被可憐地從托博爾斯克轉運到葉卡捷琳堡。

一位一九〇五年所成立之國會的議員。他們的處決在被公布時，是以最激烈的語言來包裝，指控史切普金以及他所謂的盟友「像嗜血的隱身蜘蛛，而且從紅軍編織出他們的密網，延伸到學校及大學」。在一九一八及一九二〇年間，有多達三十萬件此類的政治處決被執行。這些包括不僅是敵對政黨的成員，還有布爾什維克的同夥，因為他們如此衝動不智，竟然膽敢去挑戰黨領導階層的獨裁。

許多內戰的暴力是流出熱騰騰的血。在雙方，戰俘被殺，甚至酷刑肢解；整個村落被屠殺。科尼洛夫自己談到「燒毀半個俄羅斯以及流掉四分之三人口的血」，為的是要「拯救俄羅斯」。他的自願軍在從頓河到庫班，然後折返的「冰雪行軍」中，屠殺數以百計的農夫。但是這新政權之真正性質的一個明顯及駭人的徵象是設立最初的集中營。在一九二〇年時，已經有一百個營區來「改造」「不可靠的成分」。它們的地點是被小心揀選出來，刻意要讓囚犯暴露在最可能嚴厲的條件之下。地點如之前柯爾摩哥利修道院，在白海旁冰冷的荒原上。赤卡對如何改造囚犯有非比尋常的想法。在基輔，一個裝滿飢餓老鼠的籠子會綁在囚犯的身體，然後加熱；老鼠在設法逃跑時，會吞食受害者的內臟。在卡爾科夫，他們將囚犯的手上的皮膚用沸水煮下來：這是所謂的「手套把戲」。用如此這些方法，或許不用驚訝紅軍會招募到比白軍更多的士兵。然而它卻也讓許多白軍軍官似乎更致力於恢復舊政權，恢復他們身為地主的完整特權；許多農夫既然被給予這種選擇，寧可選擇他們不認識的魔鬼：特別是當列寧這惡魔般的角色被轉化為一位虛擬聖人，為革命而殉道。在一個教堂及修道院正在被摧毀、教士及僧侶被殺害的過程中，環繞在列寧周圍這種人物崇拜的儀式，被刻意設計來為革命提供一個代替性的宗教。

革命是以和平、麵包及土地之名而進行。它結果卻意謂著內戰、飢荒以及布爾什維克黨中央委員會以及它逐漸強大的小組委員會，政治局的專政。曾經支持布爾什維克，希望有個去中心化的蘇維埃政權的勞工，假如他們膽敢在新近國有化的工廠進行罷工，會發現自己被槍殺。隨著通膨飆升，他們在實質上的薪資只是他們戰前所得的一部分。「戰爭共產主義」讓飢餓的城市居民淪落到鄉間，去進行以物易物的絕望出征，去燒掉他們鄰居的門以及自己的書來取暖。當徵召系統越來越有效率，有越來越多的年輕人發現自己被徵召入伍，這數量從一九一九年一月的不滿百萬，增加到一九二〇年的五百萬，雖然逃兵率仍然偏高，特別是在收割的時候。之前親布爾什維克的克隆史塔得艦的水手在一九二一年二月兵變，他們譴責這政權壓制言論、新聞以及集會自由，並且讓監獄以及集中營塞滿他們的政敵。他們正式決議，列出他們的要求，這是對布爾什維克統治做出有火有光的指控：

就現今之蘇維埃無法代表勞工及擊農夫的意志，我們要求：

立即以秘密投票方式重新選舉蘇維埃，在選舉之前，所有勞工及農夫自由拉票助選。

勞工、農夫、無政府主義者以及左派社會主義政黨的言論自由。

集會、組織工會以及農民團體的自由。

不得晚於一九二一年三月一日召開一個由彼得格勒市、克隆史塔得艦以及彼得格勒省之勞工、士兵及水手的非黨派會議。

釋放所有社會主意政黨的政治犯以及因為與勞動階級和農民運動有關而下獄的所有勞工、農民、士兵以及水手。

要選出一個委員會來審核那些被囚禁在監獄以及集中營者的案件。

要廢除所有政治部門，因為沒有單一政黨能在宣傳其意念享有特權，以及為此目的而從國家獲得經費。要取代這些部門，必須由國家成立並支助由地方所選舉出有文化及教育的委員會：

要廢除在所有軍事單位裡共產黨的戰鬥分隊，以及在工廠裡種種的共產黨衛隊。假如如此的分隊以及衛隊有需要的話，他們必須從軍事單位裡的連隊以及，根據勞工們的判斷，從工廠裡選出。

為了要給予農夫全部權力去做他認為對土地適合之事以及擁有牲畜，他必須傾其全力來維護以及經營，但不能使用雇用的勞工。

允許自由工匠以個人勞力來生產。

我們要求所有決議在新聞中廣泛公布。

布爾什維克派出一支五萬人的部隊來壓制這個反叛。那些沒成功逃到芬蘭的水手，或就地槍決，或送到集中營。一點都不令人訝異老牌的革命作家高爾基，至少有段時間，對他之前讚譽有加的革命，最後會感到失望。

布爾什維克背叛革命不僅於此，因為在一九一八年有第三個傳染病—民族主義的傳染病。在沙皇帝國裡的非俄羅斯人最初歡迎革命為眾民族的春天，是第二個一八四八年，但這次是擴大深入東方。芬蘭、愛沙尼亞、拉脫維亞、波蘭、白俄羅斯以及烏克蘭在內戰的混亂中，宣佈獨立，或設法將在布列斯特—里托夫斯克所給予的虛構獨立，付諸實現。哥薩克人同樣地盼望有國家，選舉出他們自己的國會以及領袖。俄羅斯帝國有種種可能會沿著民族的界線而裂解成一百多個碎片。最初布爾什維克乾脆與這股趨勢隨波逐流，宣布「所有民族有權自決到完全離開俄羅斯」。他們急於要從戰前奧匈帝國的問題學習教訓，幾乎提供每個少數族群某種程度的政治自主。烏克蘭人有他們自己的蘇維埃社會主義共和國；亞美尼亞人、白俄羅斯人以及喬治亞人亦皆如是。韃靼人以及巴什喀爾人亦在一個新的俄羅斯聯邦中，被給予自治共和國的地位；另外有一個混亂命名的吉爾吉斯（哈薩克）共和國。總計共有大約一百個不同的民族被這政權所認可，並依據其人數和集中情形，給予他們自己民族的共和國、區域或城鎮。猶太人後來被給予在「比羅比詹」的自治區，以及十七個在克里米亞及南烏克蘭的猶太城鎮。朝鮮人被給予一個在波斯耶特的朝鮮民族區。俄羅斯化政策加入舊政權的其它東西，一起被丟進托洛茨基的歷史垃圾箱裡；從此非俄羅斯人將會被教導自己的語言，被鼓勵將他們的族群身份與布爾什維克政權相互認同。

然而被布爾什維克指定來負責執行這政策的人，雖然是一位喬治亞人，卻是不可能支持少數族群權益的人。他的名字是約瑟夫・維薩里奧諾維奇・朱加什維利，對他同時代的人他是：史達林（「鋼鐵人」）。做為負責民族事務的人民委員，他從一開始就流露出他瞭解外在形式與內在內容兩者之間的差異。史達林立即看見民族問題已經成為脫韁野馬；族群衝突的報告從全國各處湧入。在波羅的海國家中，親布爾什維克勢力（包括強悍的拉脫維亞女步槍兵）以及德國地主（得到好戰德國學生及還沒滿足作戰慾望之老兵所組成所謂「自由兵團」協助）之間戰鬥蔓延。這是場惡毒的戰爭，在戰爭中雙方「致力於毀滅彼此」：「仇恨橫行，在戰鬥中，不接受戰俘，這是被理解到的；在勝利中，戰俘若被接受，但是接著會以某種儀式將其殺害，來強調勝利。」類似衝突蔓延整個帝國。在高加索地區，喬治亞人與亞美尼亞人交戰；亞美尼亞人與阿塞拜疆人交戰；阿布卡茲人與喬治亞人作戰。在一九二〇年五月在遠東尼古拉耶夫斯克裡的所有日本人，共計七百位男人、女人及小孩，被俄羅斯布爾什維克屠殺。哈薩克斯坦大規模驅離斯拉夫的定居者及哥薩克人；全部的俄羅斯村落，實際上被吉爾吉斯部落的人「趕進森林裡」。

在所有俄羅斯民族中，或許有人認為猶太人會從革命之中獲益最多。他們可以期望舊政權加諸在他們行動及民權的限制會被移除。而且新政權甚至會意謂著不只是解放，而且是猶太人在俄羅斯史無前例社會地位提升的機會：其前提是放棄他們的猶太信仰以及不偏不移地來遵守黨的路線。他們數以萬計離開限制居住區裡的小鎮，前往大城市，在一九三九年時，這讓莫斯科的猶太人口將近增加十七倍之多，而彼得格勒（現在重新命名為列寧格勒）則是六倍。托洛茨基及馬克欣・李維諾夫只是猶太出身之布爾什維克領導階層中的兩位。然而在短期內，內戰卻只意謂著那自從一八八〇年代以來，在限制居住區裡已經出現的暴力迫害被大為增強。有些暴力可以預料到是來自白軍，這包括至少一些要為一九〇五年集體屠殺負責的極端民族主義份子。鄧尼金的部隊涉及在伊可梯利諾斯拉夫殘酷地攻擊猶太人；那裡反布爾什維克的猶太人抱怨說，他們原來期待來自白軍的拯救，但卻是遭受強暴及掠奪。非俄羅斯的民族主義者也攻擊猶太人；例如，烏克蘭民族主義份子也在布拉特斯拉夫（波多里亞）、迪米特利耶夫，庫爾斯克以及基輔本身，攻擊猶太人。犯下這些行為的人經常將「猶太佬」與布爾什維克混為一談，呼應一九〇五年時的反革命說詞，以及預期了在兩次大戰之間，在中歐及東歐反猶主義的標準譬喻。

然而布爾什維克武力也牽涉到攻擊猶太人。在戰爭最後階段，發生在所有歐洲小鎮及城市的那種勞動階級有關食物的暴動，往往會導致掠奪店鋪；因為在限制居住區的行省裡，這些常是猶太人所擁有，所以對物價或是短缺的抗議很容易具有集體屠殺的性質。如此事件在一九一七年發生在卡盧什、基輔、卡爾科夫、波斯拉伐（斯摩棱斯克）以及史達羅西尼亞維（波多里亞）。布爾什維克大權在握時，在波格勒（比薩拉比亞）以及莫濟爾（明斯克）也有像集體屠殺的事件。在一九一七年十一月，在立憲會議選舉的期間，猶太人記者伊利亞・艾倫柏格聽到一位布爾什維克的助選員告訴一排莫斯科人：「那些反對猶太佬的：投給名單5號；那些贊成世界革命的：投給名單5號」，這是布爾什維克候選人的名單。在切列波韋茨一位布爾什維克領導人手上耍著一把左輪手槍，高聲叫喊：「殺死猶太佬，拯救俄羅斯！」一九一八年三月在格魯柯夫（契爾尼戈夫）一個特別殘酷的集體屠殺，被怪罪在撤退的蘇維埃軍隊。同樣地，在斯摩稜斯克的紅軍教官被指控在一九一八年五月的集體屠殺之前，準備針對猶太人進行「聖巴塞洛繆聖日（St. Bartholomew）式的屠殺」。當紅軍從在布列斯特—里托夫斯克被讓渡的土地撤離時，對猶太人進行一連串類似的攻擊。在一九二〇年十一月，紅軍第一騎兵軍橫掃過烏克蘭城鎮裡的猶太社區，如羅高契夫、巴拉諾維奇、羅曼諾夫以及恰得諾夫，邊走邊燒殺擄掠。列寧本人在次年被告知在明斯克以及戈梅利的集體屠殺。他唯一的評論是草草寫在報告上：「歸檔」。在內戰結束前，在南俄羅斯以及烏克蘭的集體屠殺，已經犧牲多達十二萬條人命。

在鎮壓時，史達林很快地便展露出托洛茨基及列寧望塵莫及的殘酷程度。他贊成在愛沙尼亞設立集中營，來對付反布爾什維克份子，說它們是「絕佳」。他下令在北高加索地區焚燒村落，以為警示，並命令當地布爾什維克要「絕對殘酷無情」。當巴什喀爾革命委員會有不忠的跡象，史達林下令逮捕其領導人，解送到莫斯科接受訊問。他強迫阿塞拜疆、亞美尼亞以及喬治亞要加入一個較容易控制的「跨高加索聯邦」。他將車臣、奧塞提亞人及卡巴狄亞人強制結合在北高加索一個自治山區共和國。當他一位年輕韃靼裔的幕僚建議一個獨立的泛土耳其共和國時，他直接排除這想法。布爾什維克對猶太人的政策目標變成是要「將猶太人口再社會化，所以這民族在政治上會布爾什維克化，在社會上蘇維埃化」。民族自治，換言之，是要堅決地定位在集權的一黨獨裁脈絡之下。史達林是如此強硬地制止他祖國裡的紛爭，使得列寧指控他是「大俄羅斯沙文主義」。但因為列寧在一九二二年五月中風，健康每況愈下，史達林得以扼殺一個真正蘇維埃共和國聯邦的想法。假如完全任由史達林的話，所有其它共和國根本就會被再度吸收進去俄羅斯。到一九二〇年代中，在摩爾瓦多及卡列利亞成立自治蘇維埃共和國，其主要的動機是要向鄰近國家宣傳蘇維埃統治的好處：

如此共和國對在蘇維埃疆界之外他們民族的人民而言，就像是皮埃蒙特一度對義大利的情形一樣，是他們民族主義願望的磁鐵。

在一九一八年與一九二二年之間，約有七百萬人在俄羅斯內戰中作戰。這些人之中，有將近一百五十萬人失去性命。但這數字或許代表不超過戰爭受害者的五分之一。在革命之後所造成的混亂導致一九二〇—一九二一年的飢荒。當營養不良的難民旅行去尋找食物時，他們屈服在、並傳播傳染性的疾病，其中霍亂和斑疹傷寒造成最多的受害人。天花及瘟疫也爆發開來；更不用提及性病的傳染，這造成列寧格勒十二%人口的傷害。單獨因為傳染病所造成的死亡人數總數或許超過八百萬人。假如這數字再加到戰場上傷亡、政治謀殺以及因為飢荒而死亡的人數，這內戰所造成之非自然死亡人數（扣除自然死亡之後的人數）接近第一次大戰全球的死亡總數。平民傷亡，包括傷者，遠超過軍事傷亡，相比高達九比一。據估計，蘇聯人口在一九一七年和一九二〇年之間下滑約六百萬人。對西歐來說，這戰爭或許在一九一八年十一月已經結束，但對任何在維爾紐斯以及海參崴的人來說，在第一次大戰「結束」後的數年間，帶來的任何東西，就是沒有和平。結果呢？一九二二年出現一個新的俄羅斯社會主義聯邦共和國，西從波羅的海，往東延伸到白令海峽。這個以及其它遠遠較小的白俄羅斯、烏克蘭、跨高加索以及遠東共和國，形成新的蘇維埃社會主義共和國聯邦。除了一小片從赫爾辛基到基什尼奧夫的西向領土外，就沙皇的建國規模來看，相當少領土被損失掉。就布爾什維克在革命初始階段時的脆弱地位而言，這結果確實驚人，也見證他們在內戰時有效的無情戰術。所以實際上，一個俄羅斯帝國幾乎是被另一個所取代，一九二六年的人口普查透露出稍稍不到五十三%的蘇聯公民認為自己是俄羅斯裔，雖然有將近五八%回答說俄文是他們最熟悉或最常使用的語言。

一些犬儒者主義會加上說，政治系統也沒變化很大；因為列寧透過俄羅斯共產黨（──這很關鍵地控制著其它共和國的共產黨──）的政治局，操弄絕對的權力，所以他若不是赤色沙皇，那又是什麼？*但是這錯失了將新帝國及舊帝國加以區隔的精神特質。雖然在過去有「恐怖的」沙皇，但由列寧及其盟友所建立的帝國，是自從法國革命時期雅各賓派短暫的獨裁以來，最先以恐怖統治為基礎的政權。同時之間，儘管布爾什維克對西方革命模式的著迷，他們的革命是往東看，更甚於往西。被問及去形容在列寧底下重新浮現出的俄羅斯帝國時，大多數西方評論家會毫不遲疑地使用「亞洲式的」。那亦是托洛茨基的觀點：「我們的紅軍，」他辯稱說，「在世界政治的亞洲地形上，比在歐洲地形上，更能形成一支無可比擬地更強軍隊」。有意思地，列寧正是以「亞洲式的」來做為形容史達林的字眼。

重劃地圖

在維斯杜拉河口的港市是叫但澤，它的德國名？還是格但斯克，如波蘭人所稱呼？曾經是一在條頓武士團保護下的自由、自治漢薩聯盟城市，但澤從十五世紀中承認波蘭國王的主權，直到十八世紀。但在一七九三年它被普魯士所兼併，然後在拿破崙時代有一段短暫的獨立時期，在一八七一年它成為德意志國的一部分。超過九〇%的城市人口是德國人。然而在周圍鄉村地帶的大多數居民是波蘭裔或是斯拉夫的卡斯胡柏斯人。

但澤是西方領導者及其隨從在一九一九年凡爾賽聚會時，所必須面對的無數問題之一。其中偉大的

*他的繼任者史達林是比較有自我意識的沙皇主義者。「俄羅斯人民是沙皇主義者，」他曾一度評論。「人民需要一位沙皇，這他們可以崇拜。」他在一九三〇年代時，在一封信裡向他母親解釋他的地位：「媽媽，您記得我們的沙皇嗎？那我現在有些像沙皇。」

樂觀主義者以及道德家，維吉尼亞出生以及以長老教會方式成長的美國總統威爾遜，相信自己有答案。其中一些是自由主義自認可治百病的熟悉仙丹，如自由貿易及海上航行自由。其它的則是建立在戰前及戰間所提議的集體安全、武器限制和終結「秘密外交」；從這些威爾遜塑造出他的「國際聯盟」，加上聖經般的「盟約」。然而威爾遜計畫中最激進之處是預見一種根據民族「自決」的基礎來重新調整歐洲地圖。從一九一四年十二月起威爾遜辯論任何和平的安排「必須是有益於被認為是民族的歐洲國家，而不是任何將政府加諸在其它人民之上的國家」。在一九一五年五月他更進一步，毫無疑義地堅持「每個民族有權去選擇他們要生活在其統治下的主權」。他在一九一七年一月重複這重點，並且在十四點宣言的第五點到第十三點裡發展其含意。根據威爾遜原先盟約的草案，這國聯不僅會保證其成員國的領土完整，而且會被授權「依據民族自決的原則」去調整未來的領土。不用說，這並非完全新奇之事。自從米勒（John Stuart Mill）以來的英國自由主義思想家，已經在辯論一個同質性的民族國家是否是唯一自由主義政體的適當環境；而英國詩人及政客會斷斷續續地支持希臘人及義大利人爭取獨立的權力，往往會將這些民族加以浪漫化。當在一八五七年設法去想像一幅理想的歐洲地圖時，糾塞普•馬志尼只想像出十一個依據民族性而成立的民族國家。但未曾有一位政治家會提議去以民族自決為新歐洲秩序的基礎。在與國聯結合之後，民族自決將會優先於主權國家的完整性，而自從兩個半世紀前威斯特伐利亞（Westphalia）條約以來，這主權國家一直是國際關係的基礎。

將民族自決的原則付諸實現一點都不容易。有兩個理由。其一，如我們已見，有超過一千三百萬名的德國人生活在戰前的德意志帝國疆界之外，可能多達歐洲全部說德語人口的五分之一。假如自決的原則被嚴格實施，德國或許結果會變得更大，這當然不是威爾遜及其和平締造者同夥的意圖。於是從一剛開始在對待德國上，便有不一致（—如果不是偽善的話—）的地方：不得將殘餘的奧地利合併到德國，儘管柏林及維也納的政府在後革命時期都投票贊成合併；在南提洛爾的二十五萬人，其中九〇%是德裔人士，卻完全沒有投票權去決定他們是否要成為義大利人，但公民投票卻決定北什列斯威（加入丹麥）、東邊的上西里西亞（加入波蘭）以及歐本—馬爾梅迪（加入比利時）。法國取回亞爾薩斯及洛林，這是在一八七一年失去，儘管幾乎不到十分之一的人口是說法語的。總共有三百五十萬名說德語的人，在凡爾賽條約條款底下不再是德國公民。一樣重要的是，在一九一九年聖日耳曼拉耶（St. Germaine-en-Laye）條約之下，有超過三百二十萬在波希米亞、南摩拉維亞以及匆促形成的奧地利蘇台德區行省的德國人，發現自己不甘願地成為一個新國家的公民：捷克斯洛伐克。在新波蘭裡有七十五萬名德國人，相同的數量亦存在大肆擴張的羅馬尼亞，五十萬人在新的南部斯拉夫人的王國，這後來稱為南斯拉夫（Yugoslavia），另外還有五十萬在特里亞農條約後殘餘的匈牙利。

民族自決的第二個問題是沒有一位和平締造者見到它亦適用於他們自己的帝國；這原則只適用於他們所打敗的帝國。威爾遜對國聯盟約第三條的原先草案明白陳述：

> 領土調整⋯會在未來因為現在種族狀況或現在社會及政治關係改變的理由，依據民族自決原則，而變得必須，而且⋯會⋯在代表四分之三人數的判斷下，由相關之民族的福祉和明確利益來提出要求。

這點對在巴黎的其他美國人都太過份。塔斯克·布利斯將軍問道，難道威爾遜會嚴肅去考慮，「國聯有可能會被聚集開會，去考量如愛爾蘭或印度等等獨立的問題？」他的同事，法律專家杭特·米勒警告，如此條款將會製造出永久的「不滿」以及「要求恢復國土的騷動」。結果是威爾遜的草案被大刀一揮。那後來成為第十條款的，只不過是重新聲明舊的威斯特伐利亞事實：「國聯成員國承諾會尊重以及維持領土完整，以及國聯所有成員國既存的政治獨立，防止外來侵略。」如英國史學家轉為外交官的詹姆士・黑德蘭—摩利諷刺地說：「自決是相當過時」。他及其同事「為他們決定他們所想要的民族」，雖然在實際上他們無法完全漠視於在某些爭議地帶所進行的公民投票。還有，的確有相當認真嘗試要在不同條約中，寫入「少數族群的權益」，始於波蘭。但在此英國的犬儒主義及自私自利，再度扮演一個沒建樹性的角色。很具有顯露性地，黑德蘭—摩利對少數族群權益，就像對民族自決一樣地懷疑。如他在《巴黎和會回憶錄》：

> 某個普遍條款給予國際聯盟權力去保護其成員國所有國家裡的少數族群：這會給國聯權力去保護在利物浦的中國人、在法國的羅馬天主教徒、在加拿大裡的法國人，除了更嚴重的問題外，如愛爾蘭：即使對如此之權力的否定或許會導致不公不義以及壓迫戕害，但這比去允許任何意謂著對世界裡每一國家主權的否定，都要來得好。

但澤的命運說明被敲定之交易的樣子。在英國首相勞埃德・喬治的建議下，但澤及其周圍地帶（總共稍微超過七百五十平方哩）現在回歸到他自由市的歷史地位，雖然現在是置於國際聯盟的保護下；波蘭被給予他們自己的港口、郵政以及鐵路控制。但澤有自己的貨幣及郵票，但它的外交政策是由華沙來決定。這只是一個更大地理異常之處的一部分。但澤與跨過奧得河的柏林以及跨過維斯杜拉河的華沙，大約距離相當。但是但澤以西的領土屬於波蘭，因為前德國的西普魯士行省和波森行省現在已經割讓給波蘭，而在以東的土

表 5.1：德國在凡爾賽條約中所蒙受之領土及人口損失

領土	割讓予	面積（平方公里）	在 1910 年時人口（以千人計）	其中說德語者	%	其中在 1925 年前移民至德國	%
波森	波蘭	26,042	1,946	670	34		
西普魯士	波蘭	15,865	965	412	43		
南東普魯士	波蘭	501	25	9	36	468	43
波美拉尼亞	波蘭	10	0.2	0.2	100		
西里西亞	波蘭	512	26	9	35		
但澤	自由市	1,914	331	315	95	44	14
梅梅爾	立陶宛	2,657	141	72	51	15	21
東上西里西亞	波蘭	3,213	893	264	30	90	34
胡爾特斯欽	捷克斯洛伐克	316	48	7	15	3	43
北什列斯威	丹麥	3,992	166	40	24	12	30
歐本－馬爾梅迪	比利時	1,036	60	49	82	5	10
亞爾薩斯－洛林	法國	14,522	1,874	1,634	87	132	8
總計		70,580	6,475	3,481	54	769	22

地，東普魯士行省卻仍是德國的。創造出一條「波蘭走廊」連接上西里西亞到但澤，因此讓東普魯士像是塊在維斯杜拉河及尼門河之間一塊滴血的德國領土。但澤是個真正自由市嗎？或是只是波蘭的禁臠？那亦是東

普魯士的狀況嗎？為了要堅持他們的主張，波蘭設法壟斷但澤的郵政服務；同時之間，他們建造一座敵對的港口格丁尼亞，將商業吸引離開自由市。但澤居民希望旅行到德國（包括普魯士），需要波蘭的過境簽證。由如此微小摩擦所造就成的有毒氛圍，在君特・葛拉斯（Günter Grass）的但澤三部曲，《小錫鼓》、《貓與鼠》以及《狗年》中被記錄下來。這令人難忘的德國災難虛擬人格，發育受阻的小鼓手奧斯卡・馬茲拉特，便是在一九二四年出生於但澤。這並非偶然之事。

在整個歐洲裡，在民族國家理想以及多元族群社會現實之間有類似的衝突。之前的族群多樣化是因為有結構鬆散的王朝帝國伴隨。但那些時日已過。假如和平條約要產生可行的政治單位，那唯一前進的方式是接受大多數的新民族國家之內，仍會有相當數量的少數族群（見圖5.2）。

例如，在新的捷克斯洛伐克中，五十一％是捷克人，十六％是斯洛伐克人，二十二％是德國人，五％是匈牙利人以及四％是烏克蘭人。在波蘭約十四％的人口是烏克蘭人，九％是猶太人，五％是白俄羅斯人，以及超過二％是德國人。所有主要城市內的約三分之一人口是猶太人。羅馬尼亞從她戰時的苦難中，穫得相當豐厚的領土紅利，取得比薩拉比亞（從俄羅斯），布科維納（從奧地利），南多布魯甲（從保加利亞）以及川斯瓦尼亞（從匈牙利）。但其結果是幾乎國內每三位居民中有一位不是羅馬尼亞人：八％是匈牙利人，四％是德國人，三％是烏克蘭人；在一九三〇年的人口普查中紀錄了十八種少數族群。在城鎮區域裡非羅馬尼亞裔的比重特別明顯。即使羅馬尼亞人自己也依據宗教路線，而分為在川斯瓦尼亞的希臘東正天主教徒（Uniate），以及羅馬尼亞核心地帶雷尬的東正教基督徒。南斯拉夫一開始時稱為「塞爾維亞人、克羅埃西亞人及斯洛文尼亞人的王國」，但這只提及國家內十七個或更多族群團體中的三個，則是另個大雜燴。塞爾維亞人在夢想一個南部斯拉夫人的王國，由他們來主宰；好像要凸顯那點，所以新國家的憲法是在一九二一

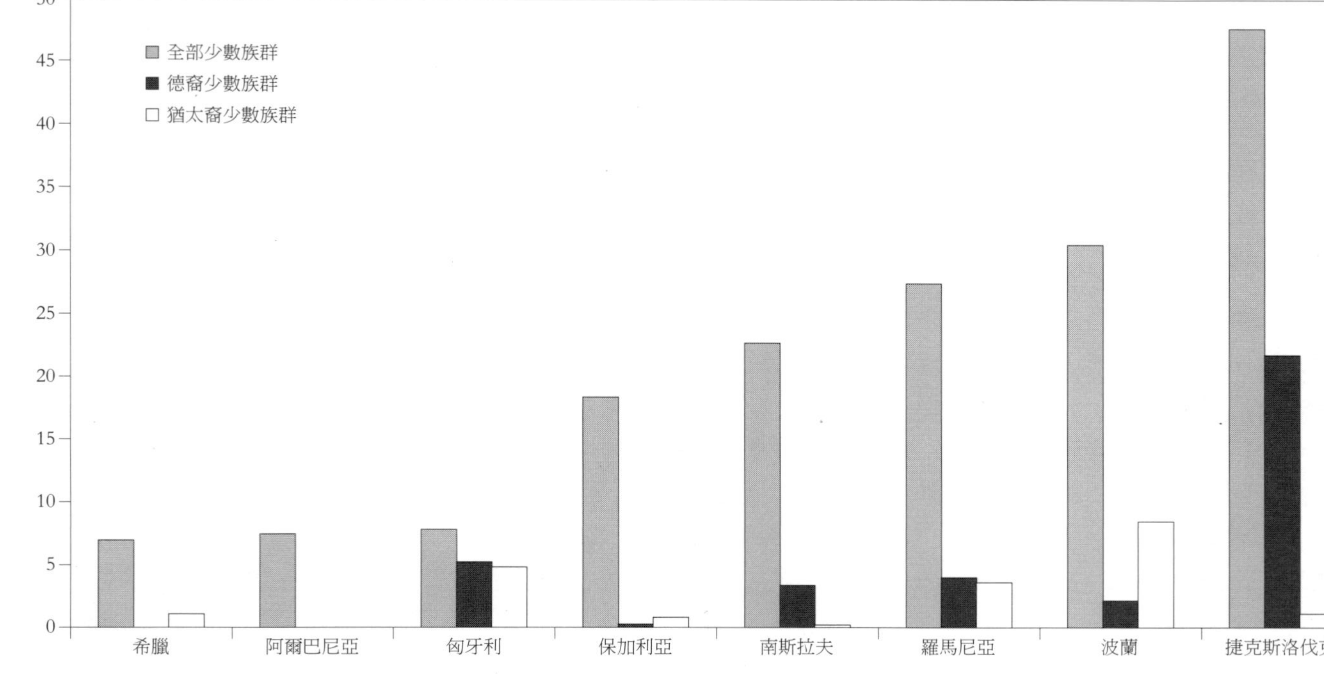

圖 5.2 在東歐、中歐國家中之少數族群，約 1930-1931 年

年六月二十一日那天提出，這是科索沃戰役失敗以及費迪南大公被暗殺的週年紀念。在實際上，南斯拉夫是一個不安定的混合，不只有克羅埃西亞人、塞爾維亞人以及斯洛文尼亞人，還有阿爾巴尼亞人、波斯尼亞人、蒙特內格羅人、馬其頓人及土耳其人，更不需提捷克人、德國人、吉普賽人、匈牙利人、義大利人、猶太人、羅馬尼亞人、俄羅斯人、斯洛伐克人以及烏克蘭人。保加利亞及匈牙利都保持著相當規模的少數族群：分別構成他們十九%及十三%的人口，儘管她們在和約中失去領土。僅僅在這五個國家中，大約有兩千四百萬人居住在認為自己係屬少數族群成員的國家。

有時候有人說巴黎和會的安排是有瑕疵的，因為美國參議院拒絕批准；或是因為它加諸在德國身上如此嚴厲的經濟賠償；或是因為它以國際聯盟為基礎的國際集體安全系統並不實際。但是歐洲和平脆弱的單一最重大理由是在於：民族自決原則與這些少數族群存在事實之間的根本矛盾。在理論上，當然有可能所有不同族群團體在新國家裡，願意將他們的差異加以昇華到一個新的集體認同上。但更常發生的是一個主要族群團體，會主張自己是民族國家及其資產的唯一擁有者。在理論上，要有對少數族群權益的保護，但在實踐上，新政府無法抗拒歧視對他們的誘惑。

至於所謂由巴黎和約所開啟的和平新時代，在轉瞬之間立即消失。新波蘭國家的疆界本身即是由暴力，就像是由票決或國際仲裁來決定的。在一九一八年到一九二一年之間，波蘭人與烏克蘭、德國、立陶宛、捷克斯洛伐克以及俄羅斯作戰；其結果是波蘭比和平締造者所計畫的疆界更往東擴張。在波蘭東部，烏克蘭人被排除在政府雇用之外；他們對新波蘭國家是如此敵視，所以烏克蘭恐怖組織很快開始活動，而這又依序激起波蘭官方當局殘酷壓制長期不安定的邊界。但將所有這些都怪罪威爾遜，則是過度嚴厲。並不是他讓民族主義在中歐及東歐出現；甚至在他前往巴黎之前，民族主義已經撕裂過哈布斯堡帝國。除此之外，如我們所見，威爾遜所預見的是一個強大的國聯，具有權力去干預以及仲裁邊界爭議。美國參議院拒絕批准美國永久「糾纏」在被爭執撕裂的歐洲事務，幾乎不能算是他的錯；他努力將國際聯盟推銷給美國公眾，引起中風，幾乎在剩下的十六個月總統任期處於身體癱瘓狀況，這也幾乎不是他的過錯。

在新戰後秩序中，有兩個團體特別感到容易受害。德國人，他們曾是中歐及東歐許多地方的主宰民族，擔心會從這些繼承國家受到報復。而這擔心是有好理由的。在比得哥什（之前為佈隆堡）及奧斯特魯夫（之前是奧斯特羅）的德國社區，受到波蘭暴民攻擊。在捷克斯洛伐克，德國人實際被排除在一九一九年的選舉之外；在與捷克警察及部隊的衝突中，這一九一九年三月十四日所謂的卡登屠殺，有五十二位的德國人被殺害，以及八十四人受傷。德國人並非在每個情況下都是無辜的受害人。在許多由德國及奧地利割讓出的領土中，他們組成好戰以及武裝的自衛團體。德國人在布科維納的情緒並非不典型。格利果・馮・瑞佐利在徹爾諾維茨（現在伽瑙替）附近成長，是位說德語、自信滿滿奧地利官員的兒子。當布科維納與其它地區成為羅馬尼亞的一部分，他被家鄉的轉變弄得有些困惑。如他後來所回憶，

> 薄薄一層的文明似乎被覆蓋在一個雜亂無章形形色色的族群雜燴之上，要將這層從上面撕掉極為容易：握有政府重要職位的羅馬尼亞人，在羅馬尼亞軍事體制羽翼之下，將自己弄成是新主人，這體制在炫耀它新獲得之勝利所具有的花翹閃亮；而他們大致與說其它語言，而且現在是少數族群的人隔離…穿有帶長袖衣服的猶太人…猶太教老師以及根據當地習俗穿著筆挺有領襯衫，以及燈籠褲和蒂羅爾州帽（Tyrolean hats）的殷實德裔市民。

瑞佐利家族退縮到某種內在的放逐；他們結果是，如他所說，「留在被殖民地主人放棄的殖民地中」。他們「不再是任何東西的主人，被另一個我們自認較其更為優秀的階級接收，但卻因為依附在一個少數族群所引起的厭惡，因此對待我們有如次等公民」。羅馬尼亞是「東方的一部分」，而瑞佐利「很確定及自覺地認為我們是『西方的』」。當然，德國人在布科維納一直都是少數族群。大約有三十八%的人口是烏克蘭人，而三十四%是羅馬尼亞人、只有九%是德國人，雖然這比例在徹爾諾維茨本身這會升高到三十八%。因為哈布斯堡的官僚系統和德國大學，徹爾諾維茨曾經被視為從「半亞洲」進入「德國國度」的門戶。新名字「伽瑙替」，相形之下，比較像是一個德國人的隔離區，而不是門戶：一個羅馬尼亞學生可以衝入劇院，打斷席勒作品《搶匪》的表演，而不受罰的地方。這種從主宰地位變為少數族群，是個陡然往下的淪落。

如德國的情形所顯示，少數族群經常不是因為激烈迫害而受害；更常是因為一九二〇年代國家經濟角色的擴大（—最明顯的是當「土地改革」（意謂著選擇性的掠奪以及重新分配）嘗試在進行，或是工業被國有化—），所以真正或想像的歧視機會也跟著增加。德國學校被捷克官方當局所關閉，而新的捷克學校成立在城鎮之中，即使只有幾個捷克家庭居住該處。類似事情在波蘭發生，雖然對烏克蘭及白俄羅斯的歧視較為嚴重。實質上在兩次大戰期間的匈牙利，沒有一所中等學校為少數族群成立，雖然她有四六七所德語初級學校。羅馬尼亞官方將說德語的老師逐出布科維納，假如他們對羅馬尼亞文掌握不足的話；其結果之一是擊垮徹爾諾維茨曾經著名的大學德文系。在捷克斯洛伐克的德裔公務人員，必須要通過捷克語考試；其結果是讓德裔人士在公務系統的比例減半。波蘭郵局拒絕寄送寫給在西普魯士及波森的舊德國地名的信件。以相同精神，義大利官方強迫提洛爾的德裔人士要學義大利文，而在同時之間提供義大利人誘因去定居該省。德裔人士所組織之政治團體亦受阻礙。例如，在一九二三年波蘭政府禁止以比得哥什為基地的「德裔聯盟」。因此不足為奇，會有如此多德國人選擇會離開所謂的「失土」，重新定居在縮小的德意志國版圖內。到一九二六年，在西普魯士以及之前普魯士波森行省城鎮裡，約有八十五%的德國人離開。那些仍然留下的，大多數是孤立的農夫或是不屈服的地主，像歐達・高德樂的家族在東普魯士的地產，成為吉亞都否郡的一部份。如她所回憶，她所屬的德國社區「常會出現優越感，這之前被認為是理所當然」。在一九一九年之後，他們乾脆「將自己與波蘭人隔絕開來」。

但是在中歐及東歐最容易受害的（——如在俄羅斯的內戰裡——）不是德國人，而是猶太人。許多國家在民族獨立的時刻，都被反猶暴力所玷污。在斯洛伐克的城鎮侯來梭，例如，有兩位猶太人被殺，而幾乎整個猶太人的區域被毀壞。在利沃夫，波蘭軍隊在猶太區域附近四處施虐，因為他們被猶太人在波蘭人及烏克蘭人爭奪城市時，宣布保持中立一事激怒。在一九一八年十一月霞查諾夫的集體屠殺，看到猶太家庭及生意被普遍掠奪及侵佔；華沙猶太人聚會所被焚燬。再往更東，在維爾紐斯及品斯克也有集體屠殺：波蘭軍隊在那裡射殺三十五個人，因為猶太人犯了分發來自美國慈善捐贈品的罪行；匈牙利在鎮壓猶太人社會主義者貝拉・昆在布達佩斯短暫的蘇維埃政權後，也有反猶的「白色恐怖」。革命運動彷彿是一把兩刃之刀，切割過這些及其它猶太社區。有些時候猶太人被指控在戰爭期間與德國同夥；有些時候他們則被指控在革命期間，與布爾什維克同一陣線。

在一九二〇年代，暴力逐漸轉為歧視，儘管少數族群條約中的美麗文字。在波蘭，週日成為所有人的強迫性休假日。無法證明在戰前住址的猶太人，被拒絕給波蘭公民權。猶太人難以成為學校教師；要成為大學教授幾乎不可能。國家補助只限波蘭學校，不給猶太學校。在波蘭大學的猶太學生，在一九二三年到一九三七年之間少了一半。如一位波蘭政客說，猶太社區是「一個外來體，散佈在我們的有機體裡，所以它產生一種病態的畸形。在這事態之下，要找出解決之道是不可能，除非將這屬於外邊的個體移除，因為其人數及獨特性已經造成禍害。」民族主義黨黨魁羅曼・德莫夫斯基以相同的語言表達。這出現在一九二二年十二月《一般觀察》的一首詩，對戰後的氛圍不可謂不典型：

猶太民族正在徹底污染波蘭：
它冒犯青年，破壞一般人民的團結。
假借無神論的新聞，他對心靈放毒，
引誘邪曲、挑釁、分化⋯
一種可怕的壞疽，滲透我們全身，
而我們⋯瞎了！
猶太人已經控制我們的經濟，
彷彿我們是白癡，
而他們欺騙、勒索以及偷竊，
而我們仍然沈溺在幻想，
我們的怠惰在力道及規模增長，
而我們⋯瞎了！

事情在羅馬尼亞沒有好太多。猶太人沒被給予完全的公民權，除非他們在羅馬尼亞軍隊服役或是出自於皆在羅馬尼亞出生的父母。猶太人進入大學被限制。一九二六年在布科維納引進一個羅馬尼亞文的畢業考，造成九十四位中除了兩位外，皆沒通過考試。只有透過賄賂，非羅馬尼亞公民才會有希望通過。

對如此的歧視有三種可能的反應。第一是離開。但儘管錫安主義在波蘭猶太人政治中的重要性，卻只有小比例的波蘭猶太人得到結論：去現在由英國「委託管理」的巴勒斯坦，設法尋找一個新的猶太國家，這他們人民被答應的新「家」，對他們會比較好。即使在一九三〇年，也只有八萬兩千名波蘭猶太人移民到那裡，雖然如我們將會見到，這點也反映出英國憂心持續進行的猶太移民，對巴勒斯坦內部安定的影響。事實上，只有少數的波蘭錫安主義者完全投入到要對聖地進行系統性的移民；大多數只對留在波蘭究竟能夠成就什麼感到興趣。有不只一種方式可以更容易離開：一位西普魯士人離開波蘭前往鄰近德國，遠比比一位猶太人離開波蘭，前往更遙遠的聖地，要來得簡單許多。

第二個可能是退回到社會之內多少被隔離開的猶太社會。這對相對貧窮、說意第緒語、在加利西亞小鎮裡的阿胥肯納金猶太人而言，是相當自然，其中大多數仍然擁抱正統的禮拜儀式以及衣著，而且或許在任何狀況之下都會選擇隔離。但隔離並非獨特於他們。伊茲克•曼哥，有領導地位的意第緒語詩人，儘管住在波蘭多年，但不會說波蘭話。以史隆寧斯基的話來說，「一條道德邊界在比亞蘭斯卡街附近穿過城鎮，分隔了市中心以及猶太區」。「克拉科夫猶太隔離區」，英國作家休•塞頓—華生說，「與基督教區的差異，一點都沒不同於一個阿拉伯城鎮和倫敦之間的差異」。隔離不僅是居住的現象。很典型的，一個波蘭社會主義黨會有兩個猶太社會主義黨，猶太勞工聯盟以及錫安主義的錫安工人黨。這裡有一個繁榮的意第緒語及希伯來文新聞，而意第緒語與希伯來文的學校不斷增加。富有的猶太人去度假的地點，不同於富有的波蘭人。在生意上他們或許會和波蘭人打交道，但關係僅止於此。在波蘭猶太教不只是宗教；它也是民族認同。那些形容自己宗教為猶太教者，其中明顯多數（一九二一年的普查是七四％）也在種族上形容自己是猶太人。

第三個可能性是同化。在布朗斯克，例如，猶太和波蘭小孩在舞會及婚禮的樂團中一起演出。在柯羅麥亞波蘭人和猶太人的友誼如此平常，所以有人說「每位猶太人都有他的波蘭人」。即使在克拉科夫猶太人所居的卡齊米區邊緣，還是可以過「某種脫離波蘭數社會」的生活，但同時「在人的深心處，吸收波蘭文化、波蘭詩歌或是波蘭音樂及藝術」，對成長在一九二〇年代的波蘭猶太人世代而言，是一個廣泛分享的經驗；他們大多數會去上波蘭語言的學校。但即使那些長久以來尋求同化的猶太人，像在布達佩斯的馬札爾化猶太人、布加勒斯特的羅馬尼亞化猶太人或在布拉格德國化的猶太人，發現他們較之於小鎮裡的正統教派猶太人，只是被少一些疑心來看待。特魯蒂・利維雙親皆是無神論者，在匈牙利及奧地利邊界成長，能用相同程度的流暢來說馬札爾與以及德文；但匈牙利官方當局堅持所有猶太人必須學希伯來文，即使，如利維一家，他們已經放棄宗教禮拜儀式。伊利莎白・威斯克曼震驚地發現到蘇台德區的德國人在一九三〇年代初時，杯葛猶太人商店，這不是會發生在戰前的波希米亞。許多猶太人正是當他們遇見如此的反猶主義，才會意識到他們的猶太起源。亞伯拉罕・柔特法柏，一位生在長在華沙的猶太人，表達出他劇烈的以及痛苦的傷害，這是有許多猶太人在兩次大戰期間開始感受到的：

我是個可憐的同化靈魂。我是位猶太人以及是位波蘭人，但逐漸受到我環境的影響，在我所生活之地的影響，以及語言文化及文學的影響，我也已經成為波蘭人。我愛波蘭。她的語言、她的文化以及特別是她解放的事實，以及她獨立奮鬥的英雄主義，都在我心弦上播弄，點燃我的感覺及熱情。但我不愛波蘭，她因為沒有明顯理由而憎恨我，那波蘭撕裂我的心及我的靈魂，這將我趕進一種麻木、憂鬱以及黑暗沮喪的狀態之中。波蘭已經取走我的快樂，將我變成一條狗，沒有任何他自己的雄心，只要求不要被棄置在文化的荒原上，而是被拖拉，沿著波蘭文化生活走。波蘭將我養成一位波蘭人，但卻烙印我是必須被驅逐走的猶太人。我要做一位波蘭人，你沒讓我做；我要做一位猶太人，但不知何以我已經與猶太性疏離。（我不喜歡自己是位猶太人。）我已經輸了。

在戰後新安排之下，兩個損失最多的少數族群或許可以被想像到會形成同一陣線。在如布拉格的城市裡，德國人和猶太人的關係一直都以共生、而非衝突為其特色。在整個一九二〇年代裡，捷克斯洛伐克的猶太人遠遠較有可能將他們的孩子送往說德語、而非說捷克語的學校去。當一九二〇年十一月在捷克爆發暴動時，跟著在切布一間捷克學校被強制關閉的報導傳出來後，德國人與猶太人同時被攻擊。拉脫維亞的「雷電十字」組織承諾要「以刀及火來根絕每個德國人、猶太人、波蘭人以及甚至會威脅拉脫維亞獨立以及福祉的拉脫維亞人」。甚至有猶太人，如波蘭錫安主義領導者伊扎克・葛倫包姆，誠懇希望德國及猶太少數族群能形成共同陣線。但非但沒有在共同的逆境中團結，沒安全感的德國人轉而去對付更加沒安全感的猶太人。在一九二〇年，以及再度在一九二三年，支持維持上西里西亞是德國領土的示威遊行，升級為對猶太人財產做出如集體屠殺的暴力行為。早在一九二五年，在布雷斯勞成立的一個醫療協會，非但排除猶太人加入，甚至開始進行杯葛猶太醫生的運動。瑞佐利形容羅馬尼亞人和德國人如何在一件事情上能同意彼此：他們對猶太人的厭惡。一位羅馬尼亞年輕人，「穿著出名的短身、無袖以及華麗刺繡的羊皮外套，以及以藍黃紅腰帶緊繫的亞麻褲子，配上粗糙的亞麻襯衫」，以及一位德國學生，身著德國某個決鬥兄弟會的制服（硬挺的領子，以時髦角度戴上的平頂帽，展示在橫於胸前飾帶上的兄弟會旗幟），或許會打起架來。但是在這場合雙方都被吸引到一位穿著黑色寬大長袍的正統教派老師，有著書蟲的慘白膚色以及在狐狸皮帽下有著長長螺旋狀的鬢鬚，他們快樂地認知到這位新來的人正是他們侵略的自然目標，一道幽靈迅速結合了之前敵對雙方。

如瑞佐利所回憶，在伽瑙替所有其它團體「蔑視猶太人，儘管猶太人扮演一個經濟上決定性的角色，而且在文化事務上，是培養傳統價值以及新發展價值的團體」。這不是傳統的態度，而是某種新的東西。如我們已見，在布科維納被併入到羅馬尼亞之前，德國人及猶太人曾上相同的學校以及是相同文化協會的會員。但在兩次大戰之間，這種和諧已經消失。在東歐甚少有城鎮曾經見過一個更進一步的德國—猶太共生。但在此處恰恰相反，如同在中歐及東歐它處，少數族群之間將不會再有團結。

帝國的死亡陣痛

不只是東歐、中歐對和平締造者形成挑戰。在鄂圖曼帝國之前領土中，其它少數族群社會的命運仍在未卜之中。這些不是歐洲社會，所以西歐強權自然會認為它們所代表的是潛在上可以添加在原有的帝國之上的利益。在一九一六年英國及法國雙方同意瓜分鄂圖曼廣大的領土：前者主張後來成為巴勒斯坦、約旦以及伊拉克的大部分（那時稱為美索不達米亞），後者則是敘利亞以及其餘的伊拉克。在塞弗爾（Sèvres）條約之下，這些安排得到確認，並擴大到去滿足其它勝利國強權的領土需求。義大利獲得愛琴海十二島群島，包括羅德島以及安納多利亞的港口卡司泰羅利佐。希臘人將取得色雷斯及西安納多利亞，包括史莫納（今日伊茲米爾）港口。亞美尼亞、亞述以及希賈茲（Hejaz，現在屬於沙烏地阿拉伯一部份）將會獨立。公民投票將決定庫德斯坦以及史莫納附近領土的命運。塞弗爾條約對鄂圖曼帝國所做的，正如聖日耳曼拉耶對哈布斯堡帝國所做的：切到骨頭裡的地方，但所根據的是帝國主義、而非民族主義，雖然英國及法國對所奪取的土地被標籤為「託管地」，以示尊重美國及阿拉伯的感受。

然而所有這些預設的是中東可以被當作傳統帝國規劃的被動目標。實際上，在中歐、東歐製造出如此動亂的相同民族主義願望以及族群衝突，也將在黑海的另一側運作。其間差異是在歐洲這些力量運作緩慢。它需時將近兩年才使聖日耳曼拉耶條約形同虛文。相形之下，塞弗爾條約則是在數月之後，便失效。

即使在第一次大戰爆發之前，土耳其在受到鼓吹同性質土耳其以及統一民族文化的先知濟雅・勾卡波教誨下，已經從一個帝國演化成一個民族國家。在一九〇八年「青年土耳其人」（一群如勾卡波的知識份子及如伊斯梅爾・恩維爾的軍官—）已經儼然成為鄂圖曼政治的主導力量。他們的「統一及進步委員會」目標是要將土耳其現代化，以免土耳其只不過是西方的亞洲附屬地，或蒙受領土被千刀萬剮，凌遲而死。到一九一三年時，他們已經控制君士坦丁堡。就像他們之前的日本人，「青年土耳其人」是以德國人為師。哥茲從一八八三年到一八九五年擔任蘇丹的軍事顧問，雖然他的影響力大多侷限在軍官訓練上。在一九一四年一月，另位德國將領奧圖・利馬・馮・山德斯被任命為軍隊總監；在此同時，德國銀行被連哄帶騙去支助柏林—君士坦丁堡的鐵路，延伸遠及巴格達。「青年土耳其人」之後決定要加入戰爭，站在德國那邊或多或少是跟著這些主動作為而來。這決定亦非在戰略上不理性，因為英國人秘密承諾，在戰爭結果是迅速的協約國勝利時，要將黑海海峽奉上給俄羅斯，而且他們自己也意圖染指在美索不達米亞的油田。

然而儘管他們現代化的說詞，「青年土耳其人」自從大權在握以來，所遭遇的只有挫折。保加利亞已經宣佈獨立，而奧地利已經兼併波斯尼亞─黑塞哥維那。義大利人佔領利比亞。塞爾維亞人及其盟友在第一次巴爾幹戰爭擊敗他們，留下在阿德里安諾普（今日阨迪內）附近一小片色雷斯，做為他們歐洲僅存的殘餘領土。這些挫敗的經驗加深「青年土耳其人」對境內非土耳其人口的不信賴。針對英法俄強權聯手所進行戰爭所造成的更嚴重破壞，*使這種缺乏信賴轉變為惡毒的蓄意謀殺。沒有事情更能清楚說明在帝國統治下最不好的生存時機便是帝國正崩解之時。這並非二十世紀的最後一次見到帝國的衰亡與瓦解，會比在它崛起及興盛時，造成更多的流血。

就像在東歐、中歐的猶太人，亞美尼亞人是雙重地容易受害：他們不僅是宗教上少數族群，也是一個相對富裕的團體，不成比例地從事商業活動。就像猶太人，他們密集地、雖絕非完全地集中在一個邊界地帶：比特利斯、凡恩、埃爾祖魯姆、馬穆瑞特拉西斯、迪亞巴克爾以及錫瓦斯六個省，在鄂圖曼帝國的東部疆界。就像猶太人，但更為可信，亞美尼亞人可以被認定是同情一個外來的威脅，亦即俄羅斯，這鄂圖曼帝國歷史上最危險的敵人。就像塞爾維亞人，他們有極端份子，目標是透過暴力來增取獨立。事實上，國家曾贊助他們進行過一些攻擊。†在一八九〇年代中期，非正規的庫德族軍隊曾被發動來攻擊亞美尼亞的村落，當時鄂圖曼的官方當局設法一再強調亞美尼亞人是非信徒的頂米人（dhimmis）或非穆斯林的公民。美國大

---

*有非常高的鄂圖曼傷亡比例是在戰爭第一年發生的，這絕不會沒有重要性；這一年構成所有戰爭行動中死亡人數的六四％，在行動中失蹤的四一％，由於傷勢而死亡的三三％，以及由於傷勢而永久失能的五八％。就相對而言，這整個損失是戰爭期間中最高的。

†在一八九二年一位鄂圖曼官員告訴在君士坦丁堡的法國大使說：「亞美尼亞問題並不存在，但我們將會創造出它。」

使估計被殺害的人數超過三萬七千人。在一九〇九年在阿達納爆發新的暴力衝突，雖然這次並非「青年土耳其人」所唆使。然而從一九一五到一九一八年針對亞美尼亞人所進行的謀殺式征討，在性質上不同；這如此不同，所以現在被廣為認定是第一次真正的種族屠殺（genocide）。美國在史莫納的領事有很好的理由宣布說，它「在蓄意、持續恐怖以及在廣度上，超過世界歷史至今所發生的任何事」。

直到今日，土耳其政府仍拒絕承認亞美尼亞種族屠殺之事。這很奇怪，因為有關所發生之事的歷史證據是豐富的。西方評論者，如在君士坦丁堡的美國大使，亨利・摩根索，對所做之事做出詳細的報告，包括土耳其內政部長塔拉特帕夏清楚的聲明，說所有亞美尼亞人必須毀滅，因為「那些今日無辜的，或許在明日會是有罪」。西方傳教士同樣也對他們所見證的事蹟，寫下駭人的陳述。他們的證詞形成由布萊斯子爵所蒐集有關「亞美尼亞人如何被對待」之戰時報告的重要部分；他過去也調查一九一四年德國在比利時的惡行。這或許可以被想見去辯論說，基督教強權的公民已經仇視、或後來將會仇視土耳其人；去對土耳其人做出錯誤的呈現有其自身利益。另方面，「青年土耳其人」堅持他們不過是在報復一個親俄的第五縱隊。當教宗本篤十五世出面為亞美尼亞人干預時，蘇丹即據此回應。

但是土耳其自己戰時盟友的代表卻暴露出這些主張是謊言。拉菲爾・德・諾加利斯，一位南美的傭兵，他擔任土耳其駐亞美尼亞軍隊的總監，報告說行省的總督下令在阿迪爾・賈弗斯的地方當局要「滅絕所有二十歲及以上的亞美尼亞男子」。一位在阿列坡的德國老師被他所見到的「亞美尼亞民族被滅絕」感到驚駭，寫信敦促他的政府「要停止暴行」。根據奧地利駐君士坦丁堡軍事全權大使約瑟夫・波米昂科斯基，土耳其人已經進行「根除滅絕在小亞細亞的亞美尼亞民族」（他用Ausrottung（根除）以及Vernichtung（滅絕）的字眼）。波米昂科斯基拒絕土耳其的聲明，說他們的行動是回應亞美尼亞計畫性的暴動。這在凡恩省以及其它地方所謂的「暴動」，就他的觀點是亞美尼亞人「絕望之餘的行動」，「認知到普遍屠殺已經開始，而且很快就會到他們身上」。他一位在奧地利大使館的同事提及土耳其人「滅絕亞美尼亞人」。他的大使稱呼這屠殺是「土耳其政府的污點」，對此土耳其人將有一天必須為此負責。相形之下，德國大使不願明白表達無法苟同土耳其行為，但德國史料仍然確認大規模謀殺是被犯下。甚至有當代土耳其證詞確認這些報導。一位土耳其軍官被下令要遣送亞美尼亞人離開粹比松，承認他「知道這遣送意謂著屠殺」。

土耳其人所採取的措施相當有系統性。首先，兵役年齡的亞美尼亞人會被徵召。他們的政治及宗教領導人被捉起來。這暴力大部分發生在一九一五年，雖然在一九一四年末時已有零星事件發生。在凡恩省附近的亞美尼亞村落被焚燬，而男人及男孩超過十歲以上則被屠殺。較具吸引力的男孩則被強暴並綁架。婦女、孩童及老弱則被驅趕到波斯邊界，經常被剝光衣服。罪犯通常會去搶奪他們受害者的家庭。錢財和其它珍貴之物被偷竊。強暴四處發生。一九一五年七月在粹比松，數以百計的男人「以一群十五或二十人被帶出城鎮，在先預備好的壕溝邊緣排列，被槍殺，然後丟進去壕溝」。來自比特利斯以及札特數以千計的男人、女人以及小孩的屍體，被丟棄在河流或附近的山溝。類似殘酷暴行在一九一五年間發生在如此多的不同地方，所以存在一個要以暴力「終結」亞美尼亞問題的複雜計畫，是不能被質疑。同樣有組織的是遣送亞美尼亞的婦女、小孩及老弱。在巴格達鐵路上行進的火車載送數以萬計的人，每次在一個車廂擠進八、九十個人。在鐵路盡頭時，人們被迫行走，直到他們倒下為止。對那些人穿過敘利亞沙漠半裸地行走，沒有飲水，「遣送」意謂著死亡。巴伐利亞的神學家約瑟夫・恩格特在一份給教宗特使以及未來的教宗庇護十二世尤金尼歐・帕伽利的備忘錄中，總結這些恐怖：

大約有一百萬亞美尼亞人犧牲掉…即使亞美尼亞人犯下叛亂（亞美尼亞人犯下叛亂之證據尚未被公布，因為某些德國官員在前線向我保證，只有最大的必要以及不斷的虐待才會造成亞美尼亞人拿起…武器…），但婦女及小孩犯了何罪？這些可憐人的命運比男人的更加恐怖；他們數以千計地被拋棄在沙漠及草原上，在那裡他們被留下忍受飢渴以及每一種苦難…數以千計的女人及女孩被販賣…從一個轉手到另一個，只為區區二十里拉。她們被送到後宮，成為別人妻妾…男孩被拋棄在土耳其孤兒院，被迫接受伊斯蘭宗教…土耳其的聲明說「我們已經解決亞美尼亞問題」，在實際上是意謂著亞美尼亞民族已被滅絕。

如恩格特的陳述清楚說明，強迫性的皈依也發生，特別是年輕女子以及孩童；強迫皈依以及性迫害是「亞美尼亞問題」的其它解決方式。但死亡明顯是「青年土耳其人」的第一個選項。*亞美尼亞男人、女人以及小孩被殺害或是早夭，或許會超過百萬，在戰前被估計的所有亞美尼亞人口之中（最多二百四十萬，但有可能接近一百八十萬），這是個極大的比例。這些惡行，簡言之，遠遠超過俄羅斯方式的集體屠殺。

對那種降臨在一個多族群政體從帝國轉變為民族國家時的激烈抽搐，亞美尼亞的種族屠殺是個可怕的明證。如阿列坡大主教徒勞無功地抗議：「我們不希望與土耳其國家分離。分離是不可能，因為民族與宗教是如此糾結，所以一個純粹以民族來做切割，是不可能的。除此之外，不同團體在經濟上是互相依存的，以如此方式一個依賴另一個，所以一旦分裂發生，它們一起會被摧毀。」種族屠殺所採行的方法是蓄意要毀滅

*塔拉特明白在電文中下令行省官員屠殺，這是有爭議的。有人主張電文是偽造的，但是原件在戰後審判塔拉特的暗殺者時曾經引用，而法庭並不質疑其真實性。塔拉特及其他土耳其官員之間的互相指控，亦被英國人攔截。

亞美尼亞人：火車旅行到地獄般的荒野、死亡行軍、排列整齊的瘦骨如柴屍體；這些將會在之後的數十年被模仿以及精緻化。雖然要從有一些德國軍人出現在這第一次種族屠殺，*更遑論從德國軍方偏好「滅絕」一詞，†來推論在亞美尼亞和奧斯威茲（Auschwitz）兩者有直接關連，那是錯誤的。

但這只是一波將會根本改變愛琴海及黑海之間社會結構的族群衝突浪潮的開始。

在西安納多利亞以及黑海沿海的希臘人，人數在第一次大戰前夕共計約兩百萬。他們的社區十分古老，已經在那邊超過兩千年，這事實可由壯觀的建物如以佛索劇場來做見證。他們在現代世界持續繁榮，這是任何去造訪史莫納繁忙濱海區域的旅客都能見到。但早在一九一五年十月，德國軍事武官向柏林報告，恩維爾想「在戰爭期間以他相信他已經解決亞美尼亞問題的相同方式，來解決希臘問題」。這過程始於色雷斯。事實上，土耳其人更有道理去形容希臘人為國內的第五縱隊，因為希臘總理艾勒佛特里亞斯・韋尼澤洛斯強烈地贊成希臘站在協約國那邊，來加入戰爭。雖然國王君士坦丁極力抗拒，但在一九一七年六月被迫遜位。在一九一五年十月時，英法軍隊出現在薩洛尼卡，已經讓人質疑希臘人中立的可信度。從薩洛尼卡來看，第一次世界大戰是第三次巴爾幹戰爭，有保加利亞加入德國及奧地利，擊潰塞爾維亞；的確正是為了要支撐正在

---

*《阿列坡之恐怖》的不知名德國作者，深深憂慮他的國家會因為亞美尼亞人的命運而被怪罪。「是德國人教的」，他報導說，「土耳其人面對詢問這些「對付亞美尼亞人的」措施的始作俑者是誰時，會做出的簡單解釋。」他也提及當亞美尼亞人的議題被提及時，德國軍官那方面有「不祥的沈默」。這符合一位德國軍官責備在遣送亞美尼亞人有關文件上簽字的下屬。駐阿列坡的美國領事當然認為德國人「是在寬容…亞美尼亞種族的滅絕」。甚至奧地利駐粹比松領事相信德國對亞美尼亞人的「中性化」（Unschädlichmachung）給予「最先的鼓勵」，但又加上他們之前預期的是較不激烈的手段（或許只是強迫皈依）。他在阿德里安諾普的對等人物報告說，德國軍官出現在遣送亞美尼亞人的現場，而卻「沒舉起一根指頭來阻止他們」。就他自己而言，當摩根索向德國大使及德國海軍武官提及此事時，他對他們的敵意深感震驚。後者告訴他說：「亞美尼亞人及土耳其人兩邊無法同時生存在這國家內。這兩個其中一個要離開。」

†見，例如，「當…我們提及擊敗敵人時，我們所意謂的是滅絕他們一部份的作戰武力，使他們在敵意行動中，會在之後完全絕望會發生任何有利的轉變。」（哥茲，《戰爭行為》，頁八）。

瓦解中的塞爾維亞地位，所以協約國才派兵到薩洛尼卡。但它太遲了。英法部隊反而被圍困，儘管希臘遲來地加入戰局，仍無法避免德、保聯手，在一九一七年擊敗羅馬尼亞。但戰爭最後階段卻看到如德國在西戰線所經歷的全面性崩盤。協約國從薩洛尼卡戰線發動反攻，強迫保加利亞在一九一八年九月二十五日求和；六天之後，英軍在敘利亞擊敗土耳其軍隊後，前進大馬士革。土耳其在十月三十日投降。

對韋尼澤洛斯這是一個令人陶醉的勝利時刻。他以領導希臘人將土耳其人逐出克里特的叛亂，開始他的政治生涯；他在第一次及第二次巴爾幹戰爭中領導希臘人得到勝利，最後終於遂其所願參加第三次戰爭，而且也得到勝利。現在他見到機會，繼續將希臘勢力更進一步擴張，從伯羅奔尼撒，橫過愛琴海，到達安納多利亞本部。實際上，最初是英國政府鼓勵希臘軍隊佔領史莫納。勞埃德·喬治的動機是要先發制人，防止義大利去兼併該城；兵變的義大利士兵，由言行誇張的詩人加布里爾·南奇歐領導，已經單方面先佔領在亞德里亞海的費攸梅，違背四強的其他成員。最初戰爭進行如希臘人所願。他們前進深入到安納多利亞裡。然而就如根據古典希臘戲劇最好的傳統，傲慢之後接踵而來的便是復仇。敗戰的危機導致土耳其發生政變。在一九二〇年四月一個大國民會議在安卡拉召開，這否認並拒絕接受塞弗爾條約，並將總統大位提供給金髮、碧眼、酗酒的將軍穆斯塔發·凱末爾。幾乎同時之間，韋尼澤洛斯在雅典失勢，而且英、法、義撤回對希臘遠征的支持。❖

出生於薩洛尼卡，凱末爾一九一五年在加里波利擊退英國入侵時，扮演關鍵角色。他現在主導要將希臘人逐出安納多利亞。希臘人於安卡拉以西一百哩埃斯基謝希爾的激戰崩潰之後，那些沒投降的，便開始逃

❖這轉變很出名地被邱吉爾引用在命運於歷史裡所會扮演之角色的例證，他將轉折歸諸於希臘國王在一九二〇年十月因為被猴子咬到而死。他親德的父親君士坦丁復位，因為他在戰爭中拒絕加入西方那邊，所以這不會讓西方強權高興。

命。當他們逃往愛琴海時，他們的隊伍被數以萬計加入的平民而變得浩大，這些平民希望在史莫納可以獲得保護，以避免土耳其人已經在黑海海岸針對希臘社區所採取的報復行為：在這些地方的人被遣送，或是在某些情形下被屠殺，非常像七年前亞美尼亞人所遭受到的。事實上，史莫納仍然有相當大的亞美尼亞社區，或許是在山德斯將軍的堅持下，他們在戰爭中得以逃過一劫。然而在一九二二年九月時，凱末爾的軍隊佔領城鎮。他們封鎖亞美尼亞區，並開始系統性地屠殺其中的兩萬五千名居民。然後他們放火，燒死任何倖存的人。美國領事喬治・侯吞形容這正在眼前展開的恐怖：

最先，城鎮裡居民的土耳其平民是主要罪犯。我自己親眼見到配備火槍的平民，監看基督徒家庭房舍的窗戶，隨時射擊任何可能冒出來的人頭；這些人像獵人蟄伏，偷偷靠近獵物的樣子……想獵獲以及殺死亞美尼亞人，無論是用劈砍或毆打或趕成一群到鄉間來加以射殺，造成難以想像的驚恐……我見到一對年輕男女涉水往大海去。他們是一對體面、吸引人的夫婦，男人手中抱著一名小孩。當他們涉水越來越深，直到水淹到肩膀，我突然瞭解他們要溺死自己。

倫敦的《每日郵報》新聞記者或許直接從威爾斯的《世界間的大戰》剪貼複製過來：

我所見到的……是不間斷的火網，兩哩寬；面對這擋住天空的火牆，可以見到教堂……高塔，清真寺圓頂以及房子的方平屋頂……大海發出深紅銅色的光亮，而最糟的是，緊密擁擠數以千計的難民，畏縮在狹窄的碼頭，夾在之後有往前推進的烈火死亡以及擋在之前的深水之間，他們持續地發出如此單純恐怖的瘋狂尖叫，所以這聲音可以在數哩之外聽到。

當急迫的難民抵達港口邊，他們發現有外國船隊停泊港灣，有超過二十艘英國、法國及美國的軍艦。這必然看起來解救在望。然而西方部隊幾乎沒做任何事；在二十世紀歷史中，國際船隊冷眼旁觀，這並非最後一次，好像（以一位英國外交官的話來說）「有一個要蓄意除去少數族群計畫」正在被執行。除了希臘文明的繼承者被從小亞細亞驅逐走，會有什麼是更好的象徵，可以用來想像西方的衰落？或許除了這些古代希臘民主政治繼承者，完全沒去做任何事來避免它發生？

受到驚駭的侯吞拿出自己的錢，急迫地為幾位希臘人及亞美尼亞人買下安全逃命的機會，史莫納的摧毀對他來說「不過是一場要在古拜占廷帝國的所有幅員裡，將基督教滅絕，要將一個古老的基督教文明流放異域的有組織計畫」。宗教是這裡發生之事的主要動機，這想法一直持續下來。但是浮現出來成為土耳其共和國，並非是伊斯蘭的國家；相反地，凱末爾後來引進政教分離，但放棄朝向國會民主政治的步伐，而之所以如此做，正是要阻止一個新生的伊斯蘭反對勢力來逆轉政教分離這點。在實際上，在一九一五年及一九二二年之間所發生的是種族淨化多過聖戰。如侯吞自己激烈地紀錄下：「少數族群的問題在此一次解決。」《紐約時報》在土耳其政策中偵察到一個性的面向。報導說「土耳其人坦白地說，他們不瞭解何以不能將希臘人及亞美尼亞人從他們的國家趕走之後，將他們的女人納入後宮，假如她們夠好看的話。」但凱末爾覺得沒有必要將在史莫納的希臘人趕盡殺絕，雖然有相當數量身強體健的男人已經被迫行軍，送往內陸，在沿途中遭受土耳其村民攻擊。他只給希臘政府直到十月十日之前，將他們完全撤走。在一九二三年年底時，有超過一百二十萬名希臘人及十萬名亞美尼亞人被迫離開他們祖先的家。希臘則以其人之道還治其人之身。在一九一五年西色雷斯有六〇%的人口是穆斯林，而在馬其頓有二十九%。在一九二四年時，這數字掉落到二十八%及〇，而他們的地方則由希臘人接收。

亞美尼亞的種族屠殺，黑海希臘人的屠殺以及，在攻佔史莫納後，「同意」交換希臘及土耳其人口，都以可怕的清晰說明了阿列坡大主教的警告：當一個多元族群的帝國蛻變為一個民族國家，結果可能只是殺戮。為了一個乍看之下似乎是現代的一致性，結果卻是一般人在某種部落間的血腥殺戮中釋放出最卑劣的本能。所發生之事當然沒有有意義的經濟理由。沿著安納多利亞海岸，仍然可以看見廢墟般的村落，其居民在一九二二年被迫逃離，在之後未曾被居住。至少有五百人曾經一度居住在撒札克的村落之中，離現在的渡假勝地卡拉布倫不遠。保有著建築良好的石屋以及陡峭的圓石路，撒札克已經消失繁榮農村的氣息。現在它是個鬼村，只有四處閒逛的山羊以及海霧會去造訪。這是一個帝國死前陣痛蕭瑟的遺物。

民族墳場

歐陸舊的多元族群帝國是它們自己毀滅的製造者。就像火車駕駛蓄意全速前進，開往對方，它們自己造成了一九一四年的火車大對撞。雖然這招致了四個皇朝的滅亡以及創造出十個新獨立的民族國家，但戰爭的結束並非意謂帝國的結束。英國及法國帝國因為吃下它們敵人領土的殘骸，而變得更肥更大。同時之間，兩個宣告壽終正寢的帝國卻能以驚人速度以及暴力重建自己。一個新的及殘酷的俄羅斯帝國，在蘇維埃社會主義共和國聯邦的門面之下浮現出來。一個新的但較不包容的土耳其，在放棄壯麗宮門的殘餘後，在東邊的安卡拉誕生，正如布爾什維克將他們首都往東搬遷到莫斯科。

而德國人如何呢？他們在一九一八年的災難中失去不是一個、而是兩個帝國，並且發現自己被分割在兩個殘餘的共和國之間，讓德國人離散在超過七個其它國家之中。凱因斯是對巴黎和約所有批評者之中最具影響力的人，相當正確地預見在德國會有一段嚴重的經濟危機時期，雖然一九二二—三年的超高通膨究竟在何種程度是凡爾賽條約的直接結果，而非德國財政及金融的失策，仍待辯論。凱因斯的解藥很清楚：賠償必須設定在相對有限的四十億英鎊，以三十年分期支付，始於一九二三年；＊要借錢給德國，允許德國進行貿易以及鼓勵她重建經濟。這不關利他主義，而是開明的自利行為。因為除非德國能經濟復甦，中歐不會穩定。

「除非她的大鄰居能夠繁榮和有秩序，」凱因斯在他的《和平之經濟後果》最後一章說，「波蘭沒有工業，只會迫害猶太人，在經濟上是不可能的。」而俄羅斯陷入混亂，唯一的救贖只能夠來自「德國企業及組織」的運作。因此西方強權必須「鼓勵以及協助德國再度恢復她在歐洲的地位，做為一位她東邊及南邊鄰居的財富創造者及組織者」。另一選擇則是「在反作用的力量及革命的絕望抽搐之間的最後一場內戰；在這新戰爭面前，之前最近戰爭的恐怖，將會相形失色到不存在，而且無論誰是勝利者，它將會摧毀我們世代的文明及進步」。

但德國復興對中歐（Mitteleuropa）政治，對那些由和平締造者所創造的新國家以及對其中的少數族群，其意義又為何？假如從鄂圖曼帝國過渡到土耳其共和國是伴隨著種族屠殺以及大規模驅離，有什麼可以阻止類似的事情不會發生在這些和平締造者在中歐及東歐所創造出如拼盤般的民族國家？正如德國猶太裔醫生多布靈簡潔地說：「今日的國家是民族的墳場。」

＊但結果在經過許多爭執之後，協約國在一九二一年同意要求總共六十五億英鎊的賠償，立即開始支付。

第二部分

帝國國家

Empires-States

第六章　計畫

The Plan

我非常知道偉大的計畫、偉大的想法以及偉大的利益是優先於每件事，而且我知道將自己個人的問題，特別是與依賴您雙肩承擔的普世歷史任務相提並論，我是十分瑣碎的。

尼古來・布哈林給史達林的最後一封信

我們握緊您的手，親愛的父親，
因為您給我們的快樂。
您是太陽的生命光芒
現在農民豐衣足食
戰士在戰場上強大。

南奧塞提亞自治區勞工致史達林的詩歌

我們將摧毀如是的敵人，無論是舊的布爾什維克與否，我們將摧毀他的親人，他的家庭。

史達林在敬酒時所說的話

從爵士到藍調

一次大戰之後，大多數的世界是依美國的旋律在跳舞。美國是戰爭後到的勝利者，但毫無疑問是和平的贏家。儘管一些法律限制，如一九二〇年通過的限酒令，以及更老的種族隔離系統，美國仍是代表經濟、社會及政治生活的新自由。沒有東西會比爵士樂更能捕捉這新自由所具有的曖昧特質；這音樂誕生在密西西比三角洲的黑人社區，藉黑人之遷居而進入西北及東北的工業城市裡，並在百老匯轉化為有十年之久全球舞會中的情調音樂。如史古托・費茲傑羅在《大亨小傳》所說，這種逃避到享樂主義裡適合每個人：不僅那些在戰爭中受害的人希望能忘記它，而且適合那些只希望以戰後訪客身份去造訪那些壕溝，從罪惡感或虛榮感之中創造他們自己的戰爭故事。電影及短裙，雞尾酒及敞篷車，地下酒吧和抽連環煙的煙槍：紐約、芝加哥以及洛杉磯提供所有這些享樂，還加上更多。美國戰後享樂主義的情緒，就像之前發生的流行性感冒一樣具有傳染力。一向嚴肅的普魯士首都柏林，現在被轉變為「狂歡作樂的芝加哥」。在東京，同樣地，一九二〇年代是エログロ的年代：エロ代表性愛（erotic），グロ代表怪異（grotesque）；銀座在夜晚充斥著美國的聲音以及風格。

特別是上海，人間快樂的花園：「沒有更強烈的生活可以被想像到」，阿爾道斯・赫胥黎熱情地說，他屈服在它能夠提供的每種誘惑之下。維也納出生的電影導演約瑟夫・馮・史坦柏格，他全部的作品包括了《地獄》、《罪惡街》以及《搜索網》，後來讓瑪琳・迪特麗在《藍色天使》以及《上海特快車》中成為明星，同時被這城市裡的大世界既吸引又感到恐懼，這是一個真正消費世界的神話豐饒角（cornucopia）：

在一樓是賭博桌、無聊單調的年輕女子、魔術師、扒手、角子老虎、煙火、鳥籠、電扇、炷香、特技演員以及生薑。上個樓梯則是餐館、十幾個剃頭師傅以及掏耳屎的人。三樓有雜耍、中藥鋪、冰淇淋亭、照相師以及新的一群女孩，她們高領高開叉的旗袍露出臀部⋯以及在新奇之名下，有幾排沒遮蔽的廁所。

喇叭手克雷頓以及他的哈林紳士是在賽狗場舞廳，在這自封的「上海菁英匯聚之處」表演的美國樂團之一。在這些菁英之中最淫亂的是一位叫蔣介石的年輕人，他在永安百貨大樓裡的大東酒店婚娶（—在重婚之下—）他第二任妻子。（在他的蜜月時，他把她介紹給他第一任妻子，也讓這新婚妻子感染淋病。）在幾年後，他又再度結婚，這次是富有、在衛斯理大學受教育的女繼承人宋美齡。有上千人在以玫瑰花裝飾的大華酒店參加婚禮。日期是一九二七年十二月一日，正好是俄羅斯革命十週年幾天之後，但這婚禮可惜地被一群衣服襤褸的俄羅斯僑民用棍子及石頭攻擊蘇聯領事，而弄得美中不足。

一九二七年十二月也是路易斯・阿姆斯壯和他的熱門五人組（Hot Five）錄製「Got No Blues」以及「Hotter than That」。美好的時光的確繼續流動下去：在一九二一和一九二九年間美國平均成長率為六%。但是它主要是為富有的菁英而流動。在一九二八年將近二〇%美國全部收入由前一%，而將近三%則是由〇・〇一%的納稅人賺去。令人驚訝的四〇%財富是在前一%的家庭手中，而這些之中有超過一〇%是在只有〇・〇一%手中。這部分反映在一九一九年和一九二九年間股票價格史無前例的上揚。在一九二一年八月到一九二九年八月之間，道瓊工業指數增加四・四倍。然而其它價格沒升得那麼高。有些甚至已經正在滑落。對那些幸運不用在戰爭中作戰的人，第一次大戰是雙重的繁榮。有如此多歐洲的生產被暫時地轉移到從事破壞性的事業，這允許了亞洲及美國生產業者強力擴張，但它們無法完全彌補戰爭所造成的中斷。這是個全球性的賣方市場。在同時之間，對戰爭進行通貨膨脹性的支出，所以政府以印製鈔票來支付它們的赤字，這推升了全球的物價。在芝加哥市場的即期小麥價格（——這是主要交易商品價格的一個合理指針——）在一九一七年是戰前的三倍，而在一九二〇年又再度漲三倍。物資缺乏以及貨幣貶值的雙重刺激在那之後結束，但一九二〇——二一年的全球衰退則見到主要物資及製造品價格劇烈的下滑。在此之後，它們幾乎就不再恢復。小麥價格在一九二五年二月到達頂點，每蒲式耳為一八二分（相對於一九二〇年的二九四分），但在一九二九年五月，它掉到一〇二分。相同的力量壓抑其它主要商品如鐵及鋼的世界價格。這通貨緊縮是大蕭條的前兆。在一九二〇年代，這意謂農夫會貧窮，但對那些從工業或金融獲利的人，會是舒適的生活。

大蕭條是個之前以及之後都無與倫比的經濟災難。它以美國資產價格的崩潰來代表。在一九二九年十月二十九日「黑色星期二」，道瓊工業指數掉落將近十二%，這是道瓊指數歷史中單日最大跌幅。市場在九月三日其實已經開始下滑；在十一月十三日，它已經跌落將近五〇%。這代表投資人對美國公司未來獲利信心崩盤，而這更被（以借來的錢）進行利差交易的投機者，所進行之恐慌性賣出而擴大。接下來價格回穩，持續到一九三〇年四月，但結果卻是虛幻。在一九三二年七月八日最低點時，股票價格已經落到它們在一九二九年最高點時的十一%。除了一九一四年外，證券市場未曾見過如此的波動，而之後任何遠遠與它相似的狀況，也未之有也。

大蕭條的症狀比造成它們的原因更易理解。在一九二九及一九三三年之間，美國國民生產總值在名義上掉了將近一半；若考慮進同時間價格的滑落，則是三〇%。最先受到嚴重影響的是營建；然而到一九三〇年時，經濟活動的急速下滑擴散到農業、製造業以及金融業。投資內爆；外銷亦然。這種資本主義的危機並不侷限在美國；它是全球現象，如圖6.1清楚指出。全球最大七個經濟體在一九二九到一九三二年的生產總量下滑將近二〇%。但是在大蕭條的時機及嚴重性上，則在國家、甚至在地區上，有顯著的差異。美國並非第一個受害，部分是因為貨幣緊縮導致短期資本回流紐約，所以最先是影響到其它國家；部分是因為其它國家央行也因為自己的理由來緊縮信用。阿根廷、澳大利亞、巴西、加拿大、德國以及波蘭都比較快惡化。但只有兩個國家遭受到如美國一樣嚴重的萎縮。一個是德國，營造業在該國早在一九二七時就已經攀上高點。另一則是奧地利。

產業界的失業現象最令當時的人震驚。《時代週刊》在這低點十年之後的一篇社論中提到，「戰爭之外，失業是我們這世代最為普遍、最不知不覺以及最腐蝕性的疾病：這是我們這時代西方文明的特有社會疾病」。就平民勞動力的比例來說，在美國的失業率從大蕭條前夕的三・二%到一九三三年高點的二十五%。在這一九三〇年代剩下的歲月始終維持超過十五%。在德國，以有些不太相同的定義來算，在一九三二年工會員工失業率超過五〇%。但對許多人一樣痛苦的是物價的崩潰。這摧毀全球各地無數的農夫，或造成數以千計銀行的倒閉，而這連帶也將存款戶的儲蓄一起拖下水。而這的確正是美國銀行系統的崩潰，超過任何其它國家，深化並延長危機。在一九二九到一九三三年之間，美國兩萬五千間銀行有一萬間關門。在奧地利及德國，還有法國及瑞士，也發生主要的銀行危機。圖表6.1顯示出有更多的國家受害於嚴重通貨緊縮的影響，遠勝過嚴重下滑的生產量。這傾向於去支持大蕭條部分是全球財政緊縮所導致的結果；一些國家有銀行危機，另一些則是通貨危機，還有一些不幸的國家則兼而有之。

當代人競相去解釋資本主義究竟何處出差錯。美國總統赫柏特・胡佛對自由放任政策並非全無批評地接受。在一九二〇年代他已經表達他支持促進出口、集體談判議價、農業合作機構以及商業「會

圖 6.1：生產及物價：累積後的變化，1929 年到 1932 年

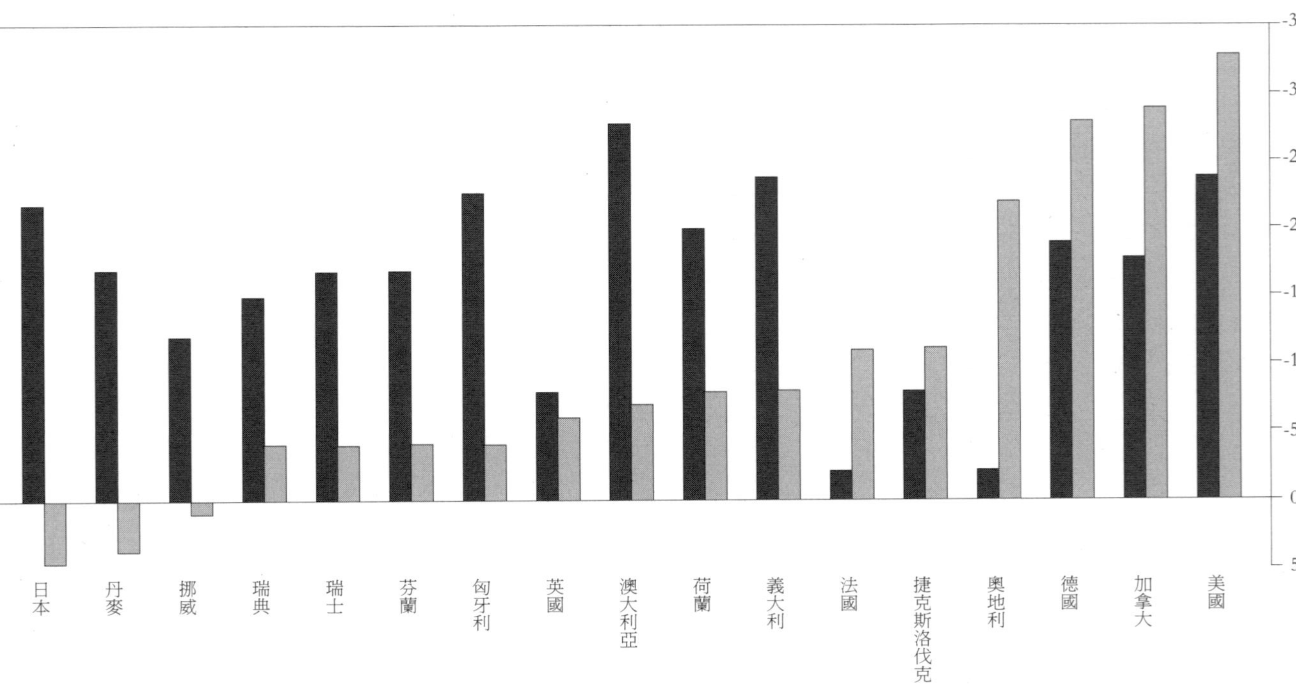

議」來處理經濟問題。然而在胡佛眼中，政府所能做的有其限制。大蕭條是由於「原物料…過度生產」以及「過度投機」的「全球性」的現象；接著而來的「報復」，在性質上與發生在一九二〇年與一九二一年所發生的類似。他辯稱，這國家「基本的資產」是「沒受到傷害的」。所有必須要做的是聯邦儲備銀行持續供應「低利率的充足…資金」，同時以黃金來維持美金的價格；政府要擴大公共工程，雖然仍須平衡預算；必要的「生產支出的節約」要在「勞動、資本以及消費者」之間分攤。胡佛也支持大幅提高長久以來一直受保護的美國食物、紡織及其它基本產品生產者免於外國競爭的關稅，但是這些沒有一項能對付經濟信心的急遽下滑。相反地，政策讓事態更加惡化。聯邦儲備因為拒絕放寬貨幣政策，反而實際上在一九三一年十月調高貼現率，所以在一九三〇及一九三一年間要防止銀行倒閉潮時，遭到災難性的挫敗。想去達成預算平衡企圖，卻也同時排除掉任何種類的反經濟循環的財政刺激。而在一九三〇年六月所通過保護主義性質的斯穆特—霍利貿易法案，雖然並沒有徹底地提高關稅稅率，但卻打擊了金融信心。德國經濟也必須硬喝下相同的利率急升、增稅、削減支出以及保護主義的致命政策雞尾酒。

毫無疑問，全球經濟結構上的失衡，造成傳統的政策回應會注定失敗。對商品以及製造品價格的下滑壓力，是國際供需而非政策的問題。戰爭讓美國主要貿易伙伴背負著以強勢貨幣計價的債務（—以德國來說，則是賠償金的支付—），這他們只有以外銷到美國或是彼此才能清償。工會力量的增強已經使得勞動市場比戰前更加僵化，所以價格及利潤的滑落並沒轉化為低薪資，而是工廠倒閉以及失業率。*在一九三三年三月四日胡佛的繼承人富蘭克林・羅斯福，指出「恐懼本身，亦即非理性以及沒道理的恐慌」是大蕭條的根本原

*在德國這問題特別具有傷害性。實質薪資在一九二四年一九三一年之間增加約七十五%。

因，他提供一個更好的診斷：投資者的期望遭受到重擊，而他們需要數年才能恢復士氣。然而羅斯福在成為總統之後所提的措施，沒有比胡佛的更有效果。羅斯福希望提高農品價格以及削減政府支出，這在最好的時候已經是種不甚有前途的組合；他所規劃出的大多數計畫中，藉由要求對銀行有更嚴格的監管，對公用事業有全國性的規劃，以及援助計畫由中央來統合控管，這只不過是加強聯邦政府的權力，導致官僚工作機會的增加，只能稍稍改善失業人數。能造成最大差別的政策變化通常是那些落在政府頭上，但不得不接受的。在一九三一年，有超過四十個國家是依循金本位；在一九三七年幾乎沒有。英國及美國這兩個國際金融體系的支撐者，被迫浮動她們的貨幣，允許中央銀行將注意力集中在降低國內利率，而無需操心黃金儲備的變化，或是資本流動會如何影響到貨幣兌換率。在同時間，由於增加的公共支出以及收入的崩跌，政府的赤字攀高；所有這些事發生遠遠在凱因斯《就業、利息與貨幣通論》（一九三六）所代表的經濟理論突破之前，而且只有這兩個國家可以運作足夠大的赤字，來刺激經濟發展。

貨幣貶值會以兩種方式來刺激復甦：允許名義上的利率降低，以及只要人們開始期望比較小的通貨緊縮，或許甚至是通貨膨脹，因此降低實質利率及實質薪資。去雇用人開始看起來好像會再度有利，雖然復甦的速度不會準確呼應實質薪資移動的速度，這顯示還有其它抑制的因素在運作，特別是在美國。很不幸地，保護主義在那時已經橫掃全球，甚至說服英國放棄自由貿易，而這意謂較為寬鬆的金融及財稅政策，對刺激貿易無法有多少作為。全球化已經結束；物品流通被進口關稅限制，資本流動被外匯管制以及其它措施限制，而勞動流動則被新的移民規定限制。甚至凱因斯也開始相信經濟復甦只能在一個或多或少封閉、並以自給自足為目標的經濟中，才能維持下去。正如他在他德文譯本的序文中輕描淡寫提過，「生產的理論整體而言：要調整到一個集權國家的狀況，比在自由競爭以及很大程度放任政策下，對某種產品的生產及分配，要來得容易許多。」

凱因斯選擇的字眼透露許多。雖然集權主義這詞起源於義大利法西斯主義，＊這第一個真正的集權主義政權在大蕭條攻擊之前，已經存在超過十年。在重傷美國巨人達十年之久，並且讓美國的貿易伙伴以及欠債人變成荒涼一片，經濟危機似乎證明蘇維埃的模式是正確的。因為假如馬克思列寧主義代表什麼，那便是它預言資本主義將在自己矛盾的重壓下垮台。而現在它似乎就正如此發生。可以理解，只要美國美夢變得越像美國夢魘，人們就越受到俄羅斯計畫經濟這選項的吸引：隔離在市場變化的波動之外，然而卻能夠成就建設上的偉業，壯觀如紐約的摩天大樓或亨利・福特大量生產的汽車。所有集權國家所要求回報的是，國家對生活每個面向的全面控制。只有在你的夢中你才能免於國家的入侵；甚至即使在那裡，那無所不在的半神般領導角色也常會入侵。這種廢除個人自由的辯護是為了平等：「根據能力取自每個人、根據需求給予每個人」，如口號所云。這其中的目標不僅是迅速工業化；它也要「清算」小資產階級以及其它擁有財產的階級。

然而如喬治・歐威爾後來評論到，在蘇聯的「動物農莊」中，有些動物結果會比其它動物來的更為平等。不需太久便有一個「新階級」（如南斯拉夫異議份子米洛凡・吉拉斯後來所稱呼的）冒出來，由集權國家裡的菁英幹部所構成。他們對經濟生活每種面向的控制，以及他們豁免於任何獨立的監督或是對群眾

＊根據亞德里安・里托頓，它最早是以貶抑之詞出現在一九二三年五月的《世界報》（*Il Mundo*）一篇文章中；墨索里尼之後採用它。然而在義大利，如我們所將見，這一直是種希望，而不是事實。學術界長久以來很沈悶地辯論這詞的意義及使用。在冷戰時期，如尤里・伊格利次基在一九九三年時說，它是顆「網球」，每邊都努力「儘量更重地擊到對方的場地」。我們現在可以比較清楚地看到，它可以被施用在史達林的蘇聯以及希特勒的第三帝國。這兩個政權都未做到如歐威爾在《一九八四》一書中所想像到政權對個人的全面控制。但兩者都較諸之前的政權，更接近集權主義。

負責，使得這新階級很容易護衛並享受黨的全部特權；這些黨的顯貴亦處於可經過非正式管道，透過貪污及腐化，來讓自己致富。計畫經濟不僅對勞工有無法滿足的胃口，對原物料亦然。蘇聯從之前的沙皇帝國那裡繼承非常多的數量。但是其它採行計畫經濟的國家則沒有如此豐厚的財產。在德國及日本，那裡的計畫經濟與爵士時代的搖擺切分音節奏，有相當不同的政治節奏。在一九三〇年代中期，人們不再跳舞，而是行軍。

同路人

一九三一年夏天，劇作家蕭伯納拜訪蘇聯九天。他看到（—或認為他看到—）的是一個正在興建中的勞工天堂。他所檢視的場地之中，有那計畫中的莫斯科—伏爾加運河。這運河是要連接蘇聯首都與伏爾加河，不僅是來促進河流交通，也是要來補充這迅速擴張城市的水源供給。與西方請領失業金的隊伍形成強烈對比，這場地很快將擠滿工人。此處是那顯然可以實現之社會主義夢想的象徵，而西方訪客如蕭伯納狂熱地回應：他們已經見到未來，而且與那顯然行將就木的資本主義相比，這夢想似乎行得通。

在這由南西及華朵夫・阿斯特所組織的許多觀光團之一（其它訪客包括羅迪安侯爵，菲利普・柯爾），蕭伯納以他一貫的反諷調子開始，但很快就屈服在他蘇聯主人設計過的奉承之中。蕭伯納被給予和史達林見面機會，他被「一個沒有惡意、但也不輕易信人的笑容…給解除武裝。（他）必然會被以為是…有浪漫黑眼珠的喬治亞部落領導。」在列寧格勒一場即席演說中，蕭伯納很興奮地宣布：「假如這共產黨實驗散播到全球去，我們將會在歷史上有段新時代…假如未來是如列寧所預見過的未來，那我們將會滿臉笑容，毫無畏懼地往前看向未來。」他在回英格蘭途中告訴記者說，「假如我只有十八歲，我明天就會住在莫斯科。」在他匆促完成的書《俄羅斯的合理化》（一九三一）蕭伯納甚至更進一步地說：「史達林已經交出東西的程度，這在十年前幾乎看起來不可能，」他歌功頌德。「耶穌基督已經降世。他不再是個偶像。祂如果還在世的話，人們對會發生何事，正開始會有某種想法。」僅僅這一次，蕭伯納的反諷不是故意的。

「一個國家的社會主義」是史達林解決自列寧在一九二四年過世後，屢次分裂布爾什維克領導階層之問題，所提出的答案。革命政權如何在沒有那些較開發國家資源之下，來將俄羅斯落後的農村經濟加以工業化？托洛茨基曾認為世界革命是唯一的答案。當那沒有實現時，其他的布爾什維克領導人，特別是尼古來・布哈林，傾向於迅速工業化不能再是種選項。這步調必然緩慢。但史達林，殘酷無情地將自己擠身為列寧的繼承者，壓下列寧臨終時要提防他的警告，粗暴地越過這些精細的辯論。他堅持在蘇維埃的邊界之內進行迅速的工業化是可能的。所需要的是一個計畫，以及那已經贏得內戰的鋼鐵般意志。史達林所意謂「一個國家的社會主義」是場新的革命——一場經濟革命，而自詡為「鋼鐵人」的他將會出面領導。在第一個五年計畫下，蘇聯的生產將增加五分之一。經理人被鼓勵要「超過他們的配額」；工人被敦促要效法英雄礦工以及超級勞工阿列克謝・斯達漢諾夫，進行超人般的長時間工作。

表面上，這目的是要強化蘇聯，讓它成為可以與還是敵人的「帝國主義」強權，平起平坐的經濟以及軍事國家。然而史達林經常看到工業化所帶來的好處，是次要於它所隱含的社會轉化。在強迫將大量人力及物資從鄉村轉移到城市，他想一舉擴大革命所賴以為立的蘇維埃無產階級。他成功了：在一九二八年及一九三九年之間，城市勞動力增加三倍。這如何去真正做到，是那些史達林西方崇拜者寧可去忽略掉的。即使是當勞動階級被人造化地加以膨脹時，約有四百萬人被「剝奪參政權」，因為他們在革命之前是「階級敵人」。「不勞而獲者」發現自己從工作位置、從學校、從醫院、從實物配給系統中被移除，甚至從他們的家。在史達林眼中，所有革命前殘存的成分（—之前的資本家、貴族、商人、官員、教士以及富農—）「以所有他們的階級同理心、反感、傳統、習慣、意見、世界觀以及等等」，仍然是真正的威脅。他們必須被揭穿面具，從蘇聯政體驅離。只有在一九三五年末時，在歷經數年的指控、取消參政權以及隨之而來的種種剝奪，史達林似乎才發出信號，停止攻擊「階級外人」後代的運動，但這只是將公眾的注意力轉向新一類的「人民的敵人」。

有些時候有人說，史達林的罪行對要將一個古老國家加以現代化來說，是必要的。那正是他向邱吉爾辯護他集體化所要付出的代價。但是人命的代價完全與經濟效率上所得到的成果不成比例，而這絕非是偶然的。第聶伯羅佩厝夫斯克的黨秘書孟德爾‧哈泰維奇向他黨內部屬明白表示，農業集體化的政策只是表面上企圖去改善蘇維埃的農業；它真正的目的是要摧毀階級敵人，準確的說，「清算做為一個階級的富農」：

> 你們對黨及史達林同志的忠誠，將會以你們在村莊裡的工作來測試、來衡量。這裡沒有露出弱點的空間。這不是自作清高的工作。你們將需要堅強的胃腸以及鐵一般的意志。黨將不會接受失敗的任何藉口。

可以預期的，這系統性地消滅任何被懷疑是富農的人，其結果並非經濟上的成長，而是歷史上最大的人造飢荒。當黨幹部帶著廢除私有財產的命令降臨鄉村，「清算」任何累聚超過平均資本的人，一切陷入混亂。究竟誰是富農呢？*那些在革命前比較富有，還是那些在之後狀況好的？究竟富農「榨取」其他農夫是何意義？當他們現款不夠時，借他們錢？農夫不要見到他們的牛隻以及豬群被沒收，寧可將牠們屠宰吃掉，所以到一九三五年蘇維埃所有牲畜的數量降到它一九二九年時數量的一半。但在這種食肉的狂歡之後，接著是長期、痛苦的飢餓。沒有動物所製造的肥料，作物收成直直落：穀物在一九三二年的產量與一九三〇年相比，掉落五分之一。搶奪穀物來餵食俄羅斯的城市，讓全部村莊幾乎沒有東西吃。飢民開始吃貓、狗、田鼠、樹皮，甚至是馬糞。有些人到稻田裡去吃那穀物所發出半熟的芽苗，甚至有食人的案件。和一九二〇—一年間一樣，斑疹傷寒緊隨飢荒的腳跟而來。或許有多到一千一百萬人死於完全非自然以及沒必要的災難。此外，幾乎有四十萬家庭或將近兩百萬人被以「社會放逐」方式，遣送到西伯利亞及中亞。許多抗拒集體化的人當場被射殺；或許有多達三百五十萬「去富農化」的犧牲者，後來死於勞改營。這些是這政權極力隱藏，不讓世界知道的罪行；將外國記者限制在莫斯科，也恢復沙皇時代的護照系統來避免飢荒的受害人逃到城市來求取解救。†即使一九三七年的人口普查數字也被壓抑下來，因為它透露出總人口不到一億五千六百萬，而自然增加必然會使其到達一億八千六百萬。只有一些西方記者：《每日快報》的加瑞思・瓊斯，《曼徹斯特衛報》的馬爾肯・莫格里基，《時代報》的皮耶・柏藍以及《基督教箴言報》的威廉・張伯倫，有勇

*在一九二七年在財政部的指使之下，須佈六個標準，符合其中任何一項便使某人成為富農：（1）雇用兩位或更多的勞動者；（2）擁有三頭或更多的工作用的牲畜；（3）播種區域超過一〇—十六俄畝（desyatina，一俄畝約為一・一公頃；但因地而易）單位的面積；（4）擁有任何處理食物的企業；（5）擁有交易的機構；（6）擁有一部或更多部的農機，或是相當數量的高品質工具。這些在一九二九年經過修正，但在集體化開始時，仍然都很不容易在現地實施。

†這情形恰好與一九二〇—二一年的飢荒相反，當時在鄉村有食物，但城市裡沒有。這造成一個笑話：「布爾什維克主義和共產主義有何差別？」「布爾什維克主義是當城市裡沒有食物，而共產主義是當在鄉村沒有食物。」

氣準確報導這飢荒。在莫斯科絕大多數的新聞人員，特別著名的是《紐約時報》的華特・杜蘭提，＊知情地默許去掩蓋這些事實，因為擔心會波及他們去接觸黨裡顯貴的機會。

在同時之間，在史達林宣傳的轟炸背後，五年計畫正在將俄羅斯的城市轉變為極度令人不舒服的地方，四處充滿著大型工廠，比任何在西方所見到的都還黑暗以及更加魔鬼。新工業大城，如烏拉山南部的馬格尼托哥斯克，若沒有大規模的脅迫，是不可能建設出來的。這裡冬天掉到零下四十度，在夏天升到零上四十度，對那些建立這城市超大鋼鐵廠的人（—這是意圖要成為世界最大的單一銑削及成型工廠—），這近乎無法忍受。一九二九年三月開始建廠後幾年間，許多工人是住在帳棚或是泥土房裡。當最後居住用的建築落成時，只有最基本的資源可以獲得。即使完工，一幢幢新公寓裡沒有廚房衛浴，因為工人被認為要使用共同的設施，但這些並不存在。這由德國建築師恩斯特・梅伊所提議的「帶狀城市」模式，證明是完全不適合草原的狂風，在長列的一幢幢公寓間嚎哮而過。在整個蘇聯，人們被倉促徵召進入工業，注定有一整個世代的人要居住在所能夠想像到最狹窄的狀況之中，只有最基本的設施使用。他們工作的地方甚至更糟，有可怕的勞動傷害率以及死亡率；在空氣中有足以減短壽命的毒物量（在馬格尼托哥斯克的雪是夾帶煤灰的黑色）。美國人約翰・史谷特在馬格尼托哥斯克住過五年，猜測「俄羅斯單單就冶鐵金屬業的戰役，所涉及的傷亡便勝過馬恩河戰役。」他當然幾乎完全正確。一位存活下來的人是來自庫爾斯克附近村落的亞歷山大・路曾夫伊，他被母親送到馬格尼托哥斯克來逃避家鄉的飢荒。衣著不足以及營養不良（—他每天只能得到六百公克的麵包，假如他完成他八立方米壕溝的工作配額—），路增夫伊很快瞭解到唯一的希望是捉住史達林系統裡

＊杜藍提在他一九三三年五月十四日報導裡寫下這句話：「你無法在做炒蛋時，卻不打破蛋」。三個月之後他駁斥「今日……任何俄羅斯飢荒的報導」是「誇大其詞或是惡意宣傳」（一九三三年八月二十三日）。

內在的升遷管道機會。†他學會讀字，變成一位車床工，在晚上讀書，加入共產土義青年團，而這意謂在週末自願工作。開始寫詩，他以作家聯盟的成員結束他的生涯：一位白手起家的共產黨顯貴。

這些都是經濟上的瘋狂之舉，這可由馬格尼托哥斯克工人為自己以電報桿為樹幹，以鐵片代替真正葉子所做出來的棕櫚樹，來充分象徵。集體化摧毀了蘇維埃的農業；強迫性質的工業化錯誤地分配資源，正如錯誤地動員它。城市如馬格尼托哥斯克比規劃者願意承認的，要花費更多去維持，因為煤礦必須從超過一千哩的西伯利亞礦區運送到那裡。單單要在北極區為礦工家庭取暖，就要燒掉他們所挖出的一大部分煤礦。因為所有這些理由，史達林主義的經濟成就，比當時政權以及它許多辯護者所聲稱的遠遠為少。在一九二九和一九三七年間，根據官方的蘇維埃統計數字，蘇聯全國總產值的年增率是介於九・四%和十六・七%之間，而每人消費的年增率是介於三・二%及十二・五%之間，這些數字可與中國自一九九〇年代早期以來所得到的成長相比。但當將怪異的訂價規定列入考慮，真正的國民總產值成長是比較靠近每年三%到四・九%，而每人消費的成長不過是每年一・九%，甚至或許少至〇・六%，大約是官方數字的五分之一或六分之一。無論如何，當人口數量因為政治暴力而大幅減少，那每人平均數字究竟有何意義？假如在五年計畫下有任何生產力的成長（─而統計數字顯示的確有─），這部分是因為有如此之多的勞動力是因為政治、而非經濟理由被消耗掉。假如會涉及任何多達兩千萬人的額外死亡，沒有任何嚴肅的分析會認為某個政策在經濟上是「必須的」。在史達林時代每多生產出的十九噸鋼鐵，就有一名蘇維埃公民被殺死。然而任何人若去質疑史達林

†在一九三〇年代的蘇聯被稱為「流沙社會」，但人們可以從底部上升，就如其他人會下沈一樣。的確，給予這政權其能動性，正是它為如路增夫伊這類人所創造出來的誘因，可以藉由超額工作以及服從指揮來改善自己。其他人被鼓勵，例如他們見到有機會得到比較好的公寓時，可以用指控他們的長官或甚至他們的鄰居來得到，因此加入到恐怖的循環之中。

政策的理性化時，會干冒著他忠誠助手憤怒的風險。如哈泰維奇向一位立場不堅的人解釋：

> 我不確定你是否瞭解正在發生的事。在農民以及我們的政權之中正進行一場無情的鬥爭。這是至死方休的鬥爭。這一年是要測試我們力量及他們忍耐的一年。只需一場飢荒便可向他們顯示誰在這裡是主人。它已經花費數以百萬人的生命，但是集體農場系統在此將會留下來。我們已經贏得戰爭。

極快的工業化，簡而言之，通常是意圖快得會讓人摔斷脖子。

這是西方傻瓜如蕭伯納無法見到的關鍵之點：計畫經濟在實際上是奴隸經濟，是以超過布倫士貝利圈子所能想像之最黑暗夢魘的脅迫程度，來做為基礎。就像在一九三〇年代如此之多的蘇聯宏偉建設工程一樣，莫斯科—伏爾加運河其實是由數以千計的罪犯去修築的。建設馬格尼托哥斯克的勞動力也包括約三萬五千名被流放的犯人。潛藏在計畫經濟的貌似奇蹟之後，是僅以古拉格＊名之的巨大囚犯及勞改營系統。

大區域

古拉格就是誕生在位於索羅菲次基島的修道院，白海地區一個僅離北極圈只有九十哩，幾乎不適人居的群島中。從革命最早的時候已經設有營區。早在一九一九年十二月，已經超過二十座；在一年之內，那數量增加

＊古拉格（Gulag）是Glavnoe upravlenie lagerei（主要營區管理）的縮寫。

五倍。但剛開始時不是很清楚為何要將「階級敵人」加以監禁的目的；要感化他們，懲罰他們，或是殺掉他們？一九二三年在索羅菲次基設立的營區提供了答案。最初的目的只不過是將布爾什維克的敵人隔離得越遠越好，遠離政治決策中心。但是當政治犯的人數不斷增加（—增加如此之快，赤卡的後繼組織，OGPU（蘇聯國家政治指導處）†幾乎無法應付—），一個聰明的可能性於是浮現出。索羅菲次基的指揮官那夫塔利・阿羅諾維去・法蘭柯爾，本人之前是位囚犯。❖他認為營區當局不再僅是讓囚犯飢餓或受凍而已；它可以讓他們勞動。畢竟他們的勞力是免費的。在一九二四年索羅菲次基營區的刊物要求：「透過讓他們習慣參與有組織的生產性勞動，來再教育囚犯。」然而對法蘭柯爾而言，再教育比從奴隸勞動力從中獲益，顯得更不重要。莫斯科當局只希望營區能夠是自給自足的污水系統，降低國家裡過度擁擠的監獄。法蘭柯爾認為他可以做得比那更好。到一九二〇年代末期，索羅菲次基以及其它「北方有特別意義之營區」，已經成為迅速發展成涉及森林及營造的商業運作單位。

幾年之中，全蘇聯星羅棋布著這種營區：採礦的營區、築路的營區，飛機製造的營區，甚至有核子物理的營區。囚犯執行每件可以想到的工作，不只開鑿運河，也撈捕魚貨和製造從坦克到玩具的所有東西。在一個層面上，古拉格是個殖民系統，讓政權可以開採到目前為止被認為不適人居地帶的資源。正因為他們是可以被犧

---

†Ob'edinennoe Gosudarstvennoe Politicheskoe Upravlenie，全蘇聯國家政治指導處（All-Union State plotical Directorate），在一九二三年形成。重新命名為GUGB（Glavnoe Upravlenie Gosudarstvennoi Bezopastnosti，國家安全主指導處（Main Directorate of State Security）），在一九三四年重組在NKVD管轄下（Narodnyi Kommissariat Vnutrennikh Del，內務人民委員會（the People's Commissariat for Internal Affairs））。到一九三〇年時，OGUP控制幾乎蘇聯所有的營區以及流放聚落。

❖法蘭柯爾出生在鄂圖曼巴勒斯坦的海法，是猶太小販。在一九二三年他因為非法出入國境，被判刑在營區十年。在短時間之內，他已經從獄民被提拔成守衛，並在一九二七年被釋放。

牲掉的，所以獄民會在科米共和國的沃爾庫塔礦區採煤，這是在北極區西北的區域，終年一半永夜，另一半則是充滿吸血的昆蟲。他們在達斯特洛伊挖掘黃金及白金，位居在同樣不適人居的東西伯利亞。＊這種奴工系統對計畫者是如此方便，所以這些營區也在俄羅斯核心地帶設立。作家亞歷山大・索忍尼辛形容古拉格是個「令人驚訝的國度⋯雖然在地理上星羅棋布在群島之中⋯在它所出現的另一個國度中交叉編織和構成圖案⋯它切入到其中的城市，在街道上飛飄過去。」對在古拉格的囚犯來說，蘇聯其它地方只不過是個「大（監牢）區域」。

這龐大奴工系統的關鍵是要確保有新奴工持續流入。在一些作秀的審判，如謝克提審判（一九二八），工業黨審判（一九三〇）以及都會費格公司審判（一九三三）中，被定罪的所謂間諜以及怠工者，只不過是無數司法內及司法外程序之中最可觀案件的受害人。史達林系統藉著將最輕微抱怨定義為叛逆或是反革命，足以將一大群蘇聯公民送到古拉革去。現在從俄羅斯國家檔案取得的資料顯示這系統是如何運作。柏娜・克勞達是位來自列寧格勒的小個子老太太；她看起來幾乎無法更不像是個顛覆份子。然而在一九三七年她被判決在彼爾姆古拉格十年的徒刑，因為表達了反政府的情緒。「煽動反蘇維埃」是可以定罪的最輕微政治罪行。比較嚴重的是「反革命活動」；更嚴重的是「反革命恐怖分子活動」；而最為嚴重的是「托派恐怖分子活動」。事實上，一面倒絕大多數被判決這些罪刑的人，是犯下（—假如他們有犯下任何罪的話—）微不足道的不良行為：對長官說出不恰當的字眼，一個被人耳聞有關史達林的笑話，對無所不在之系統的抱怨，而最嚴重者不過是一些如輕微的經濟上違規行為，像是「投機」（轉賣物品）。只有一小部分的政治犯是真正地反對政權；這點相當具有透露性：在一九三八年不到百分之一的營區獄民受過高等教育；三分之一是不識字。到一九三七

＊非常例外的官方照片冊被保存下來，這傳達出這些營區的規模。

年，有逮捕的配額，正如有鋼鐵生產的配額一樣。罪行乾脆被捏造出來，以符合所加諸的懲罰。囚犯變成生產品，被內部事務人民委員會（NKVD）以「帳目」（男性犯人）以及「書籍」（懷孕女性犯人）來提及。

在古拉格系統的高峰期，在全蘇聯共有四七六個營區系統，每個就像索羅菲次基一樣，由數以百計的個別營區所組成。總共加起來，有大約一千八百萬位男人、女人以及孩童在史達林統治下，經歷過這系統。再慮及有六、七百萬蘇維埃公民被放逐，所以所有人口中有接近十五％的人曾經歷過身為奴工的懲罰。

許多營區像索羅菲次基一樣，位落在蘇聯最偏遠、最寒冷的地區；古拉格既是殖民地，也是流刑地。較弱的囚犯會在轉送過程中死去，因為這些上鎖的車廂以及運送牛隻的卡車，都是沒暖氣以及不衛生的。營區的設施是原始到極點；獄民在新營區必須建造他們自己的營舍，這些常不過是簡陋木屋，而他們像沙丁魚一樣擠在裡邊。而由法蘭柯爾所創新的作法，強者較弱者會得到比較好的營養，實際上這確定了只有強者存活下來。營區主要不是要用來殺人（史達林有行刑隊去做那事），但他們被以如此方式來管理，所以死亡率注定會十分高。食物不良，衛生原始，以及遮風避雨幾乎不足。除此之外，營區守衛所進行的施虐狂懲罰，經常會將赤身裸體的犯人暴露在結凍的環境之下，更確定高死亡率。懲罰是武斷以及殘酷；獄卒（—他的處境一點都不令人覺得好受—）被鼓勵要把囚犯當作「害蟲」、「污穢」以及「毒草」來看待。專業犯罪之人，這些有如親族般的犯罪集團，在獄民中具有支配性，他們的態度與獄卒沒有非常不同。在一九二六年十二月十四日，三位之前索羅菲次基的獄民寫了一封急迫的信給黨中央委員會的主席團，抗議

在索羅菲次基集中營盛行濫用權力及暴力。⋯⋯一個人甚難想像到如此的恐怖、暴虐、蠻橫以及無法無天。當我們到那裡時，我們無法想像到如此的恐怖，而現在我們，自己跛行，加上數以千計仍然在此的人，向蘇維埃國

家的中央陳情，去制止那裡所盛行的恐怖⋯之前在沙皇時代的懲罰性奴工系統，在與索羅菲次基相比之下，是99%地更具人性、公正以及合法⋯人們死地像蒼蠅一樣，亦即他們歷經緩慢以及痛苦的死亡。⋯這種在索羅菲次基所盛行令人羞愧的濫用權力、野蠻暴力以及目無法紀的全部重量⋯是壓在工人及農夫的雙肩上；其他人，如反革命份子、投機取利者以及等等卻是荷包滿滿，在蘇維埃國家內生活優裕，然而在他們旁邊，這是實質意義的旁邊，卻有身無分文的無產階級死於挨餓受凍，以及讓人無法挺直腰桿的十四到十六小時的勞動，這些都是在做為國家政治指導處的特務和勾結者的獄民暴政，在目無法紀之下進行。

假如你抱怨或寫下任何東西（「老天，不要有人做！」），他們會羅織你要逃獄或是其它罪名，然後他們像狗一樣將你槍殺。他們在零下二十二度讓我們赤身裸體、雙腳精光，在室外待上長達一小時。很難形容正在進行的所有混亂以及恐懼⋯一個例子是以下的事實，千件中的一件⋯他們強迫獄民吃自己的排泄物⋯有可能您們或許會認為這是我們的想像，但是我向您們所有人發誓，以任何對我們神聖之物起誓，這只是這如夢魘般真相的一小部分。

直到一九三九年關閉那年，所有送到索羅菲次基的十萬名囚犯中，約有一半死去。但當高爾基在一九二九年六月造訪這營區時，這是在他從自我流放回到蘇聯三年之前，他卻將這裡寫得像幾乎如田園般地，有健康的獄民以及清爽的牢獄。

或許沒有任何東西會比一四〇哩長的貝洛摩運河更能凸顯史達林政權的魔鬼性質。這運河是在史達林的指使下建築，來連接波羅的海以及白海。在一九三一年九月及一九三三年八月之間，約有十二萬八千和十八萬名囚犯（—絕大多數來自索羅菲次基，由法蘭柯爾來指揮他們的勞力—）只配備著原始的鶴嘴鋤、獨輪車以及手斧，硬敲出一條水道。工作條件如此嚴酷以及工具如此不當，所以他們有數以萬計的人在過程中死去。這一點都不是無法預料到；每年有六個月地面凍得堅硬，而在許多地方囚犯必須切割過花岡岩。正如常發生，這結果是在經濟上近乎沒有價值、遠遠地太窄及太淺，無法讓稍有噸數的船隻航行。然而當蕭伯納的同路人，費邊學社的席德尼及碧爾翠斯・韋伯夫婦在被導覽這完成的運河中，卻對所有這些視而不見。如他們在《蘇維埃共產主義：新的文明否？》中所言，「很高興想到那官方對蘇聯國家政治指導處（OGPU）的成功所表達的最熱誠欣賞，不僅在執行如此龐大工程的偉業，而且在人類的新生上取得勝利。」韋伯夫婦明白地拒絕那「幼稚的想法，認為⋯流刑地現在還被維持著，以及必須持續地補充數以千計的流放手工勞動者以及技術人員，其目的是刻意要從這強制性的勞動力之中擠出蠅頭小利，加到蘇維埃的國庫中。」如此概念對「任何熟悉世界上任何國家裡，被鐵鏈鎖在一起做苦工的囚犯，以及監獄勞工所具有的經濟成果」，都是根本「不可置信」。奴隸制度永遠有它的辯護者，但甚少有如此聰明者。那三十六位在高爾基指導之下的蘇維埃作家，出版了誇張的《為史達林命名的貝洛摩—波羅的海運河》，至少有藉口說謊言，因為他們另外的選擇是死亡。韋伯夫婦卻是在布倫士貝利的安全中，寫下他們的胡言亂語。＊

在較早的奴隸國家之中，在主人與奴隸之間有明顯的區分。但在蘇聯那卻非如此。那些在早上發號施令的人，或許到下午時卻已啷鐺入獄，或是更糟。當莫斯科—伏爾加運河由史達林開通之後，主要承建工程的人發表演說。之後他立即被帶走槍殺。這計畫其他經理人中，有超過兩百位也被處決，因為運河建造時間

＊瑪格麗特・柯爾（Margaret Cole）回憶在一九三四年第二次與席德尼・韋伯造訪莫斯科：「當我們巡視工廠、農場、合作商店、學校、醫院、母親之家、感化院、社區中心、娛樂及休閒公園，造訪擁擠的劇場及歌劇院，坐在國家包廂，或與兩手粗糙的農夫及工人去參加工會集會或工業法庭，或是觀看健康和面容快樂的農夫及工人，年輕母親和小孩，在工作或遊戲，席得尼會以一位科學家自己的理論禁得起實際實驗時的喜悅，向我說悄悄話：『看，看，它行得通，它行得通。』」

的耽誤。的的確確，在歷史上沒有革命如俄羅斯革命會以如此無法滿足的胃口，來吞食自己的子民。列寧是第一位引進定期來整肅黨，去除掉「游手好閒、喧囂鬧事、冒險躁進、酗酒以及偷竊的人」。史達林則是天生強迫性地不信賴他的共產黨同志，但更青出於藍。在一九三〇年代甚少團體會比那些在革命及內戰決定性時期的史達林自己的同志，那些老布爾什維克，會受到更無情殘酷的迫害。資深的黨幹部生活在永遠的不確定之中，從未知道他們何時會成為史達林偏執狂的受害人。那些曾經對黨最忠誠的人，突然間就像最惡名昭彰的犯罪份子一樣，會被逮捕以及囚禁。忠實的列寧主義者，對革命熱情的信仰者，現在變成效忠帝國主義強權的「破壞份子」，或現在與已經遭貶蒙羞的史達林首號勁敵聯手的「托派份子」（史達林在一九四〇年終於成功地謀殺托洛斯基）同列。其它比較邊緣低下的團體，史達林則表現某種的慈悲：他們被送到凍原去挖運河。對黨內的敵人，他則完全無情。在一九三三年開始以針對腐敗及無能官員打擊鎮壓，在一九三四年列寧格勒黨書記什給·基洛夫遭到謀殺之後（幾乎能確定是由史達林下令），升級成血腥、而且自己運轉下去的整肅。一個接著一個曾經是革命先鋒的男男女女被逮捕、酷刑、拷問，直到他們被勸誘去坦白某種「罪行」，以及舉發更多的同志，然後被槍殺。在一九三五年一月及一九四一年六月之間，在蘇聯內有將近兩千萬件的拘捕，以及至少七百萬的處決。單單在一九三七—八年，要被處決之「人民公敵」的配額是訂在三五六一〇五，雖然實際失掉生命者的數字是超過兩倍。殺人的配額同樣也會被超額達成。去造訪在聖彼得堡外陰暗的列伐休弗森林是去造訪一座集體墳場，在那裡至少有兩萬具遭處決者的屍體被秘密埋葬。

在米凱爾·布爾加科夫的小說《主人與瑪格麗塔》中，魔鬼來到莫斯科。接下來的是恐怖的舉發、消失以及死亡漩渦，既武斷又惡意，刻意卻又瘋狂。沒有作品更能捕捉到恐怖所具有的令人厭惡性質；沒有場景比尼卡諾·布梭伊坐在莫斯科劇院裡看雜耍時，被揭露出是位外幣交易商的夢魘，更能凸顯出作秀審判時的超現實氛圍。在戲劇中並非每一幕都需要史達林的指使；他的角色是去創造出一種情境，普通男女—甚至家庭裡的成員＊—會在之中彼此舉發；在此地今日的折磨者，可能是明日的受害者；今日的營區指揮官，夜晚時會在單獨監禁中渡過。史達林小心地策劃以及預備他個人所認識之黨領導人的毀滅。但數以萬計的地方官員，是被那些他們所曾經脅迫或掠奪的人所舉發指控，成為他們自己所釋放出之社會力量的受害人。對一些西方的傻瓜，如蕭伯納或韋伯夫婦，當然所有這些都可以有充分的藉口。蕭伯納對在莫斯科的作秀審判所做的評論是種麻木不仁以及吊兒啷當的怪異混合：

> 對沒有行政經驗，沒有財務經驗，只被訓練成是位身無分文、四處遭到獵殺、腦中只有卡爾·馬克思、但不是政治家的老革命份子，樓梯的頂端是個累人的地方：他們常需要被推下樓梯，脖子上套著繩子：當我們最有企圖心的鄰居，很人性以及公正地清算掉一些壓榨者以及投機者，讓世界成為誠實人可以覺得安全的地方，我們實在無法讓自己有道德上的優越感。

韋伯夫婦申辯說，在作秀審判中的被告並沒設法去辯駁指控他們的罪名，因為他們未曾接觸過那無意義對立性質的盎格魯·撒克森司法系統。被告有罪而且知道有罪；這是何以他們坦白的原因。至於言論自由，那個真得那麼重要嗎？「所謂的『以文字及以書寫所為的自由思想以及自由表達』嘲弄人類進步，除非普通

＊帕夫利克·莫洛佐夫，一位來自葉卡捷琳堡以東村落的十四歲學童，因為出面指控他父親而成為英雄。當他之後被謀殺，他的四位親戚（—他的祖父母，一位堂表兄弟和一位伯叔—）被逮捕並槍殺。莫洛左夫成為史達林主義的殉道徒，不停地在蘇聯的宣傳中慶祝。在事實上，他是在其母親的慫恿下來指控父親，因為他遺棄她。

人被教去思想，被鼓勵去使用這知識，來謀求他們共同體的利益：正是這被散播的知識以及對公共福祉的奉獻，才是蘇維埃民主的基調。」在真實上，在史達林恐怖的高點時，「公共福祉」意謂著這個人全面性的不安。實際上沒有人感到安全，那些在管理NKVD的人更是如此。＊那些「在槍口底下」倖存過來的人，像詩人安娜・阿赫瑪托娃，她的《安魂曲》最準確捕捉住那些失去親人者所感到的痛苦，或是作曲家德米翠・蕭斯塔科維奇，他的歌劇《穆西斯克的馬克白夫人》，被《真理報》指控是「一團亂，不是音樂」。他們不必然是附和政權的人。他們只不過是幸運的人。

那些被逮捕的有列寧格勒啟聽協會的五十三位成員。對這所謂的「法西斯組織」所做的指控是：他們與德國情報機構共謀，要在紅場革命紀念日遊行時，以土製炸彈炸死史達林跟其他政治局的成員。三十四人被槍殺；其餘被送到營區服刑十年或更久。其中一位受害人是雅各・門得列維奇・阿布特，一位三十歲的猶太工人。一個啟聽協會成員設法暗殺這魔鬼化身的想法，必然幾乎像是滑稽，若非這位面貌溫和的年輕人所受到的命運是真的如此殘酷的話。†

屠殺民族

我們習慣去認為階級是與種族相當不同的類別，因為在今日西方社會中，前者比後者更容易改變。然而這切

＊堅利克・亞格達在一九三八年以一位托洛斯基份子的理由而被槍殺；他的繼任者葉索夫在一九四〇年以英國間諜而被槍殺；拉弗蘭提・貝里亞在史達林死掉不久之後被槍殺。

†事實上發生的是協會主席告幾位會員的密，他們在地方火車上賣東西，來勉強維生。這指控將NKVD扯進來。主席自己之後涉及所謂的陰謀，因此被槍殺。次年NKVD決定原先的調查本身是可疑的。當地警察於是被逮捕。

割並不常是如此截然分明。在大多數中古及近代歐洲社會中，階級是種世襲的特徵；在今日的印度，要擺脫一個人的種性起源仍然困難。在一九三〇年代的俄羅斯，同樣地，階級也被視為一個可以繼承的特徵。假如你的父親是位勞工，你便是勞工；假如你的父親是屬於那被定義為「階級敵人」的團體之一，那悲哀降臨你身，除非你多少有辦法去拿到一本偽造的國內護照，或是與某個出身體面之無產階級家庭的人結婚。一個地區性的蘇維埃報告說，它已經驅逐了三十八位初中學生，因為：

他們都是繼承而來的大富農兒子…在絕大多數的情形中，這些富農的兒子是鼓動民族主義，散播種種黃色書刊以及破壞學習的煽動者…當所有三十八人在學校時，隱藏他們的社會地位，欺騙地登記自己為貧農、中農以及有些人甚至登記為農工。

一九三五年一份列寧格勒的報紙公布一系列一所區域醫院裡所接連揭露出的階級敵人；它們對當時的氛圍給了非常巧妙的形容：

特洛伊次基，一位前任白軍軍官以及教士之子，在醫院裡找到庇護。經濟事務的官員認為這個潛伏的敵人是位「無可取代的會計師」。註冊組長撒巴羅次蓋雅，護士阿仳胥妮可娃以及消毒師謝仕底波洛夫也是教士的後代。發希列娃將自己的職業從修女變成護士，所以也在那醫院得到工作。另一位護士拉爾基娜跟隨她的榜樣…一位前任修士羅丁為自己爭取到醫生助理的工作，甚至代替醫生外出看診。

沒有人可以抹除掉他們或他們父母在革命前的階級起源。但不只是階級在史達林無堅不摧的毀滅輪下被壓毀。整個民族也被標上毀滅的記號。因為史達林認為在那仍然是多種族的俄羅斯帝國中，他們在本質上是不可靠的：他們因為民族出身而成為階級敵人。

外國人及所有與他們接觸的人，依據定義都是嫌犯，無論他們在意識型態上的根據如何。一九三六年一月，共產國際執委會的三百九十四名之中，有二百二十三名在一九三八年淪落為史達林恐怖的受害者，正如在一九三三年逃往蘇聯的六十八名德國共產黨領導者中，有四十一名亦是如此。那些在一九一七年之前花了相當長時間在外流亡，或是在一九二〇年代投身於醞釀製造革命的老布爾什維克，都是最先被整肅的。＊

徒勞無功，布哈林陳情能被允許放逐美國，或是被送到西伯利亞的勞動營，或至少被允許能飲毒自盡，而不是被槍殺。他在一九三八年三月十四日面對行刑隊。

＊這過程在前共產黨員亞瑟・科斯特勒出版於一九四〇年的小說《正午的黑暗》中，有難以忘記的描繪。老布爾什維克黨員能夠淪落的深度，可由尼古來・布哈林在一九三七年十二月十日寫給史達林的信中，具體而微地表現出：

「對那些我曾承認的罪，我是無辜的……所有過去這幾年，我一直很誠實及誠懇地執行黨的路線，並學習有智慧地去珍惜及敬愛您……我已經對我們國家正在進行的情形……形成如下的概念：大整肅的政治理念是有偉大及大膽之處。

「它關係到：（a）戰前局勢；（b）……過渡到民主。這整肅包括了（1）有罪之人；（2）被懷疑之人，以及（3）潛在被懷疑之人。

「這事情沒有我沒法處理好……正是這點我感覺到最深刻的痛苦，並且發現我自己面對一個主要、令人刺痛的弔詭……

「我的心沸騰溢出，當我想到您或許會認為我犯下這些罪，而且在您心中的深處，您認為我真的犯下所有這些可怕之事。我的頭腦因為混亂而暈眩，我覺得我要以最大的聲音吼叫。我覺得我的頭正在撞牆。我要做什麼？我要做什麼？

「我被一件事所壓迫，這您或許已經忘記：曾經……我在您的地方，而您告訴我：『您知道我何以視您為友？畢竟您不會耍陰謀詭計，您不會吧？』而我說：『不，我不會。』

「在那時候我正和列夫・卡勉涅夫（在一九三六年八月時已經處決）廝混。啊上帝，我是怎麼個孩子！怎麼樣的傻子！現在我正在以我的榮譽及我的性命為此付出代價。原諒我，科巴（Koba，〔史達林的綽號〕）！

「我邊寫邊哭泣。但……我不對任何人懷有惡意……我要求您的原諒……啊主，但願有任何的設計，可以讓您見到我被剝開去皮的靈魂！但願您能看到我如何依賴您，身體與靈魂都是。」

同樣值得可疑的是那些居住在蘇聯邊界的族群團體，因為他們會比居住在俄羅斯核心地帶的人，更可能接觸到外國人。在一九三七年駐莫斯科的英國使館新任三等秘書是名勇敢的蘇格蘭人，叫費茲羅伊・邁可林。他好奇地造訪中亞的大城市；他顯然比較有興趣去觀光，而非蒐集情報。邁可林忽略這政權對旅行的限制，搭上火車前往巴庫，在那裡他又搭上蒸汽輪船到裏海港口連科蘭。次日早晨他驚訝地見到卡車車隊「直接穿過城鎮，前往港口，每輛都載著由架上刺刀的NKVD邊界部隊，戒護著表情沮喪的土耳其―韃靼農民。」當地人解釋說，他們的逮捕「是根據莫斯科來的命令，而這只是蘇維埃政府刻意進行的部分政策，他們將一部份人口從一地遷徙到另一地，而且他們想如此做的時候就做。那些被遷徙走的人所留下的地方，或許會被其他從中亞來的農夫所佔用。」毫不在乎他之後被NKVD邊界警察逮捕以及強制遣返莫斯科，邁可林在幾個月之後又開始他的四處行走，搭乘橫越西伯利亞鐵路到諾菲斯必爾斯克，在那裡（又再度是非法地）他又搭上前往往南到巴瑙爾的火車。在阿爾泰斯克車站，他注意到有運送牛隻的車廂被連結上他乘坐的火車：

> 這些車廂充滿了人，初看之下像是中國人。他們結果是朝鮮人，他們以及他們的家庭及財物正從遠東前往到中亞的路途中，在那裡他們要被送去在棉花農場工作。他們不知何以被流放⋯⋯後來我聽說蘇維埃當局很武斷地將大約二十萬名的朝鮮人遷徙到中亞，因為擔心一旦與日本發生戰爭時，會變成不可靠。

邁可林所見證到的只是龐大民族遷移流放計畫的一段插曲，這些現代史家最近才得以發掘出來。在一九三七年十月二十九日NKVD的頭子尼古來・葉索夫寫信給人民部長會議主席維亞切斯拉夫・莫洛托夫說，所有在蘇聯遠東的朝鮮人，為數總計十七萬一千七百八十一，已經被遣送到中亞，這是在一九二〇年代中首次思考之計畫的完成，是鞏固蘇聯東方疆界的方式之一。

朝鮮人只是最先被懷疑的族群。巴爾卡人、車臣人、克里米亞韃靼、德國人、希臘人、印古什人、麥斯凱山人、卡爾梅克人、卡拉恰伊人、波蘭人以及烏克蘭人；所有這些不同民族族群都在不同時期遭到史達林的迫害。這種政策的基本理由是很精巧地混雜著階級與種族的語言。波羅的海的德國人是「深到骨髓的富農殖民者」。波蘭人被告知：「你們正在被去富農化，並非因為你們是富農，而是因為你們是波蘭人。」其他OGPU的內部報告包含很有說明性的詞句：Raz Poliak, znachit kulak—「假如這是波蘭人，那這必然是富農。」早在一九三〇年初時，數以千計的波蘭農夫被從白俄羅斯以及烏克蘭往東邊遣送，部分是因為他們抗拒集體化以及部分是因為當局擔心他們會往西邊移民。在一九三五年有一波新的遷徙，將超過八千個波蘭家庭從基輔及威尼奇亞邊界地帶遷移到東烏克蘭。兩年之後，在調查被據稱是「最強大以及在蘇聯境內可能是最重要的波蘭敵後破壞間諜網」，導致有不少於十四萬人被逮捕，幾乎所有的都是波蘭人。

或許所有這些最值得一提的是烏克蘭人的例子。的確，這麼說並不會過份：在烏克蘭集體化所造成的人為飢荒，是史達林對他認為「烏克蘭問題」的殘酷答覆。史達林早在一九三〇年春季便已開始對烏克蘭相當的自主性進行反撲。「記在心中」，史達林在一九三二年間接地暗示，「在烏克蘭共產黨中…有不少的…腐化份子，有意以及下意識的佩特琉拉份子」（支持烏克蘭民族主義領導人西蒙・佩特琉拉）。誠然，一九三二—三年飢荒的影響並沒侷限在烏克蘭；哈薩克斯坦、北高加索以及伏爾加區域也受到影響。然而仔細分析透露出飢荒的受害人是不成比例地多屬烏克蘭。這當然並非偶然，在一九一七年的制憲會議選舉中，不到十分之一的人投給布爾什維克黨，然而確有超過一半投給烏克蘭的政黨。事實上，集體化明言的目的之一是要做到「毀滅烏克蘭民族主義之社會根基：個人持有之土地」。集體化在那裡比在俄羅斯推動地更遠更快。穀物產量的額度被刻意提高，即使生產正在滑落。這解釋何以有大約一半的飢荒受害人是烏克蘭人，幾乎是所有烏克蘭人口的五分之一。史達林也不認為飢荒對烏克蘭人不忠誠的問題是項充分的解決方式。作曲家蕭斯塔科維奇記得那四處吟唱的烏克蘭民歌手被圍捕射殺。所有這些之所以可能，是因為烏克蘭在實際上是被當作俄羅斯殖民地來管理。雖然俄羅斯人僅佔這共和國人口的九%，但烏克蘭共黨七十九%的官員以及政府九十五%官員是俄羅斯人，或已經俄羅斯化。

另一個族群在集體化過程中受到不成比例傷害的是南俄的庫班哥薩克人，他們對政策的抗拒導致被全面地遷徙到西伯利亞。這些人也非史達林「種族淨化」唯一的受害者。在一九三五年春以及一九三六年春，約有三萬名芬蘭人被送到西伯利亞。在一九三六年一月，數以千計的德國人從蘇聯西部邊界被運送到哈薩克斯坦。在一九三七年超過一千個庫德族家庭從南部邊界被遣離；一年之後換成兩千名伊朗人。到這時候，這政權已經將所有的約束棄之不顧。在一九三八年一月最初針對波蘭人的大規模肅清活動，被政治局擴大為「摧毀由波蘭人、拉脫維亞人、德國人、愛沙尼亞人、芬蘭人、希臘人、伊朗人、哈爾濱人、中國人以及羅馬尼亞人，外國人及蘇維埃公民」以及「保加利亞和馬其頓軍隊幹部」，「所組成之間諜與怠工隊伍的行動」。

有時候有人想像蘇維埃政權在方法上比其它集權主義政權在方法上沒那麼官僚化。然而俄羅斯檔案的證據卻非如此。官員會列出詳細分類，將古拉格裡的獄民以國籍加以分類，想必是提供給史達林以及其爪牙來監督種種的迫害運動。有些時候有人認為史達林在處理種族淨化上沒有希特勒那麼嗜殺。但這差別是量而非質的差別。誠然蘇聯營區比較關切的是要從囚犯壓榨勞力，而非殺害他們；囚犯在懲罰性的勞改營，如什潘汀卡，會被成堆地槍殺，但它不像，例如說，特雷布林卡一樣，是個專司滅絕的營區。然而，我們絕不可

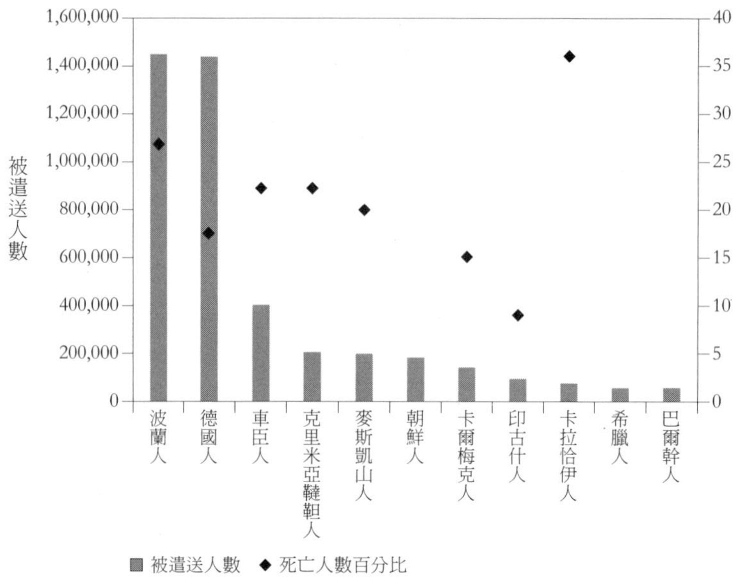

圖 6.2：史達林「種族淨化」的受害者，約 1926 年到 1954 年

低估那因為史達林對非俄羅斯人進行迫害，因而喪失性命的人數。這些（不像「大浩劫」）發生在一場只是出於想像的內戰之中，而非全面性戰鬥的環境。在一九三五及一九三八年間，由於一連串針對非俄羅斯國籍者的行動，約有八十萬人被逮捕、流放或處決。在史達林恐怖的高點，在一九三六年十月及一九三八年十一月之間，被迫害國籍的成員構成所有以政治罪名逮捕的五分之一，以及所有處決的三分之一。事實上，在那些針對其它國籍所進行運動中，被逮捕的人之中，有將近四分之三結果以處決結案。總計在史達林統治期間，超過一百六十萬名非俄羅斯國籍的人因為被強迫遷徙而死亡（見圖 6.2）。

或許可以說在蘇聯有一個族群因為其積極地不想突出，反而變得突出。猶太人在沙皇統治時期已經是邊緣的人。但他們在革命時期的布爾什維克黨裡扮演不成比例的重要角色。一九二〇年代對蘇維埃猶太人來說是個好年代，許多人擁抱無產階級專政這種新的政治文化。到一九二六年工會成員約有十一%是猶太裔，同時也是黨的成員，這相較於全國平均的八%。一年之後，猶太人構成黨員的四‧三%，相較於其佔蘇維埃人口的一‧八%。這時期增加的社會整合的一項指針是異族婚姻的迅速增加。猶太人在烏克蘭及白俄羅斯（──舊的限制居住區的核心──）脫離自己信仰往外結婚的比例仍然低：在烏克蘭不到五%的婚姻是異族婚姻，在白俄羅斯則剛超過二%。相較之下，在俄羅斯這比例則升高到一九二五年的一八‧八%，以及兩年後的二十七‧二%。這裡必須強調，這並非全蘇維埃有普遍朝向族群混和趨勢的一部份；在中亞，俄羅斯人和穆斯林幾乎沒有聯姻。甚至俄羅斯人和烏克蘭人之間的族群障礙，似乎消除地更慢。逐漸城鎮化的猶太社區顯示出放棄傳統意第緒語，選擇使用俄羅斯語。但因為在原先的布爾什維克黨員之中有高比例的猶太人，他們被吸引到共產主義，做為脫離沙皇迫害的方法，所以史達林恐怖的受害者也有高比例的猶太人。雖然他在戰前沒有顯示出這種偏見，但史達林或早或晚將注定會集中在做為一族群的猶太人身上，不相信他們的忠誠。為什麼他們可以無限期地從他那無法相信人的病態中得到豁免？或就那件事來說，有任何其他人能夠豁免？

即使在一九三九年戰爭爆發之前，甚至在一九三三年之前，這魔鬼般的喬治亞人已經透露出自己；正如列寧已經徒勞無功地警告過他必然會──是「一位真實及真正的『國家社會主義者』，甚至是一個粗野的大俄羅斯主義惡霸」。對西方的左派來說，共產主義及法西斯主義之間一直有深刻的差異。一直晚到一九八〇年代末，尤爾根‧哈伯瑪斯（Jürgen Habermas）以及其他人還是很熱心地堅持這種教條，認為第三帝國不能合法地與史達林的蘇聯相比較。但難道史達林以及他德國的對手在實際上不是集權主義的兩張嚴厲臉孔？除了一個人較另一個早幾年付諸實現外，史達林的「一個國家內的社會主義」與希特勒的國家社會主義有任何真正的差別？我們現在可以看到有多少在二次大戰期間德國集中營裡所做的事，不是已經在古拉格中預期到？

以運牛卡車來運送，將囚犯歸為不同種類，剃頭，剝奪人性的生活條件，羞辱的衣著，不停的點名，野蠻及任意的處罰，在判刑及判死之間做出許多不同的區分。是的，這兩個政權絕非同一個，如我們將見到。但這至少相當有暗示性：當青年的獄民尤里‧秋可夫到達索羅菲次基，歡迎它的標語是「經由勞動─自由！」這謊言完全相同於那歡迎囚犯到奧斯威茲的鍛鐵銘文：Arbeit Macht Frei（「勞動使你自由」）。

第七章　外人

Strange Folk

我們要保護我們生活的永久基礎：我們的民族性以及它內在的力量和價值⋯⋯農夫、市民和工人必須再度成為一個德國民族。

希特勒在國會開議時的演講，一九三三年三月二十一日

我已經以極大興趣去研究美國數州有關如何禁止那些有種種可能會生育無價值或傷害種族品質之後代的法律。

希特勒對納粹衝鋒隊參謀長奧圖・瓦格納的談話

領導者談話

這是一九三三年三月。全國的情緒沸騰，滿懷期待。在全面勝選的餘威下，這國家富有群眾魅力的新領導人，向迫不及待要進行改變的民族發表談話。數以百萬計的人民擠向收音機聆聽。他們所聽到的是對之前所發生之種種的嚴厲指責，以及要進行民族復興的動人呼籲。

他以低沈嚴肅的語調開始，概述這國家險峻的經濟處境：

價值已經萎縮到怪異的程度；賦稅已經增加；我們支付的能力已經滑落；政府各部門都面臨收入嚴重縮減；交易工具在貿易潮流中被凍結起來；工業產業的枯萎樹葉落在四處；農夫產品找不到市場；數以千計家庭多年儲蓄消失殆盡。更重要，一大群失業的公民面臨生存的嚴酷問題，還有一樣多的人鎮日操勞，卻無回報。

誰該負責？他讓聽眾心中毫無疑問。正是「人類物品交易的主宰者」：因為他們的冥頑不靈以及他們自己的無能」。但是「那肆無忌憚的錢幣交易商行為」現在「在公共意見的法庭之中面臨指控」；他們已經「被人們的智慧及心靈所拒絕」：

在面臨信用崩潰時，他們只提出要借貸更多的錢。在被剝奪那誘惑我們人民去追隨他們錯誤領導的利潤之後，他們訴諸道德勸說，淚流滿面地呼籲要恢復信心。他們只知道那只顧自己利益之世代的規則。他們沒有願景，而當沒有願景，人民會毀滅。錢幣交易商已經逃離我們文明聖殿中他們原來高高在上的位置。我們現在可以將那聖殿恢復到古老的真理。〔掌聲〕恢復的程度決定我們在何種程度上，實踐那比僅僅只是錢財利潤還要更高貴的社會價值。

這些是的確是強烈的語言，但還有更多會出現。將「物質財富的虛假」和「工作的喜悅及道德的鼓舞」相對比，他譴責「爭奪高位以及個人利益的標準」，更不用提那已經成為金融及政治生活特色的「麻木不仁及自私自利錯誤行為」。「這國家，」他在更進一步掌聲中宣布，「需要行動，而且現在就要。」

新領導人心中所想到的運動是很大膽，甚至是革命性的。工作將會被創造出來，「藉由政府自己直接招募，看待這任務如同我們看待戰爭的緊急狀況」；人們會被安置工作，進行「極為需要之計畫，來刺激以及重組我們自然資源的使用」。在同一時間，為了修正那他稱為「在我們工業中心的人口失衡」，必須要「重新分配」勞動力，「來對那些最適合土地的人提供對土地更佳的使用」。他將會引進一個「國家系統，來規劃以及監督所有種類的運輸，交通以及其它公用設施」，還有「嚴格監督所有銀行、信用以及投資」，來「結束用別人的錢去進行投機」。這些話從他的聽眾中贏得熱烈歡呼的措施。這國家的「國際貿易關係」必須讓位給「建立一個健全的國家經濟」。「我們必須前進，」這時聲音逐漸升高到最高點，他宣布說：

好像一隻訓練有素以及忠誠可靠的軍隊，願意為共同紀律的好處犧牲奉獻，因為沒有如此的紀律，無法有進步，領導無法有效。我知道我們準備好，而且願意讓我們的生命及財產接受如此的紀律，因為它使得領導權可以以更大的好處做為目標。這是我提議出來的，承諾那些更大的目的將會有如一項神聖職責，以那只有在武裝鬥爭時才會被呼喚出的一致責任感，來約束我們。在做出這承諾後，我毫不遲疑地擔負起我們人民大軍的領導責任，奉獻在我們的共同問題，進行一場有紀律的攻擊。

仍不滿足這種軍事化國家的願景，他對國家新選出的立法機構提出一個嚴厲的警告來做結論：「對毫不耽誤之行動的一個史無前例需求及要求下，或許需要暫時背離⋯行政權威及立法權威的正常平衡。」假如立法機關沒有迅速通過他提出來對付國家緊急狀況的措施，他要求「去應付危機唯一剩下的工具是：廣泛的行政權力，來對緊急狀況發動戰爭，這權力大如在假設我們被外敵入侵時，那將會給我的權力」。這一行話引起了最大的掌聲。

誰是這位群眾煽動家，會如此粗略地將大蕭條歸罪在腐敗的金融人士；是誰如此大膽地提出以國家干預來做為克服失業的良方；是誰如此厚顏地威脅要以行政命令來進行統治，若立法機構不支持他的話；是誰如此犬儒地使用及一再使用「人民」以及「國家」來添加燃料，讓他觀眾的愛國心越燒越旺？答案是富蘭克林・D・羅斯福，而所有以上引句是取自他在一九三三年三月四日就任美國總統時所做的就職演說。

稍後不到三週，在另個受到大蕭條一樣嚴厲打擊的國家，有另一個勝選人，發表一場相當類似的演說。他開始時回顧國家嚴厲的經濟狀況，承諾激烈的改革，敦促立法者超越狹隘黨派政治的思考，並以要求國家團結的動人心弦呼籲結束。阿道夫・希特勒對一九三三年三月二十一日新選出之國會的演說，和羅斯福的就職演說相比，兩者間的相似之處比其差異更為驚人。然而這不用說，美國與德國從一九三三年到一九四五年（──這是羅斯福及希特勒都在職位上過世的一年──），是採取截然不同的政治方向。儘管羅斯福威脅要不顧國會，若它進行阻撓，以及儘管他連續三次選舉成功，美國憲法在他總統任內只有兩次次要的改變：選舉以及行政移交之間的時間被縮短（修正案二〇）以及禁酒令被廢除（修正案二一）。新政最重要的政治後果是相對於個別的州，聯邦政府被顯著地強化：民主就其本身並沒被削弱。甚至國會還拒絕了羅斯福的司法重組議案。對照之下，威瑪憲法在一九三三年大選之前的兩三年時已經瓦解，結果是希特勒擔任總理之前的數位前任，已經逐漸依賴緊急總統命令來執政。到一九三四年末時，國會已經變成或多或少的空殼子。羅斯福經常在某種程度上受限於立法機構、法庭、聯邦裡的各州以及選民，但希特勒將會變成專制，甚至不受需要前後一致或寫成書面文字的限制。希特勒所決定的便會被執行，即使這決定是以口頭傳遞的；當他沒做決定時，官員被認為要朝向他們認為他的意志或許會是如何去做。羅斯福必須奮鬥─辛苦地奮鬥─另外三次總統選舉。相較下，民主政治在德國變成騙局，用事先精心安排的投票，來取代有意義的選舉，加上一個充滿納粹狗腿的國會。在政治上基本的言論、集會、新聞、甚至信仰與思想自由，都被刪除。法治也同樣被刪除。整個德國社會的一群人，特別是猶太人，失去他們的民權及參政權。財產權也被選擇性地破壞。誠然，在一九三〇年代的美國並非烏托邦，特別是對非洲裔的美國人而言。當納粹設法去禁止「雅利安人」與猶太人之間的關係，正是南方各州對異族性關係及婚姻所做的法律限制，提供他們模範。然而就以最不好的指標來說，在一九三〇年間對黑人進行私刑的數量（共一一九件）只是一九二〇年代的四十二％，以及一九一〇年代的二十一％。無論大蕭條還帶來什麼，它並沒摧毀美國的民主政治，也沒讓美國的種族主義惡化。*

美國與德國對經濟大蕭條所做之回應的對比，凸顯出史學家在寫作有關一九三〇年代時所面臨的核心困難。這兩個是受到經濟危機最嚴重影響的工業化經濟體。兩個國家在步入大蕭條時都是民主政治、甚至它們的憲法有許多共通之處：都是共和，都是聯邦，有以直接選舉選出的總統，有全民投票權，兩院制的立法機

---

*羅斯福還是反對柯斯提-華格納（Costigan-Wagner）的反私刑法，因為擔心若支持它，會讓他輸掉一九三六年南部的州。

構，都有最高法院。但是一個國家在兩次大戰間兇惡的大水中航行，對其政治體制及公民自由，沒有帶來顯著的改變；另一個則從現代民主政治中產生了曾經最令人厭惡的政權。要設法解釋何以如此，或許是二十世紀最困難的問題。

要從大蕭條中有明顯復甦，所有國家都需要新的經濟政策：到一九三三年時，如羅斯福所說，他前任赫柏特・胡佛所偏好的傳統解藥已經不被採信。任何國家若仍頑固地堅持結合健全的金錢（金本位）以及或多或少的平衡預算，注定會陷入十年的停滯。關稅亦非答案。然而還有許多方法來創造經濟復興。其中一個極端是蘇聯的政策，這是以生產方式國有化、中央計畫以及對勞動力無情的脅迫為基礎。在另一端則是英國結合貨幣貶值、輕微的預算赤字以及保護性之帝國關稅聯盟的總合。其它措施，如在美國引進的銀行存款保險系統，並沒有嚴重偏離自由經濟秩序。大多數國家採取的政策大致是在這兩端之間，結合了政府逐漸涉入就業市場，投資以及限制貨物、資本以及勞動力的自由流動和／或定價。其中關鍵點是這些新的經濟政策所帶來之政治效應，在不同國家之間的變異，比經濟政策本身來得更大。只有在一些國家裡，採行新的經濟政策是後於－若不是依賴於－在政治上轉向獨裁。但是英語世界見到許多偏離經濟正統見解的作法，並沒腐蝕民主政治。在斯堪地那維亞的國家亦然；正是在一九三〇年代瑞典社會民主黨為一九四五年後歐洲福利國家立下基礎。反諷地，一些其它國家逐漸離開民主政治，有些時候卻是因為需要更為嚴謹的正統財政政策使然，理由是國會系統以其在立法機構所代表的特殊利益，造成無法去運作一個平衡的預算。但其實，不平衡的預算對需求來說，提供了一個大體上有力的刺激。而且也應該記得，金融政策的改變並不需要對民主政治造成任何減損，因為在大蕭條之前的大多數國家中央銀行並不需要對民主政治負責。有些還讓具有它們免於國會控制的獨立性，並在法律上得到保障。其它國家（—特別是英格蘭銀行以及法蘭西銀行——）仍然被認為是私人公司，只向它們的股東（——而非選民——）負責，即使它們的角色及運作方式仍受到法律的規範。

除此之外，只有在另一次類的國家中，民主政治的結束也意謂自由及法治的結束。雖然國會權力的弱化經常與對少數族群的壓迫相關連，但在實際上就邏輯來說，可以有其一，而沒有另一。自麥迪森、托克威爾以及米勒以來，自由主義者對民主政治的批判已經警告過「多數人的獨裁」。在大蕭條之前，在中、東歐已經很明顯，民主政治確實會引領多數族群來歧視少數族群（見第五章）。而的確，不受國會監督約束的行政部門，比較容易會去破壞既有的法律及憲政。但是在兩次大戰之間獨裁政權迫害個人或特定社會團體的程度，相差極大。在一些情形下，獨裁者在實際上會比那些願意充分發洩多數人偏見的民選國會，或許會對少數族群較好。而且比一般共同所瞭解的，獨裁統治者可以對激烈不容忍的法西斯運動形成約束；這在羅馬尼亞特別明顯，但在波蘭亦是如此（見以下）。

只有在極為少數的國家中（——獨裁政權這次類下的次類——），國會權力以及法治的終結也意謂侵略性的外交政策。大多數獨裁政權其實是相對地和平。

墨索里尼的時刻

在一九一八年，小羅斯福的前任，威爾遜已經宣布過：「民主政治似乎即將普遍獲勝⋯民主政治體制的散播⋯承諾會將政治簡化為單一的形式⋯將所有形式的政府簡化為民主政治。」有陣子他似乎是對的。自從十九世紀初以來，政治科學家設法將民主政治在全球的散播加以量化。他們估算出在一九一四到一九二二年間，民主政體的數量以及民主化的素質有明顯的上揚。有民主政治的國家，在十分中得到六分以上者，從二十二％增加到幾乎三十七％。世界民主政治的平均得分從七・八升到八・七。這是「威爾遜的時刻」，而這衝擊是真正地全球性，不僅轉化了曾是哈布斯堡王朝的地貌，而且讓贏得戰爭的歐洲帝國腳下土地不安地移動。但它只是一個時刻。在一九二二年之後的兩個十年，民主政治失敗。到一九四一年，不到十四％的國家是民主政治；民主政治平均得分掉落到六・四％。在一九二二年所得到的水準，會有七十年不再見過。

民主政治風潮流進來然後退回去，基本上是歐洲大陸的故事。在英語世界裡（除了不民主，而且只有部分說英語的南非），民主政治從未面臨嚴厲的挑戰。在同時之間，因為西歐帝國經歷大戰後，仍維持完整，甚至在面積上稍微增加，所以在亞洲及非洲在戰前及戰後幾乎沒有民主政治。日本，如我們將會見到，是經驗過民主潮流的唯一亞洲國家。在拉丁美洲，一些國家的確從或多或少的民主政權，走向獨裁政治：阿根廷（那裡軍隊在一九三〇年推翻激進的總統伊波里托・伊里戈炎）、瓜地馬拉、宏都拉斯以及玻利維亞。格蘭德河以南大多數國家，剛開始時並非民主政體，但之後就以那方式維持著。其中之一，哥斯達黎加，自始自終是民主政治。一些國家（—哥倫比亞、秘魯以及巴拉圭—）其實是在兩次大戰期間，在前往民主政治道路中取得一些進展。智利在一九二四年歷經一場軍事政變，但憲政統治在一九三二年時由卡洛斯・伊瓦涅斯將軍恢復。

歐洲的二十八個國家中（—對「歐洲」做出最寬鬆、但可信的定義—）幾乎所有國家在一次大戰之前、之中及之後都已採取某種代議性質的政府。然而有八個在一九二五年時成為獨裁政權，在一九三三年時再加五個。又五年之後，只有十個民主政治存留下來。如我們已見，俄羅斯在布爾什維克於一九一八年關閉制憲會議後，成為第一個離開的。在匈牙利，參政權早在一九二〇年時便已限縮。凱末爾在擊潰希臘人之餘，在土耳其建立一個在實際上是一黨專政的國家，也不願見到他世俗化的政策被伊斯蘭反對份子挑戰。可是，是前一年在義大利的事件，似乎立下另一個普遍的模式。

貝尼托・墨索里尼是不僅廢除多黨民主政治，而且也宣布新法西斯政權的第一位歐洲領導人。一名鐵匠之子、一位社會主義者以及兩本粗疏反教士書籍的作家，《樞機主教的情婦》與《約翰・哈斯誠實的人》，墨索里尼甚至在義大利社會黨反對國家加入第一次大戰之前，就已經轉向民族主義。羅馬人的法西斯（——一束懲戒棍杖，象徵國家之威權——）已經被戰前不同團體加以採用；墨索里尼加入這其中之一。如此便是法西斯主義的公式：社會主義＋民族主義＋戰爭。墨索里尼在一段短暫而且不突出的兵役後，回歸到他的新聞業，他真正的專長。他的時刻隨著和平而來到。在布爾什維克的傳染病橫掃到杜林以及波河河谷的村莊時，義大利政治的既有勢力就如整個歐洲對等的單位一樣，感到相當脆弱、容易受害。墨索里尼以他那光耀四射的群眾魅力，呼應前一世代義大利民族主義英雄弗朗切斯科・克利斯比。他以新成立的「義大利戰鬥法西斯」，由退役士兵形成幫派的方式來提供武力鐵拳。甚至在一九二二年十月二十九日，他那獨特戲劇性的進軍羅馬之前（——這比較是照相曝光的機會，而非政變，因為法西斯黨缺乏以武力奪權的能力＊——），墨索里尼已經被拒絕執行戒嚴法的國王維克多・伊曼紐爾三世，邀請出來組織政府。舊的自由黨員有信心他們仍會一如往常，事事照舊。他們顯然低估墨索里尼對權力的胃口；他曾在一時同時握有首相以及幾個部會的位置，但這完全符合他的個性。他唯一能進行控制的新聞界開始推舉他成為無所不能的「領導」（Duce），但在這表面光彩之後，一直潛藏著暴力的威脅。在一九二四年社會主義副領導人賈科莫・馬帖歐提遭到謀殺

＊三月進軍羅馬做為一「歷史事件，是未曾發生」的說法，已經被很具說服力地論證為真。新聞界抬舉法西斯在克里孟納、比薩、佛羅倫斯、杜林以及其它地方奪取權力的效率。唯一實際上「進軍」羅馬是在國王要求墨索里尼籌組政府後，二十九日晚上載著他從米蘭抵達首都的火車。

之後（幾乎確定是墨索里尼下令的），政治反對勢力被鎮壓下來。像是列寧主義者安東尼歐・葛蘭西之流的人，被關到監獄去。從此之後，國家法西斯黨不容忍任何競爭者。新聞編輯被要求必須是法西斯黨員；老師要宣誓效忠。國會及工會仍繼續存在，但只是冒充的東西，臣服在墨索里尼的獨裁統治下。

義大利藉由國王任命而有獨裁者，一點都不少見。其他獨裁者自己就是君王。阿爾巴尼亞總統艾哈邁德・貝伊・佐古在一九二八年宣布自己為國王佐格一世。在南斯拉夫，國王亞歷山大在一九二九年進行政變，在一九三一年恢復國會政治，但在一九三四年被暗殺；之後攝政保羅重新建立皇家獨裁政權。在保加利亞，國王波利士三世在一九三四年奪得政權。在希臘，國王解散國會，並在一九三六年安排伊翁涅斯・麥塔克撒斯將軍為獨裁者。在兩年之後，羅馬尼亞國王卡羅以自己名義建立皇家獨裁政權。在匈牙利沒有國王，但政治菁英維持國家仍是王政的假象，以宓克羅斯・霍爾蒂海軍上將為攝政；但其名義權力是由兩位強人來實際行使，最先是史提芬・貝特仁伯爵，然後是久拉・恭保斯。在其它地方則是被選出的總統，廢除掉國會。安塔那斯・史邁托納在一九二六年建立立陶宛的獨裁政權。君士坦丁・派茲以護國者（Riigihoidja）身份，以命令統治愛沙尼亞四年，然後在一九三四年後以總統身份統治；同年，總理（後來為總統）卡爾利斯・烏曼尼斯解散拉脫維亞國會。

在其它情形則是軍隊掌握政權。約瑟夫・畢蘇斯基將軍，這位波蘭的克倫威爾，一九二六年進軍華沙，是實質上的獨裁者，直到一九三五年他過世前，他將許多、但非全部的權力移轉到另位軍人史密革里—來德。西班牙從一九一七直到一九二三年有一君主立憲，然後是普里莫・德・里維拉所主掌的軍事獨裁，然後是逐漸移向左派的共和，最終以形成人民陣線聯盟為高點，這包括了共產黨員及社會主義者。在歷經一場由一群陸軍軍官在一九三六年啟動，但得到民族陣線政黨支持的激烈內戰，法蘭西斯哥・佛郎哥將軍自立為獨裁者，他既是德國及義大利協助干預下的受益人，也在不同左派派系彼間所進行的「內戰中之內戰」互相削弱下，從中獲益。葡萄牙的過程也類似，雖然較為緩和。軍隊在一九二六在當地奪得政權；六年後財政部長安東尼奧・奧利維拉・薩拉薩爾成為總理，提倡獨裁政體，這使他在次年成為獨裁者。英格柏特・多爾富斯設法在奧地利進行相同把戲，在一九三三年三月之後以命令來治理國政。雖然在一九三四年七月遭到暗殺，他已經能夠留給他的繼承人庫爾特・舒施尼格一個可以運作的獨裁系統。

就這些新獨裁政權強調它們所謂的獨特民族主義傳統來思考，他們都看起來相當類似：有色的襯衫、光亮的皮靴、激昂的軍樂、高視闊步的領導人，以及幫派式的暴力。所以在初看之下，德國版本的獨裁政權與所有其他的，似乎無甚區別，或許除了希特勒稍稍比其他對應的人更荒謬一些。晚至一九三九年希特勒還能夠被卓別林在他的電影《大獨裁者》中，描繪成基本上是個喜劇的角色，吼出不知所云的演講，做出可笑怪誕的姿態，以及玩弄一個大型充氣的地球。但國家社會主義和法西斯主義之間實際上有深刻的差異。幾乎所有在兩次大戰間的獨裁政權若不是徹底的反動，就在根本上是保守的。它們權力的社會基礎是那在工業革命前舊式政權所遺留下的：王政、貴族政治、軍官團以及教會，在不同程度上受到畏懼社會主義的工業鉅子以及厭倦民主政治混亂妥協的輕佻知識份子所支持。＊獨裁者所進行的主要功能是鎮

＊列出一張清單羅列與法西斯主義眉來眼去、打情罵俏，甚至更有過之的叛徒教士，就其本身，便足以成為一本書。假如只是要說明一下這現像是如何普遍，那必須不榮譽地提及作家南奇歐，他自己在戰後的費攸梅成立自己膨風的獨裁政權；詩人艾略特（T. S. Eliot）他寫過「集權主義可以保有『自由』和『民主』的詞彙，並給它們屬於集權主義的意義」、哲學家馬丁・海德格（Martin Heidegger）擔任佛來堡大學的校長，熱心支持納粹政權；政治理論家卡爾・舒密特（Carl Schmitt）為第三帝國的非法性設計出虛擬法律的辯護；小說家伊歌那企歐・希洛內（Ignazio Silone）出賣共產黨同志給法西斯主義者；詩人葉慈（W. B. Yeats）為愛爾蘭的藍杉軍寫過一些歌。湯姆斯・曼（Thomas Mann）在第一次大戰犯下相當多的過錯，而且在歷經困難之後，才和納粹政權公開決裂，當他說及「徹底有罪的知識份子階層」時，他並沒錯。

壓左派：破壞他們的罷工、查禁他們的政黨、拒絕他們的支持者發聲、逮捕以及當認為有必要時，殺死他們的領導人。他們除了在單純的社會復興中所採取的極少措施外，還引進新的「社團主義」機制，被認為是用來管制經濟生活，並保護忠誠的支持者免於市場的波動變化。在一九二四年法國的史學家以利亞・哈勒維（Élie Halévy）巧妙地將法西斯義大利形容為「獨裁政權的國度…一個對旅行者極為舒適的政權，在那裡火車準時到達、準時離去，在那裡港口或公共運輸沒有罷工。」在他對「領導」所寫的冗長而且辯護性的傳記中，倫佐・德・費利切說這是「穿上黑衫的舊式政權」。甚至天主教會，這年輕時代墨索里尼所蔑視的，也在一九二九年「協約」（Concordat）的條件下被包容。的確是真的，在那些國家中，有些法西斯的領導以及運動，所使用的修辭會更往前一步，呼喚出民族再度復興的願景，而非僅僅只是再度肯定舊式的秩序。但「西班牙民族社團攻擊聯合會陣線」（Falange Española de las Juntas de Ofensiva Nacional Sindicalista），這西班牙法西斯政黨的完整以及雄偉的全名，它的法西斯主義只不過是佛郎哥在本質上保守主義支持者的一小成分；在佛郎哥所合併起來的「西班牙傳統主義者陣線」（Falange Española Tradicionalista），其關鍵字是最後一字。在其它情形，特別是在奧地利、匈牙利以及羅馬尼亞，獨裁政權是用來鎮壓或至少去約束法西斯政黨。

只有德國的法西斯主義在行動上及言論上，才既是革命又是集權。只有德國獨裁政權最後會導致工業化的種族屠殺。之所以會如此，是有很好的理由。法西斯運動對大多數獨裁者來說是種選擇性的配件。但在德國的情形則不然。如圖7.1所顯示，沒有其它的法西斯政黨會接近國家社會主義黨所獲得的選舉勝利。就選票來說，法西斯主義是不成比例的德國現象；將所有在一九三〇—一九三五年間所有投給法西斯或其它極端民族主義政黨的個別票數加起來，會有驚人的九十六%是由說德語的人所投下的。

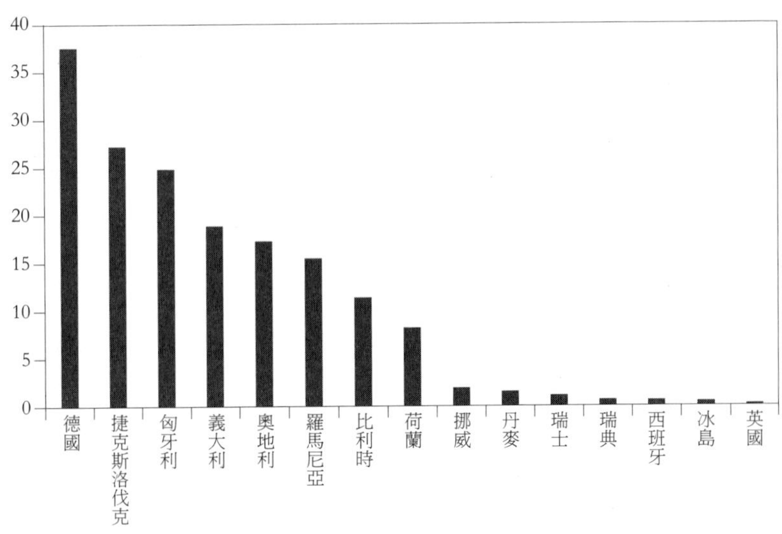

圖 7.1 法西斯或「半法西斯」政黨在 1930 年代期間全國自由選舉時，所獲得最大比例的票數

從全球來看，民主政治的崩潰不能輕易地怪罪到大蕭條；如我們已見，有太多的民主政治從嚴重經濟危機中存活下來，而有太多的獨裁政權是在經濟大崩盤之前，或是在生產上滑落相當有限之後成形的。然而從嚴格的歐洲觀點來看，難以否認，一個國家經濟困難的程度與它的法西斯選票程度之間有正相關（見圖7.2）。大體而言，有最嚴重大蕭條的國家正是產生最多法西斯選票的國家。經濟危機在中、東歐最嚴重。那也是法西斯主義政治訴求最吸引人的地方。但關鍵點是德國人（——在帝國之內及之外——）最被法西斯主義所吸引；或是以不同方式來說：會成為真正群眾運動的法西斯主義那種變種，是德國國家社會主義。

兩件事使得德國經驗獨一無二。第一是希特勒本人，他在許多方面比卓別林所知道的都還怪異。他被藝術學校拒於門外，曾經一度以販賣便宜的臨摹畫卡，勉強餬口為生；一位在奧地利逃避兵役的人，卻結果成為被授勳的巴伐利亞軍曹；一位懶散平庸晚起之人，喜歡華格納歌劇以及卡爾・梅伊的牛仔故事：

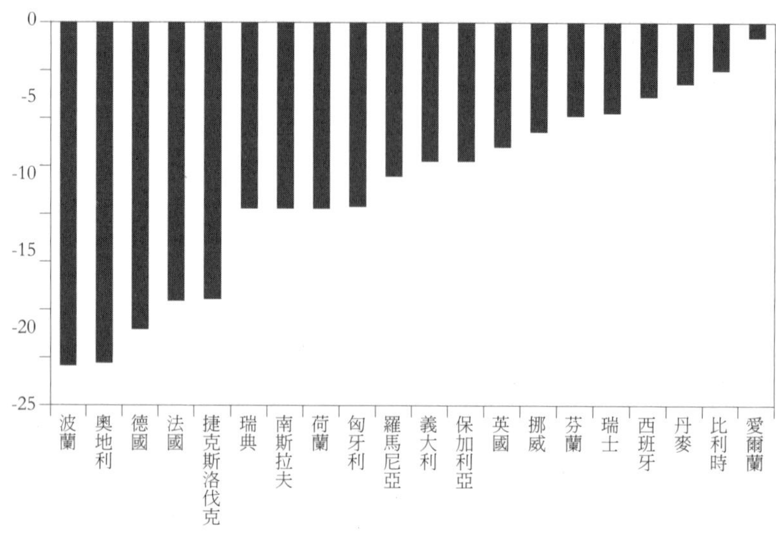

圖 7.2 在經濟大蕭條期間實質生產從峰頂落到谷底

這些的確不像是腓特烈大帝以及俾斯麥遺緒之繼承者。在一九二〇年代初的慕尼黑，他被見到參加一位羅馬尼亞公主的社交聚會，「戴上他幫派的帽子，晚宴外套上披著軍用雨衣，亮著一把手槍，如往常一樣，手持他的打狗鞭」。所以一點都不奇怪，興登堡總統會以為他是位浪蕩子。其他人認為他看起來像「是要去勾引廚娘的男人」，或是逃離崗位的電車車掌。若非他出版者邁克斯・阿曼的建議，他的第一本書為必然會叫《四年半以來對抗謊言、愚蠢以及懦弱的鬥爭》，而不是朗朗上口的《我的奮鬥》。這較長的標題捕捉住一些希特勒尖銳以及喜歡責怪他人的人格特質。至於他的性傾向，長久以來對此都一直以間接和有問題的證據來做臆測，但他可能沒有。希特勒恨人。他不會愛人。

第三帝國與其它一九三〇年代法西斯政權的第二項關鍵差異在於德國本身。大多數在兩次大戰中民主政治失敗的國家，都是相當落後的，有一半或更多的人口在一九三〇年從事農業。若不是有兩個例外，甚至在這農民比例與民主政治可能持續長度兩者之間有種負關連。那兩個國家是德國及奧地利。在這兩個社會中，三個人中不到一個是在土地上耕作。現在的挑戰是要解釋何以一個病態的人如希特勒，能夠去控制那對許多人來看，至少在一九三三年之前，是歐洲（——若非全世界——）最發達的國家。

希特勒兄弟

對許多訪客來說，德國在一九二〇年代是歐洲合眾國：龐大、工業化以及極度現代化。它是一些歐洲最大以及最好公司的祖國：電機巨人西門子，金融巨擘德意志銀行，汽車製造商賓士，化工集團法本化學。柏林誇稱有在歐洲最大的電影產業，在發行弗利茲・郎格的《大都會》中，出版了二〇年代的科幻鉅作，還有相同作者的《M》，這部經典的犯罪劇情片。柏林有和威廉・藍道夫・赫斯特報紙一樣聳人聽聞的八卦報《八點晚報》；百貨公司大如梅西百貨的卡迪威；拳擊手史邁靈運動明星被吹捧及偶像化如「貝比」・魯斯。這横跨大西洋的影響力如此廣泛，所以法蘭茲・卡夫卡覺得不需到美國，也能寫出《亞美利加》。甚至在一項關鍵的方面，德國更勝美國：它擁有遠遠更為優秀的大學。與海德堡和徒賓根相比，哈佛與耶魯是紳士俱樂部，在那裡學生更關切的是足球，而非物理。在一九〇一到一九四〇年間諾貝爾科學獎項有超過四分之一是給德國人；只有十一%是美國人。愛因斯坦不是在一九三二年移駕到普林斯頓時，到達他行業的顛峰，而是在一九一四年，當他被任命為柏林大學教授、威廉凱撒物理研究所主任，以及普魯士科學院院士。即使劍橋產生的最優秀科學家，還是有必要到德國巡禮就教一番。

但是還有另一個德國：一個行省城鎮的德國，這裡對大城市狂熱的現代化沒有好感。這個德國深深受創於那一九一八年十一月可怕的戰敗消息揭露後，所引起的動亂。＊幾乎在一次大戰結束立即之後所有革命事件都發生在大城市：柏林、漢堡、慕尼黑。儘管是在圖林根邦寂靜的首府起草新共和國的憲法，但威瑪共和始終都是大都會的事情。當英國「流浪的學者」派特列克・里・佛莫在一九三三年末從萊茵河出發，步行到多瑙河時他發現到行省中其實沒有很多變化。他在第三帝國的第一次接觸是在威斯特伐利亞的小鎮和一群褐衫軍的部隊，他們在主要廣場舉行草率的閱兵遊行，然後躲到最近旅館去喝啤酒和快樂地唱歌。從由聖方濟修士所經營的克雷費爾德工作坊，到一位已經過世教授排滿書籍的研究室，從萊茵河駁船停泊處，到靠近普福爾茨海姆附近的農舍，里・佛莫通過的德國，和他父親或甚至他祖父若做相同旅行，必然會看到的德國，無甚差別。正如工業家及哲學家拉特瑙向日記作家哈利・凱斯樂伯爵抱怨：「沒有革命。門戶自動彈開。典獄長已經跑走。囚犯困惑地站在監獄的中庭，無法移動他們的四肢。」

這威瑪共和國設法去做不可能之事：同時創造出一個福利國家和支付凡爾賽條約所規定的賠償。這加在德國身上的壓力，產生不是一個、而是兩個危機：首先是在一九二三年的極度通貨膨脹，然後是在一九二九年後的嚴重通貨緊縮。這雙重危機動搖威瑪共和已經脆弱的合法性，這一點都不令人訝異。通貨膨脹似乎標記了不僅是通貨價值的崩潰而已，而是所有戰前中產階級社會價值的崩潰。假如長久以來的契約只能以毫無價值的紙幣馬克來支付，這以法律為基礎的國家有何價值？至於十九世紀德國人非常珍惜的和平和秩序，那些似乎已經所剩無幾。在一九一九到一九二三年之間的每一年都有極左或極右所發動的政變，遑論由邪惡秘

＊德國對戰敗的反應被巴斯提安・哈夫納精彩地捕捉道：「我如何形容我的感覺，一位全部內心世界已經崩潰的十一歲男孩的感覺？我無論如何努力，我發現難以在普通日常生活中找到對應的東西。一些奇幻的災難只有在夢中世界可能。或許一個人可以想像他年復一年地在銀行儲蓄了大筆金錢，而當有一天他要求銀行對帳單時，卻發現是一筆巨大的透支，而不是一筆財富。但那只會發生在夢中。」

密組織所進行的一連串暗殺，其中之一奪走了拉特瑙的性命，他身為外交部長，個人已經和努力達成凡爾賽條約責任畫上等號。在通貨崩潰之下，許多投票者逐漸離開中間偏右及中間偏左的中產階級政黨，對似乎在主宰威瑪共和政治的企業界和勞工間的交易，感到幻滅。許多分裂出來的政黨以及特殊利益團體冒出，一種緩慢的分裂過程，慢慢引導到一九三〇年的政治爆炸，當納粹的得票率從一九二八年以來躍升七倍。大蕭條很關鍵，不僅因為失業的人投票給納粹，而且因為有如此多的人也投給共產黨；正如在其它許多國家，對許多人來說，法西斯主義是針對紅色革命威脅的理性政治回應。大蕭條暴露出威瑪共和系統運作失調的性質，它似乎太民主—或對有組織之利益團體，太有代表性—所以不適合去對付如此鉅大以及被普遍感受到的危機。但是共和政府的德國在政治上瓦解，在一九三〇年納粹選舉有所突破的七年前就已經開始：那以一車車推車上載滿的無用錢幣正象徵威瑪共和的破產。

當然，除了希特勒之外，尚有其它的選項。只不過它們之中沒有行得通的。人民黨的古斯塔夫・施特雷澤曼提議與西方妥協（—這由一九二五年的洛迦諾條約來象徵—），以及在東方可以有報復的機會。但是他在一九二九年十月三日死於心臟病，享年五十一。天主教中央黨的布呂寧建議以總統命令來治理國家，而且還模糊地夢想恢復王政。但是他的通貨緊縮政策只不過加深了衰退。另一位天主教徒法蘭茲・馮・巴本為了要成為總理，背棄了自己的政黨，懷著他會比布呂寧做得更好的虛幻信心。但是他和他的繼承人庫爾特・史萊謝爾（這巴本之前任命為國防部長）都沒有任何像是群眾的支持，而當帝國國會被布呂寧暫時擺在一旁時，卻證明若沒有某種國會支持，是無法無限期的統治下去。在一九三二年七月的選舉見到納粹的票數衝過三十七％。的確，當新的選舉在十一月舉行時，它落到三十三％，這其中至少是因為經濟復甦的跡象終於顯示出來了。但這政黨有資格去組織政府卻已經難以反駁，因為它仍然輕而易舉地是國會裡最大的團體。即使是喜歡策劃陰謀的巴本，現在也去說服興登堡放棄史來謝爾，因而違背了總統自己更好的判斷，反而任命希特勒領導一個與保守的德國民族主義黨合作的聯合政府，這政黨是除了共產黨之外，在十一月選舉中得到明顯新增票數的政黨。希特勒於是適時地在一九三三年一月三十日成為總理。德國民主政治因此自毀長城。因為社會民主黨和共產黨彼此間那種令人動彈不得的敵意，所以唯一去避免第三帝國出現的方法，必然是興登堡關閉國會，下令禁止納粹黨。但他似乎未曾想過這種選項。

表面上，希特勒對德國選民的吸引力容易瞭解。他只不過比他的政治對手提出更激進的方法來對付大蕭條。其他人或許只會對失業提出片片斷斷的解決；希特勒則願意去構想一個大膽的公共就業計畫。其他人或許會擔心以赤字來支付公共工程會啟動新的通貨膨脹；希特勒坦白地聲明，他的「納粹衝鋒隊」的無賴流氓會去對付任何收費過高的投機獲益者。其他人或許會辯稱，如拉特瑙和施特雷澤曼就做過，德國必需支付賠償金，而這只不過是為了證明德國無力為之，或是在紐約借款借到無法再借，進而在西方債主間造成離間分裂；但希特勒根本就是要為違約倒債來辯護。當然，在一九三二年支付賠償的系統已經崩潰，這當然有幫助；德國已經違約，但這是在美國同意之下，而在那時希特勒已經掌權。同樣有幫助的是納粹能夠徵召到廣受尊重的前帝國央行的總裁亞爾馬・沙赫特；在反對修正賠償規劃的楊格計畫時，他很有效果地支持希特勒所發動的運動；他之後在一九三〇年辭職。＊但即使有沙赫特對他們的認可，這仍需要真正的政治技巧來將如此不正統的經濟解決方法，推銷給相當成熟以及高度多樣性的選民。納粹的成功無疑地歸功約瑟夫・戈

＊楊格計畫是以美國銀行家歐文・楊格（Owen D. Young）來命名，取代一九二四年的道斯計畫（Dawes Plan），這是依照一位美國人查理・道斯（Charles G. Dawes）來命名。楊格計畫將德國債務重新調整為五十八年半來清償，將德國每年需要支付金額從二十五億金馬克（—亦即一九三一年的馬克—）降低到二十億。它也移除賠償執行人，這是對德國經濟政策進行有限的外國管制。但這降低比德國人原先所希望的遠遠為少。

培爾甚多，這位二十世紀市場行銷的邪惡天才，他將希特勒推銷給德國的群眾，好像他是彌賽亞以及瑪琳・迪特麗奇蹟般的後代。納粹在一九三〇、一九三二以及一九三三年的選戰，是對公共意見做出史無前例的轟炸，利用標準化的大型集會以及引人注意的海報，還有活潑的歌曲（像《霍斯特・威塞爾之歌》），以及對敵人進行算計過的肢體威脅。雖然這些許多是來自於墨索里尼給的靈感（—至少時髦的制服和羅馬的敬禮方式—），戈培爾同時也理解到除了轟炸，也要細膩。其中一件，他比這明星自己都看得更清楚，必須要將希特勒的訊息進行調整，據此來訴求德國許多不同的選民。

這些戰略成功的最可觀指針，當然是在一九三〇及一九三二年關鍵選舉中，納粹選票戲劇性的成長。不同於舊看法，認為它是鄉村、或北方或中產階級的政黨，納粹黨在整個德國都得到票，而且橫跨整個社會光譜。在主要選區的層次上進行分析會忽略這點，而誇大區域之間的差異。更近來的研究以最小的「區」（Kreis）為單位，透露出納粹選票驚人的廣度。這其中所浮現出來的圖像幾乎有種碎形幾何的特色，每個選舉區域都多少與全國性的圖樣相似，而支持的熱點（—在下薩克森的奧爾登堡，在巴伐利亞的上法蘭哥尼亞及中法蘭哥尼亞，巴登的北部，以及東普魯士的東部—）則散佈在全國。的確，納粹相對高票數的地區比較可能是在中北部及東部，而那些納粹相對低票數的地區則是在南部及西部。但更重要的一點是納粹能夠在幾乎任何種類的地方政治環境中，取得某種選舉的成功，以一種之前以及之後都未曾見過的方式來涵蓋德國的選舉光譜。納粹選票並未隨著失業率或工人在人口中比例，而成相對應的變化。在有些地區，納粹選民有多達五分之二是勞工階級，這讓共產黨的領導階層震驚。一些地方性的共產黨在回應時，公然和納粹站在同一陣線。「哦，是的，我們承認我們和國家社會主義黨聯手，」一位在薩克森的共產黨領導說，「布爾什維克主義和法西斯主義共享相同的目標：摧毀資本主義以及社會民主黨。為了達成那目標，我們有道理使用每種方法。」戈培爾技巧的特色是能讓納粹黨對所有人代表所有的事，所以在同時之間，鐵桿的普魯士保守黨人可以認為納粹在反馬克思主義聯盟中是潛在的伙伴。有些政敵因此被誘惑進入到結果是致命的合作方式之中。與德國新教徒到目前為止所支持的各政黨相比，對納粹選票成長唯一的明顯約束是天主教中央黨相對較強的韌性。

其它法西斯運動，如我們已見，相當依賴菁英的支持來獲得權力。納粹無需如此。儘管所有的注意力都放在興登堡總統身旁那群同志身上，但他們的運作不像那些在一九二二年的義大利菁英，不是決定性的因素。如果有的話，他們不過是耽誤希特勒被任命為總理而已，而這職務在一九三二年七月的選舉之後，已經是合法地屬於他的。並非傳統有地產的菁英階級被吸引到希特勒；真正容克（Junker）類型的人認為他是可怕地粗魯。（當希特勒與興登堡握手時，一位保守份子想到「一位侍從領班將手握住小費。」）也非商場上的菁英，他們並非沒有道理地擔心國家社會主義可能是真正社會主義的一支特洛伊木馬；也非軍事的菁英，他們有各種理由害怕要服從一位自以為是的奧地利軍曹。第三帝國的強處以及動能是希特勒能訴求更多數的知識份子菁英；這些有大學學位的人，對順利地經營管理一個現代國家以及公民社會，是如此重要的。

因為或許要回溯到俾斯麥帝國的建立，甚至更進一步回溯到普魯士歷史的理由，接受學術訓練的德國人士，不尋常地願意在一個具有群眾魅力的領導者之前卑躬屈膝。瑪莉安・韋伯回憶說，在一九一八年的革命後，他偉大社會學家的丈夫馬克斯・韋伯，如何向德國戰敗的始作俑者魯登道夫解釋他對民主政治的理論：

韋伯：您想我會認為我們現在擁有的這像豬仔的東西是民主政治？

魯登道夫：那你對民主政治的理想是什麼？

韋伯：在民主政治中，人民選擇一位他們信賴的領導人。然後被選出來的人說，「現在閉嘴，服從我。」人民與政黨不再有自由去干預領導者的事。

魯登道夫：我應該會喜愛這種「民主政治」。

韋伯：稍後，人民可以坐在審判席上。假如領導者做錯事，那把他送到行刑台去！

在經過像這樣的政治學授課後（──而這是一位被認為是德國學術界的自由主義者──），去看到魯登道夫最後成為國會中的納粹成員，應該真正不令人訝異。專業人士同樣也是非常能領受到希特勒的吸引力。律師以及醫生在納粹黨裡有相當明顯的過度代表性，正如大學生一樣（雖然那時比現在是遠遠更小的社會一部份）。對腦滿腸肥的中年律師，他是俾斯麥的繼承人；對他們的兒子，他是華格納作品中的英雄黎恩濟，那團結羅馬的群眾煽動家。「直到最後，在我自己最深的根部，我屬於元首以及他極棒的運動，」一位納粹律師漢斯・法蘭克（在一九三七年二月十日與希特勒一起觀賞一場樂團表演之後，在日記上寫下。「我們真正是上帝的武器，來消滅地球上的邪惡力量。我們以上帝之名來對付猶太人及他們的布爾什維克主義。上帝護祐我們！」如此思想協助他及許多其他律師，去和這從一開始便有許多系統性非法行為的政權相妥協：無需審判，逕行逮捕（兩萬六千人早在一九三三年七月已經在「保護性管束」之中），非法處決（以一九三四年六月的「長刀之夜」開始，當時有八十五到兩百人之間，包括納粹衝鋒隊過度強大的領導群，被冷血謀殺），以及當然還有對少數種族及社會少數人逐漸升高的歧視。

藝術家及藝術史學者，以類似的方式對納粹美學中俗不可耐的低下品味，視若無睹。雖然希特勒年輕時的塗塗抹抹確認了維也納美術學院正確地拒絕他，他對德國藝術的誇張野心，對諸如巴伐利亞國家繪畫收藏主任恩尼斯特·布希納博士，或對在一九二〇年代被譽為德國羅丹的雕刻家阿諾·布列克，根本無法抗拒。在一九三三年五月就像數以千計的投機主義者一樣，布希納加入納粹黨。不久之後他便忙於以元首偏愛的庸俗作品，來替換掉「墮落」（現代）的藝術作品。布列克也簽下相同的浮士德約定。到一九四〇年時，他的工作是大量生產希特勒的半身雕像。經濟學家亦被吸引到納粹主義。在柏林的德國經濟循環研究所裡的統計學家，對以國家所領導之投資，來達到全民就業的目標，相當興奮；它智利出生的主持人恩尼斯特·瓦格曼和凱因斯一樣理解，甚至在他之前已經理解，必須以通貨再膨脹來回應大蕭條。瓦格曼在與布呂寧爭吵之後，加入納粹黨，相信他們對經濟復甦能夠做得比較好。其他人則覺得納粹「種族優生學」的政策有經濟上的根本道理。卡爾·賓定以及阿佛列得·霍赫已經在一九二〇年發表他們的《允許摧毀不值得擁有生命的生命》，這設法從每年要維持一個「傻人」所需費用，來推論出「從國民生產中抽取出龐大的資本⋯，去服務完全沒有生產性的目的。」從這類的分析到在一九四五年許洛斯·哈爾泰姆療養院中所發現的文件，有明顯的一脈相成：這些文件估計到一九五一年，從殺死七萬零二七三名精神病患所具有的經濟效益（—這是假設每天平均耗費三·五馬克以及十年的平均壽命期望值—），將會是八十八萬五四三九馬克。許多歷史學家沒有比他們更好，也同樣會為德國在東歐的領土主張，量產出有偏見的歷史辯護。

後來在所有這些一切都結束後，史學家佛德利希·梅尼克設法解釋這「德國災難」，認為技術上的專業化已經造成一些受教育的德國人（不用說，這不包括他），忽視歌德和席勒的人文主義價值；因此他們無法抗拒希特勒的「群眾馬基維利主義」。湯瑪斯·曼很不尋常地能夠認知出，即使在那時，整個德國學術中產階級在「希特勒兄弟」身上，找到一個怪獸般、具現一些他們最根深蒂固願望的年輕同胞兄弟。學術教育非但沒有預防人們去對抗納粹主義，反而使得他們更可能去擁抱它。如此便是德國大學的偉大。它們的失寵則以那時代最偉大的哲學家，馬丁・海德格，隨時準備好願意跳上納粹行進列車來代表：他在西服的翻領上別著納粹黨徽的別針。

難道德國知識份子在這些方面比在其它地方的對應人物較為遜色？或許是。但是其他地方的知識份子並沒暴露在希特勒超自然的磁力之下，而這當然是關鍵性的因素。因為再仔細一點檢查，希特勒所提供給德國人的，比羅斯福所提供給美國人的還要多一些東西。羅斯福提到在國家緊急狀況中的誠實、行動以及領導力。但是他在就職演說裡所強調那緊急狀況的性質是屬於純粹物質性的；在精神上及道德上，美國社會沒出差錯。相對照下，希特勒所見到的德國經濟問題是一個更深刻國家沈疾的象徵。羅斯福在演說中提及People（人民）八次；希特勒用到Volk（人民）這個字不下十八次。希特勒的角色不僅是要重新啟動經濟，而是要成為民族救星，一位要以塑造出一個Volksgemeinschaft（民族共同體）來終結多年來民族分裂的救贖者。很具有顯露性地，希特勒在成為總理之後的第一次演講以如下結束：

> 我懷抱這堅定的信仰，這時刻將終於來到，在裡面百百萬萬在今天輕視我們的人，將會站在我們一旁，與我們一起歡呼新的、歷經艱辛、困難贏得以及一起創造出的德國，這偉大、強壯、榮耀以及正義的新德國。阿門。

這種彌賽亞般提議所引起的回應，在熱忱上是類似宗教性的。如一位納粹衝鋒隊的士官解釋說：「我們的敵人…犯下一個根本的錯誤，在他們將我們等同於經濟的政黨、民主政治或是馬克思主義的政黨。所有這些政黨只是利益團體，他們欠缺靈魂、精神上的聯繫。阿道夫・希特勒是以帶來新政治性宗教而浮現出的。」納粹黨員發展出一套有自覺性的儀式，以十一月九日（一九一八年革命以及一九二三年啤酒廳起義的日子）為悼念日，附帶有完整的點火、獻花、祭壇、沾血的遺物以及甚至一本納粹的殉道徒書本。要被引領進入菁英黨衛軍（Schutzstaffel，SS）的人，必須要像唸禱詞般地唸如「我們相信上帝，我們相信祂所創造的德國⋯以及相信元首⋯這是祂派遣給我們的。」這不僅是基督在納粹祭典的聖像及祭儀中，或多或少公然地被希特勒所取代。如黨衛軍雜誌《黑色軍團》所辯稱，基督教的倫理基礎也必須離開：「原罪這玄奧的教義⋯甚至教會所提出整個有關罪的概念⋯對北歐（Nordic）人是種無法忍受的東西，因為它與我們血統的『英雄』意識型態不相容。」

納粹的敵人也認知到這運動所具有的虛擬宗教性質。如被流放的天主教徒艾利克・沃格林所言，納粹主義是種「意識型態，類同於在此地及此時便得救贖的基督教異端⋯融合了後啟蒙時期的社會轉化教條」。新聞記者康拉得・海登稱呼希特勒為「一個純粹現代群眾靈魂的碎片」，他的演說經常以「狂喜的救贖」結束。一位匿名的社會民主黨員稱呼納粹政權為一個「反教會」。如猶太出身古典學者維克多・克倫佩雷爾之妻伊娃・克倫佩雷爾以及東普魯士保守份子佛德利希・瑞克—馬雷濟芬差異如此之大的這兩個人，卻能同意將希特勒比為十六世紀的再洗禮派教徒萊登的約翰（Jan of Leyden），

如在我們的情形，一個雜配失敗物，可以說，在陰溝裡受孕，成為偉大的先知，而反對的人逕自瓦解，而世界其他的人卻以驚奇以及不解在旁觀看。正如我們⋯歇斯底里的女人、學校校長、叛教的教士、從各處來的人渣及外人，形成這政權的主要支柱⋯薄薄一層的意識型態覆蓋了淫亂、貪婪、施虐以及對權力無底洞的渴望⋯而且任何人不想完全接受這新的教義，會被交給劊子手處理。

但是，所有這些仍留下一個沒回答的問題：德國那時存在的宗教到底怎麼了？因為假如國家社會主義是種政治宗教，舊政黨的瓦解無法令人滿意地被呈現為是納粹成功的根本條件。在德國基督徒中，宗教信仰衰落的證據其實不難尋得：有相當大比例的德國人在一九二〇年代選擇被登記為「無宗教信仰」。出席教會禮拜有顯著的滑落，特別是在北德的城市。很有意義地，不像天主教會，路德教派在超級通貨膨脹時，蒙受到極為沈重的財務損失。在新教之中，教士士氣低落；許多人被吸引到納粹新的「正向的基督教」概念去。所有這些或許提供線索，解釋何以新教徒比舊教徒在一九三〇——一九三三年間的關鍵選舉中，比較可能投給納粹；如我們已見，這是在納粹黨支持者中，單一最令人訝異的社會學特色，雖然在此有很大的區域性差異，而且要從這點推論出有任何比天主教徒投票結構所具有的慣性之外的更明顯東西，必然是相當錯誤。畢竟，奧地利人對國家社會主義一點都沒比較不熱衷，但他們幾乎全是天主教徒；而且幾乎所有法西斯的領導者本人都是以天主教徒來撫養長大：佛郎哥、希特勒、墨索里尼，更不用提在戰爭期間的傀儡如克羅埃西亞的安提・帕維利茲和斯洛伐克的約瑟夫・提索，後者本人還是一位天主教教士。

在「民族共同體」之中

在一些表象方面，必須強調，第三帝國在回應大蕭條時，與較具創新性的民主政治相類似。如在美國，德國政府進行一個有野心的高速公路興建計畫，在最高峰時期雇用到十萬人。如在美國，納粹的「新政」涉及明顯擴大公共部門的就業；很快便約有一萬八千人被雇用來，只是去經營希特勒所任命的央行總裁以及稍後的

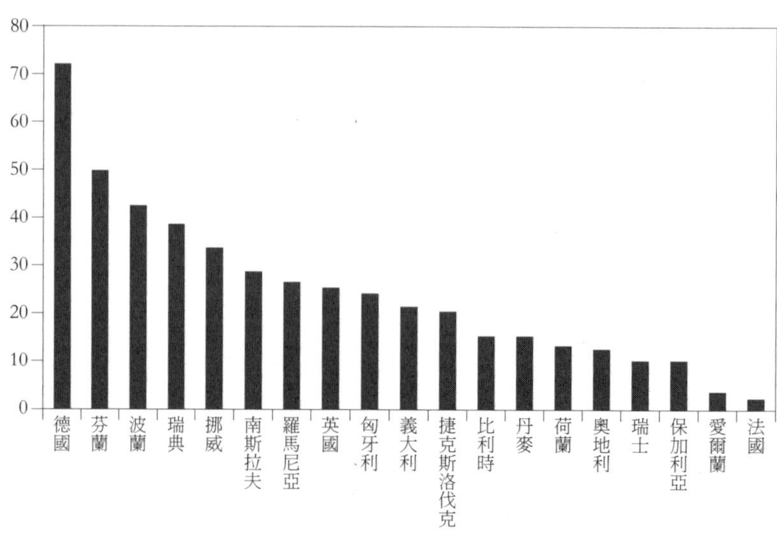

圖 7.3 從谷底到 1938 年（或可得之最近日期的數字），經過檢選的歐洲國家

經濟部長沙赫特所引進新的通貨管制。但也如在美國，正是重整軍備提供了關鍵性的推力，回歸到全民就業。但重整軍備在德國是立即開始；在羅斯福則來得較晚許多。納粹的經濟成就切不可小看。如圖 7.3 所顯示，這是真實的，而且相當可觀的。沒有其它歐洲經濟能取得如此迅速的復原，雖然也沒有其它歐洲經濟在一九二九—一九三二年落到如此之低。當希特勒成為總理時，有超過六百萬德國人失業。到一九三五年六月這數字已經掉到兩百萬之下，到一九三七年則是一百萬之下，而在同年九月則是五十萬之下。在一九三九年八月，只有三萬四千名德國人被登記為失業。

這如何做到？這顯然不是透過希特勒之數位前任已經起動的以資金來補貼的就業創造計畫；新政權是透過對軍備以及（經常與國防有關之）基礎建設的大量投資（—這兩者在一九三三—一九三八年之間總固定投資佔有一樣多的比例—）來領導復甦，然後私人部門隨之跟上，這構成所有固定投資的三分之二。總固定投資的年增率，在經過通貨膨脹調整後，是二九％。公部門投資的增加，從威瑪時代國民收入的剛超過3%的平均值，增加到在一九三八年時的一〇%，而這在很多部分是以舉債方式來支付。整體的政府支出很急遽地在一九二五—一九三二年之間，從國民收入的三〇%升高到四五%，而且在納粹時代持續增加，儘管在一九三五和一九三六年之間有短暫的下滑，在一九三八年達到五三%。但是稅收在一九二二年以後便沒再跟上腳步。威瑪政府在一九二四年之後的赤字平均為國民收入的二・一%。在一九三三到一九三八年之間的總共公部門赤字平均為五・二%（雖然它很急遽地從一九三三年的二%升高到一九三八年的超過一〇%）。國民生產總值的增加則是，平均來說，相當可觀的十一%。私人部門的消費成長較緩；甚至，做為國民生產總值的比例，它從一九三二年的九〇%顛峰，下降到只有五九%。決定赤字消費對總體需求衝擊效應的凱因斯加乘倍數（Keynesian multiplier），對一九三〇年代的德國顯然不高。但是對大多數的人民，最重要的是就業戲劇性的成長。儘管在威瑪時代已經被預言過的許多警告，這箇中的神秘是當做到所有這些時，通貨膨脹卻沒有明顯的增加。消費者物價指數在一九三三—一九三九年間，平均年增率為一・二%。這意謂著德國工人在實質上以及名義上都過得更好：在一九三三到一九三八年之間每週（稅後）淨收入增加二二%，而生活支出只上升七%。這其中的解釋是在於對交易、資本流動以及物價的複雜管制，這些納粹從前朝繼承而來，並加以擴大，還有以一些秘密的方法來支付政府的一些借貸，結合了打擊工會的自主，而這移除了在一九二〇年代長期傷害德國經濟的「薪資推升」動力。凱因斯，換言之，是對的，當他說一個集權政府必能夠以擴張性的財政政策，來解決充分就業的問題，正因為它能夠強加必要的管制。

誠然，以這些方法所能得到的，有其限制，最明顯的是在收支平衡的領域。德國現在的立場當然比威瑪最後幾年更為輕鬆。在那時外國資金的撤出以及持續必需支付賠償金和外國貸款利息，構成嚴重的負擔，最後促成在一九三一年的急遽破壞性的銀行危機。另方面，沙赫特對一些（剛開始並非全部）德國長期外債停止支付利息，無法完全解決根本的問題：德國儘管滿口要自主自給，但仍有持續以及逐漸增加的進口需求，以及它在增加自己出口時，所面對的有限機會，因為外國關稅障礙、惡化貿易條件以及一個緊盯和過度高估的兌換率，還有其它如與債權國家所建立的雙邊清算機制。以一九一三年的物價，德國在一九三〇年代是在運作史無前例規模的貿易赤字。這如沙赫特所看到，不是可以維持下去的狀態；正如他瞭解超過五%的國民生產總額的財政赤字，除了變錢出來外，是無法支付的，而這增加未來通貨膨脹的可能性。在一九三四年中有全面性的通貨危機，這已經在實際上用光央行的預備金，強迫沙赫特去擴大德國對所有外債倒帳。

但是為了嚴格管制入口以及補貼出口，來設法節約寶貴外匯，而由沙赫特所引進之新計畫的精巧，一般德國人是如何去想？對在一九三〇年代德國的大部分人來說，這似乎是種經濟奇蹟。「民族共同體」不只是修辭而已；它意謂著充分就業、較高薪資、穩定物價、降低貧窮、便宜收音機以及低廉的渡假。我們經常很容易被忘掉德國在一九三五及一九三九年間，度假營比集中營更多。勞工有更好的訓練，農夫看到收入增加。而外國人對所發生之事也不是沒有感到驚豔。美國公司，包括標準石油、通用汽車以及IBM，都匆忙直接投資德國經濟。在一九三八年的德國人誠然沒有像美國人一樣富有；美國人年均所得大約是兩倍之多。但是毫無疑問他們比在一九三三年時的德國人更加富有。

然而希特勒的民族共同體所隱含的不只是民族團結。他也意謂著排除「外人」（Volksfremd）的社會團體。這意謂是誰，沒有人有疑問。從他最早做為政治煽動家的日子起，希特勒屢次表達出他對猶太人的憎恨。他責怪他們要為德國在第一次大戰中戰敗負責。「假如在戰爭之初及戰爭之中，」他在《我的奮鬥》中惡名昭彰地寫下，「一萬兩千或一萬五千名這些希伯來的人類腐化者，已經被毒氣毒過，如發生在數以十萬計我們在戰場上最優秀的德國勞工，那在前線數百萬人的犧牲便不會徒然：一萬兩千名及時給消滅掉，或許已經挽回一百萬對未來有價值的真正德國人生命。」他與他的爪牙最後正是以毒氣毒殺，做為二次大戰中他們針對猶太人所進行種族屠殺的一部份，這使得許多史學家認為反猶主義是第三帝國的定義特徵。對希特勒以及相當大數量的國家社會主義的領導者，反猶主義之重要性毫無疑問。但是他們是否在利用德國人民整體之中有種根深蒂固的「滅絕式反猶主義」（eliminationist anti-Semitism），則完全不清楚。

事實上，在一次大戰後的全世界裡，沒有幾個歐洲國家會比德國在少數族群上更不是問題。在一九三三年時，在德國只有不到五〇萬三〇〇〇位猶太人，只佔人口總數小小的〇・七六%，而且這數字在戰後一直穩定地下滑，因為猶太人的生育率很驚人地衰退到其它人口的大約一半。在這逐漸縮小的社區中，一面倒的絕大多數幾乎完全融入到中產階級之中，做為律師、醫生、學術從業人員、生意人以及等等。的確，猶太人在德國的金融、文化以及知識菁英之中，有不成比例的代表性。他們和非猶太教徒一樣地就讀相同學校，和他們生活在鄰近區域。雅各・瓦瑟曼在一九二一年寫道，回顧他在法蘭哥尼亞的費爾特渡過的童年，所用的語言是大多數在他那一世代的德國猶太人會用的：

> 至於衣著、語言以及生活方式，是完全的適應。我就讀一所國家支助的公立學校。我們生活在基督徒之中，與基督徒交往。進步的猶太人，而我父親是其中之一，感覺猶太社區之存在，只有宗教祈禱以及傳統的意義。宗教，逃避現代生活的強大誘惑，則會避居在秘密及非屬這世界的宗教的狂熱份子之中。傳統成為傳奇，一個只是詞語的事情，一個空殼子。

雖然他的家庭曾經一度遵守慶祝節日以及禁食的日子，嚴守安息日和只吃符合教規的食物，「當爭取食物變得越來越急切，當新時代的精神越來越無理要求，這些誡命也同樣被忽略掉，而我們的居家生活也更接近我們非猶太鄰居的生活方式」：

我們仍然承認自己是宗教社區的成員，雖然幾乎沒有社區或宗教的痕跡被保留下來。準確地說，我們只是名義上的猶太人，而這也是透過我們周圍基督徒的敵視、反感或疏遠而形成；他們的態度就自身而言，只是依據一個字、一個詞、一個說明性的事態而形成的。那麼，為什麼我們仍然是猶太人，而且我們的猶太性意謂為何？這問題對我來說，變得越來越糾纏不清，而沒有人可以回答它。

瓦瑟曼最後所得到的洞見是深刻的，很精彩地捕捉住德國與猶太人之間那種愛恨交織關係的曖昧性：

一位非德國人或許無法想像德國猶太人心碎的立場。德國猶太人——你必須把所有重點同時放在這兩個字上面。你必須瞭解他是一個冗長演化過程的最終產品。他雙重的愛以及在兩個陣線上的掙扎，逼他近乎絕望邊緣。德國人與猶太人：我曾夢到一個有寓意的夢，但我不確定能否可以將它說清楚。我將兩面鏡子的表面貼合一起；我覺得好像在包含及保存在這兩面鏡子中的人物必須拼命互相戰鬥⋯⋯

我是德國人以及我是猶太人；其中一個正如另一個一樣地多、一樣地完整；我同時，而且不可取消地是這兩者⋯⋯這令人困擾⋯⋯因為在雙方我經常遇見接納我或排拒我的雙手，聽見呼喊出歡迎或是警告的聲音。

稱呼德國人與猶太人的關係是愛恨關係，絕非如所想的不恰當。德國人與猶太人同化的一個關鍵性徵象是猶太人與非猶太人通婚比率的增加。就德國整體來說，猶太人離開自己信仰來進行婚娶的百分比，從一九〇二年的七％升高到一九三三年的二八％。它在一九一五年升到最高的超過三分之一（見圖7.4）。雖然漢堡和慕尼黑有最高比例的通婚，但在柏林、科隆、薩克森城市德勒斯登和來比錫，以及西里西亞的布雷斯勞。當亞瑟‧魯頻為在蒐集其它歐洲城市資料時，他發現只有得里雅斯特有更高的通婚比例。雖然也相對地，列寧格勒、布達佩斯、阿姆斯特丹以及維也納落在那些德國主要城市之後。在一九三九年仍留在德國的十六萬四千名猶太人，有一萬五千人是這種混合婚姻的伴侶。當納粹在定義混合婚姻的後代為Mischlinge，「雜種」，他們估計有將近三十萬人，雖然真實的數字是落在六萬與十二萬五千人之間。當在不同種族起源的個人之間有如此之多愛的證據，甚難說有根深蒂固的集體仇恨存在。而這些數字，不用說，無法告訴我們任何婚外性關係的發生。

德國人—猶太人同化的一個完美例證是維克多‧克倫佩雷爾。一八八一年出生，一位布蘭登堡猶太拉比之子，克倫佩雷爾（像希特勒一樣）一次大戰在巴伐利亞軍隊中服役。在一九〇六年他與一位普魯士城鎮中最新教徒的哥尼斯堡的新教徒伊娃‧許萊姆結婚。像在他那世代的如此之多猶太人以及自己家中許多成員一樣，他在學術上表現突出。在一九二〇年時他被任命為德勒斯登科技大學的羅曼史語言及文學教授。他對猶太教的態度幾乎是全然的負面。當有一位叫伊撒柯維茲的朋友堅持要他慶祝猶太教新年時，克倫佩雷爾很沮喪：「這個人來自『聖殿』，」他在日記中記下，「（我已經三十年沒聽到那個字，）他蒙著頭開始朗讀摩西五書，一頂帽子也放在我頭上，點燃蠟燭。我發現此事令人痛苦。我屬於哪裡？希特勒下令說，屬於「猶太民族」。而我感覺被伊撒柯維茲所認可的猶太民族是場鬧劇，而我若非一位德國人或德國的歐洲人，我什

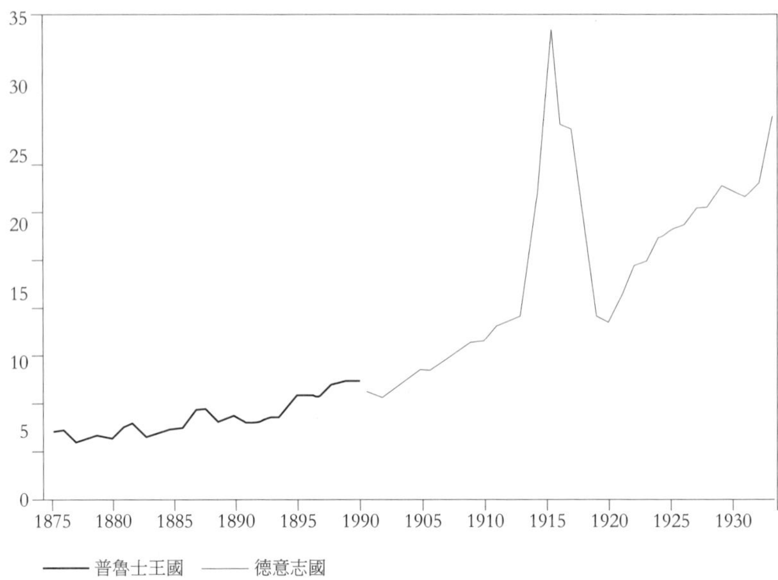

圖 7.4 普魯士／德意志國猶太人與非猶太教信仰之人通婚比率，1875 年到 1933 年

麼都不是。」這氣氛是…極度的沮喪。」克倫佩雷爾事實上在婚後已經皈依新教。在整個一九三〇年代中，他認為是納粹才是「非德國」：「我為德國感到羞恥，」他在希特勒當權之後寫道。「我一直都真正地覺得自己是德國的。」

於是二十世紀最大的疑惑之一是歷史裡最極端的種族暴力，其起源是在一個同化非常迅速進行的社會之中。希特勒決心將猶太人排除在民族共同體之外時，這意謂著指認以及迫害一個已經不可分離地融入德國社會結構之中的極小少數。而那也許是關鍵之點。或許納粹黨的反猶主義最好被理解為對德國人—猶太人同化的成功而做出的反應。以《在德國的猶太問題》（出版於一九三六年的維也納）作者彼得・德魯克的話來說：「猶太問題在德國特別敏感，因為猶太人的同化（Selbstauflösung—直譯為「自我消解」）」已經比任何其它地方都已進展更遠。」如此積極擁抱希特勒新秩序的馬丁・海德格，在一九二五到一九二八年之間，會與他的猶太學生漢娜・鄂蘭（Hannah Arendt）陷入熱戀，這會真正只是個偶然？

對血緣的罪

希特勒早在一九二二年二月時，就清楚表達他自己對不同種族間通婚特定問題的見解：「每個猶太人被逮到與金髮女子在一起，應該〔突然插話：「吊死！」〕我不想說出「吊死」，而是應該有個法庭來將這些猶太人定罪處死。〔掌聲。〕」

在《我的奮鬥》中，他對這點以相當長度的說明來加以發展。「種族」，他宣布說，「不在於語言，而是完完全全在血緣。」沒有人在瞭解這點會超過猶太人，他對其語言的保存甚不重視，但完全重視要保存他的血緣純淨。……雖然他似乎滿溢著「啟蒙」、「進步」、「自由」、「人性」等等，他卻自己去將他自己的種族進行最嚴格的隔離。的確，他有些時候會用自己的女人來哄騙有影響力的基督徒，但做為原則，他經常讓自己的男系保持純淨。他去對別人的血緣下毒，但卻保存自己的。猶太人幾乎沒有婚娶過基督教婦女；而是基督教男性婚娶猶太女性。然而這雜種會像他猶太的那一面，特別是有一部份較為高尚的成分會完全墮落。猶太人十分清楚這點，因此系統性地繼續這種將他在種族上的敵對知識領導階層，進行「解除武裝」的模式。他們見那逐漸靠近而來的勝利是如何逼近，可以從他們與其他種族成員所形成關係後，所具有的可怕面向來得知。

在一個關鍵的段落中，他繼續沈溺在那些變態的性幻想之中，而這些反覆出現在反猶宣傳之中：

臉上掛著撒旦般的喜悅，黑髮的猶太年輕人躲著，等待毫無戒心的少女，這他會以他的血液來加以污染，因此將她從她的民族那裡偷去。他對他所欲征服之民族，會設法以每種方法來摧毀其種族的根基。就如他自己系統性地糟蹋婦女及少女，他不會怯於去扳倒其他人所立的良好圍籬，甚至在更大的規模上。

對希特勒，這其中的道德教訓很清楚：「一個對自己血緣有所意識的種族純正民族，不能被猶太人所奴役。在世界上他將永遠宰制雜種，而且唯獨雜種而已。」但那意謂著猶太人企圖「以持續毒害個別之人，來系統性地降低種族的水準」，這點必須將加以抗拒：

在完全不注意地忽略掉保存我們民族種族基礎的問題，舊國家忽略了在這世界給予生命的唯一權力。那些將自己雜種化或讓自己變成雜種，便是對永恆天意的犯罪，所以當他們的毀滅是由一個更強的敵人所帶來的，那這便不是對他們做出不正義之事，而只是將正義恢復而已……單單純正血統的喪失，永遠摧毀了內在的快樂，永久地將人投入深淵之中，而其結果將再也無法從身體及精神移離……只要有人存在，保存或不保存血統的純正，便將會持續下去。在戰前時代衰敗中所有真正重要的徵象在最後分析之下，可以被化約為種族的原因。

儘管提及戰前的衰敗，希特勒的反猶主義似乎在戰中以及戰後繼續增長；只有在回溯的時候，他才會譴責維也納是「對血統褻瀆（Blutschande）的化身」，「有它那令人厭惡的捷克人、波蘭人、匈牙利人、魯特尼亞人、塞爾維亞人以及克羅埃西亞人的種族雜燴」以及「猶太人和更多的猶太人」。在此處以及後來的聲明中，希特勒表達出對猶太人性意識厭惡的假道德腔調，將個別的血統會褻瀆雅利安「受害者」，是因為後者缺乏一個積極侵略性的「民族共同體」，在本質上因此變成被動。威瑪時期對諸如墮胎、同性戀、賣淫以及梅毒等得相當開放的辯論，讓希特勒認為是「那些引導民族及國家者」「完全投降」給「精神生活猶太化以及交配衝動商業化」的進一步證明。假如沒有採取補救行動的話，這些必將「遲早摧毀我們所有的後代子孫」。

這關鍵點是，當希特勒指控猶太人目標是要針對雅利安種族來「污染血統」，他心中所想的正是在一九二〇年異族婚姻大幅攀高的特色。而他也非是唯一如此想的人。這時年間最暢銷的一本書是亞瑟・丁特爾的《對血統犯罪》，這敘述一個年輕婦女的故事：她因為自己身為新聞界大亨、對女性雜誌有邪惡興趣的父親是位猶太人，所以她的血液已經「致命地」受到污染。她的德國未婚夫赫曼・坎波弗在他們毫無疑問的猶太兒子要出生時，瞭解到這「詛咒」有無法消除的性質。（這第一位嬰兒被描寫成「黝黑的皮膚⋯幾乎不成人形⋯有深邃、黑色的眼珠⋯在長長的黑睫毛之下⋯以及像人猿一樣被打爛的扁鼻子。」）當赫曼後來婚娶一位較純正的北歐小姐，同樣的事情又發生，只因為他的新太太曾經與一位猶太人睡過！這些經驗是對赫曼的懲罰，因為他「對他種族神聖的血統犯罪」。但這些驚醒他一個嚇人的事實：

德國民族正被系統性地腐化以及毒害！⋯假如德國人民沒有成功地擺脫掉那在不知不覺中吸食民族內心之鮮血、而變得肥胖的猶太吸血鬼，並使之無害⋯它將會在可預見的未來遭受傷害。

在出版一年之內，丁特爾的書已歷經二十八版，賣掉十二萬冊。到一九二九年時有二十五萬冊被印行。

丁特爾只是戰後許多以這種方式寫作的作家之一。奧圖・肯厚特的《從隔離區到權力》（一九二一）苦心積慮地警告異族婚姻的目的是要弱化德國種族的策略。相同的關注亦出現在民族主義的新聞界中。為了要讓猶太學生入罪，在法蘭克福大學反猶的臥底製造事端者，據說在牆壁上塗寫如：「昨天這好色的猶太人強暴了一個金髮的小女孩。」另一個經常出現的指控，回溯到一八九〇年代以及更早，是猶太人涉及進行白人奴隸的交易。每件事，甚至霍亨索倫王朝的垮台，都可以用猶太人與非信徒異邦人之間性關係的方式去解釋。對通婚所造成之結果的辯論甚囂塵上。如此婚姻是否比同族之間的內婚更多產與否？假如異族婚姻沒有被禁止的話，那對德國民族的「種族健康」有什麼影響？

對異族婚姻的攻擊必須放置在威瑪性意識的更廣大範疇裡看待。因為馬格努斯・赫胥費爾德的性科學研究院認同放鬆針對同性戀立法的運動，因此變成為納粹攻擊「猶太人道德」的明顯目標。如新聞報紙《人民觀察報》所言，「猶太人永遠在宣揚兄弟姊妹、人與動物以及男人與男人之間的性關係。」從強暴謀殺者如哈爾曼、葛羅斯曼、卡爾・登克以及彼得・克騰這「杜塞爾多夫吸血鬼」，也可以做出偏見性的政治推論。（在弗利茲・郎格的《M》一戲之中，扮演連續殺人犯是位猶太演員彼得・羅勒，這更對事情沒幫助。）異族之間的性愛在一九二〇年代是新聞。對東方猶太人（Ostjuden）在現在稱之為性產業裡做老鴇或娼妓的角色，有激烈的爭議。隨著法國在所佔領的萊茵地區部署來自塞內加爾、摩洛哥以及其它地方的殖民部隊，新聞界對這所謂的「黑色恥辱」（schwarze Schmach）進行很激烈的抗議。半色情的明信片及卡通被出版，顯示出怪異的黑人正在威脅半裸的白色女人。「我們難道將要在萊茵河畔接受，」一位羅森柏格爾博士以一種對這運動的典型貢獻來要求，說「在未來不是那些白色、漂亮、身形優美、知識發達、活潑、健康的德國人所唱的美好歌聲，而是去聆聽那可怕、寬頭顱、扁鼻子、醜陋、半人形、得梅毒的混血雜種的沙啞刺耳噪音？」有大約五百位「萊茵地區雜種」的事實，確認了種族混雜不只是想像中的建構。巴伐利亞內政部早在一九二七年便建議將這些孩子給加以結紮，顯示出當局要限縮「外來種族」權益。這事早於希特勒當權。希特勒也同樣抱怨「在萊茵地區的黑人」以及「必然導致的雜種化」，但是很符合其特色地將此呈現為不過是猶太人要「毒害德國民族血統」的更廣泛陰謀一部份。

希特勒與他最資深的黨羽似乎真正相信猶太人對德國民族造成一種潛伏的生物學威脅。但是我們也無法忽略掉在許多納粹對這事的宣傳中，有自我壓抑的成分。那些最公開反對異族性愛這想法的人，經常給人一種無意間的印象，這正是他自己個人幻想的走向。戈培爾年輕時，與一位半猶太的小學老師愛爾絲・楊克訂婚。她協助他在一九二三年超級通貨膨脹期間，在德勒斯登銀行找到工作，但是不願與他結婚，或許是因為他的扁平足。不久之後她告訴他說她母親是猶太人；戈培爾紀錄說「原先的魔力不見了。」「最近有關種族的討論不斷在我耳中迴響，」她在爭吵之後寫信給他，「我無法將它從我心中移離，而且幾乎看待這問題是我們進一步一起生活的障礙。然而我堅信，你知道，在這方面你的想法明顯地太過份。」在這時候，這未來的宣傳部長第一次閱讀史賓格勒《西方的沒落》，他發現在那裡「猶太問題的根源被揭露出來」。戈培爾在日記裡首次提及猶太人是「骯髒豬」、「叛徒」及「吸血鬼」，這是在他和楊克的關係斷裂之後。即使年輕的海恩利希・希姆萊也承認年輕猶太女性的吸引力。沒有人比他（──即使是希特勒──）對種族中有關性的方面還要更為著迷：在一九二四年，例如，他在日記中形容北歐女性原型的「光亮皮膚、充滿血色、金髮、清澈會征服人的眼睛，以及完美身體的美妙律動。」這是一位種族純正女性的「理想圖像」，這我們德國人在年輕時所夢想，而身為男人準備為其生為其死。但是當他在一九二二年七月慕尼黑的咖啡廳邂逅一位叫英格・班可的猶太舞孃，希姆萊顯然受到吸引，堅持她「在儀態上絕對沒有任何猶太人的東西，至少就我可以判斷的。」尚有其它例證：例如，路德維希・克勞斯，第三帝國裡極為需求的種族「心理」專家，與他的猶太助理蘭德便發生一段感情。

一旦大權在握，納粹使種族混雜成為他們宣傳中一個反覆出現的主題。新聞對猶太醫生的攻擊，是根據他們對「德國婦女」所謂的好色「態度」。猶太人設法透過性接觸來「污染」雅利安的血統，一再而冉地出現在納粹文宣之中。例如，在庫爾特・普利胥基的《猶太人是種族的污染者》要求指名道姓，並且羞辱那些「秘密或公開與猶太人來往」的德國女人，以及在格哈德・基特爾的《猶太種族混雜的歷史前提》，指控猶太人已經設法將德國變化成一個「種族的雜燴」。這訊息在一個叫《英格在猶太醫生診所碰到什麼事》的故事裡，以粗鄙色情的弦外之音說出，這在糾利亞斯・史特萊胥爾的週報《衝鋒隊》中出版：

英格坐在猶太醫生的接待室中。她必須等很長一段時間。她瀏覽桌上的雜誌。但是她太緊張，甚至沒法讀幾行字。她一再而再地回想她和母親的談話。她的心思一再而再停留在他的BDM（德國少女聯盟）領導者的警告：「德國人一定不要去看猶太醫生！特別是德國少女不要去！許多少女去看猶太醫生接受治療後，發現得了病以及得了恥辱！」……

門打開。英格往上看。那裡站著猶太人。她尖叫。她如此害怕，所以丟下了雜誌。她恐懼地跳了起來。她的雙眼瞪著猶太醫生的臉孔。他的臉是魔鬼的臉。在這魔鬼臉上中央有個巨大彎曲的鼻子。在眼鏡之後則是兩顆犯罪的眼睛。而厚唇正在奸笑。那奸笑說：「現在我終於逮到你了，德國小女孩！」

在一九四〇年製作的兩個歷史劇電影中有類似的主題，同時與惡毒醜化東歐猶太人是有害墮落者的反猶紀錄片《永遠的猶太人》一起放映。在《猶太人蘇斯》之中，「宮廷猶太人」蘇斯─歐朋海姆強暴了多蘿提婭・史陀姆（由克莉絲丁・索德寶姆扮演），她然後自殺。同樣地，在《羅斯柴爾德家族》之中，猶太銀行家拿丹・羅斯柴爾德被形容為在慾求女主角，羅斯柴爾德的「雅利安」對手透納的妻子。同樣在展覽演出時，性慾的動機主題也被使用。在一九四〇年十一月的法蘭克福反猶展，以形容「來自靠近不來梅的維格沙克猶太人克萊恩，如何被見到與他的雅利安女傭發生性關係」的新聞剪報，來展示出「猶太人的貪婪、毫無節制的性慾以及寄生性格」。另一個具有說明性的例證是佛德利希・艾克哈德的小說《風暴年代：再次的十一月九日》（一九四一），形容自由軍團的部隊，落入一位「驚人漂亮的」猶太布爾什維克毒蠍美人為他們佈置的陷阱。在此，如在許多納粹反猶宣傳中一樣，若非色情，那性愛的弦外之音仍是不容置疑的。

保護血統

納粹針對猶太人最早所採取的措施是有關經濟，而非種族混雜。曾有短暫的杯葛猶太生意以及商店；之所以短暫，是因為杯葛會威脅造成內部失序以及國際不滿。在一九三三年四月，在「公職回復法案」之下，所有猶太裔的公務人員，包括法官，會被從他們的職位移除，一個月之後又接著是大學教師。維克多・克倫佩雷爾是在這稍後清算的受害者，一個他在日記中思考的經驗：

一九三三年三月十日：這令人驚訝，每件事是如何輕易地崩解掉：隨意的禁止以及暴力的行為。而隨著它，在街上及收音機裡，是未曾間斷過的宣傳。在週六：我聽了一部份希特勒在哥尼斯堡的演說：我只瞭解幾個字。但那語調！那油腔滑調的嘶吼，真正的嘶吼，屬於教士的：我將可以保留我的教授位置多久呢？

事實上，克倫佩雷爾設法留住他講座兩年。然而在一九三五年五月二日，這打擊落下來了：

在週二早上，沒有任何事前通知，只有郵寄的兩張紙。「根據公職回復法案第六條，我建議：你的解職」：剛開始我在說不出話和稍微的浪漫之間擺盪；現在只有痛苦與可憐。

五個月之後，在傷害之上再加羞辱，他因為「非雅利安」，而被禁止使用圖書館閱覽室。接下來是將他身為公民的權益一片片削去。當局接連沒收他的軍刀（—他服役時的紀念品—），他的打字機，他的駕照以及最後是他的車子。他被禁止進入公家的公園。他被禁止抽煙。隔離有許許多多形式：猶太人被禁止去泳池以及特定的公園板凳。但更有問題的是要如何處理克倫佩雷爾與一位雅利安女性結婚的事。

雖然阿佛列德・羅森柏格以及律師羅蘭・福萊斯樂表達支持在法律上禁止猶太人及雅利安人的性關係，但一九三四年最高法院拒絕取消一位在一九三〇年與猶太人結婚，但現在要以種族理由離婚之雅利安請願者的婚姻。但接下來一年，黨活躍份子所謂的自發行為，包括公開羞辱被控與猶太人睡覺的女人，以及有關猶太雇主騷擾他們雅利安女雇員的警察報告，提供給政府採取行動的暗示。在一九三五年七月，內政部長威廉・福力克發佈一個公告給登記人，告知他們「有關雅利安人與非雅利安人婚姻」必將很快地「由法律來規定之」，而在那之前，所有「全雅利安」以及「全猶太」的異族婚姻，必須被延遲。在同一月，黨衛軍保安處頭子萊因哈德・海德里希要求「著眼於德國女性的種族混雜在人類中造成的騷動：禁止異族婚姻應該由法律確定，而且雅利安人與猶太人的婚外性關係必須被處罰」。在一九三五年八月的柏林集會中，一個巨幅的布條宣布：「猶太人是我們的不幸。婦人與女孩，猶太人是你們的毀滅。」所有這些都指向是由上面來推行有計劃的運動。在帝國的領導醫生格哈德・華格納呼籲要採取行動，避免德國人民的「雜種化」；關鍵性的立法適時地在一九三九年九月紐倫堡黨員大會舉行之時或之前草擬完成。除了剝奪猶太人公民權的法律以及禁止他們拿納粹的旗幟外，一道保護德國血統及德國榮譽法律也被草擬，這不僅禁止「猶太人公民與德國或有親屬血緣公民的婚姻」，也禁止他們之間的婚外性關係。猶太人被禁止去「雇用德國或有親屬血緣的四十五歲以下女性公民做為女傭」；這其中含意是猶太主人習慣性地喜歡性侵他們的女僕。處罰這些種族污染等新罪行，包括監禁以及苦工。

新的立法頗具熱忱地執行：在一九三五到一九三九年之間總共有一六七〇件所謂的種族污染起訴。幾乎所有一半的案件發生在三個城市：柏林、法蘭克福及漢堡。在一九三六和一九四三年之間，漢堡總共有四二九人被起訴，其中二七〇人為猶太人；被起訴者中，總共有三九一人被定罪並監禁。剛開始（如蓋世太保所抱怨）他們的刑期相當溫和，從六週到一年半，但那很快就改變了。在漢堡所有被判刑者，有一半被判兩年到四年間，而有些人被判六年。一個典型的例子是一位猶太男性被發現持續和一位雅利安女性維持長久的關係。他被判了兩年半的懲罰性勞役。在其它地方，法庭逾越法律條文。在法蘭克福有一位五十六歲的猶太老師因為在百貨公司「騷擾」兩位雅利安女性，被判監禁十個月；從紀錄上不清楚他甚至有沒有動到她們一根汗毛。為了鼓勵做最廣義的解釋，而且也為了避免「以幾乎無法證明真有其事的困難，在法庭之前對質，加上：必然會導致對最尷尬問題的討論」，帝國最高法院裁定說，就紐倫堡法案而言，「性交合的概念：包括所有自然與不自然的交合，亦即，除了性交合本身外，所有意圖來取代能夠滿足至少其中一方性衝動的所有與異性的性行為。」

這種「種族污染」審判的意義有雙重。它們透露出德國律師及法官如何願意將納粹領導階層粗糙的偏見給轉化為充滿歧視及羞辱的複雜法律系統。它們也透露出普通人如何將反猶的立法做為服務自己目的工具。因為有關這些「種族污染」的起訴，要注意到的最重要一點是它們大多數究竟是如何發生：並非源自於蓋世太保的調查，而是因為公眾成員的舉發。

納粹德國是個警察國家，而警察逐漸落入希姆萊及其黨羽海德里希的手中，＊但納粹德國也是人手不足的警察國家。在烏爾茲堡的二十二位蓋世太保，例如說，要負責全部下法蘭哥尼亞的人口，這在一九三九年時超過八十四萬人。克雷費爾德這城市被比較緊密看守；居住在那裡約十七萬人，落在十二到十四位蓋世太保警官的警戒監視下。在這兩個城市，蓋世太保必須依賴當地人來對犯罪行為的通風報信。留下來的警察檔案透露出這方面的供給是不虞匱乏。在一九三三到一九四五年烏爾茲堡所調查的八十四件「種族污染」中，有五十四件（超過一半）是從公眾舉發而來的。這些舉發的性質重大地明示出群眾對「猶太問題」的態度。一位猶太男性和一位雅利安女性被逮捕，是因為女方疏離的丈夫聲稱說他們正發生性關係；指控者主要的動

＊希姆萊的崛起對第三帝國的體制發展有一個重要的關係。黨衛軍原先是附屬在恩斯特・羅姆（Ernst Röhm）的納粹衝鋒隊之下。希姆萊第一個官方職位是慕尼黑警察的委員會理事長。然而在一九三四年他成為普魯士國家秘密警察（簡稱為Gestapo，蓋世太保）的總監，而且在羅姆於「長刀之夜」被謀殺之後，成功地將蓋世太保和在所有其它邦的政治警察合併起來。從一九三六年起，他控制所有警察活動，因此被賦予獨特響亮的頭銜，黨衛軍元首（Reichführer-SS）。海德里希的黨衛軍保安處（SD）不是國家體制，而是黨的。但是他的權力隨著希姆萊增長而跟著水漲船高，並且由一九三九年時所成立之具有統攝性質的帝國保安總處（Reich Main Security Office，RSHA），而更加鞏固。

機似乎是要擺脫掉他的妻子，但她所謂的情人卻在收押時自殺。一對表面上看起來異族的男女在一起喝酒，被通報給蓋世太保，因為男方是金髮（雙方其實都是猶太人，所以沒提出告訴）。在克雷費爾德蓋世太保能夠比較積極：涉及猶太人的案件在一九三六年不到一〇%，躍升到之後的約三〇%。在這些案件中，有十六件由法庭裁定；然而超過五分之二的案件中，蓋世太保將相關之人送到集中營或強制「保護性收押」。但即使在克雷費爾德中，在戰前針對猶太人的案件中，有超過五分之二是因為舉發而發生的，比其它案件的比例高出許多，顯示出舉發是不合比例地指向猶太人。

而這點是否確認了大多數德國人是反猶的這種命題？不。充其量，舉發者最多到人口中的二%。但它所顯示的是反猶的立法在少數的德國人之中，是件強大的武器：起草及施行法律的道德空洞律師，強力執行它的狂熱蓋世太保，以及提供蓋世太保入人於罪消息、令人厭惡的雞鳴狗盜之徒。然而這不神聖的三位一體有個主要的障礙。數十年來猶太與非猶太聯姻的遺緒是留下一大群人，無法被斬釘截鐵地歸類，因為他們只有一位猶太的生親，或是不到四位的猶太祖父母。他們是猶太人嗎？在他被呈交保護德國血統及榮譽相關法律的四個版本時，希特勒很符合他個性地選擇最不激烈的那一種，但劃掉一個關鍵性的句子——「這法律只對全猶太人有效」。這為新法律對創造出寬廣詮釋的可能性，並且受到在紐倫堡的基層黨員所歡迎。結果是內政部與黨代表有關猶太性等級的不斷爭議。當福力克願意讓任何少於三位猶太祖父母的人豁免於法律上的歧視，華格納醫生卻希望包括那些只有兩位猶太祖父母的人，所以「四分之一猶太人」（只有一位猶太祖父母）可以被給予「帝國公民」的地位。在一九三五年十一月所公布的帝國公民法第一補充命令，代表了福力克的勝利，因為它定義猶太人「為至少從三位種族上為完全猶太人之祖父母所從出者」。它同時也標記黨裡邊種族理論家的退卻，因為這命令明白指認出「猶太宗教社區之成員身份」，做為決定一位祖父母之種族。

然而一個人若有兩位猶太祖父母，仍可被歸類為猶太人，假如他或她隸屬猶太宗教團體，與猶太人結婚，或在紐倫堡法案公布後，是異族婚姻或異族性關係所生的後代。去分辨「第一等的雜種」（有兩位猶太祖父母之個人）以及那些「第二等之雜種」（一位猶太祖父母）的權力，是授予給「種族專家」，他們也被授權將身體以及宗教因素列入考慮。接下來在一九三八年十二月，對雜種之法律地位有更進一步的澄清，區別出「父親為德國人、而母親為猶太人」且有子嗣，「父親為猶太人、母親為德國人」且有子嗣，以及那些沒有子嗣的。猶太男性但無子嗣的夫婦中的將會「被起訴，彷佛他們是完全的猶太人」。在如此案件中，對非猶太女性來說，於是會有種誘因來與她們的丈夫離婚。然而，最後結果是官僚的怠惰使得大多數的德國雜種沒被歸類為猶太人。這對如理查・蘇仁堡（克雷費爾德蓋世太保的刑事警察秘書長）之流的人來說，是個相當大的挫折，因為他們盼望將它自己那小塊的群眾社區，變得百分之百「淨空猶太人」。

不用說紐倫堡法只是納粹企圖去保存及提升雅利安種族之生物純淨的一部份。猶太人不是這逐漸升高迫害之受害者的唯一「外來」團體。紐倫堡法的規定亦被擴大適用在德國三萬名的新提人及羅瑪人，所謂的吉普賽人；他們的命運成為負責「打擊吉普賽騷擾」之帝國中央辦公室所關注之事，這單位在一九三八年成立，成為帝國刑事警察辦公室的一部份。根據一九三三年七月有關遺傳疾病後代之法律規定，精神異常者是第一群必須接受結紮的人。在一九三三和一九四五年之間，至少有三十二萬人是依據這法律而被結紮，這包括精神分裂、躁鬱症、癲癇、亨丁頓舞蹈症、失聰、畸形，甚至慢性酒精中毒的人。在一九三五年這法律被修訂，允許針對精神異常的懷孕婦女第二個三月期結束時的墮胎。然而希特勒仍然不滿。早在一九三五年，他告訴一位納粹資深醫生，「假如戰爭爆發，他將會提出安樂死的問題，並加以執行。」事實上，他甚至沒有等到戰爭發生。在一九三九年七月，他啟動後來以Aktion T4為人所知的行動。他說，這是「正確的，嚴重精神病患沒價值的生命應該被除掉。」在此正如對猶太人及吉普賽人的迫害一樣，這政權碰到極少民眾的抗拒，甚至還有一些積極的支持。在薩克森對兩百名精神發展遲滯孩童的父母所做意見調查裡，對這問題：「假如專家已經證明是無法治療的白癡，你同意對你孩子的生命進行無痛的結束？」有七十三％回答「是」。有些父母其實向希特勒請願，允許他們不正常的孩子被殺掉。天主教主教主教克里門・馮・加倫在一九四一年七月及八月，佈道反對安樂死計畫，因而暫時停止這殺戮，但除了他之外，只有其他少數人敢公開挑戰「你可以殺死『沒生產力』之人類這原則」。其他反對者，在經過更仔細調查，結果只是不喜歡其中涉及的程序。有些人希望有正式的法律化：一道適當命令以及公開「判決」；其他人（特別是那些住在精神療養院附近的）要這些殺戮以比較不顯眼的方式進行。

淨化民族是種多面向的任務。在一九三七年所謂的萊茵地區雜種私生子，在戈林將整件事徵詢過威廉凱撒人類學、遺傳及優生學研究中心的威廉・亞伯醫生後，被蓋世太保第三號特別任務組加以強制結紮。同性戀很清楚地沒有種族價值；在一九三四和一九三八年之間，根據帝國刑法第一七五章，每年被起訴的人數，以十倍數增加，到八千人。因為犯罪行為被視為可遺傳，那些違反法律的人也被劃定為非屬社會的。一九三三年十一月針對危險習慣性罪犯的法律，批准對性罪犯進行去勢。

所有這些的另一面，是企圖鼓勵以正確的方式來生養正確種類的德國人。因為種族純正不僅涉及排除那些被視為外來族群，而且也意謂要去增加種族裡的健全種族同志。帝國農業部長瓦爾特・達瑞明白地與種馬配種比較，當他說：「正如當我們在培育我們的漢諾威馬匹時，會使用一些純正的種馬和母馬，所以我們將再度培育純正的北歐德國人。」納粹的優生學專家有種種聰明的想法，來增加雅利安人的繁殖。降低失業的法律（一九三三年六月）為兩邊都沒工作的男女給予貸款；這貸款債務原先是要用來支付消費耐久財的購買，但假如妻子生育四個孩子，那債務便取消。有本特別為適婚年齡的年輕男女而寫的手冊。在一些便利的家庭管理小撇步以及食譜中，它包括了一個「選擇配偶的十誡」的有用清單：

1. 記得你是德國人。
2. 假如品種健全，不要沒結婚。
3. 保持你的身體純潔。
4. 保持精神及靈魂純潔。
5. 身為德國人，選擇有德國或北歐血統的人做為你的伴侶。
6. 當選擇你的配偶時，調察他們的家系。
7. 健康是外表俊美的前提。
8. 只有出自於愛才結婚。
9. 不要尋找玩伴，而是婚姻裡的伴侶。
10. 希望生儘可能多的孩子。

這裡也有德國媽媽獎章，頒贈給任何生育超過配額，繁衍雅利安血脈。在某種像是生育奧林匹克競賽，母親依據他們擁有的孩子數量，來被頒贈金牌、銀牌或銅牌。猶太人和其它「外來族群」不用說是不符合資格。為了要確保只有正確的人來執行這些生育的豐功偉業，所以打算結婚的男女必須取得適婚證書。在此是第三帝國統治下，專業人士如何擴大他們的專業領域：醫生可以決定誰適合生育。遺傳健康法庭可以針對那些被認為不適合的人，進行結紮，而這過程除了原來所意圖的結果外，本身也是令人痛苦以及危險。圖林根種族事務辦公室官員，如卡爾・阿斯特爾，會去蒐集資訊，這些最後會對所有人口進行種族特徵描述，以供迅速辨識。

然而儘管所有這些誘因，純種的育種工作對人比對馬難得更多。希姆萊對他自己黨衛軍的人馬沒有很自然地被正確的種族類型所吸引，感到憂心：

我在我們的婚姻申請書〔他抱怨〕看到，我們的人經常在完全誤解我們婚姻所為為何之中，而去結婚。看到這些申請，我經常問我自己，「我的上帝，在所有人之中，難道那個人必須和黨衛軍的人結婚」：這個不幸的黃毛丫頭，這個扭曲，而在一些情形下，不可能的形狀，她或許會嫁給一個矮小的東方猶太人，一個矮小的蒙古種。對他們來說，這樣的女孩必然算是好的。但在絕大多數的例子中，這些軍人卻都是光彩四射、俊美瀟灑的男人。

為了要更正這點，他開始干預黨衛軍軍官的婚姻決定。不僅新招入成員必須回溯過去五代，追蹤他們純正的德國祖先；他們被允許只能婚娶那些由希姆萊本人親自批准過，在種族上適當的伴侶。然後他們被敦促要至少有四個孩子，「一個良好及健康婚姻所必須的最低標準」。黨衛軍的孩子必須經過另外一種洗禮，由黨衛軍的舉旗官、而非教士來主持，希特勒的肖像、而非洗禮池來做為儀式的焦點。生育第七個孩子的獎品是有帝國元首本人來擔任教父。希姆萊更進一步地偏離傳統社會習俗，相信雅利安類型也應該被鼓勵在婚外生育。正是他鼓勵Lebensborn（直譯為「生命來源」）的計畫，這是設計來允許黨衛軍的軍官在座落於十五個產房兼幼稚園的地點，與經過檢選的同居女性一起來生育孩子。希姆萊對所有這些的目的是相當明確：「是為了要在德國內及周圍建立北歐的種族，而⋯從這種子的溫床去生產出二億的人口。」他在一九四三年時宣布，「我們要有孩子是理所當然之事。」「從這德國人民之中的種族菁英應該有最豐盛的繁殖，是理當必然。在二十或三十年之間，我們必須真正地能夠提供給整個歐洲它所需要的統治階級。」

當然，並非所有在納粹政權裡的人都接受如此的觀念。但這並非最為緊要。因為尚有其它理由，而且比較是為了貪財的理由，來支持種族迫害。德國猶太人無疑地人數甚少，但他們平均來說是相當富有。有什麼會比以雅利安化之名來竊取財富來得更簡單，為重整軍備籌募款項？從一九三八年那年四月，猶太人在德國所擁有的公司行號數量從四萬間滑落到一萬五千間。德國公司裡的董事會會議室見到一些超現實的會議，在裡邊猶太裔的經營者（——他們是公司的創立者或創立者的繼承人——）下台，將他們的位置以及股份遺贈給雅利安裔的同事，而假如這些同事在私底下承諾過只不過會擔任信託的對象，之後卻發現常很方便地忘掉這些承諾。在一九三八年十一月的事件闡明了仇恨以及貪婪之間正在發展出的連鎖。在一九三八年十一月九日，在希特勒的唆使之下，納粹的惡棍在德國境內的所有城市中，破壞、掠奪以及燒毀將近兩千間猶太聚會所和數以千計的猶太生意行號。猶太人的墓園被褻瀆破壞，個別的猶太人被毆打欺負、約有九十人被殺害。約有三萬名猶太人被逮捕，並送往勞工營，雖然大多數人事後都被釋放。這大規模迫害屠殺的藉口是德國駐巴黎使館的恩斯特・馮・拉特被一位十七歲猶太人赫胥・葛林斯潘暗殺，因為這年輕人的波蘭裔父母被納粹遣離漢諾威。這個迫害屠殺可以一九〇五年俄羅斯的相比，雖然這次有更明白的國家指示。然而對戈林來說，這次暴力也是財務上的機會。在事後，德國猶太社區被處罰十億馬克的沈重「集體罰款」，去賠償損害，好像是猶太人自己犯下的。十一月九日「水晶之夜」（——這是指散落街道上的碎玻璃，也是「碎玻璃之夜」——）

是重要的一刻，不僅透露出這政權對猶太人政策根源所具有的暴力衝動，還有那些對猶太人沒感到仇恨，但是他們仍是漠不關心地默許事件發生。

洞察精闢的自由派記者塞巴斯提安・哈夫納在一九四〇年如是寫道，納粹反猶主義是「世界史中某種新東西」，「它企圖去否定人類那種使各物種得以生存的團結性；將人類通常只指向動物的獵食本能，轉而去對付他們自己物種裡的成員，因此將整個民族轉化成一群獵犬」：

它顯示出這種態度何其荒謬可笑：認為納粹的種族主義只是一件小小的枝微末節，最糟不過是整個運動的小瑕疵，這我們可以根據我們對猶太人的個人感受來表示遺憾或接受，以及這「與國家民族大業相比，無足輕重」。在事實上，這些「國家民族大業」是不重要的日常事務，在歐洲史裡一個過渡時期裡稍縱即逝的事情，然而納粹的反猶主義卻是一個根本性的危險，呼喚起人類墮落的鬼魂。

帶著後見之明，我們必然會問自己何以如維克多・克倫佩雷爾這樣的人，會無法察覺正在逼近的災難。何以德國的猶太人，或甚至歐洲的猶太人，沒快一些逃離希特勒在心中為他們所安排的地獄般命運？其實有相當大比例正是做了那事。在一九三三年，約有三萬八千人去國，在一九三四年接著有兩萬兩千人，以及在一九三五年有兩萬一千人。這國家八百名教授中，有兩百人離開，其中有二十名諾貝爾獎得主。愛因斯坦因為厭惡納粹對他的「猶太物理學」的攻擊，已經在一九三二年離開。這種移居國外在「碎玻璃之夜」後加速進行。在一九三八年四萬名猶太人離開德國；在一九三九年則是那數字的兩倍。在自願離境已經不再可能時，有十六萬名猶太人留在德國，不到一九三三年之前數字的三〇％。我們經常忘記納粹鼓勵移民的政策有多成功，若非沙赫特對那些離開德國的人徵收高額的稅，這必會更加成功。

如我們已見，納粹主義是種政治宗教，而希特勒樂於扮演先知的角色。他在一九三九年一月三十日對帝國國會的演講中，宣布說：「假如在歐洲內及歐洲外的國際主義猶太金融家，結果成功地讓各民族再次陷入一場世界大戰之中，那結果將不會是歐洲的布爾什維克化因此成為猶太人的勝利，而是猶太種族在歐洲的滅絕！」如其脈絡清楚指出，這是一種要造成更多移民的威脅，就正如是場即將降臨之種族屠殺的預言。

到哪裡？

然而，如克倫佩雷爾的人，如此堅持地認定自己是德國人，何以最後卻選擇留下來，並不難理解。即使晚到一九三九年，納粹是否是歐陸最糟糕的反猶份子，仍然絕非清楚之事。他們的種族國家在這階段的世界裡，亦非獨一無二。

例如，鄰近波蘭不乏新聞文章可以一樣容易地出現在納粹的《人民觀察報》之中。早在一九三四年八月，一位以「Swastika」（納粹黨徽）為筆名在天主教報紙《護衛基督》中辯稱：「我們要認定為猶太人的，不僅是猶太法典塔木德（Talmud）的追隨者…而且是每一位在他血管中流有猶太血液的人…只有可以證明他自己家庭至少有五代祖先沒有猶太種族的人，才可以被認為是合法的雅利安人。」「猶太人對我們是如此可怕地陌生，陌生而且令人不悅，所以他們是另一個不同的種族，」一位《文化》投稿者在一九三六年九月寫道。「他們激怒我們，他們的特徵觸犯我們的感受。他們東方式的衝動、好辯、特殊思考方式、他們眼睛的神情、他們耳朵的形狀、他們睫毛的搧動、他們嘴唇的形狀，以及每件事。在混血的家庭中，我們察覺到這些特徵可以傳到第三或第四代，以及之後。」一些民族主義者，如《華沙新聞報》的編輯史提凡・科胥次基，開始呼籲驅逐猶太人。其他人則更進一步。在一九三八年《小日報》已經呼籲在「猶太人絞索」勒死波蘭之前，先對猶太人「宣戰」。民族民主黨的領導者羅曼・德莫夫斯基預言「對猶太人的國際屠殺」將會「結束歷史裡猶太人的那一章」。反猶暴力也非純然只是口頭。在一九三四年的維爾諾（維爾紐斯）、一九三五年的格羅德諾、一九三六年的普利茲迪克及明斯克，以及一九三七年的布雷斯次（布列斯特）。在一九三六年華沙大學細菌學教授齊格蒙特・希曼諾夫斯基對民族民主黨學生在華沙及利沃夫的行為感到震驚：他們在講演之間攻擊猶太學生。在三〇年代中期，有一千到兩千名猶太人在攻擊中受傷；或許有多達三十名被殺害。

誠然天主教會或波蘭政府沒有完全原諒如此的暴行，然而樞機主教賀隆德在一九三六年二月的佈道書信，一點都沒打算去壓制波蘭的反猶主義。「這是事實，」他宣布說：

> 猶太人反對天主教會，沈溺於自由思想，是代表無神論運動、布爾什維克主義以及顛覆行動的先鋒。猶太人對道德有災難性的影響，他們的出版社散播春宮圖書⋯猶太人犯下詐欺、放高利貸以及涉及人口買賣。

儘管一九二一年的憲法明白排除基於種族或宗教原因的歧視行為，世俗政權沒有表現更好。一九二〇年代，在之前屬於俄羅斯領土裡的猶太人只能忍受這新政權不願廢除的舊沙皇所遺留下來限制（——其中有許多晚到一九三一年仍然有效——），以及法律禁止在週日工作所帶來的不便。「國家團結營」（OZN）是成立於一九三七年，來動員群眾來支持畢蘇斯基的繼承人，意圖要以犧牲猶太人來完成產業、商業以及專門行業的

「波蘭化」，所以這些猶太人被宣布對波蘭是屬於「外來的」。毫無疑問，猶太人是不成比例地有成就，特別是在高等教育以及專門行業之中。在一九三一年，猶太人雖然佔不到九%的波蘭人口，但這比例在波蘭的大學裡，陡升到二〇%。猶太人構成所有波蘭自行開業醫生的五十六%，所有私人教師的四十三%，律師的三十四%以及記者的二十二%。官方對猶太人生意行號的杯葛，導致猶太人所擁有之生意行號數量上戲劇性的下滑：在比亞韋斯托克地區從一九三二年的九十二%到六年之後的五〇%。猶太人因為對儀式性宰殺的禁令，而被逐出肉品業；猶太學生被隔離在大學的教室之中；他們被排除在司法業之外。到一九三七—八年時，他們佔大學入學比例掉落到七・五%。一九三八年底，政府政策是要對猶太人施加壓力，強迫移民來「解決猶太問題」。但對許多在如羅茲城市中貧窮的猶太人來說，這幾乎不是種可能的選項，在那裡有超過七〇%的猶太家庭居住在一個房間，經常是閣樓或是地窖，而且有四分之一的人接受慈善協助。

反猶主義在羅馬尼亞亦相當盛行，這是源自於亞歷山德魯・庫扎和歐克塔維安・戈加的國家基督教黨以及柯奈流・柯德雷亞努的大天使米迦勒兵團，還有它穿綠色襯衫的青年分支，稱為鐵衛隊。柯德雷亞努和希特勒一樣，擅長於將猶太人等同於共產主義以及資本主義，他承諾要「在猶太人摧毀我們之前，先摧毀他們」。他並非無人附和。在一九三六年「凡事為國家黨」的黨主席，基基・康他古其諾—加林切如將軍，呼籲將猶太人滅絕。對以詩人為業的戈加而言，猶太人像是「痲瘋病」或「濕疹」。即使在一九三七年之前，猶太人已發現自己被從司法業排擠掉，而猶太學生會蒙受騷擾以及恐嚇。在一九三四年米海・塞巴斯提安，出生時名為約瑟夫・海赫帖，但是位叛教徒，之後成為完全同化的羅馬尼亞人，他寫信給布加勒斯特大學哲學教授奈伊・約內斯庫，邀請為他的新書寫序。約內斯庫的序言包括了以下隱隱的勸誡：

海赫帖，你病了。你病到根裡頭去了，因為所有你能做的只有受苦…彌賽亞已經降臨，海赫帖，而你卻不知道他。…海赫帖，難道你沒有感覺到寒冷及黑暗正包圍著你？…這是種同化的幻象，如此多猶太人的幻象，他們誠懇地相信他們是羅馬尼亞人…記得你是猶太人！…你是海赫帖，一個來自多腦河畔布勒伊拉的人？不，你是一個猶太人。

在一九三七年選舉中，極右派贏得全面勝利時，戈加短暫擔任過總理，猶太人的報紙及圖書館被關閉，猶太人的經濟機會被生意行業以及專業技能所實施的配額所限制。雖然卡羅國王在解散國會，建立自己的獨裁政權時，曾鎮壓法西斯主義者，但逮捕以及處決柯德雷亞努以及其他十二位鐵衛隊的領導者，並沒顯著改善羅馬尼亞猶太人的處境。到一九三九年九月，超過二十五萬猶太人已經因為他們是非法移民的緣故，而被剝奪公民權。

其他歐洲國家如何？義大利法西斯主義最初並沒明顯地反猶。然而在一九三八年墨索里尼以紐倫堡法為模式，引進極為相似的立法。法國仍然是民主政治，但是一個沾染反猶偏見的民主政治。「寧可希特勒，也不要布魯姆」"Plutôt Hitler que Blum"不只是對猶太裔社會主義者、法國一九三六—一九三七年總理里翁·布魯姆的戲謔，也是某種預言。在匈牙利這氣氛也類似。猶太小孩子若在松巴泰伊里城的街道落單，會冒著被丟石頭的風險。

假如猶太人在歐洲無法感到安全，他們能去其它什麼地方呢？英語世界一點也沒比較歡迎他們。美國是第一個主要歐洲移民的國家，但在一九二〇年代設下移民配額，這是從一八九〇年代以來，要求限縮移民運動的高潮。因為新的識字測驗、配額及其它管制，年移民率從一九〇〇年代的每千人十一·六人，降到一九四〇年代的每千人〇・四人。在大蕭條開始造成傷害時，其它國家追隨美國的範例：南非在一九三〇年引進配額，而澳大利亞、紐西蘭及加拿大都在一九三二年時引進其它種類的限縮。歐洲猶太人所需的當然是政治庇護，而非經濟機會。雖然在所有這些國家中也存在著龐大以及有影響力的猶太社區，但與之牴觸的趨勢亦同時運作。限制移民未曾只是單純的經濟事務：一個沒有專業技能之本土勞動者在面臨低薪資競爭者時，會設法拉起來門前的吊橋。種族偏見認定猶太人（以及南義大利人）是不如之前來自英倫海島、德國或斯堪地那維亞的移民，這點也扮演重要的角色。在說英語的世界中，反猶是一種社會（—假如仍未是政治—）的現象。很具有象徵性地，一道要允許兩萬名猶太孩童進入美國的草案，在一九三九年提出，然後再度於一九四〇年提出，皆被參議院拒絕。

無論如何，美國幾乎無法聲稱自己在一九三〇年代是種族容忍的模範。晚至一九四五年，仍有三十個州仍在州憲法或州法律上，保留禁止異族通婚的禁令，而這些之中有許多最近擴大或是緊縮規定。例如在一九二四年維吉尼亞州重新定義「白種人」是指「除了高加索種之血緣外，沒有任何其他血緣的人」，或「十六分之一或更少的美國印地安人，以及沒有其它非高加索種的血緣」。從此，即使一位「黑人」的曾祖父母也讓一個人變成黑人。不只非裔美國人和美國印地安人受到影響；有些州也歧視中國人、日本人、朝鮮人、「馬來人」（菲律賓人）以及「印度人」（印地安人）。在一九三〇年代漢堡的「種族污染」案件，和一九三〇年阿拉巴馬州蒙哥馬利的混種案件，兩者間的差異會有多深呢？不太多。在德勒斯登與在迪克西的異族婚姻有那麼不同？其實不然。除此之外，優生學在美國的影響，又更添加上新一層的歧視性立法，這不僅類似於一九三〇年代在德國引進的法律，而且也是某些納粹立法的靈感來源。有不少於四十一州利用優生學上的歸類，來限制有精神疾病者的婚姻，而有二十七州通過法律，可以下令對某些類別的人進行結紮。在一九三三年單單加州就強制性地結紮了一二七八人。簡而言之，第三帝國一點都不是世界上唯一的種族主義國家。希特勒甚至公開在一九三〇年代承認，他受益於美國的優生學專家。

當然這世界有一個獨特的地方：受到錫安主義啟發的猶太人，數十年來已經移民去巴勒斯坦，英國在一九一七年已經宣布過在那裡會有猶太人的「民族家園」。在一九三〇及一九三六年間，超過八萬名猶太人離開波蘭前往巴勒斯坦，他們之中有許多人是年輕的理想主義者，決心要在那裡建構一個以社區集體農場為建設的磚石，成立一個新社會。如一位年輕移民的解釋：「在國內，未來沒有前景。生意惡劣。在我結束學校生涯後，我沒看到有任何未來的希望。但即使在這樣的悲劇處境，儘管沒有未來的希望，我還是要完成學業……假如有任何人問我，在我完成學業後我會做什麼，我必然不知道如何回答。在這可怕的處境中，我接受錫安主義，就像即將溺水之人捉住浮板。」但在一九三六年，英國限制猶太移民進入巴勒斯坦，擔心（——這並非沒有道理——）阿拉伯人的反撲。到一九三八年當託管地逐漸淪落到全面性的內戰時，英國需要十一個步兵營及一個騎兵團來維持任何像樣秩序的局面。

對一個有徹底德國心靈的人如克倫佩雷爾來說，移民當然政是納粹所希望的，因為根據定義他被認定是猶太人，不是德國人。但克倫佩雷爾沒有慾望要在巴勒斯坦重啟一個新生活。如他所說：「假如猶太國家很具體地被建立起來……那必然是讓納粹將我們丟回過去幾千年……猶太問題的解決只能從那些發明它的人那裡得到解決方法。而世界（——因為這真正關係到這世界——）將被迫據此來採取行動。」但世界的回應不會令人受到鼓舞。在一九三〇年代晚期，猶太人要被重新安置的原則幾乎沒人挑戰；唯一的問題是猶太人要到何處。其它殖民地被列入考慮：例如英屬蓋亞那。一九三七年波蘭政府提議運送一百萬猶太人到南非（英國有異議）或到法屬馬達加斯加，但是去後者造訪過的波蘭猶太人所得到的結論是：不到五百戶能夠被合理地安置在該地定居。這隨意草率過程的最低點是一九三八年的艾維安（Evian）會議，有三十二個國家與會代表聚集一起，紛紛提出他們何以不接受更多猶太難民的藉口。但儘管羅馬尼亞有猖獗的反猶主義，還是有許多猶太人旅行到布加勒斯特，希望藉此到達土耳其，然後是巴勒斯坦。

對許多人（——或許多到一萬八千人——）上海是最後的歸宿，只不過因為這國際性都會並不需要入境簽證。對來自布雷斯勞的年輕猶太人恩尼斯特・赫普納來說，在那裡他們「只不過是另一群的外國人，nakonings」。然而上海什麼都是，唯獨不是一個安全的避風港，因為在亞洲事件的發展跑在歐洲之前。在那裡有個獨裁政權已經超越過從內部進行國家復興的目標，轉而將心思投向領土擴張。西方強權證明無法執行被寫入巴黎和約之中的保護少數族群條款。而既然可追溯到威斯特伐利亞條約，並且伍德羅・威爾遜也沒有推翻不干預其它國家內政的傳統，那這就或許不令人驚訝。但當獨裁者挑戰在一九一八年後劃定的疆界，當他們入侵並佔領主權國家時，那些之前締造和平的國家要如何回應呢？

答案是以幾乎任何代價來設法使和平持續下去，假如那代價不是他們自己要付出的話。

第八章　一個偶然的帝國

An Incidental Empire

武士道……或許在倫理學歷史中，與英國憲法在政治史中，佔有相同的位置。

新渡戶稻造，《武士道》，一八九九年

有純粹血統的六千五百萬名日本人萬眾一心地站起來……你認為他們都瘋了？

松岡洋右，對國際聯盟的演說，一九三二年

生存空間

在一九三〇年代營區在各地冒出。在德國，針對那些政權希望排斥的人，設有集中營；對那些他希望爭取到忠誠的人，則設有度假營。在蘇聯，對任何史達林及其黨羽所懷疑的人，則有勞改營。美國在大蕭條年代的營區，叫胡佛營（Hoovervilles），這不是勞改營，而是相反的東西：為那數以百萬計失業人所設的營區，依照那不幸總統赫柏特・胡佛來命名。在日本的營區又不一樣：這時期一個典型日本營區的住民，每天會在五點半被叫醒。他們終日不懈地工作著，通常忍受極度的肉體辛苦，而且幾乎沒有休息，直到晚上十點。他們睡在沒有暖氣的宿舍，他們的郵件會被檢查，他們不被允許飲酒或抽煙。但他們不是囚犯；他們是軍隊裡的見習生，接受訓練成為軍官。這嚴厲制度的目的不是要懲罰他們，而是灌輸他們一種幾乎超人般的軍事紀律。這些軍事訓練營區是針對未來的營區。在一九四〇年代末期，誕生於約一九〇〇和一九三〇年之間，有令人訝異高比例的身體健全之人，會歷經其中一種營區。

如我們已見，經濟大蕭條在大多數國家中造成經濟政策上劇烈的改變，但只有在一些國家裡，會見到在政治及法律安排上有激烈的變革。在這一類國家中，大蕭條會對他們外交政策也造成劇烈改變的，則為數更少。大多數會如英國及美國一樣，以儘可能避免對外衝突，來回應危機。在一九三三年就職演說中，羅斯福承諾會以「睦鄰」原則做為美國外交政策的基礎，結束他數位前任在中美洲以及加勒比海國家的干預；他並且為菲律賓獨立準備基礎。但這是出自於節約成本，正如是出自於利他主義；這其中的預設是，對抗國內失業的花費，排除在海外進行小規模戰爭的額外開銷。即使大多數獨裁政權，也是相當滿足於迫害內部的敵人以及和鄰居因為邊界的問題而發生小爭執。史達林沒有強烈的慾望去爭取更多的領土，因為他已經擁有一個巨大的帝國。軍事獨裁者，如佛郎哥，比較有可能進行內戰，而非國際性的戰爭；身為一個保守份子，他瞭解對外的戰爭終究是有利國內的革命份子。所以只有三個國家會盼望以領土擴張及戰爭來達成克服大蕭條的目的。它們是義大利、德國及日本。它們對帝國的夢想是許多戰爭的近因，而這些我們統稱為二次大戰。然而如我們將見，這些夢想一點都不算是在面對大蕭條時所做出的非理性回應。

何以這三個獨裁政權會採用以及執行侵略性的外交政策？一個傳統的答案或許是它們受制於帝國榮耀這種時代錯置的概念。所有的國家都回溯到有關他們國家的定型化歷史，所以墨索里尼呼喚起有關羅馬人的記憶，來辯護他的非洲冒險之舉；希特勒則主張條頓武士團所「失去的領土」；日本人則是想像他們「大和民族」不只是中華文化的一個分支而已。然而在一九三〇年代中，有關帝國的想法一點都沒時代錯置。在一個沒有自由貿易的世界中，帝國提供那些擁有它的人所有種類的利益。對英國，深處一個龐大的英鎊集團的核心，具有相同的通貨以及共同的關稅，帝國當然是有利的。而假如史達林蘇聯被侷促在莫斯科公國歷史疆界之內，沒有遼闊疆土以及高加索、西伯利亞以及中亞的資源，那它將會如何？當那些「貧窮」的強權採取重整軍備做為經濟復甦的工具，帝國對它們的重要性則更是特別清楚。因為在一九三〇年代的重整軍備，假如希望擁有最先進武器，那需要有不同種類關鍵資源的充分供應（見以下）。義大利、德國及日本在它們自己的疆界之內，除了微小數量外，都沒有這些物資。相形之下，這世界可取得的供應，其絕大部分都是在與他們敵對的四大強權的疆界之內：大英帝國、法蘭西帝國、蘇維埃聯邦以及美利堅合眾國。因此若沒有大量進口這些物資，沒有國家可以期盼在軍事上與這些強權平起平坐，但它們卻又幾乎壟斷這些物資的供應。因為這三個理由，這些「貧窮」的強權無法依賴自由貿易來取得這些物資。第一，由於實施保護性的關稅：自由貿易在一九三〇年代中期已經顯著降低。第二，義大利、德國及日本欠缺足夠國際性的儲備金，來支付它們所需的進口。第三，即使它們的央行儲備有滿溢的黃金，但是在重整軍備完成之前，仍然有被敵對強權封鎖進口的風險。因此在領土擴張的背後有相當說服性的邏輯，如希特勒在一九三六年八月到九月的備忘錄，規劃出德國經濟的四年計畫，就曾清楚表達出來。

這由希特勒親自草擬的重要文件，開始先重述他長久以來的目標是要面對「布爾什維克主義，該主義的本質及最終目的是要以猶太人來滅絕、並取代到目前為止人類社會的領導階層，並散播到全世界。」令人驚奇的是希特勒挑出這點來做為他特別關切的理由：「馬克思主義透過它在俄羅斯的勝利，已經建立起一個最龐大的帝國，來做為未來行動的運作基地。」他辯稱，蘇聯的存在已經使布爾什維克主義在獲得軍事資源上有戲劇性的增長。因為西方民主政治的墮落，以及大多數歐洲獨裁政權的薄弱，它們需要所有的軍事資源來勉強維持權力，所以只有三個國家「可以被視為是對布爾什維克主義強硬」：德國、義大利及日本。德國政府的首要目標因此必須是「在可能最短時間之內，發展德國軍隊，使之在訓練上、單位動員以及武器裝配上，是世界第一的軍隊。」然而希特勒接著繼續羅列出在德國既有疆界之內去完成這目標的困難。首先，一個「人口過多」的德國無法餵養自己，因為「我們農產再也無法大量增加」。第二而且關鍵性地，「我們無法以人工方式去生產某些我們在德國沒有的原物料，或者找出替代品。」希特勒特別提及石油、橡膠、銅礦、鉛礦以及鐵礦。因此：「最終的解決方式在於擴展我們的生存空間，和／或擴展我們國家原物料以及食物供應的來源。要在未來的某一天解決這問題是政治領導者的職責。」可是德國尚未在軍事上處於可以透過征服來贏取生存空間的態勢。重整軍備因此只有透過增加生產國內可取得之物資（例如低等級的德國鐵礦），進一步限制非基本品進口，如咖啡和茶葉，還有以合成替代品取代根本的進口品（例如，人造燃料、橡膠以及油脂），這些相結合起來後，才有可能。

希特勒的備忘錄主要是要強烈排除之前沙赫特所選擇的新計畫，這新計畫原先試圖透過外銷補貼、進口限制以及雙邊貿易協定的複雜系統，來補足德國耗盡的強勢貨幣。希特勒斷然地排除掉沙赫特所辯護，以較慢步調來重整軍備，以及囤積原物料和強勢貨幣的策略。這備忘錄亦是對德國產業界的明白威脅，威脅將加強國家的干預，若私人部門無法達成政府所設定的目標：

去為生產方式絞盡腦汁不是政府經濟機構的職責。這種事完全與經濟部無關。或者我們今天有私人經濟，而它的責任要對生產方法去絞盡腦汁；或者我們認為對生產所做的決定是政府的職責，而在那情形下，我們一點都不需要私人經濟……部會只需設下目標；企業必須完成。假如企業覺得無法做到，那納粹的國家自己將知道如何解決問題……當此時蘇維埃國家建立了一個龐大的計畫，德國企業必須或者知道新的經濟任務，或者它們被證明不適合在這現代再生存下去。但在那種結局裡，將不會是德國被摧毀，而是一些產業界人士被摧毀！

然而整個報告最重要的一點是他所提出的時間表。希特勒的兩個結論再清楚不過了：

I. 德國武裝部隊必須在四年內準備好作戰。
II. 德國經濟必須在四年內適合作戰。

史學家長久以來辯論著這究竟是否要被看為納粹有具體作戰計畫的證據。當然，這必須如此。斷然地批准加速重整軍備的步調，以及推翻沙赫特有關另一次收支平衡的警告時，希特勒的四年計畫備忘錄很明顯提高了德國在一九四〇年時會進行戰爭的可能性。以陸軍中央行政辦公室少將佛德利希・弗洛姆的話來說：「在重整軍備階段完成之後，國防軍必須被立即部署，否則在需求上或在戰爭準備上會降低。」要注意的有趣之點是，在以一九四〇年末來進行戰爭時，希特勒對他所提出的自給自足策略能維持多久，其實有相當的現實感。最晚在一九四〇年，換言之，德國必須開始取得新的生存空間。

生存空間（*Lebensraum*或living space）的概念是在一八九〇年由來比錫的地理學教授佛德利希・勒采爾（Friedrich Ratzel）所提出來，再由東方學學者及地緣政治理論家卡爾・豪斯霍費爾發展，而他的學生魯道夫・赫斯或許在一九二〇年代初時，將這詞介紹給希特勒。我們現在可以瞭解，這樣辯論其實是根據對經濟發展過度悲觀的論點。自從一九四五年以來，在農業及工業生產力的增長，都可以讓「富有」及「貧窮」的國家維持甚至比一九三九年時更多的人口。在二十世紀末，義大利的人口密度比在六十年之前增加十七%，英國為二八%，法國四二%，德國六十四%以及日本的八十四%。因為去殖民化的緣故，所有這些國家在這段期間都已經成為（兩次大戰間之意義的）「貧窮」國家，然而它們的經濟比它們所有或一些在「富有」時期，明顯地成長更快。顯然生存空間並沒有如豪斯霍費爾以及他學生所相信，對繁榮會是那麼不可或缺。然而在一九三〇年代的脈絡中，這辯論有一個強烈的吸引力，特別是對德國、義大利及日本。在一九三〇年代末，如圖8.1所顯示，德國在全世界主要經濟體中，有第四高人口密度（每平方哩三六三人），次於英國（四八七）、日本（四六九）以及義大利（四一八）。然而根據凡爾賽條約，德國被剝奪他相對少數的殖民地，而英國則在原來已經龐大的帝國上又增添一些，正如法國。如希特勒從豪斯霍費爾那裡學來，假使生存空間對一個人口稠密，國內食物及原物料有限的國家是根本的，那德國、日本及義大利都需要它。另一

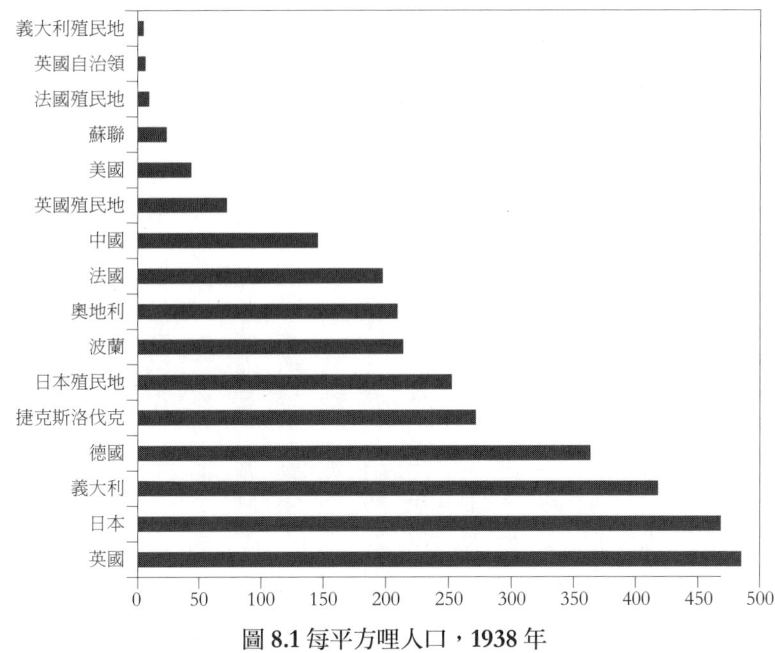

圖 8.1 每平方哩人口，1938 年

個看問題的方式，是將可耕地與從事農業人口相關連起來。依據這種計算，加拿大在自然天賦上是德國十倍，美國則是六倍。即使德國的歐洲鄰居也有比較多的「農業空間」；丹麥農夫平均較德國多出二二九％；英國農夫平均多出一八二％，而法國則是三十四％。誠然在波蘭、義大利、羅馬尼亞以及保加利亞的農夫更為貧窮，但更往東邊，在蘇聯則是每一位農業從業人員有多出五〇％的可耕地。

然而生存空間尚有第二種意義，這較少被說出，但在實際上卻更重要。這便是任何像樣的軍事強權都有必要能夠取得戰略性的原物料。在此軍事科技的變化已經徹底地改變全球的勢力平衡，甚至比一九一八年後邊界的變遷更可認為如此。軍事武力不再如在俾斯麥的時代，只是「鐵和血」，甚至煤和鐵的事。這些物資的生產是由美國、大英帝國、蘇聯或是它們直接或間接影響的國家所主宰。單單美國的油田就構成全世界原油產量的稍稍不到七〇％；下一個最大的產油國是委瑞內拉

（十二％）。中東油田尚未佔有它們今日所享有的支配性地位：伊朗、伊拉克、沙烏地阿拉伯以及較小的波斯灣國家，在一九四〇年生產不到全球產量的七％。關鍵點是所有這些國家的油產都是在英國或美國公司手中，主要是英國波斯，皇家荷蘭／殼牌，以及標準石油的後繼公司。現代戰爭也非單純是內燃機以及橡膠輪胎的事。現代飛機、坦克以及船艦（—更不用提火砲、砲彈、子彈以及需要去做出所有這些的工具機—）都需要許多種類的高級鋼材，這只有再加入或多或少的稀有金屬才能製造，如銻、鉻、鈷、錳、水銀、鉬、鎳、鈦、鎢以及釩。在此西方強權以及蘇聯的態勢，若還說不上是完全壟斷，但仍是具支配性。一起計算，大英帝國、法蘭西帝國、美國以及蘇聯幾乎佔有全世界的鈷、錳、鉬、鎳及釩，四分之三的鉻及鈦，以及一半的鎢。前德屬西南非，現在穩穩在英國手中，幾乎是釩的唯一來源。蘇聯以及遠遠落後的印度，出產幾乎所有的錳。鎳幾乎是由加拿大壟斷；鉬則是美國壟斷。

所以德國、義大利及日本欠缺生存空間的根據一點都不弱。德國國內擁有豐富的煤礦供應，以及全歐最大的鐵及鋼的產業，但是在一九三〇年代之前，它必須進口所有要用的橡膠以及石油。日本進口所需的全部橡膠，五十五％的鋼材和四十五％的鐵；在一九三〇年代大約八〇％的日本所需石油是從美國進口，一〇％則從荷屬東印度；最近的其它來源則是蘇維埃控制的庫頁島。義大利沒有更好。希特勒四年計畫備忘錄的一個關鍵結果，因此是對能以國內物資如煤礦來生產合成石油、橡膠以及纖維之新科技的大量投資，以及在薩爾茨吉特成立一個龐大的國有工廠，設計將低品質的德國鐵礦製成鋼材。然而希特勒在一九三七年十一月五日對他資深軍事領導人談話時（—佛德利希・霍斯巴哈少校曾對這會議做出概述—）已經變得很明顯，這種對內部資源進行極為昂貴的動員，不可能在一九四三—四五年時對重整軍備一事，提供被認為必須的服務。因為這理由，希特勒於是將注意力轉向這種可能性：或許可以早些、而非遲些，並且在無需與西方強權或是蘇聯進行全面性戰爭下，去取得到生存空間以及隨之而來的資源。

他有很好的理由去思考這點。義大利在阿比西尼亞已經取得新的生存空間，而且沒有去打一場較大規模的戰爭。甚至更令人印象深刻的是，日本似乎也已經脫離那可恥的「貧窮」類別。所以當希特勒及其隨從往東去尋找他們的生存空間，＊而義大利人往南，日本人則是看向西方：中國。

另個島國的故事

除了高密度人口之外，日本與英國有許多共同之處。日本是個群島國家，位落於一個擁有長久文明、已發展大陸的不遠處，她從內戰時代崛起之後，擁抱君主立憲。日本是亞洲第一個工業化國家，正如英國在歐洲是第一個。兩者都以製造布料銷售外人，而崛起為經濟強權。維多莉亞時代的英國；以其古板保守的社會階層出名；明治時代的日本亦然。英國有它的國教，由英格蘭教會代表；日本人有他們自己的，稱為神道教。這兩個文化從事那在外人眼中看起來像是皇帝（或女皇）崇拜的儀式。這兩個文化都尊崇以及浪漫化一個部分是由想像建構出之封建過去裡的騎士精神。二次大戰宣傳持續下來的力量，仍然使西方觀察者不願承認這些相似性；我們寧可強調在兩次大戰中之日本的「它類性」。然而忽略這些，是忽視略日本在一九〇五年之後，其基本目標在本質上的合法性：被西方強權視為可平起平坐之國。對日本人這意謂著不僅是分享在不平等條約系統裡所提供的中國市場。英國已經取得一個龐大以及有利的殖民帝國，其核心是他們控制了瀕臨滅

＊在一九三六年初的一個演講中，達瑞定義「由德國人所定居的自然區域」為「帝國疆界以東，直到烏拉山，在南方接壤高加索區、裏海、黑海以及分隔地中海盆地以及波羅的海和北海之間的分水嶺」。

亡之蒙兀兒的亞洲帝國，但這殖民帝國也在北美洲以及澳大拉西亞提供他們大片的生存空間。日本人沒有理由不認為他們何以不能在一樣行將就木的清帝國之中，建立他們自己的帝國，具有完整的生存空間。日本與英國最大的差異是時機。在經濟上來說，至少以國內人均生產總值，日本大約落後一個半世紀，如果沒落後更多。同樣在戰略上，日本大約是英國在十八世紀上半時的狀況。然而比起漢諾威時代的英格蘭，這時代日本的對手更多，而且更強。

第一次大戰提供給日本一個理想的機會，不僅可以擴張它重工業產品的生產，如她已經做得相當好的船隻，而且可以擴大她在亞洲的生存空間。日本在一次大戰以最低的代價站在協約國這邊，佔領德國的前哨站，山東半島的青島，以及北太平洋的馬紹爾群島、卡洛林群島和馬里亞納群島。除了派遣一隻艦隊到地中海，日本對戰爭沒有貢獻，除了有利於她自己的事之外。對俄羅斯內戰的干預亦然，這只不過是提供日本人藉口去佔領俄羅斯在遠東的領土。在此同時，日本以戰爭做為掩護，強迫中國做出全面性的經濟及政治讓步，這以「二十一點要求」而為人所知。這些包括將山東半島的經濟權利轉移給日本，擴大以及延伸日本在南滿及東蒙的勢力，在未來沿海的讓步中，排除其它外國勢力，以及賦予日本人所擁有之鐵道及礦業公司種種特權。然而其中最激烈的是要在中國政府裡任命日本顧問，以及由日本代表來協助「改善」中國警察。中國人在英國及美國的支持下，拒絕接受最後幾項要求；其它則是在最小的修改下被同意。如不接受的話，另一個選項，如日本人說得很清楚，就是戰爭。

日本人現在所採取的立場是認為中國正處於解體邊緣。「中國內戰或崩解，也許對其它國家沒有任何直接影響，」特使石井菊次郎在一九一七年向美國國務卿羅伯・藍辛解釋，「但對日本這是生與死的問題。在中國的內戰將會立即反映在日本，而中國的崩解意謂著日本的崩解。」然而在私底下，有些日本領導人逐漸覬覦中國為日本自己所欠缺之關鍵原物料的潛在來源。西方強權對日本的意圖沒有遐想。英國駐華大使寫道：「今天我們瞭解到日本，真正的日本，是一個清清楚楚的機會主義者（不要說是自私）的國家，與大戰的巨人相比只有相當一般的重要性，但是對自己的角色卻有非常誇大的想法。」這是一個非常英國人的說法，要日本人應該把對中國的壓榨留給亞洲傳統的歐洲主人。其他的英國觀察者則更為不安。海軍將領傑利科，在庚子拳亂時他曾率領遠征軍解北京之圍，懷疑日本最終的目標是要創造出一個「更大的日本國家，或許會包括部分中國以及前往東方的大門：荷屬東印度、新加坡以及馬來亞」。

日本人在一九一九年前往巴黎和會，將自己列在勝利國之中；他們離開時，好像自己是在輸的那一邊。關於領土的事情，日本沒有抱怨的理由；他們繼承了德國在山東的權益，包括青島，同意他們在太平洋以託管名義所佔有的島嶼（帛琉、馬里亞納、卡洛林和馬紹爾）。然而日本將威爾遜總統理想的話語當真，要求對國際聯盟盟約進行修正，堅持世界上的種族平等。但威爾遜有西方民主政治的感受要思考，或是澳大利亞總理威廉・休斯已經承諾要執行「只有白人」的移民政策，兩人都沒打算去接受。＊這修正案的失敗等於打日本人耳光，雖然這對日本而言，正是個秀出他們遭受傷害的機會。正如近衛文麿親王在談及威爾遜的戰後秩序願景時，「民主政治和人道主義都是很棒的感覺，但它們只不過是美英去維持控制世界大部分財富的遮掩而已」。對種族的爭議讓日本與西方強權戰時所締結的聯盟迅速瓦解。在一九二三年時，英日同盟無疾而終；兩方同意這將由一年前於華盛頓所同意之限制海軍武力的五強條約所取代。美國人現在認為日本的成功，甚至超過英國，會是潛在的威脅。早在一九一七年時，美國海軍認定日本是在未來戰爭中是最可能

＊這修正案在事實上在聯盟委員會中得到多數的支持：十七位成員中的十一位投票贊成。但威爾森堅持要無異議通過。

的敵人。這種氛圍在一九二四年更加惡化，當美國眾議院在仇外的赫斯特新聞的慫恿下，通過約翰森－里德（Johnson-Reed）移民法案，這是明白針對（在許多其他人之外）日本人。當日本人忽視禁止在託管領土建設軍事設施的禁令，將卡洛林群島的特魯克轉變為他們在南太平洋的主要海軍基地，西方的疑心只不過是得到確定。

但是從一九一九到一九四一年並非無法避免地往戰爭之途前進。日本在一九二〇年代顯示出種種跡象，願意接受她在一個由盎格魯・薩克森強權主宰的世界裡所佔有的地位。根據一九二二年華盛頓海軍條約，日本政府同意限制他們海軍噸數在英國與美國艦隊的六〇％，並從青島、海參威以及庫頁島北方撤出軍力。日本也同意不在庫頁島南方以及台灣建立海軍基地。到一九二四年時，日本陸軍及海軍的軍力上已經有顯著的削減。全部的軍事開銷在國家預算上從一九二〇年代初的四十二％降低到一九二七年的二十八％。常備軍人數為二十五萬人。日本也接受所謂的九強協議，重新主張美國在中國的「門戶開放」原則，這保留了近乎虛擬的中國政治主權，但同時允許先進經濟體去瓜分一個受控制的共享市場。這看起來彷彿（——以在軍隊中崛起新秀松井石根的話來說——）日本至少在目前必然會以「經濟征服來取代軍事入侵，以財政影響代替軍事控制，並且在共榮共存、友誼以及合作的口號下，來達成我們的目標」。在此同時，日本的國內政治似乎與西方民主政體的國內政治同步前進，特別是在一九二五年引進男性全面參政權之後。文人政客掌權，在他們之後則是家族經營的商業集團：「財閥」。對他們地位的威脅：鄉村的食物暴動、銀行恐慌、充滿野心的將軍——是在戰後波動世界裡，民主政治領導人通常會遇見的威脅。連續兩位首相原敬及高橋是清，考慮廢除參謀總長一職，這樁事實顯示文人在這時候所具有的信心。日本的經濟持續穩定成長，這由農業及輕工業生產力的增加所推動。雖然保護性關稅會有利重工業的成長，但紡織外銷是一九二〇年代日本逐漸繁榮的關鍵。

在英國，兩次大戰之間的特色是兩個重要傳統體制權力的滑落：王權及軍權。在一九三六年十二月愛德華八世在首相史丹利・鮑德溫的霸凌下退位；他不贊成愛德華婚娶美國離婚婦人，而且堅持英國公眾（以及自治領政府）接受他的感受。＊在同時間，軍隊極度缺乏現款，其原則是因為至少有十年不會發生另一場主要戰爭；在一九一九年引進的「十年規則」，並且直到一九三二年，這點每年皆被強調。在日本出現相反的情形。王權及軍權都成長得更加強大。日本對大蕭條的回應，並非如在德國的國家社會主義。它是帝國軍國主義。

在一九二六年十二月。多病的大正天皇過世，由他二十五歲的兒子昭和繼位，他自一九二一年之後已經是攝政。昭和在一九二一年曾造訪英國，在那裡他享受他英國皇家對手那種相當不正式的生活形態。他繼任天皇之位，與任何英國皇室加冕一樣地複雜。在伊勢神道教裡最神聖之處渡過一晚，和他祖先太陽女神天照大神通靈，昭和在一九二八年二月十四日再度正式誕生為一位活著的神。兩週之後，以身為軍事武力最高統帥之職，新的神明檢閱他三萬五千名帝國軍隊的壯觀閱兵。一個新紀元，很反諷地回溯，以昭和（普照和平）年號開始。昭和就像大多數的國王一樣，相當不適合行使政權。身為一位海洋動物學家，他在實驗室比在帝國宮廷來得快樂許多。他嫉妒英國皇室所享有的「自由」，因為他們沒有責任要行為地像神明一樣。然而他未曾在外表上質疑過自己神聖的地位。他也未曾嚴肅地質問過，那些使用他最高統帥權來強化各軍種（──「皇室的牙齒和爪子」──）的政治力量。

＊鮑德溫排除貴賤通婚在傳統上所做的妥協，這是大公法蘭西斯・費迪南在婚娶喬泰克女公爵蘇菲・馮・喬特科娃時所採用的。然而如達夫・庫柏所說，這些事件的時機不利於國王愛德華八世。他一直等到他即位之後，他才提出婚娶華利士・辛普森夫人的問題。而他得到羅特梅爾及比弗布魯克報系報紙強烈的支持，對事情並無幫助，更不用提當時在政治荒野的溫士頓・邱吉爾所提供的支持。

在日本軍隊的核心中也有一種張力。年輕徵召的戰士所學到的第一課是「士兵手則」的七項職責：「忠誠；毫無疑問的服從；勇敢；身體力量的節制使用；節儉；榮耀以及尊敬長官。」他們被教導要將服從置於個人生命之上，原則是「職責重於泰山，死亡輕於鴻毛」。在充滿責任感的純樸青春時期，能如櫻花開花後的殞落，這是光榮的。那些以這種方式死去的，會加入到東京靖國神社裡供奉的「神」或英靈。這並不完全是新渡戶稻造在一八九九年為英美者所闡釋的武士道；武士道還崇拜如正直、仁慈、有禮、真實以及誠懇的品質，讓武士道看起來是如他所辯稱之英法騎士精神的近親。但日本軍隊反而從武士道之中取出最適合產生對軍事權威以及軍令架構狂熱服從的部分，包括贊成自殺，最好是以痛苦的開腸破肚，也不願有任何種類的失去榮譽以及失敗。軍事訓練是意圖將人逼到肉體以及精神忍耐的極限。徵召的士兵被鍛鍊到他們能夠在十六秒之內跑一百公尺，在六分鐘內跑一千五百公尺，跳躍將近四公尺，以及投擲手榴彈超過三十五公尺，所有這些都是在全副武裝下做到。一團的軍隊被期待要每日行軍二十五哩，達十五天，只有四天的休息。嚴酷的肉體懲罰，包括即使是微小的違紀；打耳光是家常便飯。如一位和日本軍隊作戰過的人寫到：「正是個別日本士兵服從及殘暴的結合，使得日本軍隊變得⋯如此可怕。」

然而日本軍事訓練保守的風氣，在許多方面卻與二十世紀中葉作戰的現實相互牴觸。軍官如永田鐵山，陸軍省軍事事務局的首長，以第一手經驗在西線的壕溝中見到戰火對人員無情的打擊，無論士兵訓練有多好以及士氣有多昂揚。他敦促日本要從德國在第一次大戰裡的錯誤中學習，要系統性地準備未來全面性的戰爭，草擬必須要動員的國家資源清單。如永田這樣的人越研究這些清單，他們越能理解日本根本性的脆弱。但他們從這裡推論得到的不是需要謹慎以及妥協，而是需要領土的擴張，而且要很快的擴張。

「唯一的出路」

新日本生存空間最可能的地點，中國，是陷入混亂的國家：古老帝國的殘餘，新共和國的核心，仍是構成另一個或多個殖民地的原料。它的處境與在鄂圖曼帝國崩解後土耳其裡所發生的事，有許多共通之處，差異是中國的凱末爾：蔣介石，最後終究失敗，但凱末爾卻成功地建立一個穩定的土耳其民族主義政權。一九一一年革命推翻最後一位清帝國的皇帝，但是繼承它的共和國卻是一個危殆不安的結構。雖然它已經領導革命，繼續在選舉中贏得國會的明顯多數席位，孫逸仙所領導的國民黨卻被迫要將總統大位讓給軍事強人袁世凱。袁世凱成功壓制國民黨所唆使的二次革命，但是他爭取讓自己成為皇帝，卻是以在一九一六年死亡作終。日本在一次大戰所做的要求，擾動了中國的民族主義情緒，特別是在受教育的中國人之中。所以當在巴黎和會締結和約的人，將之前德國在山東的權益拿來獎賞日本，北京學生激烈地抗議，最後以一九一九年五月四日天安門廣場的抗議達到最高潮。然而這民族主義運動很快地裂解為復興的國民黨以及新的中國共產黨。中國其它地方似乎瀕臨崩潰，因為軍閥瓜分出自己的勢力範圍，安福系控制安徽及福建，直系則具有河北及北京附近，而奉系則在名義上佔有滿洲。在此同時，這國家最重要的經濟中心以不同方式落在外國控制之下，而根據條約開放的通商港口和治外法權，都已到達最嚴重的狀況。

中國在一九二〇年代的崩解甚難誇張。今天的中華人民共和國將自己投射為一個同質性的社會，有超過九〇%的人在官方人口普查列為漢族群。但八十年前的中國什麼都是，就不是一個完整的國家。除了有五十、甚至更多的族群，以及在今天仍可辨識出的十一種或更多種的方言外，在鄰近村落的居民甚至會說彼此都聽不懂的方言。在一九一一年被推翻的王朝是滿洲；帝國的政治重心一直都在北方，在北京。但革命及內戰時期的許多決定性事件是在上海發生的，遠遠偏向南方。改革後的國民黨以及中國共產黨都是在上海成立的，在舊城以西，受到法國租借地以及更大、沿黃浦江北岸延伸的公共租界所控制。反諷地，即使是所謂的民族主義者，還是尋求外國強權的協助。早在一九二三年，孫逸仙派遣他的花花公子黨羽蔣介石到莫斯科要求協助。史達林以派遣鮑羅廷做為回應，其任務是要以馬克思列寧路線來重組國民黨。國民黨是否能在沒有蘇聯的支持，從它廣東的基地如此快速擴張，誠屬可疑。是莫斯科下令要中國共產黨在「聯合陣線」的名義下，接受國民黨指揮。

然而在國民黨之內，蘇維埃的「民主集中制」遲遲難以生根，特別是在要如何解放中國的核心問題上。甚至在孫逸仙在一九二五年死去之後，國民黨面臨解體的危險。汪精衛做為在南京的國民政府主席，傾向對外國強權採取妥協的態度，特別是對日本。甚至汪精衛說話的方式，似乎都在呼應日本在職甚久的外相幣原喜重郎所散發出的和解氣氛。蔣介石相形之下，設法與莫斯科決裂，以全面的軍事武力來統一中國。他在一九二六年北伐，目的是要以擊垮軍閥來做為打敗帝國主義者的序曲。但一直與蔣介石生涯相隨的首要問題，似乎常是內部敵人在優先順序上總先於外部敵人。一旦在他結束北伐之後，他立即對上海共產黨發動無情的攻擊，聯合地方幫派領袖，對數以千計的工會成員以及其他被懷疑是共產黨員進行屠殺。蔣介石的第二個問題是腐化貪污。雖然他呼籲中國同胞要力行孔子的四維禮義廉恥，但國民黨統治的實際情形是猖獗的貪污受賄。在蔣介石最可靠的盟友中，有上海黑幫的「大耳杜」，杜月笙，他被任命為（──從杜月笙自己的觀點來看，實在很方便──）上海鴉片稽查局的首長。

在此混亂情勢之中，政策上選擇親日與親英的差別可能不大。雖然英國的政客似乎願意在治外法權的問題上做出讓步，但是那些在當地知名人士的行為，卻好像認為中國只不過是英國在印度統治往東的延伸。在一九二五年英國警察在上海公共租借地殺死罷工的十五位中國工人，引起一波的公眾義憤。一年之後，在長江旁的萬縣，英國水手涉及一場激戰，裡邊有兩百名中國水手以及人數不詳的平民遇害；英國僅七名受害。在一九二六年底，英國派遣約兩萬名部隊到上海，回應國民黨對英國在長江租借地所施加的壓力。在中國士兵殺死數位外國人之後，美國及英國的船艦砲擊南京城。日本行為沒多大不同，或許赤裸使用武力是在稍後才出現。在一九二七年五月以及八月，日本派兵山東去保護日本人的資產，以免蔣介石的部隊搶走。但蔣介石在贏得內部的權力鬥爭之後，很清楚他並不急於去和外國勢力衝撞，而日本似乎滿足於他們在華盛頓條約系統裡所分配到的戰利品。一位在一九三〇年代去造訪上海的人，必然會被英國和日本在利益上的一致、而非差異，感到訝異。

蔣介石的政權並非沒有長處。在左派只見到外國欺壓詐取之處，有些時候確實是外國人支助的發展。在一九二七到一九三六年之間，有數以千哩計的新道路及鐵路被鋪設，大部分的建設是由歐洲投資者來支付。然而中國就財政以及軍事而言，仍然十分脆弱。給予西方投資者的特權，阻礙中國自己體制的發展。蔣介石的中國當然無法承受那針對「門戶開放」政策所出現的全面挑戰，而那政策原來只是外國強權為了壟斷中國經濟資源而採取的。

若非經濟大蕭條，文人政客以及財閥或許可以想見地繼續在東京佔有上風。但是國際貿易在一九二八年後的崩盤，對日本經濟做出嚴重的一擊，這一擊又被在一九二九年回歸金本位的錯誤時機（──此時讓日圓浮動應該是有道理──），還有大藏大臣井上準之助的緊縮預算，而弄得更加劇烈。在外銷價格相對於進口價格的崩盤，使得貿易條件對日本變得戲劇性地不利。就貿易量而言，在一九二九到一九三一年間，外銷掉了六％。在同時間，日本在原物料上的赤字衝到歷史紀錄的高點（見圖8.2）失業率升到大約百萬。農業收入陡

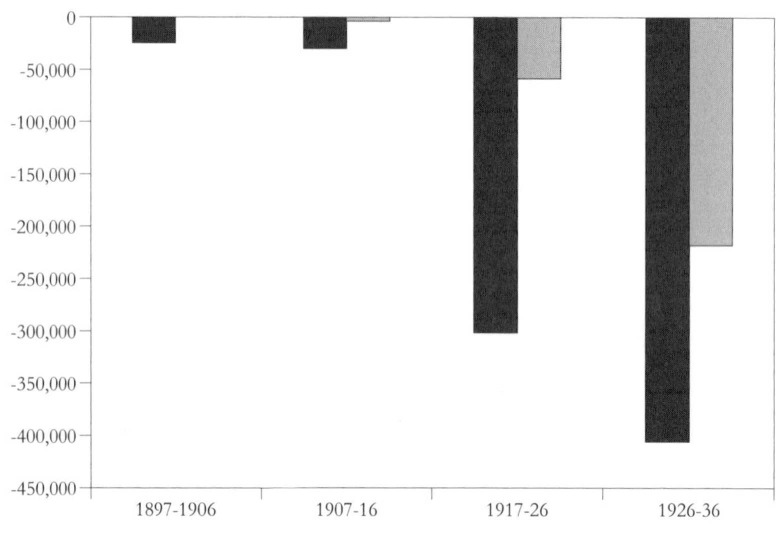

圖 8.2 日本原物料之短缺，1897 年到 1936 年（以千日圓計）

降。

在面對這種危機，除了領土擴張之外，尚有其它途徑。從一九三一年十二月擔任大藏大臣的高橋是清，將日本經濟與正統經濟學理論的拖累給切斷關係，讓日圓浮動，來推升政府的支出，以及以銷售債券給日本央行的方式，來將債務變為貨幣。在大蕭條期間，這些原型的凱因斯政策運作地與其它地方所試過的都一樣好。在一九二九到一九四〇年間，國民生產總值每年以實質的四・七%成長，顯著地較同時期的西方經濟體更為快速。外銷數量加倍。在理論上，日本或許能以這方式繼續進行下去；在經濟復甦時，對預算赤字加以控制，以它位居亞洲貿易集團核心地位的紡織製造業，來利用它的相對優勢。亞洲內的貿易在全球貿易所佔的比例，在一九一三年及一九三八年之間加倍。到一九三六年時，日本構成中國全部進口的十六%，這佔有率僅次於美國。

然而提倡軍事擴張的人強力地反駁這種和平商業復甦的途徑。如我們已見，最能夠去抵擋大蕭條的國家似乎是那些擁有最大帝國者：不僅蘇聯，還有大英帝國，後者在一九三〇年代直接了當地限制日本進入帝國的市場。日本主要的外銷市場是鄰近亞洲國家；在一個保護主義逐漸加強的世界裡，那些市場可以被依賴會維持開放嗎？無論如何，日本有很好的理由去懷疑西方強權是否準備放棄不平等條約，來回應國民黨的壓力。＊而日本又相當大地依賴進口西方機械以及原物料。在一九三五年她依賴從大英帝國進口一半的黃麻、鉛、錫、鋅以及錳，將近一半的橡膠、鋁、鐵礦和棉花，以及三分之一的生鐵。她從美國進口幾乎和從印度及埃及一樣多的棉花，還有大量的美國廢鐵及石油。同時間，日本需要英語國家的經濟體來做為外銷的市場，大約有五分之一是到英國的帝國市場。以英國左派記者及《日本致命弱點》（一九三六）一書作者弗列達・尤特里的話來說，一個自由主義的日本會「不得不在依賴美國市場的險境，或是依賴大英帝國市場的困局，兩者之間擺盪」。就短期來說，因為轉向正式的帝國主義而逐步增加的軍事開銷，必將刺激日本國內經濟，填補如三菱、川崎以及日產等公司的訂單；而就長期來說，有人辯稱說去奪取資源豐富的領土，必將舒解國家收支平衡的問題。保證得到削價取得的原物料，正是帝國的用途。在同時之間，日本會將取得急迫所需的生存空間，使她多餘的人口可以移民過去。以一位在領土擴張政策上最具影響力的提倡者及執行者，石原莞爾中將的話來說：

> 我們的國家似乎處在一個瓶頸，對重要的人口及實務問題似乎無解。唯一的出路⋯⋯是發展滿洲及蒙古⋯⋯這自然資源將足以拯救日本，免於即將來到之危機，並且為大躍進鋪路。

＊一九二九年英國將關稅自主權交回給中國（正如美國及日本），並結束武器禁運。次年，他們將華北海軍基地威海衛交由中國控制。

在某方面，這樣的辯論並非全然為假。當飢荒在一九三四年降臨到一些鄉間地帶時，日本正面臨馬爾薩斯式的危機，顯得十分清楚。帝國主義可以對付這問題。在一九三五到一九四〇年，約有三十一萬人出國移民，大多數到日本在亞洲逐漸成長的帝國裡；這當然抒解了國內薪資及消費往下壓低的壓力。然而在另一方面，擴張的理由卻是深深值得可疑。很簡單地，因為擴張需增加進口石油、銅、煤、機械、以及鐵礦，來餵食日本新生的軍工產業集團，正巧會加劇它所被認為要加以解決的結構問題。如日本馬克思主義者納瓦東一所言，「日本越加設法去擴張重工業以及相關軍工業的產能，來為擴張政策做預備：她便越依賴世界市場以及進口原物料」。要證明日本帝國主義不會只是加劇所要去處理的局勢，這證明的責任，毫無疑問，是落在這些軍國主義者的身上。

癬疥之疾

有些帝國是偶然間取得，如英國人喜歡如此去想他們的帝國。日本在中國的帝國是因為事件而取得的。在一九三一年九月十八日，一支由河本末森中尉所率領的部隊，炸掉了瀋陽以北五哩的一小段南滿鐵路。他們想讓大連特快車脫軌，但錯失掉。日本人將爆炸歸罪到中國的盜匪身上，開始佔領瀋陽，並控制鐵路。他們聲稱滿洲正陷入混亂之中。以關東軍（──日本軍隊已經自一九〇五年以來駐紮當地──）總指揮官的話來說，這正是時候，要在整個行省裡「勇敢行動，負起法律及秩序的責任」。在後來被稱為滿洲事件的幾個小時內，日本已經攻佔營口、安東以及長春；到週末時他們控制大部分的遼寧省以及吉林省。在接下來的六年期間將會有許多類似事件。

將「滿洲」轉化為「滿洲國」傀儡政權，提供一個極佳的機會去說明帝國有自發性擴張的趨勢，而這是由地方所主動，而非源自於中央計畫。自從一九二八年福田彥助將軍違反來自東京的命令，而與中國部隊在山東發生衝突的濟南事件以來，在日本亞洲帝國邊緣已經出現軍事上不服從上級命令的形勢。在濟南事件一個月之後，關東軍的河本大作大佐在滿洲的中國領導人張作霖火車車廂下點燃炸彈，希望促成日本接收瀋陽。張作霖兒子張學良回應他父親被謀殺的方式，是和南京的國民黨政府密切聯手，設法減低日本在滿洲的影響力。這在南京政府設法為結束治外法權，而對外國不斷增加壓力的時候，這種事必然引起關切。滿洲事件的導火線其實是對朝鮮農民權益的爭議，日本人鼓勵他們的過界移民，在長春附近一個小鎮萬寶山建立他們自己的灌溉溝渠。中國與朝鮮村民之間的衝突，引發連鎖效應：在朝鮮以及日本有反中暴動，而這又引起在中國的反日的回應，包括處決一位被控告在蒙古做間諜的日本軍官。對那些希望將非正式帝國轉變為正式帝國的關東軍軍官，如石原莞爾和板垣征四郎，這似乎是個良機。他們可以從朝鮮找來增援，而再次地，這並沒有得到來自東京的授權。一而再，再而三，低階軍官在中國握有主動權，這反映出他們的訓練是強調戰略重於戰術及行動。

日本駐外軍隊的暴走，引起一個明顯的問題：誰在東京統治？在名義上仍然是文人，但在他們之後是財閥的贊助人。但是國內權力的組成正迅速變化中。這是個權力平衡正在轉變中的一個徵兆：在張作霖被暗殺時的首相田中義一，幾乎讓兇手全身而退，只不過告誡他沒有為張作霖的車廂提供適當的安全。昭和天皇以不安的心情來看待關東軍及其在東京的支持者那種嘩眾取寵的怪異舉動。他的傾向，而且這又受到令人敬重廷臣的鼓勵，如前首相西園寺公望公爵，是想要去約束軍隊。然而現在日本軍隊的領導人卻以天皇之名，或更準確地說，以他所擁有「最高統帥權」的根據，要求有更大的行動自由。在一九三〇年，日本海軍裡的一個派系挑戰濱口雄幸簽訂倫敦海軍條約（London Naval Agreement）的決定，將舊的美英日大型軍艦比例5:5:3，擴大到巡洋艦、驅逐艦以及潛水艇。那年十一月濱口遭到暗殺，傷勢嚴重。從此，任何擋住軍方的任何日本政客，都是將自己腦袋提在手上。然而，將所發生之事描繪為是以西班牙風格來進行日本革命宣言，則是誤導。這裡有必要將關東軍裡激進的年輕軍官和參謀本部的高級軍官做出區隔，後者其實與天皇一樣，對發生在滿洲之事感到不安。甚至，參謀總長金谷範三將軍設法在事件接下來幾週去避免全面接收滿洲。而這不是日本軍方唯一的裂縫。如親族關係般的舊團體，如薩摩、佐賀以及長州藩，正逐漸讓路給新組織如一夕會以及較邪惡的團體如櫻會以及血盟團，＊其中有些團體也在文官系統裡徵求會員。文人政客自己也面臨分裂。濱口的首相繼任人若槻禮次郎，將希望放在與中國達成外交上的妥協，但是反對黨的立憲政友會卻支持關東軍，譴責他懦弱。在一九三一年十二月首相辭職。這是個轉捩點。從一九三二到一九四五年之間，在他之後的十四名首相中，只有四名是文人。其中兩名，包括若槻的繼任者，犬養毅，被暗殺。犬養毅是一九三二年被暗殺的三名傑出文人中的一位，這還包括前財相以及三井財閥的領導人。之後，權力逐漸集中在核心內閣手中，在裡邊各軍種的部長握有不能被質疑的否決權。

我們應該注意，在乍看之下，以日本來取代西方帝國在中國的主宰地位似乎有道理可說。畢竟難道日本不是比歐洲人更理解如何發展像滿洲這樣的領土？即使在滿洲事件之前，在中國的日本人比歐洲人多，而且有充分證據他們已經超過英國，成為「非正式帝國主義」的主要代表。而且日本在發展他們的新殖民地，也

＊激進好戰社團的一個特色是日蓮正宗的大師田中智學（一八六一——一九三九年）對它們的影響。田中利用十三世紀日蓮教義做為基礎，主張日本有「天賦使命」要在整個世界裡去尋找「精神統一」。在田中的信徒裡有石原莞爾，他主導滿州事變，並在後來成為參謀本部的作戰部長。

沒有做得完全不好。在一九三二到一九四一年間，剛剛超過五十九億的日圓被投資在那裡。滿洲事件背後的主謀者對這地區幾乎有個烏托邦的願景，這裡應該要以「五族和諧的互助合作」為基礎，來發展成「仁慈政府的天堂」。原住民會從「高利貸、暴利以及所有其它不公的經濟壓力」得到保護。這並不像或許會被懷疑的口是心非。這並非是二十世紀中最後一次見到，想在被佔領的土地進行對本國來說太過激進的實驗。

何以中國人對日本侵略滿洲的抗拒如此之微弱？他們在面對連串的日本侵略領土下，繼續維持六年的被動政策。在他聽到瀋陽爆炸案時，蔣介石立即建議張學良不要以武力來對抗武力，儘管他的軍隊在素質上較劣，但在人數超過日軍甚多。一個簡單的解釋是：蔣介石還在持續他其來有自，避免與日本衝突，保留資源來對共產黨進行內戰的政策。這不是會讓他贏得民心的政策，特別是當共產黨現在在呼籲對日抗戰。甚至，滿洲事件在國民黨政權中引發危機，結果強迫蔣介石暫時退出政治。另方面，蔣介石的主要敵人汪精衛也沒更想要與日本作戰。他的政策是與日本認真協商，但同時進行象徵性的抵抗。一個選項是與日本外相幣原恢復會談，希望他能約束日本軍方。另外，中國現在也能尋求西方強權的支持。中國結果決定將滿洲事件提交國際聯盟，因此拒絕日本要求以雙邊的基礎來協商。很不幸地這對中國可能是項錯誤的決定。與在東京溫和份子快速達成的交易，或許會控制在滿洲所遭到的傷害。但相形之下，從國際聯盟不可能出現任何快速的決定。

儘管國際聯盟背負不良的歷史名聲，但切不可以徹底失敗來輕忽之。在六十六個它處理的國際爭執中（其中四個導致公開衝突），它成功地解決三十六項，而且很合理地將二十項退回到傳統外交的途徑解決。它只有十一項沒有解決。就如它的後繼者聯合國一樣，假如強權（——必須要強調，這包括非成員的美國及蘇聯——）會結合起來，擁有共同利益，便會讓它變成有效。但令人訝異，滿洲在一九三一年卻不是如此，因為它在這世紀初是處於帝國之間斷層帶。史達林在這時候對遠東如此沒有興趣，所以在一九三五年他提議蘇聯將東清鐵路賣給日本，並將所有蘇聯軍隊撤到黑龍江。假如蘇維埃沒興趣，那實在難以理解何以英國或美國必須有興趣，特別是這兩個國家正因為嚴重經濟危機而弄得暈頭轉向。

一九三一年九月三十日，國聯理事會發佈決議，要求「日本軍隊撤退到鐵路區」，這裡是他們原先、而且合法的駐軍之處。然而它卻沒為撤軍訂下時程，而且還加但書說，任何軍隊數量的減少必須「符合日本國民之生命及財產安全可以得到有效保證」。八天之後，日本飛機轟炸與中國本部接壤的滿洲西南部城市錦州。在十月二十四日，新決議通過，日軍必須在十一月十六日撤軍。在那月末時，日本地面部隊前進錦州。在十二月初，在日本代表的建議下，國聯理事會決定派出調查團，以前孟加拉總督（以及維多莉亞時期印度總督之子）李頓伯爵為主席。美國國務卿亨利・史汀生不等報告出來，便逕自警告日本，美國將拒絕承認任何東京可能和中國達成分裂東北的個別協議；在他的意見裡，日本不僅違背在一九二八年巴黎簽署的凱洛格—白理安公約（簽署國根據公約「明白放棄以戰爭做為國家政策的工具」），而且也違反在更早的九國公約，要維持在中國門戶開放的系統。

日本對美國的「不承認」不放在心上。在一九三二年三月，日本人宣布「滿洲國」獨立，由前中國皇帝溥儀為傀儡領袖。這又是在現場之人所主動發起，經過六個月的耽誤才被東京批准。一週之後李頓交出他厚重的報告，否認滿洲國是滿洲人自決的產品，並且譴責日本「強行掠奪以及佔有⋯毫無爭議的中國領土」。日本人繼續推動他們的擴張政策。他們在一九三二年夏天轟炸熱河省的目標。在一九三三年在長城靠近大海的戰略通道山海關，又發生另一「事件」。幾天之後，它落入日本手中。經過一週的戰鬥，熱河又加入到日本的版圖。一九三三年二月國際聯盟會員大會接受李頓的報告，幾乎無異議贊成他的提議，要給滿洲一個新的自治地位。日本再度被委婉地要求撤軍。日本在三月終於宣布他們撤離的意圖：從國際聯盟撤離。兩個月之後，日本和中國軍事代表達成停戰協定，確定日本控制滿洲及內蒙，也穿過河北省畫出一大片非軍事區，這日本人很快在此地非正式的狀況下進行治理。

有些時候有人認為這是一九三〇年代歷史一個致命的轉捩點；這是在一九三九年達到高點之姑息政策的開始。但這是誤解滿洲的危機。但無疑地，這是日本國內政治的一個轉捩點。但在國際上所發生的是：日本人已經取得他們長久以來希望與強權平起平坐的目標。他們現在有資格擴張他們的殖民領土，但是僅在其它強權沒有興趣的地方。當日本想在相當不同的地方一試身手時（—在上海這重要的港口，很大量的中國貿易經由此地—），事情則很不一樣。一九三二年一月到五月日本陸戰隊和中國第十九路軍隊全面開戰的事件，則引起英國及美國（還有到目前為止扮演中立仲裁角色的法國）比較不願配合的回應，最後導致回到之前狀況的停戰狀況。甚至，隨著英國在一九三二年決定要放棄「十年規則」以及重新恢復對新加坡設防的工程，橫在日本前的發展是西方正又逐漸介入到亞洲，即使在短期之內英國有很好的理由不會與日本發生軍事上的攤牌。因此日本外務省情報部門首長天羽英二認為日本在亞洲的壟斷權力，類似美國在美洲的壟斷，這聽起來有一絲絲的傲慢意味，但其實這正是亞洲版的門羅主義。就日本能阻擾國民黨財政部長宋子文（蔣介石的小舅子），去向國際聯盟爭取大量的經濟援助以及一筆購買美國棉花的貸款，這種主義算是有效。但在其它方面，它成效不大。從一九三三年起，中國人可以依賴來自納粹德國的軍事及經濟援助。希特勒派出在凡爾賽條約後，率領德國剩餘部隊的漢斯•馮•澤克特將軍，來擔任南京政府的軍事顧問；雙方在一九三六年簽訂中德貿易協定。在一九三五年，由財政部官員佛德烈克•列茲—羅斯爵士所率領的英國代表團抵達中國，要以脫離銀本位，並緊盯英鎊，來進行改革中國貨幣的計畫。所以亞洲門羅主義就是是這麼一回事。同樣日本也不能完全忽略美國對日本政策的抱怨，忽略這抱怨有一天會以海軍行動來做後盾的可能性。日本決定在一九三四年十二月決定廢除華盛頓海軍條約，這廢除是根據日本不打算接受除了在海軍武力平等之外的其它條件；但日本忽略：要是沒有條約，美國或許可以想見地擴大它和日本之間海軍差距的這種可能性。日本也有理由擔心蘇聯在日本決定退出國際聯盟不到一年時間，便打算加入的決定，以及蘇聯現在在東西伯利亞建立防衛。俄羅斯對遠東漠不關心的插曲，已經結束。

就那意義來看，一九三一—三年根本不是什麼轉捩點；更應該是說，它是可回溯遠到一八九〇年代日本殖民政策的延伸。這從頭到尾貫穿的關鍵動機是日本人要有限地使用他們的軍力，來獲得他們所要征服的東西。的確，和一九〇四—五年相比，在一九三〇年代初的「事件」是小規模的，消耗甚少日本人的性命。在一九三〇年代中期，日本回歸到十九世紀英國的戰術，在他們領事神秘消失時，派遣炮艇沿著長江到南京，接著到漢口去對一位當地將領所進行的反日教育表達抗議。在一九三五年初，關東軍又進行另一事件，從熱河省東邊的東察哈爾驅逐走中國軍隊。那一整年（—又再度以一位年輕軍官來採取主動權—）整個察哈爾以及熱河省成為日軍屢次入侵的地點，欲藉此意圖來威脅以及動搖中國官方當局。隨著在一九三五年夏天多田駿中將被任命為華北駐屯軍司令官，他不再掩飾自己的看法，認為所有中國北方行省都應該自治，換言之，都在日本而非中國的控制之下。在一九三六年八月又有新事件爆發，這次是在四川的成都，促成日本做出更加極端的要求。次月，則輪到廣東南部的北海。在一九三一—一九三七年整個時期，中國幾乎向所有這種壓力屈服。蔣介石始終謹守他「先安內，後攘外」的信條，將他發言的火力集中在「赤匪」（共產黨），而非「矮匪」（日本人），堅持「攘外必先安內」。蔣介石堅持，日本人只不過代表一種「癬疥之疾」；相形之下，共產黨是「心的疾病」。即使當日本加強他們對滿洲的控制，國民黨和共產黨仍激烈戰鬥，最後在一場況日持久的戰爭中，將共產黨逐離江西的據點。但同時之間，嚴厲批評蔣介石策略的人幾乎要將國民黨撕裂。所有這些似乎證明日本人聲稱中國不是一個「完整的國家」，不值得國際聯盟的保護。

然而中國卻也未曾如此缺乏組織，造成日本人能夠咨意地巧取豪奪：蔣介石的策略是安撫，不是投降。一九三二年在上海的戰鬥透露出，中國人儘管武器裝備落後，但是假如人數超過夠多的話，是可以阻擋日本的軍隊；的確，是在日本陸軍的救援及時到來後，日軍才免於敗戰的恥辱。在一九三六年十一月到十二月，日軍攻打綏遠時，其實是被擊退的。蔣介石的信念是中國需要時間去建立它的力量。而在許多方面確實有道理先去對付相對不專業的共產黨，而不是高度專業的日本軍。蔣介石奇怪地結合孔子思想以及歐洲獨裁思想，擴及到去協助成立法西斯的「藍衣社」，其實是有套一貫的策略。這完全是時機的問題。因此在一九三四年春天當他推動新生活運動時，他向一群聚會的國民黨官員做出預言，他再次重申，中國尚未準備好與日本作戰；但第二次世界大戰將會在一九三六或一九三七年來到，而這將會是中國準備好要打的戰爭，而從這戰爭中，中國將會歷經變化而崛起。他不曉得他說得有多對。

中國的戰爭

第二次世界大戰始於何時？通常的答案是一九三九年九月一日，當德國人入侵波蘭。但那是歐洲的答案。真正的答案是一九三七年七月七日，當日本與中國爆發全面性的戰爭。它在北京（──那時叫北平──）近郊爆發，蘆溝橋，但在西方則稱為馬可波羅橋。

最初它似乎就像另一個「事件」。夜裡有些神秘的射擊，射向附近日本的一個聯隊。一位日本士兵失蹤，錯誤地被以為遭到綁架（他其實是去如廁）。在附近有夠多的中國軍隊讓日本人，如同往常一樣，大喊違反協定，然後在鄰近的宛平縣開始爆發戰爭。幾天後，似乎整件事會以中國習慣做出讓步以及撤退而風清雲淡；甚至在日本人已經與當地（或多或少自治的）察冀政務委員長宋哲元達成協議。但雙方的軍隊對這協議置之不理。在經過許多推搪之後（——因為不同派系彼此爭執，所以做出決策，然後被取消多達四次——），日本政府下令三個師團前往華北，另外兩師團前往上海及青島。整個內閣甚至願意贊成讓整個華北自治；這實際上是朝向一個大滿洲國的方向邁進。以蔣介石而言，他在一九三五年十二月與汪精衛決裂之後，逐漸偏向與日本對立的立場，並被「中華民族解放行動委員會」的好戰份子以及其他抗日聯合陣線的提倡者進一步地慫恿。這其中有之前滿洲軍閥張學良，他甚至還在西安挾持蔣介石，直到他同意改變策略。現在蔣介石在河南邊界動員軍隊。七月十七日他宣布中國主權不會再受到削弱。隨後不到一個月，中國軍事委員會下令全國總動員。

剛開始正如日本人所預期，戰爭對他們有利。在幾天之內，通州及北平淪陷。因為日本人在機槍、迫擊砲以及野戰砲的優勢，所以在正面攻擊中，輕易地解決中國步槍兵。中國人又因為蔣介石和他名義上的下屬兩邊缺乏互信，而行動更受阻礙。日本陸軍大臣杉山元充滿信心地向天皇報告「戰爭可以在一個月內結束」。然而越過滿洲之外的擴張，開始暴露出日本軍力的極限。日本人在馬可波羅橋事件時，在華北最多只有六千人。在戰爭之初，參謀本部所能預想到要投入到中國的軍力最多是十五師。然而在一九三七年結束時，已經送出十六師，所有部署人員多達七十萬名，超過在七月初人數的百倍以上。誠然，日軍持續擴展。在九月攻佔保定，一個月之後再佔領正定，而年底則是首都南京，而這城市就是真正地被強暴及掠奪的地方（見十四章）。在戰爭的第一年，日軍向各個方向前進，佔領大約十五萬平方哩的土地，北自內蒙，往南延伸到杭州。西邊城市遠及包頭以及浦口皆在日軍手裡，而杭州以北所有中國港口也是。但中國的軍隊只是更往西撤離，將首都最先搬到漢口，然後到重慶。在一九四〇年中時，在中國的日軍數量為二十三師，二十八旅（這大約等於另外的十四師），還有一個空軍師—總共人口約八十五萬。但勝利仍遙不可及。

希特勒以迅速的勝利開啟第二次大戰，但接著陷入俄羅斯的泥沼。日本人則是反其道而行，是在徹底地陷入同樣無法掌握的中國泥沼之後，才對西方強權贏得到迅速勝利。直到抵達馬可波羅橋前，日本在中國的擴張至少帶來擴張提倡者所承諾的一些利益，而且只付出相當小的代價。但從此它快速惡化，而這些正是因為它原先意圖想解決的經濟問題所使然。日本所預見的以華北地區大量、新的商業及採礦讓步來做基礎的和平，證明不過是一廂情願的空中樓閣。所有這些透露出日本人已經偏離多遠他們原先的意圖：只想成為、而且被對待為一個正常的帝國強權，與在亞洲的歐洲帝國平起平坐。如我們已見，在一九〇二年日英締結二十年聯盟條約時，日本與英國有表面上的類同之點。然而到了一九三七年，很清楚地這亞洲的「島國」已經採取與歐洲截然不同的路徑。英國接收印度是基於選擇合作與要脅服從，基於去贏得土著配合以及壓制土著的反抗。英國在亞洲的帝國擴張也是由在現場的人來進行推動，但他們通常是在場的生意人。日本並沒有與東印度公司相對應的東西（除了南滿鐵道株式會社外）。相反地，是關東軍裡反資本主義的烏托邦份子在主導經營。

更關鍵地或許是，日本在進行爭取帝國光榮時，國內政治的發展方式有截然不同。在英國，海外擴張與下院及財政部權力之增加有關。相形之下，王權及軍方屬於弱勢。沒有一件事比保守黨領導人及財相史丹利・鮑德溫能堅持愛得華八世必須退位，更能象徵此事。將這危機與在一九三六同年二月發生在日本的危機相比，便具有啟發性：當時有自稱為「皇道派」的軍隊派系暗殺了前首相齋藤實海軍大將，創造奇蹟的大藏大臣高橋是清以及陸軍教育總監渡邊錠太郎將軍。首相岡田啟介只因為運氣好，而躲過類似的命運，更不用提侍從長鈴木貫太郎海軍大將，元老西園寺公望和牧野伸顯伯爵，他們也在陰謀者的暗殺名單之列。根據行兇者，他們所針對的受害者已經「逾越侵犯天皇最高統帥的權力」，雖然這企圖的政變或許最好理解為軍隊派系的權力鬥爭。儘管陰謀受阻以及謀殺者被處決，但它卻造成將日本進一步往軍事統治推進。隨著帝國總司令部（「大本營」）在一九三七年十一月的成立，現在由近衛文麿所領導的文人政府，正面臨被排除到戰略決策之外，因為這新戰略決策單位只由各軍種部長、參謀總長以及天皇所構成。＊在英國類似機構非常難以想像，在那裡卡通畫家大衛・婁筆下的紅臉、裝模作樣、超級反動民族主義者布林普上校以及沃德豪斯虛構的法西斯獨裁者羅德力克・史波得（——前者通常裹著俱樂部的大浴巾，後者則是光鮮亮麗地穿著黑襯衫——），將一般大眾對軍國主義及法西斯主義的輕蔑態度，綜合地非常好。這是英國的強處。但這也是她的弱點。

一九三七年八月，在中國的戰事已經往南擴及上海，這是西方在中國影響力的樞紐。在這些已經變成日本製造的「儀式性」事件後，蔣介石決定開啟第二陣線。為了將停泊在上海外灘的日本巡洋艦出雲號摧毀，他派出剛成軍的空軍開始行動。他們誤打擊中附近的旅館以及百貨公司，但日本還是反擊，加倍擴大公共租借區的駐軍，並將中國人驅逐到這城市的外圍地帶。在接下來三個月，日本人運用他們優勢的空軍以及砲火，造成蔣介石數量較多的軍隊嚴重傷亡，最後在中國軍隊後方的金山衛以兩棲登陸的打擊部隊，將他們消

＊日本在戰爭期間，在何種程度上應該被視為軍事獨裁，仍是爭議。東條英機確實將相當多的權力集中在自己手上，曾短暫時間同時擔任總理，作戰部長以及陸軍參謀長。在國會中不再是多黨或是沒有有效的反對黨，這國會機構幾乎對軍事決策毫無影響力。但在另方面，明治憲法的根本仍然完整。雖然參謀長及各軍種部長（亦為軍人）握有有效的否決權，這體制的結構仍然或多或少不變。東條甚至在戰爭結束前，離開職位。

滅。在上海保衛戰的最激烈時期，蔣介石夫人蔣宋美齡進行廣播，發表充滿感情的呼籲，直指事件核心：

日本正在依據已經構想好的計畫來征服中國。很奇怪地，沒有其它國家似乎在乎。日本好像只需唸出這簡單的魔咒，就可以讓它們陷入著魔般的沈默，「這不是戰爭，只是個事件」。所有讓戰爭成為違法以及規範戰爭行為的條約以及架構，似乎都已經崩潰，而我們又回到野蠻人的時代。

西方的不採取行動可以被詮釋為「象徵文明的勝利？」她問道，或是它是「所謂西方道德優越性的喪鐘？」這提出一個相當好的問題。

在上海的西方人盡其所能地生意如常，馬照跑、舞照跳。如一位這次圍攻的倖存者回憶說：

上海成為一個牢籠，一個八千畝、周圍約二十二哩長的恐怖無人地帶，在那裡數百萬人儘管有隨意瞄準的砲彈碎片，設法過照常的生活……在那些炎熱的夏夜……在由探照燈以及曳光彈點亮的天空下，一個人幾乎可以在公共租借地以及法國租借地的幾平方哩內，遊遍世界可以在莫斯科、巴黎、布拉格、維也納、東京、柏林或紐約，渡過一個人造的夜晚。有些地方可以提供真正的民族風味氣氛，烹飪，音樂以及，必要時，甚至女人。

但是西方政府呢？到這時候，西方政府已經或多或少袖手旁觀超過一年，因為不僅日本，而且還有義大利及德國已經踐踏所有從一九一八年之後十年間簽署的所有國際協定。當日本在一九三一年後入侵中國，義大利在一九三五年入侵阿比西尼亞，以及德國在一九三六年重新佔領萊茵地區，西方民主政治何以做得如此之少？到一九三六年十一月時，德國、義大利以及日本已經聚在一起結合在羅馬—柏林軸心，以及反共產國際協定之下。然而英國、法國及美國似乎陷入痲痺。事實上，英國駐華大使休・奈曲—柏爾・許閣森爵士在從南京前往上海的乘車途中，被日本飛機的炸射擊傷。倫敦的回應是無能的不知所措。美國對中日戰爭的爆發是滿口「以和平及實際的方法來進行合作」陳腔濫調。羅斯福口若懸河地談到要將某人（他沒說是誰）加以「隔離」，因為戰爭是場「傳染病」。但其底線還是舊的華盛頓信條：「我們避免進入同盟或涉及承諾」。

歷史學家辯論已久，何以在一九三〇年代的西方外交政策是要姑息侵略者？難道民主政治就像蔣介石一樣，相當理性地在等待時機？或是證明姑息不過是護衛那無法護衛的？

第九章　護衛那無法護衛的

Defending the Indefensible

假如你只要在⋯你能力範圍之內找出每種方法，讓你充分熟悉局勢，在我們個別國家之間建立友誼的感情以及合作⋯那我們必然可以避開這種可怕的災難。

倫敦德里勛爵，《我們自己與德國》

要成為懦夫需要何等勇氣！⋯⋯我們必須在我們能力之內繼續擔任懦夫，而不是超過我們能力之外。

亞歷山大・卡多根爵士，一九三八年九月二十一日

先發制人的機會？

我們因為很明顯的理由，往往會以二次大戰的起源來構想一九三三年到一九三九年的那幾年。我們習慣問的問題是：西方強權是否可以做更多，來避開戰爭；究竟對德國及日本的姑息政策是否是件災難性的錯誤。但這或許將事件的秩序給反轉了。姑息並未導致戰爭。是戰爭導致姑息。因為戰爭並非如我們一向去想的一九三九年發生在波蘭。它是在一九三七年的亞洲，如果不算日本入侵滿洲的一九三一年；它一九三五年在非洲爆發，當墨索里尼入侵阿比西尼亞；它一九三六年在西歐發生，當德國及義大利協助佛郎哥贏得西班牙內戰；戰爭在東歐是在一九三九年四月爆發，當義大利入侵阿爾巴尼亞。與紐倫堡國際軍事法庭所倡導的神話相反：希特勒和他的盟友是戰爭的誕生者。希特勒其實是晚到戰爭的人。他在一九三九年九月之前，在沒發出一槍的狀況下取得他的外交政策目標。在那日期發動世界大戰也非他的意圖。爆發在德國、法國以及英國之間的戰爭幾乎也算是西方強權、甚至是波蘭的錯誤，正如是希特勒的錯誤，如泰勒在四十五年前的《二次大戰之起源》一書所辯稱的。

然而泰勒的辯論最多也只對一半。他對西方強權算是說對：法國政客的懦弱，在甚至一槍未發之前，在心裡已經先被擊敗；美國人滿口高調的仁義道德、但心懷卑鄙偽善的商業動機；但特別是英國瞞混過關的心態。英國說他們要堅持國際聯盟的權威以及弱小國家的權益；但當在滿洲、阿比西尼亞以及捷克斯洛伐克的壓力來到，帝國的自私自利勝過了集體安全制度。他們對限制武裝軍備處心積慮，好像軍事能力的平等將足以避免戰爭；雖然軍事平衡或許可以保全英倫三島，但對英國的歐陸盟邦或是它在亞洲的資產，卻無法提供有效的安全保障。泰勒以他毀滅性的反諷稱呼慕尼黑協定是「英國政策的勝利，而這是：儘管所有在英國生活中最好以及最開明的事」。在事實上，與德國的戰爭可以避免，但代價是英國要付出對捷克斯洛伐克之殘餘部分做出她無法達成之承諾。假如在一九三八年交給希特勒蘇台德區是正確的決定，那何以英國不交給他但澤，而對此希特勒在一九三九年無論如何都有更好的主張？這答案是，在那時他們又給了波蘭人另一個在軍事上無用的保證。在如此做時，英國人無法掌握那邱吉爾立即看到的東西：沒有和蘇聯形成一個「大聯合」，英國及法國或許會發現自己必須單獨面對德國。做為對英國外交政策的指控，泰勒的判斷相當禁得起後來學術研究的考驗，雖然也必須說，他對英國政客會何以如此無能，提供甚少的提示。

泰勒嚴重發生錯誤之處是在當他設法將希特勒的外交政策比成「他的前行者、在外交部的職業外交官、甚至幾乎所有德國人的政策」，以及當他辯稱說，二次大戰「是第一次大戰的重新演練」。沒有比這更偏離事實。俾斯麥傾其全力去避免創造出一個包括奧地利的大德國，然而這正是希特勒所言明的目標之一，雖然這是希特勒從威瑪共和繼承而來。俾斯麥首要的夢魘是其它列強會聯手對付德國，但希特勒在沒有打敗英國之前，便對蘇聯發動攻擊，卻是相當刻意創造出如此環繞德國四周的聯盟。甚至連威廉凱撒都沒如此衝動。的確，希特勒曾希望避免與英國戰爭。俾斯麥曾使用殖民政策來做為維持歐洲均勢的一項工具；威廉凱撒曾經渴求殖民地。但希特勒甚至對以海外征服來做討價還價的籌碼都沒興趣。在整個一九二〇年代，德國很一貫地敵視波蘭，與蘇聯交好。但是希特勒掌權不到一年之內，便改變這樣立場。誠然如泰勒所辯稱的，希特勒在一九三〇年代中期的危機中，以結合直覺和運氣，即興演出。希特勒承認自己是位不太會閃避風險的賭徒（「在我的一生，我都是孤注一擲」）。但是他賭博要贏什麼？這不是難以回答的問題，因為他屢次回答它。他不像施特雷澤曼或布呂寧只滿足於取消凡爾賽條約，這任務甚至在他成為總理之前，已經由大蕭條替他完成了一半。他的野心也不是要將德國恢復到一九一四年的地位。甚至也不像德國史學家弗利茲・費雪認為希特勒的目的與德國領導者在第一次大戰中的相似，亦即以犧牲俄羅斯，來瓜分出在東歐的勢力範圍。

希特勒的目標是不同的。簡單陳述：它是要將德意志國擴大，所以它能夠盡可能地包括所有的德國民族，而在過程中殲滅他認為對其生存的主要威脅，即猶太人和蘇聯；這兩個對希特勒來說是相同的。就像日本提倡擴張領土的人一樣，他在尋求生存空間時，相信德國之所以需要更多土地是因為她被賦予過多的人民，但過少戰略性原物料。但德國的情形又不盡然相同，因為已經有大量的德國人生活在希特勒所貪婪的空間之中。當希特勒急切地為沒有生活在德國統治的德裔人民要求民族自決：首先是薩爾地區，然後是萊茵地區、奧地利、蘇台德區以及但澤，他並沒有如英國政治家所傾向於去假設的，是在做出一系列相當合理的要求。他只在做一項不合理的要求，影射遠遠超越過波蘭維斯杜拉河的領土主張：希特勒不僅要一個大德國，而是儘可能大的最大德國。因為德國人在中、東歐非常廣泛的散佈情形，這必將影射一個從萊茵河到伏爾加河的德國帝國。但這也非希特勒野心的極限，因為這極大德國的建立是意圖要做為德國世界帝國的基礎，而這起碼要和大英帝國能相互匹敵。

這使得我們要以相當不同的方式來瞭解英國政策。在二十世紀上半，英國的決策是以國勢薄弱的假設為前提。這初看之下是種弔詭的立場，因為在那整個時代之中，大英帝國是全世界帝國中最龐大的。但正是因為它所承諾的範圍程度，使得英國感到脆弱、易受傷害。他們無法以傳統公共財政所規定必做之事（——所有人都受制於此，除了一些少數非主流思想的人外——）來同時妥協做到去護衛聯合王國，而且去護衛他們在中東以及亞洲的資產，更不用提非洲及澳大利亞。用來讓所有這些領土安穩的承平時期預算，已經超過即使是邱吉爾的想像之外；他自己在擔任財相時，清楚顯示出自己對財政部要平衡預算以及健全貨幣原則的服膺及遵守。在一九一四年之前，外相愛德華・格雷爵士得到邱吉爾的支持，一旦戰爭在歐陸爆發時，讓英國能站在法國及俄羅斯這邊，儘管英國因為欠缺陸上部隊，只能遲到地以及（如索姆戰役所證實）以痛苦的代價來實現那種承諾。然而他一九三〇年代的繼任者卻犯下更危險的錯估情勢。格雷至少讓英國承諾加入一個有合理可能擊敗德國及其盟友的大聯盟之中。對一九一四年之前英國政策最糟能說的是英國準備過少，來進行外交政策所隱含她或許需要對德國發動陸戰。在一九一四年最緊要的賭注是法國的未來。但在一九三九年最緊要的則是英國自己的未來。

一九三〇年代的政治家並非無視在德國歐陸稱霸會造成的危險。相反地，英國首都會在戰爭爆發的二十四小時內，被赫曼・戈林的德國空軍夷為平地。這是一般人接受的觀點。一九三四年皇家空軍估計，假如戰爭發生時，德國人在佔領低地國之後，他們每天能在英國投擲一百五十噸的炸彈。到一九三六年時，這數字被修正到六百噸，而到一九三七年則成為七百噸，加上可能在開戰首日傾瀉而下三千五百噸。在一九三四年七月，鮑德溫宣布說，「當你們在想英格蘭防衛戰時，你們不可再想到多佛的白堊海岸；你們要想到萊茵河。那是我們疆界之所在。」然而他和其繼任者奈維爾・張伯倫完全沒設計出對德國威脅的理性回應。讓日本人佔領滿洲是一回事；這對英國安全無關緊要。同樣也可以讓義大利人取得部分的阿比西尼亞；即使阿爾巴尼亞也可以完全是他們的，這沒犧牲到英國。同樣地，西班牙內部事物明顯地與英國國家利益無關。但是大德國的崛起，則完全是另一回事。

當希特勒表示德國在中歐、東歐的擴張對大英帝國構成不了威脅，希特勒當然可能是誠懇的。希特勒在許多次情形中表達他希望與英國聯手，或相互諒解的心願，這從《我的奮鬥》開始就有。從一九三三年十一月起希特勒尋求與英國訂定海軍協議，而且（—推翻自己外交部及德國海軍的想法—）在一九三五年六月取得它。他當時說，「英德的結合必將比其它所有強權還要更為強大」。有些時候他會如英國駐柏林大使艾瑞克・菲普斯所說，表現出「對大英帝國之福祉一種幾近動人的關懷。」如此的想法在四年後再度浮出，當希特勒開始對英國在他出兵波蘭前夕，擔心英國可能會進行干預，而感到緊張。他在一九三九年八月二十五日向新任英國駐柏林大使奈維爾・韓德森爵士保證，他「經常需要德英能相互諒解」。當英國忽略這些花言巧語，並且信守她在四月對波蘭的承諾，希特勒變得沮喪，告訴羅森柏格「他無法瞭解」英國人「到底是要什麼」：「即使英國得到勝利，真正的贏家是美國、日本及俄羅斯。」在征服波蘭後的十月六日，他重新提出和平。在一九三九年之後他一而再地表達遺憾他正在與英國作戰，因為他懷疑「將大英帝國摧毀是否可欲」。如他告訴在一九三八年成為他參謀長的法蘭茲・哈爾德將軍，他「不喜歡」與英國的戰爭：「理由是假如我們打垮英國軍力，大英帝國將會瓦解。這對德國無用⋯而必將只有利於日本、美國及其他人」。希特勒經常提及他認為存在盎格魯・薩克森人和德國人之間的密切種族關係。一個一九四〇年宣傳部的新聞如此說：「在英國種族中有價值的德國成分，在白人種族對抗黃人種族，或德國種族對抗布爾什維克主義的未來對抗中，遲早會被帶進來加入德國。」如此的概念在當時引領一些人以及一些之後的史學家，去想像一個大英帝國與一個納粹帝國和平共處或許是可能的，以及最大的錯誤不是姑息，而是在一九三九年放棄姑息。甚至有人認為，或許和平可以在一九四〇或一九四一年恢復，假如不是邱吉爾的其他人主掌英國政策的話。

袖手旁觀曾經在一九一四年時可以是英國的選項。凱撒的德國並不會輕易地贏得對法國及俄羅斯的戰爭；即使在勝利的結果下，對英國的威脅必然是相當有限的，至少是因為威廉的德國是個附有強大組織勞工運動的君主立憲。無論如何，英國在一九一四年並沒準備和德國一戰，而且干預的代價結果是非常高昂。但希特勒並不需要擔心社會民主黨以及工會。或許希特勒真的是一位誠懇偏愛英國的人；威廉凱薩有時候也算是。但沒人可以說希特勒是否在說真話或；或假如他是真的，他會不會有天改變心意。但我們知道他改變了。他受到他幻影破滅的駐倫敦大使里約阿希姆・馮・賓特洛普所鼓動，認為英國是個正在衰落的國家，所以希特勒早在一九三六年末的結論是「即使一個誠實的德英和解也沒提供給德國具體、正面的利益」，所以德國「和英國取得諒解，並沒利益」。如他在一九三七年十一月與他的軍事首長會面時所說（紀錄在著名的霍斯巴哈備忘錄之中），英國是一個「受到仇恨所激發的敵手」；她的帝國「最終無法以權力政治來加以維持」。這個觀點經常由里賓特洛甫加以強化，他看待英國是「我們最危險的敵人」（一九三八年一月）。在一九三九年一月二十九日時，一支新的德國海軍開始建造，有十三艘主力戰艦以及巡洋戰艦，四艘航空母艦，十五艘裝甲艦，二十三巡洋艦以及二十二艘稱為Spähkreuzer的大型驅逐艦。這支艦隊若是被建造起來，究竟會用來對付誰，這毫無疑問。

簡而言之，希特勒的德國對聯合王國的安全構成潛在性的威脅。希特勒說他要生存空間。假如他的理論是正確的話，這空間的取得只會讓德國變得更強。一個更強更大的德國，必然能夠負擔更大的空軍以及一支大西洋艦隊。在如此基礎上，和平共存的可能性是極小的。然而要從姑息主義政策的失敗中學得教訓，並不容易，雖然很多人試過。對張伯倫的辯護者來說，理解他及他的同事何以會做出他們所採取的政策是很重要。但「瞭解姑息者，並不意味原諒他們」。那些譴責姑息主義的人有個乍看之下較好的立場。但這樣的指控道理並不完整，除非可以清楚指出來，在那時候的確存在一個值得相信的替代方案。

即使一隻狗在面對一隻更具攻擊性的狗之前，也有選擇：打或逃。英國在一九三九年九月決定要打。在一九四〇年五月末他們不再有選擇的機會：他們必須逃。儘管對「敦克爾克精神」的勇敢宣傳，這其實是英國軍事史上最大的災難，而這正是他們及他們的盟友在一九一四年七月以後花了四又四分之一年極力去避免的。英國人沒有理解到他們的選項比狗還要好。在指認出希特勒可能會造成的潛在威脅，他們有四項可以選擇：默認、報復、嚇阻以及先發制人。

默認意味著希望有最好的結果，相信希特勒對大英帝國所表明的善意是誠懇的，並任他在東歐自行其是地造孽。直到一九三八年末時，這是英國政策的核心。第二種選項是報復，亦即對希特勒針對英國及他所選擇的盟軍所發動之攻勢，進行反擊；這是英國在一九三九及一九四〇年的政策。這兩種選項的缺點相當明顯。因為希特勒事實上不可信賴，默認給他數年的時間去壯大德國及增強軍備。當他攻擊波蘭時，選擇反擊是更糟。因為這讓作戰的時機落在德國及波蘭政府的手中。英國也試過嚇阻，這第三個選項，但是他們的概念是有致命的缺陷，如我們將見。因為他們害怕空中轟炸，所以他們決定建立自己的轟炸機，具有足夠的航程到達德國的最大城市。希特勒並沒被嚇阻。一個更加可信的嚇阻方式必然是和蘇聯結盟，但那可能性實際上在一九三九年已經被拒絕，反而是在一九四一年由希特勒本人因為出兵蘇聯，而將蘇聯推到英國身上去。因此選項中唯一沒被嚴肅地考慮過的是先發制人。換言之，任何能將希特勒德國所造成之威脅，在初期便加以消滅。如我們將見，第二次大戰的悲劇是：假如這試過的話，它必然會成功。

姑息政策的戰略理由

在表面上來看，贊成姑息的辯論，如果我們今天讀它們的話，仍然看起來有點道理以及實際。英國會從和平的中斷中輸掉最多。英國人的帝國是世界上最大的，涵蓋將近四分之一的地球。以一九二六年外交部備忘錄的話來說：

「我們…沒有領土的野心，也沒有擴大版圖的慾望。我們已經得到所有我們要的──或許還超過。我們唯一的目標是保存我們要的，並且和平生存…世界上任一角落的戰爭及戰爭的謠言，爭執以及摩擦，對英國的商業及財政利益都帶來損失以及傷害…英國的貿易及財政是如此多樣以及無所不在，任何對和平造成干擾的結果無論為何，我們將會是輸家。」

那些話在八年後被柴特菲爾德勛爵所呼應，他評論說「我們已經得到世界的大部分或是其最好的部分，而我們只要保存我們所得到的，以及避免他人將它從我們手中搶走。」英國因為龐大的承諾，它當然無法處於關心其它國家安全的立場。如保守黨領導人安德魯・波拿・羅在一九二二年說過：「我們無法單獨行事來做世界警察」。這箇中真相是，英國在面對多重挑戰時，甚至只是護衛它自己的資產，就已經無能為力。以帝國參謀總長元帥亨利・威爾森爵士（寫於一九二一年）的話來說：「我們小規模的軍隊太過分散…我們在任何一個戰場都不夠強大：在愛爾蘭，在英格蘭，在萊茵地區，在君士坦丁堡，在巴統，在埃及，在巴勒斯坦，在波斯，甚至在印度都不夠。」

皇家海軍也發現自己延伸過度、承諾過多。從一九二一年起在新加坡建立的海軍基地，或多或少延宕下來，直到一九三二年；這被認為是要為帝國在亞洲的安全建立一個新樞紐。但因為英國海軍武力集中在歐洲水域，所以這基地反而令人擔心會成為容易受害地點，而非強大的堡壘。到一九二一──二二年時，華盛頓海軍會議，英國政策制訂者已經放棄海軍獨霸的歷史目標，轉而同意與美國在同一等級，這對後者是有利的安排，因為他的海外承諾是遠遠的少。不列顛不再統治海洋，至少在太平洋是如此。在一九三一年四月，海軍司令部承認「在某些狀況下」，海軍軍力是「明確地低於我們在涉及戰爭時，需要來維持海上交通暢通的規模」。在面對日本攻擊時，參謀總部的人在一九三二年二月承認，「我們在遠東的所有領土，和印度及自治領的海岸線，以及龐大貿易和船運路線，皆是門戶洞開。」在八個月之後，相同的單位承認「假如戰爭在歐洲爆發，非但沒有辦法去干預，我們應該只能在戰爭最初的幾個月，做到守住帝國疆界以及進行前哨戰而已」。在亞洲的戰爭必然「會在一段無法估計的時間裡，見到英國的資產以及屬地，貿易及交通，包括在印度、澳大利亞及紐西蘭的，暴露在被侵略破壞之下」。

自治領，這是現在稱呼白人定居之主要殖民地的名字，因為供應物資及人員，在第一次大戰中扮演關鍵重要角色。由英國及其帝國所動員的所有部隊中，大約有十六%來自澳大利亞、加拿大、紐西蘭以及南非。在戰後它們經濟上的重要性持續增加，在一九三八年自治領構成英國貿易量的四分之一左右。在一九三二年渥太華帝國經濟會議中所採用的「帝國優惠」—全帝國內的關稅—，在許多方面只是一種針對全世界轉趨貿易保護主義的回應，但它加強了英國經濟對帝國市場的依賴性。將所有英國的資產計入，出口到帝國市場構成全部出口的五分之二強。部分是受到立法鼓勵，部分是受到兩次大戰之間許多主權欠債國的倒帳，英國的投資人也越來越將他們的金錢投資到殖民地及自治領之中。在一九二四和一九二八年之間，倫敦市場所發行的海外股票發行中，約有五十九%為帝國借貸人而發行的；十年之後這比例是八十六%。如我們已見，帝國是關鍵原物料的寶藏室，這隨著軍事科技的每一次精進，而更形重要。以經濟和戰略而言，帝國對英國未曾像在一九三〇年代那般重要。但是帝國在軍事（以及外交）的重要性卻是同時在衰落中。每個自治領也依序表明，在一旦有第二次的大規模歐洲衝突中，英國的政策制訂人切不可將它們的支持再視為理所當然。此外，如參謀總部的人在一九三六年所評論：「我們對歐洲的投入越大，我們就越無法去鞏固我們的帝國以及其交通。」在一九三六年七月一個呈報給參謀總部的報告中，聯合計畫次級委員會明確地綜合姑息政策在軍事上的理由：

從軍事觀點來看，因為法國極度脆弱，德國與日本有達成諒解的可能性，甚至在某些狀況下再加上義大利，還有因為直接進攻大不列顛必將讓帝國暴露在極大風險之中，現在的局勢需要出一個與德國取得諒解的政策，進而延遲德國對我們任何關鍵利益發動侵略。

英國在歐洲軍事上的承諾到底是哪些？在一九二五年鮑德溫的政府已經簽訂洛迦諾條約，保證法國與德國以及比利時與德國的邊界，會如同在凡爾賽條約中所重新劃定的。但洛迦諾條約在關於德國的東部邊界，卻很顯著地沒提到有任何國際保證。除此之外，正如同在一九一四年之前的情形，對西歐安全的形式承諾，並沒伴隨有意義的軍事緊急應變計畫。如泰勒所說，洛迦諾條約似乎隱含「光榮孤立再度降臨」。結果是，當英國設法介入法國與德國有關解除武裝的協議（──或更應說，德國再度武裝的協議，因為英國在一九三四年一月的提議，預期德國軍隊會增加三倍到三十萬──），法國可以合理地問倫敦：在下一次德國入侵的結果中，是否能夠提供他們哪些實際的保證？答案是：沒有。英國對防衛比利時的承諾，跟一九一四年相比，是有道理可以說更沒約束力。

然而英國不能假裝她對比利時及法國的安全上完全沒有利益糾葛。一九三四年五月，國防需求委員會的報告中，提醒內閣這相當明顯的事實：德國比日本對聯合王國是更大的戰略威脅，因此如同在一九一四年，英國在德國侵略發生時，或許會被要求派遣部隊去協助比利時（也可能加上荷蘭）。的確，空軍戰力逐漸增加的重要性，比過去更有必要去確保英吉利海峽對岸不能落入敵對的歐陸強權手中。德國因此「是合理的潛在敵人，我們所有『長程』的國防政策必須是針對他們」。那「長程」的政策應該採取何種形式？假如有個教訓或許能從一九一四年學得，那便是部署在歐洲的一支小規模常備軍，不可能嚇阻德國人。但是去建立一支龐大、可以在西歐部署的陸軍，這種選項必須被拒絕。因此英國轉而支持擴大「都會」（亦即以英國為基地）的空軍到八十個或更多個中隊，這會留給陸軍不超過五個正規師，可以以「野戰部隊」的方式送過海峽。這幾乎正是像一九一四年一樣地少。到一九三七年底，這支軍隊的規模事實上還變得更小。到一九三八年時，它變成一支遠征軍，只使用在帝國發生麻煩的地方。負責防衛協調。但做事缺乏效率的部長湯姆斯．殷士吉普爵士，對正在發生的風險，並非視若無睹：

> 假如法國再度陷入被陸上部隊擊敗的危險，那有種狀況或許會發生；就如在上次戰爭一樣，我們必須急就章弄出一支軍隊來協助它。假如這發生的話，今日的政府就會理所當然地被批評，因為忽略了要對如此明顯的緊急狀況做出準備。

然而，決定還是做了，如作戰部長列斯里．霍爾—貝里夏所說，「將對歐陸的承諾放在末位」。軍事活動及情報首長亨利．保諾爾爵士將軍對此大為驚異，但是遭到反駁。不可思議地，軍隊的預算在奧地利被合併後，實際上反而遭到削減。在慕尼黑危機時，事情沒有更好。一直要等到一九三九年二月，歐洲遠征軍的想法才被恢復，而即使在那遲來的關頭，它也只由六個正規師以及四個國土防衛師所組成。

這種依賴空軍武力的箇中道理值得進一步探索，因為它充滿了未來會出現的困難。如我們已見，英國這種擴大空軍所預期的角色並非防禦，而是攻擊；它將會是，以未來首相張伯倫的話來說，「一支有如此打擊威力的空中武力，所以沒有人會甘冒風險」。假如英國可以令人相信地要威脅從空中將德國炸成廢墟，這論點會如是辯稱：那麼德國人或許會被嚇阻，不去使用武力來攻擊鄰國。這種它會嚇阻希特勒的想法是反射性的；因為英國人自己如此害怕德國的轟炸機，所以英國人假設希特勒必然一樣地害怕他們英國的轟炸機。或許邱吉爾說對，就航空器的數量而言，德國造得比英國多；但英國分析家系統性地過度高估德國空軍對首都人民造成傷害的能耐。這本身就是個嚴重的錯誤，因為它造成政府去誇張希特勒在一九三八年對英國所能做的威脅；幻想一個被夷為平地的倫敦，取代了所有最糟情形之劇本的構想。同樣令人感嘆的是空軍參謀人員很緩慢地去想出在實際上要如何使用英國自己的戰略轟炸武力。當到達一九三九年九月的關鍵時刻，轟炸指揮部只做投擲傳單，因為得到的結論是要設法打擊德國的工業目標，將會代價太高。但最令人震驚的是，直到最危險的時刻，英國還是相當忽略不列顛的空防，但空防在一九四〇年時卻解救了國家。誠然，由亨利・提澤德所主持的航空研究部所進行的關鍵研究，採用了由羅伯・華生—瓦特早在一九三五年於國家物理實驗室所發展出的雷達科技，但空軍部卻是相當緩慢地去瞭解到有必要投資在能進行攔截入侵轟炸機的戰鬥機。將焦點放在長程轟炸的另一個副作用是，它進一步地降低比利時及法國的戰略重要性，因為從一開始便假設轟炸機是從英國基地起飛的。

因此英國人知道，假如日本攻擊他們的亞洲帝國，他們將不會去保衛它；他們知道假如德國往西進攻，他們無法保衛比利時以及法國，更不用提假如德國往東進攻波蘭或捷克斯洛伐克。而且他們知道，或認為他們知道，假如希特勒派出德國空軍橫越英吉利海峽，他們將無法保衛倫敦。然而到一九三五年時，他們那種如此相信自己容易受害的絕望，所以甚至不敢與義大利海軍交戰。在一九三八年參謀總部排除與法國的「幕僚會談」，因為如是的詞語「會有如此不利的含意，並給人印象⋯有雙方都預設的軍事合作」。千萬別這麼想！

姑息政策的經濟理由

難道英國沒有增加國防開支來面對這種自己容易受到傷害的恐怖感覺？沒有；所有較快速重整軍備所能做到的，必將動搖到英國那不確定的經濟復甦。財政部裡的官僚如是反對。

參加第一次大戰增加英國國債達十二倍。到一九二七年，它等於會壓垮人的國民生產總額的一七二％。債務的利息負擔在一九二〇年代末期超過公共開支的五分之二強。預算盈餘以及過高的兌換率（這是隨著擔任財相的邱吉爾在一九二五年回歸金本位所造成的）所犧牲的是製造業的工作機會。維多莉亞晚期的主要英國產業：煤、鐵、造船以及紡織，已經在全球被複製；諸如此類英國產品的外銷市場因此無可避免地萎縮。從英國仍然龐大的海外投資、金融服務以及船運所得的「不可見」盈餘，也受到壓縮。比較不明顯，但在某些方式上卻更為深刻的是戰爭對勞動力所造成的傷害。在一次大戰期間前半段所需的新野戰師，是在志願系統招募之下組成，有許多技術工人被徵召到軍隊裡，而其中有相當大部分或者被殺，或者失能。官方對戰後問題的解決方法在概念方面，基本是維多莉亞式的：預算必須平衡，英鎊必須回歸金本位，而自由貿易必須恢復。以「節約」為名，國防開支被約束，所以它在整體公共開支上的比例，從將近一九一三年的三〇％降到二十年後的一〇％多一些些。鮑德溫告訴國際和平社：「我像你們保證，將不會有大規模軍備。」他說話算話。「十年規則」等於對國防武力凍結開支。即使它在一九三二年被放棄，財政部堅持「財政及經濟的風險」不利國防預算的明顯增加。

奈維爾・張伯倫在擔任財相時，是國防需求委員會成立的背後推手；他相信對軍事優先順序做出清楚安排，會讓他在財政部的生涯會好過一些。他歡迎指出德國是最大的潛在危險。然而也是張伯倫對額外需要九千七百萬英鎊來創造並維持一支適合在歐陸部署的遠征軍，裁決為是不可能的事。他偏好以轟炸機為基礎的嚇阻戰略。這決定在很大程度上是基於它看起來比另一替代方案來得便宜。當國防需求委員會在一九三五年十一月提議重整軍備的「理想規劃」，必須由一筆國防貸款來支付，這在財政部引起騷動；再度地，張伯倫堅持要砍海軍及陸軍的支出預算。但很快地皇家空軍看起來也變得太貴。如一位財政部官員在慕尼黑會議之後所說：「我們不想把這國家的整體經濟往下拉，因此交給希特勒他最喜歡的和平勝利，但我們可能無法負擔它（空軍部最近的提案）」。其實，皇家空軍是這三種軍種中最被善待的（雖然張伯倫隨時願意限制預算，來交換與希特勒完成「空中協定」）。財政部對陸軍及海軍提出額外支出的要求，更是草草擲回。至於邱吉爾最初在一九三六年提出，要求一筆遠遠更大的國防開支，張伯倫亦隨即往旁一擱。只有在一九三七年時，新的借貸（——達四億英鎊之譜——）才被用來支付重整軍備時，但即使那時張伯倫最初也設法以增稅的方式來抵銷增加的支出。他在財政部的繼任者約翰・西蒙爵士，堅持從一九三七年四月到一九四二年四月的整體國防支出，必須壓在十五億英鎊之下。

無論如何，有人希望與德國進行經濟上的來往，或許能將納粹轉離侵略行為。一方面，英格蘭銀行及財政部的官員希望與德國維持貿易，避免德國對英國的債務全面倒帳。另方面，他們貶損那在進行大規模重整軍備時，無疑必需要有的經濟管制，以免造成國內通貨膨脹以及擴大的經常帳赤字。當空軍部部長史雲頓子爵要求技術工人必須從民間轉移到國防部門，以加速飛機製造，張伯倫回應說，這應該由「雙方（雇主及受雇者）協議，而且在最少的政府干預」下完成。這呼應著那老舊、失敗的「生意照常」的格言。傳統上財政的力量被認為是，以殷士吉普的話來說，英國國防的「第四隻臂膀」；因此才會有財政部永遠關注收支平衡以及兌換率的問題。這其中有一個大恐懼是：假如在一場況日持久的戰爭中，英國海外信用會變

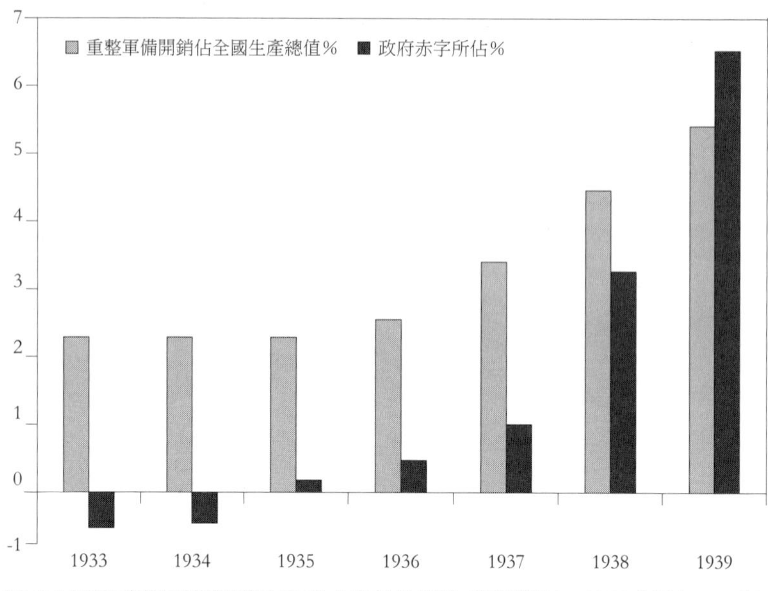

圖 9.1 英國重整軍備開銷及政府赤字佔全國生產總值%，1933 年到 1939 年

得比一九一四和一九一八年之間還來得更加脆弱，因為一九三〇年代末的經常帳收支赤字，正逐漸侵蝕英國做為淨債權國的地位、它的黃金儲存以及英鎊的強勢。儘管這些理由，一直要到一九三八年，國防開支才超過國民生產總值的四%，而且直到一九三九年政府赤字才到相同的程度（見圖 9.1）。

姑息政策的經濟論證反映出英國經濟的強處以及弱處。與在德國及美國所發生的相比，大蕭條在英國算是溫和的。一旦英國在一九三一年九月脫離金本位，英格蘭銀行降低利率二%，復甦立即迅速發生，當然這復甦沒有到達北方的舊工業區，而是到密德蘭以及東南部，在那裡新的產業以及服務業正在發展。便宜的資金也在特倫特河以南的英格蘭，點燃營造業的景氣。但有人辯稱說，正是因為這些理由，在缺乏相應的增稅或是削減政府其它計畫下，在重整軍備做出明顯更多的支出，必然會造成英國經濟過熱。凱因斯在《如何支付戰爭》辯論說，一旦在大規模增加國防開支的情形下，只有在對經濟比在第一次大戰時進行更加嚴格的管制，對消費進行嚴厲的增稅，通貨膨脹以及收支平衡的問題才能避免。如此不自由的制度在承平時期是無法想像的。在一九三九年四月凱因斯列出在戰前進行重整軍備的諸多限制：「首先是勞動力不足；第二是國外資源不足」。就僅這次，凱因斯詳細說出了傳統的智慧。其它傑出的權威，特別是財政部的佛德烈克・菲利普斯爵士以及G. & J. Weir機械公司的主席威爾勛爵，也說同樣的東西。技術缺乏不僅發生在機械業，在營造上也是潛在的問題。凱因斯只是經濟顧問會議的一位成員，這會議在一九三八年報告說，收支平衡是「整個狀況的關鍵」。

然而這些關切當然是言過其實。隨著消費者年度指數增加，在一九三八年九月到達不足七%的高峰之後，迅速滑落（見圖9.2），以及長期利率在四%以下，直到戰爭爆發為止，財政部有比它所願意承認的更多迴旋空間。在這系統中有如此多停滯（—在一九三七年當時的人有理由擔心經濟衰退—）更高的借貸必然不會「排擠」私人部門的投資。相反地，它們可能會刺激成長。至於技術工人，這會是一個問題，只是因為原先的經濟理由是張伯倫要讓英國投入到一個複雜的空中嚇阻武力，但結果是行不通；還有因為政府在「稀釋」熟練的勞動工人，在與不計代價、蓄意阻撓的「機械業聯合工會」領導階層＊敵對時，幾乎像是迷信般地緊張。在實際上，重整軍備的規劃會刺激主要產業以及初生航太工程部門的成長，因為即使在有限的預算上，海軍仍需要船艦，陸軍還是要槍枝、坦克以及制服，所以煉鐵煤礦以及

＊見殷士吉普和機械業聯合工會（AEU）主席里托以下相當具有透露性的交談：「里托：到目前為止，我見不到有何理由要對我們的會員做出任何放鬆的建議，因為我們明顯地不滿意你們的政策。殷士吉普：你意謂我們的外交政策。里托：你們的外交政策，假如你可以稱它是政策的話。」這是一個諷刺的暗指政府「不干預」西班牙內戰的政策，這許多工會會員有很好理由是背叛合法的共和政府，特別是因為敵人正從義大利及德國接受援助。事實上，或許讓AEU擔心的比較是第一次世界大戰的經驗，當時戰爭稀釋工人，但接著是戰後的失業。恩尼斯特・貝文，交通及一般工人工會的總書記，擔心AEU會抗拒釋出工人，「直到炸彈臨頭」。這點他幾乎正確。

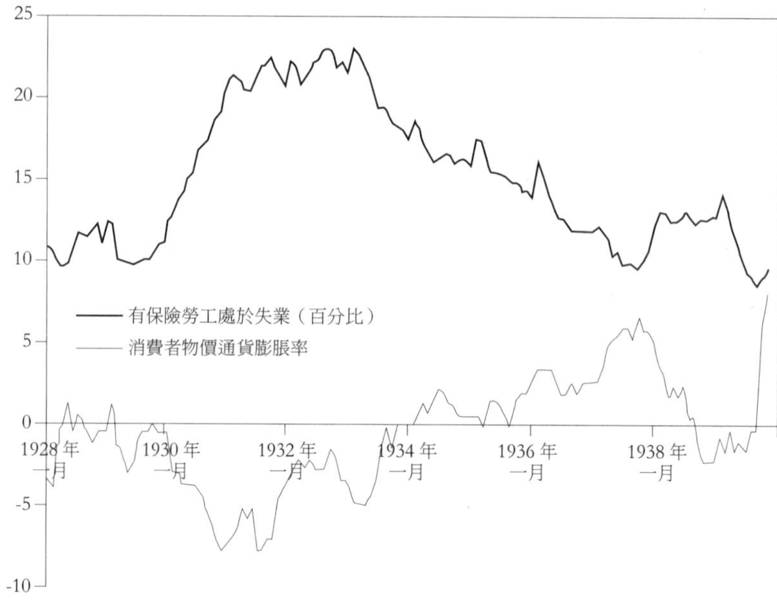

圖 9.2 英國失業以及通貨膨脹，1928 年到 1939 年

紡織部門都會從重整軍備中獲利。熟練工人的薪資並沒有如財政部裡悲觀者所擔心地往上跳；相反地，薪資的差異反而縮小。同時就經濟及戰略來說，一個更理性的政策，必然是會建造更多的軍艦、更多的坦克以及徵召無業者—他們在晚到一九三九年一月時構成有保險工人的十四%（見圖9.2）—，並準備一支德國人無法忽略的英國遠征軍。張伯倫擔心英國欠缺人力來「操作擴大的海軍、新的空軍以及百萬人的陸軍」，根本是錯誤的。

最後，對英國財政的「第四隻臂膀」的焦慮，預設了外國強權只有當財務上如此做有吸引力時，才會在戰爭中借錢給英國，然而美國以及自治領的國家必然有強烈的戰略及經濟誘因，去借貸給英國，假如另種結局是獨裁者勝利以及大西洋外銷船運的中斷。無論如何，在一九三九年代後半的經常帳赤字是微不足道，等於大約每年一個國民生產總額的一%，這相較於總共價值為三十七億英鎊

（一百七十億美金）海外資產有至少三・五％的淨利，算是微不足道。英國在一九三八年並沒有破產。如我們將見到，這其中關鍵之點是到一九三九或一九四〇年時，若是她的強勢貨幣儲存不斷地減少她或許仍會破產。

於是英國或許可以懷著復仇之心來重整軍備。相反地，英國人因為根據過時經濟學有瑕疵的預設，採取了狄更斯小說角色米考伯先生的原則，被他們自己身負債務的想法所壓迫，所以他們抱著最後一絲希望，會有東西在最後出現。大蕭條鼓舞了日本人、義大利人及德國人去思考征服外國。它說服了英國人他們無法做任何事去阻擋他們。

可恥的孤立

對那些相信姑息政策所具有的戰略及經濟理由的人來說，英國需要所有她能找到的朋友，這似乎是顯而易見的。用一九三七年十二月參謀總部的話來說：

> 我們無法預見我們國防武力能夠強大到能同時去針對德國、義大利及日本，保證我們的貿易、領土以及關鍵利益：從帝國防衛的觀點來看，我們無需誇大任何政治或國際行動的重要性，若這可以用來降低我們潛在的敵人，並且爭取潛在盟友支持的益處。

但誰或許能成為潛在的盟友？雖然法國自一九二〇年代已經比英國明顯地花費更多在武器裝備上，

但這大多數的投資是在防禦工事上，而且這在心理上的影響一點都不健康。法國外長路易・巴圖尋求要簽訂一個「東邊的洛迦諾條約」，來確定德國東邊鄰國的邊界安全，並為一九三六年的法蘇互助條約立下基礎。然而英國的回應並不熱心。倫敦的感覺是法國應該在軍備的層次上，對德國人做出更多的讓步。到一九三七年時，法國總理里翁・布魯姆已經接受假如要維持和平的話，對德國在東歐以及在海外做出讓步是必須的事。但張伯倫對法國甚沒信心，幾乎沒做什麼努力來讓英法聯合行動能夠有效。大多數的保守黨因為意識型態的理由而嫌惡蘇聯，其中包括張伯倫。即使是邱吉爾都難以想像到有蘇聯加入到他的大聯合之中，雖然很清楚地，這是從他對局勢分析中所能做的邏輯推論。許多希望於是放在墨索里尼身上，他在一九三四年似乎對在維也納失敗的納粹叛亂採取強硬的路線；但這高估義大利的能耐以及低估墨索里尼希望去推翻現存狀況的決心，這他在入侵阿比西尼亞時，忽視所有誘使他去協商出解決方式的努力，就已經透露出來。一九三五年由英國、法國及義大利所形成的「斯特雷薩（Stresa）陣線」證明只是那東西：一個陣線。當義大利背叛退出時，英國及法國無法決定先要做什麼：將墨索里尼踢離阿比西尼亞？還是使希特勒不能進入萊茵地區？結果他們兩個都沒做。這種英法協調不良的模式，更沒有從這兩個國家內部政治的歧異得到協助，當時法國很短暫地有一個人民陣線的政府，這一直持續到戰爭爆發為止。即使在德奧合併發生之後，張伯倫還是無法讓自己在一旦歐陸戰爭發生的狀況下，說出比模稜兩可還要更堅定的話去支持法國。不幸地是，法國在一九三八年四月愛德華・達拉第出任總理之後，立場也是一樣充滿曖昧，其中並最重要的是他的外長喬治・波內其來有自的懦弱。同時之間在亞洲，英國根本無法在維持她的中國利益以及避免與日本交戰兩者之間，做出選擇。英國的夢魘是德國－義大利－日本的結合。但當英國人越是設法以外交上的權宜之計、而非軍事上的反制措施去避開它的發

生，結果是它變得越加可能。＊

在強權之中只剩下美國。但是美國急切去姑息德國的情形，就像在英國的任何人一樣。富蘭克林・羅斯福在進入白宮就任後，立即提出歸還波蘭走廊給德國，在一九三五年派出塞繆爾・富勒為非官方特使到柏林，去試探希特勒對整體的和平解決有何條件。他的國務卿柯代爾・赫爾否定英國在經濟上姑息的模式，這是以與德國達成雙邊經濟協議的方式為基礎；他偏好一種更具野心來進行貿易自由化的多邊處理。但全部的結果沒有大不同。在一九三四年和一九三八年之間，美國外銷德國的機油和潤滑油幾乎增加三倍。美國公司供應德國三十一%到三十五%進口的磷酸鈣（來做肥料），二〇%到二十八%進口的銅以及銅合金，以及六十七%到七十三%進口的鈾、釩以及鉬。德國所有進口的鐵以及廢金屬，有一半來自美國。美國公司，包括標準石油、通用汽車、杜邦，甚至是IBM，都擴大它們在德國的營運。到一九四〇年時，美國對德國的直接投資多達兩億零六百萬美金，比對英國所投入的兩億七千五百萬沒有少太多，而遠遠超過在法國的四千六百萬。在亞洲，美國已經建立呼籲其他人要對侵略採取立場反對，但自己還是繼續追求自己經濟上利益的模式。當羅斯福開始在歐洲做類似的事時，張伯倫的結論是美國人是個「惡棍的國家」。他告訴他的姊妹希爾達說，「除了空話之外，通常最好且最安全是不要依賴美國任何東西」。因此對羅斯福要在一九三八年召開列強會議的呼籲，張伯倫的回應是拖拖拉拉。但這種感覺是互相的。羅斯福認為，「這麻煩是當你與一個英國人坐在圓桌時，他通常得到交易的八〇%，而你得到剩下的」。美國駐倫敦大使約瑟夫・老甘迺迪

＊在一九三六年十一月德國及日本簽定反共產國際協定，這包括一個秘密協議，讓各方承諾在其中一方若涉及與蘇聯戰爭，另方不會干預。在一九三七年十一月，墨索里尼放棄反對奧地利被兼併；做為回禮，這希特勒很久之前已經預見，是義大利對南提洛爾德國人的主權受德國尊重。在一九三八年二月，德國承認滿州國。

以及駐柏林大使修・威爾森，並不反對讓希特勒在中歐及東歐放手去做。除此之外，美國的政策制訂者，特別是羅斯福，懷有僅能勉強遮掩的野心，希望見到大英帝國被拆解掉。

著眼於英國過度的承諾及介入，以及她沒有足夠資金及盟友，只是希望藉著外交讓步來維持和平，這做為策略看起來不是那麼有道理以及講求實際。因為這沒有思考外交失敗之後的政治效應。海軍第一部長達夫・庫柏，是內閣中極少數成員之一能夠掌握這點：

> 政府的第一個職責是要確保國家的適當防衛。這些適當防衛是什麼，當然比這國家財政資源還來得更容易確認。低估前者對我來說，似乎比高估後者的危險來得更大，因為其中一項會導致戰爭失敗以及完全毀滅，然而另一項則是導致嚴重的窘困、高稅、生活水準降低以及社會服務的減少。

在一九三〇年代中期越來越快速以及越大規模的重整軍備，或許財政部是無法負擔，但假如希特勒成功地主宰歐陸，以及假如德國、義大利及日本決定要採取共同立場來對付大英帝國，這在一九四〇年代將會是何其昂貴？這假設性的最糟劇本被大多數的決策者假裝視而不見。這是一個怠惰疏忽的行為，因為政客對那些他們所代表的人民有個隱含的道德責任，就是要定期去思考最糟的情形，並評估其可能性，和預估需付出的代價，然後先做準備來預防它。正是這點鮑德溫和張伯倫沒做到，而就他們個人曾經從商的經驗來看，這是個反諷：整個「店員的國家」＊卻拒絕去買保險，來應付一個既大型又可能的風險。這最大的反諷是這

＊這個詞與經常歸諸拿破崙（他稱英國為“une nation de boutiqueiers”），這事實上是源自於亞當・史密斯的《國富論》（*The Wealth of Nations*）：「建立一個帝國只是為了要撫養一個顧客的民族，或許在初看之下只適合一個店員的國家所應有的計畫。然而這計畫是完全不適合店員的國家；但極為適合一個其政府受店員影響的國家。」

保險金本身是相當小額。甚至，英國或許都已經繳了夠多錢來買這保險。但是他們的領導者受限於他們的妄想，無法提出索賠，直到時間太晚。

姑息政策的社會性質

我們要如何解釋這嚴重以及，或許有人會想，不尋常的輕率誤判？將之歸諸民眾的非戰和平主義是行不通。這不是從一些事件，如一九三三年東富勒姆期中改選以及，在同一年，聲名狼籍的牛津學生聯盟對「國王與國家」進行投票，所能做出來的正確推論。†提倡毫無限制放棄武力的人，如喬治・蘭斯伯里以及斯塔福德・克里普斯爵士，只是少數人，即使在工黨裡亦然。群眾對重整軍備的替代方案是集體安全，不是和平主義。像這樣的組織，如民主控制聯盟、國家和平會議、國聯聯盟以及和平承諾聯盟，對國際聯盟有相當大的支持，橫跨整個政治光譜。如國聯聯盟主席吉爾柏特・莫利在一九二八年所言：「所有政黨都向國際聯盟做

†一九三三年二月九日的動議如下：「本院將不在任何狀況之下為國王及國家作戰」。這以二七五票比一五三票通過。邱吉爾指責它是一個「卑屈、污穢、無恥的告白」；《週日泰晤士報》（*Sunday Times*）則說這「沒必要，而且品味極差」，「絕不代表牛津的想法」。事實上，這結果反映出左派當時在聯盟中的影響力，充其量可被理解為是針對政府的反對票，而非對和平主義的贊成票。當里・佛莫在不到一年之後旅行經過德國時，他被問及這次投票，里・佛莫「形容整件事只不過是另一次頂撞老一代的行為。這動議的措辭：『為國王及國家作戰』（"Fight for King and Country"），是來自一個古老徵兵海報的陳腔濫調。沒有人，即使是最激烈的愛國者，會用它來形容深刻感受到的感覺。問我話的人說：『為何不是？』『為國王及祖國（"für König und Vaterland"）』在德國人耳中聽起來則不一樣，這是一個奮起號角的聲音，不會失去它的迴響。我到底意思為何？這動議或許是『為了讓中產階級印象深刻』（"pour épater les bourgeois"），我掙扎地說。在此有人會說點法文的話，設法幫忙。『為了讓中產階級印象深刻？啊，正是！』（"Um die Bürger zu Erstaunen? Ah, so!"）接著停頓下來。『真的，像是某種笑話，』我繼續。『一個笑話？（"Ein Scherz?"）』他們會問。『一個戲弄？一個好玩？（"Ein Spass? Ein Witz?"）』我被發亮的眼球及牙齒圍繞著⋯我在周圍的眼睛中可以察覺到某種輕蔑同情被點亮的火花；這些眼睛相當清楚宣布：他們相當確定，若我所說為真，那英格蘭已經墮落及輕浮地太過份，這就已經變成一個問題。」

出承諾⋯所有首相及前首相都支持它⋯沒有國會的候選人敢公開反對它」。除此之外，英國選民要一個有牙齒會咬人的國際聯盟。在一九三五年有超過一千一百萬位選民在所謂的「和平公投」交回問卷調查；有超過一千萬份選擇要對侵略者做出非武裝性的制裁，而且有將近七百萬份接受集體軍事行動，假如制裁無效的話。唯一的困難是沒人十分清楚這國聯的軍事能力要從何處來。要談解除武裝協議則容易許多，但甚少人願意面對日本人在滿洲抵觸國聯，卻沒受懲罰這項事實。日本，然後是德國，陸續退出國聯，應該提醒大家，國聯做為體制，已經失效；墨索里尼入侵阿比西尼亞則是致命一擊。有一陣子看起來英國將會使用海軍武力以及經濟制裁來執行國聯的命令；然後（隨著安全地贏得英國大選）英國外相塞繆爾・霍爾爵士以及法國總理皮埃爾・賴伐爾（Pierre Laval），已經提議要將一大片的阿比西尼亞送給義大利人。這又是滿洲國歷史重演，不同的是一名西方政客為此付出代價：運氣不好的霍爾自食惡果。衝勁十足的安東尼・伊登取而代之，承諾「透過集體安全的和平」；但在幾個月內阿比西尼亞的反抗崩潰而德軍行軍進入萊茵地區。但是人民仍是依賴國聯，而不是去面對勢力均衡的嚴酷事實，這他們所曾被許諾，但現在已成過去。

在一九三六年時，邱吉爾設法提醒保守黨外交事務委員會說：「四百年以來，英國的外交政策一直是反對歐陸最強大、最侵略性以及最具支配力的強權，特別是要避免低地國家落入如此強權手中」。我們很容易忘掉這是如何寂寞的聲音。幾乎沒有人像邱吉爾一樣對英國好戰的過去一樣著迷。然而如一九四〇年所證明，這並不意謂英國人民無法被引導回到那過去。早在一九三六年四月阿佛列得・濟門爵士告訴哈羅德・尼可森，要說服公眾為捷克斯洛伐克作戰，「可以用無線電在一個月內完成」。在保守黨的後排議員中，幾乎從張伯倫在一九三七年開始擔任首相，就有對姑息政策的不滿。在奧地利被合併（一九三八年）不久之後的一項民意調查，透露出民眾逐漸加深的失望。當被問到「英國是否該向捷克斯洛伐克承諾協助，假如德國對她的行為，有如對奧地利的話？」不到半數的回應者（四十三％）說不。三分之一說是，而四分之一沒意見。當邱吉爾在一九三八年三月十四日在下院起身發言，呼籲以國際聯盟為基礎，形成「大聯合」。《經濟學人雜誌》感覺到「他的觀點代表國家大多數人的觀點」。在一九三八年九月時，英國駐柏林大使韓德森覺得有必要警告現在成為希特勒外交部長的里賓特洛甫：

我很驚訝以及遺憾地在英格蘭注意到，現在對德國有越來越強硬以及一致的感覺。我對自從上次在倫敦以來的這兩個月來差異，感到震驚，而且它不只侷促在一個、而是在所有階級以及所有黨派之中，而且我見過許多人。

比支撐姑息政策的群眾和平主義更為重要的是這樣的事實：姑息獨裁者在一個後來世代稱之為英國體制的重要階層中，是很自然地被接受。倫敦金融區的許多公司，在一九二〇年代就已經恢復他們在一九一四年之前與德國已經建立的長久關係，只不過它們後來在一九三一年德國銀行危機中受到影響。倫敦票券公司（倫敦金融區主要的商業銀行）所持的一億英鎊商業票券中，約有六千兩百萬英鎊是涵蓋在一九三一年所謂的「暫緩還款」協議之中，這凍結所有給德國的外國信貸，但允許利息持續回到債權人。總體來說，所有給德國信貸種類加起來共計三億英鎊，其中約有一億一千萬英鎊是涵蓋在「暫緩還款」協議之下。這協議是以每年重簽為原則，在一九三九年時只有大約四千萬鎊被償付。在整個一九三〇年代中，金融區的公司希望英德貿易能恢復，而這將能讓未清帳款得到償付。在同時之間，發生在英格蘭銀行總裁孟塔糾・諾曼與其德國之對應者沙赫特間所謂的英德「關連」，鼓勵了這種想法，認為在納粹中有個溫和派系，假如他們能被足夠地獎賞，他們的命運將會更發達。一位英國外交官曾表達這種希望，認為雙邊經濟協定「必然明顯地會有很大的可能性，可做為政治協定的踏腳石」。如此的希望被一九三四年十一月的支付協定所支撐起來；根據這協定，帝國銀行為了回應七十五萬英鎊的秘密信貸，會將德國外銷到英國所有收入劃出五十五％，來做為德國公司支付從英國進口的物品。簡而言之，英國的金融區有很強烈的誘因去避免英德關係的破裂。這些銀行家在一九三三年之前擔心完全失去他們投資在德國或借給德國的金額，所以偷偷地撐住德國的信用。這總額並不大（在一九三九年一月佛德烈克・列茲—羅斯爵士估計，德國一旦倒帳時，短期票券的損失為四千萬英鎊，而另外有八千或九千萬的長期債務），但這些錢給沙赫特的槓桿作用卻是很大。這是何以當他在一九三七年八月從經濟部長辭職，以及在一九三九年被從帝國銀行總裁解職時，整個倫敦債券市場（—在那市場依據道斯計畫及楊格計畫所發行的德國債券，持續在戰前、戰中以及戰後一直交易著—）會發生一個可以感覺到的震波。

銀行家沒有什麼特別道理會去喜歡希特勒的政府。許多直接或間接在德國曝險的最重要公司是由猶太家族所擁有、所經營，而設法從大蕭條所留下的廢墟中搶救一些東西，而這意謂著要堵住鼻孔忍著臭氣，來和沙赫特進行交易。英國產業聯盟設法與其德國的對應機構協商價格以及市場比例；它如此做並非出自於愛好希特勒，而是出自於擔心失去龐大的德國外銷市場，或是被沙赫特所簽訂的雙邊條約，逐離巴爾幹市場。儘管大蕭條，德國貿易額在一九三〇年代中仍是世界第三大。然而其它英國體制的團體卻被比自私自利還要卑下的動機所驅使著。貴族大老、殖民地報業大亨以及社交界女主人，都同樣發覺他們是真正地同情希特勒政策的面向，甚至包括他的反猶主義。一九三一年到一九三五年六月，空軍部長倫敦德里勛爵，恰巧也是邱吉爾的表親，對希特勒如此熱情，所以還曾寫一整本書來辯護納粹政權，包括它的反猶政策，這「被獨特的種族純淨理想所驗證，而且已經被灌輸，並且今日大多數的德國人堅定地相信」。如倫敦德里勛爵所言，他「對猶太人沒有很大的喜好」，因為「能夠去追蹤出他們參與大多數的國際性動亂，而且在不同國家中造成如此多破壞」。哈利發克斯子爵是英國貴族的另一位大老，在身材以及勢利眼上，都高人一等，甚至到這樣的程度，所以當他最初在一九三七年十一月在貝希特斯加登遇見希特勒時，他還誤以為他是位僕人，幾乎將帽子及外套遞給他。這種外交上的失態，幸虧沒有對英德和諧造成致命的結果。他的朋友亨利・「薯條」・錢農報導說，哈利發克斯「喜歡所有的納粹領導人，甚至是戈培爾，而且他對這次造訪印象深刻、很感興趣以及心裡喜悅。他認為這個政權是絕對棒透了」。另一位偏好德國人的貴族是西敏公爵；根據達夫・庫柏，他「強烈批評猶太人，並…說希特勒畢竟知道我們是他最好的朋友」。雖然希特勒所選的駐倫敦大使里賓特洛甫，*在一些報紙中被嘲弄為「掉磚塊先生」（Herr Brickendrop），他在這些貴族圈中是熱門人物。羅迪安侯爵將他列入庇蔭之下†，正如英德的阿特隆伯爵（他在一九一四年到一九一八年戰爭時，放棄他德國鐵克親王的頭銜），更不用提船運鉅子的女繼承人南西・丘納德以及密特佛家族的姊妹攸尼緹及黛安娜。鮑德

*在所有納粹領導階層中，里賓特洛普最像海恩利希・曼小說中的一個角色。在一次世界大戰之前，里賓特洛普曾在蒙特妻設法賺錢後，里賓特洛普婚娶漢克爾・賽克特家族的人；以進口香檳及蘇格蘭威士忌而致富；他與天主教政客及猶太商賈交往甚密；讓自己被一位名字適當的老太太收養，這位老太太以道地的威瑪方式，在通貨膨脹中損失掉所有的錢財，所以感謝他所提供的年金；從此里賓特洛普名字上有「馮」（von）的冠稱。（同樣里賓特洛普也以道地的威瑪方式，在不久之後便停掉年金。）他在一九二八年遇見戈培爾；透過一些軍隊中的老友，被引介給希特勒；在一九三二年五月在巴發利亞安靜地加入納粹黨；在數月內擔任希特勒和他在戰爭中認識的巴本這兩人之間的中介。最終導致希特勒在一九三三年一月被任命為總理的一連串決定性會議，發生在里賓特洛普位落在柏林-達勒姆的別墅之中。在一九三六年他被派遣到英格蘭擔任大使，因為他說服了希特勒他認識那邊的「層峰人士」。但正如戈林回嘴反擊說：「麻煩是他們也認識里賓特洛普。」

†菲利普・柯爾（Philip Kerr），羅迪安（Lothian）第十一世侯爵，在米爾納勛爵（Lord Milner）的南非自由帝國主義行政官的「幼稚園」，開始他的生涯。雖然他是一支古老天主教家族的後代，但與南西・阿斯特（保守黨國會議員以及阿斯特子爵之妻）的友誼，引導他加入基督科學教會，並和蕭伯納去拜訪俄羅斯。

溫前私人秘書湯姆‧瓊斯被里賓特洛普對希特勒的陳述所吸引：「是位有相當優異成就，以及在根本上是位藝術家，閱讀廣泛，熱情投入到音樂及繪畫上」。

一些最具影響力的姑息政策提倡者，喜歡聚會在牛津的萬靈學院：在這時期的院士中有哈利發克斯勛爵，約翰‧西蒙爵士（—哈利發克斯的前任外相以及張伯倫溫馴的財相—）以及《泰晤士報》的編輯傑弗利‧道森，他之前曾是這學院的司庫。在經過緊張的一週之後，道森最喜歡的不過是去造訪牛津，在他老學院的豪華客廳中進餐以及啜飲紅酒，在那裡他當然可以找到志同道合的人。在道森眼中，提倡英國與新德國之間的和諧關係，是每份英國報紙的道德責任。他毫無顧忌地去壓低或直接壓下他報社經驗老到的柏林特派員諾曼‧艾卜特所寫的報導。一些英國的國外記者，如《每日快訊》）的賽佛頓‧德爾瑪，對新德國是積極熱情，但艾卜特則不然。就他來說，希特勒不過是位「士官長，擅長瞎扯以及在眼睛裡有遠遠遙望的神情而已」。儘管納粹警告要對他的批評消音，並且經常搜索他的公寓，艾卜特固定地寫下（還有其它主題）這新政權在基督教會內迫害異議份子。早在一九三四年十一月，他被激得去抗議編輯對他文稿的干預，提出十二件例子，說明他的故事是如何被修改，移除其中對納粹政權的批評。他激烈地向他的美國朋友威廉‧塞爾勒抱怨，他的編輯們「不想聽到太多來自納粹德國壞的一面」；《泰晤士報》已經「被倫敦的親納粹份子所攻佔」。相對照之下，羅迪安侯爵的文章則被顯著刊登。其中之一在一九三五年二月發表，羅迪安告訴讀者希特勒本人向他保證「德國所需要的是平等，不是戰爭；她打算絕對要放棄戰爭」。甚至希特勒願意和「德國的所有鄰國簽訂互不侵犯條約，來證明他渴望和平的誠意」。所有他要的是在軍備上的「平等」。羅迪安堅稱說，「我毫無疑問他這樣的態度是完全地誠懇」。英國應該採取的正確政策是「對待她像是歐洲社區的一份子，將德國變成一個『好的歐洲人』」。無論如何，希特勒所擔心的不是西歐，而是蘇聯。「他認為共產主義在本質上是一個好戰的宗教」，羅迪安解釋說。假如共產主義有一天「設法重複伊斯蘭在軍事上的勝利」，那「德國應該被視為潛在的敵人，還是歐洲的堡壘，是東歐新國家的威脅，還是保護者？」《泰晤士報》在報導長刀之夜時，好像這是一個完全合法的政治行為，是一個「真正」努力要將「革命的激情轉化為溫和以及建設性的成果，要加諸國家社會主義官員身上一個崇高的標準」。艾卜特在一九三七年八月被從德國驅逐。七個月之後，在一九三八年三月十日，他的編輯參加里賓特洛普在倫敦的惜別會。第二天，德國軍隊進軍奧地利。

《泰晤士報》的社論，正如其報導，使得它比其它普通流通量的報紙來得更有的影響力。（如《每日快訊》的業主比弗布魯克勛爵曾言，「受歡迎的報紙，就宣傳來說，在與不受歡迎的報紙來比，一點都沒什麼。」）在這社論上，道森可以仰仗不喜與人來往的前外交官以及史學家愛德華・哈雷特・卡爾（Edward Hallet Carr）；他在所有提倡姑息主義的人之中，或許是最心思縝密的。對卡爾來說，國際關係是關於權力，而不是道德。當世界權力平衡移動時，有些強權崛起，有些衰落，唯一的問題是這調整究竟應該是激烈的，還是和平的。卡爾的觀點是後者較為可取。姑息主義於是乎是種以和平方式、最不流血的方法，來適應德國（以及後來的蘇聯）強權，正如英國政治系統已經調適到接受勞動階級崛起的事實，而不需革命：

在十九世紀下半以及二十世紀上半，大多數國家裡的「一無所有的人」（'have nots'）透過一系列的罷工以及協商，穩定地改善他們的地位，而「什麼都有的人」（'haves'），無論是因為正義感，或是因為一旦在拒絕之後，害怕革命，做出讓步，而不將事情訴諸於武力的考驗。最後這過程在雙方產生一種意願，願意將糾紛提交給種種不同形式的調解及仲裁，結果是以創造出某種像是「和平轉換」的規則系統：一旦不滿的強權瞭解到有可能以和平協商（首先，之前無疑地會有武力的威脅）來彌補不滿及冤屈，某種「和平轉換」的規則程序或許會被逐步地建立起來，並贏得不滿者的信心；而一旦如此的系統已經被認可，調解必將被認為是理所當然，而武力威脅雖然沒有被正式放棄，必將退回到背景去。

這是一個沒有戰爭之世界的明顯宿命說法：和平是基於對獨裁強權的屈服。卡爾輕蔑地將「利他主意及人道主義這些模糊的理想」摒棄一旁，為希特勒的政策鼓掌，辯稱說凡爾賽條約已經過時，而且德國有權向東方擴張。一九三八年張伯倫與希特勒在慕尼黑的會談，他歡呼為「協商和平轉變的一個模式」。

《泰晤士報》對德國做這些討好的新聞報導時，絕非獨一無二。隨著他在一九三七年的造訪，哈利發克斯勛爵幾乎遊說所有主要報紙的業主，要淡化他們對德國的報導，甚至設法要去「搞掉」大衛・婁，《標準晚報》這位玩世不敬的卡通畫家。政府成功地對BBC（英國國家廣播公司）施壓，在新聞報導歐洲事務時，避免「爭議」；著眼於它後來在戰爭時期的忠實報導，這真是個反諷。BBC總經理瑞茲勛爵告訴里賓特洛普說，「去跟希特勒講，BBC並不是反納粹」。在「和平之途」系列中，當工黨國會議員約西亞・韋奇伍德在他所貢獻的部分中，拒絕消除掉提到希特勒及墨索里尼「迫害、好戰以及不人道」的政策，其中一個節目必須被完全放棄掉。在下院中要嚴守黨路線的壓力更是強烈。保守黨議員要是冒險去批評張伯倫，會立即被黨鞭或是他們的地方黨部處罰。在這樣的氛圍中，只有少數的特立獨行者，敢去支持重整軍備以及傳統的聯盟，而甚至邱吉爾，這種觀點最有說服力的闡明者，在一九三三年和一九三九年之間，也沒採取完全一致的立場。如他的批評者所指出，他反對印度自治，但卻支持捷克民主政治；反對獨裁者，但卻承認在西班牙的佛郎哥政權；反對限武，但卻支持國聯。張伯倫和他的黨羽無法避免在新聞上詆毀邱吉爾，正如他們也對安東尼・伊登如此做，當他在一九三八年二月辭掉外相的職位。

在萬靈學院之中，同樣地，一些較年輕的院士希望能表達和道森路線不一樣的觀點。大約在阿比西尼亞危機的時候，歷史學家勞思（在慕尼黑會議時他只有三十四歲）回憶與道森在沿著前往伊浮里的曳船路上的散步，在途中他警告這位較年長的人：「德國人他們如此強大，所以會威脅我們所有其他人。」道森的回答透露出許多：「且根據你自己辯論裡的評估，注意，我不是說我同意這句話；但假如德國人是如你所說的如此強大，難道我們不該和他們走同一條路？」在萬靈學院另外一位對姑息主義的年輕批評者，是政治思想傑出的詮釋者伊塞亞・柏林（Isaiah Berlin），他強烈地不贊成道森的態度以及他的圈子。如柏林在許多年之後告訴他的傳記作家：

> 他們並沒在我們所有人面前常談到姑息政策，但是私底下會在他們自己房間。他們會帶著同情者以及祝福者跟他們一起；他們會帶著其中之一消失在樓上許多大房間裡中的一間，然後在那裡幾乎是在進行聚會⋯就姑息主義，與我同年紀的其他人⋯我是嚴正地反對。在我們的團體裡，沒有姑息主意份子，除了昆丁・霍格。在我的世代中，沒有人，也沒有比我年輕的人。沒有，當然沒有。

部分是因為姑息的議題，伊塞亞・柏林被吸引到左派傾向的週四午餐俱樂部，其成員包括理查・克羅斯曼，未來的工黨領導人，以及羅伊・哈洛德，凱因斯的傳記作家。柏林並非社會主義者，但在瞭解歐洲發生何事上，他有一項其他牛津學究所沒有的優勢：他是位猶太人，家庭為了躲避俄國革命所帶來的混亂，從拉脫維亞移民到海外；他因此有充分的理由去瞭解在歐陸什麼是最關緊要的。他可以看到較年長的學究還是用一九〇〇年代老式帝國主義的語言來思考歐洲，這是何以他們會傾向於去接受希特勒那明顯的種族主義論證：

大英帝國集團……在根本上是種族歧視的；他們並非明顯的反猶人士，但他們相信雅利安人的優勢。他們不要義大利或法國成為他們其中的一部份，說真的。他們相信德國、斯堪地那維亞以及白人帝國，你看到沒？而那在根本上有種西瑟爾・羅德茲的面向。

這段話中有很多實情。「條頓族和斯拉夫族是無法妥協的，正如不列顛人和斯拉夫人一樣無法」，韓德森在一封給哈利發克斯的信中評論說，「〔加拿大總理〕邁肯錫・金恩去年在帝國會議之後告訴我，在加拿大的斯拉夫人從來都不與人同化，從來都沒變成好公民」。

然而伊塞亞・如柏林承認，姑息主義者有另一個、而且更強的論證在他們那邊，而那是他們對史達林蘇聯的厭惡：

俄羅斯人是相當不屬於〔他們一個擴大共同體的概念〕之內，除了他們是共產黨，而且是可怕樣子的共產黨……那便是它的基礎，去護衛那或許可稱為白色的西方價值，來對抗東方的恐怖。德國人是個充滿疑問的例子，因為他們素行不良。希特勒是人間的大不幸，但話說回來，寧可和希特勒做朋友。我的意思是對抗共產主義在根本上是讓他們動起來的原因。

在許多有利姑息主意的論證中，最好的是：即使晚到一九三九年，希特勒還沒做出任何事，可以拿來和史達林對蘇聯人民所進行的集體殺戮相比。許多保守黨大老或許刻意睜一隻眼、閉一隻眼來看納粹統治的真實狀況，但是有甚至更多的英國左派人士，刻意對史達林的恐怖行為閉緊雙眼，而且他們花遠遠更長的時間來打開雙眼。伊塞亞・柏林理解在面對這兩種邪惡之中一點都不易做出取捨。如他在一九三八年十一月寫給他父親的信：

所有的老保守黨人士都非常緊張⋯他們都要為殖民地而戰。但他們不會去做。我感覺到萬分篤定，有朝一日一個俄羅斯暨斯拉夫的集團會在歐洲形成，並將德國的滲透一掃而空。這氣氛是低抑的。每個人都意識到會失敗。

如此便是英國既得利益體制的共識。很幸運，如我們已見，英國人民大致而言並不接受這點。那正好。假如接受的話，第二次世界大戰或許會輸掉。

第十章　和平的慈悲

The Pity of Peace

他們當然要主宰東歐；他們要在沒有將奧地利合併下，與她有儘可能的密切關係，他們在蘇台德區也要有相當類似的情形，正如我們也對在特蘭斯瓦省的外國人一樣。

奈維爾・張伯倫寫給他的姊妹希爾達，一九三七年十一月

假如有一些國家能在嚴正的互保條約之下，聚集在英國及法國周圍，一起來對抗侵略；假如他們能將他們的武力劃歸在您們可以名之為大聯盟之下；假如他們能協調他們幕僚所做的安排；假如所有這些都是立基於（—因為它可以有尊嚴地立基於此—）國際聯盟的條約，符合國際聯盟所有的目的及理想；假如他們可以憑藉對這世界的道德感來維持，正如它必須是；以及假如這是在一九三八那年做到的（—而且請相信我，這是最後去做的時機—），那我會說您們即使到現在，都能阻止這即將降臨的戰爭。

溫斯頓・邱吉爾，一九三八年三月

一個遙遠的國家

誰是蘇台德區的德國人？用奈維爾・張伯倫惡名昭彰的話來說，他們是「在一個遙遠國家⋯的人民⋯對他們我們一無所悉」。但是捷克斯洛伐克離不列顛並沒很遠：倫敦到布拉格僅有四六三哩，比紐約到芝加哥的距離（七一一哩）還短一些。但蘇台德區被納粹德國兼併一事，對英國的安全卻是意義重大。因此很不幸地，張伯倫不想麻煩自己去熟悉他在一九三八年拒絕協助的人民。假如他多知道一些，他或許會採取不同的行動。

蘇台德區，這語詞在一九三〇年代之前不太常用到。在第一次大戰結束之後，曾經努力著將蘇台得區劃歸為一個新的奧地利行省，並將波希米亞以及摩拉維亞周邊主要以說德語為主的地帶，和新的、戰後的奧地利合併，但這件事功敗垂成。於是那些發現自己在一次大戰之後落入捷克斯洛伐克的統治之下的德國人（──他們構成超過五分之一的人口，而這並未計入那些主要是說德語的猶太人──），其實未曾是以希特勒為總理之帝國的公民。他們首先、而且主要是波希米亞人。但波希米亞在國家社會主義的演化中卻扮演根本性的角色。正是在那地方，在第一次大戰之前，德國工人首度以民族主義者及社會主義者的身份來進行自保，來回應來自鄉村之捷克移民所帶來逐步升高的競爭（見第一章）。在兩次大戰期間中的捷克斯洛伐克，正是在波希米亞發生有關語言以及教育的最激烈政治戰鬥（見第五章）。這些德國聚落所集中的工業區，深受大蕭條的打擊；德國人在失業人口中的比例過高，正如他們在政府雇用之中的比例過低一樣。但另方面，捷克斯洛伐克在中、東歐獨樹一幟。它是從哈布斯堡王朝廢墟中所出現之「繼承國家」裡，唯一在一九三八年時還是民主國家。它同時佔有一個戰略性關鍵地點，像是一支鍥子插入德國之中，將薩克森地區和西里西亞地區與奧地利隔開。政治及地理使捷克斯洛伐克成為兩次大戰期間歐洲所環繞的樞紐。

張伯倫外交政策的第一個以及最大的弱點是，在接受蘇台德區德國人的「自決」之後，這隱含了接受希特勒大德國目標的合法性。張伯倫的目的不是要禁止蘇台德區的德國人及土地被移轉到德國，而只是要避免希特勒以武力取得。＊「我看不出我們何以不能對德國人說，」張伯倫如此思考，「你們給我們滿意的保證，你們將不會動用武力來對付奧地利人以及捷克斯洛伐克人，那我們也就給你類似的保證：假如你們可以用和平的方式取得它們，我們將不會以武力來禁止你所要的變化」。他將這件事與布爾戰爭前夕在特蘭斯瓦省英國定居者相比，這說明了一切；張伯倫並沒意思要影射戰爭有可能發生，而是德國人對蘇台德區的要求，就像自己父親約瑟夫・張伯倫曾經對「外國人」的要求一樣合法。†再用另一個類比。英國的保守黨人花了幾代的時間去讓自己接受愛爾蘭自治這想法；所以他們立即之間便能接受蘇台德區的德國人應有類似的權力。自從凡爾賽條約以來，德國一直是苦主。在張伯倫所希望的圓滿及最終解決方案中，移交蘇台德區是意圖補救德國的不滿。沒有比由一位財政部官員愛德華・黑爾在一九三七年所提供之分析，更能捕捉到那些姑息者無法掌握納粹的心態。黑爾認為

納粹的抗爭主要是種自尊，是對戰後隨之而來放逐孤立的自然反應；它在軍事上的呈現，不過是德國軍事性

＊希萊爾・貝洛克用一首詩來娛樂達夫・庫柏，巧妙地綜合了張伯倫的政策：「親愛的捷克斯洛伐克／我不知道他們會攻擊你／但我也不會幫助你。」

†「Utilanders」（南非語的「外國人」）是指因為發現黃金而被吸引到特蘭斯瓦省的英國居民。他們被波爾人視為外國人，這提供英國政府一個藉口去干預這地區。約瑟夫・張伯倫，這位愛爾蘭自治（Home Rule）的大敵人，要求「蘭德省（Rand）自治」，意思是Utilander在定居五年之後，應該被給予投票權。

格的表達（正如我們以運動來表達我們的性格）；希特勒希望擁有與英格蘭的友誼是完全真誠的，而且被普遍接受；德國人現在正在向學校裡最沒敵意的男孩求助，讓他們脫離在戰後陷入的孤立。

但中、東歐的問題無法如此輕易地以維多莉亞大英帝國的語言來進行轉譯，更不用說用英國公學運動場上的語言。希特勒不是某種條頓族的西瑟爾・羅德茲。德國也一點都不像出自小說《湯姆・布朗在學校的日子》裡的角色。張伯倫和他顧問沒有掌握到的簡單事實是：希特勒不可能僅會滿意蘇台德區。正如其他人指出，在中、東歐尚有許多少數族群，每個都有自己的冤屈不平，每個都有慾望要重劃歐洲國界。特別是，如我們已見，那些地方有許多德國人的少數族群，從波蘭走廊終端的但澤，沿路到立陶宛裡的梅梅爾飛地，一直到現在在羅馬尼亞境內的川斯瓦尼亞中景色如畫的薩克森村落，甚至在東邊遠及蘇維埃俄羅斯的伏爾加河畔。所有這些，根據納粹誇大的估計，有不少於三千萬的德裔人士在帝國之外，將近是蘇台德區德國人數量的十倍。對希特勒讓步因此會立下一個危險的前例。當希特勒能引用德裔人士所歷經的苦難折磨，來做為「修正」某地國界的根據，他就能聚集更多經濟及人口的資源，來對中、東歐其它國家提出主張。張伯倫及其顧問顯然盲目於國家社會主義在一九三三年之後，不僅在蘇台德區德國人，甚至在幾乎所有德國少數族群之中迅速蔓延的意涵。這意識型態上的征服在一九三八年已經多有斬獲。「從我們的觀點來看，」一位在羅馬尼亞年輕的德裔人士瑞佐利回憶說，

德國〔在一九三三年之後〕的發展受到歡迎；出現許多年輕人煥發著健康及活力的樂觀形象，承諾要建設一個充滿陽光的新未來，這符合我們自己的政治氛圍。我們對自己為說德語之少數族群所被遭受到的輕蔑，深

感憤怒，好像之前奧地利在羅馬尼亞的統治是野蠻的條頓族，主宰著古代以及有高度文化的捷克人、塞爾維亞人、斯洛伐克人以及瓦拉基亞人，好像這些人是以文明道德之名而從壓迫束縛之中得到解放。

早在一九三五年，羅馬尼亞的德國人已經在弗利茲・法布利提亞斯找到一位堅信的納粹份子，來擔任他們的領導人。奈維爾・拉斯基在一九三四年發現，在奧地利做為一位國家社會主義者是「偶然擁有的；但要成為納粹，則要成為一位樂觀主義者」。到一九三八年時，匈牙利的德國人也已經組成他們自己的納粹組織，民族聯盟（Volksbund）。希特勒已經正在贏得德國人民的「思想空間」。最後他們將會成為他在東方的開路先鋒。

一九三八年九月

無法理解希特勒對德裔人士所具有之吸引力的重要性，只是姑息政策五個缺失中的第一項。張伯倫政策第二項的致命弱點是：它假設在納粹政權裡存在著「溫和」的成分，可以透過和解來強化其地位。在實際上，這政權看似的「多頭」性質（─其性質如法國駐柏林大使所抱怨，「不只有一個外交部。有半打之多」─）其實是個虛幻的東西。希特勒掌權，他大致的目標不是秘密，而他的下屬在他沒有明確指示他所要的方法時，會「朝著元首努力」。與沙赫特討論殖民地讓步的問題結果是浪費時間，正如和戈林討論原物料的交易一樣。張伯倫早期的「大規劃」（─這包括如此怪異的提議，像是創造一個中非原物料的集團，以及限武協定來廢除戰略轟炸─）都是失敗，因為希特勒對兩者都沒興趣。更怪異的是英國直到戰爭靠近尾聲時仍然堅持這樣的希望：德國勞動階級最後必將厭倦納粹所要求的經濟犧牲，所以會起義反叛。

第三個缺失是最先由外交部常任次長羅伯・凡西塔特所明確表達出的假設：英國可以藉著等待而獲益。如他在一九三六年十二月所評論，「時間是外交部被期待提供的原料物品，就如其他部門提供戰爭物料一樣…因此落在外交部的任務便是穩住局勢，直到一九三九年」。在實際上，這種「延遲的政策」（'policy of cunction'，出自拉丁文cunctor，「我耽誤」）給予希特勒建立他的軍力所需要的更多時間以及，如我們將會見到，從經濟觀點來看，直接對英國造成不利。第四，張伯倫堅持這種已經早在一九三五年就不被相信的想法：與墨索里尼維持好關係或許是牽制希特勒的一種方法，或至少可以限縮英國在歐陸必須負的責任。最後，張伯倫太過傲慢，沒有對姑息政策或許會失敗的最糟狀況，賦予任何重要的可能性，所以在它最後果然失敗時，英國的立場變成沒必要地暴露在險境之中。雖然他主持了相當數量、但假如有些過遲的國防開支增加，張伯倫卻也做出直接削弱英國軍事地位的一些事情，特別著名的是他在一九三八年承認愛爾蘭獨立時，交出當時仍在英國控制下的南愛爾蘭港口。他也強迫史雲頓子爵從空軍部長辭職，因為部長相當合理地加速現代戰機的建造，來對付德國空軍，保衛英國。張伯倫在之前已經讓英國投入到建設一支空軍，設計來攻擊德國，但他甚至將那效果不彰的嚇阻武力給交換掉，假如希特勒同意禁止戰略性轟炸。

大體上是因為張伯倫在擔任首相期間所做的一系列決策，所以在一九三九年九月時，英國發現自己所處的戰爭局勢，明顯地劣於在一九一四年八月的局勢。到一九四〇年六月，她發現自己處於近代史中最危險的戰略處境：孑然一身；或更應該說只有自治領及殖民地做為盟友，來對抗橫跨歐陸的德國。然而假如英國比一九三九年更早地挺身而出來對抗希特勒呢？在那年之前的許多時刻，希特勒已經公然違反，破壞現狀：

1. 在一九三五年三月，當他宣布他意圖要在德國恢復徵兵，違反凡爾賽條約；

2. 在一九三六年，當他單方面地重新佔領萊茵地區，破壞凡爾賽條約及洛迦諾條約；

3. 在一九三六或一九三七年，當他和墨索里尼干預西班牙內戰，違反他們在一九三六年夏天簽訂的不干預條約；

4. 在一九三八年三月，當一場對奧地利政府進行脅迫的運動，最後以替換總理舒施尼格、「邀請」德國軍隊進軍奧地利以及希特勒宣布合併而到達最高點；或是

5. 在一九三八年九月，當他威脅要發動戰爭，將蘇台德區從捷克斯洛伐克分割開來。

在所有這些時刻中，最有利者無疑是一九三八年的蘇台德區危機。即使奧地利不再是獨立國家而消失掉這事實還沒打開張伯倫的眼睛（—這對他來說是無法挽回「已經潑灑出去的牛奶」—），但它卻打開了許多英國人的眼睛，看到希特勒野心的性質。的確，假如希特勒只不過是堅持蘇台德區德國人的權益，那必然會難以辯護發動一場戰爭。蘇台德區德國人的領導者康拉德・亨萊恩＊，讓與他會面的英國政客們（包括邱吉爾）覺得他是位講理的人；他所明言的自治計畫得到他自己民族大多數人的支持。然而在危機過程中變得明顯時，希特勒不過只是利用蘇台德區的德國人來掀起一場戰爭，意圖要讓捷克斯洛伐克從地圖上消失。

在危機的開始階段，從五月到九月的第一週，韓德森（—用他在柏林來代表英國是相當災難的選擇—）幾乎被德國人完全矇騙，誤信捷克人是整件事的惡棍。張伯倫的特使倫希曼勛爵也掉入陷阱。現在

＊這裡很有趣去注意到亨萊恩自己即是跨族通婚的後代；他的母親是捷克人。

擔任外相的哈利發克斯勛爵卻也讓自己被韓德森說服，認為對希特勒強硬，只會「逼他去進行更大的暴力以及成為更大的威脅」；這是從捷克人在五月時誤以為希特勒即將進攻，而進行動員所造成的戰爭恐慌，所做出完全不正確的推論。在這整個階段裡，內閣未曾嚴肅地思考以武力威脅希特勒的選項。當海軍第一部長，達夫・庫柏提議「將我們海軍的船員提升到充足編制，這必然等於半動員」，張伯倫斥之為「一個拿針刺人的政策，……這將只會激怒」希特勒。除了庫柏之外，*只有四位閣員對張伯倫在這階段的政策多所疑慮，但這些人都可有可無。法國要求英國對柏林做出明白的警告，但被婉拒；外交部常任次長亞歷山大・卡多根爵士只打算同意不超過「私下警告」強度的東西：「假如希特勒認為我們在任何狀況下都不會介入，那他是受制於悲劇性的幻覺」。哈利發克斯幾乎要送出這樣的警告：其大旨是假如德國入侵捷克斯洛伐克，而法國前來支援，英國「不會袖手旁觀」；儘管有邱吉爾積極的鼓勵（或者，正是因為他的鼓勵），張伯倫還是駁回。韓德森甚至願意走到如此的境地：「我懇求閣下提醒希特勒先生，假如法國因為榮耀之故，被迫要為捷克人進行干預，狀況或許會是如此發展，因此迫使我們加入，正如我所瞭解會有其它可能狀況將迫使希特勒閣下介入蘇台德區」。不幸地，他將這薄弱的警告送給不對的人。他所「懇求」的君士坦丁・馮・紐拉特，七個月以前就不再是外交部長。因此張伯倫可以使用他所能掌握的政治方法，來對捷克政府施壓，做出讓步。捷克總統愛德華・貝奈斯最後終於退讓，接受亨萊恩對蘇台德區自治的要求，但亨萊恩在希特勒授意之下，立即停止協商。單純的自治從來都不是德國的目的。希特勒要決定蘇台德區「自治」的內容。

*還有奧利佛・史坦利（貿易委員會主席），華特・艾略特（健康部長），溫特吞伯爵（蘭卡斯特公爵領地總理）以及德拉瓦伯爵（掌璽大臣）。

報導傳到倫敦說，希特勒政打算單方面派出軍隊。這開始這齣劇的第二幕。法國總理達拉第通知英國駐巴黎大使艾瑞克・菲普斯爵士，假如德國入侵捷克斯洛伐克，法國將會宣戰。在此是另外一個可以堅定立場的機會。最後在九月九日，張伯倫被他內閣核心說服，對柏林發出明白的警告，假如法國干預的話，「一連串的事件必然導致普遍的衝突，而大不列顛將無法置身事外」。但張伯倫在哈利發克斯及韓德森的鼓勵下，在最後一刻決定不發電文給現在的德國外交部長里賓特洛普。哈利發克斯的理由是，如他在九月十二日向內閣報告說，「假如〔希特勒〕下定決心攻擊，我們無法做任何事來加以阻擋：任何讓希特勒先生回到健康看法的嚴肅希望，必將可能是在我方：任何讓他陷入公開受辱的行動下，這會無可挽回地被摧毀」。四個月之前，當德國似乎有可能送出軍隊時，哈利發克斯忽冷忽熱；許多人〔錯誤地〕相信希特勒因為害怕英法的干預而撤軍。然而現在哈利發克斯警告法國不可「自動地」依賴英國的支持。他對達拉第的保證不以為然，「假如德國軍隊跨過捷克斯洛伐克的國界，法國人將全力出兵。他們充分理解這出兵不是為了捷克的面子，而是為了自己的身家性命，因為在一段時間之後，德國以其極速增加的軍力，將轉而對付法國」。就哈利發克斯而言，捷克斯洛伐克已經等於結束了：

我不認為英國輿論，正如我不認為國王陛下的政府，會因為德國侵略捷克斯洛伐克之故，而準備要和德國進入敵對狀態。如我曾經不止一次說過：雖然我們很自然地會將對法國的責任清楚地放在心上，但同樣真實的是我們無法為捷克斯洛伐克採取任何行動，而可以有效地確保她免於德國攻擊，假如如此攻擊發動的話。如果我們能想像在經過另一次戰爭後，政客們在草擬新和約，坐下來重劃捷克斯洛伐克的國界時，沒有人可以認為今天確切國界所在之處會被維持。要為你其實無法保護、並且不期待能夠復原之物，去打一場歐洲的戰爭，從這觀點來看是必須值得最嚴肅思考的一條路。

這是拐彎抹角地說：「你自己看著辦」。不用奇怪法國會整個退縮下去。到這時候，哈利發克斯及張伯倫終於開始懷疑希特勒的精神狀況。但這種洞見卻迫使他們更願、而非更不願意妥協討好。

有個神話認為在導向到慕尼黑的幾個月裡，對姑息政策有種共識。如達夫・庫柏後來回憶說：

……各方面都建議我們要做相同的事……向德國清楚表達我們將會一戰。這建議來自新聞界，在禮拜日時幾乎同聲一致，來自反對黨，來自邱吉爾，來自法國政府，來自美國政府，甚至來自梵諦岡：這種建議有如此排山倒海的輿論支持，我們現在卻因為一個人的相反建議，這位歇斯底里的韓德森，而加以拒絕。

保守黨黨內的疑慮迅速增加，甚至在張伯倫開始他的穿梭外交之前已是如此。然而卡多根卻惡毒地將這些姑息的批評者斥為「好戰男孩」（war-boys）。非但沒有同意庫柏極力敦促的海軍動員，張伯倫的核心內閣反而去支持他判斷不佳的「Z計畫」：飛到德國，在所有的事之中，去針對希特勒的虛榮（張伯倫至少可以說他瞭解這特色）做面對面的呼籲。首相辯稱說，「正確的途徑是要從向希特勒做出呼籲來開展，理由是他有很大的機會在歐洲創造出和平，來為自己贏得美名，並在此之後與大不列顛建立良好的關係」。其實這樣的名聲是張伯倫自己所渴求的。Z計畫在實際上是讓希特勒在蘇台德區被給予公投的機會，而在那場合居民可以被期待會投票贊成另一次的合併。殘餘的捷克斯洛伐克那時可以被給予某種保證。法國人在被留下來坐冷板凳後，又更進一步退縮。蘇聯甚至更不以為然，然而張伯倫輕易地不理會凡西塔特的警告，將蘇聯排除一旁。這將會把史達林逼進到希特勒的懷抱裡。

張伯倫與希特勒的第一次會面是在九月十五日舉行，在後者的休息之處博格霍夫，正好在貝希特斯加登之外。很異常地，希特勒的翻譯保羅・舒密特是在這兩位領導人在元首書房商議時，唯一在場的另一個人。張伯倫前來是要奉承希特勒；的確，英國首相遠道而來，到巴伐利亞的阿爾卑斯山，到獨裁者的度假房舍來拜訪這樣的事實，本身就是件相當奉承之事。張伯倫相信他彎腰是為了要征服；希特勒，張伯倫錯誤地將他想成一位前份工作是油漆工的人，讓他覺得長得像條「最普通長相的小狗」。然而結果卻是希特勒比較成功地玩弄起張伯倫的虛榮感，如張伯倫對這次會面所做的陳述清楚指出：「我和一個人進行交談，他〔希特勒〕說，和一個我可以打交道的人，而且他喜歡我能夠掌握根本要點的迅速俐落。簡而言之，我已經建立某種信心，這正是我的目標，而且儘管我在他臉上能見到的強硬及無情，我仍然有個印象，當他說出話來時，他是位可以被信賴的人。」但是希特勒清楚表達說，他除了不想要有公投，還要蘇台德區立即割讓給德國外，不接受其它。「這件事必須立即做到，」他宣布說。「我決心要做到。我不在乎有沒有世界大戰。我已經決心要做到，要很快做到，並且我準備要冒一次世界大戰，也不允許這件事拖延下去。」即使事情沒到戰爭程度，他還是威脅要廢止英德海軍協定，假如他無法得逞的話。張伯倫說服自己，認為希特勒的目標仍然只不過是「嚴格地侷限在」蘇台德區的「自治」：這是一個強度不小的信仰驟變；所以張伯倫沒有反對，然後便回到倫敦。

在經過多方思量以及來自庫柏和其他「好戰男孩」的反對之後，內閣還是默許，假如公投能在「移轉」之前進行。下一步是要將出賣捷克的罪責加在法國人身上，因為如哈利發克斯所說，「是法國人、不是我們，與捷克斯洛伐克政府有條約的責任」。張伯倫不願對達拉第簡報在貝希特斯加登所說過的話。張伯倫提議「假如法國人問我們的意見，我們應該回答說，主要是法國在涉入，但我們認為假如他們不要發動戰爭，來禁止蘇台德區德國人的自決，那算是採取了聰明的途徑」。這是另一次拐彎抹角地說之前相同的話：英國不會打。當達拉第來到倫敦，他表達了可以理解的義憤，但沒有用。他所能得到最多的只是說服張伯倫，在蘇台德區移轉之後，英國和法國必須保證捷克斯洛伐克剩餘的部分。看起來所剩下要做的事只有去脅迫捷克總統貝奈斯投降。這是個相當痛苦的過程。然而在九月二十一日，貝奈斯在被法國人拋棄之後，而法國人責怪被英國人拋棄，貝奈斯只好認命照辦了。

張伯倫再度前往德國。這次飛到萊茵河畔的拜德・哥德斯堡，帶著他希望的解決方案。他在九月二十二日與希特勒會面，比德國人預期的日子還晚一天。這次會面是個大失敗。希特勒現在聲稱說他必須列入考慮波蘭及匈牙利關於在捷克斯洛伐克裡他們自己少數族群的主張，所以他逕自拒絕公投的想法（'Es tut mir fürchtabar Leid, aber das geht nicht mehr.'—「我相當抱歉，但那再也行不通了」）。張伯倫絕望之餘，提出放棄公投，假如土地上的人口有超過五〇%的德國人，則直接立即移轉；其它則交付給一個委員會處理，正如在一九一八年之後對有爭議之土地所做的。希特勒聲稱蘇台德區的德國人權益不斷受到破壞，他堅持立即要將土地讓渡出來，由德國進行軍事佔領。甚至，假如沒有協定達成的話，他威脅要在九月二十八日派軍隊到蘇台德區，這剛好是六天之後。他為了要強化他那粗魯的最後通牒，調動更多軍隊移防到捷克邊界，讓所有師的數量到達三十一之多。張伯倫氣洶洶地說英國輿論絕不會容忍軍事佔領；希特勒回應說德國的輿論不接受任何更少的。張伯倫抱怨說希特勒交給他一個指令；希特勒嚴正地回答說，假如他把德國要求的文字仔細地讀，他必將見到這其實是「備忘錄」。張伯倫感到困惑，同意將這「備忘錄」交給捷克人。希特勒則以同意將他所威脅的佔領延緩三天來做回應，一個相當空洞的讓步。首相回到倫敦，強顏歡笑，但他對局勢的分析卻神秘地沒有變動。希特勒沒有超過蘇台德區之外的野心。他是一個張伯倫可以打交道的人：

> 希特勒先生有顆狹隘的心靈，對某些主題有激烈的偏見；他不會蓄意去欺騙一位他尊敬、並且與他商議事情的人：這關鍵問題是當希特勒先生說他認為蘇台德區的問題是一件必須要解決的種族問題，以及他政策的目標是種族純淨，而非主宰歐洲，他是否在說真話：首相相信希特勒先生是在說真話：他〔張伯倫〕認為他現在已經對希特勒先生建立起某種影響力，而且後者信任他，願意與他一起共事。

可以預測的到，達夫・庫柏現在極力要求「全面動員」，並得到溫特吞、史坦利、德拉瓦以及艾略特的呼應。作戰部長霍爾—貝里夏也宣布贊成動員軍隊。到目前為止非常效忠張伯倫的哈利發克斯也變得躊躇不前；希特勒在「指定條件，好像他已經贏得戰爭」。海爾珊勛爵亦然，這是另一位之前張伯倫的支持者。隨著法國及捷克政府已經拒絕德國要求的新聞傳來，以及達拉第現身確定法國準備一戰，假如有必要的話，張伯倫別無它法，終於同意採取較強硬的路線。現在張伯倫提議派出他的心腹何瑞思・威爾森到德國去，遞交給希特勒一個選擇：將爭議提交給一個德國、捷克以及英國的委員會，否則會面對與英國的戰爭，假如法國站在捷克這一邊的話。這是一個如此的「完全反轉」，達夫・庫柏「幾乎難以相信」他的耳朵，所以必須要求張伯倫重複他已經說過的話。

在短暫的一刻之間，看起來好像希特勒將牌打得太過火。捷克人正準備應戰。法國人送電文到倫敦，要求英國「（a）與他們同時動員；（b）進行徵兵；以及（c）將經濟及財政資源「匯聚一起」，這些要求在法國參謀總長摩律斯・加米林在二十六日造訪倫敦時，再次重申。張伯倫打電話給在德國的威爾森，告知他法國「確定地陳述出他們要以攻擊的方式來支持捷克斯洛伐克，假如後者被攻擊的話。這會將我們捲入：這點要向總理〔希特勒〕明確表達，這是和平解決之外，不可避免的選擇」。雖然張伯倫仍然拒絕去注意邱吉爾的建議，將俄羅斯帶進英法的戰場來，但哈利發克斯發佈新聞聲明說，假如德國攻擊捷克斯洛伐克，「法國必然會協助她，而英國及俄羅斯將必然力挺法國」。非但這點都沒違背普遍存在的和平主義，反而是準確反映出公共情緒，而這情緒未曾如張伯倫及其核心內閣那般地被動。在拜德・哥德斯堡會面時，一個叫「全民觀察」所進行的民意調查，顯示出只有二十二%的公眾贊成姑息政策，有四〇%反對。在慕尼黑會議之後，儘管反姑息的候選人在牛津及金若斯改選競選失敗，但期中選舉顯示對政府的支持有明顯的滑落，而對反對黨的支持則大為躍升。這足以說服張伯倫去進行他所想要舉行的大選。國會下院的氛圍也在此時發生變動。菲普斯在法國甚至必須承認「自從希特勒的要求被公開之後，〔法國的〕輿論完全擺盪到另一端去」。在九月二十七日張伯倫不情願地同意動員海軍，達夫・庫柏現在可以公開這個決定給新聞界。在倫敦，開始發放防毒面具，在公園裡開始挖掘壕溝、戰爭意謂德國會立即空襲首都的幻想，持續施展它的魔力。即使在柏林大使館裡，「也有骰子終於擲下去了的普遍滿意」。

然而張伯倫的同事並不知道，張伯倫自己透過德國大使館送出訊息，希特勒不必將對拒絕他的要求視為最後通牒，因此淡化了自己給威爾森的訓令。結果威爾森非但無法警告希特勒，英國在一旦戰爭發生，將意圖支持法國及捷克斯洛伐克，反而因為希特勒對捷克堅不讓步，而讓自己受到希特勒憤怒的威脅。在幾天之內，希特勒宣布說，「我將會在我要的地方得到捷克斯洛伐克」。讓威爾森大為震驚，希特勒「他起身走出去，而只有在極為困難之下，他才準備聽更多的話，而且是在發狂的打斷之下」。這正是希特勒最擅長的那類戲劇表演。*為了增加對張伯倫軟弱特使的壓力，希特勒突然將接受他所提出要求的截止期限，延到九月二十八日下午兩點，正好兩天之後。戈林再另外加碼，說德國可以在戰爭時依賴波蘭。威爾森在聽過希特勒在柏林體育館中咆哮以及謾罵之後，膝蓋變得更軟，於是建議不要將張伯倫的警告傳達過去。他被駁回，所以當威爾森被要求在二十七日告知，「悲傷多於憤怒」。希特勒不動如山：「假如法國及英國攻擊，讓她們去做，」他回應說。「這是件我完全不在乎的事。我已經準備好每種最終的結局」。

威爾森回到倫敦，而張伯倫現在辯稱說捷克人必須將他們的部隊撤離爭議的地帶，等待仲裁，雖然大多數的部長都拒絕這樣的方法。英國駐柏林的武官被帶進來，為捷克國防以及士氣的低落狀況作證，但對此等議題他其實所知甚少；他在布拉格比較沒那麼懦弱的同事，卻沒被邀請來提供看法。姑息主義者也對德國的意圖表現出懷疑。當法國的部長們造訪倫敦時，他們被財相約翰・西蒙爵士（其為律師出身）「反覆質問」，而他們的答案被認為有所不足。加米林的計畫被瞭解成法國人將會前進到德國，但假如他們遭遇激烈的抗拒，便會逃回馬其諾防線。張伯倫在九月二十七日對全國的廣播中，表達出他深深不願意「將整個帝國捲入戰爭之中，只因為⋯一個小國要面對一個大型且強勢的國家」，這對「好戰男孩」又打了一拳：

這真是最令人沮喪的聲明（達夫・庫柏抱怨說）。在裡邊沒提到法國或是對捷克斯洛伐克有支言片語的同情。唯一的同情是向希特勒表達，首相說他可以很清楚瞭解他對蘇台德區德國人的感受，而且他也沒對海軍

---

*伊鳳・柯克派特里克（Ivone Kirkpatrick）來自英國使館，陪同威爾森，她被希特勒迷住了：「隔段時間，他會起身離開椅子，移向門口，好像決定離去。我著迷地望著他。在他許多激烈的發言中，我無法將視線移離開他，而我的鉛筆仍然停在紙張上邊⋯有時候，特別是威爾森提到首相希望和平的意願時，希特勒推開他的椅子，以及因為挫折所激起的憤怒，拍擊大腿。」

動員說出一個字。我極為憤怒。邱吉爾打電話給我。他也義憤填膺，並且說這演說的語調清楚顯示我們正準備開溜。

這是應驗的預言。

張伯倫又再度去飛。在九月二十九日慕尼黑會議所同意的事，只關係到捷克斯洛伐克要被拆解的時機，以及希特勒完成他目標的方法。不再是如希特勒所堅持的立即強制佔領蘇台德區，而是將佔領分配到十月的最初十天來分段完成。公投被認為要在一個國際委員會的監督下來進行，這亦將同時決定德國與捷克斯洛伐克的新國界，此外尚有其它事項，如財產糾紛以及貨幣問題。個別之人有權選擇進入或脫離要被移轉的領土。在這些德國的讓步中，只有第一項明確規定德國佔領的時機會被執行。張伯倫回國時，手揮著一張紙，說當他與希特勒在後者的公寓中私下相處，他說服他簽署。這張紙讀起來是：

我們認為昨夜簽署的協議以及英德海軍協定，象徵著我們兩支民族不願再度交戰的心願。我們決議，協商必須是處理關切任何我們兩個國家問題的方法，而且我們決心要持續努力，移除可能發生歧見的來源，因此對確保歐洲和平做出貢獻。

就是這文件，讓張伯倫在他回到唐寧街，處於一時失策之下所具有的自我良好感覺，將其形容為象徵「我們時代的和平」。次日達夫・庫柏辭職，他是內閣成員唯一如此做的人，理由是慕尼黑會議意謂著即將逼近的戰爭，而非和平，而且首相的聲明難以去支持所需要的加速重整軍備。

庫柏是對的。到十月末的時候，德國人清楚表達他們下一個領土的主張會是何處：立陶宛的城市梅梅爾以及國際城市但澤。在十一月底時，《新聞記事報》報導希特勒準備進軍布拉格。德國與捷克斯洛伐克的國界「自決」如此之遠，所以它讓三萬名捷克人落入德國的統治之中。對德國的行為沒有任何回應，因為對剩餘捷克斯洛伐克所承諾的保證，從來都沒有具體的形式。在此同時，希特勒嘲笑張伯倫解除武裝的希望，反而公開承諾要和皇家海軍在潛水艇方面取得對等的戰力。在慕尼黑會議後不到六個月時間，德國部隊在次年三月十五日進軍布拉格，這幾乎完全出乎英國意料之外。在德國鼓勵下，斯洛伐克宣佈獨立，所以捷克斯洛伐克不再存在。這正是邱吉爾在張伯倫從慕尼黑返國幾天後，在下院所預測的結果。

沒打的戰爭

所有這些使人有極大誘惑去依循傳統的路線，認為導致慕尼黑會議的事件是現代英國史在外交上最大的失敗。然而如A.J.P.泰勒所言，慕尼黑在一個方面至少算是勝利：對張伯倫來說。不僅他騙過他在英國國內的敵人，他也騙過希特勒本人。畢竟在慕尼黑所同意的項目跟張伯倫最初在貝希特斯加登所提議的遠遠較為相近，而非希特勒在拜德・哥德斯堡所要求的。由於張伯倫的外交，所以希特勒被迫放棄他要「以軍事行動擊潰捷克斯洛伐克」的計畫，這他自從五月末以來，一直在心中醞釀。但大多數英國對此危機的陳述，是希特勒在決定步調。可是在戈培爾的日記中，卻是張伯倫「──這像冰一樣冷靜…的英國狐狸」──，他「突然起身離去，好像他已經完成他的責任，沒有必要繼續，所以他可以很無辜地撒手不管」。在九月開始時，根據戈培爾，希特勒有信心倫敦不會干預，但四週之後，他被逼著向張伯倫的助手何瑞思・威爾森「直截了當地問，英國是否要世界大戰」。戈培爾本人在六天之前仍然信心滿滿，倫敦「無可衡量地畏懼武力」，卻被迫做出結論：「我們沒有發動戰爭的藉口…我們不能為了賠償金，而冒世界大戰的風險」。戈林看法一樣。

關鍵性的突破是在九月二十七日，當時希特勒向張伯倫送出訊息，等於放棄之前威脅要在次日下午兩點動用軍力。希特勒在這訊息中同意德國軍隊不會跨出捷克人已經同意讓步的領土之外；將會舉行公投；並提議讓德國成為任何對捷克斯洛伐克剩餘部分在未來之完整性，所做之國際保證的參與者。明顯地，威爾森的警告（「悲傷多於憤怒」）比在當時看起來的還有效果。正如希特勒對他的軍隊最高指揮部（OKW）首長阿佛列得・約德爾將軍說，他不能「突如其來地攻擊捷克…否則我會在我脖子上頂著整個世界。我必須對英國、對法國發動戰爭，這我無法進行」。這是何以他會如此急切地接受墨索里尼停止動員二十四小時的建議。這是他何以如此匆促遞送消息到倫敦去，邀請張伯倫到慕尼黑參加一個四強會議。若墨索里尼沒有涉入，希特勒亦或許也會以同樣的意願來把握法國要求妥協的提議。從這觀點來看，慕尼黑協定短暫地在國會議員之中受到歡迎（─只有四十位保守黨議員迴避─）就變得比較容易理解。張伯倫真正地避免掉一場戰爭。

但張伯倫這麼做是對的嗎？因為這些都顯示出希特勒的立場變得薄弱，但讓他從中全身而退，是何其愚蠢。畢竟是張伯倫他催促墨索里尼去建議最後一道的外交解決。但為何要捲入義大利人，當他們相當清楚地同情德國那方？為何要在關鍵時刻排除捷克人？何以又再度地在協商之中遺忘掉蘇聯？若張伯倫將這優勢推到底，而不是又衝到慕尼黑，那對柏林的壓力必然強烈。因為（─而這或許是關鍵點─）德國在一九三八年尚未對一場歐戰做好準備。它在西方的防禦尚未完成；以約德爾的話來說，「只有五個戰鬥師以及七個預備師在西邊的防禦工事，而這些只是龐大的營造基地，卻要對付法國的一百個師」。沒有資深的德國軍事領導人會不贊成這觀點。德國也不能依賴蘇聯會放棄對防衛捷克斯洛伐克（訂於一九三五年）所做的承諾；在烏克蘭及白俄羅斯軍區的紅軍單位已經在捷克危機時，進入待命狀況。羅馬尼亞政府會允許俄軍借道進入捷克國界，並非無法想像。此外，蘇聯外交部長李特維諾夫屢次聲明蘇聯會履行他們對捷克斯洛伐克的承諾，假如法國也如此做，或至少將這事提交到國際聯盟。甚至在九月二十四日時，李特維諾夫明白告訴國際聯盟的英國代表，假如德國人入侵捷克斯洛伐克，那「捷蘇的協定將會運作」，並且提議英國、法國以及蘇聯之間進行會議，來「對德國人顯示出我們是在當一回事」。

因為這些理由，德國國防軍的七十五個師，只有部分可以部署來攻擊捷克斯洛伐克；英國駐巴黎武官估計只有二十四師，而捷克人自己已經準備好對付德國所有的七十五師。捷克人亦不可小覷；英國武官充分期望他們裝配良好的三十五個師，能針對沒享有決定性人數優勢或奇襲成分的攻擊者，「做出真正長期的抵抗」。在一九三九年德國的預備軍官向一位英國記者坦承，捷克人的防衛真的「令人印象深刻，對我們的武器而言，那是堅不可摧。或許我們可以避開它們，但無法降服它們」。希特勒本人自己稍後承認，當他發現捷克軍事準備「令人畏懼的」程度，他「深深受到困擾」。綠色行動，這計畫由第二軍及第十軍所進行的鉗形運動，若被發動的話，或許會以災難結束。如保諾爾將軍所言，即使德國人在西方的齊格飛防線只留下九個師，並在東方留下五個師來對付紅軍，那希特勒所正在想的事「當然是有些風險」。

這是經典的保守陳述。德國在海軍方面的準備也是可悲地落後；總計只有七艘驅逐艦，三艘「重裝甲」巡洋艦以及七艘可以下海的潛艇可以使用。此外，德國人無法依賴海外的協助。波蘭或許會淌渾水而加入，站在德國這邊，來分一份捷克的屍體，雖然她或許也可能跳到另一邊。對匈牙利亦可說相同之事。墨索里尼或許可以想見地站在希特勒那邊。但所有這些國家都沒能對西方強權造成威脅。相反地，英國及法國必然相當容易對義大利的地中海艦隊造成重大傷害。至於日本，因為日本人在中國遭遇到困難，而且它的將軍越來越關切來自北方的蘇聯威脅，所以他們的政府相當不可能會選擇這個時機，來挑戰西方帝國。

最後，德國轟炸倫敦的能力大體上是英國想像力所虛構出來的，這是情報蒐集以及詮釋嚴重失敗的結果。實際上，德國人傾向以戰術性的角色來看待轟炸機，用來支援地面部隊（因此才會有俯衝型的轟炸機，如在一九三〇年代發展出的「斯圖卡」（Junkers Ju-87 'Stuka'），並且在西班牙內戰中經過「測試」）。他們投資在能夠橫越英吉利海峽軍事行動的轟炸機，遠比英國所害怕的還要少許多，而當他們發動不列顛戰役時，他們最初瞄準機場以及其它軍事目標，而非都市中心。德國在一九三八年完全沒有計畫在一旦發生戰爭時，要去轟炸英國，儘管戈林大膽地威脅韓德森說，德國空軍會讓「沒有多少倫敦…還站立著」。這只是個嚇唬。如第二航空隊指揮官赫爾穆特・費爾米將軍承認，在一九三八年九月末時，「就他所掌握的資源，要對英國進行毀滅戰，似乎可以排除」。英國預備對付德國可能攻擊，於是乎是沒意義的。德國空軍可能攻擊的一個對象必然是巴黎，雖然在此這戰場，它的角色也是被誇大的。

德國在軍事上尚未完成備戰，在第三帝國之內有重要的政治意涵。沒有人比從一九三五年起擔任參謀總長的路德維希・貝克更能瞭解德國軍事上的脆弱。當希特勒在思考對捷克斯洛伐克進行攻擊的想法被傳出來時，貝克那時便相信他是在玩火。在他的看法中，希特勒要堆疊出外交的緊張，然後丟給列強一件既成事實。這種策略是充滿危險。如此舉動或許會導致一場全面性的歐戰，但德國無法希望能得到勝利。貝克不像其他敢冒險去質疑希特勒做為戰略家的智慧（─特別是作戰部長沃納・馮・布隆貝格元帥以及陸軍總司令沃納・馮・弗里奇）─）；貝克從一九三八年一月的整肅中存活下來。希特勒自己取代布隆貝格來擔任總司令，而用凱特爾來做他恭順的工具，並將被動的瓦爾特・馮・布勞基次放到弗里奇之前的位置，強化了他對德國軍方的控制。貝克在八月末的辭職因此消除了那可能是對希特勒地位最大的政治威脅。貝克敦促他的繼任者哈爾德將軍涉入對希特勒的政變之中，而這現在正被軍事情報中央部門主管歐斯特中校以及內政部一位軍官漢斯・吉賽維亞斯嚴肅地討論著。哈爾德後來聲稱說，他、貝克、退休將軍厄文・馮・維茲列本及其他人一起陰謀要推翻希特勒，但張伯倫飛到慕尼黑的決定，剝奪他們的機會。

誠然，在德國軍方以及民間菁英之中反希特勒的成分散落各處，缺乏組織。若是希特勒在捷克斯洛伐克遭受到外交上的挫敗，我們無法知道究竟一場政變能否成功。但是英國當局拒絕去重視抵達他們手上的訊息，甚至來自如此無可挑剔的來源，如德國外交部的國務秘書恩斯特・馮・魏茨澤克，這說起來至少很奇怪。在慕尼黑會議之後，在柏林進行政權改變的機會迅速消逝。這被誤稱為「反對勢力」的人並沒有放棄與倫敦建立對話的努力。前物價委員及萊比錫市長卡爾・勾德勒在一九三八年聖誕節造訪倫敦。六個月之後一位關係良好的前羅德獎學金得主亞當・馮・綽特祖索茲與張伯倫和哈利發克斯見面。其他訪客包括格哈德・馮・史威靈伯爵中校，他敦促邱吉爾被納入內閣。但時機已經過去。

我們也不應該忽略在那時候德國更進一步的脆弱性層面。正如希特勒厭惡地發現到，德國人民這些他為他們增取生存空間的人，對戰爭並沒有什麼胃口。英國人相當瞭解這點。在英國使館的資淺官員報告說，輿論「對德國軍事措施相當恐慌」；有股「普遍的恐懼，攻擊捷克斯洛伐克或許會導致一場德國可能輸掉的歐戰」。韓德森本人自己注意到，當一個機械化師九月二十七日在柏林遊行時，「在街上沒有一個人鼓掌」。「戰爭會除掉希特勒，」十月六日韓德森在一個表現出罕見洞察力的時刻如是說。「正是藉著維持和平，我們才救了希特勒以及他的政權」。

一九三八年的悲劇是在權力平衡強烈對德國不利時，英國及法國政府卻是徹底地誤讀情勢。卡多根相信：「我們現在萬萬不可造成衝突：我們會被擊潰」。多位參謀首長接受這觀點。「張伯倫當然是對的，」東方指揮部首長艾德蒙・艾恩賽德將軍在他的日記寫下：「我們沒有保衛自己的方法：我們現在不能暴露在德國的攻擊。假如我們如此，那簡直就是自殺」。加米林一樣畏懼德國人。就像英國人，法國人也相信德國人有能力將他們城市轟炸「成廢墟」。他一位資深幕僚官員預期德國會如此迅速動員，所以五十個師必將可以快速部署，用來對付法國。結果是（——不可思議——）在蘇台德區的危機中，沒有任何英法軍事會談發生；英國大多數的參謀首長所願意去想的是，一旦戰爭發生，就只派出兩個裝配不良的戰鬥師到法國去。將軍們經常被批評會為上一次、而非下一次的戰爭做準備。但在一九三八年英國的將軍甚至沒有計畫要去打上一次的戰爭。假如他們有，事情或許會有不同結果。因為是德國，而非英國及法國，要冒著「被擊潰」的風險。所有英國人必須做的事，是要毫不含糊地承諾要英法聯手保衛捷克斯洛伐克，而不是忽冷忽熱，猶疑不定；並且迅速促成英法總參謀部的會談。張伯倫與其像一位求愛者般地飛來飛去，應該坐鎮倫敦，拒絕接聽德國來的電話。我們當然無法確定如此會發生何事。但是德國會受到羞辱的機率必然是高的。幾乎任何結果，甚至是戰爭本身，必然都會較後來實際上所發生的來得更好。因為希特勒自己雖然要用武力去奪取捷克的領土，但他用和平的方式去取得，其實會更好。

時間，如凡西塔特已經說過，是關鍵性的。參謀首長們基於皇家空軍擔心德國一拳擊倒的攻擊，辯稱說「從軍事觀點來看，利益的權衡當然是偏向延遲：在目前時機下，我們即使去進行防衛戰爭，都是處於不好的狀況中」。當然戰鬥機指揮部過去一直都被可悲地忽略，直到這時候，但還需要許多努力才能讓英國空防完成準備，來抵擋德國空軍的攻擊。英國陸軍同樣地在慕尼黑之後只能變得更強，因為它幾乎無法變得更弱。但時間是相對性的。它的過程無疑地允許英國人去加強他們的防衛；但同時間，它也允許希特勒去提升他的攻擊能力。德國的重整軍備在靠近一九三八年末時，的確必須加以遏止。但一樣真實的是，德國人相信假如在一九三九年之後他們將戰爭耽誤地過久，時間將會對他們不利。但總括來說，在一九三八年九月之後的那一年，時間比較算是在德國這邊，而非英國那邊。如表10.1清楚指出，在一九三八及一九三九年間，德國軍隊明顯地比英國及法國軍隊加起來，還要成長更快。就海軍而言，德國原地踏步，但英法則在艦隊上多所擴充，但在空軍，這當代傾向視為關鍵性的，兩邊是平分秋色。德國對第一線空軍戰力的增加，被英國對皇家空軍預備機隊的增加略微超過。總共加起來，在一九三九英國及法國年比德國有更多的第一線戰機，但這在一九三八年的差距其實更大（五八九比九四）。另外一個證明的方式是將一九三九年軍機生產的數字相比。德國製造八二九五架，英國七九四〇架以及法國三一六三架。蘇聯以一〇五六五架新機超過這三個國家。在一九三八年西方強權能夠視蘇聯為潛在的盟友，但到一九三九年時，史達林已經是希特勒的盟友。

除此之外，希特勒立即從慕尼黑會議得到利益。隨著捷克斯洛伐克被削弱，德國東邊國界顯著地沒有那麼薄弱。此外，德國人在佔領蘇台德區時，一口氣獲得一百五十萬支步槍，七百五十架飛機，六百輛坦克以及二千門野砲，。所有這些在即將來臨的月份都會證明有用。甚至德國在一九四〇年對西方發動攻擊時的坦克中，十輛就有一輛是捷克製的。西波希米亞的工業資源更進一步強化德國的作戰機器，正如「合併」顯著地增加德國的勞工、強勢貨幣以及鋼鐵。如邱吉爾所說，認為「安全是可以藉著將一個小國拿去餵給狼吃來獲得」是個「致命的幻覺」：「德國戰爭潛力在短時間內增加，會比英法為防衛自己而完成必要措施，來得更加快速」。在慕尼黑「拖延時間」事實上意謂著拉大、而非縮小英法必須急迫去完全拉近的差距。換言之：在一九三九年去打德國結果，將會比在一九三八年來得更難。

表 10.1：軍力比較，1938 年和 1939 年

	1939 年一月			1939 年九月		
	法國	德國	英國	法國	德國	英國
陸軍	581,000	782.000	376,000	629,000	1,366,000	394,000
主力艦	5	5	12	7	5	15
主力巡洋艦	1	2	3	7	1	15
巡洋艦	18	6	62	11	6	49
航空母艦	1		7	1		7
驅逐艦	58	17	159	61	21	192
魚雷艦	13	16	11	12	12	11
潛水艇	76	57	54	79	57	96
第一線航空器	1,454	2,847	1,982	1,792	3,609	1,911
可用於第一線	n/a	1,669	1,642	n/a	2,893	1,600
後備	730	n/a	412	1,600	900	2,200

注意：主力艦包括德國的袖珍主力艦，計有三艘；英國對德國空軍戰力的估計是 1938 年八月的 2,650；1939 年九月，4,320。

戰爭的經濟理由

不僅就軍事上來說德國在一九三八年是虛弱的，同樣重要的是她在經濟上也有嚴重的弱點。沙赫特的新計畫在兩年之前被放棄，因為他的雙邊貿易協定系統無法交出希特勒希望迅速重整軍備所需要的原物料數量。但四年計畫不可能在一九三八年前改善狀況太多。國內鐵礦生產當然已經大幅提昇，但是從一九三六年以來的增加產量只恰好超過一百萬噸，比在一九三八年進口量的十分之一略多。合成橡膠的產量不到一萬一千噸，大約是進口量的十二%。要合併奧地利及捷克斯洛伐克的理由（—如一九三七年十一月五日希特勒向他的軍事及外交首長清楚表明—）正是要去處理原物料的短缺，而這短缺持續阻礙德國的重整軍備。假如戰爭在一九三八年發生，新聞記者伊恩・柯爾芬依據可靠的權威消息，德國的石油庫存只夠支應三個月。此外，此時的經濟正受害於嚴重的勞力短缺。其中反諷的是德國的問題大體上是因為四年計畫所啟動之武器開銷直線上升的結果。戈林自己承認德國經濟現在是以馬力全開

在運作著。到十月時，德國的經濟專家一致同意，戰爭將會是場災難。

如克羅芬的證詞所顯示，德國的經濟問題不是秘密。甚至他們的財政病徵也相當顯目。沙赫特辭去經濟部長（—他在一九三七年八月提出辭呈，雖然在十一月時才被接受—）被廣泛地看待為是對這政權財政可信度的打擊，雖然他仍然是德國央行總裁。除了他反對四年計畫外，沙赫特還有兩項擔心的事：逐漸增加的通膨壓力，因為有越來越多的重整軍備是用印製鈔票去支付的；另外，還有德國強勢貨幣儲備逼近用罄。這些問題不會自動消失。就貿易量而言，德國在一九三八年的外銷比前一年少了十五％。在一九三八年七月，當英國堅持要修訂英德支付協定以及德國持續支付道斯及楊格債券到期利息時，德國必須讓步。英國駐柏林使館中，反姑息政策的商務專員在支持取消協定時，他是有道理的。藉著進一步降低德國取得強勢貨幣的機會，必然會打擊到德國經濟的致命弱點。不用奇怪，德國股市在一九三八年四月和八月之間掉落十三％；德國財政部長史維林・馮・克羅西克警告說，德國正在通膨危機的邊緣。沙赫特在一九三八年十月三日的央行備忘錄中說相同的事。希特勒或許可以將這些辯論置之不理，要求戈林加速已經狂熱的重整軍備腳步，但現在目標的設定則已經進入奇幻的境界：空軍在一九四二年前必須超過兩萬架；海軍到一九四八年前要有幾近八百艘。即使有足夠的鋼鐵來完成如此的工程製造壯舉，仍然沒有足夠的燃料讓其中一半轟炸機飛起來，或是一半的船艦下海航行。央行現在藉著將公債賣給大眾的方式，很明顯掙扎地在支付政府增高的赤字；它的強勢貨幣儲備幾乎用盡。當沙赫特和他的同事重複他們通貨膨脹的警告，希特勒開除他們，但他再也無法忽略「外銷或死亡」的必要性。

如我們已見，英國官員對英國短缺勞工以及強勢貨幣不足感到憂慮。但在這兩方面，德國的處境是遠遠惡劣。當時的人不瞭解此點？一個重新審視慕尼黑危機的方式是從倫敦金融區投資人的觀點去看。有時候有人說，慕尼黑協定提振了倫敦股市。但甚少證據能支持這點。無論如何，市場被一九三七年的經濟衰退所壓抑。讓事情更糟的是在一九三八年四月及九月之間，有相當數量的黃金外流，多達一億五千萬英鎊。很重要的，慕尼黑會議沒有制止外流：另外一億五千萬英鎊在會議之後數月流出。財相將這些外流歸諸：

在海外持續認為的觀點是戰爭即將發生，以及這國家或許還沒準備好，而在這焦慮背後當然是因為我們明顯惡化的財政狀態，貿易逆差嚴重惡化以及軍備花費增加所引起的進一步焦慮。

財政部在這基礎上只能提出它常提出的辯論，重整軍備無法再進一步加速。但是現在也可以辯論說，當它的儲備或許仍然會被進一步消耗時，英國也可以提早、而非延後來開戰。到一九三九年七月時，英國的黃金儲備掉到五億英鎊；除此之外，英格蘭銀行還有大約兩億英鎊的可使用的外國債券。在這階段英國儲備的流出是一個月兩千萬英鎊。在面對逐漸加大的經常帳赤字，英鎊已經無法維持在美金四・六八的兌換率。如貿易委員會主席奧利佛・史坦利所說：「我們無法進行一次長期戰爭的時候必將會來到」。這便是關鍵。這所意謂的是：假若在一九三八年已經發生戰爭，英國必將在財政上以及軍事上處於較佳狀況。不僅戰爭將來得快一些。它也必然因為如上所述的薄弱德國經濟局勢，而會短暫一些。這證明姑息會給英國帶來寶貴時間的這種說法，其實是錯的。對英國而言，時間的價值現在是已經被打折了。

在這些狀況下，股市幾乎不可能會上漲。然而，去觀察反應在倫敦市場掛牌的不同債券和股票之間差異裡，所顯示出投資人的不同偏好，是能透露許多東西。相信姑息政策行得通的理性投資人，在德國佔領布拉格之前，想必會繼續持有歐陸的債券，包括中歐國家的。投資人在一九三九年春天前，必然不會售出他所持有的丘納德海運公司股票，並且會長線持有維克斯武器裝備公司。但在實際上，在歐陸債券以及英國債券（─從一位英國投資人觀點來看，這些是傳統上最安穩的資產─）之間的價差，從一九三〇年代中起便穩定地擴大。蘇台德區危機（─包括慕尼黑協定─）的效應是相當小的。除此之外，投資人早在一九三三年時便從那些被認為是和平股票撤離，轉進到戰爭股票。一九一四年完全在意料之外的倫敦金融區，不打算當第二次傻瓜。在倫敦的投資人顯然等待某種戰爭將會在一九三〇年代下半發生。他們不確定的部分似乎是這樣的戰爭會涉及多廣，因此每個國家債券的殖利率之間缺乏明顯的關連。

歷史學家長久以來一直在找姑息政策的經濟基礎。他們在不對的地方找。無疑地，生意人確實不要戰爭。但投資人卻仍預期它會發生。因此姑息主義沒有經濟上的利基。隨著倫敦金融區對國際局勢在根本上悲觀，是邱吉爾、而非張伯倫才有在經濟上理性的外交政策。局勢所需要的是先發制人，不是嚇阻，更不用談低盪和解。希特勒必須要在英國國防上的財政「第四臂」變弱之前，就被加以制止。金融市場在一九三八年準備應戰；正如《經濟學人》雜誌在慕尼黑會議之後的專輯中指出，這情勢恰好是一九一四年的反轉，那時戰爭如晴天霹靂地發生。就一件事來說，這次倫敦金融區遠遠地沒有在歐陸商業票據上曝險，因為這些已經因為大蕭條緣故，做為財務工具的重要性上已經大為縮水。另一件事則是，金融界「已經準備好要面對戰爭的爆發」，而政府當局並沒有如一九一四年一樣地回應，將英格蘭銀行的貼現率提高到懲罰的程度。這雜誌的編者說，「在過去幾週，在金融區甚少有人會沒預見有相當高的可能性，英國會深深捲入武裝衝突之中⋯戰爭的爆發不會讓金融市場措手不及」。假如戰爭發生，金融市場或許不會回穩，但也不會崩盤。即使在倫敦交易的德國債券價格─例如那些為了支付楊格計畫而發行的債券─在夏天的危機時刻，並未顯著滑落。是在一九三九年時，它們才破底（見圖10.1）。這是因為投資人瞭解英國在一九三八年有好機會擊敗德國，這連

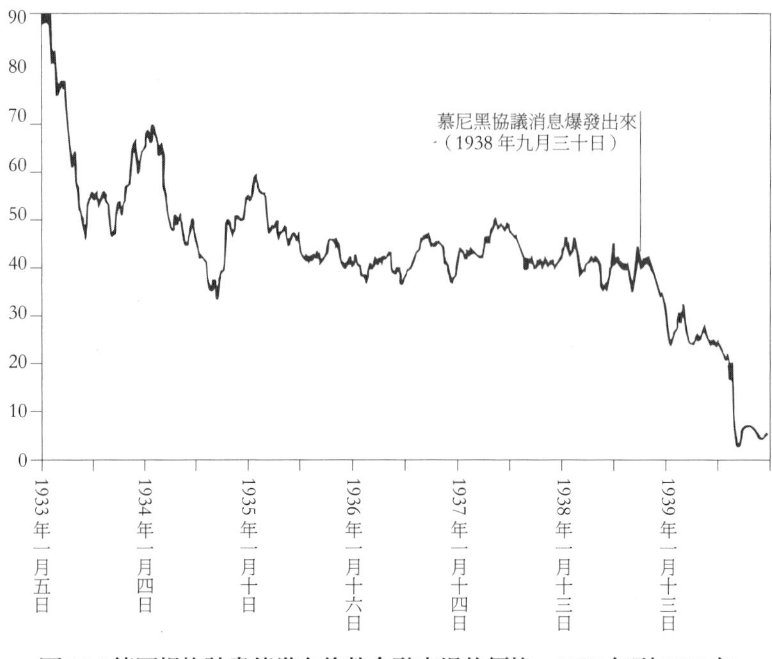

圖 10.1 德國楊格計畫債券在倫敦金融市場的價格，1935 年到 1939 年

續倒帳的國家。但是一年之後，整個情勢反轉，這次變成倒帳者看起來會贏。

走向崩潰

在慕尼黑事件後續之中，最特殊的是英國以相當悠閒的步調進行重整軍備。晚到如一九三九年八月，英國仍然只有兩個師準備好被送到歐陸。一點都沒善用他所交易來的和平，來做為加速備戰的機會。張伯倫仍是猶疑不決。他在十月三日承認，「很清楚…讓我們國家停止武裝，直到我們確信其它國家將會以相同方式來做，這將是瘋狂。因此就目前而言，我們應絲毫不鬆懈，直到我們落後的差距被補足」。然而這不等於說，做為對現在低盪和解的感恩禮物，所以我們要立即進行大大地擴充我們的武裝計畫。前任空軍部長史雲頓勛爵會支持張伯倫，「假如你清楚您是用拖延所爭取來的時間，去進行重整軍備」。張伯倫回應說，「但您沒看到我已經帶回和平？」他反對海軍部要求有保衛運輸船隊的新護航艦隊。他抗拒邱吉爾要求成立軍需部。他仍堅持姑息政策以及裁減軍備的夢想。「所有我得到的資訊，似乎是指往和平的方向」，他在一九三九年二月時宣布，「我再次重申，我們在對付獨裁者時，已經佔有上風」。重整軍備的確加速，但如我們已見，這是在違背財政部的意願之下進行，也從首相那邊得到甚少的支持。當殷士吉普也開始要求成立軍需部，張伯倫開除他。只有在逐漸擠壓的情形下，財政部的抗拒才被各軍種冒出來的需求壓制過去，特別是空軍；在經過百般困難下，財政部終於被說服將國防貸款的上限從四億英鎊提高到八億英鎊；財政部拒絕凱因斯的爭論，他認為當經濟仍然如此不景氣時，更高的借貸必然會推動成長以及因之而來可擁有的儲蓄量，所以可用來支付債務。這個嚴酷的真相緩慢地及痛苦地才被理解：假如有場況日持久的戰爭，英國必然在早期階段時，便需要美國的財政支持，而且規模會大於第一次大戰。但因為一九三五、一九三六及一九三七年的中立法案（Neutrality Act），這似乎是個相當遙遠的可能性。

古老的拉丁格言Si vis pacem, para bellum：「假如你希望和平，準備戰鬥」。在姑息政策與重整軍備之間沒有必然的矛盾；張伯倫原來可以繼續去迎合希特勒所要求的生存空間，卻也可以全速重新武裝。他選擇不這麼做。更糟的是，他還同時設法去抒解德國經濟的壓力。而韓德森從柏林寫信給張伯倫，確保希特勒「決心要民主地尊重」民眾反戰的心聲；「德國人並沒有在思考任何立即要進行的瘋狂冒險，」他在一九三九年二月報告說，「而且：他們的羅盤是指向和平」。然而因為擔心經濟困難或許會使得希特勒更願意孤注一擲，發動戰爭，張伯倫於是提議一個新的英德貿易協定，來降低德國依賴與巴爾幹國家所簽訂的雙邊貿易協定，因此增加德國去取得強勢貨幣的來源。英格蘭銀行總裁孟塔紐・諾曼甚至到柏林去討論英國貸款給德國的可能。商界領袖加入英格蘭銀行以及財政部，辯論說與德國的貿易必須維持，甚至要促進，因為從德國外銷到英國的收入，可以用來支付德國對英國貸款人的一些欠債。英國出口到德國主要是提供原物料給德國軍火工業的這項事實，還必須由英國外交部來提醒。但這提醒徒勞無功；英國政府持續擴大給銷往德國的英國公司更大的信用保證。在這計畫下的短期信貸從一九三九年一月的一千三百萬英鎊，上升到戰爭前夕的一千六百萬英鎊。而且假如希特勒真得對英國的經濟讓步有興趣，他或許可以得到更多。但如戈林的非官方特使赫穆特・弗爾塔特，在一九三九年七月遇見何瑞思・威爾森以及其他英國官員時承認，「讓他傷心的是，他認為在元首心中，那〔經濟〕扮演非常小的角色」。在張伯倫心中，如我們已見，經濟則顯得較大。很不幸地，他是如此完全誤解德國脆弱經濟的重要性。美國人在布拉格淪陷之後，至少有智慧對德國進口品施加懲罰性的關稅。

或許在姑息主義與重整裝備之間沒有必然的矛盾，但是在姑息主義與嚇阻之間卻是有牴觸。英國與法國現在面臨一個兩難。假如他們如此輕易地對希特勒要求做出讓步，那這會停在什麼地方？但假如他們威脅要開戰，為何有人要相信他們？在慕尼黑所失去的不僅是榮耀，還有可信度。這有助於解釋，何以最後張伯倫在捷克斯洛伐克一事上被騙了之後，會以令人驚訝地積極四處向其它歐洲國家發出保證。在往這方面發展的第一步是在甚至布拉格還沒淪陷之前，有謠言（如果不是假消息的話）開始流傳，說德國有計畫往西攻擊荷蘭。大家同意這必將成為開戰原因。此外，會在西方發生戰爭的可能性，足夠促成對陸軍政策的改變。所以現在決定要成立六個師的歐陸陸軍，並擴大本土防衛軍。接著是對法國做出明確的公開承諾。到目前為止，這沒比回到一九一四年的態勢強多少。然而在幾個短短的禮拜內，英國的歐陸承諾不再只局現在歐陸的西部；這些承諾變成是真正地泛歐性。在回應羅馬尼亞大使虛假的聲明，說德國即將要將它的國家變成經濟上的附庸國，英國內閣便開始思考要對布加勒斯特做出某種承諾。進一步可疑的情報（——這次是德國即將攻擊波蘭──），導致英國對那國家的完整性提出致命的重大保證，這張伯倫於三月三十一日在下院的宣布，這樣的保證在兩週後，隨著義大利入侵阿爾巴尼亞，又擴及羅馬尼亞和希臘。

這些沒有一項可以提升張伯倫的可信度。參謀首長們指出「英國或法國都無法經由海洋、陸地或空中來提供波蘭以及羅馬尼亞直接協助，協助她們對抗德國的入侵」，因此「來自蘇聯的協助」必然是不可缺少，假如這保證要比之前對殘餘捷克斯洛伐克所做的假保證要更有意義的話。這種幾乎同時將本土防衛軍加倍（三月），引進淡化過的徵兵制度（四月）以及過晚成立的軍需部（五月），也只造成極小的衝擊，因為新軍隊似乎注定要將來年的大部分時間花在訓練或是擔任空防。無論如何，張伯倫拒絕任命越來越受歡迎的邱吉爾到新的部門去，反而任命一位無聊的前交通部長列斯里・柏金。甚至是張伯倫最忠誠的支持者都不否認，他這階段在政策上「笨拙的」性質。在對波蘭做出保證被公布之後一天，一篇《泰晤士報》的社論露出這裡面的馬腳：英國並沒有保證「波蘭現今每一吋國界」，因為有「一些必須要調整的問題」。換言之，這只是以其它方式進行的姑息主義；張伯倫的希望是藉著在歐洲到處灑下保證，多少引誘希特勒回談判桌。

在一九三九年及一九一四年之間尚有一個關鍵性的差異。在一次大戰前夕，英國已經與法國及俄羅斯完成協議。然而在一九三九年，蘇聯卻是被排除在外，反而與德國結盟，儘管四月的英國蓋洛普民意調查中，回應的人之中有八十七％贊成「在英國、法國及俄羅斯之間的軍事聯盟」。為什麼是這樣？這其中明顯的答案是，雖然在一九一四年前自由黨人士很難與沙皇俄羅斯聯手，但對英國保守黨的人而言，則是不可能與史達林的蘇聯去做相同的事。這對許多保守黨的人無疑如此。然而邱吉爾這位曾經是激烈反布爾什維克的人，卻不難去讚美「蘇聯對和平目的忠實態度」，來進行他的大聯合（現在重新美名為「和平集團」）。張伯倫對此種回應缺乏熱情，正如他對所有邱吉爾的建議，但或許這是更基於他對姑息政策仍然有些殘餘的信心，而非他在意識型態上對共產主義有任何特別強烈的反感。更重要的是，英國對如波蘭及羅馬尼亞等國家所做的新承諾，使其更難、而非更易與史達林完成協議。蘇聯當然會要求通過上述國家，來進行軍事上的接觸，否則他們如何與德國人作戰？但東歐人有很好理由去懷疑蘇聯人的動機。波蘭人已經拒絕成為張伯倫在一九三九年三月所提之雙邊「協商」宣言的共同簽字國。而且對波蘭的保證不僅將英國的命運與那在每點上都與德國一樣不民主及反猶的波蘭政權綁在一起，而且這也排除了與蘇聯的聯盟，而這聯盟或許可以想見地能去嚇阻、或較容易去擊敗希特勒。當蘇聯人提議在英國、法國及俄羅斯之間形成三方聯盟，不僅可以保護自己，也可以保護俄羅斯周圍鄰居免於德國的侵犯，他們卻吃了閉門羹。張伯倫曾經飛到德國三次與希特勒協商；他卻從未想過飛往莫斯科。他甚至拒絕派出伊登（更不用提邱吉爾）來做為特使。只有到五月末時，才開始與蘇聯初步會談，而且這些是以痛苦的緩慢進行。直到八月英國及法國的軍事代表團才被送到莫斯科，而且他們是坐船，不是飛機，且是以低階軍官來領隊。張伯倫在此同時卻搭火車到蘇格蘭度假。這裡又是個錯失的機會。若張伯倫在一九三九年夏天被邱吉爾取代，那與俄羅斯人的聯盟或許可以做到。

一九三九年及一九一四年之間另一個差異是日本所造成的威脅。這國家在一次大戰前夕是英國的盟友。到一九三九年四月前，英國海軍參謀部清楚表達立場：

〔當日本的介入發生，〕一支主力艦隊的兵力必須派到〔到遠東〕，這不容質疑，但究竟能否在做這時，排擠掉我們在地中海的利益，則是一件那時必須決定的事⋯撤出東地中海對希臘、土耳其以及阿拉伯和穆斯林世界的影響⋯是政治因素，這使得在這方面必須不可採取突如其來的動作⋯這裡無法準確陳述在日本干預多久之後，必須派遣一支艦隊到遠東。在此也無法計算出我們有能力派出艦隊的規模。

這裡有隱約的承認，在世界大戰之中的優先順序：英倫三島、中東以及最後是新加坡和英國在亞洲的其它屬地。但結果是日本尚未準備好與德國聯手來對付英國，可是在倫敦沒有人可以指望那點。

在此狀況下，希特勒期望張伯倫會不斷地姑息他，就像之前他出賣蘇台德區一樣地出賣但澤，甚至是波蘭走廊，來交換另一次的寬限，便不讓人驚訝。真的，希特勒現在認為與英國一戰幾乎不可避免。在一九三九年五月希特勒向他的軍事指揮官說話時，明白表達懷疑「究竟是否可能與英國有和平的解決。有必要準備攤牌。英國在我們的發展中看到要建立霸權，而這必然會削弱英國。所以英國是我們的敵人，而與英國攤牌是攸關生死之事」。但他的意圖或許不是要早在一九三九年九月時就刺激出那樣的攤牌。他根本不相信一位只以習慣收起來的雨傘做為武裝的張伯倫，會有膽量去戰爭。因此他幾乎在一九三九年期間沒做任何事來鼓勵張伯倫任何殘存的希望，希望歐洲或許能很快地脫離危險地帶。在三月二十三日，這是里賓特洛普以戰爭威脅立陶宛政府的三天後，希特勒登上德國軍船艦，航行進入梅梅爾港，即使張伯倫正在設法湊出四強宣言，來對付這類的侵略行為。

希特勒也並非歐洲唯一作怪的人。義大利在四月入侵阿爾巴尼亞，這被假定是義大利要接收巴爾幹半島的前奏；次月，墨索里尼與希特勒衝動地簽訂了所謂的「鋼鐵協定」。張伯倫無所畏懼，持續認為義大利獨裁者是他努力約束希特勒所需的伙伴。誠然，義大利人證明自己是德國人最不可靠的盟友，拒絕加入戰爭，直到法國即將淪陷之前。另外一方面，正是這種不可靠性將墨索里尼在柏林的影響力降到最低。張柏倫仍持續相信，希特勒不會「為了但澤去發動一場世界大戰」。他並沒看到希特勒不是要預期一場世界大戰，而是另一次的慕尼黑。

假如希特勒有信心在完成納粹／蘇聯協議簽訂之前，張伯倫不會為波蘭開戰，正如德國在波蘭邊界的軍事部署似乎所顯示的，但在簽約之後他幾乎可以確定張伯倫會做。「歐洲現在是我的！」這是他八月二十四日清晨時在貝希特斯加登，接到從莫斯科傳來的消息後，所做的評論。這嚴格來說不是正確，因為他允許史達林有一半的波蘭、芬蘭以及所有的波羅的海三小國。除此之外，因為和史達林打交道，希特勒讓義大利或日本立即加入他那邊的可能性降低。但希特勒的話顯示出，他認為他是如何完全地算計騙過西方強權。他對那懦弱的韓德森再度現身，重申英國對波蘭的保證，很難放在心上。「我們的敵人是小小的蠕蟲」，在與俄羅斯簽約的兩天前，他說道，「我在慕尼黑見識過」。而且張伯倫的確會再給他另一個慕尼黑，若非他內閣的同事堅持必須履行對波蘭的承諾，而且波蘭人決心要像自殺一般地去奮戰。但是他仍然堅持要另外再來一個會議的想法（—而這再度是由義大利人提議的—），甚至在波蘭被入侵之後；他冒險在下院提出這想法。雖然戰爭已經落在張伯倫頭上，他仍然設法避免，如繆爾·霍爾所說，「完全豁出去」。

但儘管有張伯倫最糟的努力，英國政策在一個方面卻值得信賴。大多數納粹統治菁英持續認為與西方強權的戰爭是既可能，又危險。戈林一點都不想在如此戰爭中冒險；他知道德國空軍真正的戰力。戈培爾即使聽聞到里賓特洛普在莫斯科的斬獲，仍同樣擔心英國的干預。義大利不打算作戰，以及英國決心要站在波蘭這邊的消息，讓戈培爾相信，正如對捷克斯洛伐克一樣，必須要和英國協商出一個臨時、在外交上最低程度的協議，據此將但澤以及至少部分的波蘭走廊被歸還給德國。希特勒本人，突然之間變得「謹慎」，準備去思考這途徑的程度，而這確實驚人。幾乎在最後一刻，他延遲了原先是預定在八月二十六日黎明的入侵波蘭，為的是要再度召見韓德森，提出一個粗略的交易：限武及最低的殖民地要求，來交換在波蘭的「自由行動」。三天之後當提議被拒絕後，他又嘗試另一個新的交易，要求波蘭全權特使立即被派遣到柏林。但這沒有誠意，而且里賓特洛普盡其所能讓波蘭人沒有辦法照辦，而這原本就是波蘭人在任何情形下也不想去做的事。八月三十日，在所有準備就緒時，希特勒又回到他之前的信心（「英國人相信德國是薄弱的。他們將知道他們是在自欺欺人」）。次日他拒絕戈林及戈培爾，儘管他們對英國的不干預抱持「懷疑」：「元首不相信英國人將會干預」。除了希特勒，只有里賓特洛普熱衷戰爭，鼓勵希特勒相信慕尼黑是「第一等的愚笨」，並向他保証英國不會行動。九月三日早晨，當英國的最後通牒發佈時，他們倆被證明是錯誤的。

賭徒希特勒其實是雙重錯誤：他誤算張伯倫在一九三八年九月會對戰爭認真，以及他誤算張伯倫在一九三九在年八月時是在嚇唬。但是希特勒的誤算是幸運的。因為假如張伯倫如他在一九三八年所被期待地行動（——實際上他那時在嚇唬希特勒——），而非縮回去，會比在一九三九年希特勒猜測張伯倫會再度縮回去，更讓德國局勢曝於險境。但因為晚一些、而非早一些發動戰爭，張伯倫在無意之間拯救了第三帝國，大大改善希特勒一直意圖要進行之戰爭的勝率。希特勒提供給英國選擇。不幸地，英國首相選錯年。就那意義來說，邱吉爾是對一半。一九三九年的確是場「沒必要的戰爭」。但要停止那戰爭的卻是要在一九三八年發動戰爭。

姑息政策的結束

在戰爭開始之後，姑息政策尚未徹底消失。與德國達成某種經過協商的和平，並沒完全關閉，直到邱吉爾在一九四〇年五月取代張伯倫成為首相。就在首相任期的最後幾個月，這已經晚了一年半，張伯倫終於開始嚴肅思考在德國發生某種政權的改變。在一九四〇年一月十七日，哈羅德·尼可森風聞在「戰鬥內閣中仍然有群人在為姑息政策努力，並且現在透過前總理布呂寧與德國參謀總部協商和平，條件是他們除掉希特勒」。但是德國「反對勢力」能扮演從天而降的時機早已過去。羅斯福甚至更不實際。他繼續著手或許仍可根據對獨裁者做出慕尼黑式的讓步，即炮製一個妥協的和平；因此有國務次卿山納・魏勒斯以及通用汽車副總裁詹姆士・穆尼的一九四〇年歐洲之旅，前者向希特勒兜售那甚至張伯倫和哈利發克斯都會覺得可笑的讓步。僅僅隨著法國的淪陷，姑息主義才終於下葬。很弔詭地，只有在這最為脆弱的時刻，大英帝國才重新發現反抗的品德。的確，還有一些懦弱的心靈仍然懷疑是否要將整個歐洲讓渡給希特勒及墨索里尼，大英帝國才多少可以挽回。但這不是姑息主義；這是失敗主義。邱吉爾在一九四〇年五月二十八日戰鬥內閣會議給他們的答覆是：「德國人會要我們的艦隊⋯我們的海軍基地，以及許多其它。我們必然會變成一個奴隸國家」。

這當然是對的。如希特勒在一九三九年十月九日對凱特爾以及其陸海空三軍首長說，他的目的是「要做到摧毀西方強權的戰力，以及摧毀他們抵抗德國人民進一步政治鞏固和在歐洲持續擴張的能力」。即使在他後來要攻擊俄羅斯的決定，都有反英的目的；如他在一九四〇年七月三十一日所說，這是再度提議與英國和談的十二天之後：「俄羅斯是英國最為倚重的因素⋯隨著俄羅斯被擊潰，英國最後的希望亦必將潰決」。任何人要和「那個人」（—如邱吉爾稱呼他—）可以締結和平的想法，經常都是幻影。姑息政策是種災難性的失敗，其證明是希特勒在一九四〇年夏天時地位的強大，從英吉利海峽到布格河無往不利；在東邊有不侵犯條約加持護身，西邊能夠從法國機場去轟炸英國，處於可以提出不誠懇和平提議的立場。雖然大不列顛本身還不能被形容為是在希特勒的宰制之下，但她極少數的盟友已經被征服，她大片帝國疆土在日本攻擊時，容易遭到侵佔。從此，而且有很好的理由，「姑息」會被完全用為辱罵之詞。

第三部分

殺戮空間

Killing Space

第十一章　閃電戰爭 *Blitzkrieg*

一個民族關係的新秩序，亦即將民族做重新安排，所以在這過程的終點時，會有比今日更好的分界線。

希特勒，一九三九年一〇月六日

我們因為沒去面對帝國安危所需付出的基本保險費，現在正付出嚴重代價！這通常是過去喪失帝國的主要原因。

艾倫·布魯克將軍，一九四二年

閃電戰爭

一九三九年九月一日凌晨四點四十五分，波蘭西部破曉時的寧靜被震耳欲聾的戰爭雷聲震碎。五支超過一百八十萬人的德國軍隊，從位居西波美拉尼亞，東普魯士，上西里西亞以及德國控制的斯洛伐克內，地理位置極為理想的橋頭堡出動，橫掃過波蘭邊界。與德國火砲猛烈齊發一樣震耳欲聾的是引擎的咆哮聲；德國的進攻是由三千輛坦克及數百輛的裝甲車輛及人員運輸車做為箭頭。從天空Ju—87俯衝轟炸機尖聲撲向匆促動員的波蘭人，用精準的炸彈摧毀橋樑、道路以及補給運輸車隊，它們駭人的警報聲在防衛的軍隊中播灑下恐慌。這目的是迅速快捷地穿透領土，殲滅性地包圍敵軍，避免上次戰爭的拖延消耗。這種將砲兵、步兵、裝甲以及空中武力結合的壓倒性武力，正是使閃電戰爭變為可能。

Blitzkrieg當然是個德國字，意為「閃電戰爭」。反諷的是這戰術在許多方面是英國人的發明，源自於一次大戰中所學來的教訓。巴瑟爾・李德・哈特上尉從雙方所承受的極高傷亡率得到他的結論。當身為一位步兵中尉，他自己被毒氣攻擊過，長期的後遺症迫使他在一九二七年從軍中退役，為《每日電訊報》，然後為《泰晤士報》擔任國防特派員，出版許多軍事史的作品。在李德・哈特的觀點中，西戰場大多數攻擊的致命性錯誤是他們大而無當，以及可被對方直接了當預期到的。他辯稱說，一個較「間接的方法」會去針對奇襲敵人，讓他們的指揮官措手不及，然後利用敵人接著而來的混亂。這其中的根本是要集中裝甲以及空中武力施加閃電般的致命一擊。李德・哈特解釋這箇中的秘密：

> 部分在於將坦克及飛機做戰術組合，部分在於攻擊方向及時機的不可預測，但特別是在「後續跟進」—利用

深度的戰略穿刺得到突破；這穿刺是以裝甲武力在全軍之前急速衝刺，並且獨立運作完成。

對李德・哈特的好消息是他的作品極具影響力。壞消息是這是在德國、不是在英國極具影響力。除了富勒少將＊著名的例外，厄爾・海格元帥乾脆拒絕接受「飛機、坦克〔和〕摩托機動車〔必然會〕在未來戰爭中取代馬匹」，打發掉摩托機動化的武器不過是「附屬於人類及馬匹」。海格的弟兄亦表贊成：騎兵必然「不會被廢除掉，而留下位置給坦克」。相對照下，較年輕的德國軍官立即掌握李德・哈特作品的重要性。他最狂熱的信徒之一是海恩茲・古德林，入侵波蘭的德國第十九軍指揮官。古德林回憶說，他是從李德・哈特以及其他英國有關「進行最大規模新式作戰種類」的前輩，學到將「裝甲武力集中」的重要性。此外，

> 正是李德・哈特強調使用裝甲武力進行長距離攻擊，來針對敵人的通訊交通進行軍事行動，也〔是他〕提出一種結合裝甲武力及裝甲步兵單位的裝甲師。我對這些想法印象深刻，設法將它們以某種方式發展成適合我們自己軍隊……我將我們進一步發展的許多想法歸功於李德・哈特上尉。

古德林樂於將自己形容為李德・哈特的學徒門生，甚至將他的作品譯為德文，誠然深有心得。在一九三九年九月他的裝甲部隊無人可擋。波蘭人沒有像傳說所言以騎兵衝刺來對付他們，雖然騎兵被部署來對付德國步兵，但他們欠缺適當的摩托化運輸，他們的坦克較少，而且科技上劣於德軍坦克。此外，就像之

＊富勒（J. F. C. Fuller）是英國在一九一七年康布雷坦克攻擊背後的操盤手。他對英國體制的挫折感，導致他支持奧斯華・莫斯理的英國法西斯聯盟。

前的捷克人，波蘭人發現英法的保證在軍事上毫無價值。在布朱拉之戰，他們進行搏命反攻，來擋住德國對華沙的攻擊，但到九月十六日他們的抵抗在瓦解中。在十七日時，德軍已經抵達布格河邊的布列斯次（布列斯特）。二十八日華沙淪陷。八天之後，最後的波蘭部隊棄械投降。整場戰役幾乎持續不到五週。

波蘭人奮勇應戰，但人數及武器皆不如人。但隔年在西方戰爭最令人驚訝的是，相反的情形卻仍然為真。荷蘭及比利時或許可以預期必將屈服於德國軍隊，但是法國在僅僅六週之內便淪陷。正如史學家馬克・布洛赫所言，這是一場「奇怪的敗戰」。即使沒有英國遠征軍的協助，法國軍隊在紙面上的數字仍較有優勢，而還因為他們是進行防禦戰，這樣的優勢更為擴大。他們有兩倍數量的車輛，以及有四六三八部坦克，相對於德國四〇六〇部。此外，法國的坦克有較厚的裝甲以及口徑較大的砲火。但是當德國在一九四〇年五月十日發動攻勢，許多單位只做出象徵性的抵抗。在五月十五日厄文・隆美爾將軍的第七裝甲師在兩場小規模的遭遇戰中俘虜四五〇人；後來在兩天之內，俘虜一萬人。隆美爾本人*對法國軍官隨時準備投降，以及他們漫不在乎的「要求，除其它事外，包括允許保留勤務兵，和從菲利普維爾取回留下的裝配。」另一位德國軍官看到「數百位法國軍官從一處戰俘遣送營行軍三十五公里，到另處戰俘轉送營，沒有任何守衛看管⋯顯然沒有人設法逃跑。」卡爾・馮・斯特克伯格一位新的「文宣連」記者大惑不解：「兩萬人⋯成為戰俘往後走⋯這無法解釋⋯怎麼有可能這些法國軍人和他們的軍官會如此徹底灰心喪志、如此缺乏士氣，會讓自己或多或少志願地被囚禁？」在一九四〇年被俘虜的英國士兵無法不注意到「法國人已經準備要被俘虜，所以如此滿載裝備，而我們幾乎是空手。」整個來說，約有一百八十萬法國軍隊在一九四〇年被俘虜，其中有將

*就像古德林，隆美爾對坦克作戰也思考甚多。他兩本戰前的書籍，《步兵攻擊》及《坦克攻擊》，讓他得到希特勒的注意，這導致他被任命為希特勒青年團訓練的首長，以及後來成為希特勒個人安全兵團的指揮官，這在希特勒造訪被攻佔的捷克斯洛伐克時，相隨而行。

近百萬被羈留在德國強迫勞動，直到一九四五年。或許是真的，這些投降者中有多達一半的人是在一月七日新總理貝當元帥宣布，他正在尋求停火協議，以及五天後執行協議期間投降的。但是會有超過三分之一以上的法國軍隊在貝當聲明之前已經成為戰俘，仍然相當可觀。這種士氣低落的狀況可由這事實顯示出：從法屬非洲殖民地來的部隊，比他們所謂的主人更有決心作戰；他們的單位當然也就承受較嚴重的傷亡。

法國的潰敗背後有何原因？李德・哈特對戰爭的爆發如此驚駭，結果精神崩潰。對他來說，這根本上是軍事信念的失敗：

> 德國裝甲武力的進擊早在抵達海峽之前，便可以以集中類似武力的反擊，來加以遏止。但是法國雖然比敵人有更多及更好的坦克，卻以小單位的方式沿線佈開⋯可以部署使用的一個英國裝甲師，卻直到德國攻勢開始發動之後，才被派遣到法國，而這對最初以及最決定性的階段算是來得太遲⋯這閃電攻擊的步調之所以可能，是因為盟軍的領導者沒有掌握這新科技，所以不知如何去對付⋯從未有一個更能避免的大災難出現過。

馬克・布洛赫同意，這大挫敗至少部分歸因於法國戰爭領導階層能力素質極為低劣。這一個關鍵的因素是德國決定要將他們主力的攻擊方向從希特勒原先所決定的盧森堡及低地國，轉移介乎列日及那慕爾之間的那一線，穿過被認為是無法穿透的阿爾登森林。法國針對原先的戰略必然會表現較佳；但當五個德國裝甲師穿過阿爾登，佔領橫跨默茲河的橋樑時，他們完全在狀況外。之後他們的反應更是該被處罰地緩慢或是笨拙。然而在一九四〇年所發生的不只是軍事上的失敗。追根究底，如布洛赫所辯稱，這是士氣的崩潰。

即使在一九三九年末以及一九四〇年初的「假戰」（Phoney War）時，指揮英國遠征軍第二軍的艾倫・

布魯克中將已經對法國軍隊的氛圍深感不安，這他傾向將其歸咎於防禦性質的法國戰略。在沿著與德國邊界建造的強大防禦工事馬其諾防線，「最危險的面向」（——布魯克在日記裡紀錄——）「是心理上的；一股虛幻的安全感因之而生，感覺可以安坐在堅不可摧的鋼鐵圍籬之後；若是圍籬被突破，法國的戰鬥精神（或許有可能）隨之應聲而倒！」然而法國的失敗主義不僅於此。對許多法國人來說，當他們有如此之多的父親、兄弟及朋友已經在一九一四年及一九一八年間為第三共和戰死，根本不值得再為之生、為之死。這種拒絕再追求另一個慘勝的氛圍，已經在路易斯—佛南德・塞利納的《茫茫黑夜漫游》（一九三二），令人反胃地呼喚起上次大戰開始階段所發生的屠殺時，已經預示到。相同的氛圍也激發了諾貝爾獎得主羅傑・馬丁・杜加爾在一九三六年給朋友的書信中：「任何皆可，就是不要戰爭！任何東西⋯甚至是在西班牙的法西斯主義：沒有任何東西，沒有審判、沒有奴役能跟戰爭相比：任何東西，寧可是希特勒，也不要戰爭！」用一位德國軍官的話來說：「法國精神及士氣⋯甚至已經在開戰之前⋯全然崩潰。並非缺乏器械⋯讓法國被擊敗，是他們不知為何而戰⋯在我們第一個裝甲師開始出動之前，納粹革命已經贏得法國戰爭。」

一些右派的法國人無疑地見到德國勝利的明顯利益。然而大多數的人單純地低估戰敗的代價。若不是他們預期這些代價是相當輕微，法國不可能會有如此龐大數量的人員，以如此井然有序的方式來投降。他們的假設明顯是：隨著戰事的結束，他們必然能很快地被遣送回國；任何德國的佔領必然短暫。一些資深將領似乎對國內可能發生的左派叛變，比被德國佔領的前景，還更為憂慮。這些期待源自於一八七一年的遙遠記憶，而非一九一四年。他們將會大大地悔恨。法國左派消失不見。德國人則留下來。

一般認為在英國的氛圍沒那麼失敗主義。當然，在一九四〇年時一些在法國的英國士兵即使在受令投降時，仍然拒絕。「這是XXX地不可能，你這沒種的惡棍！」這是第五十一（高地）師一位成員在一九四〇年六月被一位肯新辛頓兵團軍官下令放下武器時的憤怒反應。然而這種積極好戰的蘇格蘭人是屬於少數。他在英國遠征軍裡大多數的同志，在見到法國人自己都顯然如此不願去做時，他們沒有什麼道理要為法國搏命奮戰到死。在英國人民的記憶中，從敦克爾克海灘撤退是一次勝利，但德國的新聞影片則是更準確地將它描繪成羞辱的挫敗。而英國撤退是如此混亂（——伴隨著像是要在盟軍陣線後方破壞作戰成果的「第五縱隊」謠言——），所以這些飽受折磨的殘存者在他們回國後，為了民間士氣之故，必須被隔離開來。如皇家工兵部隊的下士里托伍德所說：「我們開始認為德國人幾乎是超人……〔他們〕似乎在各處都找到答案。」紀律近乎崩潰。一位軍官被他自己因戰爭疲乏的士兵在臉上開了一槍。在卡萊一位老婦被維多莉亞女王步兵隊的士兵射殺，相信她是一位那無所不在的第五縱隊成員，因為德國人據稱同時是欺敵以及戰爭的高手。比利時平民被懷疑從事間諜，包括農場勞工把草地割成「箭頭的形狀」來引導施屠卡飛行員到英國部隊的隊形去，然後被立即草草處決。這令人想起二十六年前在相同地區的德國軍隊行徑。在敦克爾克最後瘋狂爭奪船位，有些法國士兵被自己的盟友射殺攻擊。對敦克爾克，我們最多只能說英國人非常幸運。希特勒第一次犯下的錯誤是禁止隆美爾進行突襲的裝甲部隊將他們解決掉。殺死或俘虜三十三萬八二二六名盟軍部隊（——這是在「發電機行動」（Operation Dynamo）撤出的全部人數，其中十一萬是法國人——），必然會是如此慘重的一擊，所以英國士氣或許再也無法恢復過來。結果只有四萬一三四〇位英國作戰人員成為戰俘。

當我們考慮一下他們在其他狀況的表現，英國軍隊的士氣究竟變得如何，便很清楚。雖然邱吉爾喜歡說像「永不投降」這種詞語，但英國軍隊依例不會戰鬥到死為止。在一九四一年克里特島，他們儘管最初對敵人造成極大傷亡，但無法阻止德國空降部隊的攻擊。在北非最初的戰事亦令人失望。稍後，邱吉爾特別明白敦促要戰至最後一兵一卒的新加坡駐軍，卻在面對實際上人數不如、且十分疲憊的日軍時，卻拒絕堅持到底

（見第十四章）。即使算是邱吉爾最嚴厲的批評者艾倫•布魯克，在一九四一年十二月接替帝國參謀總長一職時，也大為困擾。他最常有的憂慮是如在第一次大戰中，邱吉爾對戰爭「次要戰場」的興趣，必將導致他將英國的部隊分佈太散，「一點一滴耗費我們的力量」，而非將軍力集中「在關鍵重點」。因為這理由他不願意給亞洲或任何其他戰場優先考量，因為他已經確信英國必須集中在地中海及北非。然而布魯克還是對遠東防衛的崩解大為駭異。在日本接近新加坡時，他在日記裡吐露「甚難理解何以沒有進行更好的抵抗」。「我在過去十年間有個不好的感覺，大英帝國正在沈淪，我們現在正處於斜坡上。我懷疑我究竟是否正確？我當然沒預料到我們竟然會變得如我們實際狀況般地土崩瓦解。」當日本人威脅要入侵緬甸時，他變得十分心煩：「無法想出為何部隊無法作戰地更好。假如軍隊無法比現在表現更佳，那我們理應喪失我們的帝國！」

誠然英國軍隊不會像法國的同袍，是出於失敗主義而放下武器。在大多數狀況下他們是被下令投降，因為他們的軍官認為在陣地無法防守時，沒意義戰鬥到底。在英語的戰爭回憶錄中，典型的俘虜敘述是：敵人已經完全包圍一個單位，軍官下令他的人員放下武器，而非「無意義地戰死」。而儘管有謹慎即大勇這種安慰，英國作戰人員淪為戰俘，經常會被自己的罪惡感所侵襲；俘虜並非他們準備要遇到的事。許多亞洲的目擊者詮釋這種英國軍官不願戰至最後一兵一卒，而且確實有些軍官假如見到機會，會為了保全性命而逃走，這是英國人對自己的帝國角色已經失去信心的證據。假如法國人不打算「為但澤而死」，他們英國的同袍也一樣不願為檳城而粉身碎骨。

在國內的英國人仍然願意要繼續活下去，來日再戰，即使他們已經在敦克爾克撤退時，將軍隊大部分的武器已經放棄在紐波特與葛芙蘭之間的海灘上。因為無論他們軍隊的士氣狀況如何，他們仍然有兩個優勢。

首先是海軍。儘管在陸上挫敗，皇家海軍仍然在大海佔有上風。他們的艦隊大約是希特勒的三倍半。＊沒錯，英吉利海峽並不寬闊，在法國最靠近英國之處，僅僅只有二十一哩分隔了多佛與格利內海岬。然而即使對如此願意甘冒風險的人如希特勒，要派遣一支入侵的德國軍隊橫渡這狹窄的海峽，必然是天大的賭注。第二個英國優勢是在天空，雖然在此優勢是小了許多。在一九四〇年八月二十日邱吉爾在對下院的發言中，對戰鬥機指揮部表達的致意：「在人類衝突的領域裡，未曾有如此多人虧欠如此少人如此之多」，成為他最令人難忘的發言之一。當時飛行員開玩笑說，這句話是指他們沒繳清的餐費帳單。邱吉爾的私人秘書覺得這演說「似乎有點牽拖」，因為它「比平常更少雄辯」。他詞句中的「少人」影射了皇家空軍在數量上不如德國空軍；而的確這是英國情報單位在那時所相信的。但在實際上，皇家空軍略佔優勢。在八月九日德國發動對英國空防的關鍵攻勢時，皇家空軍有一〇三二架戰鬥機。德國可用來進行攻擊的戰鬥機為數則是一〇一一。除此之外，皇家空軍有一千四百位訓練過的飛行員，比德國空軍多出數百名，而且在技術及勇氣上更勝過德國人。英國在飛行器方面終於比德國製造的更多。在六月到九月的關鍵月份中，從英國工廠生產出一九〇〇架新的戰機，相較於德國的七七五架。正如他們在姑息的年代，英國人高估了德國人；在飛行員戰力方面，這係數約達七倍。德國人也高估自己。戈林相信所有英國飛行員的一半已經在八月末犧牲；事實上戰鬥機指揮部的作戰實力，在那時只比在戰爭剛開始時稍微少一些。德國人在將目標範圍擴大到包括港口以及工業中心後，他們虛擲掉他們對皇家空軍指揮及控制能力施以決定性一擊的機會。晚至十二月戈培爾仍然自得自滿地高興，戰爭「在軍事上幾乎等於勝利」。在實際上，由雷達所帶來的技術優勢，結合了空軍元帥修・道丁

＊在戰爭爆發之初，英國有七艘航空母艦，德國沒有；十五艘戰列艦對德國的五艘；四十九艘的巡洋艦對德國的六艘；一百九十二艘驅逐艦對德國的二十一艘。

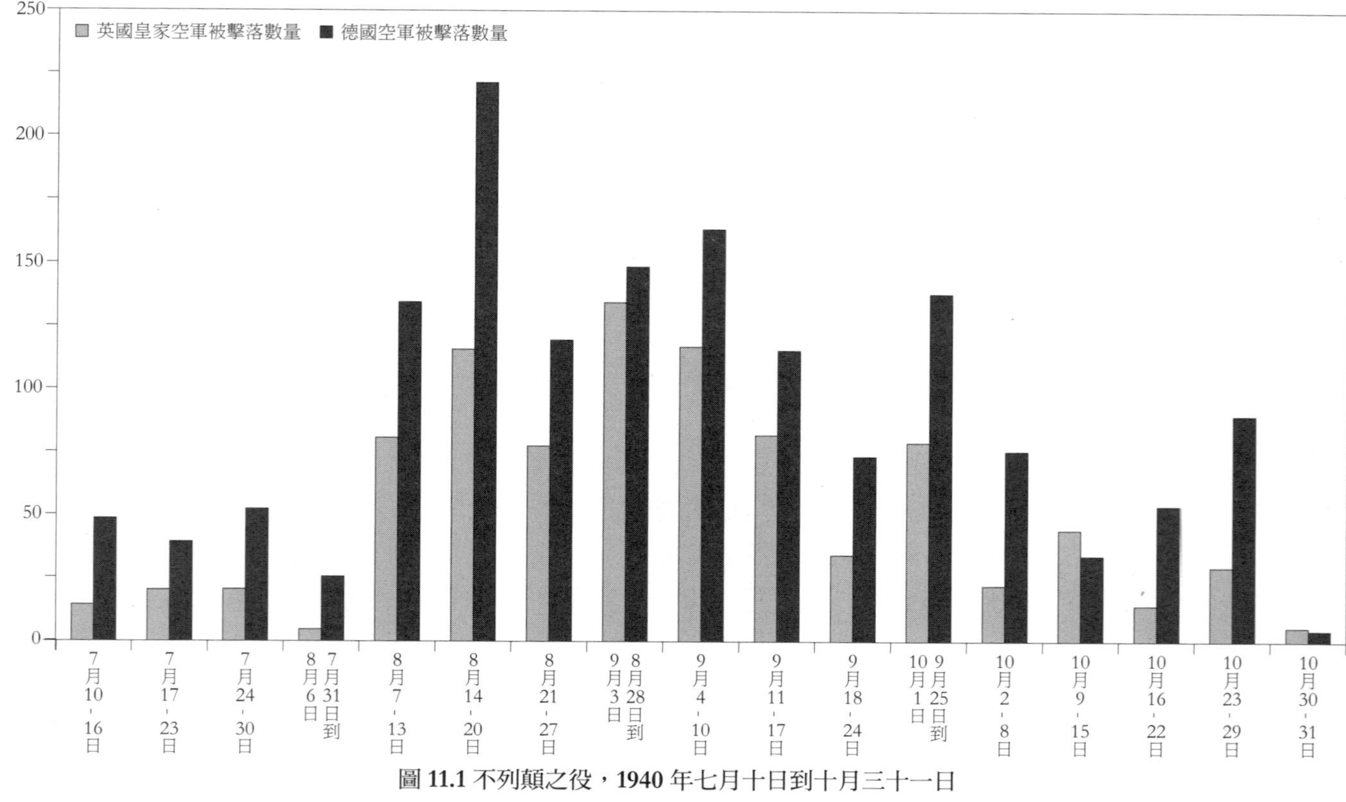

圖 11.1 不列顛之役，1940 年七月十日到十月三十一日

爵士審慎明智的領導，意謂德方全部的損失幾乎是英方的兩倍（一七三三比九一五）。直到十月九日的每一週，皇家空軍持續地擊落比他們在戰鬥中所損失更多的德國飛機（見圖11.1）。

所以英國人能持續作戰下去，部分是因為他們做得到。他們持續作戰也因為隨著過去的每一天，向希特勒投降的代價比許多法國人所曾假想到的還要高上許多，已經變得越來越明顯。法國人實際上相當幸運。就像納粹所佔領的其它西歐國家一樣，大多數的法國人民被認為「值得生存」。（甚至一些人，特別是荷蘭人，被斷定是支日耳曼民族。）在實際上這所意謂的是他們在經濟上將會被壓榨，但不被殺害，除非他們恰好是猶太人。法國成為德國戰時經濟搖錢樹，無情地被壓榨物資、製造品以及勞動力，遑論納粹領導人從公家或私人蒐集所搜刮來不可勝數的藝術品。但德國未曾有任何想法會認為法國應該不能再是法國。甚至佔領下的巴黎，成為德國國防軍及黨衛軍軍官在休假或是需要涼缺時的偏好選擇。這不是倫敦人熱衷享有的命運；但另一方面來說，這也不是無法忍受。因為那理由，相當少的法國男人或女人在戰爭局勢扭轉之前，會選擇去對德國統治進行積極抗拒。「與敵人合作」是個指責的詞語，但是它涵蓋許多罪刑，包括輕微的及嚴重的，從傑出作家在新的政權之下繼續他們的行業，＊到一些法國官員積極投入將法國猶太人遣送去受死。

東邊國家的故事則相當不同。在那裡原國家的人民被納粹的理論家認為在種族上低劣，並且是擴展德

＊兩個驚人的例子：路易斯-佛南德・迪吐胥（塞利納）（Louis-Ferdinand Destouches（Céline））以及喬治・雷米（艾爾吉）（Georges Rémi（Hergé））。前者在戰前是一位堅信的反猶主義者，並且在戰後因為在維琪政府時期的角色而被囚禁。後者（他是比利時人，非法國人）對猶太人及美國人多少比較沒那麼強烈的偏見，強烈反日，也沒那麼親德，但確定是相當反共。他一些最好的「丁丁」（Tintin）故事，事實上是在德國佔領之下完成的：《金鉗蟹》（*Le Crabe aux pinces d'or*），《獨角獸的秘密》（*Le Secret de la licorne*），《紅海盜的寶藏》（*Le Trésor de Rackham le rouge*）及《七顆水晶球》（*Les Sept Boules de crystal*），都發表在一九四〇年到一九四四年的《晚報》（*Le Soir*）。在戰後，艾爾吉被以與敵人合作而遭逮捕，但是他回答說，他只不過是在回應國王利奧波德的呼籲，不要放棄他的國家。

國「生存空間」的一項障礙。針對波蘭的閃電攻擊，伴隨著是對戰俘及平民恐怖的殘酷行為。這並非自然而起，而是預先細心規劃。它首度透露出希特勒帝國真實及可怕的面目。

「讓混亂橫行」

貝希特斯加登是希特勒在巴伐利亞阿爾卑斯山山尖的休養處，在這裡他及主宰種族的精選成員，可以在一處適度雄偉的環境中孵化出他們的征服計畫。一九二六年，在他還是一位剛出獄沒沒無名的政治煽動者，他退避該處來口述《我的奮鬥》下半部，做出影響深遠的承諾，要帶領德國人民「從他們現在受到侷促的生存空間，到達新的地方及土壤…重拾我們在六百年前所中斷之處，並將我們的視線轉向在東方的土地」。一九三三年他成為帝國總理之後，那時這本書已經成為遲來的暢銷書，他利用版稅在歐柏薩爾茲堡買下一棟房子，這成為博格霍夫（Berghof），直譯為他的「山中宮殿」。在接下來數年間，當地人被迫出售附近四平方哩的土地，所以一個有住宅及行政用途的建物群可以興建起來，做為第三帝國圈內人的夏日遊樂場所。這是所謂「生存空間」在實際上意義所謂為何一個生動的實例。

當奈維爾・張伯倫前來安排捷克讓渡出蘇台德區時，希特勒正是選擇在博格霍夫來會見他。一年之後，一九三九年八月二十二日，這成為非常不一樣聚會的場景：希特勒和他軍事領導者的會面。那些在場者之一所留下的筆記很清楚指出，希特勒在擊敗波蘭軍隊後，他意圖要做的事：

摧毀波蘭最為重要。目標是要清除活著的勢力，而非到達某一條線而已。即使戰爭在西方爆發，摧毀波蘭必

> 須是首要目標：不可心存憐憫。殘酷的態度。八百萬〔德國〕人民必須得到他們的權利。他們的生存必須要保障。最強者才有權利。最大的嚴厲。

那年十月希特勒告訴資深的納粹份子，德國的使命不是要為波蘭帶來秩序，而是「讓混亂橫行」。自從《我的奮鬥》出版以來，希特勒是要以謀殺及重新安置來構想他的納粹帝國。低劣的種族必須被殺死或驅離，讓出空間給要前進以及要繁殖的德國殖民者。這目的無異於重新勾畫歐洲的族群地圖，將曾是種族主義理論家的幻想，轉化為可怕的真實。在他的日記裡戈培爾定義希特勒的目標是「毀滅」（vernichtend）。參謀總長哈爾德相信「元首及戈林的意圖是要去毀滅及除掉波蘭人民」。希特勒說將會有一場毫無「法律限制」的「嚴厲種族衝突」。然而並非所有的波蘭人民都要被屠殺。以帝國保安處的頭子海德里希的話來說：「我們要饒恕小人物，但貴族、教士以及猶太人必須被殺死。」這目的是要將波蘭社會進行斬首，並且把殘存下來的人降服為「農奴種族」的地位，只比奴隸好一些些。

在入侵波蘭之前，黨衛軍創造出五個特別的安全警察單位，稱為「特種任務部隊」。*他們的角色是要處理「在進行交戰之軍隊後面的敵對國家裡，所有的反德成分」。即使在德國前進波蘭之前，他們已經列出他們意圖逮捕的三萬人名單。在軍事統治的短暫時期（——從波蘭在九月二十八日投降到十月二十五日——），有介於一萬六千與兩萬名的波蘭人被草率處決，他們大多數是特種任務部隊的受害者；貴族、專業人士、知識階層以及教士成員，是主要的對象。隨著希特勒在十月六日帝國國會演講，呼籲「一個民族關係

*很有意義的，二十五位「特種任務部隊」的領導人中，有十五位有博士學位。他們比一般人更為特殊：是德國學術菁英的成員。群數後來從五增加到七，再加上另外來自但澤的特種命令部隊（Einsatzkommando）。

的新秩序，」一般的波蘭人被從但澤、西普魯士、波森、以及上西里西亞東部驅離，所有這些地方希特勒都劃歸為帝國＊，將這些人重新安置在殘餘的「波蘭佔領區一般政府」。家庭只給少到二十分鐘的時間來離開家；他們不被允許拿超過手提行李的東西以及所規定的二十茲羅提（zlotys）的現款。德國沒任何準備來讓他們有房屋居住，有許多人根本就被丟棄在鐵路沿線。如此是那些領土被兼併到帝國的居民中，大約十位有一位所遭遇到的命運。對大約在西里西亞的一百六十萬馬蘇利亞人、卡斯胡柏斯人以及所謂的水邊波蘭人（Wasserpolen）則是開例，所有這些人被認為在種族上是可接受的，所以被允許留下。除此之外，有大約五百萬「無法消化的」波蘭人，則以農業從事人員而暫時被保留下來。

在新的「一般政府」中，去實現希特勒願景的工作落到一位巴伐利亞人身上，他叫漢斯・法蘭克，是納粹從法律專業人員中最早招募到的成員。當他在年紀三十九歲時，將自己安頓在克拉科夫歷史性的瓦維爾古堡時，法蘭克立即陷入虛妄幻想的顯赫中。他告訴其妻子她將會是「波蘭皇后」，雖然實際上他只負責克拉科夫、拉多姆、華沙及盧比林四個地區。「一般政府」將會成為「德國民族第一個殖民領土」。就像許多成為希特勒大規模謀殺的共犯一樣，法蘭克自認是位有高度感受力的人。他留下瓦維爾古堡的波蘭裔管理員，來維持那些他認為是屬於他自己個人的藝術典藏。當義大利的戰地記者庫爾吉歐・馬拉帕帖造訪法蘭克的宮殿，他發現法蘭克

＊這應該記得，大多數這些領土是在凡爾賽條約下，由德國割讓出的。技術上它們現在成為帝國邊疆（Reichsgaue）：但澤-西普魯士（包括但澤、布隆堡（Bromberg）以及馬林韋爾德（Marienwerder））和瓦特蘭（Wartheland，包括波森及里茲曼城（Littmannstadt），這從羅茲改名過來）。在行政上它們屬於帝國的部分，但但澤例外，就旅行目的而言，被視為外國領土。很重要的，它們被定義為Gaue（「區」），這是黨的地方單位，而非在德國境內的國家組織。在此黨部將能夠不受1933年前行政體制的限制來行為。

端坐在高挺的椅子上，好像坐在：亞格隆及梭比耶斯克斯（Sobieskis）王朝的皇位上。他似乎已經被完全說服，那偉大的波蘭皇室及騎士傳統正在他身上恢復生機。他烏亮的頭髮往後梳，露出一個象牙白的高額。薄薄一層汗水覆蓋他的臉龐，藉著巨大的荷蘭吊燈以及沿桌佈置的銀製燭台、反射在波希米亞玻璃及薩克森瓷器的亮光，他的臉龐發光，好像是被包在一個玻璃紙的面具之中。「我的一個野心，」法蘭克把手撐在桌沿，將身體對著椅子往後伸，說「是要將波蘭人民抬舉到歐洲聞名的榮耀」。

實際上，他即將要把他們丟到野蠻的深淵去。

亞格隆王朝在克拉科夫成立的大學是中歐最古老的學識重鎮，成立於一三六四年，是哥白尼的母校。在一九三九年十一月六日，佔領軍當局邀請大學教師去參加由穆勒中校所做的演講。這是個陷阱。他們之中有一百八十三位在槍口底下被趕上卡車，遣送到薩克森豪森的集中營。雖然他們後來被釋放，但這是法蘭克給波蘭知識份子安排之命運的先聲。次年夏天，在所謂的「特殊綏靖計畫」（AB-Aktion)中，有三千五百名知識份子被逮捕，然後在華沙外的森林槍殺。在一九四〇年末，這運動的受害者總數已經到達五萬人。

波蘭的菁英份子只是法蘭克必須面對的諸多「問題」之一。猶太人在德國構成不到百分之一的人口，但相形之下，構成波蘭人口約百分之九。據估計，約有兩百三十萬猶太人生活在「一般政府」裡。顯而易見，如此多的猶太人住在如此靠近新德意志帝國的核心，是無法被容忍的。難道希特勒沒將他們比成某種惡性的種族疾病，設法去污染雅利安種族？他們很明顯地必須離開，特別是就法蘭克光彩燦爛的新首都而言。但到哪裡？在德國入侵的開始階段，許多猶太人已經在羅茲南、布洛尼以及普爾土斯克的地方遭到槍殺。但這仍不是一個系統性的滅絕政策；德國國防軍軍官的反對限制了「特種任務部隊」的行動。屠殺平民是壞的，也就是對士氣及地方秩序的維護是壞的。鼓勵猶太人往東跨界逃亡比較容易。在一些考慮後，決定要將那些仍然留下來的，趕進猶太人隔離區（ghetto）；實際上這等於恢復直到十八世紀末，在整個中歐普遍存在的強迫隔離。這就其本身來說即是一件主要的行政措施，必須引進繡有大衛星的臂章來辨識猶太人，以及創造地區性的猶太人議會，其角色是要用來經營猶太人隔離區。然而從一開始，將猶太人聚集在隔離區的意圖，不過是要做為將猶太人逐離的前奏曲。雖然負責卡利胥以及羅茲的區主席佛德利希・紆柏豪爾已經提及「最終目標」為「燒灼掉這瘟疫的爛瘡」，然而這仍未是官方政策。甚至希姆萊明白地排除這種「布爾什維克出自內心的信仰，要將民族進行實質滅絕的方式」為「非德國以及不可能」。

有段時間希姆萊及法蘭克玩弄將猶太人遣送到印度洋馬達加斯加島的想法，這波蘭政府之前已經考慮過。但他們同意這只有在戰後才會發生。接著希特勒談及將他們集中在新的波蘭東界，在維斯杜拉河及布格河之間。後來西伯利亞也被提及。在此同時盧比林地區成為像是被遣送之猶太人的丟棄場，數以萬計的人被塞進匆促搭建的營區，而在羅茲、華沙、勞維次以及葛羅夫諾等地被認為過渡性質的猶太人隔離區，開始具有比較永久性的特色。這並非意謂他們可以被無限期地容忍下去。其中原因之一是猶太人他們無法忍受擁擠；三分之一的華沙人口被擠進到二・四%的住宅區。同時間猶太人的實物配給減少，所以到一九四一年前他們每日卡洛里的攝取量僅些微超過標準波蘭人配給額的四分之一，以及德國人的七%，遠低於最基本的維生水準。過度擁擠以及食物不足本身，便足以致命。這的確如此，結果一九四一年在華沙的死亡率衝到一〇%。「正是時候來將這些亂民一起趕進隔離區，」希姆萊宣布，「然後傳染病就會侵入，他們便會死翹翹。」在一九四二年夏天法蘭克形容，將一百二十萬名猶太人餓死的判決，不過「只是微不足道的事情。」

但是當法蘭克越瞭解他的封地，他越開始懷疑將十分之一的人口加以驅逐或餓死究竟是否明智，遑論讓傳染病在主要城市爆發開來的危險。在一九三九年初，猶太人佔了波蘭最高所得者將近一半。在波蘭城市中有相當高比例的企業家、經理人以及熟練技師是猶太裔。德國佔領之後，最初的措施之一是批准將所有猶太人的資產加以沒收。這是系統性且毫不留情之掠奪的開始。在大約相同時間，法蘭克發佈命令，十二歲到六十歲之間的所有猶太男性要強制勞動。無論就其資本或就其勞力，猶太人有毫無疑問的經濟價值；單純侵佔前者而忽略後者，很明顯絕非利益極大化的策略。除非法蘭克要將波蘭經濟帶回中古時代，否則他必須在種族主義意識型態的規定以及帝國經濟學之間取得妥協。他在一九四一年十一月造訪柏林期間，勾畫出他所計畫出的妥協：

> 一個我們特別關切的問題是猶太人。這快樂的渺小民族〔Volklein〕，在泥巴及污穢之中打滾取樂，現在被我們聚集在隔離區及〔特別的〕範圍，而且或許將不會在「一般政府」停留太久。〔熱烈的掌聲〕但這些猶太人不只是那群寄生蟲而已，從我們的觀點來看，是有夠奇怪（——我們只有在那裡〔波蘭〕才瞭解到——），還有另一類的猶太人，一種我們從未認為可能的東西。在那裡有勞動的猶太人，在運輸、建築工廠工作，其他則是熟練的技工，如裁縫、鞋匠等等。我們在這些熟練猶太技工協助下，已經組成猶太人的工作坊，在這裡生產物品，這些將會大大舒緩德國生產的狀況，並用來交換食物以及任何猶太人緊急需要來賴以維生的任何東西。

這好像納粹無法決定哪項是他們要的：壓榨猶太人（「生產」），或是將他們餓到絕種（「耗損」）。目前，波蘭的「猶太問題」懸而未決，這是「一般政府」裡核心的矛盾。一種半飢餓的常態降臨在羅茲的猶太人隔離區。一九四一年夏天前，在那裡約有四萬名的猶太人被雇用來生產衣服、紡織品以及其他製造品，包括軍需。

然而殺害波蘭菁英，並將猶太人擠進隔離區，不過是納粹所期盼之從根本改造中歐的序曲。對佔領區的「淨化」（Flurbereinigung）只是達成目的的手段而已。那目的是要在德國最近取得的生存空間，重新安置雅利安主宰種族的成員。

希姆萊城

在一九四〇年夏天，海恩利希・希姆萊以新創的「加強種族德國化帝國專員」身份，與他的朋友納粹詩人及榮譽黨衛軍軍官漢斯・約斯特，＊一起巡迴波蘭鄉間。除了被賦予責任去消除「那些對帝國及德國民族社區構成危險之外來部分人口的有害影響」（主要是指猶太人），他還被賦予責任要「組成新的德國聚落」。這兩個人會定期地將汽車停下，橫越起伏的平原，在那裡希姆萊，根據約斯特，「會望過去那極寬極廣的空間，豐富地充滿這優秀、肥沃的泥土…所有這些曾是、而現在再度是德國的土壤！在這裡〔希姆萊洋溢熱情地說〕德國的耕犁必將很快地改變這圖像。」

希姆萊及約斯特在沿途中經過扎莫希奇城鎮。希姆萊對它的義大利文藝復興式的建築有如此印象，完全

＊是約斯特（Hanns Johst）寫下這名句，通常被誤認為是出自戈林：'Wenn ich Kultur höre … entsichere ich meinem Browning'（「當我聽到文化這字…我便將我的布朗寧手槍解除安全鎖」）。這句子是出自約斯特最知名的劇本《史拉格特》（*Schlageter*）（一九三三），這是向納粹「殉道徒」亞伯特・李奧・史拉格特（Albert Leo Schlageter）致敬。他在《帝國的呼喚—人民的迴響！一次東行》（*Ruf des Reiches – Echo des Volkes! Eine Ostfahrt*，一九四〇）一書中，形容他與希姆萊去造訪波蘭。

牴觸他對波蘭落後的偏見假設，所以他決定要將這城鎮重新命名：「希姆萊城」，如它從此之後為人所知，將會成為德國民族在新東方疆界的第一個據點。邁向德國化的第一步是直接了當：城鎮裡的猶太人被圍捕起來，然後遣送，等待他們在猶太人隔離區的命運；下一步則是清除波蘭人。正如在西邊被兼併領土一樣，黨衛軍對原居民進行仔細的歸類。那些在第一類（「北歐」）及第二類（「法立安」（Phalian））是送到羅茲的德國民族的營區來進行篩選。那些在第三類（「混種」）則送到帝國做為奴工，但年老除外，這些人送到之前為猶太人住宅來重新安置。在第四類（「反社會及種族低劣」）的波蘭人命運則將被終結。那些抗拒或被認為力足以抗拒的人，則被帶到城鎮邊稱為圓形大廳的地方。稍後在戰爭期間，圓形大廳變為血腥的屠宰場，在那裡囚犯幾乎是被任意地射殺。然而在開始時，德國人相當精確地挑選他們的受害者：教士、律師、法官、生意人、教師，任何能被想像到可以組織波蘭民族反抗的人。甚至童子軍以及少女嚮導，都被視為潛在性的威脅。在扎莫希奇最早的受害者是十六歲的格拉金納・基爾斯尼胥卡，她是以潛在性的反抗領導人而被處決的三十六名嚮導及童子軍之一。

現在隨著城鎮已經清除種族不純粹的成分，仍然還留下一個問題尚待解決：新的德國定居者，這些墾殖希特勒軍隊所征服領土的勇敢雅利安先鋒會是誰？帝國本部相當少公民會有興趣在波蘭重新建立新生活。總的來說，舊帝國內沒超過四十萬名德國人利用這次東遷的機會，而這些人多數是或者籤運欠佳的官僚，或者是輕車簡行的生意人。德國農夫，這種被認為將提供新殖民地自耕農骨幹類型的人，根本毫無興趣。但是居住在歐洲其它地方的德國人，則比較沒那麼不願意遷移該地。希姆萊的新責任之中也包括遣返「居於國外的德國品種或族裔，但被認為適合永久回歸帝國的人。」這想法是邀請居住在比新疆界更東邊的德國族裔，來重新定居在新近兼併以及種族已經淨化的波蘭領土。在回應時，約有五萬七千人來自東加利西亞，六萬七千人來自沃里尼亞，一萬一千人來自比亞韋斯托克。在一九三九年十月與波羅的海政府所達成的協議下，另外有五萬的德裔來自拉脫維亞，以及不到一萬四千來自愛沙尼亞。不同於波蘭人被驅離，這些是自願移民者。的確，正當蘇聯的統治施加在上述區域時，有股熱潮去接受納粹邀請，「回家到祖國」。一九四〇年在蘇聯兼併比薩拉比亞及布科維納，約有十八萬九千德裔居民離開這些領土；在立陶宛遭受到相同命運時，約有五萬三千人離開他們的國家。有些人是以特別組織的火車及船隊到達；其他人，像加利西亞的農夫，則是往西騎行，用他們農用車輛，堆高滿載他們的財產。這對一個聲稱在尋找生存空間的政權來說，像是怪異及本末倒置的程序：說服德國人社區，而這其中有些已經有數世紀之久，離開他們祖先的家，往西遷移。這沒有透露給這些德裔人民的箇中理由是要以種族純粹性去篩選他們。只有那些擁有理想的「身體健全、來源、族群政治態度以及職業訓練」（－這在實際上往往意謂他們過去與非德裔人士的關係的層次－），才適合在帝國新近征服或重新征服的領土上成為殖民者。在一九四一年夏天時，希姆萊的補給部門已經安置二〇萬名德裔人民在波蘭西部已經德國化的部分；有更多的二十七萬五千人仍然在臨時安置中心，憔悴地等待著。在一九四三年末，有大約一七六〇〇〇羅馬尼亞的德裔人士在那裡被安置。約有兩萬五千德裔人士前往「希姆萊城」的地區。

這是個開始。但不盡然是個令人振奮的開始。對納粹來說，這些德裔人民在一些方面令人相當失望。許多人看起來不太德國；一些較嚴格的種族理論家低聲抱怨，他們已經本土化，甚至因為與之前的斯拉夫鄰居混血，讓他們自己種族的純粹性沖淡。相對照下，希姆萊不由得注意到有許多波蘭人看起來是如此明顯地雅利安。事實上比起他自己巴伐利亞的家鄉，這裡有更多金髮碧眼的樣本。早在一九三九年他已經思考要「過濾」被兼併的東邊領土，後來也包括「一般政府」，來找出混血婚姻的後代，「為的是讓這失落的德國血統，能讓我們自己的人民使用」。在一九四〇年五月的備忘錄中，標題為「對在東方之外族人民處置的一些想法」，希姆萊解釋他所意圖的過濾篩選過程，是要「從一團混亂之中，尋找出種族上有價值的人，把他們帶到德國，在那裡同化他們。」所有六到十歲的孩童將「每年經過篩選，理清那些擁有珍貴血統」以及「種族上第一等的孩童」，送到帝國去。正如在布雷斯勞地區的黨衛軍「種族及安置總辦公室」（RuSHA）的領導人在一九四二年所言，有些波蘭人擁有

相當明顯比例的北歐血統，這相較於在其他方面天生注定的斯拉夫血統，使他們會採取主動：種族尚有價值的波蘭家庭應該被揀選出來，所以這些之前代有德國血統的下一代，能夠藉由一套在舊（戰前）帝國的教育計畫，來恢復回歸到德國民族。

為了確實保有每個可得的雅利安人，所以有以「棕色姊妹」（Brown Sisters）而知名的德國婦女，被雇用來巡邏街道，帶著糖果去引誘潛在性符合資格的小孩。他們的父母再也沒見到那些被捉走的。如希姆萊於一九四三年十月在波森向黨衛軍的領導者解釋：「那被征服國家能提供我們類型的優良血統，我們將會拿去，必要時，會利用綁架孩童，並在此由我們把他們養大。」

類似的政策亦發生在其它兼併或佔領的區域。在新的波希米亞及摩拉維亞（這之前捷克斯拉夫的殘餘）「帝國保護區」，前任外交部長以及現任帝國保護者紐拉特辯護說：

德國人吸收近半的捷克民族，就一個種族或其他觀點來論其價值，這是有意義的：捷克民族的其餘部分則必

須被剝奪其權力，以所有種類方式從這國家移除走。這對那在種族上為蒙古種的部分，特別應該如此。

希特勒的觀點是一些捷克人可以德國化；假如種族上適合，他們或許可以被接納到德國的教育機構中。無疑地有些捷克人很投機地設法依循此道。歐塔・菲利普回憶他抗拒他父親努力使他去就讀在須列季須・歐斯特勞（今日史列茲卡・歐斯特拉瓦）的小學；當地捷克老師在聽到兒子的抗議時，責備父親是位「假的條頓人」。然而問題是：要如何在一個人身上準確辨識出德國血統。紐拉特的副手，一位蘇台德區的德國人卡爾・法蘭克，定義一位德國人民為「自己向德國民族宣誓忠誠，只要這樣的信念能夠由一些事實，如語言、教育、文化等等，來加以確認」，又接著說：「就現今的關係來說，任何對『德國人民』更精確詳細陳述是不可能的。」同樣在一九三九年後，西普魯士這「開花結果、純粹的德國」行省，帝國總督佛斯特乾脆「以典型德國人的能力及天賦（例如，工藝技術、如何適當地照顧家庭以及農具的觀念）：個人及居家衛生」來認定。在另方面，自明的「斯拉夫種族特色」包括了「明顯混亂無序及漫不經心的家庭生活，證明了完全欠缺對秩序、對個人及居家的整潔，或任何想提昇自己的野心的感覺」。換言之，在西普魯士的種族可以在行為上辨識出。相比之下，佛斯特在鄰近伐特高相同位置的人，阿圖爾・葛來瑟，堅持「至少要有五〇%的德國祖先，才能進入到德國種族登記」，這被認為是以嚴格的血統判準為基礎，將人口分割到四個種族類別。

當內政部設法對非波蘭裔少數族群的命運做出決定，文化與生物上對種族的定義之間的混亂，變得痛苦地明顯：

在奧波萊及卡托維茲地區的混血人口，數世紀以來都受到德國的影響，不應該被視為波蘭裔：相同的原則亦適用在帝國的但澤—西普魯士行省，這主要是波蘭裔，但因為混血婚姻以及文化影響，傾向為德國的民族性。卡斯胡柏斯人儘管其斯拉夫的方言，卻未曾被視為波蘭裔。這對馬蘇利亞人更是如此。然而任何人若是屬於這些族裔的話，假如他自己聲明是波蘭裔或是在兼併之前已然如此，則應該被視為波蘭。

刊物《奧斯蘭》（*Ostland*，東方土地）甚至到否認波蘭族裔曾經存在過，反而堅持說只有許多小型的「部落型態」存在過：馬索維安人包括波得拉西安人、古比安人以及羅威菲西安人，而馬拉波拉尼亞人包括克拉克夫人、拉克斯人、拉佐維亞克斯人、山朵彌濟安人以及盧比林人。此外，當納粹再往更東的地方看去，新的兩難又出現。負責東歐佔領區的部長阿佛列得・羅森柏格辯稱說，所有居住在波羅的海國家的居民應該被認為有資格來德國化，但這立場最初被一些人拒絕，因為他們認為「芬蘭—烏格里克（Finno-Ugric）種」的愛沙尼亞人以及被認為是所謂的「斯拉夫種」的立陶宛人，在種族上是外來的。後來羅森柏格的觀點佔上風；希特勒的確在思考將波羅的海的國家併入到帝國內，雖然這需要經過一個循序漸進的文化德國化過程。烏克蘭人被認為在文化上是可以拯救的。希特勒辯稱說十五到三十五歲的女子，應該從烏克蘭被遣送到帝國裡來當家庭女傭。他辯稱說這必將重新找回在五世紀時，因為在烏克蘭的古代哥德人領土，在被匈奴人征服後，失去的德國血統。

所有這些偽科學根據的典型之一是律師及帝國東方領土部種族事務科主管艾哈德・韋特澤爾博士在一九四二年四月有關「波蘭問題的解決」報告：

從種族的觀點來看，波蘭人與德國人幾乎一樣擁有相同的種族血統，雖然個別民族的比例不盡相同。北歐－法立安種族類型的比例當然是相當強烈的可見⋯這是強烈德國血統所導致的結果，這是因為這區域波蘭裔人口透過德國人「波蘭化」而吸收到的⋯另方面，東方波羅的海區的種族血統，在波蘭人口中遠遠較在德國人口中來得高。另外，除了迪納拉種的西支及東支的血統之外，尚有一些東支血統相當原始的類型，對他們是否要被視為與阿爾卑斯人相同，我們是相當有疑慮⋯在我的觀點中，有道理⋯去稱呼這些群體為「拉普人」。

「種族及安置總辦公室」裡被稱為「融合評估者」的專家在裝配如此的術語之後，必須要設法分辨出（第一類）「純粹或是絕大部分是北歐－法立安的類型，他們就其遺傳健康以及社會效率來說，是第一等的」，有別於（第二類）「平衡混血，有明顯比例的北歐、法立安或迪納拉品種，另加上小部分在遺傳健康及社會效率上還令人滿意的其他歐洲種族血統」；（第三類）「混血，在裡邊西支、東支或是東波羅的海地區種族血統佔有優勢，然而其中仍可模糊辨識到北歐、法立安或迪納拉的種族」；（第四類）「在種族上是純粹的東支以及東波羅的海地區的，歐洲種族不平衡的混血」；以及最後，「與非歐洲種族或是外來種族的混血」。在一九四三年末，這些對種族歸類的怪異、但有潛在致命性的作為，已經大致完成。在被兼併地區的九百五十萬人裡，三十七萬人已經是帝國的德國人，更另外有三十五萬三千人被認可為完全符合資格的德裔人民，有一百七十萬波蘭人符合第一類及第二類的歸類標準（因此自動成為帝國公民），有一百六十萬波蘭人被歸為第三類（他們只能在依個別考量的基礎上，才能成為公民，而即使那時，仍然會受到歧視）。其他的則是在第四類或「反社會」。他們身為「德國帝國所保護的子民」，有可能最終在集中營裡結束生命。

這些政策在實際實施上意義為何，可以再次以扎莫希奇的例證來加以闡明。總共來說，共有三萬名孩童從扎莫希奇地區移離，其中有四四五四名被認為「種族上有足夠價值」，被送到德國。絕大多數則被送到集中營。在一九四二年十二月十三日及十二月十六日，從扎莫希奇載出七一八名波蘭人的運輸工具到達奧斯維茲。他們之中所有小孩都被注射石碳酸殺死，這是納粹醫生約瑟夫・孟格爾虐待狂醫學實驗的一部份。他的受害人之中有兩位是雙胞胎姊妹瑪麗亞以及切絲拉娃・克拉耶夫斯基。當她們被謀殺時只有十五歲；「罪行」？只是因為她們不夠雅利安。

魔多

大戰不僅為納粹的種族政策在國外找到新機會。它同時也讓德國國內立場激進化。從一九三三年到一九三九年，例如說，蓋世太保以加強的狂熱來騷擾生活在萊茵地區克雷費爾德城的八三二名猶太人。雖然他們構成不到百分之一人口，卻提供給蓋世太保一九三六年以前十分之一的案件，以及之後三分之一的案件。在超過五分之二的案件中，相關之人被決定要「保護性看管」（—而這使他們無法接觸到殘存既有司法體系的保護—），然後再送到集中營。等到大戰爆發，克雷費爾德的猶太社區才被系統性地撲滅。在一九四二年夏天之前，他們幾乎所有人都被送走處死；這以一九四一年十月首次運送到羅茲的猶太人隔離區開始。當反猶政策逐漸在正規司法程序之外執行，這加劇的情形在整個德國都顯現出來。在一九三九年十一月，例如，一位被指控對德國少女進行性侵害的猶太人，直接被警察射殺，完全沒提交法庭。

同樣對維克多・克倫佩雷爾來說，儘管他的混血婚姻對他提供部分的保護，戰爭的來臨仍意謂他在社會上面臨加速進行的隔離。在一九四〇年他迫破放棄他在多次森村所建立的家，移居到德勒斯登擁擠的「猶太人之家」。他被禁止進入公園。次年，他被拘禁一週，因為沒有遵守宵禁的規定。他被追稅，追到身無分文。他甚至被禁止吸煙。從一九四一年九月他被迫要配戴黃色大衛星。＊這接連而來對他身為公民的權益進行削減，迫使克倫佩雷爾重新檢視他對那視為自己國家及文化的態度。早在一九三七年他「從未如此強烈相信希特勒確實具現德國人民的靈魂，他真正代表『德國』，以及他將接下來保持自己如此，有道理地維持自己如此。」五年之後，那種疏離感已經加強。歧視現在已經開始破壞克倫佩雷爾的健康。當他妻子四處蹣跚地尋找馬鈴薯，他儘管年邁以及心臟的狀況，要在街上除雪，然後在工廠中繼續操勞。他的衣服及鞋子是真正地破破爛爛。他生活區域已經縮小到沒比一個櫥櫃大。但這些都無法與日日滋生的恐懼相比，恐懼被搜查、毆打、逮捕，甚至謀殺。「我再也無法相信國家社會主義是完全非德國的性質，」他在一九四二年六月反省，「這是土生土長的，從德國筋肉生出的惡性組織，是癌症的病毒」。

誠然並非所有的德國人都遭受這種疾病折磨。在一九四三年六月克倫佩雷爾在他的日記裡說到：「男女工人對猶太人那完全像同志般、隨和以及經常是真正溫暖的行為…他們當然不是憎恨猶太人的人」。在一些場合中，他紀錄人們（特別是中年具有社會民主黨或共產黨背景的勞工）表達出他們的同情，即使不過是握手以及低聲鼓勵。但如此事件明顯的次數比不過被完全陌生的人在街上謾罵的場合。例如：「一群騎腳踏車的孩童，十四或十五歲…追上我：『他會被在腦後開一槍幹掉…我會扣扳機…他會在刑架上吊

＊在德國引進「大衛星」，再度開啟跨族婚姻的地位問題。命令規定大衛星在這情形之下不是強制性的：（a）一位猶太丈夫生活在跨族婚姻之中，假如從這婚姻所生之孩子不被視為猶太人。這亦適用於假如這婚姻已經解散或是唯一的兒子在現在的戰爭中被殺害，以及（b）一位猶太妻子在婚姻過程中，是處於無子的跨族婚姻狀態。

死。股票市場的騙子。』」很明顯，這些事件都會涉及年輕德國人，這在克倫佩雷爾眼中，是納粹在學校宣傳以及納粹青年團成果的證據。這也是一般德國人清楚知道這政權對猶太人施加暴力的證據，雖然不一定知道其確切性質。

不僅只有猶太人成為那被稱為第三帝國「累積激進化」的受害人。如我們已見，在大戰爆發之前，隨著Aktion T-4（見第七章）的頒行，針對患有精神病的德國人進行謀殺已經啟動。這過程在戰爭期間的狀況下被加速進行；很有意義地，希特勒親自下令批准「安樂死」的政策，時間是一九三九年九月一日。在法蘭克福西北哈達瑪療養院的情形，很清楚指出納粹國家現在如何能公然地進行謀殺。在一九四一年一月到八月之間，有超過一萬人在地下室特別興建的毒氣室裡被處死，其中大多數是從其他病院轉送來的精神病患。雖然這政策被認為應該是秘密的，當地人卻是相當明瞭發生何事。如在法蘭克福的邦高等法庭庭長向帝國司法部長報告，「即使小孩子在這些運輸工具經過時，都會叫出『有更多人要被毒氣毒死』」。屍體焚化爐煙囪的煙霧很清楚可見地盤旋在城鎮上空。療養院的工作人員在下班後到當地酒吧飲酒，當地人避之唯恐不及。哈達瑪所在之林博格教區主教，追隨加倫主教的領導，抗議正在進行之事。庭長也注意到沒有保密。當地學童提到這些將病患送到哈達瑪的巴士為「謀殺箱子」，而且彼此揶揄對方，叫喊：「你是瘋子；你將會被送到哈達瑪的烤箱去。」當地特別關切的一個原因是年邁者將可能會是下一個：「在心智薄弱之人被解決掉之後，」當地人被聽聞到說，「下一個沒用、只吃東西的人，將會輪到老人家。」這些抱怨聲導致殺戮停止，解除毒氣房功能，但這結果只是戰術性的暫停。後來在戰爭期間哈達瑪又再度成為屠宰場，雖然這一次的受害者是大約五百名的波蘭人及俄羅斯人，被認為是得到肺結核的。因為從焚化爐出現的煙霧被認為促成了最早的抗議，所以這些納粹主義的受害者被注射有毒的針劑，或是口服過度劑量的藥物，然後在療養院裡下葬。

當必須暫停「安樂死」的活動時，這些殺人者立即將他們的技術使用在其它地方。集中營如布亨瓦德比精神病院位置更好，因為它們更遠離人口中心。（布亨瓦德，Buchenwald，如其名字顯示，被樹林圍繞，位於威瑪之外的艾特爾斯堡森林裡。）在一九四一年之前，醫生如佛德利希・邁涅克會定期在那裡以及其它營區挑出「不值得生存的」囚犯，而這純粹只因為其種族來源或「反社會」行為的理由。一個如此的囚犯是夏洛特・卡佩兒，從布雷斯勞來的四十七歲護士，她因為「持續的種族污染」和以「（藉著在脖子上掛）十字架，在天主教背後隱藏她猶太種族的來源」。另一位是杜易斯堡來的克莉絲汀・雷曼，她被認定為「半吉普賽」，以及被認為犯下「反社會」以及「危害社區」行為，亦即與一位德國男性形成「婚姻般的關係」，被送到奧斯維茲。一位未婚的猶太僕人馬莉絲・穆勒，被定罪要以毒氣處決，因為她「與德國士兵持續有種族污染」，另外加上在被逮捕後，送去營區時，她表現「傲慢及懶散」。

這便是在歐洲逐漸成形之新帝國的風潮。這所根據的意識型態不僅是種族階層化及種族隔離，也是全面性的種族轉變，並以在佔領的領土及國內，用系統性及毫無節制的暴力來對付平民，以達成目標。誠然，所有帝國，甚至是任何規模的國家，都會涉及某種程度的暴力以及鎮壓。只以一證為例，為了結束一九二〇伊拉克的叛變，英國依賴空中轟炸以及懲罰性焚村來征討。甚至他們也已經考慮要使用芥子氣，但沒有備料。在這種事情上不算膽怯之人，邱吉爾也被一些喜歡扣扳機的飛行員及充滿報復心的地面部隊給驚嚇到，正如他在前一年也對印度的安瑞剎屠殺，深感沮喪。正如邱吉爾自己承認，英國在中東及印度的統治最終是奠基於士兵、槍枝以及「科學戰爭的全套戰備」。但他在許多場合中清楚表示，認為英國的權力在根本上受到法律統治以及國會至上的約束。如他所言，砍倒平民，「並非英國人做事的方法」。如一個世紀之前麥考利說過，「所有景象中最恐怖者是欠缺慈悲的文明力量。」在一九四二年「離開印度！」的運動中，英國確實不會遲疑去動用武力，但這是在面臨暴動、罷工、攻擊交通路線以及其它怠工行為的情況之下。＊民族主義的國大黨領導者被拘禁，但沒有被謀殺，但若是德國或日本人在管理印度，他們當然會遭受不幸。值得注意的是，這是發生在史塔福德・克里普斯爵士†已經明白提議之後：在戰後，在大英國協之內將建立一個自治的印度，由一個以英國型態之內閣的印度化執委會來治理，具有一個民選的國民大會，重新協商新的英印關係，上限到（以及包括）行省不加入國協的可能性（這開放了穆斯林巴基斯坦獨立的可能性）。英國的目標，如克里普斯所說，是「在儘量最早的時刻給印度完整的自治政府」。

將英國在印度的統治與希特勒在歐洲的帝國相比，或有些時候拿來與史達林的蘇聯相比，這麼做一點都不難。的確，如我們將見，希特勒自己就做出這種比較（見第十四章）。英國人當然對他們自己在戰爭期間在印度裡的地位沒有幻想。「在戰爭過程中，或許在之後一些時間，」一九四三年印度辦公室的作戰部長寫道，「印度必須被視為一個佔領及敵對的國家。」但是，例如說，在一九四三年降臨在印度的飢荒，以及納粹在一九三九年之後在歐洲以刻意為之的政策，來進行大規模系統性的謀殺平民，這兩者間則是有深刻的不同。不可否認一個結合能力不足、自得自滿以及漠不關心，加上對前一年暴動的怨恨，促成官方對一九四三年飢荒的回應是可悲的不足。然而飢荒始於颱風以及無法從日本佔領的緬甸進口糧食，而非邱吉爾下令讓孟

＊「離開印度！」（Quit India）叛亂的規模（—這被認為得到非暴力運動的甘地所原諒（「我將會偏好無政此府狀態，多於現在的行政系統」））—經常會被遺忘。總計有超過六萬人被逮捕。根據官方的統計數字，一〇二八人被殺害以及三一二五人嚴重受傷，雖然涉及身亡的總共數量或許高達二五〇〇人之多。超過三百個火車站被摧毀或是嚴重受損。

†在他戰前的馬克思主義階段，克里普斯因為提議與英國共產黨形成「人民陣線」，因而被逐離工黨。這件事讓他被推薦給邱吉爾，成為潛在性有用途的駐莫斯科大使。

加拉人蒙受飢荒。希特勒的帝國主義則如我們已見，在性質上相當不同。正如他已經在一九三七年向英國外長哈利法克斯勛爵解釋過，若他希特勒來處理印度民族主義的方法，必然是「槍殺甘地，而假如那不足以強迫他們臣服，則槍殺一打的國大黨領導人物；假如那還不夠，槍殺兩百人以及等等，直到秩序恢復為止」。即使墨索里尼的帝國主義在某些方面也比希特勒的更為老式，不僅在征服阿比西尼亞時，積極下令使用芥子氣，而且也連珠砲似地質問他的副手格拉齊亞尼元帥，指示要射殺「所有成為囚犯的叛亂份子」，用毒氣「解決叛亂份子」以及「針對叛徒以及與他們共謀的人口，啟動及系統性地進行一個恐怖及滅絕的政策」。

歷史學家有些時候呈現納粹帝國，好像它的極端暴力有最終反而有對自己不利的性質。這在當時看起來並非如此。從英國的觀點來看，德國帝國主義的殘酷無情既駭人，也令人印象深刻。相比之下，他們自己的殖民權力是如此單薄，所以相當少英國人有意識地去思考到自己是為了保存它而奮戰。相反地，他們想像自己是在為一個理想化的英格蘭在奮鬥。在休假時，一位十八歲不列顛戰役的飛行員傑弗利・魏倫盼望離開去「深入到鄉間，然後消失，到我有些時候會夢想的那類地方，某處有陽光揮灑的水岸草地，以及覓食的牛群、樹籬、蜿蜒的小河以及等等。」當他在飛行時，他往下看到「起伏多色的鄉間，英國的鄉間當然是塊蔥綠以及怡人的土地，上面有小車在小路上，穿過小村落。」這與納粹份子宏偉的願景，在規模上的差異幾乎徹徹底底。托爾金經常否認他在一戰期間構想，大體在二戰期間寫定的《魔戒》三部曲，是當代事件的寓言故事。然而如他自己所承認，這作品當然能運用在這些事件上。「夏爾」有茅草屋頂、斑爛的陽光以及喃喃的溪流，這正是英格蘭在一九四〇年想像自己的樣子：不是一個強大的世界帝國，而是一個天真無邪的鄉野世界，雖然相當容易受害於外來污染。「魔多」則是一個相反命題的集權主義，一個枯萎的工業地獄，「被旺盛的一群群邪惡東西所穿鑿以及挖透」，噴出妖怪般的隊伍以及惡魔的武器；一個充滿奴隸及營區的領域。英國人就像托爾金的哈比人，認為自己充滿勇氣的小矮人，對付無所不知、力量無窮的敵人。《魔戒》以其作者的話來說，是個神話故事，但是一個「被戰爭激發出全部生命」的故事。的確，托爾金自己提及這作品是「爭奪魔戒之世界大戰的歷史」，以及向「英格蘭，我的國家」致意。這是慶祝「一群相當小的民族那無法被打壓的勇氣，挺身對抗不可能的懸殊差異」。而在這方面，這是一個相當不同於希特勒所接受華格納版本的魔戒傳奇。

這差異確實看起來幾乎不可能克服。一九四一年春天，艾倫・布魯克能夠給自己最好的鼓勵是希特勒或許會放棄擊敗不列顛的努力，轉而「進擊俄羅斯」。然而令人驚異的是，即使在他自己的日記裡，布魯克也沒期望這能給不列顛多少喘息的機會：「無論在歐洲大陸下次的推進為何，確定的是這企圖掐死的過程將會以攻擊貿易路線、西部水道、西部港口以及工業，繼續全速前進。假如這些企圖足夠地成功，最後將會嘗試入侵本島。」他並不預期蘇聯能夠抵擋德國入侵超過「三或四個月」。倫敦其他人估計俄羅斯抵抗的時間在三或四週；這預期德國國防軍穿過紅軍，「就像刀子切過奶油」。邱吉爾自己預料蘇聯「必然會被擊敗」。那些在現在看來是過度悲觀的判斷。但是就史達林這位蘇聯統治者那種令人震驚的疏失來說，這一點都沒不合理。帝國，如之前已經提過，依賴合作的程度正如依賴脅迫。二次大戰最終極的反諷是希特勒沒有比史達林更是忠誠的合作者。

第十二章 透過鏡像

Through the Looking Glass

〔存在〕兩種類型的布爾什維克主義……在莫斯科以及柏林的哲學中，無可選擇。

達夫・庫柏，一九三九年八月二十三日

他打開頭條新聞宣布俄羅斯及德國結盟的報紙。這震撼十幾個首都政客以及年輕詩人的消息，卻為一個英國的心靈帶來深刻的平靜……現在，很精彩地，每件事都變得十分清楚。敵人終於清楚在目，巨大以及可惡，所有偽裝都拋下。這是全副武裝的現代。

伊夫林・沃，《榮譽之劍》

在歷史上它們都是企圖要脫離欲振乏力的文明，但這卻是我們所代表之國家急迫全力設法去依戀著、將其起死為生。這的確是革命性的戰爭，但我們是在過去的那邊—在目前的時刻。

史塔福德・克里普斯爵士，一九四〇年九月二十五日

煎鍋與烈火

亨莉卡・拉普只有十二歲，當她、她的母親以及哥哥被遣離烏拉諾夫卡。這發生在一九四〇年二月十日的酷寒夜半：

突然間…發出對門敲擊的聲響…我們到底犯了何罪？到何處、為什麼以及何以我們必須在這時候、在這樣的天氣中離開我們自己的家以及農莊？…但持續的「趕快！」促使我們行動，在雪橇上堆積我們非常稀少的財產，而這我們只有不到一小時去打包。於是我們離去前往車站…相似的家庭及行李堆從每個家離開。

載牲畜的卡車裡擠滿成年人及孩童，男人及女人，朋友及陌生人。在晚上沒有換洗，沒有食物，寒冷飢餓，我們覺得像掉入陷阱的動物，不知道接下來一天會帶來什麼，或是這旅程何時及何處將會終結，因為沒人知道我們的目的地。

他們的不確定感可以理解。雖然波蘭在前一年被德國入侵，亨莉卡及她的俘虜同伴並不是因為希特勒的命令而被遣走。他們是在她的盟友史達林的命令下被驅逐，而他們最後結果是在靠近伊伐克夏村落附近的一個房間中，在昏暗的蘇維埃阿爾漢格爾斯克行省。

中歐在一九三九年九月有鏡像的性質。因為不僅是希特勒下令他的部隊入侵波蘭。根據那年八月在莫斯科簽署的納粹蘇聯協約中的條款，史達林也在九月十七日做相同的事。對保守份子如達夫・庫柏或伊夫林・沃，這似乎是個揭曉的時刻，揭露出這兩個集權主義的系統，國家社會主義與「一國之內的社會主義」根本上是相同。簽署國自己瞭解他們伙伴關係的反諷性。當里賓特洛普飛往莫斯科去簽署協約時，他開玩笑說史達林即將會「加入反共產國際的協約」，亦即希特勒及墨索里尼的反共產聯盟。然而瓜分波蘭並沒產生完全一樣的集權雙胞胎。蘇聯的佔領區在許多方面是德國佔領區的鏡像，但正如真正的鏡像，左右被調換。

九月十八日在德國攻佔布列斯特幾天之後，紅軍第二十九輕坦克旅前進到此。紅軍自從跨過疆界之後，沒遇見什麼戰事，因為波蘭人將全力集中在抵抗來自西方的入侵。的確，在蘇聯人抵達現場時，大多數的戰役已經結束。根據在十天之後所簽署的邊界及友好條約條款，兩個佔領區的分界線，恰好是在這要塞的西邊。在友善的聯合閱兵之後，德國人橫越布格河撤退，由俄羅斯人接管。在分界線的蘇聯那方的一千三百萬的波蘭人（包括二十五萬名戰俘），即將發現在勞工天堂裡生活的獨特魅力。

德國人與蘇聯人在他們最近的條約中承諾要「確保生活在…之前波蘭國家的人民…一個符合他們民族性質的平靜生活」。在新疆界德國那邊的行動，已經揭穿那些美好詞語只是謊言。蘇聯的方法稍稍有些不同。最初紅軍企圖去討好充滿懷疑的當地居民，居民之中仍然有許多人記得十分清楚上次一九二〇年的蘇聯入侵，當時紅軍已經前進到遠及維斯杜拉河。這次蘇聯的士兵事先領到多達三個月的薪水，接受到命令要在波蘭村莊儘量慷慨地花用。然而這次蜜月期沒持續很久。蘇聯軍官立即在布列斯特及其它地方，將波蘭人趕離上等的公寓，加以佔用，沒有補償。同時間，蘇聯承諾在頓巴斯區的許多工作機會，結果是一場虛幻。最糟的是，波蘭人很快就知道史達林組織性暴力的系統。「在蘇聯的人有三種，」人們被告知，「那些過去在監獄裡，那些已經在監獄裡，以及那些即將在監獄裡。」波蘭人很快地就尖酸地開玩笑，NKVD（「內務人民委員會」）的縮寫字母代表的是Nie wiadomo Kiedy Wroce do Domu（「無法知道我何時會回來」）。不可思議地，有相當數量波蘭猶太人在戰爭爆發之初，逃離東邊，尋求被遣送到德國佔領區，並不瞭解只有德裔人士才會被要。這充分說明他們被俄羅斯統治九個月的經驗。

從史達林的觀點，納粹的西波蘭德國化的願景，消除所有的社會菁英，似乎沒威脅性，反而是完全的熟悉。史達林畢竟對蘇聯裡的少數族群進行更其來有自以及更大規模的戰爭，這些都遠超過希特勒到目前為止所嘗試過的。甚少少數族群會比波蘭人更引起史達林的疑心。即使在戰爭爆發之前，居住在蘇聯西邊疆界區域的一萬個波蘭裔家庭已經被驅逐。現在整個蘇聯佔領區的波蘭人民，是在史達林的掌控之下。從一九四〇年二月十日起，NKVD啟動一個恐怖活動，來對付被懷疑的「反蘇維埃」成分。之後在同年十一月所頒行一套指示中，所認定的目標是「那些經常往國外旅行，涉及海外通信或與外國國家代表進行接觸；國際語人士；集郵的人；那些為紅十字工作的人；避難者；走私者；那些被共產黨開除者；教士及宗教團體的活躍成員；貴族，地主，富商，銀行家，工業家，旅館〔業主〕以及餐廳業主。」換言之，就像希特勒一樣，史達林要將波蘭社會斬首。

到一九四〇年春，約有一四七〇〇名波蘭人被拘禁在戰俘營，其中大部分是戰敗軍隊的軍官。但是其中也有警官、獄卒、情報人員、政府官員、地主以及教士。除此之外，尚有一〇六八五波蘭人被羈留在烏克蘭及白俄羅斯西部，不僅包括前任軍官，也有地主、工廠業主以及政府官員。在一九三八年十一月在取代葉索夫成為NKVD負責人的拉弗蘭提•貝里亞建議下，史達林下令這些「蘇聯權威的誓仇，充滿對蘇維埃系統的仇恨」，要由特別審判團來審判。波蘭人他們親自出席審判將沒必要，也沒有證據需被聆聽，因為判決已經下達：死刑。在靠近斯摩棱斯克的卡廷森林裡，超過四千人被加以綑綁，在腦後方槍殺，集體埋葬，這蘇聯後來設法想歸罪納粹。這只是一系列集體屠殺的一樁。總計有超過二萬位波蘭人被殺害。進一步的「清算」接踵而來，特別的是在一九四一年夏天清空利沃夫、品斯克及其它城鎮。在一九三九年九月及一九四一年六月之間，德國人在他們的佔領區內約殺害十萬名的猶太裔波蘭人以及二〇八九九名非猶太裔的波蘭人；NKVD僅僅在兩次行動中，在人數上就已經幾乎可以相比。然而這些謀殺只不過是史達林為波蘭所計畫的一部份。在一九四〇年二月，蘇聯當局亦進行全面驅逐波蘭人，這他們從去年十月就已經開始準備。

在沒有初步的宣告下，通常在天剛破曉時，波蘭家庭生活的平靜，便被敲門聲給震碎。武裝的蘇聯民兵衝進來，宣讀驅逐的命令，並給予那些在場的人少到半小時的時間，去打包任何民兵沒有為自己拿走的財產。這些入侵通常伴隨沒必要的暴力及破壞行為。弗洛吉米亞斯—佛林斯基城鎮的一名猶太青少年人亞努什・巴爾達赫驚訝地目睹一位NKVD人，顯然因為酒醉而更糟糕，將一位他即將逮捕醫生的桃花心木桌子給打碎，吶喊：「資本主義豬！ＸＸ娘的寄生蟲！我們必須找出這些小資產階級壓榨者！」一位女性農夫形容她自己受創後的反應：

> 他告訴我們要聽他宣讀的東西，他接著讀出一個會死人的命令，要我們在半小時內準備離開，車輛將會到來……我立即整個人盲掉，開始可怕地狂笑，NKVD的人尖聲高叫穿上衣服，但我繞著房間奔跑……小孩在哭泣，要求我打包，否則會有麻煩，但我已經失去心智。

一旦離開他們的家，這些不幸的囚犯接著被命令要行進或推著拖車到最近的火車站，然後被趕進牲畜的車廂中，有些時候每個車廂多達六十或七十人。在零下的冬天溫度中，許多嬰兒及年幼孩童甚至在車子離開前就已經死去。在一九四〇年二月到一九四一年六月的四次主要行動中，大約有五十萬波蘭平民以這種方式被圍捕。有些時候民兵會說謊，告訴這些受害者會送往何處，聲稱他們的目的地是德國或波蘭的另一區。

事實上，大多數都被遣送到西伯利亞以及哈薩克斯坦的營區以及集體農場，蘇聯最偏遠及最荒涼的地區。這像是從煉獄旅行到地獄。「我們被帶走，穿過這無限的空間，」索菲雅・珀塔斯尼克回憶，「如此平坦浩瀚的土地，偶而只在這裡或那裡有一些散居的聚落。我們一成不變地看到骯髒的泥屋，稻草的屋頂及小小的窗戶，污穢敗壞，沒有圍籬或樹木。」許多較年輕或較老邁的流放者，沒存活到在目的地下車。那些做到的，幾乎沒有任何可算是適當的食物或棲身之所。他們數以萬計地死於寒冷、飢餓以及疾病。到一九四二年時，根據一些估計，幾乎不到一半的流放者存活下來。

那些沒有死去的，只能無法置信地聆聽蘇維埃的教官要「重新教育」他們。安東尼・艾卡特回憶一個營區講師「向囚犯講述將全力付諸勞動的高貴。他會告訴他們高貴的人是愛國者，所有愛國者熱愛蘇維埃俄羅斯，全世界勞動者最好的國家，蘇維埃公民自負能屬於如此的國家，諸如此類等等，等等，足足兩小時；所有這些都是針對一群聽眾，他們的皮膚見證了如此聲明的荒謬以及虛偽。」在其它地方，使用的語言更為嚴厲。一位在帕魯夏的村民見到自己的鄰居被往東運送，被告知說：

這是我們如何殲滅蘇維埃政權敵人的方式。我們將會用篩子，直到我們找出所有的小資產階級以及富農……你將再也不會見到我們從你們那邊帶走的人。他們會在那邊消失，就像田鼠一樣。

在蘇維埃統治下並非每個人都境遇變差。在格羅德諾的猶太人對蘇聯軍隊的來到，很正面地感到鬆一口氣，因為他們停止在波蘭軍隊向德國人投降之後所爆發出的屠殺。在其它地方，猶太人歡迎蘇聯的統治，認為會改善是在後畢蘇斯基時代、變本加厲的偏頗波蘭政權。在原先是德國佔領的布朗斯克村落中，有些猶太人以鮮花及布條歡迎紅軍。許多發現自己落在分界線的德國那側，匆忙地越過到蘇聯那邊，一點都不知道有些他們同宗的人是往反方向逃跑。只有少數不幸的人，像馬格林，一位來自巴勒斯坦的訪客，他從西波蘭到林斯克，但被蘇聯人逮捕，因為沒擁有正確的文件，在古拉格服刑長長的五年。對許多猶太人在忍受過一九三〇年代逐漸增強的迫害後，蘇聯的統治是種機會。許多人願意加入成立來管理蘇維埃區的新機構。對蘇聯當局侵略性的世俗化統治，目的要「連根拔除宗教信仰和習俗，以及猶太民族主義」，相當少抗拒。特別是在許多較年輕猶太裔波蘭人眼中，這似乎是個可以接受的代價，與非猶太教徒得到一樣的平等待遇。在一些區域裡，之前波蘭官員聲稱說他們被當地猶太人告知：「你們的時間已經過去，新的時代現在開始。」

波蘭人不會忘記這種蘇聯人和猶太人明顯的親近關係，立即在猶太教義及布爾什維克主義之間發現所謂的關連性。「波蘭人和猶太人之間的關係在目前明顯比戰前還壞，」一位史特利的評論者在一九四〇年六月寫下。「整體波蘭人對猶太人採取負面的態度，是因為他們公然和布爾什維克主義者合作，以及他們對非猶太人的敵意…人們根本憎恨猶太人。」對象徵性背叛行為的記憶，在戰爭結束許久之後仍然存續著。一個人記得一位他在學校認識的猶太小孩「伸手去取得我們白色及紅色的國旗，然後…撕裂成兩半，將白色從紅色分開」。這男孩告訴他說，「你們該死的波蘭已經完蛋。」一位從維爾諾來的婦女記得「一位猶太人，披戴紅色臂章，從刀鞘抽出彎刀，說出『榮耀與祖國』」。他「像發瘋似地」狂笑，她回憶說：「哈！哈！他們滿懷榮譽地代表祖國。」如此的回憶無疑地會隨著時間而加油添醋。但它們顯示出蘇聯統治對波蘭已經分裂的社會所具有的切割效果。在這國家的其他部分，蘇維埃人給烏克蘭人及白俄羅斯人較優惠的待遇。他們以類似像「給波蘭人、地主及狗一個像狗一般的死亡！」“Poliakam, panam, sobakam – sobachaia smert!”的口號，來刻意鼓動烏克蘭人對波蘭人的暴行。當紅軍在一九四〇年六月佔領立陶宛時，族群的分裂亦以類似方式擴大。當它在過去獨立的時候，猶太人在國家的公共生活中只扮演最低程度的角色，但在蘇聯所設立的人民政府中，有兩位成員是猶太人。當立陶宛被蘇聯兼併時，最高蘇維埃有五位成員，以及成員為十五名的主席團中有兩位是猶太人，正如在人民委員會議中有兩位，以及在九位最高法庭法官中有兩位。

波蘭曾經在德國及俄羅斯帝國之間被瓜分，但從未像這次。希特勒及史達林同時讓波蘭人遭受恐怖的統治。他們共有的目標基本上就是要永久滅絕波蘭人民的政治及文化生活，所以波蘭不僅不再以一個地方存在，也不以一個意念存在。她將只成為一個煎鍋以及烈火。看進一個被佔領之波蘭的鏡子，史達林有道理認為他遇見對手，在地獄裡的對手，但這地獄很有道理會繼續存在。

集權主義的兩個面貌

虐待波蘭人只是納粹和蘇維埃政權逐漸彼此相似的許多方法之一。不僅德國國家社會主義看起來越來越向蘇聯的「一個國家的社會主義」。希特勒也逐漸像一個史達林的徒弟，或像是個資淺的魔鬼。

當喬治亞鞋匠的兒子約瑟夫・朱加什維利，在看奧地利海關官員兒子阿道夫・修克格魯柏時，他似乎在這較年輕的人身上看到志同道合的靈魂。在仍是學校學童時，這兩位都以相同咬牙切齒的挑釁來看待世界。希特勒是位失敗的藝術家，而史達林是神學院退學生。兩人都是革命者，都曾在他們之後所推翻的政權裡坐過牢。兩人都是以反資本主義勞工政黨的成員以及之後的領導者而掌權。兩人都不規律工作，喜歡深夜以及夏日避暑（史達林的歐柏薩爾茲堡是他在黑海旁的索契別墅）。兩人與女性都有問題。希特勒很嫉妒地寵愛他的甥女潔麗・勞芭爾，但她在一九三一年舉槍自殺；史達林的妻子娜傑日達・阿莉盧耶娃在十四個月之後也做出相同的事；她們都同樣也被較年長迷戀者的殷勤注意，給逼得自殺：兩個情形都是男比女年長二十一歲。這兩個年輕女子都被較健壯的類型取代：健康的女接待伊娃以及豐滿的管家伐切卡。此外，希特勒雖然年輕十歲，但似乎從史達林那裡迅速學會如何成為獨裁者。他在「長刀之夜」顯示出他也能夠將他黨裡潛在的對手除掉；史達林印象深刻。（「你聽到德國發生何事嗎？」他向安納斯塔斯・米高揚說。「那希特勒真是個角色！太棒了！那是件有些技巧的作為！」）希特勒在黨衛軍及蓋世太保中，創造出一個秘密警察的系統，看起來且運作起來頗像史達林的NKVD。他模仿史達林的五年計畫，公開為德國經濟提出四年計畫，拒絕他經濟部長沙赫特所要執行比較像指令性經濟的系統。現在在波蘭，希特勒展現出進行集體謀殺的明確傾向，雖然在這階段他仍然不可能趕上史達林，因為後者已經在一九三八年底時，造成最少六百萬人的死亡。

這兩個政權甚至看起來一樣。這在一九三七年巴黎世界博覽會，當納粹與蘇聯的展示館在塞納河右岸彼此像集權主義方尖碑般地遙遙相望時，就已經很明顯。德國展示館由希特勒寵信的建築師阿爾柏特・施佩爾設計，是座五百尺的高塔，上面架著巨型老鷹及納粹黨徽，周圍環繞九根長柱，上面雕有黃金馬賽克以及更多的黨徽。在底部則是雕刻家約瑟夫・托洛克的「同志友誼」，兩座二十二尺高的裸體超人，手牽手。蘇維埃的展示館由波利士・佑方操刀，是個一樣獨一無二的巨塔，支撐著維拉・穆基納不銹鋼的雕像「勞工與集體農場女孩」。當然，這兩個展示館並不相同。德國人譏笑蘇維埃展覽館的「野蠻形式主義」，而俄羅斯人則譴責納粹展覽館的「貧乏、虛偽⋯法西斯新古典主義」。然而如義大利藝術家基諾・塞菲立尼注意到，這些展示有許多共同之處，特別是「他們明顯的意圖要強調規模，強調極度龐大及虛華的規模」。這並非偶然。根據施佩爾，他在博覽會之前檢視場址時，「偶然撞入一個有蘇聯展覽館的秘密草圖房間」：

一對雕像有三十三尺高，豎立在一個高聳平台上，邁向德國的展覽館。我因此設計一個立方體，同樣豎立在堅固的列柱上，這似乎制止了攻勢，然而從我們高塔的簷口，一隻老鷹在牠的利爪中抓著納粹黨徽，往下看俄羅斯的雕像。

這博覽會裡的展示向世界透露那已經經歷一段時間的事：納粹與蘇維埃在圖像學上令人訝異的合流。那將被蓋在希特勒所點化過的首都日耳曼尼亞（Germania）裡的巨型圓頂建築，在許多方面是在回應佑方及佛拉迪米爾・史秋可所設計的莫斯科蘇維埃宮殿得獎設計，這風格如安納多利・盧那察爾斯基所說：「並沒避開古典的主題，但設法超越古典的建築。」這兩個政權都為他們自己的偽宗教豎立神殿；兩者都將他們的領導者描繪為神明以及國家之父的角色。在蘇維埃的藝術，正如在納粹藝術中一樣，相同的原型男性被加以呈現：黨的殉職者、勞動模範、戰士英雄。法蘭茲・艾屈霍斯特的《街頭巷戰》幾乎是亞歷山大・傑伊涅卡早些《保衛彼得格勒》畫作（一九二七）的複製，正如赫爾曼・奧圖・霍耶的《衝鋒隊的人解救受傷同志》（一九三三）則歸功於科西馬・彼得洛夫・波德金的《垂死的委員》（一九二八），而亞瑟・康普夫的《在鐵工廠裡》（一九三九）幾乎與尼古來・多利米東托夫的《鐵工廠》（一九三二）無法區別。在這兩個文化裡一樣常見的是農婦角色做為豐饒的象徵，這在利奧波德・史穆茲勒的《農場少女返家》以及葉夫根尼・卡茨曼的《卡利亞金的蕾絲女工》（一九二八）幾乎如出一轍。甚至是猶太人及「耐普曼」（在史達林之前的新經濟政策下，被允許運作的商人）的「敵人形象」，都令人懷疑地有大量相同之處，特別是在一九四〇年代史達林政權開始往公開迫害猶太人的方向前進時。這兩個政權提供許多機會讓一個世代保守傾向的藝術家或是投機藝術家，可以在幾乎所有的藝術媒介中工作，推翻那一九二〇年代蓬勃的現代主義者。的確，希特勒曾經在《我的奮鬥》中攻擊「布爾什維克藝術」，堅稱它是瘋狂及墮落者病態的增生：〔布爾什維克化〕國家官方及認可的藝術，是落在立體主義及達達主義的概念下。」然而由國家所鼓勵，針對現代主義所進行的反撲，甚至在那時已經在蘇聯開始。早在一九二六年《蘇聯藝術》的編輯羅伯・佩爾許已經在批評「『左派』激進份子的精神疾病：未來主義、立體主義、表現主義、真實主義、達達主義、至上主義、反對愚蠢及懶惰，反對漠然無關以及懷疑。」蘇維埃「有關重構文學及藝術組織」的命令在一九三二年通過，這在希特勒在德國掌權之前。甚至由戈培爾所發展出的機制，來對德國文化的每一部門進行中央的管控，都與那些在史達林之下所建立的機制有驚人相似性。到一九三〇年代末期，納粹藝術與蘇維埃藝術是如此相似，所以史達林能夠合理地指控希特勒剽竊。

當然，納粹主義與共產主義有所不同，正如希特勒與史達林不同。希特勒是位群眾煽動家，一位可以用他彌賽亞式的狂言囈語來刺激觀眾；史達林是位官僚，一位偏執地微觀經營每件事、從螺絲釘製造到大規模處決的官僚。希特勒以或多或少的民主手段來掌權，史達林則是以共產黨組織內的運作。希特勒接管了世界最先進的工業化社會；在一九三八年蘇聯的人均所得不到德國的一半。希特勒欠缺史達林那種謀殺的偏執狂；在前者宮廷裡擔任官員遠遠比較安全。這兩個政權的美學也在許多有趣的地方大相逕庭。德國對鄉村的呈現有意識地傾向現代之前的狀況，然而蘇聯的鄉村景象通常至少會有一輛拖拉機。在納粹藝術裡有更多的裸女，然而蘇聯的女性角色都是一本正經穿著鍋爐操作服或生動的民族服飾。納粹藝術歸源於新古典主義以及浪漫主義；相形之下，俄羅斯社會主義寫實論的起源被追溯到在一八六〇年代退出學院體制的「旅行者」。除了對幾乎所有形式的現代主義有反感外，這兩位獨裁者自己卻有截然不同的品味。希特勒是華格納迷，史達林則或多或少是個音痴，雖然他的確喜歡格魯克的《伊凡・蘇山寧》（特別是當波蘭人被一位俄羅斯人引誘進入森林，留在那裡受凍的場景）。除了齊格勒的《四大元素》及布列克的華格納半身塑像外，希特勒的私人公寓大體上是以十九世紀的作品裝飾。史達林相形之下，則只不過有幾張折頁的旅行者印製品，釘在他別墅的臥房牆上。

但或許最關鍵的事，這兩位獨裁者中的一位沒顯示過對他到目前為止所取得的土地感到滿意。假如他在《我的奮鬥》中所寫是算數的話，那希特勒與史達林的協約只是暫時的權宜之計。如敏銳的德國外交官烏爾里希・馮・哈塞爾所說，「究竟在何種程度上，〔納粹與蘇維埃的〕協約只不過是這兩個極權政權不誠實的權宜之計，或者在何種程度上，以蘇聯進一步國家主義化以及納粹的布爾什維克化為基礎，這協約將兩個國家更緊密靠攏，仍然是個開放的問題。」史達林認為這是個封閉、已結束的問題。非但一點都不畏懼被希特勒背叛，他還敦促下屬要在維持與他最好的新朋友的雙方和諧關係上，優先處理。兩個極權政權的貿易興盛，所以蘇維埃外銷到德國到達一九三〇年未曾見過的高點。有些時候這個貿易被描繪為好像史達林只不過給希特勒原物料，不求回報。在事實上，如12.1表所顯示，德國在一九四〇年也外銷相當數量的製造品到蘇聯，主要是機械、精密工具以及電子裝備，還有三百四十萬噸的煤礦。甚至德國外銷到蘇聯的數量還超過從那裡進口的。然而這大體上是因為往東運輸煤礦的體積。就價值來說，是蘇聯有貿易盈餘。這非比尋常。因為在兩次大戰期間的大部分時候，蘇聯一直與德國有貿易赤字，特別是在第一個五年計畫期間，當時從德國進口機械數量竄升。但在一九四〇年則非如此。蘇聯提供德國的物質，其累積價值比它所收到的還高七十六%。這其中最大數量是由農產品原物料構成（包括木材及棉花），食物（主要為大麥）和超過六十萬噸在軍事上關鍵的油品。此外，史達林也允許德國海軍使用白海的莫曼斯克港口，添加油料，而且不遺餘力

表 12.1：蘇聯－德國貿易主要成分，1940 年

外銷到德國	噸數	千盧布	從德國進口	噸數	千盧布
農業原物料	1,120,710	229,982	機器	29,188	147,652
食物	896,118	168,115	發電及電子設備	4,233	8,917
其中的大麥	732,536	137,622	儀器及工具	536	14,600
能源、礦物、金屬	801,430	122,366	能源、礦物、金屬	3,519,692	139,366
其中的石油	657,398	102,893	其中的煤礦	3,414,318	64,014
化學品	168,347	11,369	化學品	1,802	9,926
總計	3,032,830	555,862	總計	3,555,457	316,301

來協助德國攻擊英國的海上運輸。

希特勒很高興讓他相信一切順利。根據一些俄羅斯的史料，希特勒在一九四〇年十二月及一九四一年五月親自寫信給史達林，以他「身為國家領導人的榮譽」宣誓，聚集在德國所佔領的波蘭部分的德國軍隊，事實上是要準備進攻英格蘭；他們在波蘭只是要讓他們脫離英國轟炸機的範圍。希特勒唯一的顧慮是：

> 我其中的一位將軍或許會刻意進行……〔與蘇聯邊界部隊的〕衝突，為的是要挽救英國免於她所要面對的命運……我要求你不要接受會從那些將軍，在忘記他們職責時，或許所發動的挑釁……而且不消說，設法不給他們任何機會。

史達林值得擁有身為近代史之中，最偏執以及最不信賴人的名聲。但如亞歷山大・索忍尼辛曾經評論過，這裡最大的反諷是蘇維埃的獨裁者只曾經相信過一個人。不幸地是，那個人是歷史中最毫無顧忌的說謊者希特勒。

序曲

在一九三九年四月二十日，希特勒從馬丁・柏爾曼收到一份非比尋常的

五十歲生日禮物，此人後來將成為他的私人秘書以及戰爭期間德國最有權勢的人之一。座落在基爾史坦山山頂上，在納粹菁英的歐柏薩爾茲堡休閒園區上方六千尺，這「鷹巢」是一個以最好的民族風格建成的雄偉花岡岩山林住屋。除了墨索里尼所致贈的壁爐以及昭和天皇所送的大廳地毯，它每部分的由來都是無可挑剔的德國。為了讓希特勒到達那裡，無速限公路及齊格飛防線的建造者弗利茲・托德完成一條蜿蜒的四公里的路，直達山頂，就其自身這便是一件可觀的建築成就；更加可觀的是這部分是在阿爾卑斯山隆冬時節所完成的。一條以火炬點亮的人行道，超過三百碼長，帶到一個豪華銅面的電梯，而這電梯通道是在山的核心中炸出來的。藉著這些方法元首被抬舉到他權力的真實頂點。從這裡來看，整個歐洲彷彿伏倒在他出名銳利的透人注視之下。假如納粹帝國是魔多，那這正是索隆的高塔。

但讓柏爾曼傷心：希特勒厭惡它。到電梯的隧道使他有狹室恐懼，而從頂端的景致讓他暈眩。但鷹巢在一方面提供靈感，因為它對以溫特斯堡為名之山有極佳視野。根據傳奇，在此熟睡著十二世紀霍亨史陶芬王朝的腓特烈一世：腓特烈・巴巴羅莎。這似乎是一個恰當的名稱來用在二十世紀最有野心的軍事行動，以及最血腥的背叛行為。

希特勒一直企圖進攻蘇聯。《我的奮鬥》清楚指出，德國人民只有在這裡才能發現到他們所需要的生存空間。奧地利、捷克斯洛伐克以及波蘭只不過是納粹帝國的開胃菜。她們並不足以提供足夠農地給預期的那群德國居民；或許更重要，也沒有德國軍事機器所根本需要的油料及其它礦產。但如希特勒在一九三六年十一月時所說，他意圖「〔只有〕在適當的時候才會走進電梯」；入侵俄羅斯未曾是他的第一步軍事行動。三年之後他向國際聯盟在但澤的瑞士專員卡爾・布爾克哈特解釋他的優先順序：「我所做的每件事都是針對俄羅斯。假如那些在西方的人太蠢或太盲，無法瞭解這點，那我將被迫與俄羅斯人取得諒解，來擊敗西方，然後在打敗它之後，以所有我的軍力一起協同對付蘇聯。」

希特勒至少有兩個好的軍事理由在一九四一年夏天發動進攻。首先，紅軍在波蘭以及之後接著在芬蘭（這史達林在一九三九年十一月入侵）的差勁表現，暴露出蘇聯軍官團被史達林清算後，已大為削弱。希特勒及他的軍事顧問同意，紅軍將會是德國國防軍已經試煉及證明過的閃電戰術的囊中之物。第二且關鍵的是，希特勒沒有贏得不列顛戰役。然後他說服自己說，假如德國現在可以解決掉蘇聯，英國士氣必將遭受致命一擊。他在一九四〇年七月如此思考隨著俄羅斯瓦解，英格蘭最後的希望亦必將熄滅。

尚有另個理由來攻擊史達林。從蘇聯的觀點來看，瓜分波蘭是個相當大方的交易。儘管幾乎所有的戰役都由德國來打，但蘇維埃人結果是得到稍微較大比例的波蘭人口。他們也繼續去拿下波羅的海的國家，這包括了提倡德國「東進」政策者所企求的領土，其提倡者例如有愛沙尼亞出生的阿佛列得・羅森柏格。在一九四〇年六月，隨著所謂的「挑釁行為」，愛沙尼亞、拉脫維亞及立陶宛被蘇維埃部隊佔領。如在東波蘭一樣，佔領不久之後，便接著是逮捕及驅逐數以萬計的所謂「反革命份子」。史達林進攻芬蘭只不過是他進一步擴張蘇維埃帝國諸多步驟的一項。一九四〇年六月，他違反里賓特洛普及莫洛托夫協約的秘密約定，單方面要求羅馬尼亞讓渡給他比薩拉比亞以及北布科維納，這包括羅馬尼亞最富庶的農地。這是德國一直以來希望能提供他們黃豆以及其它珍貴進口品的一塊地；它也有相當數量的德裔人士居住其中，特別是伽瑙替（徹爾諾維茨）。蘇維埃取得這片領土使他們距離普洛耶什蒂油田不到一百二十哩，這是德國國防軍一個關鍵的燃料來源。當蘇聯人清楚表示，他們意圖要向保加利亞提供「安全保證」時，希特勒察覺到新的證據，證明史達林要在巴爾幹地區捷足先登。（在一九四一年三月時，希特勒已經說服保加利亞加入羅馬尼亞和匈牙利，成為軸心國的新成員。）

在一九四一年七月，希特勒發出初步命令，準備入侵蘇聯；他在七月三十一日與他軍事首長在博格霍夫的會議中確認這是他的意圖。在一九四〇年十二月十八日他批准指令二十一號，巴巴羅莎行動的計畫。原先計畫在一九四一年春天發動，但攻擊延遲到六月二十二日，讓德國國防軍取得巴爾幹。這耽誤是墨索里尼的錯誤。義大利在一九四〇年十月發動入侵希臘，卻災難性地不順。在一九四一年三月希臘人已經成功地驅逐入侵者，進而越過邊界，進入阿爾巴尼亞，這在一九三九年已經被墨索里尼佔領。希特勒希望以迅速攻擊希臘後方來修正整個局勢，但這端賴被給予不僅經過保加利亞，還有南斯拉夫的通行權。在三月二十五日攝政王保羅已經同意加入軸心國，但兩天之後他在軍事政變中被推翻。這鼓舞希特勒擴大他計畫的攻擊範圍。在四月六日南斯拉夫被入侵；八天之後貝爾格勒的政府要求停火。現在德軍已經橫掃進入希臘，計取希臘人，強迫另一支英國遠征軍逃難。在四月三十日英國撤離伯羅奔尼撒，撤退到克里特島，而英國部隊去年十月原先是被派遣來此。德國人繼續橫掃前進；他們的空降部隊入侵克里特，又迫使英國進行另一次的搏命撤退。這巴爾幹的閃電攻擊耗費希特勒寶貴的時間，然而也似乎提出新的證據，證明德國軍力是無法抵擋地強大。無需懷疑英國何以期待紅軍只能抵抗幾週時間。他們自己已經試過不止一次，而是三次：在法國，在希臘，以及在克里特島。

在對蘇聯的攻擊宣布之前幾個小時，希特勒已經邀請施佩爾進入到他柏林帝國首相辦公室裡的私人公寓。他打開留聲機，為施佩爾播放李斯特《序曲》喧鬧嘹亮的音樂。「你即將在未來經常聽到那音樂，」希特勒告訴他，「因為它將是我們俄羅斯戰役勝利的演奏樂音⋯你喜歡它嗎？」彷彿要讓這建築師安心，他說施佩爾將會從這新的任務得到利益：「我們將會從那裡得到我們要的花岡岩以及大理石，任何我們要的數量。」

猴子賭注

歷史最血腥的分手並不難預見。預期德國會發動攻擊是散佈的如此之廣，所以它甚至穿透到英國學術生活的隱蔽之處。在一九四一年六月十六日，德國入侵蘇聯之前六天，牛津耶穌學院的物理學導師克羅德．赫斯特和他那時是皇家空軍飛行中尉的「猴子」貝克，一位地理學的同事，兩人賭注。賭注獎品是的內容是「一瓶葡萄酒」，打賭的內容是「在格林威治標準時間一九四一年七月一日中午之前，德國軍隊將會跨過俄羅斯邊界」。結局是由物理學導師贏得賭注，還有八天就會發生。因此說任何人，除了猴子外，都可能預測到巴巴羅莎計畫，並不會太過份。

赫斯特的賭注並非一件令人驚訝的預言，更不是幸運的矇到。在解讀出德國叫「恩尼格瑪（或謎團）密碼機」的密碼後，英國情報單位對德國部隊一直到六月二十二日前的調度都相當清楚。邱吉爾後來對他曾向史達林暗示一事大做文章，暗示史達林說希特勒沒安好心眼，雖然他讓史達林自己去從隨著南斯拉夫攝政保羅同意加入軸心國後，有三個德國裝甲師已經被下令移防到波蘭一事去做出推論。但史達林不需要英國的情報。他自己的情報部門已經收到許許多多德國即將進攻的報告。早在一九三九年五月他收到一個六頁的文件，標題為「法西斯德國未來的侵略計畫」，這是以在華沙的蘇聯間諜所取得的德國簡報為根據。在一九四〇年蘇聯間諜魯道夫．馮．薛利哈（化名阿瑞茲）報告說，希特勒計畫在「一九四一年三月」將向蘇聯宣戰。在一九四一年二月二十八日，同一位間諜已經能夠提出五月二十日的暫訂發動時間。這情報並得到來自布加勒斯特、布達佩斯、索菲亞以及羅馬資料的確認，更不用說在東京的知名間諜理查．索格（化名拉姆塞），他有特別好的權威來源，因為他是德國大使尤金．歐特妻子的前任情人。在三月五日索格可以送出德國文件的微膠捲拷貝，顯示攻擊安排在六月中。在五月十五日時，他給的日期是六月二十日。四天之後他報告說德國已經準備好一百五十師要進行全面攻擊。他向莫斯科保證，他的來源是「百分之九十五確定」，攻擊必將在六月下旬發生。他在六月二十日重複警告。這故事有德國及其波希米亞保護國來源的確認。例如說，在四月十七日，一位布拉格的告密者預測「在六月下半」德國入侵。在德國人開始進攻的三天前，柏林的一個消息來源透露入侵的準確日期及時間。在六月二十一日蘇聯駐柏林大使確認攻擊將在第二天早晨發生。根據估計，如果將所有如此傳達給莫斯科的警告次數加起來，會多達八十四次。簡言之，不能責怪一九四一年蘇聯的情報蒐集有錯。既然消息來源是安插在德國的經濟部、空軍部以及外交部，他們是知道所有希特勒計畫的基本要項。

所有這些史達林都加以忽略。他很典型地在一份布拉格的報告底下草草寫了：「英國的挑撥！調查！」在見到從德國空軍部來的消息，顯示有更多德國意圖的證據，史達林爆怒：「這德國空軍部參謀單位的『消息來源』應該被送到×××的！沒有內線，只有給假消息的人！」他對索格斥之以鼻，只是個「小便便！」即使謝米翁・季莫申科元帥警告即將來臨的災難，也被粗魯地甩到一旁：「季莫申科是個好人，有大大的頭，但顯然小小的腦袋⋯假如你想在那裡調動部隊，來刺激在邊界的德國人，但沒得到我們的允許，那人頭會落地。注意我的話。」一位德國士兵在六月二十一日冒險跨過邊界，警告蘇聯人第二天將發生何事，但史達林下令槍殺。問題被這事實弄得更為複雜：整個蘇聯情報機構就像紅軍高階層一樣，是整肅的受害者，而現在大體上是由沒經驗、唯命是從的小角色在中央擔綱，他們唯一的關切是自保。在收到現場情報人員的報告，凡是無法符合史達林的既有成見，分析人員會在將它們交給他之前，竄改內容。德國入侵的警告因此突變為英美企圖「惡化蘇聯及德國關係」的證據。

結果是在面對德國進攻時，蘇聯做得太少準備。的確，俄羅斯西部邊界的防衛現代化是做了一些，但是新的防禦工事遠遠尚未完成，而舊的史達林防線卻被允許凋落敗壞。在佔領的立陶宛及東波蘭的蘇聯軍隊，除了布列斯特的駐軍外，處於非常曝險的地點。蘇聯的飛機沒有偽裝。軍隊沒駐紮在防衛的地點；他們甚至被下令「不要」去佔據如此的地點，因為擔心會激怒德國人。更糟的是，史達林卻進行另一場整肅，來對付被懷疑威脅他權威的人，以回應這逐漸加強的風暴。在一九四一年六月約有三百位高階人員被逮捕，其中至少有二十二位曾獲頒蘇聯最高軍事勳章。就在毀滅的前夕，史達林仍然拒絕發佈全面入侵警告給他的邊界部隊，反而告訴他的將軍：「下如此的指令仍嫌太早。或許問題仍然可以和平解決。」除了用銀盤端給希特勒打開克里姆林宮的鑰匙外，實在很難想像到他能幫更多的忙。

巴巴羅莎

盛河平整地切割小鎮普熱梅希爾，分別標記出納粹以及蘇維埃佔領的波蘭。在蘇維埃這邊，這看起來不過是另一個安靜的夏天夜晚。將可疑波蘭人運送到西伯利亞的工作終於幾乎已經完成。沿著整條邊界，相同的情形都發生著。在前線城鎮諾夫哥羅德—佛陵斯克的高階俄羅斯軍官正在觀賞演奏會。西軍區的指揮官在基輔的劇院。在西米亞土切的舞會正如火如荼進行，而當地德國軍官受到邀請參加。他們有禮地回絕，託稱事先有其它約會。

在布列斯特的俄羅斯軍隊整天都隨這軍樂隊的音樂操練。那晚他們喝醉。在半夜時，定期的莫斯科柏林班車駛入車站。上面載滿前往德國的穀物—這是納粹蘇聯貿易持續興盛的一部份。在剛破曉時，早晨的運煤火車從另一方向駛來。突然之間，它停下來時，德國機關槍伸出。立即之間布列斯特的碉堡被以每分鐘五千發砲彈的致命彈雨轟炸。古德林（──他的裝甲師已經在兩年前攻到布列斯特──）很快又回到碉堡之前。這次他沒打算停在那裡。

巴巴羅莎行動在許多方面是閃電戰術藝術的最高成就。龐大的德國入侵部隊共包括一百五十三師，六十萬輛車，三千五百八十輛坦克，七千一百八十四具火砲，以及二千七百四十架飛機；別忘了六十萬匹馬，因為這行動遠超過德國國防軍的機動能力。＊在第一階段中，德國空軍橫掃在飛行距離內的所有蘇聯機場，到稍晚時已經摧毀八百九十架飛機，幾乎和在整個不列顛戰役，英國所損失飛機數量一樣地多。它們大多數甚至還沒飛離地面。德國沿著一個長達九百三十哩的陣線，以三個超大型集軍團的方式往東傾瀉而去，正如常發生的，這是由裝甲師引導。第一及第二集軍團是經過波羅的海國家及烏克蘭進行攻擊，然後在列寧格勒以及莫斯科會師；第三集軍團則往基輔方向前進。在一連串大規模的包抄攻勢中，德國人俘虜了數以十萬計的蘇聯軍隊；他們對入侵者而言，似乎是準備不良、訓練欠佳、裝配不足以及，特別是，領導差勁。在七月九日集軍團中心現在已經遠遠越過明斯克，俘虜二八七七〇四名戰俘。相同的故事也發生在比亞韋斯托克和斯摩棱斯克，雖然在後者的抵抗明顯較為強悍。在八月底蘇聯戰俘到達八七二〇〇〇人。九月基輔淪陷，又另外加上六六五〇〇〇人。在包圍維亞濟馬以及布良斯克的包夾行動中，再添六七三〇〇〇人。到秋天時有超過三百萬人成為俘虜。從俄羅斯的觀點，這是所有歷史中最大的軍事浩劫。德國收音機大聲播放李斯特的《序曲》，已經變成千篇一律的單調。

＊在一五三個師裡，有十九個裝甲師，但只有十五個摩托化步兵師。

當德國入侵的消息傳到史達林，他在昆切佛的別墅，離莫斯科中心二十哩之處，其建物之樸素，正如希特勒鷹巢的雄偉，即使它已經比典型的莫斯科鄉間休閒屋來得更顯著地大以及豪華。史達林被驚嚇到。如他新進任命的參謀總長格奧爾基・朱可夫元帥回憶，當他用電話將消息傳到，史達林「無語…只聽到他沈重的呼吸聲。」「您瞭解我剛才說的嗎？」朱可夫問道。更多的沈默。最後史達林回應說：「部長在哪裡？」他問，所指的是外交事務委員以及納粹蘇聯協約的建立者，莫洛托夫。當朱可夫在幾個小時後到達克里姆林宮，史達林「相當蒼白…坐在桌前，雙手緊握裝好煙草、但沒點燃的煙斗。「很困惑，」」他只能想這是「德國軍官所進行的挑釁。」「希特勒當然不會知道，」他堅持說。當入侵的消息被確認，「史達林陷入他的座椅，落入深沈的思考。接下來是冗長沈重的靜默。」

這怎麼可能？希特勒這他曾經信賴的人，與他一起瓜分波蘭的人，怎會背叛他？雖然以他慣有的偏執方式，史達林過去一直玩弄著對德國進行先發制人的想法，但對如此舉動的準備，他顯然都還沒離開草擬階段，而這違反史達林自己正即將攻擊希特勒這樣的神話。＊為何他會犯下如此全盤皆輸的錯誤？難道如邱吉爾所說，他根本就是「在二次大戰中最被徹底欺騙的笨蛋？」

當然，史達林或許計算過，希特勒必然不會冒著兩面作戰的風險（德國在一次大戰的失敗），特別是在人力上沒有明顯的數量優勢。他或許也排除掉在如六月二十二日如此晚的入侵，因為在秋雨將俄羅斯道路變成無法通行的泥沼之前，所留下的時間會是有限。假如這些是他自得自滿的合理化理由，它們至少有這些確

＊對這種聳人聽聞的假設，見維克多・蘇夫洛夫（Viktor Suvorov）的《破冰者》，（一九九〇）以及君士坦丁・普列夏克夫（Constantine Pleshakov）《史達林的愚蠢》（Stalin's Folly，二〇〇五）。蘇夫洛夫（完全是根據間接性的）證據是在一九四〇年及一九四一年沿著蘇聯西方邊界對防禦性資產的摧毀。由普列夏克夫所引用的文件（從一九四〇年及一九四一年的「關於蘇聯軍力部署原則」的幾個草稿），只顯示出史達林正在思考先發制人的攻擊。但它們只是草圖，沒有任何那種德國自從一九四〇年七月以來已經在進行的詳細運作規劃。

實是正確想法的優點，而最後也果真如此。然而較不能理解的考量也似乎在影響他。一個可能的詮釋是：他真誠懷抱馬克思主義信仰，讓他傾向於去認為英國帝國主義者才是他真正的敵人。因此當邱吉爾設法警告史達林有關希特勒的意圖，只不過是要說服史達林以為英國其實是要欺騙他與希特勒進入戰爭。以完全同樣方式，史達林確信納粹副領導人魯道夫・赫斯在一九四一年五月十日瘋狂地飛到蘇格蘭，＊是要造成一個反蘇的英德和平序曲。最近出現的證據顯示，歷史多過意識型態，是使得史達林對他所面臨危險時，變得如此盲目。史達林相當著迷於俄羅斯外交及策略的歷史，並且在詮釋其它強權的政策時，是致命性地馬基維利。在六月二十二日之前，他一直回顧克里米亞戰爭，相信俄羅斯對英國攻擊黑海海峽，就如對德國，都必須一樣擔心。「歷史上來說，危險經常是來自那裡」，他向共產國際的保加利亞總書記季米特洛夫解釋，引用「克里米亞戰爭〔和〕塞瓦斯托波爾的攻佔」，以及英國在內戰支持白軍來做為例證。不可思議地，當巴巴羅莎計畫發動時，史達林最初的想法之一是預期皇家海軍會同時攻擊列寧格勒。所有這些預先成見，意謂著史達林會完全吞下德國人餵給他的真正假消息。因此希特勒變態的虛偽說謊，騙過了史達林病態的不相信人。

史達林會相信希特勒的政策，是二十世紀歷史中無可倫比的災難性錯誤。在德國入侵後八天，在一九四一年六月三十日，莫洛托夫從政治局帶領一個代表團到史達林的別墅去，在那裡「老闆」已經躲避將近兩天。史達林似乎擔心這是罪有應得：「你們為什麼來？」他低聲喃喃自語，好像期待被逮捕。相反地，這些積習已久的部下（——他們只因為卑屈地屈服在他的意志下，才活過大恐怖——）懦弱地邀請他回到克里姆

＊赫斯似乎完全是出自主動，希望能在巴巴羅沙行動之前，中介出一個與英國的個別和平。他飛到蘇格蘭，錯誤地以為漢米爾頓公爵，這他在一九三六年奧林匹克運動會時見過，或許會接受這樣的主動接觸。赫斯從他的Me 110上跳傘下來，降落在靠近伊革珊附近富羅爾農莊，在格拉斯哥西南荒涼的沼澤。在聽到赫斯被捕的消息，邱吉爾宣布說：「赫斯或沒赫斯，我都將會去見兄弟馬克斯。」

林宮，來領導蘇聯的戰爭。

我們只能臆測假如他們敢給這終極的納粹合作者他應得的懲罰，這戰爭會變得如何。*

*俄羅斯人仍然不願去承認史達林在一九四一年嚴重的錯誤。在他過世五十週年所做的問卷調查，「俄羅斯公共意見中心」發現有五十三％的俄羅斯人認為他是一位「偉大的」領導者。一位俄羅斯的領退休金老人告訴BBC的莫斯科記者說：他是「家庭的父親，關心我們的人」。

第十三章　殺人者與勾結者

Killers and Collaborators

你們大多數都將會知道這是何意，當有一百具屍體躺在一起，當有五百具或當有一千具。而當看穿這點並且⋯⋯還能維持體面⋯⋯這是沒被提過、而且將不會被提到的光榮一頁。

海恩利希・希姆萊對黨衛軍將軍，一九四三年

我不斷在想，「你們這些人知道我們是誰──我們不是外國人；在沒有很久之前，我們是你們的鄰居⋯⋯我在你們旁邊過我的一生，我在這裡的學校上學，和你們接受相同的教育，現在你們看這些好像是我們應得的懲罰。」

波利士・凱賽爾，大浩劫餘生者

我們一直在對抗的「野獸」，現在卻跟我們以最親密的和諧生活在一起，這真是奇怪的事態。

赫爾穆特・葛羅斯科特上校，第十一軍參謀長

東方一般計畫

這是幾乎眾所公認的真理：對蘇聯進行攻擊是希特勒致命的錯誤。這確實是項巨大的軍事賭博。「我認為，」希特勒本人被聽到如此說，「我好像正在推開門到一間從未進過的黑暗房間，不知什麼在門後邊。」然而在許多方面，攻擊史達林強化了第三帝國。對戈培爾以及他的宣傳機器來說，要將國家社會主義裡的強烈反共產主義與里賓特洛普—莫洛托夫協約的現實政治加以協調，著實不易。現在那種限制已經不再。

對於他所發動的戰爭，阿爾柏特・施佩爾不是唯一希特勒想讓別人感到一樣狂熱的人。在半夜時，墨索里尼被叫醒去接聽他德國對手所送來的信息。「自從我經歷到如此決定後，我再度感覺到內心的自由，」他這麼寫。「在夜裡我甚至不會去驚擾我的僕役，」墨索里尼抱怨說，「但德國人一點都不體貼地讓我從床上跳起來。」希特勒直到清晨兩點半才上床去，宣布說：「在三個月過去之前，我們將會見證到俄羅斯的崩潰，類似像這樣的事在歷史上未曾發生過。」在德國本身，如克倫佩雷爾在他的日記裡紀錄，德國人對這新戰爭有普遍的熱情，比一九三九年還要更多。在一間德勒斯登的擁擠餐廳裡，一位醉酒的商務旅客告訴他：「現在我們知道我們站在何處，我們會因此更快地渡過一切；我們已經準備好，我們已經全副武裝。」他們的侍者，一位一戰老兵，同意：「現在這戰爭會更快結束。」在回家時，經過一個充滿「愉快笑容」的舞廳，克倫佩雷爾被迫結論：「俄羅斯戰爭對人民是種驕傲。」

佔領下的歐洲現在可以被重新構圖。德國入侵蘇聯現在被呈現為「為歐洲進行的聖戰」；整個歐洲現在團結在一個「對抗布爾什維克主義的歐洲聯合陣線」。正如歐洲帝國入侵亞洲，使得日本人以東亞「共榮」來重新塑造他們的帝國主義，所以現在德國人可以以描繪歐洲「大經濟空間」，做為德國對抗抗布爾什維克主義的堡壘。在歐洲佔領區的合作者，迅速地扣上這個新的宣傳主題。在一九四一年十月三十日，維琪政權的年邁傀儡人頭，貝當元帥，宣誓法國必然在「新歐洲秩序的積極行動架構中」繁榮。類似的意見也在比利時、芬蘭及其它地方被表達出。納粹的歐洲修辭引起那些算是較不邪惡之保守份子的共鳴，他們認為德國納粹主宰比蘇聯共產主義主宰好。只有當在東方的閃電戰轉變成消耗戰，以及必須要擰出西方佔領區每一分錢，來應付需求時，這空洞的修辭學才逐漸被暴露出來。

對東歐及蘇聯的民族來說（──她們約有六千萬的公民曾有一時在納粹佔領之下──），出現一個不同但同樣引起共鳴的迴響。阿佛烈德・羅森柏格做為一位愛沙尼亞人，非常清楚許多東歐民族對史達林蘇聯出自本能的敵意，因為他在民族自決的門面下，對他們造成極大的殘酷傷害。並不是只有相對少數的德裔人士歡迎進擊的德國國防軍。當德國軍隊行軍進入利沃夫及里加時，受到盛大的歡迎。烏克蘭農夫看到入侵者的裝甲部隊所漆的黑玫瑰，認為是對付莫斯科反基督十字軍聖戰的標誌。在赫魯畢耶索夫人民以麵包跟鹽來款待德國人。羅森柏格現在不僅預期到對立陶宛、拉脫維亞、愛沙尼亞以及白俄羅斯（波羅的海區）的保護制度，而且還包括擴大的烏克蘭、一個高加索聯邦──或許甚至一個克里米亞的回教區以及在蘇維埃中亞的「泛圖蘭」（Pan-Turanic）集團，特別是車臣人、卡拉恰伊人和巴爾卡人，希望剝除俄羅斯所有帝俄時期的帝國財產，只留下一個殘餘的莫斯科公國。但事實上，希特勒及戈培爾都未曾真正地相信要去運作東歐民族主義的力量。＊納粹更真實的徵象是另一個不同版本的「東方一般計畫」，設計來要將德國聚落擴展到遠至北方的阿克安吉爾以及南方的阿斯特拉罕（所謂的A-A線）。一個由黨衛區隊長康拉得・邁耶教授所提的草

＊戈培爾在一九四二年三月十六日在日記中記載：「民族主義的潮流在所有前波羅的海的國家中，逐漸可以觀察到。在那裡的人顯然想像德國國防軍將會在這些小型國家中，為他們流血，來成立新政府…這是一個有點幼稚、天真的想像，對我們沒有影響…國家社會主義在所有這些事情上是遠遠更為冷血以及實際。它只為它自己的人民做有用的事，而在這例子上，我們人民的利益無疑地是在這地區建立一個嚴格的德國秩序，不會去注意…生活在這裡小民族的主張。」希特勒，如我們已見，要烏克蘭人就像是他所幻想之大英帝國的印度人…會去購買德國製造之有鮮豔色彩紡織品的溫馴、沒受教育消費者。

擬計畫，提議建立三個龐大的「邊境聚落」（「英格爾曼蘭德」，「梅梅爾—納雷夫」以及「哥德區」），約有五百萬德國居民。一個相對的計畫是由帝國保安總處草擬，所預見的是兩倍之多的居民，以及將預估四千五百萬的現有定居者加以驅逐。事實上，正如羅森柏格部門的種族專家艾哈德・韋特澤爾精確指出，這個估算包括了五百到六百萬的猶太人，並且沒有考量到斯拉夫民族高出生率，所以全部的「不需要人口」必將更接近五千萬或甚至五千七百萬，這假設有十五％的波蘭人，二十五％的魯特尼亞人以及三十五％的烏克蘭人，必須被重新訓練為農業勞工，其餘則被發配到西伯利亞。俄羅斯人口將透過避孕、墮胎以及結紮的使用而逐漸萎縮。猶太人則必須被滅絕。

滅絕的戰爭

為取得如此規模的人口轉變，必須要進行一種新的戰爭。希特勒從一開始已經決定，他對蘇聯的作戰將會根據新的規則，或更該說，沒任何規則來進行。如他在三月三十日告訴他的將軍，這將會是「一場滅絕的戰爭」，在裡邊「士兵間的同志之誼」將不存在。這意謂要「摧毀布爾什維克的政委及共產主義的知識份子。」這決定是要系統性地槍殺某些紅軍戰俘，這已經在波蘭所進行戰爭中，以殘酷的方式預演過。這是在巴巴羅莎行動前夕所決定，之後在戰爭過程中繼續發展。一九四一年五月十九日所公布的「在俄羅斯之部隊的行為大綱」，要求「對布爾什維克的起事者、游擊隊、怠工者（以及）猶太人，採取殘酷及積極的措施」。六月六日有關「共黨政委命令」，要求任何被逮捕的政治委員必須立即槍決。對此的辯護理由是對戰俘進行因為仇恨所引發、殘酷及非人的對待，被預期要施加在各級政治委員身上⋯根據國際的戰爭規則來行為是錯誤的，會危及我們自己的安全和危及迅速被平定征服之土地⋯政治委員已經開始野蠻、亞洲式的作戰方式。因此他們將會被立即以及最嚴厲地處置。他們必須被立即射殺。此為原則。

德國國防軍的最高指揮部重申這點，下令軍隊要「除掉在戰俘中被認為是布爾什維克推動力量的那些份子」；這意謂將他們交給黨衛軍特種任務部隊來處決。根據陸軍軍需司令愛德華・華格納將軍所公布的命令，「政治上無法被容忍及可疑份子、政委以及煽動者」將被以相同方式對待。一九四一年九月最高指揮部發佈進一步的命令，任何蘇維埃軍隊在被擊潰，然後重組，應該被視為游擊隊，當場格殺。在前線指揮官用比較不婉轉的語言來傳達如此的命令。部隊「立即使用武器，完全殲滅戰俘中任何積極或被動的抗拒」。埃里赫・霍普納將軍，第四集軍團裝甲部隊指揮官，他的命令是「每項軍事行動在計畫及執行上，都必須由鐵一般的意志來引導，無情地以及完全地去滅絕敵人⋯任何依附在現今俄羅斯—布爾什維克的任何人，都不可得到寬恕。」第十二步兵師的指揮官告訴下屬軍官：「前線後方的戰俘⋯以射殺為基本原則！每位士兵要射殺在前線後方被發現到、但沒在戰鬥中被俘虜的任何俄羅斯人。」在德國大規模進攻蘇聯領土所出現的混亂中，這可被解釋為允許殺死幾乎任何人。

納粹刻意鼓動毫無法紀的暴力。在一九四一年七月希特勒指示宣傳部時，強調必須將「俄羅斯對德國戰俘的殘酷鏡頭加入到新聞影片中，所以德國人才會知道敵人的樣子。他特別要求如此的殘酷必須包括割除生殖器以及將手榴彈放在戰俘的口袋中。」結果正如希特勒所意圖：「偉大的種族戰爭」變成至死方休的戰爭。在巴巴羅莎行動後的最初幾週，德國人或許草率地處決多達六十萬名戰俘；在戰爭第一個冬天結束時，約有兩百萬人死去。有些是當場格殺，因為德國軍隊拒絕接受敵人的投降。一位德國士兵的回憶，給人稍稍感覺那迅速形成的態度：

有些時候一或兩位戰俘從藏身處浮現出來，雙手高舉，但每一次悲劇都會重複演出。克勞斯在中尉的命令下，射殺四位；蘇台德人，兩位；第十七隊，九位。年輕的林得柏格自從進攻以來一直處於恐慌的狀態下，或在恐懼下哭泣或是在希望中大笑，拿起克勞斯的機關槍，將兩位布爾什維克推進砲彈坑。這兩個可憐的犧牲者……不斷求情……但林得柏格在一陣無法控制憤怒的抽搐下，不斷掃射，直到他們安靜為止……

我們因為干擾及疲憊而憤怒……我們被禁止接受俘虜……我們知道俄羅斯人也不接受任何……或是他們，或是我們，這便是何以我的朋友哈爾斯和我會在一些設法搖著白旗的俄羅斯人身上……投擲手榴彈。

其它地方的俄羅斯戰俘被接受後，列隊槍殺。那些被饒過一命的，則發現自己被帶到臨時營區，沒有遮蔽或食物。許多人餓死或病死；其他人則被帶走，一隊隊地槍殺。有些人被運送到如布亨瓦德的集中營，在那裡他們在偽裝的醫療檢查過程中被槍殺，或運送到奧斯維茲的死亡集中營。在戰爭過程中總共有超過三百萬名蘇聯士兵死於俘虜中：遠遠超過一半，甚至超過三分之二被俘虜的全數，死亡率比一次大戰的俄羅斯戰俘高十倍。再度地，生存空間結果成為殺戮空間。

正如在波蘭，這些殺戮不僅針對被俘的作戰人員，也同時針對某些平民。準確地說，任何人被認定為游擊隊的話，就可能被殺。「游擊隊」如何成為涵蓋猶太、吉普賽以及任何德國打算殺死的人的過程，在文字記錄中不易追尋。我們已經見到在希特勒心目中，對共產黨的戰爭經常是對猶太人的戰爭。令人驚訝的是，有許多德國人在從一開始時似乎便瞭解這是巴巴羅莎行動完整的一部份。例如在入侵前夕，保安警察團三〇九的指揮官告訴他的人馬說：猶太人無論是何年齡或性別，將被摧毀。在數日內，他們將他的話在比亞韋斯托克付諸實現，把五百位男女小孩趕到一座猶太人聚會所，放火燒死。在入侵幾週之後，越來越清楚，猶太人將會被完全根除。

納粹估計他們在一九四一年底所佔領的前蘇聯領土內，有將近五百五十萬名猶太人*，數量如在其它所有佔領區。巴巴羅莎行動的成功使得德國人完全掌控舊沙皇時代從波羅的海到黑海全部的猶太人限制居住區。希特勒對如何處理猶太人，未曾完全明示過；他只說過要用「所有必要措施」來「根除所有凡是與我們作對的」以及「槍殺所有甚至斜眼看我們的」。他在一九四一年六月二十二日對克羅埃西亞的總司令史拉夫科・克伐特尼克解釋說，「假如歐洲沒有猶太人，那歐洲國家的統一必將不會再被破壞」，但「假使只要有一個國家，無論因何理由在裡邊容忍一個猶太家庭，那這將成為再一次腐敗的病菌來源」。在這時候，馬達加斯加仍然被提到是一個戰後猶太人可能的去處。然而規劃帝國保安總處馬達加斯加計畫的阿道夫・艾希曼，現在交付給他的下屬佛德利希・蘇爾一個新的任務：「猶太問題的終極解決」。在七月三十一日保安總處得到戈林的授權去採取「所有必要的準備」，於「德國在歐洲的影響區內，對猶太人進行全面解決」，並草擬一個「全面性的」草案。假如這只意味更多的遣送流放以及更多的隔離區，他不太可能會去尋求戈林的

*很有意義地，由帝國保安總處所發佈「處理蘇聯佔領區內的猶太問題」的綱領中，引進一個新的，以及比帝國內迄今使用還要更廣泛的定義：「一位猶太人是任何一位是或一直是猶太宗教的成員，或是聲明自己是位猶太人，或是已經如此做，或是從其它狀況之下，其猶太人成員身份是明顯的。任何人有一位生親是之前句子裡意義下的猶太人，會被視為猶太人。」

同意。而這點似乎相當重要：在此不久之後，「特種任務部隊」A的指揮官法蘭茲·沃爾特·史達艾可提及有關對待猶太人的命令是「來自一個比保安總處更高的權威，這不便在書面上討論」。史達艾可當時是在反駁在前蘇聯領土內設立更多的新隔離區，而贊成將「整個奧斯蘭的猶太人進行幾乎百分之百的立即清理」。如此的辯論相當符合納粹帝國其它部分（法國，塞爾維亞以及帝國本身）要將「他們的」猶太人東遷的壓力，所以他們或許也能被歸併到這計畫中的「終極解決」裡，也符合波蘭當局已經不願再接受新的猶太人移入到他們的隔離區內。因此種族屠殺的概念必然會是在九月最後一週及十月的最初幾週具體成形。這正是希特勒運氣的高峰：手握基輔，圍攻列寧格勒，而攻擊莫斯科箭在弦上。他在十二月十二日柏林的黨資深幹部會議中揭露他的意圖。這命令（——以漢斯·法蘭克的話，「清理他們」——）被迅速沿著命令鏈傳達下去。

犯罪者

誰是後來人們所知之「大浩劫」的犯罪者？隨著入侵蘇聯之後，第一波的系統性殺戮是由四個機動的「特種任務部隊」執行，如同曾經在波蘭發生過的。＊在一九四一年的七月末，他們已經殺害六三〇〇〇男女小孩。百分之九十是猶太人。在一九四二年的四月中「特種任務部隊」已經明明確確地殺害五一八三八八人；

＊「特種任務部隊」A在科索沃、里加以及維爾納屠殺猶太人，在此僅舉三地方。「特種任務部隊」B在白俄羅斯以及斯摩棱斯克以西地區運作，在格羅德諾、明斯克、貝拉特、斯洛尼姆、戈梅利以及莫吉列夫殺害猶太人。「特種任務部隊」C負責從東波蘭到烏克蘭，在利沃夫、塔諾波、卡爾科夫以及基輔進行大規模殺人。「特種任務部隊」D在南烏克蘭及克里米亞活動，特別是在尼可拉耶夫、赫爾松、辛菲羅波爾及塞瓦斯托波爾。我們將會見到「特種任務部隊」在消除猶太人聚落的限制居住區上，扮演根本性的角色。

絕大多數是猶太人。這很明顯地主要是一場針對猶太人的戰爭，是在對付紅軍之真正戰爭戰線後方，與前線相對應所進行的戰爭。然而其他團體也一樣面臨危險，特別是吉普賽人及精神病患。恐怖任務的規模如此，所以不可能僅由「特種任務部隊」自己來執行。因此從早期階段，其它沒如此特別專業的組織也涉入，不僅包括國防軍的單位，也有正規的警察大隊。

一九四二年七月十三日破曉時分，後備警察團一〇一抵達波蘭的約瑟烏夫村落，這之前曾經被德軍轟炸過，而且被俄羅斯人在兩年前短暫佔領。他們的指揮官威廉・特拉普上校向他的人馬解釋，他們的命令是要將當地的猶太人圍捕起來，大約有一千八百名。他們將從中挑選出年輕力壯的男人，用為強制性的勞工或「勞動的猶太人」；這大約有三百人。他們使用卡車將其他人：病的、老的、女的以及小的，一起運到附近森林的採石場。在那裡將他們完全射殺。

後備警察團一〇一並非一群身經百戰的納粹狂熱份子。他四百八十六人的大多數是來自漢堡勞工階級以及中下階層的街坊。平均來說，他們比在前線部隊的單位更為年長。年齡在三十七及四十二之間者超過一半以上。甚少是納粹黨員，雖然特拉普在一九三二年入黨。他們無疑地只是普通德國人，但他們也是自願的劊子手。在戰後那些被指控戰爭罪刑的人，經常聲稱說他們不過是遵照命令而已。但在約瑟烏夫的情形並非如此。在殺戮開始之前，特拉普對他的部隊提出一個特別的機會：假如有任何人覺得無法勝任目前的任務，他可以站出來，分配其它工作。只有二十個人如此做。

殺人比在電影上看到的還要困難，而這電影經驗是大多數這些中年警察在之此前最接近謀殺的經驗。標準程序是命令受害人一列列跪下，然後在頸背個別開槍殺害。儘管隨隊醫官指示要在何處準確瞄準他們的武器，但這些人很快濺滿鮮血、碎骨以及腦漿。其中一位回憶說：「必須⋯要由近距離平射，子彈是以如此軌道發射，卡在受害人的頭部，所以經常整個顱骨或至少整個⋯頭蓋骨被扯開。」一旦射殺開始後，又有一些士兵要求解除任務。後來有一些其他人崩潰，無法繼續。但大多數持續他們的骯髒任務。在中午時分他們被提供整瓶的伏特加來「恢復」。這顯然有效。殺戮持續在整個下午及晚上進行。總共花費十七小時。受害者的屍體沒被下葬，顯示出整個行動缺乏專業。（「特種任務部隊」知道要讓他們的受害人先挖洞，然後在洞邊射殺，所以他們整齊一列列地掉下，正在死的跌到已經死的或半死的上面；埋葬則必然會窒息任何倖存的。）最後在那晚的九點鐘左右，疲憊的部隊回到村落去。廣場渺無一人，除了成堆屬於受害人的行李外，士兵則繼續焚燬這些。依據第三帝國那種古怪的委婉說詞，約瑟烏夫現在是Judenrein：「淨空猶太人」。

後備警察團一〇一的人只是新手。但熟能生巧。在一九四二年夏天以及一九四三年秋天之間，他們和其它機動警察單位要為射殺大約三萬八千名猶太人以及遣送另外的四萬五千人，其中大多數是到特雷布林卡的屠殺營，擔負責任。在一九四三年末時，德國已經殺害二百七十萬名蘇聯猶太人，幾乎是巴巴羅莎行動之前蘇聯猶太人人數的一半。

他們為什麼會做這些事？一個觀點是：他們像大多數的德國人一樣，被灌輸某種激烈的反猶思想，只需適當時機一到，便會以謀殺方式顯現。當然，有些士兵寫回家的書信，顯示出他們已經完全內化希特勒的意旨。在此引用一位軍曹的話：「只有猶太人才會是布爾什維克，因為對這吸血鬼沒有事情會比當布爾什維克更好。」另一位則向他的父母形容他及他的同志在塔諾波發現六十具被毀損的德國人屍體後，如何「用棍子及鐵鍬」在附近殺死一千名猶太人；猶太人被認為要對此負責，因為他們在蘇聯政權下佔據了「所有領導的地位」，「以及一起和蘇聯人，在處決德國人及烏克蘭人時，會舉行固定的公開慶祝。」如是觀念是如何根深蒂固在德國文化中，以及究竟在何種程度不過是一九三三年之後才教條灌輸的結果，值得辯論。即使克倫佩雷爾也無法確定這點，有時相信納粹國家社會主義是「原生的…癌症病株」，而其它時候則對「所有德國人，包括勞工，毫無例外地反猶這種想法」斥之為「胡言亂語的論點」。另外一個大體上依據戰後證詞的詮釋，則是這些「普通人」相當清楚他們正在做的事是錯誤的，但因為混雜了對權威的服從（逃避或許會影響升遷或休假的機會），以及同儕團體的壓力，所以壓抑下他們的不安。

然而我們切不可忘記明顯的自保本能。雖然與他們所施加在他人身上相比是遠遠地輕微，但德軍在巴巴羅莎行動第一個階段所遭受到的傷亡，其實遠比希特勒之前所發動的征戰都來得更加嚴重。在一九四二年七月，約瑟烏夫屠殺的那一月，德國士兵在軍事行動中遭到殺害以及失蹤的人數恰恰在四萬以下，但是次月則超過六萬。在全面戰爭之中，殺害猶太人與前線任務相比是個軟柿子。畢竟老的、女的及小的被相信不會反擊。當黨衛軍騎兵旅在一九四一年八月橫掃過普利佩沼澤區時，屠殺大多數為平民的一萬四千名猶太人，他們全部的傷亡人數為二名，這是因為開車壓到路旁的地雷。同月，黨衛軍第一旅在卡門特斯附近射殺四四一二五人，多數為猶太人；他們被希姆萊明白下令只能饒恕「勞動猶太人」。再度地，沒人反擊。一直要到一九四三年四月到五月的華沙隔離區的起義，德國人才遇見任何猶太人像樣的抵抗。

這種集體謀殺的任務是如何容易，可以參考一位德國證人陳述一九四二年在烏克蘭的杜布諾所執行集體謀殺的證詞。這令人冷顫地清楚：

從卡車下來的人們，各種年紀的男人、女人及小孩，在一位手持馬鞭或狗鞭的黨衛軍命令下脫去衣服。他們必須將衣著依照鞋子、衣服以及內衣分開一起堆放。我見到一堆大約有八百到一千雙的鞋堆，以及一大堆的內衣及外服：

我還能夠記得一位瘦小黝黑的女孩在走過我時，指著自己說「二十三」。

我繞行高聳的墳塚以及巨大的墳墓。身體是如此緊密排列，所以只有他們的頭露出，幾乎從所有的頭都有冒出血，流下肩膀。有些仍然在動。其他人則舉起手，轉動他們的頭，顯示出他們還活著。這深溝已經四分之三滿。我估計它已經有大約一千具的屍體。我將眼睛轉向進行射擊的人。他是位黨衛軍：他坐著在深溝旁，雙腿擺盪。他有具架在他膝上的自動步槍，正在抽煙。這些完全裸體的人從深溝土牆切割出來的階梯爬下，跌到那些已經躺在那裡的人頭部上，停在黨衛軍指示的地點。他們躺在死者或傷者之上；有些撫摸那些一息尚存的人，輕柔地向他們說話。然後我聽到連續的步槍射擊聲⋯⋯我驚訝沒被下令離開，但我注意到有三個穿制服的運送員站在旁邊。然後下一批人又到了。

在這時候，將受害人剝光衣著已經是標準程序。這動機是出於好色，正如出於吝嗇；一種要貶抑以及羞辱那些即將要死之人，以及去觀賞較年輕的婦女。的確，誠如這陳述所清楚表達，這些禽獸般的惡行要營造出刻意的景象。有窺視者以及犯罪者；有些人甚至拍下照片。

有些人，如來自維也納的警察秘書沃爾特・馬特納，能合理化這種射殺數以百計的女人以及小孩。他在一九四一年十月從白俄羅斯的莫吉列夫寫信給他的妻子，「當第一輛卡車到達時，我的手在射擊時微微顫抖，但人會習慣這樣的事。當第十輛來時，我已經能更冷靜地瞄準，穩定地射向許多婦女、小孩以及嬰兒。想到我自己也在家有兩個嬰兒，而這群人也必將做出相同的事，假如沒有十倍惡劣。與在蘇聯的國家政治指導處（GPU）監獄裡，對千個人又千個人所做出的地獄折磨，我給他們的算是很好、快速的死亡。嬰兒在被拋在一個大圓圈內的空中，在他們還在飛、掉落到地洞以及水坑之前，我們將他們射殺。且讓我們將這些把歐洲捲入戰爭、而且還在美國煽風點火的人渣給清除掉⋯⋯在我們回家後，將會輪到我們自己的猶太人。」並非每個人都如此徹底缺乏人性。只有逐漸地，黨衛軍才瞭解到必須採取措施來隱藏做過的事，並且去發展出一個更具效率以及比較不會打擊士氣的謀殺方式。希姆萊自己本人不喜歡他在一九四一年八月於明斯克所親眼見到的一場集體謀殺。除了大規模集體槍殺和讓隔離區內（——這在第一批從西歐遣送來的猶太人抵達後，已經變得不可能地擁擠——）發生飢荒及疫病之外，難道沒有第三條路？

鄰居

約瑟烏夫的處決者在個別上，假如有的話，很少認識他們的受害人。他們是在戰區，在一個不熟悉的景象下，來殺死外人。但在一五〇哩以北的地方，耶得瓦柏內的猶太人（——他們在一九三一年時構成城鎮剛超過兩千人中的百分之六十——）卻是被他們自己的鄰居、一直與他們一起生活的人殺死。

在一九四一年的七月十日早晨，八位德國人到達耶得瓦柏內，與他們城鎮的當局會面，包括他們的市長馬力安・卡洛拉克。德國人辯論說，至少每種行業要有一個猶太家庭被留下來，但一位當地的波蘭木匠說：「我們自己有足夠多的匠人，我們必須消滅所有的猶太人。」市長及其他在場的波蘭人同意。根據極少數倖存的猶太人之一，什穆伐・瓦瑟斯坦爾所做之證詞，接下來的發展是場全面性的大屠殺：「老猶太人的鬍鬚被點火，新生嬰兒在母親的懷裡被殺死，人們被謀殺式地痛毆，強迫唱歌及跳舞。最後他們去進行主要的行動：焚燒。」猶太人被成群地趕到城鎮裡麵包師傅布羅尼斯瓦夫・史雷辛斯基的穀倉去，然後焚燒。這並非一些當地地痞流氓的作為，而是幾乎一半的波蘭男性，由受尊敬的人士如卡洛拉克及史雷辛斯基帶領。任何想逃跑的猶太人，在附近的田野裡被找出來，這又是他們自己的鄰居所為。極少數在場的德國人僅侷限在拍照。以歷史學家楊・格羅斯的話來說，「這一天每位在城鎮裡的人，只要擁有視力、嗅覺或聽覺，或是參與或是見證耶得瓦柏內猶太人折磨後的死亡」，只有少數人採取行動來解救自己的市民同胞。斯坦尼斯瓦夫・羅莫托夫斯基協助他未來的妻子藏身。安東尼娜・瑞茲科夫司卡把七個猶太人藏在家中，其中有與他發生感情的什穆伐・瓦瑟斯坦爾。萊謝克・季及茲的父親也協助瓦瑟斯坦爾渡過戰爭。值得注意的是這三人之中有兩位至少與救他們的其中之一人有性關係。這突顯出之前存在耶得瓦柏內裡猶太人與基督徒之間親密的程度。

在那裡發生的絕非獨一無二。同樣在約瑟烏夫，一些當地的波蘭人協助德國人將村裡的猶太人給搜捕出來。相同的事發生在拉吉羅夫的村落中，在那裡波蘭人禁止他們的猶太鄰居逃走，還有在歐雷克辛。在克拉科夫一些波蘭人積極加入德國人領導，去掠奪猶太人的店鋪以及公開毆打猶太人，隨時願意捉住機會以跳樓大拍賣的價格去取得猶太人資產。將所有如此暴行完全歸諸德國人的主動鼓動，根本難以相信。而這現象也非獨屬波蘭人。一九四一年七月在利沃夫的猶太人被烏克蘭人屠殺，藉口是他們與NKVD合作。在克雷邁茲有類似、雖然規模較小的報復行為。在其它的烏克蘭城鎮中，如史坦尼斯拉夫，塔諾波，史卡拉特以及柯錫夫，當地人發動屠殺，主動為他們的受害者挖掘集體墳墓，無須任何德國人的指示。在拉脫維亞首都里加，七月一日有場殘酷的屠殺，並非由德國人主導，而是當地的「雷電十字」組織成員。波利士・凱賽爾生長在城市裡的「中產階級街坊」，那裡「各種不同的族群⋯彼此友好」，被他親眼見證的事所震驚：

拉脫維亞人透過肢體行動以及憤怒語言，來表達他們對猶太人的憎恨。他們指控猶太人是共產黨，責怪猶太人所有他們在蘇聯統治下所遭受的災難。在我最狂妄的夢想中，我絕不會想到拉脫維亞人對他們猶太鄰居所隱藏的敵意。卡車抵達時載著十到十五位武裝拉脫維亞人為一組的小規模自願軍，他們配戴紅白紅國旗顏色的臂章。這些人意圖要在街上綁架猶太人，將他們個人財物帶走。這些囚犯被迫載上卡車，帶到樹林，然後槍殺。外出極為可怕，因為必須小心那些繞行街道上的自願軍。這機動的暗殺隊⋯⋯充分掌控城市，沒人挑戰他們的出現或他們不受控制的殺戮。我並沒預期到如此激烈的攻擊；畢竟猶太人已經和拉脫維亞人生活在一起多年。這兩個團體經常彼此相忍為讓，在友好和諧的氣氛下生活一起⋯⋯最大的悲劇是這些罪行並非由陌生、入侵的力量所為，而是當地的拉脫維亞人，他們都熟識他們的受害者⋯⋯猶太人很快地去尋找德國人保護，以避開邪惡的拉脫維亞暴徒。

類似場景在拉特卡雷及陶格夫匹爾斯發生，在那裡有超過千名的猶太人在德國發動任何屠殺之前，已經被謀殺。一位德國的評論者形容他在拉脫維亞所見到的是「如禽獸般的」。在南方的立陶宛沒有多少差別，在那裡民族主義者的地下海報宣布「決定性以及最終的時刻⋯⋯來與猶太人算帳。」在考納斯，德國士兵只是站在一旁，觀看當地人在街上將猶太人打死。那裡的猶太人有一半到三分之二不是被德國人、而是被立陶宛人殺死。越過邊界在白俄羅斯的鮑里索夫，酒醉的警察圍捕、剝光以及槍殺猶太人。同樣在部分的羅馬尼亞，猶太人在德國人到達之前已被殺害。在一九四一年一月二十一日的晚上，九十三位猶太人被剝光衣服，在靠近布加勒斯特附近的吉拉瓦樹林裡被槍殺；其他人在史特勞雷提的屠宰場被殺死，他們的屍體被掛在掛肉品的鐵鉤上，上面標籤寫著「猶太儀式肉品」。五個月後，四千名猶太人在雅西長達一週全面失控暴力中被殺死，這被《信使晚報》的記者馬拉帕帖見證到：

一群群的猶太人被士兵及裝配刀具及鐵棍的瘋狂平民追殺，沿著街道逃命；一群群的警察用來福槍的槍托打破屋門；窗戶突然打開，穿著睡衣、驚聲尖叫、披頭散髮的婦女，向空中高舉雙手出現；有些人從窗戶跳下，臉部撞擊柏油路面，發出沈沈的聲音。一隊隊士兵將手榴彈投入與街道齊高小窗到地下室去，在那裡許多人無用地尋求庇護；一些士兵跪地去察看在地下室裡爆炸的結果，然後帶著笑臉轉向他們的同伴。在殺戮最重的地方，腳步會在血泊中滑倒；在每個地方，屠殺的歇斯底里以及殘酷暴行，讓房屋及街道充滿槍聲以及哭泣，充滿恐怖的尖叫以及殘忍的笑聲。

在柯奈流・柯德雷亞努被處決之後，鐵衛隊的勢力非但沒有消失，反而有所增長；甚至在王政被推翻後，伊翁・安東尼斯糾將軍已經任命柯德雷亞努的繼任者赫里亞・希馬為他的副總理，並宣布為一個「民族兵團國家」。身為忠誠的盟友，羅馬尼亞部隊在入侵蘇聯之後，也進行一些最壞的反猶暴行，特別是在敖德薩。一些匈牙利人也背棄他們的猶太鄰居，即使只是在德國人佔領他們國家之後，出面指控他們。

簡而言之，雖然「終極解決」無疑地在構想設計上是德國的，但不可能去忽略歐洲許多其他民族在加入殺戮時所表現的狂熱。而在一九四〇年代初期的反猶暴行也非晴天霹靂。這已經被在一九三〇年代逐漸加強的迫害行為所預示。讓一些波蘭人從偏見變成歧視，進而變成暴力排除，最終成為如在耶得瓦柏內的滅絕，不需太多力氣。但關於耶得瓦柏內的要點是：它只不過是一個泛歐現象中，一個極端以及在今天有相當記載的案例。勾結合作的人不僅出現在那些與德國結盟的國家中：義大利、羅馬尼亞、匈牙利以及保加利亞，也在挪威、丹麥、荷蘭、比利時、法國、南斯拉夫、希臘以及蘇聯，被德國入侵以及佔領的這些國家。一些人無疑地是出自於對猶太人的仇恨，其強烈正如納粹領導階層所感受到的。其他人則因為嫉妒或卑劣的貪婪所觸動，逮住德國統治所提供的機會，來竊取他們鄰居的財產。自保也有一席之地。甚至有猶太裔的勾結者，像維持華沙隔離區秩序的「打擊高利貸及壓榨取利辦公室」的正式成員，或是種種猶太議會的領導者，協助組織對隔離區裡的清算整肅，或是集中營裡有些囚犯，他們接受某種程度的授權，希望（通常徒勞無功）能夠救自己一命。

在耶得瓦柏內的經驗也代表德國在統治時，其鼓動內戰的方式。好像德國軍隊的靠近，鼓勵了多元民族社區中衝突的爆發。波蘭人不是僅有的殺手，猶太人不是唯一的受害人。德國人本身也會淪為這類暴力的受害者。有四千到五千名之間的德裔人士在一九三九年九月於波蘭被殺害，因為波蘭人要報復他們的國家遭到德國入侵。這些德國人於是形成「自保」團體來反擊，最後被收編到黨衛軍的指揮之下。然而在這收編發生之前，這些團體已經殺死了超過四千名波蘭人。身為一位文獻學家，克倫佩雷爾被納粹喜歡創造出婉轉新詞語的方式感到震驚，如「民族衝突」（Volkstumskampf）以及「根本淨化」（Flurbereinigung）。他相信這種對德國語言每天進行的顛覆，比其他公開進行的宣傳活動都更遠遠有效。被淨化的語言也讓族群的暴力循環，比較容易處之泰然。

烏克蘭可能是最沾滿血腥的地方。在沃里尼亞以及東加利西亞，烏克蘭民族主義組織（OUN）的成員受到德國人的慫恿，屠殺約六萬到八萬的波蘭人。整個村落被一掃而空。男人被打死，女人被強暴以及割裂身體，嬰兒以刺刀穿過。在波蘭村落里奧諾夫卡，多明尼克・塔那夫斯基被烏克蘭人射殺，但設法逃走；他的家庭則沒有如此幸運。他的朋友塔德烏什・皮奧卓夫斯基形容他們的命運：

首先，他們強暴他的妻子。然後他們繼續將她綁在附近的樹上，割掉她的胸部，來處決她。當她掛在那裡流血致死，他們開始將她兩歲的兒子屢次往屋子的牆壁丟去，直到他的靈魂離開他的肉體。最後他們射殺她的兩位女兒。當完成他們血腥的惡行，而且所有人皆已消滅，他們將屍體丟到屋前的一口井內。然後他們放火燒房子。

這並非孤立的殘酷暴行。一位波蘭青年瓦爾德馬・洛特尼克從德國的勞工營逃走，加入一個波蘭的「農民兵團」，就正要強暴一位女孩時，他突然瞭解到他認識她是什麼家庭以及記得她仍是小孩時。又如另位波蘭人回憶說，「許多故事提到波蘭母親被烏克蘭民族主義份子捉住，被迫觀看他們的家庭成員被一步一步地肢解；懷孕婦女被開腸破肚；貓隻被縫進剖腹懷孕婦女的流血肚子裡；烏克蘭丈夫謀害他們波蘭妻子；烏克蘭妻子謀殺自己波蘭丈夫；烏克蘭父親殺害自己的兒子，以免他們謀殺自己波蘭裔的母親；波蘭及烏克蘭血統的兒子被鋸成兩半，因為如民族主義份子所說，他們是半個波蘭人；小孩被掛在家庭的圍籬上，無助的嬰兒砸向建築物或是丟進燃燒中的房子。」在此族群衝突不僅是在鄰居之間，也在家庭之內。在烏克蘭的內戰不僅隨著戰爭而益加劇烈凶猛，有些烏克蘭人為軸心國作戰，一些則為同盟國，而還有其他則是為一個獨立的烏克蘭而戰。

在巴爾幹半島同樣發生依著族群、宗教及意識型態路線的多重內戰。南斯拉夫在一九四一年四月德國入侵之後，隨即分崩離析。捉住時機，克羅埃西亞的領導人安特・帕夫里奇已經承諾要與希特勒同一陣線。在接下來的混亂中，他的「克羅埃西亞革命運動」，針對在克羅埃西亞及波斯尼亞—黑塞哥維那裡的塞爾維亞鄰居，進行一場野蠻的種族清洗戰爭，虐待以及殺害他們之中數以十萬計的人。整個村落的人口被擠進他們的教堂裡，然後放火焚燒至死，或是運送到如亞森諾伐克的營區加以殺害。塞爾維亞的「切特尼克」及「共產游擊隊」對這些罪行以牙還牙。在戰爭期間死去的約百萬人中，大多數都是被其他的南斯拉夫人所殺害。這包括幾乎所有波斯尼亞的一萬四千名猶太人。在希臘，德國的佔領暗示激烈衝突的爆發。在那裡正如在南斯拉夫一樣，一個三角戰爭爆發在外國入侵者及民族主義者以及民族主義者和本土的共產主義者之間。當保加利亞兼併多布魯甲，在新疆界兩側數以萬計的人民，被驅離他們的家園。

大多數的帝國都意圖帶來和平及秩序。他們或許會分而治之，但通常都會以追求穩定來統治。納粹帝國在統治人民時，反而會去分化他們，雖然反諷地，這在中歐及東歐出現的分化，通常與宗教正如與種族有關（最明顯的事發生在波蘭人及烏克蘭人，或克羅埃西亞人和塞爾維亞人之間）。但是德國有意識所執行「技巧性的利用族群之間的衝突」，並未導致（──以一位德國軍官的話來說──）佔領區裡「全面性的政治及經濟的平靜」。相反地，在許多地方他們的統治立即淪落到幾乎等於去促成區域裡的糾紛；將內戰體制化成為納粹的一種統治模式。

希特勒的大熔爐

所有這些，必須說，都有種反諷。當越多德國人依賴外國盟友及勾結者，他們的帝國必然變得越來越多元族群。

這種非所預期之轉變的第一個徵象，便是希特勒軍隊改變的面貌。入侵蘇聯的軍隊中，包括了六十萬克羅埃西亞人、芬蘭人、羅馬尼亞人、匈牙利人、義大利人、斯洛伐克人以及西班牙人。除了與結盟國家的軍隊並肩作戰外，德國士兵亦逐漸看到外國人穿上德國制服。佛郎哥拒絕加入希特勒在西方的戰爭，但他允許成立一個西班牙「藍衫師」（依據它的陣線自願軍的藍色襯衫來命名）來對抗蘇聯；它在一九四一年十月及一九四三年十二月間，戰場表現出色，但已經損失成僅是殘存的兵團，維持西班牙在西方中立的可信性。法國自願者亦以「法國反布爾什維克自願軍軍團」，成為德國國防軍步兵的一部份。其他外國人通常會穿武裝黨衛軍的制服，這是黨衛軍的戰鬥部門，反映出希姆萊熱心去擴大「北歐」血統的可用人數，以及國防軍不願交出大量服役年紀的德國人給黨衛軍使用。

在形式上，這其中的一些外國人一點都不被認為是外國人；他們是德裔人士，就如一萬七千名被招募或徵召到尤根親王師的克羅埃西亞德國人，一三〇〇名丹麥德國人自願在維京師服役，以及匈牙利德國人在霍斯特．韋塞爾師以及瑪麗亞．特雷莎師裡服役。亞爾薩斯及洛林或盧森堡的居民，聲稱有兩位或更多的德國祖父母，若加入武裝黨衛軍，則被提供帝國公民權。然而從早期階段，非德裔的人亦被徵召，始於一九四〇年夏天的荷蘭人、比利時的法蘭德斯人，丹麥人及挪威人。這些民族被認為在性質上是「德國的」或「北歐的」，雖然也有來自拉丁國家的武裝黨衛軍成員，特別是比利時的瓦隆人。總計，這些西歐國家共供應十一萬七千人，這沒計算進微小的英國自由團，大約由五十位戰俘構成。在東歐招募則容易許多。在一九四一年五月芬蘭軍團成立，這證明是支有高度作戰效率的軍隊，隨後是拉脫維亞師以及愛沙尼亞師。武裝黨衛軍也接受烏克蘭人、斯洛伐克人以及克羅埃西亞人。隨著史達林格勒攻防戰之後所經過的每一個月，武裝黨衛軍的成員標準越來越有彈性，強迫希姆萊去引用舊哈布斯堡王朝軍隊的多國民族結構，來引為前例。烏克蘭人被招募，所以匈牙利人、保加利亞人以及塞爾維亞人亦是。在一九四三年二月由波斯尼亞及阿爾巴尼亞穆斯林所形成三個師的第一師成立，他們帶著土耳其氈帽，裝飾黨衛軍的圖騰，並由軍隊裡的伊瑪目來引導進行祈禱，名義上是受到在耶路撒冷的伊斯蘭教領袖大穆夫提的監督。在所有武裝黨衛軍四十七個師中，有二十師是完全或部分從非德裔的招募人員或徵召人員所組成，而另外五個是由德裔人士所構成。在靠近戰爭尾聲時，事實上在希姆萊的軍隊中服役的非德裔在人數上超過德裔人士。在與拉脫維亞區幕僚長會面時，希姆萊對這看請起來的弔詭提出合理化的解釋：

> 每位黨衛軍軍官，無論其國籍…必須照顧德國民族大家庭〔希姆萊指明是德國、荷蘭、法蘭德斯、盎格魯．撒克森、斯堪地那維亞以及波羅的海國家〕的整體生存空間。結合這些民族成為一個大家庭在目前是最重要的工作。在這過程中，德國因為是最大及最強者，很自然地肩負起領導的責任…〔稍後〕這個家庭…必須擔起包括所有羅馬民族，然後是斯拉夫民族，因為他們同樣都是白人種族。只有透過將白人種族加以統一，西方文明才能夠從黃人種族的威脅中得到拯救。在現今時刻，武裝黨衛軍包括了不僅德國人、羅馬人以及斯拉夫人，甚至還有伊斯蘭的單位…緊密團結一起戰鬥。

以輔助人員站在德國這邊作戰通常被稱為「西威斯」（Hilfswillige的簡稱，直譯為「那些願意幫忙的」）或「東方軍」（則是來自被佔領蘇聯的許多不同團體）；不僅有來自「跨得涅斯特區」，在得涅斯特河及布格河下游地帶被羅馬尼亞佔領區域的德裔人士，還有烏克蘭人。在發動巴巴羅莎行動之後的六個月，從前蘇聯民族中被認定在政治上及種族上可靠的人之中，形成新的六個民族軍團：亞美尼亞人、阿塞拜疆人、喬治亞人、北高加索人、土耳其斯坦人以及伏爾加韃靼人。在一九四二年末，這些部隊共有十五團；在一九四三年初又成立另外六個團。頓河及庫班哥薩克人的叛逃者及逃兵也被雇用，不僅在東戰場，也用在巴爾幹，甚至在法國。在史達林格勒的保盧斯第六軍，有約五萬名輔助人員隸屬在他的前線師，這超過第六軍全部軍力的四分之一，而在第七十一及七十六步兵師則升高到一半。當第六軍被包圍時，有百分之十一到十二仍在作戰的人是非德裔的。在史達林格勒戰役之後，有多達一百六十團的蘇聯戰俘在德國這邊作戰，人數多達百萬。有群這種不幸的人被問道：「這是否意味你們將殺死自己的人？」他們回答說：「我們又能如何做？」「假如我們跑回俄羅斯人那邊，我們會被以叛徒對待。而假如我們拒戰，我們將被德國人槍殺。」一如這所顯示，大多數為德國人作戰的那些蘇聯公民，是非俄羅斯人。＊即使一些俄羅斯裔的人，在經過許多辯論之後，被允許給予武器，站在德國這邊作戰。在巴巴羅莎行動發生立即之後，種種不同的反蘇聯勢力崛起，包括一支俄羅斯民族解放軍以及俄羅斯人民民族軍，雖然德國非常不願意將如此自發性的組織給予合法化，而且只有在戰爭最後階段時，他們才批准成立俄羅斯民族解放委員會以及一支反共產黨的俄羅斯解放軍，由安德烈・安德烈耶維奇・弗拉索夫將軍指揮，此人在一九四二年七月沒有成功為列寧格勒解圍時，被德國人俘虜。雖然一九四五年三月弗拉索夫的軍隊被送到前線，但只短暫地參加戰事，便拒絕接受德國人命令，並且加入在布拉格的捷克民族主義者，背叛黨衛軍。

在此同時，與所有那些德國殖民外國生存空間的偉大計劃相反的是，第三帝國軍工業集團對勞動力無法滿足的需求，以及國內年輕力壯德國人被徵召到軍隊裡的比例不斷增加。這意味著德國自己本身開始被外國勞工所「殖民」。在帝國裡的數量從一九三九年的三十萬一千人（不到百分之一的所有雇用人口）到一九四〇年秋天的約兩百萬，以及到一九四四年的超過七百萬，幾乎是勞動力的五分之一。他們來自歐洲所有地

＊一個估計，在接近戰爭尾聲時的總數約六十四萬七千人之中，其中約有三分之一來自烏克蘭，十七％各來自高加索及土耳其斯坦，以及十二％來自波羅的海國家。約十一％是哥薩克人，五％是韃靼人，二％是卡爾梅克人，以及二％是白俄羅斯人。

方。有些自願，其他則被強迫：從比利時、丹麥、法國、荷蘭及義大利；也從匈牙利，還有南斯拉夫。最初是來自西歐的熟練工人被迅速發展的德國經濟所吸引；建築前往鷹巢的道路其實是義大利石匠，這些是希特勒景氣的受惠者。然而當戰爭持續時，波蘭人變成佔多數。他們很少是自願前來。在一九四一年九月時已經有超過百萬名波蘭人在帝國裡工作，構成全部外勞不到一半。在一九四三年七月，約有一百三十萬人，不包括戰俘，必須要從「一般政府」送到帝國。很快在德國裡的波蘭人數量多過在波蘭裡的德國人。在一九四一年又有相當數量的烏克蘭人及其他前蘇聯公民加入。這些人許多是女性；在一九四三年秋天時，有一百七十萬女性外籍勞工在帝國裡受雇，她們大多數來自被佔領的波蘭或蘇聯領土。這對要期望歐洲德國化的政權是種頭痛的事；這種將德國在民族上歐洲化，是一種同時與他們自己種族理論以及普通德國人感受，相互牴觸的經驗。

受污染的帝國

一個沒預期到結果是：即使納粹種族專家在對波蘭人及捷克人做累贅的種族歸類時，他們所希望根除的傾向，種族混雜，卻仍然持續。的確，戰爭所帶來的混亂以及強迫移居，很積極地增加德國人和非德國人在性方面的接觸。在一九四〇年三月八日，德國對境內的波蘭勞工必須發佈新的警察規範，其中第七條直截了當地規定：「任何人與德國男性或女性發生性交，或以任何其它不恰當方式接近他們」，必將遭受死刑懲罰（稍後明確為吊刑的死刑）。假如波蘭女性因為德國人而懷孕，懷孕必須強迫終止。唯一的修正是在被兼併區域，「種族及安置總辦公室」的評估者，可以推薦一位被定罪的波蘭人進行德國化，假如他或她滿足必要的種族標準。始於一九四〇年末，「與外國人及戰俘有被禁止的接觸」成為犯罪行為；這不僅適用於性關係，也適用於任何親密的接觸，包括給外國人食物、飲料及香菸。一九四三年五月一道特別的帝國法律，「有關德國帝國受保護的成員」，對波蘭勞工的性自由又施加進一步的限制：假如他們與德國女人發生性關係，除了面臨處決外，他們不得結婚；男人除非等到二十八歲以及女人二十五歲，而他們對象的選擇侷限於不適合德國化的波蘭人。正如有關「種族污染」的立法，這些措施是被執行的。早在一九四〇年八月，一位十七歲的波蘭農場勞工因為與一位其實是妓女的德國女人發生性關係，因而被公開吊死。在一九四二年前半年，由一般法庭所判決的一一四六件死刑中，有五三〇件是針對波蘭人，包括十件與德國女人發生性行為，四十七件是「道德犯行」。在一九四〇年八月一道「種族及安置總辦公室」的命令，英國和法國戰俘在與德國女人以現行犯被逮捕後，也被認為應該判處死刑，雖然在實際上他們通常會被判三年的監禁。德國男人與波蘭女人發生關係被定罪，面臨在集中營待三個月。對與「外籍勞工」發生關係的德國女人亦採取措施。一個克魯伯工廠少女因為與一位法國戰俘發生不合法的關係，被判處監禁十五個月。在有些情形，犯錯者會被公開羞辱（毛髮被剃光）或甚至送到集中營，如拉分斯布魯克（在那裡他們是以「床第政客」為人所知）。

有些措施顯然至少得到一些群眾的支持。然而一個保安總處在一九四二年一月的報告清楚指出，在更為激進的納粹眼中，它們做為嚇阻，其實是無效的：

從帝國每個地區來的報告〔從波茨坦、比勒費爾德、拜羅伊特、開姆尼茨、哈勒及來比錫等地，則附上明確的抱怨〕，透露出這種部署數以百萬計的外籍勞工，已經導致他們與德國女人穩定增加的性關係。這事實對人民情緒已經有不小的影響。今日一些有影響力的圈子估計，德國女人因為外國人所生的非法子女至少有二十萬人。而且因為要徵召許多百萬的德國男性從事軍事服役，普遍禁止與外國人進行性關係規範的欠缺，以及外籍勞工逐漸增加的人數⋯這種滲透德國血統的威脅，甚至已經變得更大。就擁有德國血統的女人而言，我們經常處理的是德國人口中比較沒有價值的部分。這些通常是有明顯性慾的女人，她們發現外國人比較有趣，因此讓後者容易接近她們。

儘管努力將外籍勞工侷限在特別成立的妓院，由嚴格定義的非德國娼妓服務，問題仍然持續。在一九四三年九月，宣傳部覺得有必要去提醒德國公民：「每次（與外國人的）性行為是對德國民族的污染，是對民族的背叛行為，所以將會被法律嚴厲懲罰。」「種族及安置總辦公室」淪為去過濾數以百計波蘭及蘇聯勞工的孩子，去尋找他們父親是「好種族品種」的徵象；那些沒有通過，則被打包送到特別的「育兒」家庭，在那裡死亡率可以預料地高。對這些在德國境內逐漸增加的「外國孩子」有嚴重焦慮，「必將最後導致在德國人及外來種族之間，需要維持的絕對必要區隔，會完全模糊」。

這問題在德國的波蘭佔領區內，可以預期到地更加嚴重。早在一九三九年十月二十七日，德國在西普魯士托恩（托倫）的警察局長，必須發佈特別命令「去遏止一部份波蘭人口的粗野行為」，這包括

7 任何騷擾或搭訕德國婦女或女孩，將會得到殺雞儆猴的懲罰⋯

8 波蘭婦女搭訕或騷擾德國人，將會被限制在妓院。

這其中想法認為如此「粗野行為」必然是由波蘭人那方主動。這當然是虛構的。如一位克里格博士在一個有

關族群性質的德國期刊《德人返鄉》上悲嘆：

我們必須將德國民族提升為主宰的種族：你們可以一而再在地看到，在保護國中的德國人，或是「抽甩鞭子」，不然就「讓自己來迎合捷克的女人」。且讓這點被改變。且讓德國民族被教導與波蘭人保持某種距離。為德國工廠工作的波蘭戰俘不可被視為家庭的成員，而德國女人不得與波蘭人來往交好。每次德國國民與波蘭人相混，我們的標準便會滑落。

同樣在伐特高，葛來瑟覺得有必要發佈命令，規定：

任何屬於德國社區之個人，若和波蘭人建立的關係逾越那些源自於執行服務或經濟考量的關係，將會被置於保護性的管束。在嚴重情形，特別是當屬於德國社區的個人，已經因為與波蘭人的關係而嚴重傷害帝國的種族利益，他將會被轉送到集中營：德國社區的成員與波蘭人發生肉體的關係時，將會置於保護性的管束。

如此的提議得到希姆萊的支持；如他所說，「〔在德國人及波蘭人之間〕不得再有關係，正如我們和黑人之間不會有關連」；波蘭男人和德國女人發生性關係者將被處以吊刑。但納粹在此是在打一場會輸的戰爭。事實上。葛來瑟自己建議「女性波蘭人讓自己與德國社區成員發生肉體關係者，必須被送到妓院」，等於承認種族上不合法的性行為無法被禁止。社會現實強迫那些構築意識型態者去進行調整的一個典型方式是，「種族及安置總辦公室」種族辦公室主任在一九四二年二月，頒發給黨衛軍的種族評估者以及「種族及安置總辦公室」分區官員的樣本形式，決定被發現犯下「種族污染」的任何波蘭人，可以被考慮究竟是否「有資格德國化」。在更東方的蘇聯佔領區，對禁止德國軍事人員和種族不適當之伴侶形成性關係，並沒有認真禁止。奧斯卡・迪勒凡格，一個黨衛軍旅的指揮官，其單位是由如他一樣的定罪犯人所組成，他是在盧比林許多犯罪者之一：他在白天謀殺猶太人，在晚上則找一位來陪睡。那種在當地以及利沃夫流傳的姦淫故事極多。

當然集中營是用來明確解決種族污染的問題。在「終極解決」被決定之前，希姆萊鼓勵納粹醫生去找出「一個簡單及迅速的方式，可以被施用在帝國的敵人，如俄羅斯人、波蘭人及猶太人。」如他的個人秘書魯道夫・布朗德後來解釋：「我們希望以這種方式不僅可以征服敵人，而且也可摧毀他。被絕育者的勞動力可以被德國加以利用，而他們的繁殖能力會被摧毀。」卡爾・克勞柏格教授進行牽涉到將刺激性液體注入到奧斯維茲囚犯子宮的實驗。霍斯特・舒曼醫生則設法將高計量的X光照在男人及女人身上，來得到相同的結果。但是即使在集中營，這些所謂主宰種族的成員還是無法抵抗跨族關係的誘惑。在布亨瓦德有個營區妓院，在那裡黨衛軍的軍官對女性囚犯進行性壓榨。魯道夫・霍斯當他是奧斯維茲的指揮官時，養了一個猶太情婦，正如阿蒙・勾艾特在普拉斯佐夫也是。

希特勒的帝國因此內在地無法成為在「東方一般計畫」裡所預見到種族層級化的烏托邦。納粹越想在他們所征服之民族中，訴諸一個泛歐或反蘇的感情，他們就越依賴勾結者來協助他們進行血腥的種族滅絕工作；而且他們為了追求這個怪獸般的雅利安天堂，而益加發動這全面性的戰爭，越多的種族混雜就持續下去。這現象也非獨屬納粹帝國主義。相當值得一提，儘管德國人與他們在東亞盟友之間的表面差異，在亞洲的日本帝國正好顯現出相同矛盾的傾向。帝國建立者在那裡構想要征服生存空間，安頓品種純正的定居者，這些人在發展及繁殖中將保存他們血統的純粹性。日本在那裡同樣能夠利用當地對既有歐美帝國政權的希望幻滅，但這結果比想像中來的小。在亞洲那裡對勾結者以及奴隸勞工的需求，同樣地不利原先種族秩序化的願景。正如納粹的「大經濟空間」，日本的「經濟共榮圈」也是以種族主義烏托邦開始，但結果是屠宰場、殖民農場以及妓院交配出的混種。

第十四章　地獄之門

The Gates of Hell

看待那些在本質上不平等者彷彿他們是平等，本身即是不公平。不平等地對待那些不平等者，是實現平等。

「以大和民族為核心對全球政策的調查」（一九四三）

在城鎮上空飛機離開原來隊形，俯衝轟炸城鎮中心。這噪音很可怕，特別是機關槍發射的吋、吋、吋的聲音。大約在早上十點左右，傷亡人員開始到達，被放置在接待處之外的房間。傷亡很快地開始湧進，簡直就是數以百計。景象就像是出自威爾斯小說裡那特別恐怖的東西，而不像是真實人生。

奧斯卡・艾略特・費雪醫生，馬來亞，一九四一年十二月十一日

種族世界秩序

希特勒看這新世界秩序，在某些面向比另些面向看得更清楚。他對他如何希望猶太人從他的歐洲帝國消失是刻意地模糊。相形之下，在他的想像中，甚少東西會比帝國首都柏林未來的建築，會有更精確地輪廓：

人們會沿著寬廣大道前來，包括凱旋門、軍隊眾神殿及人民廣場，那些讓你屏息的東西！只有如此我們才會讓我們在世界上唯一的對手，羅馬，黯然失色。且讓它以如此規模建造，所以聖彼得及其廣場相比之下就像玩具一樣⋯⋯

那些進入帝國總理公署的人必然會感覺到他們站在世界主宰之前⋯⋯花岡岩將會確保我們的紀念建築會永久持續。它們將在萬年之中屹立不搖，正如現在⋯⋯

阿爾柏特・施佩爾草擬詳細的規劃，來實現他元首的宏偉計畫。柏林將成為「日耳曼尼亞」，古典主義過度肥大化的永恆展場。其中心是龐然的帝國新總理公署。在北方他們預見一個巨大的長方形湖泊，而在帝國議會聽，一個巨型的聚會地點，有一個直徑八二五尺的圓形屋頂：如此之高，所以雲氣會在裡邊形成。訪客從那裡可以漫步在令人驚奇的林蔭大道，一百三十碼寬，三哩長，前往歷史上最大的凱旋門，直立有四百尺高，在上面會雕寫所有在第一次大戰為國捐軀的德國人姓名。從這超級大城，如希特勒在《我的奮鬥》中所預言，一個雅利安種族生存空間的新帝國將會往東放射到烏克蘭及更遠的地方。高架的高速公路將從柏林延伸到華沙，接著到基輔。沿著這些路，吃苦耐勞的德國定居者以及他們豐滿的妻子，將會駕駛他們的福斯汽車（—國民車—）前往星羅棋布在波羅的海及克里米亞之間這個或那個有防禦工事的城市。一旦建立在那裡，他們以及他們成窩活蹦亂跳的金髮寶貝，將會統治一個殘餘、半受教育的群眾，已經透過驅逐及滅絕的政策，清除種族上危險成分的人口。

因為他未曾造訪過蘇聯，希特勒對生存空間的願景是個《一位孟加拉長矛輕騎兵的生涯》以及卡爾·梅伊牛仔故事（部分是加拿大西北邊疆地帶、部分是拓荒前之美國西部）的奇怪混合。很怪異地，就他之投入於一個對東歐進行殖民定居的帝國這種想法，他卻似乎覺得前者比較吸引他來做為自己帝國的模式。在《我的奮鬥》，他對英國毫不留情地統治印度大做文章，將它與德國對殖民問題的天真幼稚做一對比。因為英國似乎能夠僅以一小群的菁英英國僑民行政人員以及士兵來統治印度，所以他推理德國應該也可以在東歐如法炮製。他從英國經驗所得到的關鍵教訓是：要讓臣服的民族處於貧窮及文盲的狀態。在一九四一年八月，當統治統治一個廣闊地域的挑戰讓希特勒相當操心的時候，他堅稱「英國統治擴及到的龐大領域，迫使他們統治數以百萬計的人民；他們藉著給〔自己〕無止盡的權力，來讓這些民族就範：印度之於英國，就如俄羅斯領土之於我們。」對希特勒的關鍵一點（—這在他東扯西扯的晚餐獨白中，經常會扯回去—），是英國帝國主義的偽善；這箇中事實是，儘管他們文明化使命的虔誠語言，英國人在實際上很少出力來改變他們所統治之民族的生活水準或文化：

他們〔英國人〕是訓練極佳的民族。他們努力三百年來確保他們獨霸世界兩百年。他們何以能保存如此之久的理由是：他們並沒興趣去理會他們臣服子民的缺失。

這是一個他在一九四二年一月又回去談的主題：

大不列顛的財富不是完美商業組織，而是對三億五千萬名印度奴隸進行資本主義壓榨的結果。英國以尊敬臣服國家之習俗的世俗智慧而得到讚美。在實際上，這態度除了決心不去提升土著的生活水準，並無其它：英國人這種犬儒行為的高點是這作法給他們自由主義以及容忍的名聲威望。〔但是〕他們之所以禁止寡婦「殉夫自焚」（suttee）以及壓制飢餓的囚牢，則是由於不想減少勞動力的貪念所指使，或許也因為要節約木材使用的慾望！他們如此聰明地將這些措施呈現給這世界，所以引起一波波的讚許。那正是英國人的強處：他們讓土著還活著，但將他們壓榨到極點。

所以這裡是納粹在東歐統治的模式：惡意忽略的模式。這是希特勒在整個他那稍縱即逝之東歐帝國所依循的模式。例如，當改善被佔領區之公共衛生的措施提出時，他反對。他堅持英國對此事知道地更好

在佔領區運作官僚系統來有利於當地居民，但危害自己的國家！英國人他們擁有天分來與他人保持距離，並贏得以及維持別人尊敬。在此或許我們見到我們自己方法中最可能壞的範例—除蝨會激怒當地居民，正如我們要讓他們文明化的狂熱慾望。這最後結果是他們會對自己說：「這些人並沒真正地比我們來得好。」

相對照之下，印度「教育了英國人，並給他們感覺到優越感。這教訓始於街頭；任何人甚至只要對乞丐表現出一時的同情，會幾乎被乞丐群給撕裂；任何人表現出一絲絲的人類感情，便注定一輩子毀滅。」

很不幸地，希特勒古怪的奇想在今天比在一九三九年之前更為人所知。當英國皇后在一九三九年送一本《我的奮鬥》給哈利法克斯勛爵時，她勸他不要讀，「否則你會瘋掉，而那將十分可惜。即使瞄過去也會讓人對他的心態、無知以及表面的誠懇，會有明確的看法。」在今天相比下，學生在中學及大學會研讀《我的奮鬥》的節錄，而有許多小說設法想像若希特勒夢想實現的話，這看起來會像什麼。有些企圖辯論說，假如納粹打敗蘇聯，對西方強權這未必完全不利，而在一九四一年以後第二次階段的姑息主義，或許比持續戰爭下去更好。有些英國保守黨員，特別是已過世的艾倫・克拉克，曾經提過，若能依照魯道夫・赫斯似乎預想到、而希特勒屢次在晚間獨白中沈思過的路線，來打造一個英德個別的和平，大英帝國或許能免於羞辱的破產、衰敗以及崩潰。有些美國保守份子以相同的方式辯論過，冷戰或許可以避免，如果羅斯福讓美國避開歐洲的戰爭。然而大多數的作家都傾向接受納粹的勝利，必然會比一九四五年的結果更糟。即使一個勝利的第三帝國選擇與英國及美國維持和平（──這不能被認為是相當可能──），對留在納粹統治底下的數以百萬計人民來說，這代價必然恐怖地高。歐洲所有九百萬名猶太人或許會全被謀殺，而非只有那實際約六百萬人而已，*更不用提去執行那預期要將五千萬人從東歐移民到西伯利亞的「東方一般計畫」，會對其他族群所帶來的巨大人類苦難。

比較不熟悉，但是一點都沒不令人毛骨悚然，而且在許多方面令人訝異地相似，是一些日本作家在一九四〇年初對新秩序所草擬的藍圖。的確，日本沒有希特勒，沒有一位意識型態建構者來擘劃所有其他人都要「努力前往」的烏托邦。但日本有許多小希特勒。在一個一九四三年七月完成的「以大和民族為核心對全球政策的調查」，日本厚生省研究局的人口及種族部門官員，以日本人是亞洲的「領導種族」做為前提，

*在二次大戰期間歐洲被毀滅之猶太人的最準確數字如下：一九三九年全部人數為九四一五八四〇人；最低損失估計為五五九六〇二九；最高估計為五八六〇一二九。

他們的使命是藉著移植儘可能多的日本「血統」在亞洲土地上，來「解放亞洲的十億人口」。然而這要可能的話，必須只有正確的國內人口資源存在時。「我們必須以提倡心智和肉體的訓練，以及選擇性的婚配來積極地在優生學上改善我們身體的能力，」這報告如此建議。日本的人口必須「盡可能快速地」，以每對日本夫婦被鼓勵生育五個孩子，來從一九三八年的七千萬增加到一九六〇年的一億。他們將提供日本必要的剩餘人口，來殖民以及經營那自一九四〇年代被稱呼的「大東亞共榮圈」。那共榮圈的範圍沒有必然的界線。在一九四二年東京帝國大學地理學教授小牧常吉提出，歐洲及非洲應該從此被認為是亞洲大陸的部分，而美國應該被稱為「東亞」，而澳大利亞為「南亞」。所有世界的海洋，因為它們彼此相連，應該乾脆改名為「大日本海」。「對全球政策的調查」作者們在野心上沒有輸人。他們所計畫之「東亞共榮圈之區域的擴大」的階段一及二，預期到將整個中國以及所有法國、英國及荷蘭在亞洲的屬地全部納入。階段三則必然會加上菲律賓、印度及所有蘇聯在貝加爾湖以東所有領土。最後在階段四，共榮圈必然會擴及到「亞述、土耳其、伊朗、阿富汗以及其他中亞國家，西亞以及西南亞。」

日本人比德國人更理解如何利用表明他們新秩序的解放性質，來取得合作的重要性。因此作戰的目的是要「消滅英美帝國主義式的民主政治」。即將發生的新秩序將會以「所有有關之民族的種族和諧」以及「相互繁榮」為基礎。在共榮圈之內，亞洲裡彼此親密的民族將以互惠互利的關係相結合，像是那發生在「父母及孩子，兄長及弟弟」之間的。在一九四二年八月由參謀本部所公布的「大東亞民族領導計畫書」宣布，「我們將除掉之前歐洲和英國的優越感以及美國和英國的世界觀」。「歐洲及美國不希望亞洲覺醒」，大川周明在他的書《大東亞秩序的建立》（一九四三）如此寫到。「因此他們要避免〔亞洲〕去記得一個共同的文化以及意識型態⋯〔但現在〕籠罩亞洲的黑夜已經開始離去，而希望的光芒從東方射出⋯現在亞洲正處於將歐洲在各處的控制加以推翻，以及即將摧毀腐敗的本土社會傳統，並為建立獨立的民族灑下熱血。」勝利的日軍指揮官以相同的語調發佈宣言，否認任何「意圖要征服任何亞洲民族」或有任何「想法在東亞建立一個帝國主義政權的勢力」。共榮圈將成為「鄰近國家的聯合，在或多或少的程度上，共享共通的種族及文化淵源以及地理親近性，這是在他們自願同意下所建立，目的是為確保他們共同的安全，提倡他們共同的快樂以及繁榮」。唯一的目標是要從亞洲除掉「（西方）物質文明有毒的糞便」。

然而在仔細考察一下，這新秩序在意圖上與舊秩序有許多相似之處。「全球政策的調查」的作者群預期到一九五〇年時，會有不少於一千兩百萬的日本居民（——大多數為農民——）永久生活在海外，包括兩百萬在澳大利亞及紐西蘭。另一個官方報告，標題為「南方區域之經濟政策大綱」清楚指出，日本的金融機構必將「握有那到目前為止掌握在敵人機構的領導權」。日本佔領區裡的製造業發展要被「阻撓」。其他亞洲人必須學習日文。他們必須採用日本曆法。他們必須向日本人低頭。簡言之，共榮圈其實意謂著新的帝國主義，由日本人取代歐洲人為主人。所剩下的便是要看他們究竟是否較為殘酷，而日本在朝鮮統治的範例並不令人感到鼓舞：在那裡民族主義的動盪被以毫無節制的暴力鎮壓下來，而語言及文化日本化在一九三〇年代被加強。朝鮮語言在學校被禁。朝鮮人必須參加神道教儀式，而且在一九三九年之後，要採用日本人姓名。而這文化征服的過程並沒有被經濟上的進步來加以緩和。在朝鮮的生活水準是可憐地低，個人平均所得大約是日本的四分之一，而因為傳染疾病而致死的死亡率，則超過兩倍之高。

就像納粹，日本帝國主義較激進的種族理論家，看待種族「污染」是對他們自己天生優越性的最大威脅之一。新世代的日本居民因此必須小心避免與亞洲大陸上較低劣種族（如中國人的「漢民族」）混血，因而污染他們大和民族的血統。生存空間只有在他們被驅逐或隔離的基礎下，才可發展。亞洲諸民族為了日本宣傳的目的，或許可以被呈現為一個快樂的家庭，但日本將會是嚴厲的「一家之長」，而與這些「孩子國家」的親密關係將不被允許。同樣像納粹，日本人將定居征服的土地一事給浪漫化。在故事如〈保護村落的新嫁娘〉或是相片上面說明，如「生育的快樂」，在滿洲的殖民者被描繪為勤勞健康以及豐饒多產，堅強到足以去渡過一個不好的收成，多產到足以生下許多的後代。如此田園生活的反面是對即將落入日本統治之「污穢民族」的深刻輕蔑。德國及日本同時提及那些他們所征服是比人類低等，這並非巧合；在滿洲用來說臭蟲的字眼：「南京害蟲」，就足以說出自己的故事。華北方面軍參謀長酒井隆將軍在一九三七年寫道，「中國人是感染世界的細菌」。參謀總部的「民族領導計畫書」多少比較細膩些，將亞洲人分為「主宰的種族」（日本人），「友好的種族」（朝鮮人）以及「作客的種族」（漢族的中國人）。最後那群人「反日的敵人性格」要被「根除」。那些沒有「向日本宣誓效忠」必然會被「逐出南亞」。

所以支持一九四〇年九月二十七日將德國—義大利—日本軸心國家以及其成員對「事情新秩序」有共同利益，並加以正式化的三方協議（Tripartite Pact），不只是外交上的方便。儘管他們之間所有的差異（—而這值得強調：義大利人或日本人並沒有德國人那種對猶太人入魔般的仇視＊—）納粹德國、法西斯義大利以及日本帝國，對他們希望以戰爭之火來加以鑄造世界的性質，則是共享某些根本性的假設。這將是一個由

＊墨索里尼政府在一九三八年通過法律，禁止猶太人與非猶太人之間的婚姻，並且禁止學校有猶太老師。然而義大利人通常不願協助德國人去進行他們戰時遣送猶太人以及大規模屠殺的政策。在一九三九年和一九四三年之間，有數以千計的猶太人在義大利或義大利佔領區尋求庇護。當德國在一九四三年秋天佔領義大利之後，這才徹底地改變。但是儘管德國人要圍捕、遣送義大利猶太人，但從戰前的五萬名猶太人口中，約有四萬名存活過戰爭。比較不為人知的是約有兩萬一千名猶太人在日本統治之下，找到庇護之所。例如，有數以千計在一九三九年逃到立陶宛的難民，是由日本外交官杉原千畝提供出境簽證。總計，約有四千五百名猶太人從納粹佔領區，以如此方法往東逃難，成功地前進到安全目的地，除了其中一千人外。那些被留在後面的，則是移往上海，在那裡已經有一個約一萬八千「沒國籍」猶太難民的大社區。猶太人在一九四三年二月被侷限在上海的虹橋地區，但是存活過戰爭，儘管有德國要滅絕他們的壓力。

「帝國國家」所統治的世界，在他們權力上是帝國性的，但就那權力集中性質是國家性的。這將是一個由三支主宰種族所分享的世界：雅利安、羅馬以及大和。一位這協約的日本構想者如此說：「世界集權將取代盎格魯・撒克森主義，這已然破產且將被除掉。」

誠然，這些假設在今天很容易受到嘲笑。這些軸心國家所要去做的有如此之多，看來簡直瘋狂；而其中如此之少被達成，或是假如達成的話，只頂多持續超過一年或兩年的時間。但是在一九三七年到一九四二年間，當時似乎沒有軍隊能夠長期地抵擋德國及日本的武力，這些計畫比一般所瞭解地更有接近實現的結果。甚至日本在一九四一－一九四二閃電行動的衝擊，比其德國之前在一九三九－一九四一年所執行者，還要更為可觀。其結果，就生產潛能及人力潛能而言，徹底地減少不利於軸心國的差距。因此所有是都依賴於德國及日本（－不用提他們較不令人敬畏的義大利盟友－）會在何種程度上會運用其征服的土地，為他們帶來可支配的資源。當然他們發動戰爭，不是為了討好他們所征服的敵人。軸心國的軍隊不只滿足於在戰場上打敗敵人；他們是以謀殺般的蔑視來對待戰俘，違反傳統上以及最近被正式化的戰爭公約。他們也毫不遲疑地將戰爭的範圍擴大到威脅、騷擾以及謀殺沒有抵抗能力的平民。整座城市被夷為廢墟；全部人口遭到消滅。他們惡名昭彰的暴力性質，當然是大多數作家何以覺得如此難以去想像到納粹歐洲及日本亞洲時，除了厭惡之外，還會有什麼東西的主要原因。但這不必然是軸心帝國何以無法持續的原因。相反地，這其中值得一提之事是：他們殘酷地使用物質的暴力，並沒有使日本（－正如沒有使德國－）無法找到大量所有帝國統治所端賴的一個關鍵成分：願意合作的勾結者。

要六千六百萬名德國人期待去統治一個從英吉利海峽島嶼延伸到高加索山這大空間裡超過三億的人口，其實並非如此的荒謬。同樣亦非不可能預見到七千萬個日本人，去統治從滿洲延伸到緬甸曼德勒的大東亞共榮區裡多達四億名的亞洲人。畢竟在一九三九年時，只不過是四千五百萬名英國人，仍然可以聲稱說站在一個帝國的頂端，統治總共有那十倍人口，以及如此廣大的幅員，所以實際上太陽經常照耀在帝國的某一部份上。誠然，希特勒這位草率隨意的自學者，沒有瞭解到英國的勢力不是依靠脅迫或輕蔑，而是與當地土著菁英合作。然而，當軸心強權前進到新的領土時，他們也一樣發現，有許多當地人員準備好以及願意支持他們的新帝國秩序。

一九四二年那年，二十世紀站在銳利刀鋒上，搖搖晃晃。這是整個歐亞地圖似乎要被重劃界線的一年。從萊茵河到伏爾加河、從滿洲到馬歇爾群島，一大片又一大片的土地已經在政治上換手。現在，以「生存空間」之名，他們也開始要更換人口。軸心強權用來建立他們帝國的殘酷手段，很快地將生存空間變成殺戮空間。仍然尚待觀察的是，究竟這些方法在根本上是否違背了勾結合作的關係，而任何帝國沒有這個便無法期待能持續下去。

強暴

在馬可波羅橋（盧溝橋）爆發之後幾個月裡所爆發的全面性戰爭中，日本在中國進行了某種原型的閃電攻勢。但較日本之領導者所預期的，這戰爭進行更為困難，而且在生命及財產上，代價都更為高昂。在一九三七年十二月，當日本軍隊在靠近蔣介石的首都南京，似乎採取一個殺雞儆猴的決定，希望藉此來對中國的抵抗，施以致命一擊，將戰爭迅速終結。不甚清楚究竟是誰做出這決定。在戰後，這責任被歸咎於華中方面軍司令松井石根大將。但似乎更可能的真正犯罪人是天皇的叔父朝香宮鳩彥王，他在十二月二日接管指揮權。這些命令正是以他的關防在三天之後發佈：標記著「秘密，要銷毀」，下令殺死所有的俘虜。當他們沿著從上海一路進行戰鬥，兩位軍官向他們的士兵指示即將要發生的事。他們進行殺人比賽，這被日本新聞媒體報導地像是件運動賽事。在十二月七日《東京日日新聞》公布這報導：

少尉競賽砍殺百名中國人

比賽極為接近

少尉向井敏明以及少尉野田毅，兩位皆屬駐屯在句容的片桐部隊，進行一場友誼競賽，在個人件數比賽中，看究竟哪位首先砍倒一百名中國人，現已進入競賽的最後階段，幾乎不分上下。

得分是向井八九，野田七八。一週之後這報紙報導說，因為這兩個人無法同意誰先到一百名的目標，所以他們將目標提高到一百五十。在此時之前，所有大隊都接受命令，將戰俘分成十二人為一組，然後將其槍殺。

當日軍正在接近的消息傳到南京，中國當局決定要關閉所有環城長牆的城門，除了一座之外。這是徒勞無功地想將入侵者擋在城外，但結果是反而將居民鎖在城內。日本第十軍在十二月八日抵達。三萬名疲憊、但嗜血的軍隊立即圍城。蔣介石已經在數週之前逃離，只留下一支裝備簡陋的部隊來保護沒有追隨他榜樣的約五十萬人口。他們只抵擋五天。日本在十二月十三日分別在三處破牆入城。在裡邊他們發現一個已經準備好的屠宰場。數以萬計的年輕人在接下來幾週被謀殺，無論他們究竟是穿軍服與否。有些人只不過排成一列，然後以機關槍射殺。其他人則被砍頭、刺死或活埋。一群人被先掃射，然後澆上汽油燒死。有些則以鐵勾勾舌吊死。一個驚嚇到的《東京日日新聞》記者見到日軍將戰俘在靠近中山門的城牆上排成一列，然後以刺刀刺死：

一個一個戰俘從城牆上掉到牆外。鮮血四濺。這令人恐懼的氣氛讓人毛骨悚然，肢體因恐懼不斷顫抖。我站在那裡完全失神，不知所措。

當被另位記者問到如何辯護那發生的事，田中隆吉中校簡單回答：

說實在，你和我對中國人有截然不同的觀點。你或許以人類來對待他們，但我認為他們只是豬。我們可以對如此的動物做任何事。

松井石根在十二月十七日進入南京，這是在他的部隊開始四處肆虐之後第四天。雖然他之後聲稱自己對所見到的感到沮喪，但他幾乎沒有（或沒能）做任何事來停止它。這謀殺的狂熱持續五週半。在一九三八年一月二十八日到二月三日，在平民被下令從城外他們逃去的避難所，回到自己家中之後，這到達最高點。連續多日，數以千計沒下葬的屍體四散在街頭。遠東國際軍事法庭後來估計有超過二十六萬名非作戰人員在南京死於日軍之手：這是英國平民在整個戰爭之中所有被殺害人數的四倍。

然而日軍不滿足於殺人。他們也有系統性的縱火及其它摧毀的行為。南京安全區國際委員會的德國主席約翰·拉貝形容在一月十七日時的城市狀況：

太平路，南京的驕傲，這在之前是主要的商業街，而它在夜晚的燈光與上海的南京路可以匹敵，但現在完全毀壞，每樣東西都被燒掉。沒有一棟建築物完整，只剩下在左在右的亂石堆。夫子廟這之前的娛樂區，它的茶房以及大市場，同樣完全摧毀。就眼睛可及之處，別無它物，只有亂石。

但是對南京攻擊最驚人的特徵是強暴。雖然國際委員會詳盡的調查，無法確定它所紀錄的「受害女性」有多少被強暴，但現代估計將數量放在八千及兩萬之間。美國傳教士詹姆士・卡勒姆估計「每晚至少有一千起」。在南京出生長大，但在普林斯頓及哈佛醫學院受教的外科醫師的羅伯・威爾森醫生，他的日記對所發生之事提供即時的陳述。他在十二月十八日寫道，這是

現代的但丁煉獄，以鮮血及強暴的大字書寫。全面性屠殺以及數以千計案件的強暴。這些野蠻畜生的殘酷、淫慾，以及週而復始，似乎沒有終止：昨夜，大學一個中國教職員的家被侵入，女人中有兩個他的親戚被強暴。兩位約十六歲的少女在一個難民營中被強暴到死。在大學附中，那裡有八千人，日本鬼昨夜來了十趟，翻牆進入，偷竊食物，衣物，並進行強暴，直到他們滿意為止。

在十二月十七日，一群日軍強行進入到金陵女子學院的校區，傳教士在那裡為一萬名的婦女及孩童提供庇護。他們劫持十一位年輕女性。九位回來的都已經「很恐怖地被強暴及施暴」。一位年輕女性李雪瑩在企圖抵抗三位發現她躲在小學地下室的日軍，結果有至少三十七處刺刀刀傷。她在那時已經懷孕七個月，但在

南京醫院被醫生救活。許多其他受害人沒如此幸運；戰後證詞指出有高比例的被強暴者，也被殺害。張女士見到自己的嫂嫂在她的丈夫及兩個小孩之前被強暴及殺害，這些人之後也被殺害。其他受害人則被肢體凌辱傷害，被竹子、刺刀以及其它物件塞入陰道。有些倖存者後來感染性病。

後來與存活下來的日本士兵所進行之訪談，證明像張女士這樣令人痛苦的證詞。其中之一田所耕造承認自己涉入：

「女人受害最多。無論如何年輕、如何年老，他們都無法逃避被強暴的命運，我們派出運煤卡車……到市街及村落去捉許多女人。每位分配給十五到二十位士兵來進行性交以及施暴。」

另位前日本士兵東史郎形容他所扮演的角色：

「最先我們用有些親切的字眼如「屁看看」……「屁看看」意謂著「讓我們看女人打開腿來」。中國女人不穿內褲，而只是穿褲子，用條帶子繫緊。沒有腰帶。當我們拉扯繩子時，屁股便露出來。我們「屁看看」。我們看。在經過一下子，我們會說像是「這是輪到我進入通道的日子，」然後我們依序強姦她們。假如我們只有強姦她們，那便還好。我不應該說還好。但我們時常刺她們，殺掉她們。因為屍體不講話。」

那以「南京強暴」為人所知之事，要如何理解？軍事紀律的崩潰，又有酒精及戰爭疲憊在火上加油？刻意的帝國政策？或是一位作家所稱「軍國主義的怪物，從〔明治前〕江戶時代晚期的本土排他論以及借用之德國種族理論混合下所塑造出來的」恐怖後代？

那些在指揮的人有意識地釋放出三種衝動。首先，是對那些投降者所感受到的輕蔑。日本軍隊被訓練成去認為投降是不榮譽的；他們自己寧可自殺也不要投降。這些被訓練的人也被鼓勵去相信這點的推論：投降的敵人在本質上是沒價值的。這種輕蔑與一個在肉體上極端殘酷的文化攜手並行。假如一位日本上校對他其中一位少校不滿，甩這位冒犯他的軍官耳光，並非不尋常。被如此教訓的少校，很快接著會去打第一位引起他不悅的資淺軍官，所以這樣一直沿著指揮鏈下去。在底層便是敵人俘虜，所以任何受到欺負的士官或士兵，便會有明顯以及無法自衛的對象，可以讓他發洩他的不滿。

第二個衝動則非獨屬日本軍隊。正如土耳其人曾對待亞美尼亞人，史達林的黨羽對待富農、波蘭人以及其他「人民敵人」，正如納粹即將開始對付猶太人、吉普賽人和精神疾病患者，所以日本人現在認為、並且對待中國人有如「次人類」。這種對待其他人為一較低劣以及甚至是有害的物種成員（—只不過是害蟲—），是何以二十世紀的衝突會如此激烈的原因之一。只要你做出這心靈跳躍，那戰爭不再是穿上制服軍隊之間正式化的衝突。它變成滅絕之戰，在另外一邊的任何一個人，無論男人、女人、小孩以及老人，都可以合法地殺掉。

第三個衝動，去強暴，是最難詮釋的。男人有可能會同時間輕蔑他人為害蟲，然而卻又對她們感覺到淫慾？難道日本軍隊屈服在一種原始衝動，要讓他們敵人的女人懷孕？或者強暴不過只是以其它方式來刺人？或許最好的答案是所有這些衝動都在運作，受到某種同儕團體壓力所強化，因為許多被報告的攻擊是集體強暴。如火野葦平在他的《戰爭與士兵》中所言，「我們可能會和個別的中國人友好，甚至會喜歡他們。但以他們為一民族，我們如何不會鄙視他們？⋯⋯對我們這些士兵來說，他們是可憐、沒有骨頭的人。」在戰後，松井石根告訴因為南京大屠殺角色而將判他吊刑的國際軍事法庭：

> 日本與中國之間的鬥爭經常是在「亞洲家庭」裡的兄弟之爭：在所有這些年裡，我的信仰是我們必須認為這鬥爭是種讓中國人經歷反省的方法。我們做此，並非我們恨他們，而是恰恰相反，我們太愛他們。

這在那時，而且現在，都似乎荒謬。然而它卻掌握集體強暴背後所具有的邪惡矛盾。

南京強暴已經成為日本在中國殘酷惡行中最惡名昭彰之事。然而它並非孤立事件。其它城鎮亦經歷類似的對待，不僅在中國，也在亞洲其它地方。然而認為如此惡行注定大東亞共榮圈的失敗，則是錯誤。相反地，日本人所證明的是：殘酷和以種族征服（——及恐懼——）為基礎的新世界秩序，一點都沒不相容。

傀儡

日本的殘酷惡行或許對蔣介石政府拒絕在一九三七年後去考慮一個經由協商的和平，扮演了某些角色，儘管德國努力去仲介停戰協議。更為重要的可能是，日本人顯然無能為力去決定性地擊潰國民黨軍隊，而儘管後者受到不良領導能力、低落士氣，以及可怕的裝備不足所折磨。*雖然日本軍隊在一九三八年間持續穩定地往西方前進，佔領廣東、武漢以及徐州，但他們遭受逐漸加重的傷亡，因為他們的交通線已經過度延伸。例

*中國軍隊的戰力大約是二百九十萬，分為二百四十六師以及四十四個獨立旅。然而每個師在九千五百人中，只有二十四挺機槍。總體來說，中國軍隊只有稍微超過一百萬枝步槍以及只有八百門火砲

如說，在一九三八年台兒莊，第十師發現自己幾乎被包圍起來，而結果在數天的激烈逐屋戰鬥中，損失一萬六千人。十五個月之後，第十一師在湖南長沙遭到嚴重的挫敗。在一九三九年底入侵廣西，但為時甚短；在隔年結束前，日本人已經被迫放棄欽縣、南寧以及平陽。到一九四〇年時，他們或多或少已經到達他們在中國的極限；這前線的位置直到一九四四年前，並未明顯改變。所有這些結果是強化日本軍人中較為極端的成分（—所謂的「統制派」—）；他們提議忽略既存的中國權威當局，而去與傀儡政權打交道，正如他們在滿洲之所作所為。

在此或許有人會想，日本人錯估局勢。在中國有誰想要去支持能夠犯下「南京強暴」如此恐怖惡行的入侵者？然而如在其它戰場，去取得合作的關鍵結果很少（—假如有的話—）與入侵勢力的殘忍或親切有關。決定性的因素是受入侵之人民彼此之間分裂的程度。日本入侵並沒引起中國全國團結一心，如一些中國民族主義者希望它能。它大大增加了對共產黨的支持，這在毛澤東的領導下，現正致力於拖延性的游擊戰。在同時間，日本入侵卻造成國民黨內部的分裂。當共產黨能夠在貧窮以及幻滅的農夫中徵召到更多的人，一些國民黨員益發被誘惑去與日本人妥協。蔣介石越退到西邊，一直要到四川的重慶才停止，這離他的出發點南京有八百哩遠；那些被留在後面的人，就越有誘因去與日本人談和。

到一九三七年時，日本已經在中國領土上建立三個傀儡政權：「滿洲國帝國」，德穆楚克棟魯普親王（「德王」）所謂的「蒙疆聯合自治政府」以及「冀東防共自治政府」。在次年年中，再加上兩個：由華北方面軍在北京所成立的「中華民國臨時政府」，以及華中方面軍在南京成立的「中華民國維新政府」。在一九四〇年三月日本人完成一個主要外交成就，說服前國民黨領導人汪精衛來掌控後者。在屢次與蔣介石要談判出某種形式的和平失敗後，汪精衛政權被正式認可為中國的合法政府。汪精衛自己受到矇騙：他被誤導去期待一些讓步，如日本軍隊撤出的確定日期，以及將不同的傀儡政權合併在他的權威之下。結果是他必須承認滿洲國的獨立，允許日本軍隊在中國無限期駐軍，以及接受聯合管理海關以及其它稅務機構。這意謂在一九四〇年日本及其傀儡幾乎控制了整個中國沿海以及一大部分的東部行省，這些是中國最富庶的區域。汪精衛自己在名義上控制五十萬平方哩的地區以及約兩億人口。許多中國人同意經濟學家陶希聖，這位汪精衛政權裡主要的合作者：「中國是個弱國，在採取『遠交近攻』的政策時，不免導致一個處境，用俗語來說，『遠水救不了近火』」。合作者的口號，如「同生共死」，並非全然無意。

日本人在中國尋找生存空間。現在他們找到了。所剩下的是消滅掉那些留在前線後方的共產游擊隊（——反諷地，他們是日本戰勝國民黨的主要受益人士——），以及解決掉顯然已經孤立的蔣介石。然而這說比做容易。日本在回應共產黨攻擊時，採取了殘忍的「三光」政策：「拿光、殺光、燒光」。他們以空襲重慶來回應撤到四川的蔣介石。在一方面這種策略開花結果：一九四一年一月，當國民黨軍隊在安徽茂林攻擊葉挺的新四軍，國民黨與共產黨第二次國共合作破裂。然而日本指揮官仍然無法勝券在握。他們在中國的軍事行動越是深陷泥沼（——這個意象在蔣介石下令破壞黃河河堤時，將其轉變為事實——），他們就更被吸引到其它地方，去尋求戰略性的突破。

日本轉南進

一九四〇年在東京已經有人辯論說，是西方援助讓中國持續抵抗下去，而儘管只有非常有限數量的物資從英國統治的緬甸*以及法國人的河內，運送到在雲南的蔣介石部隊手中。以西尾壽造大將在一九四〇年時的話來說：

目前衝突的真正原因源自日本人及中國人忘記他們是東亞人這事實。中國人他們已經屈服在歐洲及美國個人物質主義的瘋狂影響下⋯⋯英國、美國、法國以及其它強權正在提供援助給重慶，來延續中國依賴的地位。

在一九三八年末新的陸軍次官東條英機，不僅指控英國協助中國人，也指控蘇聯以及美國。這分析所帶來的困難在於日本並不清楚哪項外來的威脅必須先去面對。關東軍在歷史上傾向於對付俄羅斯，但在一九三八年中，在北方的軍力已經被中國戰爭如此耗損，所以雙方差距對紅軍極為有利。在一九三八年及一九三九年的兩件「事件」：在東部滿洲和蘇聯邊界的張鼓峰以及與在外蒙交界的滿州里的邊界衝突，暴露出日本軍力的極限。雖然前者衝突可以被視為一次次要的日本勝利（但沒有土地的增加），後者則是場災難。日本第六軍幾乎被朱可夫中將（後來為元帥）指揮的第一蘇聯蒙古集軍團的坦克、大砲以及飛機完全殲滅。日本人選擇不與蘇聯進行作戰的原因之一（──這選項從軸心國家的聯合戰略來看反而是遠較為有利的──），是他們瞭解到他們在實際如此衝突中，或許會輸掉，因為他們在坦克以及飛機上的劣勢是如此明顯。這點再加上外相松岡洋右虛妄地希望蘇聯或許多少會被拉入軸心國的協約之中，幫忙解釋了何以日本隨時要在一九四一年四月與史達林簽訂不侵犯條約。但日

*因為道路的低劣品質以及四處橫行的竊盜，據估計一萬四千噸離開緬甸的臘戌，只有五千噸到達重慶。最多每個月有三萬噸通過。

本從未相信這樣的安排，所以沿著他們的北方疆界仍保留十三師到十五師，以防蘇聯突襲，但也或多或少都排除日本在北方發動攻勢。當松岡贊成攻擊行動，來支持希特勒在兩個月之後的入侵，他被否決並且去職。

海軍軍令部偏好對香港、新加坡以及馬來亞發動攻擊，同時之間進犯荷屬蘇門答臘、婆羅洲以及爪哇。他們的假設是，在亞洲的歐洲強權，已經因為德國佔領荷蘭以及法國，並持續威脅不列顛諸島，受到致命一擊，而這後來證明完全正確。尤其是荷屬殖民地，看起來是輕而易舉的獵物，外加有油藏的吸引力。同時之間，馬來亞是世界最大的橡膠產地。這些生存空間對日本居民都很好，但日本帝國更遠為急迫去取得戰略原物料。在一九四〇年，軍隊的規劃者已經提議入侵印度支那，來提供新基地去攻擊在四川的中國國民黨。東條身為由近衛文麿所組織之內閣裡的作戰部長，堅持除非日本迅速出擊，否則會冒太晚的風險。的確到一九四一年，有些資深將軍已經對這想法興趣缺缺，但此時提倡南進政策的人卻是佔有上風。

因為在東南亞以及太平洋的戰爭更為人所知，所以很容易忘記這些戰場就日本所投入之資源來說，一般是少於投入在中國戰場上的。中國之於日本，等於蘇聯之於德國，吸收掉她軍事人力的大部分：在巔峰時多達一百萬。總體來說，部署在海外的日本軍事人員，有五十二%在中國服役，相較於三十三%在太平洋戰場以及十四%在東南亞。這些數字多少顯示出日本在驅離歐洲帝國時是相對的容易。而且依據任何標準來說，這些都是容易摘取的果實。荷蘭殖民地是由一支五艘巡洋艦、八艘驅逐艦以及二十四艘潛艇組成的艦隊，五十架過時的飛機和只有三萬五千名正規軍，加上兩萬五千名後備軍人的陸軍，來進行防守。新加坡這被視為堅不可摧的英國堡壘，卻可憐地短缺防空武器且幾乎沒有裝甲。而且英國的規劃者如此確信這基地只會面臨海軍的挑戰，所以它的後邊幾乎沒有設防。即使只有海軍的攻擊或許也會成功，因為在戰爭發生在亞洲時，英國從來都沒有任何意圖要認真派遣艦隊東來。馬來亞至少有人，加起來約八萬名的澳大利亞、英國、印度以及馬來部隊，但空防薄弱。歐洲帝國在亞洲的軍隊有很好的理由被稱做「被遺忘的軍隊」；在某些方面，甚至在戰爭爆發之前，他們已經被遺忘了。

日本最先的行動是針對法屬印度支那。在一九三九年初，南中國海的海南島以及南沙群島被攻佔。次年六月（──那時法國已經屈服在德國的閃電攻勢之下──），日本人要求法國當局允許一個四十人的軍事委員會進入，其角色是要避免戰爭補給被運送到重慶。法國的總督同意讓步，但爭取一個雙邊的防衛協約，希望能保存殖民地的完整。松岡拒絕，反而要求日本軍隊有通過印度支那的通行權、機場修建和使用，以及由日軍駐守防衛。維琪政權瞭解到一旦開戰，他們沒機會阻擋，所以同意留給總督來處理實際情形。然而，日本政府越來越沒耐心，在九月二十日對河內發佈最後通牒，聲明日軍將在兩天時間內通過邊界，無論有或沒有法國當局的同意。法國再次退讓。在九月二十三日時，印度支那落入日本手中。六個月後，日本干預並結束爆發在法國軍隊以及鄰近泰國之間的戰鬥。所帶來的妥協結果是讓泰國也進入日本勢力範圍內。在一九四一年七月結束時，日本軍隊佔領南印度支那，而完成整個接收。

荷蘭屈服在德國入侵之後，荷屬東印度決定加入荷蘭政府，流亡倫敦。從軍事觀點來看，她的地位沒比法國在印度支那好到多少。再度，日本開始的舉動是先用外交：要求大幅增加石油出口到日本。但再度地，殖民當局設法通融妥協。前外相芳澤謙吉的任務是等於交給荷蘭一張購物清單：三八〇萬噸石油，百萬噸鉛，四〇萬噸鋁氧石，十八萬噸鎳，三萬噸椰子油，三萬噸橡膠以及一萬噸糖。荷蘭對數量討價還價，堅持不可再轉出口到德國。然而到一九四一年五月時，越來越自行其事的東條再度失去耐心。在六月十七日，芳澤的特使團前往東京。在九月二十五日，參謀總長在得到東條的支持下告訴近衛說，他要在十月十五日之前，在外交上解決日本的問題；這是戰爭的最後期限。因為近衛在十六日辭職，允許東條組成戰爭政府，所以只有一件事可以解釋期限又延長一個半月。這是瞭解到任何進一步對東南亞歐洲帝國的行動，必將無可避免地導致與美國的衝突。

珍珠港的邏輯

日本在東南亞稱霸的唯一障礙是美國。一方面，日本很清楚美國對戰爭沒什麼胃口，在亞洲或任何其它地方。另方面，美國也沒什麼慾望見到日本成為中國唯一的主宰，遑論整個東亞。但是那些主導美國太平洋政策的人相信，他們無需動武，便能禁止此事發生，因為日本依賴與美國的貿易，因此容易受制於貿易的壓力。大約有三分之一的日本進口是來自美國，包括數量極豐的棉花、廢鐵以及石油。她對美國重機具以及工具機的依賴甚至更高。即使美國人沒有在軍事上干預，他們也有能力將日本的作戰機器掐死，特別是假如他們切斷石油的外銷。這正是何以美國外交官以及政客，如此難以預期到日本對珍珠港的攻擊。身為一般正常會避開風險的人，他們無法想像日本人在經濟上對其不利之因素是如此嚴重時，竟會這般衝動行事，將賭注押在一場非常迅速的勝利。美國人假設在日本入侵印度支那之後，他們所加諸的部分制裁，必然會送出足夠明確的信息，來嚇阻日本人。但結果卻恰恰相反。

太平洋戰爭之路是由經濟制裁鋪設的。一九一一年日美商業條約在一九三九年七月終止。年末時，日本（與其它交戰國）都受到羅斯福針對「飛機製造必須物質」做的「道德禁運」所影響到；這實際上是指鋁、鉬、鎳、鎢以及釩的禁運。同時之間，國務院開始對美國公司施壓，禁止出口有利於航空汽油生產的科技到日本去。一九四〇年七月的國防法案中，總統被授與權力可以對戰略商品及製造品出口做出真正的禁止。在月底，經過國務院及財政部的冗長爭執後，同意禁止出口高級廢鐵以及鋼材、航空汽油、潤滑油以及混合了四乙鉛劑的燃料。在九月二十六日這禁令擴及所有的廢鐵；兩個月之後，鐵及鋼的出口需要得到出口許可的執照。沒人確切知道這些限制的效果會將如何。有些人，如國務院遠東事務的顧問史坦利・洪百克說它們必然會讓日本軍方跛著腳走；其他人，如美國駐東京大使約瑟夫・格魯，則是會激怒日本軍方。兩者都不正確。這些制裁來得太晚，無法制止日本去考慮作戰，因為日本自從在中國戰爭爆發後，已經一直在進口以及囤積來自美國的原物料。但只有一樣經濟制裁被東京視為是戰爭發生原因，而這就是石油禁運。這在一九四一年七月發生，之後隨著所有日本在美國的資產受到凍結：這是回應日本佔領南印度支那。從那點起，美日在太平洋的戰爭多少已經無法避免。

有很長一段時間日本外務省發覺實在難以想像美國會拿起武器來對付德國、義大利及日本這勝利的組合，特別是蘇聯與那組合正處於友好的關係。這想法的一個引導性假設是：美國公眾是強硬的孤立主義者，而日本及其盟友的勝利，必將強化、而非反轉那種情緒。軍方也不願去與美國衝突，希望日本征服歐洲在亞洲的資產時，可以在沒有促成美國干預下完成。直到一九四一年九月日本海軍戰略專家是唯一準備思考與美國進行戰爭。然而他們發現要贏得勝利，除了在開始之初要對美國海軍做出擊倒的重擊之外，別無它法。很方便地，美國艦隊的主要太平洋基地已經在一九四〇年移到夏威夷；假如它仍在加州海岸，閃電一擊必然是不可能的。到一九四一年四月，海軍大將山本五十六相信，停泊在珍珠港的船艦可以在一番強烈猛撲之下給擊沈。這需要用到日本所有六艘航空母艦、一些潛水艇以及大約四百架裝配魚雷或是穿甲彈的飛機。在十一月一日，鈴木貞一中將（軍需部長）在一個聯絡會議中，＊向所有與會者確保從佔領區所提供的補給，將能符合日本物資上的需求。他宣布說，「假如我們進行戰爭，我們在一九四三年的物資狀況，將會遠遠更好。」

這不等於說日本的物資狀況足以去面對大英帝國、荷屬東印度以及美國的戰爭挑戰。鈴木所有的意思是：只要在戰爭開打耽誤得越久，日本的物資狀況就注定要惡化。單單海軍每一小時在待機狀態下，就會耗去四百噸的石油；在經過十八個月之後，燃料庫存將全部用罄。因此他得到的結論是現在打，比等待來得更好。假如在一九四一年十一月三十日午夜之前沒有外交上的突破，這其中的道理便足以讓日本投入戰爭。

有些時候有人認為東京的決策者陷入某種東方非理性的宿命論，這種印象被十月十四日東條的聲明所強化：「人有些時候必須能勇敢地從清水寺的頂層跳下來」。在對美國做出宣戰的決定，以及與武士道或是日本那種特別的被圍困心態（若不是集體歇斯底里）之間，有些關連被建立起來。但在許多方面，這樣的思考在起源上比較是西方，而非東方。在不知情下，東條是在呼應侯維格在一九一四年要德國對俄羅斯發動戰爭，以及希特勒在一九三九年對西方強權發動戰爭的辯論，甚至在時間的架構上都是類似：

從現在起〔亦即一九四三年〕兩年，我們將會沒有汽油來供軍事使用；船艦會停止移動。當我想到美國在西

＊聯絡會議（大本營政府聯絡會議）是個可以回溯到一九三七年的一項創新。它讓政府以及最高指揮部的代表齊聚一堂。那些在場的通常會包括首相、外相、作戰部長、海軍部長以及兩位參謀長。它是相當不正式，沒有任何人正式主持。決策必須在御前會議之中批准，這包括聯絡會議的成員，樞密院議長以及天皇本人，他端坐在一個金色屏風的高臺上，通常保持沈默。他對這些場合所做出之決策的批准，使它們變得有約束力以及幾乎無法變更。

南太平洋防衛的加強，美國艦隊的擴大，未竟的中國事件以及等等，我見不到困難的盡頭。對苦難以及緊縮，我們可以說得久久的，但我們的人民可以忍受如此的生活多久？……假如我們坐著不動，我害怕在兩三年之後我們將成為第三流的國家。

因此當東條說到「閉上眼睛跳下去」，他是在做一個非常德國的辯論：賭上一場立即的戰爭，而不是在不久未來中，屈服於逐漸的衰亡；要立即去使用那些假如持續閒置不用，必然會使我們國家破產的軍事資產。以最高指揮部上呈給一九四一年九月六日御前會議的政策文件來說，美國的目標是「要主宰世界」；為了這個目的美國準備「阻止我們帝國在東亞崛起以及發展。」日本處於「一個不得不的處境，在這裡我們必須訴諸最後的步驟，戰爭，來防衛自己以及確定自保」。另一選項則是「匍匐在美國人的腳下」。

日本人不是幻想家。對松岡來說，珍珠港是戰略錯估的災難極點。他假設與德國和義大利的三方協約加上與蘇聯的中立條約的組合，必然會嚇阻美國不去抵擋日本在亞洲的擴張。「三方協約是我最嚴重的錯誤，」他在一九四一年十二月七日，日本發動攻擊那天，告訴他的助手齋藤良衛：「我希望阻止美國參戰。我要透過聯盟來調整與蘇聯的關係。我希望和平可以維持，而日本處於一個安全的地位。反而是……現在的災難……事件皆源自於聯盟」。戰前最後一任日本駐華盛頓大使野村吉三郎一向偏好較溫和的政策，設法回到在中國門戶開放局面，而不是冒險與美國作戰。也非所有日本高階海軍軍官都被山本的計畫說服。海軍軍令部長永野修身辯論說日本「注定會自我毀滅，而且……注定會民族滅絕」，雖然他認為這戰爭，多少有些弔詭，是符合「在戰爭中護衛國家的精神。」在一九四一年夏天，經濟動員局提出報告，結論說在經過兩年的敵意行為後，日本的經濟資源可能不足夠來維持空軍及海軍的行動。永野早在一九四二年下半葉已經預期「局勢必然會越來越嚴重」。東條自己承認他不知道日本要如何做，假如戰爭在一九四三年繼續下去。因此並非日本的傲慢導致珍珠港，而是一種想法：認為寧可在戰爭中冒著戰敗的機率，也不要「被一無是事來折磨致死。」

或許真正的幻想家是美國人。就太平洋的軍事設施而言，美國是極易遭受攻擊，特別是菲律賓，但他們在戰前的最後幾個月對日本採取一個相當對立性的立場。英國則明顯地較為願意妥協，甚至暫時關閉滇緬公路（——大多數為崎嶇地形的七百哩公路，補給品循此可以送到中國——）來回應日本的壓力。但因為不太容易揣度的理由，羅斯福始終一致地誇大中國在實際經濟以及未來戰略的重要性，並且低估與日本作戰的危險。他拒絕近衛的邀請，去參加在一九四一年夏天的高峰會議。國務卿柯代爾・赫爾要日本軍隊完全撤出中國及印度支那；他不願聽到任何擱置美國對中國的援助，但這正是日本所要求的。在十一月二十六日一個重大的紀錄中，赫爾甚至提議彼此交出在中國的治外法權，實際上這是舊開放政策的結束，並且承認國民黨政府。美國在這時期對日本的政策，曾有些道理地被比為她在冷戰時期對付蘇聯的政策。

雖然知道日本軍隊正在從印度支那前往馬來亞及泰國，美國政府似乎對日本海軍南雲忠一（第一航空艦隊長官）攻擊武力的進展不以為意，這在十一月二十六日出發前往珍珠港。在何種程度上這是無能，以及在何種程度上這是陰謀（——準確來說，英國政府是刻意隱瞞有關日本海軍活動的情報——），仍在辯論之中。確實也很難理解，邱吉爾如何會認為美國太平洋艦隊若被摧毀，有助於英國的目的。美國干預亞洲的可能性，到這時候已經大到沒必要去如此粗魯地背叛兩國間橫跨大西洋的信賴，因為羅斯福已經給哈利法克斯（現在是英國駐華盛頓大使）美國會支持的明確承諾，假如戰爭發生在十二月一日。這是珍珠港事變之前六天。

離心漩渦

日本人瞭解機會充其量是一半一半，而且在一九四二年之後發動，會越來越不利。但是勝利就是勝利，而且有一度看起來好像戰爭在一九四三年之前真的會贏。在對自己最小的損失之下，艦隊司令南雲忠一的攻擊武力*在十二月七日對珍珠港大肆摧殘。沒錯，美國的航空母艦恰好離開基地，但能摧毀或嚴重損害八艘主力艦，三艘驅逐艦以及三艘輔助艦，更不用提一百七十七架毀損到無法修復的飛機，這仍是不小的成就。日本人在軍事行動中只損失二十九架飛機以及五十五人，相較於美國軍方的三千二百九十七名陣亡。美國復仇式的回應人盡皆知；但日本心滿意足的回應則少人知曉。文學批評家 Okuna Takao 回憶

> 對在中國的戰爭感到矛盾的普通人，甚至譴責這是入侵行為的知識份子，他們的態度在對抗英國及美國的戰爭開始後，開始轉變…有一股滿意的感覺，認為我們終於做這件事了；我們已經把重重的一拳打在那些傲慢的強權英國及美國身上，打在那些白種的傢伙上。當一個勝利接著一個勝利的消息傳來，憂慮退去，恐懼轉為驕傲及歡喜…所有來自落後國家有色人種對於那些來自開發國家白人的自卑感，在那一擊之中消失於無形…在我們的歷史中，我們日本人未曾對我們自己的唯一種族，會如我們那時所做的一般，感受到如此的驕傲。

*日本戰力由超過五十艘船艦組成，包括四艘大型以及兩艘小型的航空母艦（每艘約有七十架飛機），兩艘戰鬥艦，兩艘巡洋艦，九艘驅逐艦，八艘燃料艦以及三十艘潛水艇，這其中五艘配有小型的潛航艇，而這其中三艘被先行送去，做為先鋒。

而這只是開場的炸射。之後日本軍隊在太平洋及東南亞以一個巨大的離心方向展開攻勢，以令人喘不過氣的速度向成功前進。在十二月八日，日本部隊登陸馬來半島的東部，兩天之後尾隨而來的是山下奉文將軍的第二十五軍。以西貢為基地的海軍飛機，在馬來亞之外擊潰英國海軍武力，炸沈威爾斯王子號以及驅敵號。飯田祥二郎中將的第十五軍急攻取下克拉地峽，進入緬甸核心，擊敗裝備更好、但較缺乏機動的英軍。英屬婆羅洲在十二月十六日被入侵；一個月又三天後投降。香港一萬兩千名的駐軍在日本於十二月十八日登陸後，只堅守一週，在聖誕節投降。在此同時第二十五軍經過馬來半島，前往新加坡，利用腳踏車加速通過保養良好的農場道路。在二月十五日，亞瑟·波希佛中將以及他的一萬六千名英軍、一萬四千名的澳大利亞軍以及三萬兩千名印度軍投降，完全不知他們三萬名敵人陷於疲憊、同時也幾乎彈盡糧絕的狀況。這比一九四〇年五月敦克爾克之役，更是羞辱，但羞辱還會來的更多。仰光在三月淪陷，儘管中國努力協助緬甸被包圍的英國、印度防守者；曼德勒在五月一日淪陷，加上在孟加拉灣的安達曼群島。如亨利·保諾爾將軍承認說，英國被「更好的士兵……更好的領導、更好的智慧以及更好的戰鬥打敗。」

相同之事發生在美國人身上。十二月八日，在空襲摧毀馬尼拉的防衛之後，本間雅晴將軍第十四軍前鋒幾個單位登陸呂宋島。接連在二十二及二十四日的登陸之後，菲律賓首都在一月二日投降。在中太平洋，關島、威克島以及俾斯麥島在一九四二年一月結束時，全部落入日本人手中。在四月九日一個美國所領導的軍隊在巴丹半島投降，一個月之後那些仍然在科雷吉多島作戰的人投降；這實際上結束了在菲律賓的抵抗。一九四二年春天時也見到日本軍隊佔領阿德默勒爾蒂群島以及俾斯麥群島，包括所羅門島。荷蘭同樣在面臨日本攻擊時全面崩潰。今村均將軍的軍隊在北蘇拉威西島的荷蘭領土最先登陸。在二月末之前，所有的蘇門答臘已經被取下，而一支臨時湊成的同盟國艦隊也在爪哇外海被消滅掉。三月八日荷蘭投降。同月他們在南婆羅洲的抵抗也崩潰。所有這些僅以比在滿洲或中國更小的軍力來達成。

德國人已經將「閃電攻擊」的概念變成他們的。但在軍事史中未曾有如在一九四一年十二月開始到一九四二年四月結束之間，在亞洲及太平洋，會有閃電攻擊發生在如此多的地方，帶來如此的破壞效果。此外，這所涉及的距離遠遠超過德國人在歐洲同時之間所涵蓋的。在它最遠的範圍，日本帝國從西到東延伸長達六千四百哩，從北到南有五千三百哩；它的周長有一萬四千兩百里哩。在一九四二年五月開始時，日本人可以有道理地去思考攻擊中途島、新喀里多尼亞、斐濟、薩摩亞、新幾內亞以及甚至澳大利亞、錫蘭和印度。

歐洲帝國就這樣凹陷下去，好像日本的攻擊暴露出一種根本自信心的喪失。一位英國的老師在聽到要緊急破壞新加坡與大陸之間的堤道時，詢問一位路過的年輕人這是什麼噪音。李光耀（他將成為新加坡獨立後的第一位總理）回答說：「這是大英帝國的終結。」而這看起來似乎如此。英國部隊見到日軍前進時，由他們軍官領導開溜的故事有許許多多。實際上，日本人所遇見的第一次有效抵抗是來自新幾內亞科科達小徑的澳大利亞人。美國最初的反應也不會特別令人驚豔。道格拉斯．麥克阿瑟將軍從菲律賓撤出時，至少是倉促行動。美國人的作戰精神也沒有比他們的英國伙伴好上太多。在一九四一年被日本俘虜的美國海軍陸戰隊員切斯特・畢格斯說：「假如目的是好的，為那目的而死則是好的，但是死亡只是為了說：『我們戰至最後一人，不會投降』，則不是很好的目的。」在巴丹島也是相同的故事。如美國戰俘安德魯・卡森回憶：

我們被訓練去本能地對命令做出反應，像「立正」、「稍息」、「向後轉」、「就戰鬥位置」以及「準備好後射擊」，但「投降」則是陌生的。這沒寫到我們的心中，因此沒有得到回應。

他及他的同志只能哭泣、發誓以及設法說服自己「我們已經盡力」。

美國人協助中國軍事行動，派出中將約瑟夫・史迪威去監督送給蔣介石的美援，想藉此來得到迅速的報復，但這徒勞無功。這兩個人，不幸地，一開始就相處不好。史迪威告訴一位記者，「在中國的麻煩很簡單。我們和一位無知、文盲、迷信婊子的農夫兒子結盟。」史迪威想將中國的指揮系統合理化及集中化；他厭惡蔣介石宮廷裡的奢侈花費，私底下提到他為「花生」或「響尾蛇」。他自己也因為尖酸刻薄的坦白，而得到「醋罈子約瑟夫」的綽號。他努力去控制在緬甸的救援任務，但因為中國第五軍指揮官杜聿明拒絕服從他的命令而受到阻擾。日本的回應是發動一連串攻勢，擊潰浙江省內的中國軍隊，掌控這區域裡的主要鐵路幹線。

所以東南亞的新主人覺得有資格威風四面，一點都不奇怪。日本軍事領導人在傲慢仍有不足之處，則由如下的「教育宣言」來大大補足：

日本是太陽：大地的保護者以及所有地球上生命光線的提供者。日本帝國將會在勢力以及重要性增加，就像太陽在空中越升越高：這是永恆的，而且也是日本這名字的意義。

在世界創造時，大地是最後的。而第一片土地是日本，太陽升起之地。沒有人可以挑戰日本，如此做就像冰雪在太陽熱度中融化。這是地球上的鐵則：那些反對日本的將會歷經如冰雪一樣的經驗。

囚犯和勾結合作者

許多日本軍隊已經在中國戰爭之中顯現出比較不高尚的特徵，也是他們在東南亞行為的特徵。現在差別之處是那些在接收端的人，包括「那些白人傢伙」。日本對同盟國戰俘惡名昭彰的虐待，部分是因為以上所提日本人對投降一事加以污點化的結果。肉體的攻擊（──最平常的是甩耳光以及毆打──）在一些營區是家常便飯。不經適當程序的處決，相當頻繁。官方政策是以藉著「mutatis mutandis」一詞的但書，來實施日內瓦公約的方式，來鼓勵如此暴行；對這詞這日本人選擇翻譯成「在做必要的補正之後」。數以千計的美國囚犯在惡名昭張的一九四二年巴丹島「死亡行軍」中死去。*在其它地方，戰俘被用作奴隸勞工，最惡名遠播的是在緬甸暹邏（泰國）之間的鐵路。有些囚犯被迫戴上有如此文字的臂章：「一個在戰場上被俘的人，將依天皇意願來進行砍頭或閹割。」企圖逃跑（──這西方強權視為犯人的天職──）被日本人視為重罪犯行，雖然同盟國死去的囚犯（見表14.1），實際上大多數是營養不良以及疾病，加上是體力過度操勞以及施暴之後的犧牲者。

應該要強調，日本的暴虐並不限於歐洲囚犯。他們在佔領地殘殺奴役，不然就是施暴數量更遠遠為多的原住居民，這讓他們亞洲解放者的聲稱變成謊言。在新加坡有五千到五萬人的中國人在一連串的「肅清」行動中被屠殺。那些死在巴丹島死亡行軍的多數人其實是菲律賓人，正如有十倍或甚至二十倍多的亞洲人，死於建造鐵路之中。例如，七八二〇四名從馬來亞送來的奴工中，至少有二九六三八人死去。

*日本強迫巴丹戰役的七萬八千名倖存者，從馬里韋萊斯（Mariveles）到聖費爾南多（San Fernando）行軍六十五哩。大多數人由於身體暴力、營養不良以及疾病而死。

表 14.1：日軍南進所擄戰俘及其命運，1941 年到 1945 年

	戰俘	死亡	死亡%
英國、澳大利亞及印度人	130,000	8,100	6.2
美國人	25,600	10,650	41.6
荷蘭人	37,000	8,500	23.0
印度尼西亞強制勞工	300,000	230,000	77.0
無證件之亞洲戰俘	300,000	60,000	20.0
被拘禁之平民	130,895	14,675	11.2
總計	923,000	332,000	36.0

一樣被奴役，而且比較不可能存活下來的是數以萬計的朝鮮少女，他們被綁架來做為「慰安婦」（—ianfu，口語中以「P」來提及，這是從中文的「Pi」，下陰，而來—）提供給所有在「大亞洲」的軍隊，經常是前線區域。她們等同於體制性集體強姦的受害人；她們留下的回憶錄讀起來令人痛苦。金女士當被誘騙離開她在慶北省的村落，被承諾要在橡膠工廠工作，那時只有十五歲。她被帶到台灣，在那裡她被監禁在一處軍中妓院裡：

> 週日及週末從早上十點起到晚上十一點，士兵進來辦事。有些時候他們會在整晚進來。在週日時，少一些士兵，但大多數時候，這地方擠滿了他們。無數的士兵進來，十人以及二十人一群。我無法忘記我在那些時候所忍受折磨痛苦的經驗……軍官通常在夜間晚一些來。他們會在十一點或甚至在半夜來。他們通常來睡覺，然後次日早上離開。我們會坐在入口，直到晚上非常晚。當我們被一位軍官叫喚，我們會隨他進去房間辦事……沒有人在我們面前會行為良好。他們行動粗魯。即使現在當我看到軍人，我看他們仍像是野獸……我們經常感染淋病。我們沒有就醫，而只是服藥或有時候打針。當我們生病，我們在門上寫「度假中」。

在戰爭期間，她被調移到菲律賓，在那裡她「每天接客三十到四十名」。性宰制的帝國主義甚少會比這些陳述更直接明顯地暴露出來。另位金女士在只有十二歲時被日本人徵召，受到一名日本軍官殘酷的暴力對待：

> 他進來，問我什麼名字，然後他叫我岡田。他給我一套日本衣服，叫我換衣。這是很便宜華麗的衣服，你可以輕易地用指頭一撥來脫掉。在幾天後，那傢伙又再次進來，說「我是中村！這個朝鮮女孩看起來很漂亮。讓我和你玩一下！」我那時只有十二歲。他向我露出陽具。我跑掉，但沒人幫我。他用他粗魯的手握住我，把我的陰道割破。在幾天後，他又再度來。他說「我要吃掉你的肝！你甚至不承認你從日本帝國天皇那裡收到什麼恩澤。」然後他用他穿上靴子的腳扭住我的雙腿，用刀子割我的肚子，並且抓我的胸部。

金女士回憶她如何被她的老鴇以及一些軍人強迫去朗讀帝國公民憲章，開頭是：「我希望成為帝國的公民。」聽到一位性奴隸會去要求公民權，這讓他們覺得很好笑。

喬治．歐威爾在他身為戰時的文宣人員時，相當正確地問道：「為何⋯⋯日本人會經常對與他們一樣亞洲的民族進行戰爭？」他或許也可以有道理問，何以「解放」新加坡必須要強加在當地居民身上日本語言，曆法，甚至是東京時間。重新命名為「昭南」的經驗，例證化了日本決心要以日本精神，創造出一個文化上同質的帝國。相似的事情也在日本佔領的爪哇嘗試過。

然而，這些沒有一件可以完全削減日本已經征服他們歐洲戰俘的強大象徵。如一篇戰時英國報導所言，這似乎有「某種羞辱白種戰俘的官方政策，為的是要降低他們在土著眼中的威望」。愛德華．鄧洛普中校，死亡鐵路的一位倖存者，在早先便有印象，日本人是要「在這工作上將人馴服」。他在秘密保存的日記中思考，「對一個日本人見到『白色主人』身負竹籃及長竿，步履蹣跚地行走，而他們在卡車上從旁飛馳而過，這必將十分有趣！」如此的猜測是正確的。如朝鮮日本軍總司令板垣征四郎告訴東條說，「我們的目的是要監禁美國及英國的戰俘…讓朝鮮人正面地瞭解到我們帝國真正的強大，以及對撲滅掉任何對歐美崇拜的心戰宣傳工作，做出貢獻。」

我們切不可忽略這政策成功的程度，至少在初期的時候，這賦予日本做為亞洲解放者的合法性。當日本的發言人提及「所有亞洲人民共享的理想」，並且宣布「大東亞計畫」是「完全基於和平，並且反對英國及美國之壓榨、侵略以及排外的自我主義」，他們能夠引起熱烈的迴響。亞洲城市受教育居民對歐洲統治的厭惡，是根深蒂固；歐威爾他曾在戰前緬甸當過警察分隊隊長，並不是唯一注意這點的人，也非唯一對英國統治信心，因為自己受人憎恨的不安經驗，因而動搖的。＊前荷屬殖民地的民族主義者歡呼日本是「亞洲領導，亞洲保護者以及亞洲光芒」。對蘇卡諾，這位印度尼西亞的未來總統，日本的戰爭的確是印尼民族獨立的戰爭。英國在一九四〇年囚禁的緬甸民主主義領導巴莫，在一九四三年十一月於東京的大東亞國家會議裡告訴代表們：「這不是用我們的心來思考的時候，這是用我們的血來思考的時候」。戰前菲律賓的部長何塞・勞雷爾及豪爾赫・巴爾加斯宣布說，日本的勝利「平反了所有亞洲國家的名譽」。而日本解放的承諾也非全然空談。在一九四三年八月一日緬甸被宣布為獨立國家；對菲律賓人，獨立是在十月十四日到達。印度

＊歐維爾的文章〈射殺一頭大象〉（'Shooting an Elephant'）具體而微地呈現出英國一九三〇年代在亞洲那細膩的士氣瓦解。當一頭大象亂竄，歐維爾被期待要射殺牠。他發現這工作極為厭惡，而如此做，只因為出於擔心「看起來像是位傻瓜」：「當群眾正在看著我，我不是普通意義地害怕，如我必然會，假如我是落單的話。一個白人不應該在『土著』面前驚恐；所以一般來說，他不會被嚇到。在我心中唯一的想法是，假如有任何差池，那兩千名緬甸人將會看到我被追殺、被逮到、被踩扁，變為一副露齒微笑的屍體，就像在山丘之上的印度人。假如那事發生，很有可能一些人會發笑。那絕對不行。」

及印度尼西亞也被承諾獨立。

即使未曾經驗過歐洲統治的亞洲人，也對日本的目的表達可觀的熱情。在一九三九和一九四三年之間，有超過七十萬名朝鮮人志願在日本軍隊中服役：許多人以血來書寫他們的申請表，以表達他們努力要「比日本還要日本」的深刻決心，雖然日本接受不到一萬八千名。在一九四二年當需要一千名的自願人員時，有超過四十二萬五千名台灣人，約男性人可口的十四%，提出申請。總計，最後有超過二十萬名的台灣人成為士兵，或變成為日本軍方效勞的平民。

日本人當然會遇到一些土著民族的抵抗，而不只是那些在西方殖民統治之下相對得利的族群團體以及菁英。一面倒多數的印度人對日本人為他們構築的解放，沒有興趣。在菲律賓，以農民為主的「虎克巴拉哈」（「對抗日本人的人民軍」）的共產運動，對他們進行游擊戰；在緬甸，克倫族以及克欽族山地部落也抵抗日本人的統治。然而日本人不難在反歐民族主義者以及投機份子之中，找到合作者。印度的民族主義人士沒忘記一九一九年的安瑞剎屠殺；在一九四〇年三月烏丹・辛格暗殺那時候旁遮普的副總督邁可・奧德懷爾爵士。雖然大多數的國大黨領導人避免與日本人合作，實際上，「離開印度！」（Quit India）運動以極大的婉轉方式表達中立。但蘇巴斯・錢德拉・鮑斯熱烈歡迎「大英帝國的終結」，並且呼籲印度人加入軸心國那邊。大約有三千五百人響應那從柏林自稱為領導者的初步呼籲，要組織一支印度的解放軍，而他們大多數是在北非被德軍俘虜的印度人。當鮑斯到達亞洲時（——他是從基爾乘坐U型潛艇到蘇門答臘——），他又再度在大多數是從新加坡及其它地方來的戰俘中，徵召四萬五千人到他的印度民族軍以及到軸心國的目的來。東條英機勝過那態度模稜兩可的希特勒，似乎很誠懇地宣布支持印度「對獨立的急迫鬥爭」。他在一九四二年初告訴日本國會，「沒有印度獨立，在大東亞共榮圈內無法有真正的相互繁榮」。波莫以及翁山的緬甸獨立軍，也得到日本的支持，雖然代價是縮小規模，以及被改名為緬甸國防軍，而且直到日本人決定要讓緬甸獨立。在爪哇以及峇里島，稱為「佩塔」（「祖國軍隊防衛者」）的自願軍也被組成。在馬來亞、蘇門答臘、印度支那以及婆羅洲也有自願軍，稱為「吉尤幹」。

誠然這些軍隊的人數不大，最多是十五萬三千經過訓練的人，然而他們當然可以更多更大。原先的緬甸獨立軍聚集了二十萬徵召的人，但被日本人降到四千，在戰爭結束時再增加到五萬五千。此外，雖然日本在東南亞訓練的軍隊相較於日本在戰爭期間所動員人數來比，是相對的少，但與實際在南方戰場服役的日本人來比卻是相當大的：大約三十萬。以其它方法說，日本人在那裡可取得的士兵，大約有三分之一是所謂被解放之亞洲民族的人員。只有在隨著巴莫後來稱為「日本軍國主義者的殘酷、傲慢以及種族偏見」，而幻滅逐漸出現，而這與日本在一九四二年軍事運氣開始下滑以及共榮圈（——這在一九四四年變得比較像是「共貧圈」——）裡的危機逐漸深化，並非無關。

在亞洲，二次大戰的大多數軍事史家認為日本注定失敗是理所當然。這或許低估日本在一九四二年中地位的強度大。對珍珠港的進一步攻擊或許會顯著遲緩了美國在海上的復原。有人認為，美國可以被認為過早投入到以高昂代價來收復菲律賓時，是犯了錯誤；的確，在一九三九年以前，他們的意圖是在一旦發生戰爭時，他們要設法守住這些島嶼。而更說得過去的是，日本海軍提議要佔領錫蘭，而假如這被執行，會嚴重打斷英國與波斯灣及埃及的交通聯絡，而這對英國在一九四二年十月阿拉曼戰役之前要集結軍力一事，會有可怕的影響。日本也可以從緬甸攻擊印度，這選項當然被思考過（而且也當然在一九四四年過遲地執行）。日本在滿洲有七十萬軍隊，而在中國有約一百萬；這些應該在早些時候可以重新部署來去面對英美必然會進行的反攻。但即使沒有他們，對日本在珊瑚海、中途島及瓜達卡納爾戰役的挫敗，也沒有什麼預先注定的。

軸心國強權並不像史學家經常被誘惑地去假設會想走向自我毀滅。相反地，他們從他們所征服的領土、從他們的合作者，甚至從他們所造成的內戰中，取得真正的力量。這些邪惡帝國是如此強大，是如此無情地將他們意識型態願景加諸在歐、亞如此浩瀚的土地上，所以我們被迫去嚴肅思考二十世紀一個最迷惑的難題：軸心國在一九四二年中幾乎已經要贏得戰爭，何以最後卻輸掉戰爭？

第四部分 玷污的勝利

A Tainted Triumph

第十五章　戰爭的滲透

The Osmosis of War

一個相當沒價值的東西，一個對文明的拙劣模仿戲謔，已經被驅逐出去；他和他的伙伴已經進駐，隨同帶來一個新的世界、新世界正環繞著他在各處逐漸穩定成形，四周以鐵絲網為界，瀰漫著石碳酸的氣味⋯在他所正在進行的戰爭中，勇氣以及正義目的都無關緊要。

伊夫林・沃，《榮譽之劍》

「當我們彼此面面相覷，我們都沒有在看一張我們厭惡的臉；不，我們正在盯著一面鏡子⋯你們或許會以為你們憎恨我們，但你們真正憎恨的是你們自己—在我們裡頭的你們自己⋯當我往你們的臂膀做出一擊，我們是在打自己。我們的坦克不只突破你們的防線，它們同時也突破我們自己的防線。我們自己坦克所留下的跡轍，正在壓毀國家社會主義⋯我們的勝利將會是你們的勝利⋯一旦你們能夠征服，那我們將會毀滅，為的是活在你們的勝利之中。透過輸掉這場戰爭，我們將贏得戰爭，但是以另一種方式持續我們的發展。」

蓋世太保拷問者對一名老布爾什維克囚犯所說的話，收錄在瓦西里・葛羅斯曼《生命與命運》

「在戰爭之中有種滲透，隨你怎麼稱呼，但勝利者通常都會披戴上這⋯這，嗯，輸家的裝扮。」

諾曼・梅勒，《裸體與死亡》

奧斯維茲與廣島

這是一個邪惡的同義字：奧斯維茲。這是毫不顯眼波蘭城鎮奧斯威辛（Oświęcim）的德文化名字，克拉科夫以西三十七哩之處。就在附近那以磚塊砌成的營房，但被德國人改裝成一座集中營裡，有種叫做Zyklon B的殺蟲劑，最先用來進行大規模謀殺。這日期是一九四一年九月，最初的受害人是蘇聯戰俘。但這通常都是為了要為族群屠殺預作試驗。最初黨衛軍是在一個以奧斯維茲—比克瑙為人所知的專用新營區中，將兩棟農舍改裝成臨時毒氣室。當這些證明不夠用時，四座大型的火葬房在一九四三年三月及六月之間搭建起來，每座都會包括一個脫衣區，一間大型毒氣間以及用來焚燬窒息受害者屍體的火爐。其目的是要謀殺從全歐洲來的猶太人，並以可能範圍之內最有效率的方式來將其殘骸處理掉。在它運作的最顛峰時期，每天會有超過一萬兩千名的人在這建築群之中被殺害。據估計，總共有一百一十萬人在奧斯維茲被謀殺，其中除了十二萬兩千人外，都是猶太人。這意謂有稍稍不到五分之一的「大浩劫」的受害者，是在這裡失去他們的生命。

正是因為其效率，所以使得奧斯維茲特別令人憎恨。今天訪客在這些展示場之中，可以看見從囚犯頭上剃下來的成堆毛髮，這些是在蘇聯軍隊攻佔這營區時，已經整齊地打包著，等待被運送到德國纖維工廠去。在另一個展場是從之前運送出去之物所做成的成品：粗布、海上用的繩索以及一件特別醜陋的網子。幾乎一樣令人心神不寧的是堆成一座座小丘般的暗色、蒙塵的鞋子、義肢、眼鏡、以及上面漆有物主住址的提箱，從歐洲各處來的住址，但只能徒然地希望有天能送回原址。但這些只是碎屑，族群屠殺所剩餘中一小小部分。受害者口袋中拿出、從指上取下，以及從牙齒拔下的黃金，早已不見蹤影。因為納粹不僅只是屠殺那些他們定義為次等人類的人。他們也被鼓勵在經濟上去壓榨他們。有一小群少數被挑選來做為奴工，其中一些人就在這些死亡營裡工作，其他人，如普里莫・列維，一名來自杜林訓練有素的化學家，便在附近奧斯維茲III營區（亦稱為布納或莫諾威茲），法本化學所經營的工廠工作；還有其他人在附近農場、礦場以及軍火工廠中被雇用。然而大多數的人只是用毒氣毒死，然後就像許多普通廢棄物來處理掉。在造訪奧斯維茲之後，你會覺得對那些他們所殺害之人做出除了將他們吃掉之外，所有能夠想到的方式全部做到。沒有其它政權會如此靠近威爾斯小說中，貪婪的外星人以機械化方式，將生命從人類那裡吸食掉的夢魘。

雖然奧斯維茲是最有效率，但並不必然是最殘酷的納粹死亡營。最先被第三帝國毒死的人，如我們已見，是德國的精神病患；他們是以純一氧化碳的毒氣而窒息。這方法被外傳到東歐，但是是用廢氣，首先是在特別改裝過的密閉箱型車中；然後是靜止、配備大型柴油引擎的毒氣房。這是人在索比柏、特雷布林卡以及貝烏賽茨被殺死的方式；這些營區之設立是為了要在一九四一年秋天執行「萊茵哈德行動」）。與吸入Zyklon B大多數受害人在五到十分鐘死去，兩相比較，這是一個緩慢的死法。奧斯維茲的指揮官黨衛軍魯道夫・侯伊斯，認為與最後一個上述地區的指揮官，那惡名昭彰施虐狂克里斯丁・維爾特的方法相比，他自己的方法是「人道的」。黨衛軍軍官庫爾特・格斯坦在一九四五年自殺不久之前，對他在貝烏賽茨所見證到的事情，留下一個令人痛苦的陳述：

火車抵達；兩百名烏克蘭人將車廂門打開，用皮鞭把人從車廂趕出。從大型廣播器裡發出指示：完全脫光衣物，包括義肢、眼鏡等等⋯然後婦人與女孩走到理髮師，他們用剪刀揮兩三下，剪下頭髮，將它裝入馬鈴薯袋中。「這是用於與U型潛艇有關的特殊目的上，用來隔絕或是像那樣的東西」，值班的黨衛軍的小隊長告訴我。

然後程序開始進行。他們沿著路徑前進，由一名相當漂亮的女孩來帶頭，所有人都裸體，男人、女人、小孩、沒有義肢的跛行人士⋯所以他們爬上小小的階梯，然後他們一目了然：母親胸前抱著她們的孩子、裸體小孩、成年人、男人、女人，都赤身裸體。她們有些遲疑，但還是進入死亡房間，被在後面的人或是黨衛軍的皮鞭催促著，大多數人都沒說話。一位年約四十的猶太女人，眼睛發光，詛咒謀殺者。她被維爾特上尉親自以馬鞭抽打了五或六下，然後消失在房間之內⋯

〔經過半小時後，所有人都因為吸入柴油廢氣而死。〕

屍體被丟出來時，被汗水及尿液浸濕，腿上沾著糞便以及經血⋯烏克蘭人的皮製馬鞭落在工作人員身上。有二十餘位的牙醫用工具打開嘴，去找出黃金⋯一些工人檢查性器官及肛門，是否藏有黃金、鑽石以及有價值的東西。

一九四二年三月和十二月間，估計有六十萬人，幾乎全是猶太人（包括扎莫希奇的猶太委員會），以這種方式被虐待、謀殺以及在身體上進行掠奪。從每次到貝烏賽茨的運輸中，有約五百人被選出來活下去，來協助處理屍體；在經過某一時間點之後，他們同樣被殺害以及取代。只有五個人被知道曾逃離營區，其中只有兩名在戰爭中倖存下來。其中一位魯道夫・瑞德＊被毒氣房理小孩子的哭聲終生糾纏：「媽咪！但我很好！它好暗！它好暗！」，在波蘭另一個營區馬伊達內克，約有十七萬人不僅被毒氣毒死，也被子彈、毆打以及吊刑殺死，這以約有一萬八千人在「收割節慶行動」中遭到槍殺，達到最高點（一九四三年十一月三日）。如此便是萊因哈德・海德里希在一九四二年一月二十日，於柏林萬湖修剪過的岸邊，舉行的國務秘書

＊瑞德是位受過訓練的化學家，在一九四二年八月年被從利沃夫遣離。他是以「死亡助手團」的成員身份工作，挖掘墳墓以及將屍體從毒氣房拉出。在四個月後他被送到利沃夫，去取回一批營區要使用的金屬板。當他的守衛睡著時，他趁機逃跑。

會議中，簡略提及之「終極解決」的邪惡真相。

如我們已見，其它政權也犯過集體謀殺。在史達林的蘇聯中，甚至有更多人因為政治理由被謀殺；在納粹集中營裡生生死死的許多面向（—特別是較低階人員的惡毒施虐行為—），顯然在古拉格裡有與他們相應之人。有更多的人想必因為毛澤東在中國的暴政而死。然而在有關納粹對猶太人以及他們認為「不值得生存」之其他少數族群的戰爭中，卻有某種質性的不同之處。這事實是：這是由這些受到良好教育的人來執行，這是至少直到一九三三年，全世界最先進教育系統之一的結果；這事實是，這是在一個人的領導之下所犯的，而這個人主要是以民主方式而掌權。納粹的死亡機器是以經濟性、科學性以及美化的方式來運作。換言之，它非常、非常現代。一些例子或能來闡明這點：

德國國家鐵路公司所收取之費用，將歐洲猶太人運送到死亡之處：成人每公里〇・〇四帝國馬克，超過四歲孩童以及超過四百人或更多之團體，則收半價。

維克多・蕭茨在一九四〇年於布雷斯勞大學所提交之博士論文，標題為：「關於從死者嘴中取出之黃金的回收使用」。

一位在艾爾福特的「托普甫與兒子」公司的工程師，設計奧斯維茲焚屍爐的庫爾特・普魯佛，所做的詳細技術及財務精算。

一位從費雪醫生和烏伯侯伊塞醫生在拉分斯布魯克對女性囚犯（稱為「兔子」）進行實驗性手術的倖存者，所做的質樸無華陳述。這些手術包括注射鏈球菌到她們的骨頭裡；在沒有麻醉狀況下，將毒物注入子宮，以及將全部肢體截肢，來取代受傷德國士兵受損的部位。

在前往布亨瓦德焚屍爐的路途中掛著標語：「有一條前往自由之路。它的里程碑稱為服從、勤快、誠實、秩序、紀律、乾淨、清醒、願意犧牲以及熱愛祖國」。

在貝烏賽茨的黨衛軍人馬堅持他們的受害人只是「去洗澡，之後會被送去工作」，這以雇用一個小型營區樂團來演奏曲調如「高地的人，你難道沒有遺憾？」來壓制死者尖叫聲，來強化所說的謊言。

這裡所具有強烈印象是：專業人員變成精神病態的人，或許是因為他們狹隘的專業化所導致的道德盲目（這至少是史學家佛德利希•梅尼克的理論）。無論是收取車資、進行實驗、設計口號、書寫論文或是設計火爐，正是像蕭茨、普魯佛、費雪以及烏伯侯伊塞這種數以千計的人，將希特勒瘋狂的族群屠殺夢想化為實際。他們就正如魯道夫•瑞德所描寫的黨衛軍施虐狂一樣，是真正犯罪的人。

在奧斯維茲、馬伊達內克以及貝烏賽茨所犯下之罪行是如此殘酷（—更不用提其它在海烏姆諾、索比柏和特雷布林卡的死亡營—），所以美國、英國、加拿大及俄羅斯人在他們與納粹德國作戰時，都對他們自己國家正在進行一場正義之戰的這種想法，感覺滿意。我們於是很容易就忘記掉盟軍同樣地在殺戮無辜男、女、小孩，以求得勝利，雖然這是以相當不同的方式以及懷抱相當不同的動機在進行。這不是一場單純的善惡之爭。它是一場邪惡對較小邪惡的戰爭。但是軸心國沒有在它們自己惡貫滿盈的重壓下而垮台。它們只能被以龐大以及相反的力量來加以征服。但這又需要西方強權在道德上做出可怕的妥協。軸心國看起來只能以它們自己那種不人道的方式來被對付。

對今日許多日本人來說，廣島便是亞洲的奧斯維茲，一個人類對人類不人道的獨特象徵。然而廣島只是盟軍轟炸機在二戰末期摧毀的許多城市之一。歷史學家無法迴避這問題：在奧斯維茲與廣島之間的差異為何？一個可能的答案是：對希特勒而言，毒殺猶太人本身即為目的，而且他會持續毒殺猶太人，直到沒有任何剩下，即使是納粹在一九四二年以勝利結束戰爭。但相對照之下，對邱吉爾及羅斯福而言，戰略性轟炸被設計來不是要摧毀德國及日本民族，而是要結束戰爭。邱吉爾曾經在進餐之際，開玩笑要將戰敗的德國人結紮，但那只是黑色幽默（就像他象徵性地在齊格菲防線以及萊茵河裡小解一樣）。邱吉爾最高的目的不是要殺盡所有的德國人，正如不是要拯救所有的猶太人，或是解放法國及所有的波蘭人。它不過是要單純地要將戰爭帶到一個勝利的結果，但必須是英國人可以忍受的代價。他第二個目的比較沒有被廣泛接受：要避免「去主持大英帝國的清算」。而他的第三個則是幾乎沒有人、除他之外，會嚴肅考慮，直到戰爭結束之後，要確保德國對英國的威脅不是僅僅由蘇聯的威脅所取代。為了達成這些目的中的第一項，邱吉爾準備使用所有可能的方法。

英國在第二次大戰之後，以戰勝國之姿出線，在人命上（雖然不是在財產上）付出的代價較第一次大戰所帶來的還要低。這是邱吉爾的成就。然而大英帝國卻只是部分地保存下來，並且大為削弱。一九四七年，印度脫離帝國藩籬的這一年，對每個人來說，爆發另一場世界大戰，而且較之二戰更具摧毀性，有明顯的可能。在此則是盟軍勝利的最大瑕疵：勝利的主要受益者竟是集權主義的政權，這西方民主國家在一九四一年夏天曾與之攜手合作的史達林蘇聯。邱吉爾曾經玩笑過，說假如希特勒入侵地獄，他必定「至少會在英國下院中做出有利於魔鬼的推薦」；＊其實這正是所發生之事，而邱吉爾所提供給史達林的遠遠超過好聽的話。與史達林在戰時的結盟儘管是有其不可避免之處以及戰略理性，但卻仍是一個真正的浮士德約定，雖然英國

＊反諷地，希特勒在一九四二年五月也對日本人說相同的話：「目前的衝突是一個生與死的衝突，而根本之事是要贏得勝利；而為了那目的，我們已經準備妥當要和魔鬼結盟。」

及美國是用別人的靈魂來償付欠蘇聯撒旦的債務。這是何以對許多在歐洲及亞洲的人來說，一九四五年的勝利只不過是以一種集權主義來取代之前另一種而已。

有時候有人堅持說，就蘇聯對勝利所做的不成比例的貢獻，這樣的結局只是公正以及恰當。但是那說法可能低估英國及美國在屠殺軸心國惡龍時所扮演的角色。

被想像出的勝利

在巴巴羅莎行動對蘇聯造成毀滅性的損失後，在一九四一年末所發動的第二波攻勢，將德國軍隊帶領到跨越莫斯科—伏爾加運河一線，逼近首都近郊。整個局勢看起來如此嚴峻，蘇聯政府（—但不是史達林，他留下來指揮新近創立的總部，）被遷移到古比雪夫（之前的薩馬拉），在東南方超過五百哩之遠。一個特別的冷凍車廂運送列寧防腐的屍體到安全處所。在十一月一日，雖然前線已經離紅場幾乎不到四十哩，但是史達林仍然決定要以過去的典禮儀式來慶祝革命週年紀念。通常史達林必然會在莫斯科大劇院發表演說，但因為已經遭到轟炸，典禮移師到金碧輝煌、但防彈的馬亞科夫斯卡亞廣場的地鐵站區域。這地方被裝潢地看起來像莫斯科大劇院。史達林在演說中對他之前盟友希特勒發出絕不服輸的訊息：「假如他們要場殲滅戰，他們會得到：我們的任務是要摧毀每個德國人，直到最後一人為止。德國入侵者去死！」這是絕望的語言，也正如是不屈不撓的語言。

史達林很幸運地得知（—而這次他相信這個人—）理查・索格從東京來的情報，日本人在一九四一年十二月打算「只有進軍南太平洋而已，不及其它」。正是索格保證「蘇維埃的遠東可以被認為能免於日本攻擊，至少直到冬天結束之前」，這才使得史達林得以從西伯利亞抽掉五十八個師到西方。同樣，天候也對德國人不利，讓燃料及指頭都同時凍僵；而在蘇聯的抵抗日益頑強之際，德國人的傷亡率也往上衝高。閃電攻勢的時機已過；那被庫爾吉歐・馬拉帕帖諷刺地稱為「三十年的閃電戰爭」已經開始。然而，蘇聯在朱可夫所領導的莫斯科反攻之後幾個月，顯示出甚少持續改善的徵象。德國軍隊入侵克里米亞。到一九四二年夏天時，他們已經到達頓河邊，這是高加索地區的門口，並同時正在向伏爾加河壓迫。蘇聯在邁科普油田已經被攻佔；納粹黨徽已經飄揚在伊朗的厄爾布茲山頂。波蘭、波羅的海國家、烏克蘭以及白俄羅斯都在德國人手上。德國及其盟友在戰爭的這一階段，除了少數的中立國（愛爾蘭、葡萄牙、瑞典、瑞士及西班牙），幾乎控制所有西歐及中歐。如一位俄羅斯評論者所言，「巴黎、維也納、布拉格、及布魯塞爾都已經成為德國的行省城市」。巴爾幹人已經臣服在德國的武力之下，克里特島亦然。在北非故事幾乎一樣。在一九四二年六月二十一日，隆梅爾的非洲兵團佔領英國重要據點托布魯克，接著切入埃及，離亞歷山卓五十哩內。希特勒被勝利弄得醺醺然，開始想要德國去征服巴西、中非、新幾內亞。美國同樣地必在最後「併入到德國世界帝國之內」。里賓特洛普戰後「附屬殖民地」的採購清單，包括了英屬及法屬西非、法屬赤道非洲、比屬剛果、烏干達、肯亞、尚希巴、以及北羅德西亞。同時間，日本在亞洲及太平洋也已取得一樣驚人的勝利。到一九四一年時，如我們已見，華東大部分在日本人手中。始於珍珠港突襲的六個月攻勢，已經創造出一個大東亞共榮圈，包括了今日的印度尼西亞、馬來西亞、緬甸、泰國以及越南，更不用說那太平洋諸島所形成的巨大弧線。

於是到一九四二年夏天時，只有不可救藥的樂觀主義者能夠確定地說同盟國會贏得戰爭。在那年三月，隨著日本在亞洲的勝利，邱吉爾嚴肅地考慮辭職。可能會繼承他的伊登，害怕蘇聯人會和希特勒另訂和平條約。「我們已經失去一大部分的大英帝國，」艾倫·布魯克在它的日記中悲傷地說，「而我們現在正快速地失去更多的部分」。不列顛像是「一艘船…正無法避開地往礁石撞去…我們能夠解救印度及澳大利亞嗎？…埃及受到威脅…俄羅斯無法抵擋，而高加索注定會被突破」。德國人甚至可能會到達波斯灣的油田（「我們阿基里士的腳跟」）。

軸心國強權是否能以如此的方式鞏固他們在一九三九到一九四二年的閃電勝利，以確保最後的勝利？軍事史家已經辯論很久德國及日本所能擁有的戰略選項，來追求其它的戰爭決策，使戰爭或許能以希特勒和昭和天皇所要的方式進行。撇開不太可能的劇情，如德國成功地在一九四〇年入侵英國，取消巴巴羅沙行動，或是日本決定進攻蘇聯而非美國，有四個或多或少合理的可能性可以提出：

1. 希特勒或許能接受他軍事首長的建議（特別是海軍將領雷德爾），在入侵蘇聯之前，集中全力在一九四一年贏得地中海的勝利。他，例如說，或許會橫掃東地中海到賽浦路斯、黎巴嫩以及敘利亞；或是經由土耳其（破壞她的中立地位），前往高加索地區；或橫越埃及到蘇伊士運河以及之外的地方。即使是如實際情形，英國在馬耳它及埃及的地位都已經被嚴重地削弱。隆梅爾或許能將英國人從埃及驅逐出去，若他能得到在西歐多少都還是閒置的二十九個師。

2. 或者另外說，希特勒或許能將更多的資源投入，在一九四二年贏得大西洋戰役。當然，德國潛水艇在一九四二年整年及一九四三年春天正對同盟國的船運造成嚴重的損害。

3. 希特勒或許能更有智慧地對蘇聯作戰。再次地，他或許會聽專家（其中包括哈爾德及古德林），他們建議他將德國力氣集中去攻佔莫斯科，而非將他的元帥葛德·馮·倫德斯特的集軍團往南轉移到基輔去。以相類似的方式，希特勒或許不會將他的第六軍任意地浪費在史達林格勒；艾倫‧布魯克的恐懼是保盧斯或許會征服高加索，打開前往裏海以及波斯灣油田的通道。

4. 日本人或許可以對西方強權進行不同的戰爭，在一九四二年攻擊錫蘭、而非新幾內亞的莫瑞斯比港以及中途島，來挑戰英國對印度洋的主宰權。他們或許能將軍隊從中國及滿洲抽移（──在戰爭結束時，仍有其五十六％的部隊駐紮在那兩個地方──），來加強他們在太平洋的防線。

所有這些「反事實」（counterfactuals）的困難（──除了它們假設一個不像真實世界裡的希特勒，而是一個不會對軍事專家建議充耳不聞的希特勒──）是它們幾乎沒有一樣可以提出任何方式，在一旦同時槓上大英帝國、美國及蘇聯，可以讓軸心國家去克服對她們一面倒不利的經濟差距。誠然，一九三九─四二年的閃電征戰縮減了軸心國與同盟國之間的經濟差距。德國人非常成功地從佔領的西歐吸取了資源；在一九四三年的顛峰時期，從法國取得無償轉移的資源多達德國年生產總值的八％，等於戰前法國全國收入的三分之一。德國幾乎壟斷所有她所佔領之西歐國家的所有出口。前捷克斯洛伐克同樣也是對德國戰爭做出淨值投入的主要貢獻者。巴巴羅沙行動及接下來數波攻勢是如此深入，所以他們佔領了超過一半以上的蘇聯工業產能。除此之外，德國人能夠將他們帝國視為宛如是無止盡的廉價勞工來源。外籍勞工在一九四三年構成民間有效勞動力的五分之一。在被指定去負責德國軍需生產之後，阿爾柏特‧施佩爾凝聚帝國的經濟，對製造業者要求標準化規格，所以在生產力取得驚人的改善，在一九四一年到一九四三年期間，幾乎使武器生產增加三倍。日本人也執行了經濟動員的舉動，在一九四一和一九四四年之間，使飛機生產增加五點五倍。

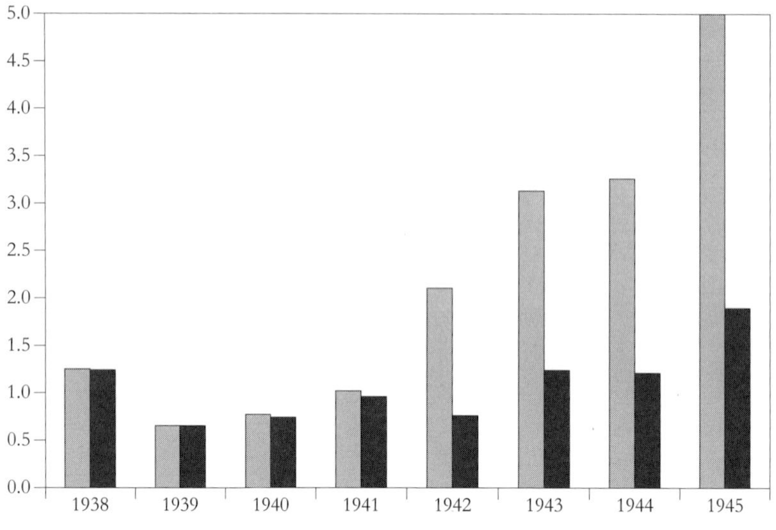

■ 同盟國：軸心國之比例　■ 同盟國（排除美國）：軸心國之比例

注意：這圖是估計同盟國與軸心國雙方在國內生產總額加總之後的比例。右邊的長條圖，不僅將美國國內生產總額排除在計算之外，也排除美國對英國及蘇聯援助的價值。

圖 15.1 同盟國對軸心國國民生產總值的比例，加上以及排除美國的，1938 年到 1945 年

但這離足夠仍是甚遠。三大同盟國有大大領先的物質資源。在一九四〇年當德國與義大利面對英國及法國時，後兩者加起來的整體經濟產值大約是另一方的三分之二。法國與波蘭的戰敗拉開了對英國不利的差距，但德國入侵蘇聯又把這經濟差距給恢復平衡。隨著美國參戰，這天平開始偏向另一方；甚至這天平幾乎完全倒在一邊。同盟國在一九四二年總共的國民生產總值，是主要軸心國強權及其附屬國家的兩倍。在一九四三年這大約是三倍大，而這比例隨著戰爭進行持續升高，大體上是因為美國經濟的成長（見圖表15.1）。在一九四二到一九四四年之間，美國的軍事開銷是德國加日本的兩倍。很難看出採用不同戰略如何能去避免這種不利軸心國軍事勝利的經濟差距。同盟國在生產上的增加中，有如此大量是在軸心國軍力所能及的範圍之外，無論是在美國或是在烏拉山的另一側。此外，若希特勒以不同方式進行戰爭或許能得到的額外油田，但這在產

量上仍然太有限，不足以顯著地縮減雙方在石油產量上的鴻溝。＊

同樣必須放在心中的還有與軸心國強權交戰的不是只有英國人、俄羅斯人以及美國人；他們所對付的是大英、蘇聯及美利堅帝國加起來的力量。從大英帝國不同地區送到戰場的人數極為龐大。總計，英國動員稍稍不到六百萬人。但另外有五百一十萬人來自印度、加拿大、澳大利亞、紐西蘭以及南非。勝利如阿拉曼戰役，甚至印緬英帕爾戰役更是這支帝國軍隊的勝利，正如是英國軍隊的勝利；這次殖民地對帝國的投入，如同在第一次大戰時一樣地熱烈。特別值得注意的是，有超過兩百五十萬名印度人是自願加入戰爭期間的英屬印度部隊；這超過那些為日本作戰印度人數量的六十倍以上。印度軍官團的迅速擴大，提供忠誠的關鍵來源，雖然這忠誠是以戰後獨立來做為交換條件。紅軍也不僅僅是俄羅斯人。在一九四四年一月，俄羅斯人構成我們有紀錄的兩百師中的五十八％，但烏克蘭人則是二十二％，這規模勝過那些為德國作戰的烏克蘭人，也比戰前蘇聯人口中，佔有更大的比例。蘇聯在史達林格勒的第六十二軍士兵中，有一半不是俄羅斯人。同樣地，美國軍隊在族群上也是多元。雖然他們通常會被隔離編組，非裔美國人構成從「火炬行動」（Operation Torch）起，在所有主要戰役所動員及參戰之整體美國軍隊中的十一％。諾曼・梅勒在《裸體與死亡》小說中的偵搜排，包括了兩位猶太人、一位波蘭人、一位愛爾蘭人、一位墨西哥人以及一位義大利人。在硫磺島豎起星條旗的六名戰鬥人員中，有兩名是外國人，一位是霹馬族的印地安人。戰爭期間，有兩萬名日裔美國人士在美國陸軍服役。正如約翰・赫西在《阿丹諾之鐘》中所說，小說裡的英雄是位「到義大利作戰的義裔美國人」：

＊「我們必須以任何代價前進到美索布達米亞平原，從英國人手中奪來莫蘇爾（Mosul）的油田」，希特勒在一九四二年八月五日宣布說。「假如我們在此成功，整個戰爭將會結束」。但在一九四四年全世界石油產量的四分之三是來自美國，這相較於整個北非、中東以及波斯灣的七％。

美國是個國際性的國家⋯我們的軍隊裡有南斯拉夫人、法國人、奧地利人、捷克人以及挪威人，我們軍隊到歐洲的每個地方，一個人可以向他旁邊的士兵問：「喂！邁克，這個老外在說蝦米？」⋯然後邁克就會翻譯。這是我們好運的地方。沒有其他國家會有如此的人才庫，能說我們所入侵地方的語言。⋯正如歐洲曾真正地用一波波的移民來入侵我們，現在我們正以一波波移民的後代來入侵歐洲。

在此便是赫西洞見的反諷之處：典型美國大兵的唯一戰爭目的是要「回家」。

如我們已見，德國曾努力在佔領的歐洲中動員人民，正如日本人在遠東一樣，但這與同盟國所成就的來比，是小巫見大巫。的確，軸心帝國無法贏得他們新子民忠誠的可悲失敗，保證了同盟國的戰力會因為許多流亡軍隊、游擊隊以及反抗組織的加入，而更形強大。即使排除這些輔助戰力，主要同盟國家起來的軍隊人數，在一九四二年已經比軸心國的多出稍微三〇％不到。一年之後，這差距是五〇％。在戰爭結束後，包括自由法國*、波蘭軍隊以及站在俄羅斯那邊的南斯拉夫游擊隊及羅馬尼亞人，同盟國有兩倍的武裝人數。在一九四四年由英國所組成的猶太兵團中，有五十二個國籍出現。他們是依循前一波約九千名來自西班牙、德國、奧地利以及捷克斯洛伐克難民所加入的外籍兵團，很巧妙地被綽號為「國王陛下自己忠誠的外國敵人」（King's Own Royal Enemy Aliens）。

然而同盟國優勢最好的衡量方式是以軍事硬體來看，因為德國人與日本人最終的失敗是因為資本而非人

*甚少有人願意承認在一九四〇年直到諾曼地登陸的D-Day那段期間，非洲黑人構成自由法國軍的基層戰士的主要成分。即使晚到一九四四年九月，他們仍然構成戴高樂在西北非五分之一的部隊。

員，是因為機具而非勞力。在每一種武器的主要項目中，軸心國的軍力隨著每個月的流逝，而穩定地逐步落後。在一九四二和一九四四年間，同盟國在自動手槍產量是以十六比一的比例勝過軸心國；在船艦、坦克以及迫擊砲是大約五比一；在步槍、機關槍、大砲以及戰鬥機則大約是三比一。閃電戰術之所以可能，是在這樣的差距恰好倒過來時。一旦雙方都摩托機動化後（—這是整個戰爭的定義性特徵—）勝利的關鍵變成是輜重補給，而非英雄主義。英國在武器裝備上四倍的數量優勢，是阿拉曼勝利的決定性因素之一。在一九四四年及一九四五年的攻勢中，蘇聯對德國在裝甲部隊的平均比例是略低於八比一。在東戰場就戰鬥機的比例來說，這從一九四三年七月的三比一，到一九四五年一月的十比一。同樣地，同盟國主宰空域，確保了諾曼地登陸D-Day的成功，並保證德國在西歐最後的戰敗。一位德國士兵清楚記得「那讓我清楚瞭解德國不可能戰勝的一天」：

那是一九四四年七月二十六日。有一千五百架美國的「飛行堡壘」空襲，但我沒見到任何一架德國空軍戰機升空去攔截挑戰。當然，優勢的武力並不經常獲勝，但當優勢差距如那樣之大，您什麼也做不來。在我們附近是黨衛軍，稱作帝國坦克師以及來自希特勒青年團的部隊。他們被空中的攻擊完全摧毀。他們甚至沒機會去展現出他們如何勇敢。當那種事情發生時，你知道這必然是結束了⋯⋯這沒希望，我們不可能贏得戰爭。

同時之間，美國在太平洋簡直就是以大量生產的武器海嘯來淹沒日本。美國潛艇將日本商船減掉四分之三，切斷必須物資的進口。美國防空武器所擊落下的日本飛機，比日本工廠所能生產的速度還快。美國船塢建造以及修復戰艦，但日本的則是因為缺乏物資而閒置。到一九四四年美國所產的高爆炸藥是日本的二十六倍。就坦克與卡車的生產而言，日本人與義大利人同屬二流等級。醫藥供應，這同盟國於戰爭期間有主要進展的領域，但他們卻還留在十九世紀。同樣地，在珍珠港事變之後，不可能想像出有任何不同的戰略，可以彌補這巨大的經濟失衡。日本指揮官在將他們的信心放在越來越像是自殺性的策略行動時，透露出自己如同（以阿爾文・庫可斯那恰當的詞語來說）「以中古幕府武士裝扮，在執行現代軍事科學」。相形之下，美國人是以拿大砲打蚊子的大師，他們的第一原則是「一直準備好比你所能夠想到還要更多的每項東西」。

全面戰爭最終是由物質而非道德因素來決定，這事實德國人並非不知。「讓軍隊能承受戰爭壓力的第一必要條件」，隆梅爾說，「是適當庫存的武器、石油以及彈藥。事實上，一場戰鬥在槍聲響起之前，已經由負責輜重補給的軍官開戰，並且決定。若沒槍枝，最勇敢的人無用武之地；沒有充足的彈藥，槍枝亦無用武之地；而槍枝及彈藥在機動化戰爭之中亦無多大用途，除非有裝有足夠汽油的載具，將它們運送各處」。到戰爭最後一年時，一個運作中的美國陸軍師每天會消耗約六百五十噸的補給。因為一輛卡車只能裝載五噸，這便形成相當可觀的輜重補給難題。的確，在D-Day之後的數月，因為補給線延伸到兩百到四百哩之遠，所以運送給前進部隊的補給從每日一萬九千噸掉落七千噸。這因此解釋在一九四四年下半同盟國軍隊進展的減緩，以及蒙哥馬利在爭奪阿納姆時的缺點。戰爭的最後階段透露是要出將大批人員分派到補給、而非戰鬥的重要性，但這點一直被德國人及日本人低估。在德國軍隊中，戰鬥人員與非戰鬥人員的比例是二比一；但在歐洲戰場上美國軍隊則是一比二。在太平洋，日軍的比例是一比一；美國軍隊則是在前線的一位戰鬥人員，後方則有十八位非作戰人員。當戰爭接近尾聲時，美國幾乎有和蘇聯一樣多的人在武裝狀態下（在每一方皆約一千兩百萬人左右），但只有少數美國人實際在進行戰鬥。那些參加戰鬥的人（──登陸諾曼地的步兵或飛行堡壘的飛行員—）遭受慘重傷亡。＊事實上，也一樣可能是因為西方強權把信心放在火力、而非人力上，所以美國士兵明顯地較他們的對手訓練不良，每四位中有三位在戰鬥中並沒有做出有效的射擊，甚至有許多人沒有射擊。大多數被接受進入軍醫院的美國及英國傷患是因為疾病及受傷，而不是由於敵軍行動使然。這「最偉大的一代」（'greatest generation'）或許比美國其它世代都更偉大；但它們絕非是第二次世界大戰裡最偉大的戰士。

雖然蘇聯比其它西方同盟國盟友更依賴將人員直接投入到敵人戰火中，但蘇聯在軍事硬體的生產上也勝過德國。從一九四三年三月起，俄羅斯很一致地能夠投入到戰場上比德國多出兩倍或三倍的坦克及自走炮。就俄羅斯經濟相對的落後以及，在德國入侵之後，將生產重新往東遷移的鉅大挑戰，這是相當可觀。馬格尼托哥斯克、斯維爾德洛夫斯克及車里亞賓斯克成為一個新軍事工業區的核心，其定義性特徵是透過標準化以及經濟規模所提昇的生產力。T-34戰鬥坦克是戰時設計的傑作之一：製造簡單、容易操作，受到創新的斜面裝甲保護，加上配有重型砲火，這與美國惡名昭彰不適當的薛爾曼M4是完全相反的產品。後來的IS-1以及IS-2「約瑟夫・史達林」坦克甚至可以與德國豹式五型及六型和虎式一型及二型相互匹敵，而後者還受制於巨型的SU-152反坦克大砲。這些及其他武器的產量是大量的。蘇聯生產同盟國四架戰鬥機中的一架，同盟國三挺機關槍中的一挺，五輛裝甲車中的兩輛，和迫擊砲數量的三分之二。

這無疑地非常有趣，去思考希特勒或許會如何使用一顆納粹的原子彈來扳倒所有這些不利之處。但

＊參加諾曼地登陸的美國四個師，在上岸的七週之內有四分之三的人傷亡。美國步槍兵的死亡率是十六％到十九％。一些英國步槍營之中，有超過四分之一的軍官被殺死。幾乎有一半轟炸指揮部的成員結果是戰死或失蹤。只有德國的潛艇成員有更高的死亡率（八十二％）。

實情是：沃納・海森堡和德國科學家一點都沒接近設計出一顆的階段。即使德國人在他們的空防上取得迅速的改良（──例如早一些發展以及部署噴射動力的戰鬥機──），但物資上的短缺必然會限制能夠被製造出的數量。在無人控制的V1飛行炸彈以及V2火箭，德國人製造了相當可觀的新武器，能夠對倫敦造成嚴重損傷，並打擊人民士氣；但它們不是希特勒夢想的致勝創新武器。日本人對決定性的科技突破，甚至是離得更遠了。

簡言之，雖然他們或許有能力擊敗沒有外援的大英帝國，以及他們或許甚至能擊敗英國及蘇聯，假如美國繼續保持中立，但那些不是希特勒及其盟友所決定要打的戰爭。他們要對付英國、俄羅斯及美國這三個帝國，決心下注要賭贏世界霸權。假如在二十世紀歷史有任何無法阻擋的事，那便是這英美俄的排山倒海結合。根據德國債券在戰時於瑞士交易中的表現，中立投資人當然如此想：這在戰爭爆發時狂掉三九%，在一九四〇年恢復，然後在回應巴巴羅沙行動後續發展時，再度掉落，在一九四五年雅爾達會議時，同樣落到與一九三九年九月時最初觸及的低點。在特定戰役的不同結果（──例如，在珊瑚海、中途島、瓜達爾卡納爾島或甚至是雷伊泰灣海戰等戰役──）所做的不過是延緩那無可避免的結局。即使德國人成功地在義大利及法國擊退同盟國的登陸（──這並非無法想像的，因為「大君主行動」（Operation Overlord）本身內在的危險性──），或是牽制更久一些同盟國穿過阿爾登森林的進展，他們必然仍不是處於會贏得戰爭的狀態。甚至，即使在一九四四年將德軍移轉到西戰場去，但結果會是加速在東戰場的崩潰。

對聯盟的分析

著眼於在一九四五年之後所發生之事（—當去殖民化以及經濟衰退將英國從強權中的菁英等級給迅速降級—），這會誘人以為軸心國戰敗主要是美國及俄羅斯人的成就。然而直到戰爭結束的那幾個月，英國仍是聯盟中平等的伙伴。英國在一九四〇年以贏得他們國家上空的勝利，對希特勒造成第一次關鍵性的挫敗，而那時蘇聯仍站在德國那邊，美國則仍保持中立。儘管在托布魯克的災難，英國仍可以堅持住，並最後在北非贏得勝利。英國對大西洋戰役的貢獻也具有關鍵性。而正是由威廉‧史林將軍所領導的大英帝國部隊，在緬甸的英帕爾及科希馬，造成對日本而言或許是在所有戰爭中最嚴重的挫敗。誠然，英國欠缺美國龐大的經濟資源以及蘇聯龐大的人力儲備，但素質是算數的。英國情報獨占鼇頭。在戰爭中沒有任何一項比「超級」（Ultra）更重要，這解讀出使用被認為無法破解的恩尼格瑪密碼機所送出、但卻已被解碼出的訊息。多虧牛津、劍橋的埃及學家以及其他各式各樣的秘密研究人員，聚集在布萊切利園（Bletchley Park）的團隊，同盟國始終比德國先一步到位，這或許在北非最具決定性。德國潛艇的「海精」（Triton）密碼，亦被破解。

並非英國所做的事都是明顯地聰明。閱讀英國戰時的回憶錄，會對公學心態那異常的彈性感到驚訝：無論其他的戰鬥人員是如何野蠻地進行他們的全面戰爭，他們卻始終堅持那種天即使塌下來，也不恐慌地冷靜及蠻不在乎；無論其危險性如何，以堅定決心要將每次行動視為是獵狐狸、打板球或是在學校宿舍開玩笑。所有這些特質都展現在威廉‧斯坦利‧莫斯對一九四四年在克里特島綁架德國指揮官的敘述中。甚少在戰爭中的戰俘會被給予更紳士般的對待。沒有值勤的戰鬥機飛行員行為地像牛津大學生；而在印度駐防時，團隊長法蘭克‧凱里成立「尖叫俱樂部」，其中的新成員「只有在他們仍保持有趣，才可以被允許喝酒」；表現優秀者會被提拔，從基層的「打嗝」，升到「吶喊」，然後是「嘶吼」，最後是「尖叫」。音樂伴奏則是由「砸毀協奏曲」提供，其中最後一樂章會「要求將鋼琴完全毀掉」。同樣在參與他的最後倒數第二場（如果不是第三場）戰役的洛瓦特勛爵，堅持他的第一特勤旅在D-Day那天，要在風笛伴奏下登陸諾曼地。（奇蹟地，這風笛手倖存下來。）在經過四年的德國佔領之下，荷蘭人對英國軍官的謙恭有禮大為困惑；他們會有禮貌要求得到許可，是否能從他們臥室的窗戶射擊。只有在戰爭最後的時刻，在德國境內，這運動家風範的面具才掉下來：「這不是場足球賽」，這是冷泉衛隊古奇中校在第六空降部隊投降後，拒絕一位德國軍官的握手時，所做的唯一評論。一樣驚人的是基層士兵的犬儒主義、甚至是反英雄主義，這在步槍兵亞歷克斯·鮑爾比的回憶中，被相當好地捕捉道：

「我現在告訴你！（在沙漠中）這是完全不同種類的戰爭。裡邊沒有老百姓。這是乾淨的戰爭。當我們捉住俘虜，我們善待他們，他們也對我們好。這戰鬥也是不同，⋯⋯我們衝向他們，或是他們衝向我們。我們其中一方被幹掉！」

「你被幹地跑了大約五百哩，沒有停下來，假如我記對的話。」

然而這種上層社會天真幼稚，加上下層社會就是要和你拼到底的奇怪組合，這本身是英國最後勝利的秘密之一。因為他們對他們正在奮戰的東西沒有很崇高的概念（──貝弗里奇的福利國家，比丘吉爾的重建帝國市場，是完全更受歡迎的戰爭目標──），所以結果是很難削弱英國士氣。

英國戰略決策的品質亦是關鍵。這是她值得的：邱吉爾至今仍在大西洋兩岸被懷念成是他自己國家的解救者，以及同盟國勝利的建設者。但假如邱吉爾享有如希特勒那毫無限制的權力，他或許會輸掉戰爭，因為他的戰略判斷是如此不穩定。＊但正是對邱吉爾權力的限制，這才是英國最大的力量。這事實是：英國參謀長會議的其他成員，特別是布魯克，不僅能和「這老頭子」有不同意見，並且經常勸阻他。英國是以委員會來進行戰爭。沒有任何個人意志在其中主宰。各軍種被迫要排除掉他們的異議，並接受完整一致的戰略。結果無疑是有時候會難以駕馭，但災難性錯誤的機率因此被降低。相同的情形亦發生在無法運轉自如，但卻仍十分重要的英美聯合參謀首長會議。甚至或許正是布魯克在辯論上的謹慎及頑強，才約束美國沒有在面臨史達林以及部分英國民眾的強大壓力下，在西歐倉促開啟第二戰場。相對照之下，希特勒能夠、而且的確會開除任何他只要懷疑是否服從的將軍。沒有任何東西可以使他不去發佈幫倒忙的命令，而這些命令只是徒然浪費德國人的性命。沒有東西可以禁止他在最後階段時，落入幻想的境界，將不存在的戰鬥師移到那無論如何都不可行的位置去。在三個軸心國的領導者之間，也沒有任何有效的戰略協調；「計畫廿一」，這種德義進軍蘇伊士運河區，結合日本攻擊印度的想法，不過是場白日夢。假如即使日本陸軍和海軍都無法同意自己要如何進行戰爭，一個理性的軸心國勝利計畫又怎可能？

經常有人說希特勒最大的戰略錯誤是在一九四一年十二月對美國宣戰，在珍珠港事變之後表達與日本的同仇敵慨、團結一致。這不全然是公平，因為羅斯福已經有相當長一段時間，將中立一詞的意義給曲解擴大

＊艾倫・布魯克瞧不起邱吉爾無法「掌握不同戰場彼此之間的關係」。在一九四三年他被首相特別的偏好，弄得心神不寧：佔領北蘇門答臘。邱吉爾「像是電影明星地耍個性，而且像是被寵壞小孩般地喜歡鬧脾氣」。到一九四四年初時，布魯克相信邱吉爾的年紀以及酒精消耗，正在傷害他的判斷力；他甚至希望邱吉爾能「從公共生活消失…這是為了國家…以及他名聲的好」。他在一九四四年九月十日寫道，「很棒的是全世界有四分之三的人口，想像邱吉爾是歷史上最偉大的…其他四分之一沒有概念他是怎樣的公共威脅」。布魯克無可否認是個尖酸的人。他覺得應該是他自己、而不是艾森豪來領導入侵法國，但這意見低估美國及英國彼此間對戰爭所做之貢獻，迅速加大的差異。

到扭曲的程度。一九三八年英美貿易協定大大推動與英國的經濟關係。在捷克斯洛伐克被解體後，美國對德國實施經濟制裁。羅斯福在歐戰爆發之後，立即開始對國會施壓，要求廢止中立法案。早在一九四〇年十二月二十九日，羅斯福已經譴責軸心國強權是一個「權力及錢財的褻瀆聯盟」，意圖要「奴役全歐洲，然後是…世界其它地方」；他宣布美國是「民主政治的軍火庫」，要對付「化外之民的黑幫」。在實際上，德國與美國之間在實質上的戰爭狀態已經從一九四一年九月十一日起便存在，當時羅斯福授權美國海軍指揮官在遇見德國船艦時，在「目視」時便可逕自開火。這之所以可能，是因為美國輿論的趨勢已經轉而對軸心國不利，儘管有如參議員海蘭·約翰森的孤立主義者，如律師及法學史家查理·華倫和如飛行員查理·林白這樣的隱性法西斯主義者等人最大的努力。許多人相信他們是被英國帝國主義者以及美國東北的商業利益的計謀所欺騙，而加入上一次的大戰。他們強烈地受到中立主義意見的吸引，相信藉著禁止提供給交戰國軍事供應或是貸款，眾議院可以避免另一次如此的糾纏。但他們早在一九三六年時便已支持美國的重整軍備。他們從一九三八年起便明顯偏好英國勝過德國。特別是，美國不希望見到軸心國的勝利，而在一九三九年九月時，大多數的投票人認為藉著提供武器及物資給英國，最能保證此事不會發生。德國在一九四〇年的勝利促成這觀點的擴散。同樣地，公眾亦支持對日本進行制裁，而這為珍珠港事變的發生鋪下道路。

但無疑地，希特勒還是致命地低估美國。這位餐桌哲人在一九四二年其中一場餐桌前的夫子自道之獨白中，宣布說：「我覺得美國人沒有太多的前途」：

就我的觀點，這是一個腐敗國家。他們有種族問題以及社會不平等的問題。那些問題造成羅馬帝國的淪亡，但羅馬是代表某種東西的堅固架構…德意志帝國有兩百七十座歌劇院…這是文化是否存在的標準，但在美國那裡卻對此毫無概念。他們有衣服、食物、車子以及粗製濫造的房屋—但裡邊有冰箱！這種東西我們不看在眼裡。

首先，這是誤解種族在美國政治裡的角色。黑人無疑是二等公民，特別是在南部州，在那裡所有種種法律歧視仍然存在。但相同的那些白人至上主義者的南方人，卻也是其中最支持美國干預戰爭的人，這至少是因為南方高度依賴出口。孤立主義者、中立主義者以及恐英的情緒，在美國那些十九世紀移民中德裔人口比例高的地方，當然會強烈。但是他們的影響力會被這國家裡龐大且善於發聲的猶太社區（這約構成人口的三・四％）所平衡、甚至蓋過，這更被來自納粹所控制之歐洲的三十萬難民所加強，而這其中許多也是猶太人。反諷地，許多美國人多少懷有反猶的偏見。在一九四二年所做的民意調查中，恰恰一半以下的人認為猶太人「在美國有太多的權力」。在一九四〇年的調查中，那些人之中有超過五分之二反對異族聯姻。略少於五分之一的美國人認為猶太人是「對美國的威脅」，而將近有三分之一希望「在這國家裡有反對猶太人的普遍運動」；有超過百分之十的人說他們會支持這種運動。但是一項蓋洛普民調顯示出美國的公眾一面倒地譴責希特勒迫害猶太人。

希特勒也完全沒理解美國經濟能力，因為他所譏諷的汽車及冰箱，是由那些以大量生產以及現代化管理技術領先全球的公司所製造。軸心國家的領導人矇騙自己去相信美國的經濟模式，已經隨著經濟大蕭條而土崩瓦解。但儘管在一九三〇年代中期到後期總需求量的緩慢成長，如通用汽車這樣的公司利用美國市場獨有的規模經濟效益，在效率上是大步往前邁進。外銷到英國及蘇聯讓通用汽車及同類企業，預先去嘗試之後將會發生的事：隨著美國參戰，它們滿手都是政府訂購軍事硬體設備的訂單。在一次大戰時，這結果是一團亂：生產瓶頸、長期浪費以及通膨壓力。在一九四二年，相反的情形發生。如通用汽車的查理・威爾森指出，「真正的消息是我們美國的生產方法，我們關於這行業的知識，可以施用在所有這些戰爭東西的大量生產上⋯而我想這是軸心國敵人忽略的因素」。同樣地，這狀況會涉及一項妥協。大公司以極驚人的速度將自己從消費性社會的領導者，轉化為指令經濟的僕人。正如約翰・漢考克以及伯納德・巴魯克的評論：「隨這戰爭來到，某種集權主義的形式被主張。政府告訴每種生意行業它必須對戰爭的計畫貢獻出什麼」。

以總體經濟學的觀點來看，這結果是夠驚人。到一九四二年時，美國的國民生產總額比在一九三八年高六〇%。到一九四四年，它幾乎是戰前的加倍之多。在一九四〇年到一九四三年間，有五百萬個新工作被創造出。這是因為極大的財政刺激所導致，結果見到聯邦赤字超過國民生產總額的二〇%，以及相隨而來在私部門投資以及個人消費上的陡升。雖然有些原物料必須要配給，但如通用汽車的威爾森所言，美國是第一個能想辦法在戰爭期間同時生產大砲及奶油的國家。許多這些成就必須歸功於公司經理人（一所謂「年薪一元的人」，如通用電機的菲利普・里德―），他們在戰爭期間無償地為政府提供他們有效的服務，並且促成戰爭部門與大製造商之間極為平順的合作，而這些大企業到目前為止其實一直是羅斯福最強硬的敵人。聯邦政府之前以及之後都未曾以如此的規模來干預美國的經濟生活，建設出、有時甚至國有化龐大數量的新工業設施。機構如國防諮詢委員會、生產管理室、戰爭生產理事會以及戰爭動員室，改變了政府管制的輪廓。然而是在個體經濟學的角度上，這才是真正贏得生產的戰爭。戰時在大量生產及管理的最大進展是在龐大的工廠，如福特在威洛魯恩長達一哩的轟炸機組裝線，波音的B-29轟炸機工廠或是通用汽車在艾利森的航空發動機工廠。在最高峰時期，西雅圖波音雇用四萬名男女員工，二十四小時輪班，每天生產十六架的B-17轟炸機。在里伯提船塢從來沒有如此迅速地製造船艦：在戰爭期間，共有兩千七百艘從下水滑道上滑出。就是在戰爭期間的通用汽車，彼得・德魯克因為其去中心化的經營系統，看到了現代「公司概念」的誕生。美國的軍工產業群也是在戰爭期間誕生；超過一半以上的所有政府主要契約都到三十五間公司去。波音在一九四一到一九四五年間的戰時純利多達兩千七百六十萬美金；在之前的五年期間，這公司已經損失了將近三百萬美金。通用汽車公司雇用將近五十萬人，並提供所有美國戰時生產的十分之一。＊單單福特在戰爭期間，就生產了比義大利還多的軍事裝備。難怪一些較有思想的士兵會覺得，他們不是在一場「真正的戰爭⋯而是一場有管制的商業風險投資裡」，冒著生命危險，如詹姆士・瓊斯在《細細的紅線》裡所說。美國經濟能從大蕭條恢復過來，竟然有如此之多是藉著把別人城市給炸平來完成的。這真是奇怪。

但是美國人比武裝自己來參加全面戰爭還要做得更多。他們也武裝同盟國戰友。眾所皆知，租賃的系統提供給英國幾十億英鎊的經濟救命錢。在一九四一年和一九四五年間從美國來的援助淨值共計五十四億英鎊，這平均起來等於英國全國生產總額的九％。比較不為人所知的是美國提供給蘇聯龐大數量的物資。總計，史達林收到價值九百三十億盧布的供應，大約是蘇聯物資生產淨值的四％到八％。這些硬體的數量顯示這些官方數字其實是低估美國援助的重要性：三十八萬具戰地電話，三十六萬三千輛卡車，四萬三千輛吉普車，六千輛坦克以及超過五千哩長的電話纜線，這些是沿著冰冷的極區補給路線運送到莫曼斯克，或從加州船運到海參威，或經由陸路從波斯運到。數以千計的戰鬥機沿著阿拉斯加的「空橋」飛到西伯利亞。美國所供應給史達林的不僅僅是硬體而已。戰爭期間，有58％蘇聯的航空汽油來自美國，五十三％的所有炸藥，以及幾乎一半的銅、鋁及輪胎，更不用提錫罐頭罐裝的肉品，總計大約是所有蘇聯軍事供應的四十一

＊「多年來我在想，對國家好的，對通用汽車便是好的，反之亦然。」查理・威爾森在他國防部長的任命被確定之前，很出名地告訴參議院武裝部隊委員會。

到六十三%之間。美國工程師也一直提供寶貴的技術協助，如他們在馬格尼托哥斯克的早期階段。刻在史圖特貝克（Studebaker）卡車上的字母「USA」，被說是代表Ubit Sukina sina Adolf—「殺掉那婊子生的阿道夫」。蘇聯人若沒有這龐大的協助，必然會很花力氣去殺掉那一半的德國人。

這不是史達林在那俄羅斯人稱為偉大愛國戰爭中，會想去特別積極昭告天下的面向。但若是沒有這龐大美國資金的挹注（—如朱可夫元帥以及史達林繼任者尼基塔・赫魯雪夫私底下承認—），蘇聯或許會輸掉戰爭，或是至少要花費更長時間去贏得戰爭。假如德國人在一九四三年夏天所面對的紅軍，比在那一九四一年夏天幾乎完全面臨崩解的紅軍更是可怕的敵人，這在很明顯的程度上是因為美國的協助。但這種改善也毫無疑問是因為史達林幾乎完全掌控他子民身家性命所使然。一九三〇年代教育出來的蘇聯人，幾乎可以克服所有任何物質上的障礙，假如勞動力的生命可以被輕易犧牲的話。所以當史達林下令將蘇聯工業遷移到烏拉山脈以東重建，這只是另一樁非人性經濟學的大業，在野心上正如五年計畫一樣地驚人，而且幾乎一樣地浪費人命。*

或許有人希望史達林在戰爭危機期間必然會停止恐怖統治。全然相反；蘇聯營區系統的那種奴隸國家，仍持續以百萬計地消耗掉它的受害者。隨著德國人的進展，囚犯被匆忙地往東移去，經常是以強迫行軍的方式移動；守衛射殺或刺死那些倒在路邊的人，也不願德國人去解放他們。在戰爭期間那數以十萬計讓蘇聯工業運作的勞工是囚犯，以僅能維生的配給，每日操勞十六小時。蘇聯種族淨化的步調也加速進行。在

*蘇聯在二世大戰的損失被估計是在大約兩千五百萬人左右。這分析的結果如下：至少八百七十萬軍人死亡，雖然這數字或許會高到一千零二十萬人，假如有關戰俘死於俘虜期間的德國數字、而非蘇聯的數字被接受的話；一千三百七十萬德國佔領時的受害人，其中有七百四十萬人被處決，二百二十萬人在德國工作至死，以及其餘的四百一十萬屈服在飢餓或疾病之下。然而至少有兩百萬以及或許更多的蘇聯公民死在德國人所及之區域外。責備希特勒要為所有的蘇聯戰爭受害者負責，顯然是錯誤的。

一九四一年在波蘭及波羅的海國家的囚犯被屠殺，省掉將他們東遷。大約有一百二十萬德裔人士從歐俄被流放到西伯利亞以及中亞，包括最東邊德裔族群：在伏爾加河的德裔人士。也有超過六萬六千名德裔人士被從西南部（—這曾經由羅馬尼亞短暫管理過的跨得涅斯特區—）驅逐離去。隨著德國人在一九四三年末從高加索區撤退，克里米亞的韃靼人及車臣人也遭受集體的遷移，理由是他們與敵人合作。其他被認為可疑的族群團體也被流放：巴爾卡人、保加利亞人、希臘人、印古什人、伊朗人、卡爾梅克人、卡拉恰伊人、庫德族人、虔喜爾人（信仰伊斯蘭的亞美尼亞人）以及麥斯凱山土耳其人。猶太人同樣也落入史達林的懷疑之下。普通的俄羅斯平民發現自己生活在一個「單一戰爭營區」之中，每週工作七天，以大約是英國平民所享有之五分之一的配給來維生。

在此同時，蘇聯軍紀極為嚴酷。史達林的老對手托洛斯基開創這樣的規矩：假如紅軍士兵前進的話，他們或許會被射殺，但假如逃跑，必然會被射殺。史達林樂於恢復那托洛斯基主義的殘跡。命令編號二二七（「不得後退一步」）是由國防人民委員，亦即史達林，在一九四二年七月二十八日所宣布：

我們不能再容忍指揮官、人民委員以及政治幹部允許單位隨意撤離陣地。我們不能容忍指揮官、人民委員以及政治幹部允許一些懦夫在戰場上主導整個秀，允許散播恐慌的人在他們撤退中帶走其他士兵，因此為敵人開路。散播恐慌者及懦夫，要當場格殺。

從現在起，對每位軍官、士兵〔以及〕政治幹部的紀律鐵則是：沒有從更高層指揮來的命令，不得退後一步。連、營、團、師的指揮官以及相應等級的人民委員及政治幹部，他們沒有上面命令而撤退，是祖國的叛徒。他們必須以祖國叛徒來論處。這是祖國的呼籲。

允許部隊撤退的軍官將會被軍法審判。史達林模仿德國的例子，下令在前線後邊成立特別部隊，「來處決散播恐慌的人和懦夫」，並且為那些逃避職責的人成立懲罰性的兵團，「藉此給他們機會，以血來彌補他們對祖國所犯的罪行」。對逃兵的懲罰加以擴大，包括指揮的軍官，並且根據命令編號二二七，甚至包括逃兵者的家庭以及被俘虜的人。當史達林自己的兒子雅科夫在維捷布斯克附近被逮捕，他的妻子被捉起來，在盧比揚卡KGB總部待了兩年；她的公公只有在雅科夫已經死於德國監禁的消息傳來之後，才下令釋放她。那些德國所擄的蘇聯戰俘若有幸戰後餘生，之後會發現自己在相同的嚴厲條件下被再度囚禁，因為「背叛祖國」。

所有這些提醒我們的事是：西方強權為了要擊敗一個他們一直譴責是野蠻的敵人，卻與一個在道德上一點都沒更好，但最後更能有效進行全面戰爭的盟友，攜手合作。「在人類之前的選擇」，喬治・歐威爾在一九四一年評論說，「不是：善與惡之間，而是兩個邪惡之間。你可以讓納粹統治世界：這是邪惡；或你可以用戰爭來推翻他們，這亦是邪惡：無論你選哪一項，你最後不會雙手乾淨地出來」。歐維爾的《動物農莊》，現在以批評俄羅斯革命最後淪為史達林主義，而倍受尊重；但人們會忘記這是在二次大戰中被寫作的，並且被至少四個出版商所拒絕（包括T. S.艾略特所代表Faber & Faber），因為其中表達出的反蘇聯感受。沒有東西比美國副總統亨利・華勒士在一九四四年五月造訪科利馬古拉格，更能象徵西方強權此時對史達林罪行，置若罔聞：「沒有兩國會比蘇聯及美利堅合眾國更來得相似」，他告訴他的東道主。「你們國家遼闊的幅員，未開採的森林、寬廣的河流和浩瀚的湖泊，所有種類的氣候，從赤道到極區，無窮盡的財富，所有這些都讓我想起我的祖國：俄羅斯人及美國人以他們不同的方法，在摸索出一種生活方式，會使得世界各地的普通人去從現代科技中，得到最大的好處。在我們的目標及目的上，並無不可調和之事」。現在，所有人都是集權主義者；以諾曼・梅勒在《裸體與死亡》中，將軍所說的話：

國家做為動態能量，是種組織化、協調的事業⋯法西斯主義⋯這戰爭的目的是要將美國的潛力轉化為動態能量⋯美國即將吸收那〔法西斯主義的〕夢，它正在進行那件事。當你創造權力、物資、軍隊，它們不會⋯自動萎縮。你們那些在美國有權有勢的人⋯正在我們歷史中，第一次意識到他們真正的目的。

深度的戰爭

阿爾柏特・施佩爾早在一九四二年春天便感覺轉捩點已經來到。在那年冬天，德國人知道閃電戰術的日子已經過去，不會再回來。他們的交通動線變得危險地過度延伸。他們的裝備仍然不適合俄羅斯的冬天。然而更重要的，敵人現在首次能在戰場上來對付他們。德國人在史達林格勒發現自己陷入消耗戰之中，類似第一次大戰的西戰場：只不過更冷以及更殘酷。保盧斯的第六軍在一九四三年一月三十一日到二月一日的投降，經常被描寫為真相揭露的時刻。但是在六個月之後的庫爾斯克之戰，對軸心國來說才真正是結束的開始。因為是在這裡，在瓦西里・葛羅斯曼稱之為「集權主義暴力的大鍋爐」，同盟國三角聯盟所具有的全部破壞威力，被顯露出來。

德國人在史達林格勒被包圍，最後因為補給短缺而投降。在庫爾斯克德國國防軍直接和紅軍對上。在一九四三年七月暴風雨之日，於庫爾斯克凸地所發生戰爭的全部規模，難以捕捉。這戰場有威爾斯的大小；

從一端到另一端要開三個小時的車。德國人準備一個從北方及南方攻擊的經典鉗形計畫，目標是要圍困住在凸地中的蘇聯軍隊。俄羅斯的回應是採取深度防禦。其目的是要強化凸地，然後利用欺敵偽裝來將德軍誘入毀滅之中。他們挖三〇〇〇哩的壕溝，埋下四十萬枚地雷，並聚集一三三萬六〇〇〇名部隊（紅軍的五分之二），三四四四部坦克，二九〇〇架飛機以及一九〇〇〇門砲火。另一方則是約九〇萬名德軍，共五十師。德國人或許曾經能夠克服如此數量上的劣勢。但他們現在所面對的紅軍是得到英國情報協助，並且以最新的美國軍事硬體武裝。蘇聯的指揮官彼此用美國的無線電溝通。他們有P-39空中眼鏡蛇坦克殺手中隊停機在蘇聯的機場。

德國攻擊代號為「城堡」（Citadel），是訂在七月四日早上兩點三十分發動。在兩點二十分正，朱可夫因為在布萊切利園的X站＊破解密碼者的預先警告，提前發動激烈的先發制人轟炸，如此震耳欲聾，所以對他來說這像是「地獄交響曲」。十幾個被懲罰的兵團在槍管下前進到前線，留在那裡去頓挫德軍的初步攻勢。德國人被弄得措手不及，但堅持下去，依賴他們新型豹式坦克的優勢火力。赫曼・霍斯將軍率領第四坦克軍的兩個精銳師「死亡之首」及「帝國」，深入蘇聯軍隊南側。帕維爾・羅特米斯特羅夫第五衛隊坦克軍的職責便是要阻止他。從蘇聯預備部隊往西馳騁，羅特米斯特羅夫在關鍵地點普羅霍羅夫卡山丘將部隊投入戰局。在戰爭發生八天之後，這兩支龐大的坦克部隊實質上彼此衝撞：八五〇部蘇聯T-34對六〇〇部德國坦克。有段時間在煙霧及灰塵中，看不見任何東西。羅特米斯特羅夫的坦克指揮官必須用他們的腳踩在士兵的

＊蘇聯透過兩個途徑從布萊切利園取得他們的情報。那些在布萊切利園臥底工作的人之中有位約翰・凱恩克羅斯（John Cairncross），劍橋間諜圈的「第五人」，他提供給他在倫敦NKVD的監控人安納托利・高斯基（Anatoli Gorsky）有關德國軍事行動的消息。德國的投誠者確認英國對德國計畫攻擊時機的預測。

肩膀上施壓，來駕駛坦克。然後傾盆大雨幾乎讓戰場成為水鄉澤國。當戰鬥最後結束時，所有留下來的是焚燬坦克以及焦屍的恐怖沼澤。在戰鬥後幾週，整個長寬各三十哩的區域，變成（用蘇聯記者伊利亞・艾倫柏格的話）一個「可怕的沙漠」：「被大火摧毀的村落，震碎的城鎮，樹木殘株，卡在綠色泥濘中的車輛，野戰醫院，匆忙挖出的墳墓：所有這些融合為一。」

這艾倫柏格稱之為「深度的戰爭」。從未有像它一樣的衝突。它無情。它殘酷。然而它不會沒有止盡。雖然雙方結束時，多少留在他們開始的地方，但德國的損失相對而言，遠遠更為慘重：超過一半的人員以及一半的車輛。在接下來數週，他們開始被毫不留情地被逐出，喪失奧勒爾，然後是布良斯克，然後是貝爾戈羅德，然後是卡爾科夫。在庫爾斯克兩週之後，艾倫柏格在卡拉切夫附近看見一個路標：「到柏林一二〇九哩」。這似乎象徵一種突然的領悟：現在德國戰敗已勢不可免。

因為不僅在東戰場，整個趨勢已經無法挽回地逆轉。在每個戰場，如布魯克所言，同盟國已經開始「不再輸掉戰爭，而且是看好會勝利」。自從「火炬行動」（同盟國登陸卡薩布蘭卡、奧蘭以及阿爾及爾）成功，以及蒙哥馬利在一九四二年九月初於阿拉曼的勝利後，德國人在北非已經是在撤退中。非洲兵團在一九四三年五月十二日投降。大西洋戰役在一九四三年夏天時，因為針對德國潛艇在偵察以及摧毀上的改善，已實際上結束；在次年，同盟國在U型潛艇的攻擊下，只損失三十一艘商船，這相較於一九四二年時的超過一千艘。

在太平洋，趨勢也已經轉變，甚至比在東歐還更快。在珊瑚海及中途島戰役中（一九四二年五月及六月），切斯特・尼米茲海軍上將的航空母艦首先壓制住、然後嚴重打擊數量上佔有優勢的日本艦隊。正如在庫爾斯克，雙方都蒙受相當大的損失，但對已經過度擴張的軸心國勢力，這戰役相對的代價卻是遠遠為高；

日本不再能替換他們沈沒的四艘航空母艦，然而美國卻仍然未達到其造艦能力的顛峰。一九四二年八月和一九四三年二月間在所羅門群島中的瓜達爾卡納爾島及附近一系列的戰事，美國掌握空中及海上優勢，暴露出日本地面部隊的弱點。在一九四三年五月美國軍隊在阿留申群島中的阿圖島打敗日本軍隊，強迫他們放棄基斯卡；九月，日本的戰略已經淪為去守住八千哩長的最後防線，但這他們已經失去進行供應補給的方法。即使在中國也有進展。陳納德上校的「飛虎隊」，對日本的軍事目標造成嚴重傷害，特別是台灣的機場。在一九四三年末，陳納德的勁敵史迪威將軍終於讓中國軍隊有效地進兵緬甸。總體來說，所有這些進展顯示出軸心國強權已經注定失敗，他們沒希望能打敗大英帝國、蘇聯以及美國加起來的力量。義大利人已經知道末日不遠，所以在一九四三年七月推翻墨索里尼，但卻又被德國人入侵。

在庫爾斯克戰役兩個月之後，英國戰爭內閣的聯合情報附屬委員會草擬一個相當吸引人的報告，指出德國在一九四三年以及在一九一八年處境的「驚人類似」。盟軍的轟炸正造成與上一次戰爭海軍封鎖幾乎一樣大以及「或許甚至更大的無望感和士氣流失」：

德國的歐洲盟友：正在等待離開戰爭的最早機會。一個〔義大利〕已經如此做了：在這狀況下，一九一八年德國最高指揮部認知到最後戰敗無可避免，以及持續掙扎的徒勞無功。我們相信德國已經失去贏得戰爭的希望，以及進一步戰鬥只會帶來無用的流血和毀滅，類似感覺在今天的德國已開始流行，並且甚至被一些軍事領導人所接受：研究這整個圖像，不可避免地引導我們結論說，德國，如果有的話，在今天處於一個較一九一八年相同時期更糟的處境之中。

儘管有更高層次的政治鎮壓以及德國現在會預期到更嚴酷的和平條件，報告結論說，年末之前在德國境內可能發生危機，或許甚至有「某種突然的政權轉換」，這可能性不能被排除，而這會替停戰鋪路。在一九四三年十二月，在沒有如此的危機發生時，邱吉爾向一群聚會的英國及美國參謀首長詢問：德國何時會被擊敗；他們的答案是從一九四四年的三月到同年十一月。

何以如此消息靈通的當局對同盟國之必然勝利會如此正確，但對預測何時發生卻又如此錯誤？德國及日本在庫爾斯克戰役之後，還繼續戰鬥將近兩年。此外，這段兩年時期還見證到整個戰爭中最高的傷亡。無疑地可以去思考一下同盟國或許能儘快結束戰爭的方法。有些人持續認為（如蘇聯人在那時所辯稱的）一個「第二戰線」是可以比D-Day還早一年在西歐開啟；在北非及義大利的登陸，只不過是分散主要事件—法國—的插曲而已。自從巴瑟爾・李德・哈特—甚至是倫德斯特的參謀長齊格飛・韋斯特法爾—以來，有許多軍事分析家一直辯稱若不是散佈在如此廣大的一個防線，英美在D-Day的出擊是可以更快一些。但戰爭延後結束的決定因素並非同盟國的過度謹慎，而是軸心國驚人的頑固。對這戰爭提早結束所做的反事實陳述，會違反這事實：在一九四三年六月到一九四四年五月之間，德國國防軍損失了至少九十萬人。那些在同盟國登陸之後還在作戰的人，表現地仍夠優秀；所以如果德國人提早一年開打，那會如何地更好？或許應該複述一下首先在北非，然後在義大利所發動決定性的兩棲登陸。

至死方休

「假如我們是在和理性的人作戰」，一位奧馬・布雷德利將軍的助理在一九四四年十二月說，「他們很早就該投降了」。的確，一九四五年之前有幾次主要的德軍投降：保盧斯的第六軍在史達林格勒；一九四四年七月中央集軍團的崩潰，當時有二十五師投降；一九四四年八月在雅西超過十八師的軍隊投降。但大多數的德國俘虜是在一九四五年五月七日早上兩點四十一分，約德爾將軍簽署正式投降之後，才被逮捕的。根據一項估計，西方盟軍在正式投降前只擄獲六十三萬名德國人。在戰後馬緒基委員會將在一九四五年第一季所囚禁之德國人總數算在超過兩百萬人，大致平分在歐戰東西兩邊的戰場。總計，在德國投降前夕俘虜的數量不會超過三百萬人。換言之，在最後總計一千一百萬名德國軍人中，至少有八百萬人是在正式投降之後才放下武器。在庫爾蘭的德軍儘管早在一九四五年一月時便被紅軍圍困，但頑抗到最後一刻，而這不算不典型。更有甚於此的是：在那些正式宣布前便已投降的三百萬人中，有不清楚、但確定很大比例，是在戰爭最後幾週才明確地放下武器。

日本人甚至比德國人更頑強戰鬥。在太平洋戰爭，西方軍隊被擄獲與殺死的比例是大約四比一。日本人的比例則是一比四十。在緬甸只有一千七百名日本戰俘，相較於十五萬戰死的人；而在前者，只有四百名是身體健康，而且在他們就逮的第一週都曾企圖自殺。儘管日本人的局勢已經明顯無望，但他們在美軍於一九四五年三月至四月登陸後，仍死守沖繩。絕望地徒手搏鬥，特別是在日軍撤退到擁擠的洞穴之中，留下超過十萬名日本軍隊的屍體。只有約七千名防守者最後成為戰俘。或許有多達四萬兩千名平民也跟著喪命。美國的傷亡超過四萬九千人（其中有約一萬兩千名死者），這是任何太平洋戰役中最慘烈的。同時之間，在自殺性的特攻隊，即所謂的神風特攻隊，約有八千名飛行員駕著飛機直接撞上美國船艦，擊沈三十六艘，並摧毀艦上的七百六十三架飛機。一直等到戰爭結束前的幾週，瀕臨飢荒，才有明顯數量的日本軍隊開始自行投降。即使在一九四五年七月末，在緬甸南部，日本人企圖從山丘進行徒勞無益的突圍，並在橫渡困難的錫唐河時，有一萬七千人喪命。不像其它國籍的人，日本人比較常是個別地就逮，而且只有在當無法行動時。有位日本士兵拒絕放下武器，直到一九七四年。那些被動員來對日本本土進行最後保衛戰的部隊，若沒有天皇下令投降，必然會戰鬥至死，也不會投降。這不太需要懷疑。＊

我們要如何解釋德國及日本軍隊在二次大戰中所表現出的頑強？何以在所有合理勝利希望都已消失無蹤下，他們卻仍繼續戰鬥？部分的答案在於軍事紀律。在英國以死刑來處理逃兵在一九三〇年廢除，而且不再恢復。美國人同樣寬大；只有一位美國士兵在整個二次大戰期間，因為逃兵行為而被處決。在德國人這邊，正如在俄羅斯人，逃兵的懲罰隨著戰爭進行而更形嚴厲。德國國防軍處決一萬五千到兩萬名自己的人，主要在戰爭稍後的階段，理由是所謂的逃兵或削弱戰爭成就的政治罪行，並且以將他們分配到懲罰的兵團去，實際上等於宣判另外數千人死刑。如此嚴酷的措施在東戰場變得越來越重要，因為當時相當高的傷亡率（在一些戰鬥師達原先戰力的三倍）阻止了「首屬關係團體」忠誠的形成，於是逃兵率開始上升。諸如「最嚴厲之處罰」以及「無情地使用所有方法」變成就地處決的常見美化說法。到戰爭結束前，德國步兵面臨斷然的決定：「從敵人或者從黨衛軍『惡棍』的一顆子彈而死」。一位在一九四二年十月逃到俄羅斯防線的德國士兵解釋說，何以他更多的同志沒有投降的原因是由於恐懼：「假如他逃兵，他的家人將會被處罰，而假如他們被見到在越過界線，他們將被射殺，而假如他們被捉到，他們必被處死」。

軸心國強權拒絕投降的第二個理由不是害怕懲罰，而是害怕恥辱。在日本人那邊，這當然扮演關鍵角色。日本軍方長久以來設法將投降污名化。雖然在陸軍或空軍戰前的刑法或紀律規範，對投降並無正式的規

＊日本尚有一百六十九個步兵師，四個裝甲師以及十五個空軍師（一共約五百五十萬人一），而空軍武力有九千架可運作的飛行器。

定，但在太平洋戰爭開始前，投降已經成為禁忌。「絕不活著去經歷戰俘的恥辱」是一九四一年戰地服役規定中強烈的訊息，而日本軍隊根本不承認有日本戰俘的存在。以被訓練為神風飛行員齋藤睦夫的話來說：

> 你知道，日本軍隊沒有投降的概念。即使無望擊敗敵人，你仍然應該奮戰到底。那便是我們被告知的大和魂：日本精神。我們被教去相信美國及英國部隊，如他們在新加坡和其它地方，如此輕易放棄戰鬥的方式中，是令人羞恥。

美國戰地記者厄尼・派爾被一群海軍陸戰隊員告知，一位日本軍官如何在被圍困沙灘時，將自己的六個人斬首，然後揮舞他沾血的刀劍，直到他被射殺為止，來做為回應。日本人在阿圖進行自殺式的衝鋒攻擊，也不投降。那些被盟軍成功俘虜的日本士兵，經常自殺或是企圖自殺性的逃亡。即使在戰爭結束時，仍極度不願意使用無論在日文或英文中帶有投降字眼的「投降通行證」；「我停止抗拒」是偏好的美化說法。一些日本士兵拒絕放下武器，直到帝國總指揮部在一九四五年八月十五日發佈命令：「落入敵軍控制之下的現役軍人⋯將不被視為戰俘」。許多平民也同樣不願意承認戰敗；在塞班以及慶良間諸島，人們殺死自己家眷，然後再殺死自己，也不願投降。盟軍堅持無條件投降（──羅斯福在一九四三年一月在卡薩布蘭卡所宣布的──）或許堅定了抗拒，因為這聲明似乎隱含了要罷黜天皇。

德國軍隊對投降也有些相同的厭惡。當美國心理學家掃羅・帕多瓦質問在一九四四年十二月被逮捕的魯道夫・柯爾霍夫中尉，他詢問有關德國戰敗之可能性時，從他身上引導出這個啟發性的答案：

但我告訴你，德國將不會被打敗的。我不知道要花多少時間去贏得勝利，但這做得到。我相信這，否則我必然不會參加戰鬥。我未曾想過輸掉戰爭。我無法告訴你戰爭勝利如何來到，但它將會來到。我們的將軍有好的理由繼續戰鬥。他們相信最終的勝利。否則他們不會犧牲德國人的血液：德國國防軍將絕不會放棄。它在上次戰爭也沒放棄。只有平民才放棄，背叛軍隊。我告訴你，美國人將絕不會到達萊茵河。我們將會奮戰到底。我們將會為每座城市、鄉鎮及村落奮戰。如果必要。我們將會見到整個帝國摧毀以及人民被殺。做為一名砲手，我知道要摧毀德國人家庭以及殺死德國平民，不是愉快的感覺，但為了保衛德國祖國，我認為這有必要。

另一位戰俘是年輕的空降部隊，告訴相同的質問者說，他「對允許自己被俘虜，深感羞愧」，而且覺得他「應該已經『在榮耀的沙場上』死掉」。如此的態度在那些被政權最徹底洗腦的那些部隊中，明顯地較為流行。當美國部隊在一九四五年四月接近蘇台德區的馬琳恩巴時，一位失望的東戰場老兵君特・庫秀雷克毫無疑問，覺得「在這場戰爭殘局中，會有腦殘的部隊指揮官：將會徹底地遵照希特勒的命令，打到最後一發彈藥」。但即使認為自己是不涉政治的人，也被希特勒要戰到至死方休的命令所影響。當馬丁・波佩爾這位經驗老到的空降部隊，在一九四五年四月發現自己的單位已經被戈登高地部隊包圍時，他及他的人馬發現投降的決定一點都不容易：

我和最後一位士官討論局勢。元首的命令深在我心：「假如一位較高階的軍官不再能領導，他要將指揮權交給最接近的下級軍官」。就個人而言，我準備投降—我，從戰爭起的第一天已經是位傘兵部隊。雖然整個掙扎完全無望，但人們淚流滿面來找我。「身為空降部隊，我們將如何面對我們的妻子，假如我們自願投降」。這現象是不可思議⋯然後在經過一段冗長的沈默後，他們說假如「老頭」⋯認為我們應該投降，那他們將會跟著我。（波佩爾是二十四歲。）

一位美國下士注意到「德國佬通常都會射光所有的彈藥，然後才投降」—不像（根據其所影射）美國士兵在陷入無望的處境時，便會投降。即使德國人被圍困住的話，要跟仍然有子彈可以擊發的德國人談判是極為危險。

然而在最後分析之下，不僅是因為對紀律處分或是恥辱的恐懼，嚇阻了德國人及日本人不去投降。對大多數士兵更重要的是這看法：戰俘無論如何都會被敵軍所殺害，所以人們就只好繼續戰鬥下去。德國人當然是開始在東戰場殺死戰俘的人。在那時，一些軍官及一般人士都意識到這不是明智的政策。蓋伊・沙傑回憶，當他及他的同志向正在投降的俄羅斯人投擲手榴彈時，他們的反應：

〔後來〕我們開始理解所發生之事⋯我們突然感覺到被某種可怕的東西捉住，這使我們起雞皮疙瘩⋯對我來說，這些記憶產生一些身體感覺的喪失，幾乎好像我的人格已經分裂⋯因為我知道如此的事情不會發生在過正常生活的年輕人⋯

「我們真正他X的想幹掉那些俄鬼子⋯」（哈爾說。）

他很明顯被相同困擾我的事弄得極度擔心。

「〔這些〕就是這樣子，而且所有就這些」，我回答說⋯有種邪惡的東西已經進入到我們的靈魂中，留在那裡，永遠會在我們身上出沒。

除了違法之外，一些德國人看到殺死戰俘的愚蠢，不只是因為戰俘做為情報來源的價值。沃夫岡・霍恩，他承認自己射殺「懦弱的」俄羅斯人，假如他們太慢舉手，卻也惋惜中尉下令他的單位射殺戰俘。這不僅「缺乏騎士精神」，而且還「愚蠢」，因為「藏在森林中的俄羅斯人或許看見戰俘被槍殺，所以他們下次作戰會打得更好」。阿佛列得・羅森柏格預見「這種〔對戰俘〕在政治上及軍事上不智的待遇，所帶來的一個明顯後果…不僅削弱他們逃兵的意志，而且也極度地恐懼會成為德國人的俘虜」。第十八坦克師的軍官也得到相同的結論：「紅軍士兵…害怕淪為德國戰俘的可能性，勝過了死在戰場」。「大德國」師的指揮官亦如是想，他呼籲他的人馬要「理解當敵人在戰場上投降時，虐待或射殺戰俘的最終結果會是什麼…強化了敵人的抵抗，因為每位紅軍士兵害怕被德國俘虜」。然而不得「無理射殺」的命令大致不被在戰地的士兵理會。甚至射殺戰俘的行為變成習慣：「我們逮捕一些俘虜，我們射殺他們，都是一天之內的工作」。

畏懼報復幫忙解釋了何以許多德國人發覺投降的前景令人不悅，即使是當他們的局勢已經變得明顯地無所指望。一般士兵受害於「落入無疑亟欲報復的俄羅斯人手中」的恐懼。一位在史達林格勒不願投降的德軍，宣布說「將不會有投降！戰爭繼續！」並隨後射殺一位俄羅斯軍官的不妥協德國軍官，絕非例外。在一九四四年七月，領導愛德華・史岱柏所屬單位的中尉槍殺自己，也不願落入紅軍手中。哥特洛普・畢德曼對第一三二步兵師投降的描繪，進一步提供一些在前線軍官極不願意遵守直接投降的命令，即使晚到一九四五年五月八日戰爭結束那天。一位軍官自己射擊頭部身亡；另一位則奔跑到下一條德國防線，尖叫「絕不投降！」，並在那裡設法強迫一門自走砲的指揮官去與敵人接戰。他必須用步槍槍托來被擊倒。一位接受畢德爾曼投降的紅軍軍官問，「為什麼還繼續戰鬥？」他的答案是：「因為我們是軍人」。但這不是一個充分的答案。其中沒說理由的一大部分是因為他們自己已經犯下戰爭罪行，所以德國國防軍無法希望紅軍會饒過他們。君特‧庫秀雷克非常清楚蘇聯人並「沒有根據日內瓦公約的條款來對待他們的戰俘⋯我們已經和蘇聯人打過戰，我們可以想像有什麼在西伯利亞等待我們」。對戰敗的恐懼更因德國國防軍涉及屠殺平民，而更形複雜。「假如我們明天輸掉戰爭，」蓋伊‧沙傑寫道，「我們之中那些還活著的，將會被無情地審判⋯被控訴無數件的謀殺⋯絕不被寬恕」。一位見證到數以千計猶太人在立陶宛被屠殺的士兵只能說：「願上帝賜我們勝利，因為假如他們報復，我們將有苦日子」。那些清楚自己這邊殘酷虐囚的日本人，特別是在滿洲國進行醫學實驗的七三一部隊，或許也會有類似的擔心。

報復來得並不遲。「我們惡劣地虐待我們自己的人民，」一位蘇聯戰俘向訊問他的德國人說，「事實上是如此惡劣，我們幾乎無法做得更糟。但你們德國人卻設法做到那種事⋯因此我們將會贏得戰爭」。「不要再數天數，不要再數里程，」伊利亞‧艾倫柏格在軍方報紙《紅星》上咆哮說。「只要數你殺掉的德國人數量。殺掉德國人：這是你母親的祈禱。殺掉德國人：這是俄羅斯大地的呼號。不要動搖，不要鬆懈。殺。」蘇聯人對待德國人，正如德國人之前對待他們。戰犯時常在被訊問之後立即槍殺，這種作為被明白辯護為是為了報復德國人之前對待蘇聯戰俘。一位紅軍反情報組織「間諜去死」（SMERSH）的訊問官季娜伊達‧普特基娜，回憶她如何親自在腦後開一槍，解決掉一名德國軍官：

> 對我這是快樂。德國人沒有要求我們饒恕他們，我很憤怒⋯當我們正在撤退時，我們損失如此多的十七、十八歲年輕人。在那之後，我必須為德國人感到抱歉？這是我的感覺⋯身為一名共產黨黨員，我在我

面前看到的是一個殺死我親戚的人……假如我被命令去做的話，我會砍下他的頭。我想，這少了一個人。問他他殺了多少人？他沒想過這個嗎？

德國人投降之後，在史達林格勒的傷者乾脆就解決掉。接著，另邊的德國軍隊「被告知俄羅斯人一直在殺死所有的戰俘。被徵召到德國國防軍的魯特尼亞人必然會大量地逃兵，若非他們相信軍官所說的故事，說俄羅斯人將會酷刑並槍殺他們」。愛德華・史岱柏真的嚇了一跳，當他所投降的俄羅斯軍官所說的第一句話只是：「有沒有人有香菸？」當他們拖著腳步成為俘虜，一些女兵用手槍指向他及他的同志，他完全以為她們會開槍。事實上這些手槍都沒有子彈。他回憶說，這只是「小小展示一下施虐狂」。

這暴力循環不只有在東戰場才出現。在太平洋戰區，同樣地，虐待及殺害戰俘是家常便飯。很清楚地在許多陳述中，美國及澳大利亞的軍隊經常射殺日本的投降者。這發生在瓜達爾卡納爾島，特別是有二十名海軍陸戰隊員在表面看起來是日本人投降，但結果卻是埋伏時受害。海軍陸戰隊在塔拉瓦島戰役時的助攻喊殺聲是「殺掉日本雜種！不接受俘虜！」在貝里琉也一樣，美國軍隊毫不遲疑地以刺刀刺死剛投降的日軍。一九四四年在新幾內亞，查理・林白聽到「坦白地承認，我們的一些士兵酷刑日本戰俘，而且有時候就像日本人一樣地殘酷及野蠻。我們的人認為射殺日本戰俘或準備投降的士兵是無所謂。他們對待日本鬼子比對待動物還更不尊重，而且這些行為被幾乎每個人原諒」。這種行為不僅被在太平洋的盟軍軍官允准，甚至還積極鼓勵。一位步兵上校驕傲地告訴林白說：「我們的孩子根本不接受戰俘」。而這也非獨屬美國軍隊而已。士官亨利・尤恩的證詞確認澳大利亞軍隊在布干維爾島「冷血地」殺死戰俘。當與英國人在緬甸一起服役的印度軍人殺死一群受傷的日本戰俘時，喬治・邁克唐納・佛雷塞，那時是第十四軍的軍官，視若無睹。

殺死戰俘有時候可以以報復之名來加以辯護。一名頗受歡迎的海軍陸戰連長在沖繩被殺死，他的傳令兵「拿起一門輕機槍，毫不留情地屠殺一排剛剛投降、沒有武裝的日本軍人」。英軍同樣地殺害日軍，來報復之前對盟軍傷者所做的殘忍行為。然而，有證據證明「不接受俘虜」幾乎成為標準作為。一名美國戰俘向他的日本逮捕者說，「〔美國的〕基本原則是『假如有動，那就射殺』」。另一個美國大兵的格言是「殺或被殺」。戰地記者艾德加·瓊斯後來回憶說：「我們冷血地槍殺戰俘，摧毀醫院，猛轟救生艇：解決掉受傷的敵人」。戰爭心理學家認為殺害戰俘是如此稀鬆平常，所以他們設計出安撫士兵之後罪惡感的方法。在戰後有五分之二被訪查的隨軍牧師說，他們認為殺死戰俘的命令是合法的。儘管這會對那些本來或許會考慮投降的日軍造成明顯的嚇阻，使得相當難以分辨出上述本來就不願投降的，以及那些因為美國人會殺死任何戰俘而心生的合理恐懼、因此不願投降的日本人，但這樣的事卻仍持續下去。在一九四五年六月，美國戰爭新聞室報導說，有八十四％被訊問的日本戰俘過去曾以為會被逮捕者殺死。很清楚這種恐懼並非沒有根據。在兩年之前，一椿秘密情報說，只有承諾給他們冰淇淋以及放假三天，才能使美軍部隊不去殺害正在投降的日本人。

這帶我們到二次世界大戰中最令人困擾的一部分：盟軍部隊通常看待日本人的方式，就像德國人看待俄羅斯人：次人類。托馬斯·布萊米爵士將軍，他在新幾內亞率領澳大利亞人，告訴他的部隊說，他們的敵人是「人猿和人類雜交的品種」、「害蟲」、「某種原始的東西」，必須被「根除」，來保存「文明」。「日本鬼：已經放棄被視為人類的權力，」約翰·溫斯坦利少校回憶說，他曾在科希馬與皇家西肯特兵團並肩作戰。「我們認為他們是要被根除滅絕的害蟲」。對多賽特兵團的林頓·海力特中尉來說，他們是「可怕的作戰昆蟲」，這呼應史林將軍形容日本士兵為「昆蟲群的一部分，具有所有牠的威力及恐怖」。戰爭期間的卡通作家經常將日本人描繪為猴子或人猿。「無論何時我見到一個日本鬼子，一股冒火的恨意油然而生，」愛德華・鄧洛普在它的死亡鐵道的日記中寫道。「厭惡、可悲以及憎恨的人／猿部隊」。如此的感覺在美國人之中更加普遍，在那裡對珍珠港事變的群眾反應（「幹嘛，這些黃色雜種！」）是建立在已經預先存在的種族偏見上。在一九四四年五月二十二日，《生活》雜誌發表一張迷人金髮女郎注視一顆骷顱頭的照片。或許像是玄學派詩歌傳統中，那種提醒人類死亡無所不在？不，恰好相反：

當兩年前一位體型碩大、英俊瀟灑的中尉，與一位二十歲在亞利桑納州鳳凰城戰爭工廠作業員娜塔莉・尼可森在道別時，向她承諾會給她一個日本鬼子。上週娜塔莉收到一顆骷顱頭，上面有她的中尉及十三名朋友簽名，並刻寫著：「這是一個好的日本鬼子—一個死掉的。在新幾內亞海灘撿到的」。娜塔莉對這禮物感到驚訝，給它取名「東條」。

將敵人頭顱的皮肉煮掉，來做成紀念品，不是一個不常見的行為。耳朵、骨頭以及牙齒也被蒐集。一九四三年四月，《巴爾迪摩太陽報》刊登一則故事，是有關一位母親陳情政府當局，讓她的兒子可以寄給她隻日本人的耳朵，所以她可以將它釘在前門，這不同於將黃絲帶纏繞在老橡樹上。美國當時幾乎已經完全在執行指令經濟。現在對集權主義的戰爭也已經強迫美國人採取另一個集權主義的定義性特徵：他們將敵人非人性化，以便更容易地殲滅他們。戰爭人力委員會的主席保羅・邁克納特，在一九四五年四月宣布，他贊成「將日本人全數根除」。民意調查顯示至少有十三%的美國人接受他的觀點。

因此當美國人在入侵義大利後，在西歐戰場遇見德國人，雙方都經驗過無法無天的種族戰爭，即使德國經驗的規模是遠遠地大上許多。不用奇怪，殺死戰俘的作法被帶到新的歐洲戰場。或許最惡名昭彰的例子是黨衛軍佩普戰鬥團於一九四四年十二月十七日，在馬爾梅迪謀殺七十七位美國戰俘。那件事教導了同盟國軍部隊對武裝黨衛軍的單位，要比對正規的德國國防軍部隊更加戒慎恐懼。然而如此的殘酷行為在兩邊都發生。例如說，在一九四三年七月十四日，美國第四五步兵師的部隊，在西西里島比斯卡里殺害七十名義大利及德國的戰俘。士官威廉・布雷德利回憶他一位同志如何殺死一群在法國逮捕的德國戰俘。在一九四四年六月七日，一位美國軍官承認，美軍空降部隊不接受戰俘，而是「在他們高舉雙手走出時，殺死他們。他們在與戰俘沿著道路行進時，見到一名自己的人被殺害時，經常會轉身射殺一位戰俘，來做為補償。他們是強悍的人」。史蒂芬・安布若斯對第一〇一空降師第五〇六團E連所做的研究，顯示出這並非毫無根據。如一位英國外交官所說：

> 美國軍隊沒有顯示出任何明顯傾向要接受戰俘，除非敵人以二十或更多人的團體過來投降。當比這更小的人群出現，雙手舉高，美國士兵⋯往往容易將此詮釋為是種威脅的姿態⋯然後據此而採取清理的行動⋯有相當比例的「狠傢伙」在經歷過芝加哥以及其它美國大城市的一般承平生活，會將他們在那裡學到的伎倆加以使用。

正如在太平洋戰區，美國部隊經常以報復來合理化他們的行為。德國部隊的頑強、他們不願投降以及他們能夠造成傷亡，直到彈藥用罄，這些對確定已經獲勝的美國人造成極大的挫折感，因為他們認為如此抵抗是完全徒勞無功。但是殺死戰俘仍持續被一些美國軍官公然鼓勵。喬治・巴頓將軍在入侵西西里之前，對第四十五步兵師的演講實在沒辦法更明白的：

當我們登陸來對付敵人…我們將不會表現出慈悲…假如你們連隊的軍官率領你們來對付敵人時，發現他們正在對你們射擊，而在你們進入兩百碼的射距之內時，他們希望投降，啊！不可以！那些雜種一定要死！你必須幹掉他們。把他刺在第三根及第四根肋骨之間。你們要告訴你們的人馬這件事。他們要有殺手的本能。告訴他們要刺進去。那時他們就沒辦法。刺到他們的肝臟去。

雷蒙・哈夫特少將領導他的部隊跨過萊茵河時，下令「不接受戰俘」。亦正如在太平洋戰區，美國部隊也被鼓勵去看待他們的敵人是次人類。一位美國的訊問員形容一位在阿爾登反攻時被擒獲的十八歲傘兵，是位「狂熱的希特勒青年」，一位「完全去人性化的納粹」以及「仔細製造的殺人機器」：

我懷疑憲兵在殺死他的一位同志之後，何以沒有滿足他想在戰爭中死去的心願。他們只是將他擊昏。他眼神嚴厲，表情僵硬，他的傲慢是種內在、不服輸的傲慢。他激起我一個我不想再經驗過的衝動，一種想殺人的衝動。我可以冷血地殺死他，不會有任何遲疑或重新考慮，就像我會對蟑螂所做的。有這樣的感覺是很可怕，因為它毫無感情。我無法把他想成人類。

無數的回憶錄見證這種在戰爭最後幾月，德國在防守上絕望但致命的性質。因為軸心國強權似乎在它們戰略處境越惡化時，越是頑強地戰鬥。問題變成：在一個可以被容忍的人命代價上，到底要如何擊敗他們？

這明顯的答案就是要設法說服德國及日本士兵：完全與他們的期望相反，放下武器其實是安全的。於是乎，有許多小傳單被射擊到或丟到德國的陣地去，並且做無線電廣播以及用擴大器說明，不僅強調德國軍事處境的無望，而且在投降時，是沒有風險。這種「空中之戰」（'Skywar'）的關鍵主題是對戰俘的善待，特別是這事實：德國戰俘被給的配給會與美國大兵一樣，包括香菸，以及盟軍會遵守日內瓦公約。一個典型的傳單簡單地開始：

一分鐘，可以救你性命。
兩個字，已經救了八五〇〇〇〇個生命。
三種方法，回到家去。
六種方法，讓你被殺掉。

那救了八五〇〇〇〇條命的字是'I surrender'或更應是'Ei Ssörrender'（「我投降」），這是以德語發音拼出的。

雖然不容易評估它的有效性（—戰俘的問卷調查透露出對希特勒持續的信賴以及，晚到一九四五年一月，相信勝利的可能—），但「空中之戰」似乎有可能多少鼓勵已經不滿的個人出來投降。在戰爭最後幾個月裡，德國國防軍中關鍵的群體團結開始崩潰，盟軍的宣傳開始發生效果；甚至也不能排除這其中的因果是倒過來的。或許如此心理戰有效的最佳證據，是德國軍隊明顯偏好向美國單位投降。「上帝保佑我們！」一位德國士兵在一九四四年四月二十九日的日記中寫道。「假如我們必須到監牢，讓我們希望這在美國人

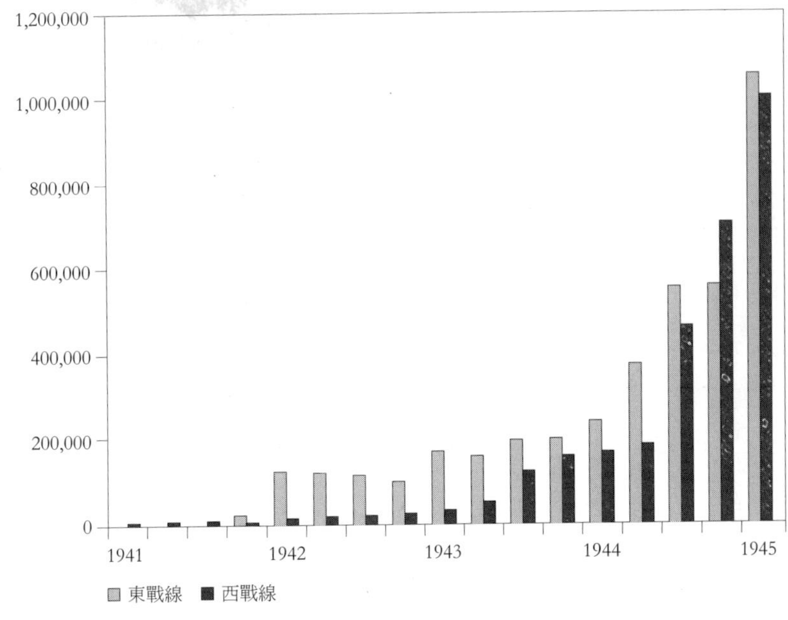

圖 15.2 德國戰俘，1941 年第一季到 1945 年第一季

那裡。」這是一個普遍的感受。直到一九四四年第三季，所有德國戰俘中有一半是在東戰場。但之後西方強權所擄獲的比例迅速攀升，如圖15.2所顯示。這不只是在D-Day之後與英國及美國軍隊增加的接觸所帶來的功能。很清楚許多德國單位設法向美國人投降，勝過對其它同盟國部隊，特別是紅軍。以後見之明的益處來看，他們去找出英國的逮捕者，或許更好，因為英國人對待德國戰俘，比美國人更好，而且比較不願將他們交給蘇聯人。但是心理戰導致德國人去期望從美國部隊那裡去獲得最良善的對待。

類似鼓勵日本士兵投降的努力也被進行。「投降通行證」以及日內瓦公約的日文翻譯，被投到日本的陣地去，而且協同一致地去消除不接受戰俘的作法。在一九四四年五月十四日，麥克阿瑟致電阿拉摩部隊，要求「調查…到總指揮部的許多的報告，說在新幾內亞荷蘭地亞地區裡，攜帶投降通行證，設法投降的日本人，已經被我們的部隊殺死」。第十軍心戰部門代表威廉・比爾德抱怨說，「前線部隊在他們〔日本人〕設法投降時，射殺他們」，讓他的努力白費掉。但逐漸地，這樣的訊息開始滲透下去，特別是在較有經驗的部隊。「不要射殺雜種！」一位老兵喊叫出，當有位日本兵從散兵坑裡浮現出，搖晃著投降的傳單。到美國人攻下菲律賓的呂宋島時，所有戰俘的七〇%是使用投降通行證或是依照其中所給的指示。菲律賓被五千萬份這樣的傳單淹沒，所以將日本戰俘與陣亡日軍之間比例從一九四四年末的一：一〇〇降到一九四五年七月的一：七，將之歸諸這宣傳的努力是說得過去。無論如何，一位帶了六份傳單出現的日本兵（兩手各一張、一邊耳朵夾一張、嘴中一張以及塞在腰間草繩的一張），很聰明地不想冒任何風險。

所以正如在一次大戰的西戰場，一支軍隊是否願意繼續再戰，或是投降的關鍵決定因素，是假如他們真的放下武器時，士兵們會被如何對待的期望。就激戰之中殺死戰俘而言，有關敵軍行為的資訊在前線相當容易取得；對殺死戰俘的證人說詞，往往在前線部隊中流通迅速而且廣泛，在陳述中也常變得誇大。相比之下，戰犯在離開戰場被對待方式的消息，較慢傳播開來，依賴逃出戰俘的證詞或是經由國際紅十字會代轉戰俘給他們家人的書信。（這裡必須記得，這兩種管道在德國及蘇聯之間實際上是被關閉的，因為敵人營區及安全地帶之間的地理距離，還有德國拒絕承認史達林遲來接受的日內瓦公約）。但如此的資訊是重要的，因為如我們已見，在戰區以及軍隊之中對戰俘的對待有很大的變異。一位在德國人手中的英國戰俘，有相當好的機會存活過戰爭，因為二十九位中只有一位死於俘虜期間；但在德國人手中的俄羅斯戰俘則比較可能死掉，而不是活下來。在戰爭結束時，以戰俘身份被逮捕的大量德國軍隊中，有相當比例也是死於囚禁之中，雖然數量仍有爭議。那些在史達林格勒投降的人，十個中幾乎不到一個在蘇聯人手中活下來，甚至有一半是在它們放下武器的幾個月內死去；而且所有那些在東戰場被逮捕的，或許少到五分之二能存活下來。在蘇聯手中的德國戰俘，在一九四三年時，其死亡率到達高峰，超過五〇%。向西方盟軍投降的德國人，則遠遠較為幸運。雖然據說那些落在美國人手中有多達七二六〇〇〇人死於飢餓或疾病，這些計算幾乎確定是誇大美國所逮捕的戰俘以及他們的死亡率。我們最多可說的是那些選擇向美國軍隊、而非英國軍隊投降的德國人是誤算了，因為在美國人手中德國戰俘的死亡率，比那些向英國投降的德國人，另外多了四倍以上（〇・一五%比〇・〇三%）。

但是（一在此故事有個轉折一）要讓軸心國的軍隊在前線投降，並非一直是盟軍策略的最優先目標。從戰爭早期階段，一樣重要、但也許沒更重要的是這種想法：德國及日本可以被轟炸到投降。這的確是一九四三年聯合情報小組委員會所做評估的主旨。然而，不是軸心國的軍隊要被轟炸；是他們的平民人口。軸心國強權以令人吃驚的殘酷來對待它們所佔據國家裡的平民。在盟軍的領導者眼中，這是「還債」的充分辯護理由。

第十六章　故障 *Kaputt*

火焰立即爆出聲音，並且往上竄，如此之高，以致大火充滿大廳之前的空間，並且似乎要侵襲過來。男人女人受到驚嚇，往最前端的地方擠來⋯整個舞台似乎已經完全充滿火焰⋯留下⋯煙霧的雲氣，這飄向背景，然後躺在地平線，像是一片黑幕的雲⋯透過在地平線的雲邊發射出一個逐漸明亮的紅光⋯從已經崩潰的宮殿殘蹟之中，男人女人，面露極度憂慮，看著空中正在發亮的火光⋯明亮的火焰似乎點燃了眾神的大廳。當眾神因為火焰而完全被遮掩不見，布幕垂下。

華格納《諸神的黃昏》舞台指導

在茶點之後，我們回到柏林⋯去看希特勒的防空洞⋯一個污穢且不浪漫的地點。在混凝土攪拌機、以鐵強化的欄杆、破損的家具、彈坑、衣物等等以及等等之外的絕對混亂。再下去是更糟糕的混亂⋯我們也看了一下空軍部，並開車繞柏林。我們看越多，越瞭解它是如何全面地被摧毀。

艾倫．布魯克，日記，一九四五年七月十九日

惡魔的黃昏

在華格納《諸神的黃昏》（*Götterdämmerung*）最後高潮的景觀中，女英雄布倫希爾特將被偷走的魔力指環歸還給萊茵河，並將自己投到她死去愛人齊格菲的火葬堆裡。她崇高的自我犧牲行為釋放出熊熊大火，以無法在舞台搭景的天啟高潮，推倒了眾神的碉堡瓦爾哈拉。希特勒一生對華格納音樂的著迷，使它有點像是第三帝國的官方原聲版主題曲；的確，阿爾柏特・施佩爾正在觀賞《諸神的黃昏》的最後樂章（柏林愛樂在第三帝國的最後一次表演）時，羅斯福死訊的消息傳到柏林。「戰爭沒有輸，羅斯福死了！」希特勒大叫。然而在事實上，一九四五那年將見到惡魔的黃昏。根據一道從駐柏林的日本外交官所發出、但被攔截的軸心國通訊，希特勒正計畫「要單獨登上載有炸彈的飛機，大概在波羅的海附近上空將自己炸掉」。這意圖是「德國人民中百萬名元首的狂熱崇拜者…將會相信他已經變成神明，住在天上」。這將是布倫希爾特的犧牲，但是在一架梅塞施密特的飛機上。

在《我的奮鬥》中，希特勒激烈地回憶一九一八年的創傷，當時在新徵召士兵中的政治議論（──「祖國的毒藥」──）動搖了軍隊的士氣。二十年之後，當戈培爾在柏林體育館中以這些話結束演講：「另一個一九一八年十一月將不會再度出現，」希特勒「往上看他，一種瘋狂以及熱切的表情在眼睛中出現…跳起來站著，眼睛發出狂熱的火焰…伸出他的右手，在大大一揮之後，敲往桌子，吶喊…『是！』」。「只要我還活著，」他在一九三九年八月告訴哈爾德，「將不會談到投降」。看起來，不投降比戰勝對希特勒更重要。或許早在一九四一年十一月，當他的軍隊在莫斯科外邊停頓下來，而且當然在他於東戰場發動第二次攻勢，在一九四二年春天前進高加索油田失敗之後，他開始懷疑不可能擊敗蘇聯。然而榮耀的戰敗，這對希特勒的意義是不亞於華格納的最後樂章。這本身即是可欲的，或許甚至比勝利更為可取。這是希特勒從克勞塞維茨的《告解篇》以及在《尼布龍根指環》中齊格菲之死所學到的教訓：一個英雄般的死亡，有種救贖的性質，這或許會撒下未來德國再生的種子。只有那些能「即使沒有希望，仍保持勇氣，戰到至死方休」的種族，「才會有存活以及得以重新開花」，他如此宣布；「從我們士兵的犧牲以及從我到死亡之前與他們密切的關連，這種子有一天會發芽…並促成國家社會主義的光榮再生，而這是為了要實現一個真正的民族社區」。希特勒在一九四五年二月二十四日的最後宣言，呼籲在德國國土上進行最後抵抗，而一九四五年三月所謂的「尼祿指令」則是預見到一個焦土政策，隱含著要將國家基礎建設完全摧毀。《人民觀察報》已經在一九四四年九月宣布：「沒有一枝德國的麥桿會去餵食敵人」；「沒有德國人的嘴會說出消息；沒有德國人會提供協助。敵人會發現每座小橋都被摧毀，每條道路都被堵住—除了焦土，沒有其它。破壞及仇恨將會等待他」。希特勒準備好自己的火葬堆。在他將子彈打進自己的頭部時，整個德國已經變成火葬堆。

「戰爭萬歲，」他在一九三八年告訴蘇台德區的德國領袖康拉德・亨萊恩，「即使它只進行兩年到八年」。希特勒的戰爭持續不到六年。在它結束時，戰爭已經消耗了至少五百二十萬德國現役軍人（—每十個男人有三個被動員—）以及超過兩百四十萬位德國平民。德國士兵在戰鬥的最後兩個月所損失的生命，比在戰爭其它時候總和還要多（見圖16.1）。這其中關鍵之處是，這恐怖的死亡人數數字對希特勒來說沒有什麼太多意義，就像他的部隊所殺害更多人的死亡一樣。＊「生命真是可怕，」有次他在晚餐時沈思，「出現、存在、然後消失，一直都有殺戮。每件被生的東西，都必須在稍後死去」。人性，他在另一個場合中宣稱，是

＊不太容易準確說出德國人究竟殺害多少人。如此說應該足夠：同盟國與軸心國在軍事上的死亡比例是三：一，而同盟國與軸心國在平民死亡的比例則是五・八：一。

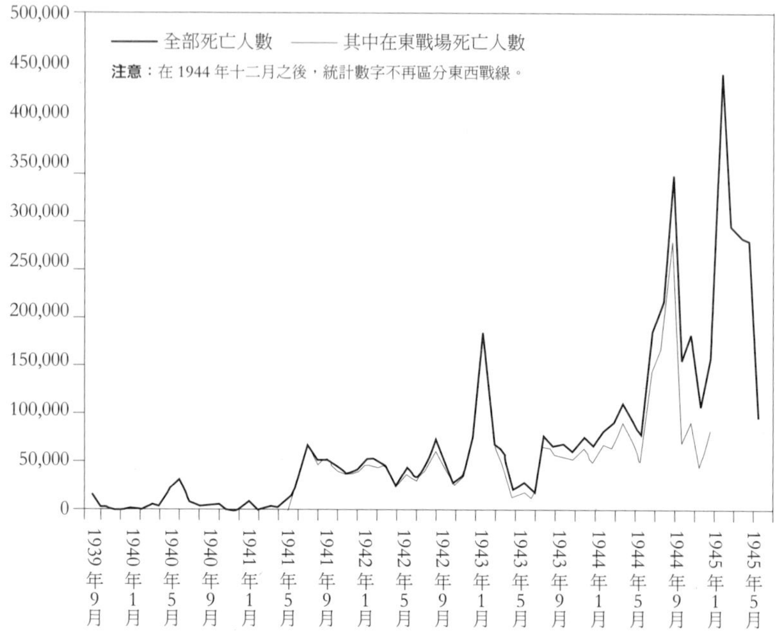

圖 16.1 德國國防軍死亡人數，1939 年到 1945 年

「一個可笑的宇宙細菌」。

假如他們是理性的話，軸心國的領導人在預期未來的和平時，必然會節制他們的行為，希望多少降低勝利者報復的胃口，並減到最低自己這邊生命的損失。誠然有些將軍、外交官，甚至是納粹的領導層，要將和平的觸角伸向英國或是蘇聯。在貝烏賽茨納粹份子至少設法隱藏一些他們已經犯下的罪行。早在一九四三年夏天，他們以土覆蓋死亡營的場址，栽種樹木，甚至搭建一座假的農莊。然而在其它地方，殺戮不只持續而已，反而被積極地加速進行。戰爭進展對他們越糟，德國人越是狂熱去對那些不幸仍在他們手上的人，進行暴力的政策，宛如要造成最後的鉅變。戈林跟戈培爾說，「對猶太問題我們是如此投入，所以我們無路可逃」。對戈培爾這是好事：「經驗顯示一個已經將自己的橋給燒掉的運動或民族，會比那些仍有退路機會的人，更能無條件地戰鬥」。他們所犯的罪行越是惡劣，納粹份子越是無法構想讓自己投降，聽由同盟國的判決。如戈培爾在一九四三年初說：「假如我們要離開，會在我們後面如此大聲關門，所以全世界都會聽到」。「每個人現在都有機會去選擇他從今天起一百年的電影中，所將扮演的角色，」戈培爾在四月十七日於宣傳部告訴他的幕僚，這是受到第三帝國最後一個電影鉅作《柯爾堡》所啟發，這是對那城鎮在拿破崙戰爭中進行最後抵抗的史詩描述。「我可以像你們保證，這將會是一個良好且永恆的圖像⋯現在堅持下去，所以⋯觀眾才不會在你們出現在螢幕時，發出噓聲以及吹哨子」。但第三帝國將會如此倒下：倒在一場沒有光榮的大火之中。

當德國軍隊正被驅逐，退向帝國邊界的謠言傳開時，上述心態所具有之意涵，對維克多・克倫佩雷爾來說是極為清楚明確：

> 一九四四年十月二十四日。週日晚上，康拉德在此幾分鐘⋯他相信⋯在撤退之前，每個人都會被謀殺，所以我們將不會再見到任何人，六、七百萬的猶太人（曾經存在一千五百萬人）已經被屠殺（更準確地說：被槍殺以及毒氣毒死）。他也想有個小型的猶太殘餘，在此落到絕望野獸的掌握中，仍然倖存著，這樣的前景也非常渺茫。

在整個仍然由納粹所控制的領土中，「終極解決」以極度誇張的狂熱情緒在進行著。幾乎所有匈牙利四十三萬八千位猶太人在一九四四年四月及七月間被送到奧斯維茲；幾乎所有人都被殺害。即使在紅軍逼近奧斯維茲，德國人仍下令那些仍然可以行走的人要前進到奧地利邊界，距離有九十哩。對那些被豁免以毒氣毒死的人，並沒有解放；他們必須行軍，直到倒下為止。在一九四五年一月仍然還活在集中營的七十一萬四千名獄民，約有二十五萬人在死亡行軍之中犧牲生命，包括從奧斯維茲撤出之六萬人中的一萬五千人。而猶太人也並非納粹死前劇烈陣痛唯一的受害者。在這政權的最後幾年，極刑的數量上急速增加，因為膽敢表達他們幻影破滅的普通德國人，便會被以失敗主義之名，速審速結，以吊刑處死。在一九四二和一九四四年之間，德國法庭宣判超過一萬四千名死刑，幾乎是戰爭前三年的十倍。這些數字上不包括許多由黨衛軍在司法程序之外所進行的處決。

但希特勒並非是唯一要將德國變為一座龐大納骨室的人。盟軍領導者就他們自己而言，為勝利所進行計畫的一些方法，或多或少確保了在黃昏餘暉落在第三帝國以及日本帝國上時，魔鬼會將儘可能多的人類靈魂一起拖下地獄。

償債

一個國家可以被轟炸到投降的想法，早在二次大戰之前出現。H.G.威爾斯的外星人最後屈服在地球致命的微生物之前，正蓄勢待發要釋放出飛行機具來攻擊倫敦。就在一次大戰不久之前，吉卜林已經想像（在他的短文〈簡單如ABC〉）世界會因為單一的國際空軍力量而稱臣屈服。德國在一九一四和一九一八年間對平民目標的空襲，必須承認，在軍事價值上是不值一提。至於它們對民心士氣的衝擊，幾乎可以肯定只會引起報復，多過造成恐慌。當時空軍的主要角色最後是偵察搜索，而不是轟炸。但是，從空中夷平城市的想法已經擄獲人民的想像力，開始在兩次大戰之間始終流行。身為作戰及空軍國務大臣，邱吉爾毫不遲疑地使用空軍武力來協助鎮壓一九二〇年的伊拉克叛變。但整個世界在德國使用轟炸機來對付西班牙的格爾尼卡時，更是大為震驚；美索不達米亞的村落被看為是容易攻擊的目標，但歐洲城市不是。日本在一九三七年之後，從空中攻擊中國似乎只確定「轟炸機必然行得通」這樣的格言，而且帶來摧毀性的效果。

如我們已見，英國在一九三〇年代的戰略不是要投資在防衛性、而是攻擊性的空軍武力上，希望藉此嚇阻德國從空中進行攻擊，而不是要將其擊退。這對德國空軍所造成威脅而言，是一種不理性的回應。但它卻意謂到一九四〇年時，英國已經開始有戰略轟炸的能力。因為對訓練飛行員及導航員所需要的時間（超過兩年），早期投資是重要的。另外在花費上，英國在一九三九年九月時已經準備好的四八八架轟炸機，但仍遠不能勝任空襲德國的任務。無論如何，邱吉爾在擔任首相不到一週時間，便以符合其個性的方式，下令皇家空軍去做那件事。的確，就這方面而言，邱吉爾或許可說是對希特勒先發制人，所以對倫敦的閃電突襲，在德國來看，應被視為是德國對英國空襲柏林後所進行的報復行為。希特勒後來宣布：「是英國開始空中攻擊」。他雖然這麼說，但這一點都非因「道德顧慮」而決定德國的戰略。另方面，邱吉爾也可以引用德國轟炸鹿特丹，更不用提使用俯衝轟炸機來對付波蘭平民，來做為完美的前例。

但英國空襲的目標真正究竟應該為何？因為德國戰鬥力量在戰爭大部分期間擴散相當廣泛，所以英國明顯的目標應是經濟性質的：提供希特勒軍隊武器的工廠，以及允許這些被運送到不同前線的基礎建設。然而，大多數的這些經濟目標，就其性質來說，是位落人口稠密之處，如魯爾區。此外，英國轟炸機很不準確。在一九四〇年十月，英國人決定在可見度不佳的條件下，他們的空軍人員可以將炸彈投在目標附近區域，所謂的「自由射擊區」。這使得德國平民更可能會被攻擊到，但邱吉爾設法將這種必要性轉變為優點。如他在十月三十日所說，「在目標區附近的平民人口必須感受到戰爭的沈重壓力」。整個一九四一年，邱吉爾屢次強調轟炸指揮部必須要針對普通德國人的士氣進行攻擊。「區域轟炸」的戰略（——目標其實是要焚燬市中心——）在空軍元帥亞瑟・「轟炸機」・哈里斯（Arthur 'Bomber' Harris）接管轟炸指揮部之前已經到位。在任命哈里斯九天之前，在一九四二年的情人節（St. Valentine's Day），空軍副元帥波頓里，空軍副參謀長，寫信給轟炸指揮部，傳達這決定：「你們行動的首要目標現在應該集中在敵人平民士氣上，尤其是工業勞工上」，以及這些行動必須採取「密集性的燃燒攻擊」。這封信還伴隨一列「選定區域目標」，最優先者是耶森。藉著最先攻擊此地，「應該可以從突襲的因素得到最大的益處」。像其它主要目標，杜易斯堡、杜塞爾多夫以及科隆，耶森無疑地是個工業城市。但列出來用來計算「造成決定性傷害的預估攻擊份量」的標準，卻是密集地區的面積及人口。對工廠及潛水艇船塢的攻擊，被認為是牽制以及轉移注意力的，而且在進行時，最好「不要錯過轟炸你們主要目標的良機」。

所有這些意謂的是，最初英國以及稍後美國的資源，有逐漸升高的比例是被轉移到去毀滅德國與日本的城市。換言之，屠殺平民。這正是美國國務院在日本首度轟炸中國城市時，所譴責的「沒有根據以及違反法治及人性原則」，這正是奈維爾・張伯倫曾經一度斥之為「簡直就是恐怖主義」，對此政策「國王陛下的政府必將不會採用」。

是什麼讓戰略性轟炸變得如此有吸引力？空戰不必然更加便宜，因為飛機本身製造昂貴，人員訓練亦是如此。對機組人員本身，更不用說這是痛苦折磨的事。在兩萬八千尺高度以及如此寒冷的狀況下飛行，暴露出的皮膚會和槍枝金屬黏在一起分不開，小冰塊可能在氧氣罩裡形成，而且周圍沒有武裝保護（為了將重量降到最輕）。蘭開斯特轟炸機的機組人員絕對是勇敢的人，在戰爭中的死亡率也是最高的；一架蘭開斯特轟炸機的生命期望值估計只有十二趟任務，而轟炸機機組人員的平均存活率是比一比二還差。那些完成多趟任務的人，經常在心理上、若非在肉體上，留下終生傷痕。而且他們也沒有那些飛行戰鬥機的同志，能享有別人給予的桂冠安慰。但是對平民政客來說，戰略性轟炸比依賴地面部隊更好，因為只有相對少量的人涉及其中。空戰在很大部分上是以資本來代替勞動，以機具來代替人力。單一一組飛行人員，即使他們在被殺死或者就逮之前，只要能夠飛航二十趟任務的話，就有希望殺死非常大量的德國人或日本人。

很啟發性地，邱吉爾在一九四二年造訪莫斯科時，談到「我們付錢來轟炸德國」；他心中所想到的錢幣是德國人的性命，不是英國人的。當史達林益發施壓要在西歐開啟第二戰場，邱吉爾就益發讚揚戰略轟炸的價值，承諾要做出將「撼動德國人民士氣」的攻擊。他對轟炸義大利也是一樣樂觀，辯稱說「由密集及重度空軍轟炸機人員所造成的士氣喪失及恐慌」，將會超過「逐漸升高的反英情緒」。他在這觀點上，深受他的科學顧問兼戰時統計部門首長，物理學家佛德烈克・林德曼所鼓勵。正如在作戰期間所常發生，各軍種之間的競爭也扮演其角色。在一九四〇年十月任命轟炸指揮部指揮官查理・波特爾爵士為空軍參謀總長時，邱吉爾保證有教條信仰般堅定的區域轟炸提倡者，將會在英國戰略決策的貴賓桌上，有一席之地。對波特爾堅持「成功在於當英國累積儘可能最大的空軍武力，然後，而且只有那時之後，可以經由轟炸歐洲來保證成功」，這艾倫・布魯克多所懷疑。但他無法阻止有相當數量的資源被移轉到波特爾的飛行中隊去。

類似的考量也說服羅斯福投資戰略轟炸：首先，瘋狂地誇大德國轟炸機會對美國做出什麼傷害，然後是比較沒那麼誇大地說美國轟炸機對德國能做出什麼。誠然，美國的處理方式在其它方面與英國不同。英國人偏好夜間區域轟炸，美國人則自負自己的飛機有比較高的準確度。配備諾登轟炸機瞄準器，飛行堡壘幾乎確定比英國對等的飛機更好。但是它即使有在白天攻擊的益處，仍然比所希望的還不準確，而且白天因為更容易遭受攻擊，所以必須要付出代價。到一九四三年一月卡薩布蘭加會議時，美國人已經接受邱吉爾的觀念，他們的目標是「對德國民心士氣的進一步摧毀和動搖，到達他們武裝抵抗能力受到致命削弱的那點」。羅斯福的密友哈利·霍普金斯是那些相信這點的人之一。

盟軍對德國及日本進行轟炸戰役的效果，眾所皆知，是很可怕的。皇家空軍及美國空軍所做的轟炸，讓德國空軍以閃電空襲中施加在英國的傷害，看起來像小兒科。始於一九四三年七月二十四日，一大片的漢堡市在代號為「蛾摩拉行動」（'Operation Gommorrah'）中被摧毀。藉著一個叫「窗戶」的新設計（灑下鋁片，讓德國雷達蒙上一片白霧）來躲避偵察，七百九十一架皇家空軍轟炸機如下雨般地投下高爆炸藥以及燃燒彈，製造出一個毀滅性的火焰風暴＊，這四處肆虐，遠遠超過德國緊急部門所能控制之外。約有四分之三的城市在接下來幾天被夷為廢墟，因為初步轟炸之後，又有美國及英國的後續空襲。至少有四萬五千人被殺死，以及將近百萬人無家可歸。火焰在超過百哩之外的地方都可見到。作家漢斯·諾沙克離開他漢堡的家幾天，留在鄉下，回來發現蒼蠅及老鼠正在享受他市民同胞燒焦的人體殘餘，而且矛盾地，天竹葵竟從上面冒出來。城市西邊沿著易北河的時髦郊區的居民，發現他們的花園因為灰燼而成為灰色。英國僅花費轟炸指揮部相當小的代價，便做到這些，損失總計不到所出動飛機的百分之三。在戰爭接近尾聲時，盟軍也沒有放鬆留情。由轟炸指揮部及美國第八空軍所投擲總共一百六十萬噸高爆炸藥裡，約有一百一十萬噸（——約七十一％——）是在戰爭最後一年投擲的。一旦盟軍發展出以P-51野馬長程戰鬥機來護航，他們處於一種幾乎可以豁免的情勢，可以在白天轟炸德國。

在一九四五年二月十三日晚上，一支有七百九十六架英國蘭開斯特轟炸機的武力，前往德勒斯登。在接下來兩天又有一波波的美國飛行堡壘接踵而來。維克多·克倫佩雷爾是數以千計陷於火線中的一人，極

＊燃燒彈裡裝著極為易燃的物質，如鎂、燐或是凡士林。在目標著火之後，上面的熱空氣開始迅速上升，從周圍區域吸進冷空氣。假如風向正確，效果會大為加強，正如在漢堡及德勒斯登的狀況。

少數德勒斯登猶太倖存者之一。幾個月來，他一直等待會被黨衛軍捉起來。但要是另一邊先逮到他呢？在一九四四年九月十五日，他在日記上寫下：

我如此習慣城市被轟炸毀滅的消息，所以我無動於衷：伊娃〔他妻子〕的家鄉〔哥尼斯堡〕根據官方報告有七十五％被毀滅，五千人死亡及兩萬人受傷：那讓我震驚，所以在清早（—黑暗中發亮、深紫色的凌晨—）當我梳洗完畢，往外看向卡洛拉橋以及另側的整排房屋，我無法停止想像這排房屋在我眼前突然崩潰：德勒斯登本身直到現在真正地被饒過一劫。

克倫佩雷爾的處境象徵著戰爭最後幾個月被扭曲的道德。因為在一九四五年二月十三日早上，他被命令要送出遣送通知單給仍留在德勒斯登相當數量的猶太人。對這遣送所意謂的意義，已經不容置疑。而且勢不可免，他將會是下一個：

週二下午，完美的春天天氣：我們在週二晚上大約九點半坐下喝咖啡，非常疲倦以及消沈，因為在白天我畢竟四處奔波，到處送壞消息，而在晚上華德曼以極大的確定性已經向我保證，那些在週四要遣送的人，會被處死，而我們那些還留在後方的，會在一週之內被解決掉。

但二月十三日結果以非常不同的方式變成是致命的：不只是針對猶太人，而是全城所有居民。因為現在輪到德勒斯登成為聯軍要求償債的對象：

一個全面的警報響起⋯很快地我們聽到正在逼近飛機中隊所傳出益發深沈以及益發大聲的低鳴，燈光熄去，附近有爆炸⋯在幾群人中有嗚咽及哭泣的聲音—又是接近的飛機，再度是致命的危險⋯。突然間後面牆上的地下室窗戶，面對出口，突然蹦開，而外面光亮如白日⋯大夥四竄。地面上覆滿碎玻璃。一道可怕的強風正在吹襲。

在德勒斯登所釋放出風暴性大火，吞滅九萬五千個家。至少有三萬五千人死去，包括那些在城市噴泉處尋求庇護的人，被沸騰煮乾，而其他人則在鐵路總站下的避洞防空洞中窒息而死。一位叫卡琳・布許的女學生和她雙胞胎的弟弟，因為一顆未爆彈強迫他們逃離家裡的避難所，現在在一片火海的街上流浪：

火焰從我們四周侵襲過來，而我們卻發現自己不知不覺中已走到易北河。我看見在水上有燐火跳躍著，所以對那些跳入河和中來躲避大火，並沒逃路。屍體四處都是，而人們所戴的防毒面具融化在臉上⋯我們開始找一個地下室去躲藏，但我們望進去的每個地下室，見到人坐著死去，因為大火將氧氣抽光，使他們窒息。

最後，他們找到回家避難所的路。

在裡邊，我見到一堆人形的灰燼。你瞭解在將木頭放進火爐之中時，會變得火紅，而它一直保持形狀，中心有火光，但你一旦碰觸它，它會解體？這就是如此。這是個人的形狀，但身體消失不見。我不知道這是誰，但當我見到灰燼裡的一對耳環。我認得耳環。這是我母親。

熱度如此之高，所以許多屍體被燒成像洋娃娃大小，小到足以用桶子裝著移開。但即使在地獄裡，奇蹟還是可以發生。從指定給猶太人的防空洞裡爬出，克倫佩雷爾將他外套的黃色大衛星給撕掉，在四處都是混亂的狀況中，與他妻子一起逃離。他們對官方當局掩飾身份，直到他們抵達美國佔領區所提供的保護。反諷地，若非「轟炸機」・哈里斯的話，我們必然幾乎無法擁有克倫佩雷爾的日記，這紀錄在納粹底下人們的生與死中，是最透徹以及最有洞見的陳述。

這種區域轟炸的戰略可以在任何意義上加以辯護嗎？許多年來很流行去否認轟炸指揮部對勝利曾做出任何顯著的貢獻。批評家仍然對戰略轟炸的缺乏準確以及殘酷大做文章。即使一些皇家空軍的人員偶而也表示關切，說他們被要求實際等於「在孩童之家以及醫院做那種事」。有人辯稱轟炸最好能夠用在前往奧斯維茲的道路。甚至有人認為，提議停止轟炸可以被用為談判的籌碼，去解救那些被指定送往死亡營的猶太人。在德勒斯登的情形上，有人質疑這空襲的官方辯解理由，亦即一批恩尼格瑪情報譯文透露出，德國計畫將部隊從德勒斯登移往布雷斯勞，在那裡紅軍正遭遇激烈的抵抗，所以要求攻擊德勒斯登。事實上，城市之外的主要鐵路連結多少保持下來，沒有損害；火車在幾天內開始運轉。甚難避免這樣的結論：這任務的目的只是要對尚未被攻擊的少數城市之一進行破壞。在譴責轟炸戰爭，一位德國作家有意識地使用通常與納粹所犯之罪行的相關語言：這是由飛行的「特種任務部隊」所犯下的「滅絕」，將空襲的避難室轉變為毒氣室。

誠然，如此對德國士氣進行攻擊的效果，遠少於在戰前戰略家所曾預測的。休・特倫查德爵士在戰前宣稱說，轟炸的道德效果比物質效果大上二十倍，證明是胡說。假如有的話，這空中攻擊毫無區別的性質，反而激起更多反抗，而非導致失敗主義。雖然它無疑地動搖了納粹政權在一些德國人心中的可信度，卻也同時在其他人心中加強了可信度。一名婦女伊爾瑪·J.主動寫一封信給戈培爾，「為了生活在第三帝國的所有德國女人、母親以及家庭」，要求「在我們沒有防衛以及無價德國人民被恐怖飛行以野蠻及懦弱方式所謀殺的地方，為每一位被殺的德國人，就要有二十名猶太人被吊死」。格奧爾格·R.從柏林以相似的語調寫信。「在被燒光了一次，轟炸光了兩次，」他義憤填膺地要求：

不能滅絕德國人民
以及德國
而應該是
將猶太人完全滅絕

毫無疑問，一個以癱瘓軍事及工業設施為目標的軍事活動必然較好。早在一九四二年在他的書《以空軍武力致勝》，亞歷山大·斯佛司基明確宣布「從空中摧毀敵人士氣，只能藉由精準轟炸才能達到」的原則。經濟資產，而非人口稠密都市，是「敵人的心臟及重要器官」。同盟國在一九四三年八月十七日以集中攻擊德國在佩內明德的V2火箭基地，所獲得的成功比之前一月將漢堡化為廢墟所得到的還要更大。他們對石油提煉設施的攻擊也一樣成功（見以下）。

另一方面，精準攻擊會出差錯，正因為德國人可以想出能在何處預期他們出現，如美國人在一九四三年八月十七日及十八日攻擊施韋因富特時（在北巴伐利亞一個軸承製造中心），付出代價後所發現到的。在第一次空襲時，在原先出擊的兩百三十架B-17中，有三十六架被擊落；同一天對雷根斯堡類似的攻擊中，損失二十四架。在十月攻擊中（—第八美國空軍的「黑色禮拜四」—）二百九十一架中的六十架被擊落，而一百三十八架嚴重損傷。轟炸明顯更偏東的奧斯維茲，類似的代價或許會發生，但卻沒有軍事上的利益。從義大利起飛的一八六架飛機（因為邱吉爾的堅持），在一九四四年華沙起義去空投補給品給波蘭人，傷亡率是一八・六%，這是在德國上空傷亡率的三倍。

正因為毫無區別的性質，所以不能否認區域轟炸對德國戰爭的準備造成顯著的傷害。它強迫德國將空中掩護從戰略上關鍵的東戰場給移轉走。在一九四三年春天，七〇%的德國戰鬥機是在西歐戰區，讓在東邊的德國地面部隊逐漸容易受制於蘇聯的空中攻擊。缺乏空中支援是德國坦克在庫爾斯克被擊敗的原因之一。到一九四四年四月，只有五百架單引擎的飛機在東戰場，面對蘇聯約一萬三千架的飛機。除此之外，如施佩爾後來注意到，「駐防國內的將近兩萬門反坦克火砲，幾乎可以讓東戰場的反坦克防衛力加倍」。（德國88mm AA火砲在架穩以及低射下，也是同樣可怕的反坦克武器。）在東戰場的局勢的確是轟炸德勒斯登的主要道理。「在冬天中，」擔任飛行任務的皇家空軍組員在他們的簡報資料中被告知，「隨著難民往西蜂擁，而部隊必須要休息，所以屋頂價格上漲」：

德勒斯登已經發展為第一等重要的工業城市……它多重的電話及鐵路設施，對控制那部分現在正受蘇聯攻擊威脅的疆界防禦，是有主要價值。這次空襲攻擊的意圖是要在敵人最能感受得到的地方來打敵人，在一個已經部分崩潰的防線之後……而且順便向俄羅斯人在他們抵達時，展現一下轟炸指揮部可以做什麼。

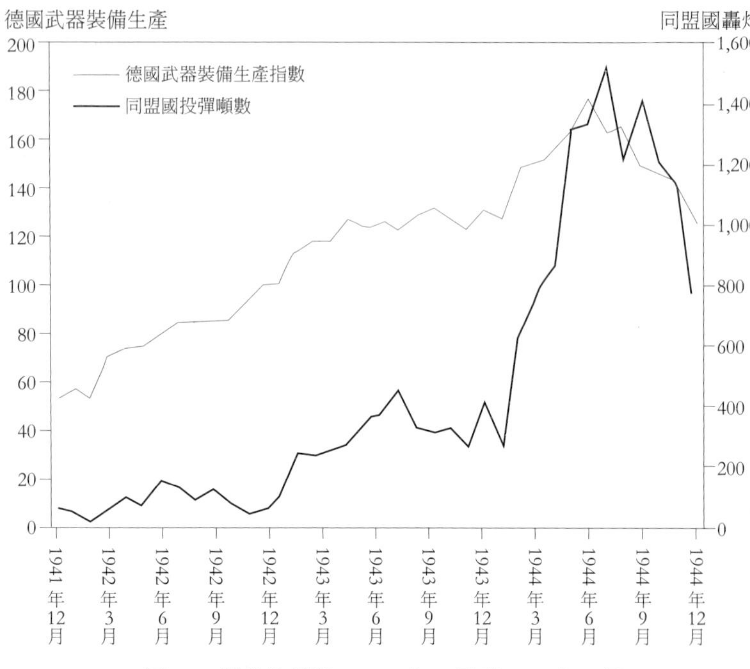

圖 16.2 轟炸的衝擊，1942 年 1 月到 1945 年 1 月
（以 1943 年 1 月為指數 100）

這說明在戰爭這一階段，要把軍事及民間目標區分是如何困難。雖然部分目的是要德國平民無家可歸（以及死掉，雖然這沒有明白說出），以及讓俄羅斯人印象深刻，但轟炸德勒斯登也被規劃來削弱德國的指揮及控制能力。這由轟炸空襲所毫不放鬆地施加壓力，並且侵蝕德國戰鬥機在西戰場的力量，對美國及英國軍隊亦有所協助；在D-Day的時候，德國只有不到三百架的飛機可以用來擊退入侵者，這相對於英美那方的一萬兩千架。

除此之外，戰略轟炸也大大阻礙施佩爾對德國經濟進行那相當可觀的動員，以從事全面戰爭。在一九四四年五月，例如，德國人仍然可以生產十五萬六千噸的航空用油，但是從那個月開始對他們煉油設備的轟炸，將產量砍到八月的一萬七千噸以及一九四五年一月的一萬一千噸。沒錯，並非所有可得

表 16.1：同盟國轟炸的衝擊（1943 年六月與 1945 年一月間百分比的變化）

德國武器裝備生產指數	武器	坦克	車輛	航空器	造艦	彈藥	火藥	爆炸物	同盟國所投射之噸數
0	+19	+64	-63	-1	-21	-2	-19	-36	+116

到的數字都如此讓人興奮。如我們已見，盟軍在德國及西北歐投下一百六十萬噸的炸藥和燃燒彈，這是德國在整個戰爭中在英國投彈量（包括V1飛行炸彈以及V2火箭）的二十倍。但這對德國軍備生產的衝擊，初看之下，是最低程度的。如圖16.2所顯示，在一九四三年七月的主要空襲中，只是減緩武器生產的成長，但在一九四四年三月又開始恢復往上的趨勢。一直要到一九四四年七月之後，當盟軍空襲到達摧毀的最高點時，施佩爾工廠產能才下滑。即使那時，在一九四五年一月的產量只降低到一九四三年十二月的程度；但仍是它在一九四一年時的兩倍多。將德國武器生產的主要成分拆開來看，顯示出轟炸只阻礙一些經濟部門（見表16.1）。車輛、船隻、子彈以及炸藥的生產在一九四三年六月及一九四五年一月間都大量降低。然而步槍及手槍的生產卻增加五分之一，而坦克幾乎是三分之二。飛機以及彈藥的生產幾乎沒變。

然而，對戰略轟炸最好的衡量不是實際產量，而是實際與潛在產量的差異。在一九四五年一月施佩爾與他的同事設法計算出盟軍轟炸在前一年所造成的損害。這數字令人印象深刻：坦克比計畫的少三十五%，飛機少三十一%以及卡車少四十二%。有不少於兩百萬人被牽制在空防上；這些或許能用於生產的寶貴人力資源。我們無法確切知道若沒有持續性的轟炸，施佩爾能從德國經濟創造出什麼樣的神奇，但我們確實知道施佩爾稱呼空戰是「在德國這邊輸掉最多的戰爭」。

另外，至少有證據顯示，在一九四三年，特別是在漢堡風暴性大火之後，德國平民士氣正顯露出受到壓力的徵象。的確，轟炸不會激勵德國人去推翻希特勒，如在庫爾斯克戰役之後曾被希望的。但是盟軍攻擊破壞的規模，的確會大大影響普通德國人對他們政府所做之宣傳的信任。一個一九四三年十二月流傳的笑話是足夠接近事實，所以保安處（SD）人員將它紀錄下來：

> 戈培爾博士在柏林被轟炸。他救下了兩個皮箱，將它們帶到街上，然後回到房子去找出其它的東西。當他再度出現，兩個皮箱都已經被偷走。戈培爾博士非常沮喪，邊哭邊哀嚎。當問到在皮箱中有什麼如此貴重的東西，他回答說：「其中一個是『報復』（Vergeltung），另一個是裝『最後勝利』（Endsieg）」。

士氣低落並不是政治現象，但是它會導致事不關己和犬儒主義。其中一個徵兆是在工作地點逐漸出現的缺席。沒有人閱讀葛德・雷第緒（Gerd Ledig）根據他在戰爭後期擔任防空軍官的經驗，在戰後寫成的可怕小說《償債》（*Vergeltung*），會懷疑邱吉爾是否已經達成他頓挫德國民心士氣的目標。在地獄中，雷第緒形容一般德國人已淪陷到獸性，在一場不再是關於在這理性的鬥爭中如何存活，而是彼此謀殺以及強暴相待。

但戰略轟炸的道德代價卻是很高。如奇切斯特主教喬治・貝爾在一九四三年指出，「將城市當作城市來轟炸，蓄意攻擊平民，無論他們是否積極貢獻於戰爭的努力，這仍是錯誤的行為，無論是由納粹或是由我們所做」。甚少空軍會經驗到（—或活下來述說—）降臨在二十三歲的澳大利亞飛機砲手約翰・查諾克）所經驗到的怪異角色反轉：他在一九四四年三月一次皇家空軍開始空襲法蘭克福時，從他的蘭開斯特被轟出來。查諾克及時降落到地面上來，去見證轟炸所帶來的全面衝擊。像是一個古怪的反諷，他降落到一個剛挖好的墓地中，存活過這空襲，但一群憤怒的德國人在布魯費爾德史特拉攻擊他，而他幾乎被他們打死。他們高吶喊「空中流氓！恐怖炸彈手！謀殺者！豬仔！」他們對他吐口水，用磚塊、鐵棍以及甚至一顆沒有爆炸的燃燒彈打他。其他在德國領空被打下來的空軍人員，是被吊死在電線桿上。在雷第緒的《償債》中，美國空軍人員半裸地跌跌撞撞，穿過他自己協助造成的破壞之中，顯然與其他德國平民一樣地士氣低落。

對那些完成任務的人，這些都不明顯。「飛行是如手術般精確的事情，」一位皇家空軍軍官在戰後解釋。「你起飛，然後除非你被擊落或發生什麼事，你就會回到一個相當文明的世界。當你在飛行時，你很顯然是在某種危險中，但在情緒上你不會比在一部坦克之中，對正在發生的事有更多投入」。即使是同志的死亡，也可以吸收到他們所駕駛飛機那種比較不痛苦的「死亡」之中。轟炸目標對一位在德國上空飛行過許多次的飛行員，看起來的典型的樣子是：

這是個可怕的景致。在下面，一塊紅色的地毯，在裡邊有數以千計的燃燒彈掉落，在炸彈擊地面時，發出大的黃色燈泡火光，特別是四千磅的「餅乾」。它就像在看一堆火紅的灰燼，在爆炸時，猛烈地爆出突然的火光。在空中飄盪的是導航用的紅色及綠色火焰，掉落下來的一群光線，而在我們周圍是爆裂生紅色火焰以及一陣陣從高射砲來的黑煙。數以百計的探照燈有些時候會照亮目標，就像它們發光的手指頭往後及往前擺動，有些時候一架飛機會落入它們光束的陷阱中。這看起來就像可怕的地獄。在前往紐倫堡的航程中，我記得從下而上的砲火光芒照亮天空，如此亮就像白天的光芒，所以我能在一八〇〇〇尺的高空讀我的飛行日誌。

在一萬八千呎下的地獄所發射出的光線中閱讀日誌；這是對飛行員與他所造成死亡及毀滅兩者之間毫無區別、完全連不上關係的逼真結論。正是這種態度允許「文明的」人去從事大規模屠殺平民。盟軍飛機飛得越高，以及它們路線越可以以科技如導航器來更準確認定，轟炸機飛行機組人員那種隔離感就益發增加。在此便是從數千尺以上高空將婦女及小孩燃燒至死，以及將人趕到毒氣室，兩者之間實際的差別。在眼不見為淨之下，將城市化為虀粉，不需看到那些被送到地獄裡之平民的雙眼，這是可能的。盟軍轟炸之不知區別，就像納粹種族政策是鉅細靡遺地進行區分。這之中的道德差別（──這最近被一些德國作家忘記──）是轟炸指揮部的機組人員飛行出任務，是為了擊敗納粹德國，結束戰爭。究竟這是否取得目的最好方法，不是由他們來決定的；他們的意圖沒有不名譽之處。對納粹來說（──且讓此再敘述一次──），謀殺猶太人以及其他「外國」平民本身經常就是目的。仇恨充滿在貝烏賽茨的黨衛軍人心中；它則不見於盟軍空軍人員的思想裡。

「小男孩」

轟炸到底在何種程度上結束對德國的戰爭，或許仍有爭議。但它加速結束對日戰爭，殆無疑義。在對廣島攻擊之前，日本領導人沒有XIY任何一個時刻透露出準備終止敵對行為，除非依據那些設計來保存不僅天皇，還有軍方權力完全不受限制的條件。政府裡的一些成員，包括首相鈴木貫太郎海軍大將，以及一些資深廷臣，甚至天皇本人，都願意思考透過或是瑞士或，更好，透過蘇聯，來協商和平，但陸軍大臣阿南惟幾，以及參謀總長梅津美治郎將軍和豐田副武聯合艦隊司令官，堅持「要進行戰爭，堅持到底，以保存我們民族的國體，保護帝國領土和取得征服的目標」。鈴木本人公開提及「所有人民團結為一體，戰到最後」。因為美國已經在沖繩和外圍島嶼遇見過狂熱抗拒情緒，所以有很好的理由預期在對日本本島進行的兩棲入侵時，將會極為血腥。正如在歐洲，戰爭的最後一年最為致命。在一九四四年七月之後的一年，美國軍隊遭受一八萬五千名傷亡以及超過五萬三千名死亡，這超過整個太平洋戰爭所有死亡人數一半以上。日本人在相同時間犧牲更多人，或許多達五十萬，但是一點都還沒耗盡他們的儲備人力以及意志力。甚至，日本最高指揮部已經在準備「決号作戰」*（Operation Decision），這預期沿著日本沿海部署兩百三十五萬人，擊退任何盟軍的登陸；這些會得到各戰鬥軍種所雇用之四百萬平民，和一支人數兩千八百萬名民兵的援助。我們很容易忘記，日本軍隊已經傷亡的人數其實明顯少於德國的：在一九三七年到一九四五年整個期間的死亡人數，總共被估計在一百七十四萬。以傳統方式入侵日本將不會是D-Day；它或許會更像是從海上進攻的史達林格勒。

對日本的轟炸戰役或許是以一九四二年四月的杜立德空襲開始，當一支小型的十三架B-25轟炸機，從航空母艦黃蜂號起飛，成功地空襲日本首都。然而，要等到戰爭的最後階段，美國人才得以克服距離的障礙；之前他們曾被迫使要依賴相當不安全的中國空軍基地來起降。†配備新型的B-29超級堡壘，並且安全地以馬里亞納群島為基地，柯蒂斯・勒梅的美軍第二十航空隊開始進行一場毫不留情的戰爭，利用以木材、竹子以及紙為材料之房屋極易燃燒的特色，摧毀日本的城市。勒梅身為一九四三年八月雷根斯堡那場災難空襲任務的倖存者，立即決定放棄高海拔及以白天進行精準轟炸的戰略，改以低高度及夜間地毯式轟炸。B-29以多達三百或更多數量的巨大飛行機隊出航，在航程留下死亡以及毀滅的跡轍。一九四五年三月九日，東京首度遭受一連串空襲，造成八萬到十萬人之間的死亡，如勒梅坦白地說：「焦掉、沸死掉以及烤到死」。在五個月

*編註：「決号作戰」是大本營所規劃的日本本土防衛作戰計畫，本案於一九四五年一月二〇日定案。

†一些杜立德（Doolittle）的空軍人員被逮捕並處決，這啟發了電影《紫心勳章》（Purple Heart）。一位飛行員在他被處決之前，告訴俘虜他的人說：「你們可以殺死我們，我們所有人：但假如你們認為那將會讓美國對上帝畏懼，停止他們不再派遣其它飛機來轟炸你們，你們錯了，是必死的錯誤。他們會將你們的天空變成黑色，將你們的城市焚燒化為烏有，讓你們雙膝下跪，求我們手下留情。這是你們的方式，你們自己要的，你們自己求的。現在你們即將會得到，而且不會結束，直到你們骯髒的小帝國從地球表面被清除掉！」

內，幾乎每座主要城市五分之二的密集建築化為廢墟，殺死將近二十五萬人，傷害超過三十萬人，並讓八百萬人成為無家可歸的難民。除了東京，還有六十三座城市被焚燬。日本經濟幾乎完全陷入癱瘓，鋼鐵產量下降到每月十萬噸，而航空用油必須從松樹中提煉出來。盟軍在獲得所有這些成果所耗的氣力，比在對付德國時少上許多。總計來說，美國人對日本投擲不到二十萬噸的高爆炸藥以及燃燒彈，不到所有投到德國及西北歐噸數的十二%。因為日本空防的薄弱，所以美軍傷亡率也比在歐洲為低。

那為何必須進一步在廣島及長崎投下原子彈？勒梅可以相當容易用傳統炸彈來擊中這兩個目標。好像是要強調這點，所以東京在八月十四日最後一次被一群超過一千架飛機的機隊以燃燒彈荼毒；是在該轟炸的次日，天皇才廣播投降的決定，而不是在廣島被原子彈轟炸之後；但最有可能是蘇聯決定要打破日本預期其出面中介和平的希望，並攻擊日本，才說服所有人（—除了無可救藥的死硬份子—），戰爭已經結束。太平洋戰爭的失敗，對日本將軍沒有比他們在滿洲及朝鮮更為長久地位的失敗來得重要。的確，正是蘇聯登陸色丹島，離日本主要的北方島嶼北海道不遠之處，才迫使軍方簽署投降。史學家有些時候將哈利・杜魯門決定要用原子彈來對付日本，是要做為威脅蘇聯的示警射擊：一個冷戰爆炸性的開端。其他人則辯稱，在曼哈頓計畫已經花費二十億美金，杜魯門覺得有必要要為如此多的錢來讓它炸一次。但假如我們將這在八月六日及八日所投下炸彈所使用的高科技，還有它們在後頭所留下的輻射線，暫且存而不論，這對廣島及長崎的毀滅只不過是五年來盟軍戰略轟炸的最高點。當綽號「小男孩」（Little Boy）的炸彈在八月六日早上，在廣島市中心上空一一八九尺爆炸時，當時立即死亡的人數與六個月前在德勒斯登轟炸中所殺死的人數大約一樣多，雖然在一九四五年年底時，日本的死亡人數攀升許多，廣島多達的十四萬人以及長崎七萬人。

原子彈吸引人的部分原因是，它允許一架飛機（—或是準確地說，是七架，因為機名為埃諾拉・蓋伊（Enola Gay）的飛機並非單獨飛行—）做到之前需要數百架飛機所能做到的。在一九四四年六月到一九四五年八之間超過三萬次的出擊，只有失去七十四架B-29，傷亡率為〇・二四％。那聽起來夠小，而且肯定比美國人在歐洲的損失好上太多。然而七十四架B-29可以換算成九百位受到高度訓練的人員。因此從以致命的高爆炸藥彈雨進行區域轟炸，進步到以一顆超級炸彈將整座城市毀滅，有不可抵擋的邏輯。自從一九四〇年盟軍已經採取最大敵人傷亡來換取最小盟軍傷亡的原則。原子彈的製造當然需要在物理學上的革命，但它不需要在進行全面戰爭的政治經濟學出現革命。或更該說：這是盟軍作戰方式的邏輯終點。當杜魯門說到：「在文明史一個新時代」時，他是看向未來以及要駕馭原子的力量來做和平用途；相對之下，廣島只不過是另一座被摧毀的城市；只是離開文明的另一步。

正如在情報的領域一樣，英美在設計及建造原子彈科學競賽的勝利，透露出極權政權的侷限。納粹的反猶主義大為削弱德國的科學，將一九三三年前德國學術界許多最好的心靈，趕出實驗室，流亡海外。（史達林也有他干預科學研究的方法，雖然當他遲來地瞭解這所涉及的籌碼有多高時，他變得比希特勒更實際。）原子彈像是某種「詩歌正義」（poetic justice），意義是它在相當的程度上是猶太科學家的成就，其中一些是來自納粹歐洲佔領區的難民。他們並不知道這會被用在德國的盟友，而非德國人自己身上。

所以原子彈是西方對科學研究開放以及沒有反猶主義的勝利。但它也代表西方同盟國為了要將戰爭結束，將道德約束棄置一旁的程度。當然，決不是因為羅斯福及邱吉爾的道德優越感，才不讓史達林知道這炸彈。這兩個人十分瞭解，一旦他們與蘇聯的結盟已經達成原來的目的後，這新武器將賦予西方的力量。甚至說，這兩個說英語強權之間彼此的猜忌，沒有對它們之間的聯盟造成更多的傷害，這才是可觀之事，這見證羅斯福對邱吉爾的信任。史達林同樣也立即知道，如果西方強權能夠壟斷原子彈，正如假如納粹德國最先成功地分裂原子的話，那它代表了蘇聯嚴重的挫敗。早在一九四二年六月，NKVD已經指示它在紐約及倫敦的間諜「採取任何你們認為適當的措施，去取得原子彈計畫的理論及實際面向、原子彈設計、原子能燃料的成分以及啟動裝置的資訊」。在短期之內，蘇聯間諜成功地滲透進曼哈頓計畫中。到一九四五年春天，已經有三名蘇聯間諜滲透到新墨西哥州的洛斯阿拉莫斯實驗區內，第一顆原子彈便是在那裡製造的，而這些間諜彼此不知道對方。（負責曼哈頓計畫的羅伯・奧本海默是共產黨同路人，假如還不是持黨証的黨員，但這更升高了安全上恐慌。）在一九四三年二月，史達林批准開始進行蘇維埃原子彈的工作。但是第一顆蘇維埃的原子彈是美國在一九四五年七月十六日於阿拉莫戈多所測試之原子彈的拷貝版。這是諜報的成就，如同是科學的成就。當杜魯門在波茨坦會議（一九四五年七月十七日到八月二日）中，間接地預先警告他要攻擊日本時，對史達林這不是驚奇之事。史達林已經知道美國人所做到的；他也知道這是一個蘇聯必須能夠趕上的成就。史達林虛情假意地告訴駐莫斯科的美國大使，說這炸彈「將意謂戰爭以及侵略者的結束」。威廉・埃夫里爾・哈利曼同意「這對和平的目的會有很大的重要性」；對此史達林帶著冷漠的面孔說：「毫無疑問」。

屠宰場四十五號

一九四五年一月二十七日，這是猶太特殊任務組在焚化爐二號及六號反叛納粹失敗的三個半月後，第一支到達奧斯維茲門口的蘇聯部隊。在還沒被送到沃濟斯瓦夫或布列胥漢莫，再遣送到德國營區的七千多名囚犯中，有一位叫普里莫・列維，義大利化學家，他的科學技術讓他沒被送到毒氣室。他以無法令人忘記的散文形容那時刻：

他們沒向我們致意，他們也不笑；他們不僅被同情，而且也被困惑的自我約束所壓迫，這讓他們雙唇緊閉，將眼睛注視在火葬的場景。這是那種我們清楚知道的羞恥：這羞恥德國人並不知道；如此這種罪行竟然會存在而帶來的罪惡感⋯所以對我們來說，甚至解放的時刻都顯得嚴肅以及壓抑⋯所以我們理應歡喜將停在我們的良心以及記憶上面的污穢給清洗乾淨。但我覺得現在所發生不會夠好及夠純潔，來將過去塗抹掉，這些犯行所留下的傷疤會永遠與我們同在。沒有人會比我們更能去掌握這犯行無可治療的性質。

類似的場景不斷重複在正解體之納粹帝國所有各地：瘦骨如柴的殘存者在屍堆中蹣跚跛行；不可置信的士兵就像來自另一個星球的生物。

但關於史達林蘇聯*進行「解放」這想法是有種深刻的弔詭。因為這創造古拉格的政權，對任何有意義的解放都沒有嚴肅的興趣。再回到那所僅存些許的德勒斯登，克倫佩雷爾太習慣集權主義的語言，不會沒察覺到新解放者與那些他們剛解放之人兩者間奇怪的類似性。他不得不注意到由蘇聯佔領單位所製作「沒抑揚頓挫」的收音機廣播，以及「政治化」的新聞報紙，與之前政權那些東西有許多共通之處。他在日記上記下，「我必須慢慢地開始去對第四帝國的語言，做系統性的注意。有時這對我而言，這和第三帝國之間的差別，沒有比德勒斯登的薩克森方言與萊比錫方言來得大。例如當史達林元帥是活著最偉大的人，最傑出的戰略家等等，⋯我要很小心地閱讀我們的新聞⋯有關LQI（Lingua quartii imperii，第四帝國語言）。」他很快

---

*這對與我一起在一九九三年莫斯科看《辛德勒的名單》（Schindler's List）的莫斯科電影觀眾並非不能理解。在靠近電影結局時，一名騎馬的紅軍士兵向殘存的俘虜吶喊：「你們已經被蘇聯的軍隊解放！」觀眾爆出輕蔑的笑聲。俄羅斯觀眾太清楚這是矛盾的用語。

就查到「納粹與布爾什維克之間許多類同之處」：

LTI（lingua tertii imperii—第三帝國的語言）繼續存在…在固定出現節錄的史達林演說中，希特勒及里賓特洛普是食人者以及野獸。在有關史達林的文章，這蘇聯最高統帥是所有時代最英明的將軍以及所有在世人物中最傑出者…我不可能說我多常聽到「方向」、「行動」、「戰鬥」。現在所有消失的是「狂熱」…還是一樣，相同的字眼—LTI＝LQI！！！「看齊」、「戰鬥」、「真正民主」云云，云云。

甚至在街道上都有相似之處：「在阿爾柏特廣場有『史達林元帥』肖像…這也可能是赫曼．戈林」。就克倫佩雷爾可以見到的，共產黨統治（—而他立即知道這是蘇維埃式「真正民主」的結果—），將是「以新的沒有自由來替換舊的沒有自由」。這些人的確是「無情的勝利者…而因為我已經在第三帝國觀察過所有這些，因為我現在必須，無論我喜歡與否，在以其對猶太人的影響來考慮所有事，但對此我不感覺到快樂」。「我見到新希特勒主義的來臨，」他早在一九四五年九月寫道。「我一點都不覺得安全」。因為戰後史達林主義中所具有的反猶特色，這樣說法確實是先見之明。

沒有一件事能比這事實更斷然顯示出在一九四五年夏天所發生之事：在佔領布亨瓦德集中營幾週內，蘇聯人開始利用它來監禁他們自己的政治犯。誠然「大浩劫」已經結束；史達林對蘇聯及東歐猶太人的懷疑（—在官方新聞他們被譴責為「國際主義者」或「沒有護照的流浪人」—），不會意謂著他們會再回到毒氣室。而且無論如何，史達林死在所謂的「醫生陰謀」可以被充分運作為全面性的迫害潮之前。然而在其它方面，所有的變化只是哪些團體及個人會被剝奪他們自由所根據的標準。東歐的集中營只不過換人經營。

在波茨坦以及接下來的紐倫堡審判中，勝利者擺出聖潔的姿態。「嚴厲的正義」，他們承諾說，將被「宣判在所有的戰犯，包括那些對獄民施加殘酷的人」。儘管缺乏一套適當的國際法，美國人堅持要對在戰前及戰爭間握有權力的相當數量德國人及日本人，進行完全的刑事審判。「我們設法譴責及懲罰的犯行，」美國總檢察官羅伯•傑克森，「是如此蓄意為之，如此惡毒以及破壞性，所以文明無法容忍它們被忽視」。紐倫堡案件的關鍵要點，如戰勝國強權一九四五年夏天在倫敦所同意的，是德國及日本領導者的預謀以及發動「侵略戰爭」，並且「推動讓世界上沒有一個家庭不受影響的惡行」。他們首先被控告「計畫、準備、啟動或是進行侵略性的戰爭，或違反國際條約、協議以及保證，或參與共同計畫或陰謀來完成前述的任一項」。但蘇聯在一九三九年是在那邊？根據相同道理，對在東京受審的日本領導人指控包括「全面性的毀滅人命，不只在戰場上…而且在家庭、醫院以及孤兒院、在工廠以及田地」。在戰爭最後幾個月盟軍在德國及日本還犯下其它什麼？

死亡不僅來自於天空。當蘇聯勢不可擋地前進，約有五百萬德國人逃離家園，蹣跚西行，拖拉著堆高的家當。德國在波羅的海的港口擠滿了難民。到一九四五年一月，在格丁尼亞（納粹重新命名為葛吞哈芬）的景象幾近天啟的時刻。數以萬計的人蜂擁擠在碼頭，急迫地想藉由海路撤退到德國的西部。這是他們唯一可以逃避四處掠奪之紅軍的方法；他們的砲火聲越聽越近。有四千四百名難民設法擠上之前的娛樂用遊艇威廉•古斯特洛夫號，他們必然認為自己很幸運。當船在一月三十日出航時，包括士兵、水手、傷患以及船員，總計超過六千人，這是船隻設計運載量的四倍。只有最低程度的護航（一艘老舊的魚雷艇）；船長依賴大風雪天候來做掩護。當他們在波濤大浪中航向西方，希特勒最後的演講經由公共廣播系統傳送到疲憊的旅客那裡。因為航行前進以及因為船隻過度負荷引擎所發出的暖氣，令人感到安心，許多人安頓下來，在擁擠的船艙睡著。晚上八點不久之前，這艘船被蘇聯潛水艇S-13看見，這是由亞歷山大・馬連尼斯高艦長指揮。在經過不假離營到芬蘭狂飲而遭受紀律調查的陰影之下，馬連尼斯高急於做出補償。馬連尼斯高後來說，「我確信它擠滿了當初蹂躪俄羅斯祖國的人，而現在為了保命而在逃亡」。他下令四枚魚雷都向它發射。擊中船隻的三枚都漆有文字：「為列寧格勒」、「為祖國」以及「為蘇聯人民」。第一枚在九點十六分正擊中。船上只有九六四人被德國援救人員救起；至少有些人後來因為暴露過久而死。這是歷史上最糟的船難，死亡人數是鐵達尼號的五倍。

馬連尼斯高的魚雷濃縮了蘇聯人在逼近德國，要進行殺戮時的報復心態。當他們到柏林時，部分的紅軍（——一般都不是在前線的部隊——）開始發狂，讓人想起「南京強暴」的景象。德國婦女不僅被當作發洩性慾的戰利品，而且也是野蠻報復的對象。在達勒姆之屋孤兒院以及在達勒姆樹木扶梳郊區的母親醫院，修女院院長庫妮古恩迪斯以及其他姊妹只能躲在地下室發抖及祈禱，而在她們周圍紅軍前線以及已被逼到絕境的德國民兵部隊殘部之間爆發戰鬥。砲彈落在孤兒院幾尺之內。有好幾天修女以及她們照顧的人生活地像「最初基督徒生活在地下墓窖之中」。在四月二十六日，有時俄羅斯人衝進房子，要求交出她們的十字架、戒指以及手錶。這是許多次入侵的第一次，而且絕非最糟的。在二十九日夜晚，蘇聯軍官以及他們的人馬去掠奪附近一座別墅的酒窖（這屬於里賓特洛普），然後開始追捕女人，進行強暴。修女盡其可能將懷孕婦女及新生母親給藏在孤兒院裡，還有隱藏較年輕的平信徒姊妹。但她們一點都不清楚這些酒醉的蘇聯軍隊甚至是否會尊重修女本身。修女院院長在設法保護她的烏克蘭籍廚師時，自己被射殺。在三十日很晚時，一群喝醉的軍官闖入產科病房。他們甚至強暴正在分娩或是剛生產完的婦女。對修女們，這些都很清楚：「我們的人民罪孽深重。補償的時間已經降臨我們」。「這是德國人在俄羅斯所做的，」伊莉絲・安茲在一位俄羅斯人強暴她之後，向她說的。正如在南京一樣，性慾夾雜著嗜血。漢內洛蕾・馮・克穆達被酒醉的俄羅斯人輪暴之後，被射三槍。其他人則打破她們的頭。兩座柏林主要醫院估計，在首都的受害人數是在九萬五千與十三萬之間。如此的行為在更東邊，在波森、但澤及布雷斯勞的人已經經歷過了。根據一位在波美拉尼亞的英國戰俘，「紅軍士兵……強暴年紀在六十與二十歲之間的每個女人及女孩」。總計蘇聯士兵有可能強暴了超過兩百萬名德國婦女。這應該與美國軍事法庭於一九四二年與一九四六年之間，在所有戰場所判決的九百二十五件強暴案，一起相比。

在這種氛圍下，戈培爾令人血液凝結的宣傳預言，幾乎已經如實地被實現，所以一點都不令人驚訝，會有一波波自殺潮橫掃柏林及德國其它部分。希特勒絕非是唯一的納粹份子去追隨布倫希爾特的範例。戈培爾、波爾曼以及希姆萊都自殺，正如司法部長奧圖・格奧爾格・提爾拉克以及文化部長伯恩哈德・魯斯特，還有四十一位區域黨領導人的八位，四十七位高級黨衛軍以及警察首長的七位，五百五十三位陸軍將領中的五十三位，九十八位德國空軍將領的十四位，以及五十三位海軍將領的十一位。（為了逃避吊刑的繩索，戈林在紐倫堡審判法官拒絕他所要求的步槍行刑隊時，他也追隨他們的榜樣。）然而，這種自殺的衝動不僅侷限在納粹的菁英份子。難以估計的德國人以相同的方式來回應戰敗的預期結果。許多人為自己準備好氰化鉀的膠囊，或被給這些東西，就像在柏林愛樂最後一次演奏的觀眾，選擇將它吞下，也不願去面對那即將降臨他們身上的報復。在一九四五年四月在柏林有三八八一件自殺紀錄，幾乎是三月份數字的二十倍。最普通的動機是「畏懼俄羅斯人的入侵」。在村落如在波美拉尼亞的徐恩蘭克和胥佛拜恩，「整個良好、上教堂做禮拜的家庭全家自殺：將自己淹死，上吊吊死，割腕或讓自己和自己的家一起燒死」。在三月十二日前進的俄羅斯人將一個在但澤外的農舍打開，發現十六具屍體，喉嚨及手腕被割開－這是被厄文・許華茨所殺害之三家人所剩下的，他相信「死掉比與俄羅斯人生活在一起來得更好」。不計其數的強暴受害人也自殺。在她的日記裡，一位柏林學校的女生露絲—安德烈亞斯・佛德利希紀錄了她老師如何告訴班上：「假如一位俄羅斯人強暴你，除了去死，別無其它」。在接下來的日子，她的同學「數以百計地自殺。這詞句『榮譽沒有，什麼都沒有』是一位心思已亂的父親所說的話，他將繩索塞給她的女兒，這女兒已經被強暴十二次。她很順服地離開，將自己吊死」。國家社會主義的批評者有些時候提及此事，認為是「納粹棕色狂熱崇拜」。就像其它近來的狂熱崇拜，對希特勒的狂熱崇拜，是以大規模集體自殺結束。

紅軍不是唯一對整個德國人民施加集體懲罰的人。在整個東歐，帝國裡的德國人以及德裔人士人口都面臨殘酷的報復。早在一九四五年二月五日，波蘭廣播清楚表達現在沒有任何妥協和解：「因為他們罪行的獸性以及重大，德國人已經將自己和波蘭人之間造出一個無底深淵，這無法搭橋過去⋯我們的心願是在波蘭不應該有任何德裔少數民族」。抗議者在卡托維茲宣布說「波蘭人應該以德國入侵者對待波蘭人的方式來對待德國人」。波蘭共產黨領袖瓦迪斯瓦夫・哥穆卡的立場是「國家要以單一民族的路線來建立，而不是多民族」。這具有深刻的意涵，因為史達林或多或少已經在德黑蘭會議得到允許，要將波蘭邊界西遷遠到奧德河及奈塞河，所以東普魯士、西普魯士、波美拉尼亞、波森以及西里西亞都不再是德國的領土。整個局勢反轉，如在西里西亞城鎮像巴得・沙茲布倫的德國人，面對要他們強制往西「重新定居」的宣布。現在是德國人、不是波蘭人，只被給幾個小時時間離開他們的家；他們被限制攜帶二十公斤的行李；整個留下的財產無償沒收；他們在可悲的隊伍中，槍枝頂著他們離去。在布拉格的西方記者遇見相同毫不妥協的敵意。如桃樂絲・湯普森於一九四五年六月二十二日在華盛頓的《晚間星報》報導：「人民對所有德國人的仇恨，包括那些在布拉格土生土長的，是百分百，而且毫無區別地，他們要將母語是德語的每個人從這國家驅離」。針對德國佔領者以及蘇台德區的德國人發生了一波波謀殺的暴力浪潮。

在中歐及東歐故事都相類似：報復性的種族淨化。這是同盟國領袖在波茨坦會議所同意的。匈牙利在多瑙河德國人村落，已經變成鬼魅之地，雖然一九四六年在美國及蘇聯佔領當局的要求下，這從匈牙利驅逐出去的行動暫時停止，因為他們無法應付流入的難民。那些留下來的人，有很好理由放棄他們的德裔身份。一九四九年一月匈牙利人口普查的時候，只有二二四五三人仍然表達德語是他們的母語，雖然留在那裡的德裔人士在實際上的人數或許更多。南斯拉夫的「第一條法律」是要沒收所有德國人的財產，剝奪他們的公民權；隨著戰後，立即有數以萬計的德國人在集中營裡被謀殺或拘禁。大約有十萬名德國人與德國國防軍撤退。許多留在後面的人會十分後悔。始於一九四五年一月，大約有七萬三千名德裔人士，男的和女的，共產黨以及納粹份子，被從羅馬尼亞遣送到頓內次盆地以及烏拉山礦區中，執行「賠償的勞動」。總計在蘇聯所佔領之歐洲中，約有四十萬名德國人遭受到相同的命運。約有二十萬名前蘇聯的德國人，設法想從曾短暫是「跨得涅斯特區」的地區抵達德國，但是沒有完成他們的行程；紅軍趕上他們，以密封的貨車將他們送回到烏拉山另一側。又有數以萬計前蘇聯德國人，被西方盟軍從他們的德國佔領區，交給蘇聯遣返，在那裡加入那些人。德裔人士將他們所有的籌碼都賭在希特勒的民族社區中；甚至在大德國的太平日子時，有七十五萬人被以各種方式重新安頓，都沒帶給他們多少好處。現在在一九一八年後的民族國家中，因為他們少數族群地位所造成的問題，被一口氣解決。羅馬尼亞是唯一東歐國家，沒有以完全根除他德裔族群社區為目標；即使如此，她德裔族群的人口也將近減半。總共來說，約有七百萬名德裔人士從他們在捷克斯洛伐克、波蘭（包括德國帝國之前的東部行省）、匈牙利、羅馬尼亞及南斯拉夫的家園驅離或遣送，而這些是跟隨著那些已經往西逃亡，躲避紅軍的五百六十萬人的腳步。將這些如此被遷移的德

表 16.2：德國人非自願性出走

	1939 - 1944	1944 - 1946			1939 - 1946
	重新安置	逃跑	遣送	驅逐	總計
蘇聯	588,000				588,000
波蘭	30,000	500,000			53,000
羅馬尼亞	69,000	100,000	73,000		242,000
捷克斯洛伐克				3,000,000	3,000,000
匈牙利		n/a	n/a	250,000	250,000
立陶宛	66,000				66,000
南斯拉夫	21,000				21,000
保加利亞	2,000				2,000
東部德國		5,000,000	215,000	3,325,000	8,540,000
總計	776,000	5,600,000	288,000	6,575,000	13,239,000

國人以及納粹在一九四四年之前已經重新安頓的德裔人士，兩相加起來，全部從中歐及東歐被往東移或往西移的人口共計約一千三百萬（表16.2）。在這大巨變之中，喪失性命的人或許高達兩百萬人。

德國人出走只是隨著戰後各民族極大規模流離失所的一部分，雖然這是最重要的部分。總體來說，在一九四四及一九四八年之間，在全中歐及東歐估計有三千一百萬人離鄉背井，這是所有歷史中最龐大以及最殘酷的人口流動。在巴爾幹還會有更多的種族淨化，如保加利亞人被迫離開東馬其頓以及西色雷斯，而塞爾維亞人與克羅埃西亞人清算戰時結下的恩怨。隨著波蘭疆界在德黑蘭會議同意西移，波蘭人以及這國家少數剩下的猶太人往西方遷去，而烏克蘭人、白俄羅斯人以及立陶宛人往東遷去。捷克人及斯洛伐克人離開喀爾巴阡山西側羅斯（Subcarpathian Rus'）以及沃里尼亞，不願忍受蘇聯的統治。馬紮爾人被從南斯洛伐克驅離，來交換住在匈牙利的塞爾維亞人以及克羅埃西亞人。

難道英國人及美國人對納粹政權罪行，現在被以他們蘇聯盟友新的罪行來報復時，不會感到不安嗎？假如有，那他們並沒有說得很大聲。對被征服的敵人倫敦的氛圍絕不會是寬宏大量。前外相西蒙勛爵在上院將希特勒的崛起歸諸德國民族個性中根深蒂固的扭曲時，他是為許多人發言。A.J.P.泰勒的《德國史之進程》（*The Course of German History*）在一九四五年出版，仍是對戰後心態一個指標性的作品。西德史學家自己開始思考德國特殊的路，一個怪異的德國朝向毀滅之路，可以回溯到十九世紀以及更早許久之前，這種想法已經在英國相當常見。邱吉爾自己以平靜的心情來看待「奧地利人、薩克森人以及其他德國或所謂德國的成分」，被從羅馬尼亞被遣送到俄羅斯：

當慮及所有俄羅斯曾經承受過的，以及羅馬尼亞曾對俄羅斯所進行的恣意攻擊，俄羅斯人目前正在那陣線部署大軍，還有在歐洲許多地區人們可怕的處境，我看不出俄羅斯人遣送這些十萬或十五萬人到他們去的地方，會有什麼錯誤。

當羅斯福與邱吉爾同意將普魯士港口哥尼斯堡交給蘇聯，以及將波蘭疆界西遷時，德國實際上的分割已經早在一九四三年十一月時就已經開始。在一九四五年雅爾達會議中，三巨頭模糊地同意要將德國其它部分分割為佔領區，而這真的都發生。從新波蘭在奧德河及奈塞河邊界到易北河，這曾經是德國中部，現在成為蘇聯的佔領區。西德則在英國、美國及法國之間劃分；柏林成為在蘇聯佔領區中的四強孤島。奧地利同樣地被分割為佔領區。將德國人從奧德河及奈塞河以東加以驅離，大多數是事實已經造成之後，然後在波茨坦會議被批准。在一次大戰後，德意志國在邊緣的地方一片一片地被移除。在二世大戰後，則是帝國本身被割裂。德國並未停止存在，因為特別是美國人從一開始就清楚表達他們意圖要迅速過渡到德國的自治。但德意志帝國已經結束，正如她的誕生者普魯士。

然而，不僅是德國人承受紅軍西進的衝擊。一九四四年結束時，大多數東歐以及許多中歐，包括奧地利、捷克斯洛伐克、匈牙利、波蘭、羅馬尼亞以及南斯拉夫，都在紅軍手中。所有這些已經被三巨頭在德黑蘭時預見到。這也是反映出軍事現實；美國參謀長喬治・馬歇爾以及盟軍最高統帥戴特・艾森豪，對與俄羅斯人競賽跑到柏林一事，根本沒有興趣，更不用提布拉格；他們也沒興趣與他們爭奪巴爾幹的控制權。馬歇爾宣布說，「就我個人以及除了所有補給、戰術或戰略意涵外，我厭惡只為了純粹的政治目的，而置美國人生命於險境」。但如是的禁忌卻不會耽誤史達林及朱可夫在一場過度匆促的攻擊中，去擲下更多蘇聯士兵的生命。可是沒有人可以假裝去以為俄羅斯的佔領，會是那些納粹帝國之臣服民族所希望的結果。雖然狄托的共產黨游擊隊非常歡迎紅軍到貝爾格勒，但其它地方的氛圍（——在那些地方共產黨員數量少得可憐——）卻是充滿敵意以及怨恨。除了那些在齊格蒙特・貝林格中校所率領下，曾在蘇聯那邊作戰的人外，甚少波蘭人歡迎在俄羅斯人手中被「解放」。當稱為本土軍的波蘭反抗軍在一九四四年八月一日到十月二日在華沙，針對德國人開始一場注定失敗的起義而被殲滅時，史達林沒流下眼淚。（旁觀的紅軍究竟處於何種狀態，可否決定性地為本土軍那邊進行干預，仍有爭議。但是假如紅軍可以，史達林必然不會行動；讓德國人在波蘭首都除掉那些最投入的民族主義份子，對他是非常方便的事。）西方強權對推動非共的波蘭流亡政府的主張，最多也只有不甚熱心的努力。「不僅蘇聯人非常強大，」邱吉爾向哈羅德・尼可森在一九四五年二月時解釋，「他們就在現場；即使是大英帝國聚集一起的威嚴，也無法將他們從那地方弄走。在他的日記裡，尼可森加上「對他〔邱吉爾〕來說，去假設俄羅斯人將會行為惡劣，這是個錯誤。自從他和史達林建立密切關係以來，後者一直最忠誠地信守他的承諾」。但是邱吉爾或許在心中所想的承諾（——他在一九四四年與史達林寫下要瓜分巴爾幹，這惡名昭彰的「百分比協議」——），並沒有比瓜分歐洲的藍圖好上多少。邱吉爾詢問要被送到波斯尼亞去協助狄托的費茲羅伊・邁可林，「你意圖要在戰後使南斯拉夫成為你的家？」「先生，不，」邁可林回答說。「我也不要，」首相回應。「而既然如此，你我越不擔心他們所要建立的政府型態，那越好。這由他們自己來決定」。但是是由南斯拉夫人來決定？在雅爾達會議中，羅斯福與邱吉爾已經從史達林那裡取得承諾，被解放的民族將可自由選擇他們的政府型態。甚至羅斯福也沒期望史達林會去遵守；他告訴經濟學家里翁・韓德森，俄羅斯人會「方便自己」。「別擔心，」史達林向他的外交部長莫洛托夫保證。「我們稍後可以用我們的方式來執行它」。在橫跨整個東半部的歐洲，史達林立即建立起新的營區網路系統；在他死去時，這數量接近五百。戰俘營（Stalag）變成勞改營（Gulag）。

現在邱吉爾他要去安撫史達林，這種反諷他自己清楚；鑑於許多反共的保守黨員曾經是最堅持去討好希特勒的人，現在變成激烈強硬地去譴責蘇聯的行為。只有《泰晤士報》保持一致立場。這報紙很虛偽地指出，一九三九年對波蘭的保證，只有是在一旦「德國」入侵時，才會承諾進行防衛；這並沒有讓英國承諾要去違背史達林的意願，將波蘭恢復到戰前的疆界。這說法保持卡爾那種對權力崇拜的現實主義。《泰晤士報》建言說，史達林就像他之前的希特勒一樣，對「安全」有合法的主張，而這是英國外交的工作去進行猜測以及滿足。同時之間，尼可森必須盡其所能來為自己辯護：

人們告訴我，「你詛咒我們，因為我們要安撫希特勒，但何以你建議要去討好史達林？」我回答說，「有幾個理由。首先是因為納粹系統比蘇維埃系統更加邪惡。第二，因為希特勒利用我們這邊每次的投降來做為踏腳的地方，做進一步的侵略，但的確存在一條線，而史達林將不會越過它」。

在一九四五年對史達林能自我約束的信心，只不過是個虔誠的希望。

沒有一件事能比蘇聯戰俘如何被對待，更能透露出盟軍與史達林所達成之約定的性質。在雅爾達會議，大家同意在軸心國手上的蘇聯公民必須歸還給蘇聯當局，不僅包括戰俘以及奴工，而且還有那些為軸心國作戰的俄羅斯人，像是變節的將軍安德烈・弗拉索夫領導訓練的十五萬名部隊，或是加入德國人來對付他們蘇聯壓迫者的兩萬名哥薩克人。僅僅在一九四五年便有一百七十萬名蘇聯戰俘及奴工被遣返，但這只是一個浩大遣返過程的開始。到一九五三年時，將近五百五十萬人已經遣返回到蘇聯。在這些人之中，約五分之一或是被處決或是被宣判到最高刑期二十五年的勞改營去。令人羞愧地，英國軍隊用欺騙以及蠻力來執行這項協議，儘管對那些被交回給史達林的人，有何種命運正在等待他們，已經有明確證據。即使那些沒有在MKVD審問後被槍殺或放逐之人，也終其餘生生活在陰霾之下，被排除在體面的工作之外。

當然，並非所有在一九四四年及一九四五年肆虐中歐及東歐的謀殺強暴以及掠奪都要責怪史達林。那在第三帝國廢墟中展開的死亡之舞，只有部分是由莫斯科編導。許多針對德裔人士的暴力是地方性及自發性的。波蘭人及烏克蘭人在一九四五年之後繼續數年的野蠻邊界戰爭，即使這邊界本身已經在他們腳下被移動過了。在一九四五年的聖枝主日，一隊身穿MKVD制服的烏克蘭人，在胡比列耶索夫的一座波蘭教堂外佈陣，對聚會的人投擲手榴彈。在此同時，軸心國家在巴爾幹所支持的內戰繼續進行，讓南斯拉夫的共產黨漁翁得利，但在希臘卻對共產黨大不利。好像是種殘酷的提醒，「大浩劫」其實並非全是德國人所為，因為針對在波蘭殘存猶太人的暴力持續進行。在一九四六年七月基爾采有全面的屠殺發生，所針對的對象是那些設法回到老家的猶太人。

然而，到一九四七年底時，假如沒有更早，戰爭在歐洲的最後結果是很清楚。在一九三九年英國與德國交戰，表面上是為了要防止波蘭被德國侵佔，就如前一年捷克斯洛伐克的情形一樣。到一九四五年年底時，這兩個國家都沒有比較靠近自由，而且隨著每個月過去，離那希望越來越遠。一直延伸到易北河的中歐及東歐現在是在史達林的鐵腕之中。假如戰爭是為了那區域的命運而進行，那是他贏得了戰爭。

沒有終止的戰爭？

此外，是誰在亞洲真正贏得戰爭？的確，西方歐洲強權並沒有完全崩解。雖然印度忠誠的代價是它的獨立（以及分裂），但英國恢復對香港、新加坡以及馬來亞的控制權。法國恢復在印度支那的勢力。日本佔領的經驗無疑削弱歐洲優越至上的概念，而之前的殖民統治在某種程度上是據此而維持的。另方面，在馬來亞及其它地方的地方菁英，有很好理由歡迎歐洲勢力的回來，如果另個選擇是將要權力交給他們自己社會中較受下層群眾歡迎的政治勢力。

但是在亞洲勝利主要的受益人，如同在歐洲，再度又是蘇聯。在德黑蘭會議，史達林承諾要在擊敗德國之後，加入對日作戰，而在雅爾達會議他被承諾豐富的酬勞：千島群島、庫頁島南部、外蒙、大連、旅順港以及滿洲鐵路。他遵守諾言。在一九四五年八月九日他派遣一支龐大的一百七十萬人部隊，進入日本所控制的滿洲、朝鮮、庫業島以及千島群島。在這場被遺忘的戰爭中，戰鬥非常激烈；日本頑強地對抗蘇聯沿著朝鮮海岸所進行的兩棲登陸，遭受相當慘烈的犧牲。或許這一場是日本早已經該打的戰爭；若是在一九四一年爆發，或許會從後方對蘇聯施以致命一擊。但到一九四五年時，日本軍隊欠缺物質資源來贏得這場勝利。史達林邏輯的下一步是要讓俄羅斯在滿洲及朝鮮永久出現；這俄共革命前的戰略，在四十年前曾被日本所阻撓。美國匆促的回應則是將朝鮮這國家分割為兩個臨時的區域，留給史達林那多少武斷選定的三十八度線以北的領土。因此如同在歐洲，在亞洲戰爭的結束意謂著對爭議領土的暫時分割。它也代表遠遠超過沙皇所能夢想到的俄羅斯外交政策一大勝利。

這比較不像是史達林為亞洲帝國有套預先構思出的計畫。應該是美國人低估東亞民族主義在何種程度上會脫離他們的控制。這種認為朝鮮可以安排在某種國際託管的想法，結果證明是完全不切實際，因為在日本戰敗之後，朝鮮本土政治躍然而生。金日成與李承晚都首先、且主要是民族主義者，是他們的、而非超級強權的野心，讓朝鮮踏上分裂的路途。在同時之間，美國人過度高估蔣介石中國國民黨政權的穩定性，而且其對戰爭貢獻以及對東亞未來穩定的價值，經常都較羅斯福所希望地少上許多。羅斯福曾說，「蔣介石是位無法被打倒的人…有偉大遠見以及…偉大勇氣」。他在一九四三年十一月開羅會議中，曾經被給予紅地毯的待遇。羅斯福堅持，戰後中國將與美國、蘇聯以及英國並列四強之一。結果是史迪威對「花生」貶低的評價是正確的。隨著日本人離去，從一九三〇年代中國農夫所遭受到的苦難不再能怪罪在外國人身上。逐漸地，共產黨對蔣介石政權腐化以及無能的批評，在鄉間地帶贏得皈依者。即使有美國的幫忙，蔣介石的地位在隨著共產黨軍隊（—即使沒有俄羅斯的協助—）往南推進，而開始崩潰，於是內戰再度爆發。在史達林承認蔣介石政府，並在一九四六年三月將蘇聯軍隊從滿洲撤出，杜魯門的行政部門開始鬆懈。而杜魯門對蔣介石政權的評價如此之低，所以他對蔣介石可能會立即被一個本土（但有蘇聯撐腰的）共產黨革命所推翻的可能性，似乎毫不在乎。這種鬆懈似乎是沒有根據的。

就是希特勒，而非其他人，在他最後政治沈思之一，這在一九四五年四月二日口述給馬丁・波爾曼，透露出一個少有的洞察時刻，預告即將來臨的冷戰：

在帝國戰敗，以及民族主義運動在亞洲、非洲以及或許也在南美洲之中，世界裡將只有兩個強權可以在勢均力敵的基礎上彼此抗衡：美國及蘇維埃俄羅斯。歷史的法則指出這兩個巨人將會測試他們的力量，無論是在軍事上，或只是在經濟及意識型態上。

希特勒在這點當然正確。二次大戰無疑地在一九四五年夏天結束：在西歐是五月七日，在東歐是五月八日，而在亞洲是八月十五日（或者或許是在九月二日，當日本人遲來地簽署確認他們投降的文件）。但世界大戰一點都還沒結束。因為那些始於歐洲波蘭邊界以及亞洲滿洲邊界之事，仍或多或少毫不減弱地在一九四五年之後繼續下去。

邱吉爾安撫史達林為時甚短。在一九四五年五月十三日（——歐戰勝利紀念日（VE Day）之後不到一週——），邱吉爾因為他對南斯拉夫未來所採取的激烈觀點，而讓艾倫・布魯克大為警惕：首相因為「一封來自杜魯門充滿敵對意見，以及準備對狄托強硬的電文」，而如此「愉快」，所以他給布魯克的感覺是他「已經在期盼另一場戰爭！即使這會導致與蘇聯交戰！」事實上早在一九四四年十月，參謀首長們已經考慮在未來與蘇聯衝突的可能性，雖然布魯克認為這種想法是「怪異，以及戰勝的機會幾乎是不可能的」。然而邱吉爾反擊說，原子彈「將調整與蘇聯人的平衡」。驚嚇的布魯克在日記中紀錄：

這爆炸物的秘密以及使用它的權力，將會完全改變自德國戰敗以來，一直在漂動的外交平衡！現在我們有新的價值，可以平衡我們的地位（他將下巴挺出，並且吼叫），現在我們可以說，假如你堅持要做這要做那，那好，我們就是可以將莫斯科給弄掉，然後是史達林格勒，塞瓦斯托波爾等等，等等。現在俄羅斯人在哪裡！！！

當原子彈丟在廣島上空時，這的確有預言性。在一九四五年七月，邱吉爾要求國防首長去想出對蘇聯進行突擊的可行性，必要時，使用德國部隊。這概念有很好的理由被稱為「不可思議行動」（Operation Unthinkable）。

但是關於冷戰起源最令人困惑之事是：邱吉爾結果是錯的。這炸彈並沒如它所應該地去調整平衡；或者更該說，沒有將天平決定性地往西方強權這邊傾斜。史達林無疑地對此印象深刻。「戰爭是野蠻的，」他再聽到廣島摧毀的細節時宣布說，「但使用原子彈是超級野蠻」。它是「一個很強大的東西，很—強—大—！」。假如他自己要如此行為，以致於第三次世界大戰爆發，史達林告訴一個到莫斯科的中國代表團，「我羅斯人民將不會理解我們。甚至，他們會將我們趕走。因為低估了所有戰時及戰後的努力及苦難。因為這將它太等閒視之了」。然而史達林小心地掩飾他的焦慮，在一次訪談中堅持「原子彈是意圖來嚇唬那些神經較弱的人」。他拒絕看起來是被威脅到的，儘管第一次蘇聯試爆直到一九四九年八月才舉行；儘管在整個一九五〇年代，原子的優勢平衡一直是一面倒地對美國有利。除此之外（—而且或許史達林想到這個—）杜魯門在廣島及長崎之後，極不願意再度使用原子武器。這炸彈或許「很強大」，但若其擁有者只是在嚇唬人，那就不會。

誠然，蘇聯所造成的浪潮在中東被決定性地扭轉擊退。西方強權拒絕史達林要求取得土耳其領土以及控治黑海海峽（—另一個俄羅斯帝國的目標—），堅持他從伊朗撤軍，將事情提交給新的聯合國安全理事會，並在東地中海部署美國第六艦隊。在此是外交官喬治・肯楠（George Kennan）所建議之「圍堵政策」可以運作的明證；但這沒有證明壟斷原子武器會使它運作。直到一九五六年這段期間，見證到英國及法國重新堅持其影響力，以及美國透過沙烏地阿拉伯及以色列來突出其勢力。同樣在土耳其及希臘，美國可以派上場的援助是傳統（以及財政）上，而非原子性的。

另一方面在中歐及亞洲，蘇聯浪潮持續萬馬奔騰。的確，史達林在企圖染指整個德國上，並如沒他所希望地成功。一九四七年依照杜魯門國務卿喬治・馬歇爾將軍所命名的「歐洲復興計畫」的慷慨，足以開始將戰後佔領區轉變為持久的政治體。在一九四八—九年蘇聯圍堵柏林也是失敗，但再度地，這是美國飛機往東運送的援助，而不是原子彈使然（雖然杜魯門自己相信只有原子彈才真正嚇阻了俄羅斯人沒有去「接管歐洲」）。但捷克斯洛伐克對民主的希望，在一九四八年二月被蘇聯支持的政變所消滅。這是在中歐及東歐一連串政變的開始，其結果是將權力的壟斷交給了被無情史達林化的共產黨。此外，在一些西歐國家中，似乎有充分理由去擔心共產黨的接收。在一九四五年十二月義大利共產黨有一百八十萬名黨員，並在自由選舉中獲得十九%的選票。法國共產黨有將近一百萬名黨員。在一九四七年十一月，在史達林的共產黨情報局唆使之下，整個法國有兩百萬名勞工罷工。類似罷工癱瘓了義大利。同時之間，蘇聯在亞洲的勝利幾乎完全全。早在一九四六年七月，杜魯門宣布朝鮮是「一個意識型態的戰場，我們在亞洲全部的勝利或許端賴該地」，但在一九四七年有一度看起來美國似乎即將從半島完全撤出。在一九五〇年一月時，國務卿迪恩・艾奇遜指出，他不認為南朝鮮對美國的安全是關鍵性的。

但在俄羅斯人拒絕在他們的佔領區內進行自由的以及由聯合國監督的選舉之後，美國人的情緒開始改變。在史達林的祝福之下，北朝鮮於一九五〇年六月二十五日入侵南朝鮮，美國依聯合國安理會的決議授權下參戰。武裝衝突再度發生，有可能會再度惡化成世界大戰。何以如此？

這答案在中國，在那裡超過二十年斷斷續續的內戰，最後以共產黨勝利結束。上海在一九四九年五月已經落入毛澤東的共產黨軍隊手中；在十月一日毛澤東宣佈成立中華人民共和國；在十二月十日蔣介石逃離中國大陸到福爾摩沙島（現在的台灣）。毛澤東已經十分清楚表明他打算讓中國向蘇聯看齊，並在一九四九年十二月前往莫斯科，對史達林承諾他的忠誠，以交換（—這必須要提到—）滿洲的港口；史達林在面對他的革命伙伴時，實在難以拒絕。毛澤東停留在蘇聯首都不到兩個月期間，帶回一個雙邊防衛條約。甚至將中華人民共和國在的前十年，形容為莫斯科最大的衛星國家並不為過。蔣介石即使在面臨災難巨變，仍符合其性格地不以為意，到台灣的日月潭去釣魚。對蔣介石而言，撤退不是戰敗；這是生活形式之一，是一場非常冗長、非常冗長遊戲中的策略。他自信地假設在幾年之內，在美國及共產主義之間將會爆發第三次世界大戰，之後他必將能夠回到屬於他的合法位置。他幾乎非常正確。在失去滿洲的港口之後，史達林已經傾向於同意北韓的南侵。杜魯門決心要避免一個「東方慕尼黑」的發生，他回應南侵的第一個行動是派遣美國第七艦隊到台灣海峽，任命對榮耀飢渴的麥克阿瑟將軍負責防衛南韓。麥克阿瑟所做的不只這些：他在仁川從側翼包抄北韓軍隊，毫不顧忌國際的後果，橫越三十八度線。中國在一九五〇年十一月二十六日，跨過（滿洲、北韓國界）鴨綠江，發動精彩執行、雖非無法預期的攻勢，迫使麥克阿瑟的部隊在極大混亂中退回。在這時候，在西方許多人覺得有道理去問：究竟是誰真的贏得二次大戰？在中國干預四天之後，杜魯門斷然地排除使用原子武器，「來應付軍事局勢」。這是第三次世界大戰的開始嗎？

為了贏得第二次大戰，西方強權和一名獨裁者聯手，他在每一點都和希特勒一樣是位殘酷的暴君。他們採取了自己說是墮落的手法，殺害戰俘，以及轟炸平民。但且讓這再重申一次，這並非要將奧斯維茲和廣島之間加上道德的等號。假如軸心國國家沒有發動侵略的戰爭，軸心國的城市必然不會被轟炸。而軸心國強權必然會殺害比他們實際上所殺的還更多的無辜人民，若不是同盟國決心要以任何方式，無論好的或壞的，來贏得是勝利。然而這是承認一九四五年的勝利是「玷污的勝利」，假如它確實是個勝利的話。但這也是要提出一個假設：西方與東方的戰爭沒有在一九四五年結束，正如它不是在一九三九年開始。韓戰不僅僅只是一個亞洲的餘震而已；在它開始之初，便以與之前戰爭最後階段所具有之相同毀滅強度來進行。在三年期間之內，它造成了多達三百萬條生命的損失。有十八個國家派兵參加戰爭。但如同在第二次大戰，空襲將平壤及首爾夷為平地，是主要的死亡原因。這其中的挑戰是要去瞭解：是什麼使得這戰爭沒有如之前的區域衝突一樣，升級為另一次的世界大戰。

尾聲　西方的沒落

The Descent of the West

西方國家只要沿著岸邊架上幾尊大砲，便可在東方征服一個國家的時間，已經永遠過去了。

彭德懷，韓戰中國最高指揮官，一九五三年九月

我們原諒反恐的恐怖行為；我們或許甚至鼓勵或祝福它。我們是如此著魔於對叛亂的恐懼，所以我們已經將我們的顧慮及不安給合理化。這不僅結論出我們對此無能為力，因為我們未曾真正試過。而更是我們認為或許這是好的戰術，而且只要是共產黨被殺掉，這便是好的。謀殺、酷刑以及殘害肢體都是可以的，只要是我們這邊在做，而受害人是共產黨。畢竟，人不是從一開始就是野蠻嗎？所以且讓我們對恐怖行為不要太多疑問。實際上，我是從我們自己的人聽到這些辯論。

維容・伐奇，駐瓜地馬拉的美國外交官，一九六八年三月

落跑雞

世界大戰什麼時候結束的？或許最佳的答案是一九五三年七月二十七日，當結束韓戰的停戰協定簽署時。為何那衝突消散掉，而沒升級為超級強權之間的全球衝突？一個誘人的解釋是：那以第一次原子彈試爆開始的破壞力，有了指數性的增加，使得牽涉的籌碼變得太高，不容許全面性的衝突。杜魯門已經顯露出自己在廣島及長崎之後，極不願意再度使用原子武器。「人類動物：現在必須改變，」他在一九四六年時寫下，「否則他會面臨絕對或完全的毀滅，所以或許沒有昆蟲或是沒有大氣層的世界將會因它接踵而來」。在這點他和史達林是一致的。「原子武器，」後者在一九四九年時說道，「幾乎不能使用，不然的話，便會招致世界的末日」。

儘管美國在韓戰時對蘇聯享有極大的優勢：美國有三六九枚可以使用的原子彈，而蘇聯不到五枚；但杜魯門拒絕對中國目標投擲原子彈。隨著美國決定發展熱核式的超級炸彈，以原子武器交戰的可能性又進一步降低，因為從核分裂到核融合的步驟，讓籌碼躍上許多巨幅的等級。一顆在一九五四年三月一日試爆的氫彈（H-Bomb）產生了十五個百萬噸的威力，這是投在廣島原子彈「小男孩」的七百五十倍。單單一個這樣的武器可以毀滅三或四百平方哩的面積，以及產生致命性的放射線落塵。雙方都瞭解到一個全面性的熱核戰會「在全球造成無法有生命存在的情況」。五角大廈在一九五三年估計，在蘇聯做出第一擊時，大約會有三百萬名美國人死去。到一九五六年，他們將推論的數字提高為全部美國人口的六十五％。這弔詭是，只有在接受這樣的現實之後，雙方才會被嚇阻，不去發動如此的第一擊。飛彈必須瞄準城市；但這裡沒有有限度原子戰爭的選項。這是「保證彼此互相毀滅」的邏輯。

但這世界至少在一個場合中，是如此絕望地靠近原子彈戰爭，所以這種技術及戰略的解釋，儘管它所具有的精緻，卻最後還是不能相信。此外，很清楚地，美國的資深政治及軍事人物認為使用原子彈及核子彈一點都非不能想像。那些在一九四〇年代末期贊成要對蘇聯進行「預防性戰爭」的人，是民主黨的參議員布萊恩・麥克馬洪以及「圍堵政策」的設計人喬治・肯楠。同樣積極要「打破蘇聯五顆原子彈巢穴」的人有美國空軍戰爭學院指揮官歐菲爾・安德森將軍，戰略空軍指揮部的第一指揮官喬治・坎尼將軍，以及他的繼任者，東京焚燒者柯蒂斯・勒梅。即使在美國壟斷原子彈已經結束，許多人仍急於再次用它。麥克阿瑟在一九五一年初，熱切希望對在朝鮮的中國軍隊投擲原子彈；在這點，他獲得海軍部長及國防部長的同情。他們的觀點會被駁回，主要是因為美國在歐洲的局勢太容易受制於蘇聯的攻擊，以及英國工黨政府，這仍然是華盛頓最重要的盟國，激烈地反對。但這並不排除，例如說，在一九五二年或一九五三年當歐洲在軍事上及政治上已經不再那麼危殆時，去進行原子彈的攻擊。杜魯門自己嚴肅地思考過使用原子武器來打破韓戰的僵局。艾森豪也考慮過「在足夠大的規模上」使用原子武器，來將衝突結束。如此做不會不受到歡迎。當被問到他們是否贊成「在假如和談失敗…去使用原子性的砲火來對付共產黨的敵人」，有五十六%接受民調的美國人說是。當中國攻擊在台灣海峽的金門及馬祖時，原子性質的反擊也曾被考慮過；艾森豪極為嚴肅地看待支持美國做出第一擊的相關論證；這便是以「日晷計畫」（Project Solarium）為人所知之演習的基礎。在他的觀點中，維持足夠大量的原子武力，＊以嚇阻蘇聯進行第一擊的壓力，或許會變得無法忍受：「在如此狀況下，我們必將被強迫去思考我們對未來世代的責任，是否需不需要在我們最為有利的時刻去啟動戰爭」。

＊「單一整合行動計畫」（Single Integrated Operations Plan）將以發射出所有三二六七顆的美國核子武器來對付所有的東歐集團，來報復蘇聯的攻擊。

身為參謀首長聯席會議主席的海軍將領亞瑟・拉德福贊成空軍進行預防性戰爭的戰略。亨利・季辛吉因為在《核子武器與外交政策》（一九五七年）辯論說，有限核子武器戰爭是可能的，因而成為知名的公共知識份子。艾森豪晚到一九五九年還在問自己，究竟美國是否應該「現在就發動戰爭」，而不是「等待去安靜地化為烏有」。

在英國哲學家伯川德・羅素的觀點裡，這兩個超級強權被要打破原子武器僵局的想法所吸引的方式，幾乎像是不顧後果的青少年：

「將局勢推到危險邊緣」是從一個運動借來的策略，我被告知說這是一些墮落年輕人玩的遊戲。這運動是選出一條直路來進行……然後啟動兩輛車子彼此從兩端對向駕駛……當他們互相接近的時候，相互摧毀變得越來越會立即發生。

這種以青年人遊戲的類比十分恰當。策略家像是約翰・馮・諾伊曼和赫曼・康恩正協助發展一種新的學科，「賽局理論」，這他們相信掌握了在原子時代超級強權之間關係的關鍵。數學模式，如「囚犯困局」被發展出來去闡明何以「將局勢推到危險邊緣」是有意義的。但羅素所被提醒的遊戲是由詹姆士・迪恩在《養子不教誰之過》（*Rebel Without a Cause*）中所玩的簡單、但致命的遊戲，「落跑雞」（‘Chicken’）：

假如其中之一在另一人之前偏離白色的線，另一個人在他開過去的時候，就會喊出「落跑雞！」，而那偏離的人就成為被輕視的對象：這種遊戲或許會被〔傑出的政客〕玩，但遲早：這時刻將會到臨，沒有一方會願意面對從另一方叫出輕蔑的「落跑雞！」。當那時刻到的時候，兩邊的政治家將會把世界帶向毀滅。

這毀滅的夜晚在一九六二年十月二十七日週六幾乎來到。美國國防部長羅伯・麥克納馬拉記得當時踏出白宮，去欣賞那紅色的落日：「看，且聞一下空氣，」他回憶，「因為我認為這是我所會看到的最後一個週六」。在莫斯科正是這時候，克里姆林宮資深顧問費耶多・布爾拉茲基打電話給他妻子。他告訴她「放下所有東西，離開莫斯科」。

這危機的緣由是古巴。在一九五九年時菲德爾・卡斯楚的游擊隊在古巴掌權；自從迪奧多・羅斯福以來，古巴一直都是美國非正式的附庸。卡斯楚是一位具有領袖魅力的民族主義者，那年春天在造訪美國時，曾被美國媒體盛大歡迎，特別是在哈佛大學。但蘇聯迅速滲透這新的古巴政權，則在華盛頓激起一個完全不同的反應。在一九六一年三月，在他就職不到兩個月，約翰・甘乃迪總統批准美國中情局武裝及組織反卡斯楚流亡人士，對古巴進行入侵。因為缺乏適當的空中支援，這次在豬玀灣的失敗十分難堪，而受到傷害的甘乃迪轉而使用骯髒伎倆的政策，目標是要動搖、或許甚至要暗殺卡斯楚。卡斯楚捉住這時機加入蘇聯集團，以交換充足數量的武器。

出身礦工的兒子，在史達林一九五三年死後成為蘇聯共產黨第一書記的尼基塔・赫魯雪夫，認為古巴革命是世界共產主義的聖誕節。在接下來屢次的危機中，他堅持他的動機只不過是要保護古巴以及它的馬克思主義實驗。事實上，他掌握以這島嶼來做為火箭發射台，必然在一下子就會縮小美國及蘇聯之間原子能力的差距。這差距仍然很大。美國對蘇聯可以發射的核子彈頭的比例，是對美國有利的八到十七比一。美國有蘇聯六倍多的長程飛彈；很少，如果有的話，蘇聯的火箭是放置在防炸的飛彈發射井之中。蘇聯知道他們的洲際彈道飛彈並不可靠，但從古巴離佛羅里達海岸僅有九十哩，甚至中程飛彈就可以擊中美國本土。赫魯雪夫的軍事顧問建議送出四十顆飛彈：二十四枚R-12（射程一〇五〇哩）以及十六枚R-14，射程加倍。兩種飛彈都攜帶一百萬噸的彈頭。赫魯雪夫在一瞬之間將可以抵達美國的飛彈加多了一倍。現在華盛頓將成為一個潛在的目標，更不用提美國在中西部的長程飛彈發射井以及南部的空軍基地。另外一邊，赫魯雪夫只需要從他在黑海比椿達渡假別墅往土耳其方向看過去，便可辯護他所採取的行動：那裡美國最近才安裝了十五枚朱彼特（Jupiter）飛彈。「你看到什麼？」他會問訪客，給他們一副望遠鏡。「我看到在土耳其的美國飛彈，瞄準我的鄉間別墅」。古巴飛彈將給美國人「一點他們自己的藥」。「自從你們可以像小孩子打我們屁股，已經有很長一段時間」，他很得意地告訴內政部長斯圖亞特・尤德，他在那年九月剛好去拜訪蘇聯。「現在我們可以用力打你們的屁股」。

要在颶風最多的季節，經過七千哩的航程，運送這麼多飛彈以及超過五萬人，是個大膽的佈局行動。甚至更令人驚訝的是美國花了許多時間才瞭解《阿納德爾行動》（*Operation Anadyr*）。因為美國對蘇聯海上行動及古巴本身的空中監視已經降級，所以甘乃迪並沒有被告知一架U-2的間諜飛機在靠近哈瓦那的地方看見飛彈，直到十月十六日週二晚上。甚至在兩天之後，蘇聯仍然在否認。在被美國國務卿迪恩・魯斯克問到，蘇聯外交部長安德烈・葛羅米柯的舉止，用赫魯雪夫令人好笑的話來說，「像是被逮到偷馬的吉普賽人：不是我，而且這不是我的馬」。根據甘乃迪助手所創造出的神話，接下來的發展是強硬外交的勝利。以迪恩・魯斯克那讓許許多多教科書增添色彩的話來說，甘乃迪和赫魯雪夫在古巴問題上是「四眼相對，彼此爭鋒」，而「另一邊的傢伙：先眨了眼」。這一點都非事實。相反地，甘乃迪和他的重要顧問（聚集在那後來的「國家安全會議執行委員會」），被蘇聯大膽的舉動弄得措手不及，陷入混亂。中情局報導，有多達八枚的中程飛彈已經可以從古巴發射。在六到八週，兩個更長距離的火箭基地也將完成。一旦所有的火箭都安置好，只有十五％的美國戰略武力會從蘇聯攻擊中存活下來。「這就好像我們突然將多數的中程彈道飛彈放在土耳其」。甘乃迪極為憤怒。「是，這我們已經做了，總統先生，」有人提醒總統。甘乃迪的下一個想法是下令空軍去攻擊飛彈基地。但參謀首長聯席會議主席無法保證所有的飛彈會在這一次的空襲中完全摧毀，因此留下蘇聯報復的可能性。相反地，甘乃迪採取雙軌處理方法。他決定要執行海上封鎖，來停止蘇聯運送軍事硬體到古巴。同時之間，他發出最後通牒，要求蘇聯撤出他們的飛彈；這是在電視上廣播。假使在最後通牒被拒絕，他預備下令一支九萬人地面部隊入侵。

在十月二十四日晚上十點鐘，在國家新聞俱樂部的俄羅斯吧枱服務生，偷聽到兩位老資格的新聞人員在討論即將發生的「攻佔古巴行動」，這消息第二天傳到赫魯雪夫，他蓬頭垢面整晚待在他辦公室的沙發上。「運作計畫三一六」（OPLAN 316）預期先有空中攻擊後，接著是兩棲登陸入侵，這的確已經在進行中。而在接下來的日子裡，重要人物如麥克納馬拉屢次敦促要入侵，即使這意謂蘇聯「會在歐洲做些事以為回應」。如甘乃迪本人承認，入侵將會「是場豪賭」。他不知道這賭注會有多大。因為赫魯雪夫所派遣的兩支伴隨飛彈的紅軍，配備有八十枚短程飛彈，上面配有核子彈頭。每枚的爆炸威力是在五千到一萬兩千噸之間。在九月七日當緊張情形正在升高，赫魯雪夫已經送出六顆原子彈給在古巴的伊留申Il-28轟炸機，以及十二枚月神核子彈火箭。每一枚火箭可以炸出一百三十尺寬及深的大洞，將半徑一千尺之內的任何東西給殺掉。赫魯雪夫也派出四艘載有核子彈頭魚雷的潛水艇。雖然他明白禁止他在古巴的指揮官使用這些武器，除非得到他的批准，但一旦美國的全面入侵，他將會面臨甚少選擇。除了難堪的投降。

但即使這點也不會讓一些資深的軍事人物（不是只有像一直都是好戰的勒梅）感到憂心。新任的戰略空中指揮部首長湯米・保爾斯將軍，據說對使用核子戰的可能性是毫不畏懼。（正是他曾說過：「在戰爭結束之後，假如有兩個美國人及一個俄羅斯人，那我們贏了」。）前國務卿迪恩・艾奇遜（也是國安執委會成員）辯論說，美國攻擊古巴會導致蘇聯攻擊土耳其，這將需要美國「擊掉在蘇聯境內的飛彈基地來做為回應」。「那我們要做什麼？」他被問到。政客對戰爭意謂什麼毫無幻想。甘乃迪提到兩億人死去；赫魯雪夫提到五億。「假如美國堅持戰爭，」他告訴一位到訪的美國商人（這是危機期間許多非正式管道之一），「我們都會在地獄裡相見」。這並非意謂著戰爭不可能發生。它意謂這兩邊現在都認真地玩「落跑雞」的遊戲。

當然，在「落跑雞」的遊戲中會有「合作的結果」。假如雙方都偏離掉，結果兩邊都活下來，沒有人可以叫另一邊「落跑雞」。而這正是在古巴遊戲所發生的。赫魯雪夫向甘乃迪提出兩個可能的交易：一個是透過平常、但相當緩慢的外交電文管道；另一個則是在莫斯科電台的廣播。第一個就是預期到以撤出飛彈來交換不入侵古巴的保證；這在九月二十六日週五晚上九點抵達國務院。第二個則是在十三個小時到達白宮，當時國安執委會在聚會中，這提供撤出古巴飛彈，以交換撤出在土耳其的朱彼特飛彈。根據甘乃迪聖徒傳式的傳記作家所散佈的傳奇故事，這第二項提議被拒絕。這事實上已經由美國人自己向蘇聯間諜格奧基・博爾沙科夫建議，可能是在總檢察長以及總統最親近的密友，甘乃迪之弟羅伯，唆使下進行。但是在週末時，戰爭仍然可能爆發，儘管有去尋找妥協的方案。卡斯楚當然如此想。在二十七日週六的前幾個小時，在香腸及啤酒的助興之下，卡斯楚寫封信給赫魯雪夫，這基本上是假如美國人入侵的話，要他進行核子大戰，「無論這解決會是如何嚴厲以及恐怖」。卡斯楚這「最高領導」正在享受這危機對群眾情緒所帶來的影響。「我們甚至沒有逮捕任何人，」他後來在一個坦白透露的時刻說，「因為人民的團結是如此動盪不穩」。那早稍晚，在十點二十二分，一架美國的U-2間諜飛機在古巴上空被蘇聯的SA-2火箭擊落。飛行員魯道夫・安德森被殺死。古巴的防空火砲接著又射擊其它低飛的美國偵察機。在同時之間，另一架U-2無意間闖入蘇聯在白令海峽附近的領空。當蘇聯米格機起飛攔截時，阿拉斯加基地的F-102A戰鬥機緊急起飛應戰。在其它地方，單純的意外事件幾乎要擊發這天啟時刻。一隻在德盧斯空軍基地的熊，導致動員在明尼蘇達的核子武裝F-106戰鬥機。在卡納維拉爾角例行性測試，結果被在紐澤西的雷達單位誤以為是蘇聯的飛彈。

在二十七日下午，國安執委會成員處於高度焦慮的狀態。這一天是以艾德加・胡佛的警告開始：蘇聯在紐約的官員已經在銷毀文件，顯然預期戰爭發生。然後是赫魯雪夫第二項以及非常公開的提議，顯然與第一項抵觸。所有在場的人，只有總統本身似乎嚴肅看待以土耳其飛彈交換古巴飛彈；大多數顧問認為這是要削弱北約組織的招數，而土耳其是這泛大西洋軍事聯盟的成員國。在下午四點傳來U-2被擊落的消息。我們從甘乃迪秘密將這會議錄下紀錄的錄音帶中得知，他是如何回應這個突發事件：「我們如何解釋其結果？」他問道，一點都不連貫。「這個赫魯雪夫昨晚來的訊息以及他們的決定…我們要如何—我是說…」。這個在他舌尖上的詞與或許像是「我們無法忽略的挑釁」。但假如那是甘乃迪幾乎要說的，他停下來。相反地，他派出他的弟弟羅伯去與蘇聯大使討論古巴、土耳其飛彈交換之事；假如沒有結果，他要打電話給聯合國秘書長，在第二天提出此事。如羅伯・甘乃迪向俄羅斯人解釋，這其中關鍵點是要避免「公開討論土耳其的議題」。他並沒說出當時他哥哥以及民主黨在這議題上的脆弱之處。共和黨不斷地指控行政部門在古巴問題上退讓；還有眾議院大選在下個月舉行。這裡必須記得，古巴危機是在柏林圍牆豎立起來一年之後發生；豎立這圍牆是蘇聯一連串針對四強控制前德國首都的挑戰行為中，最近的一次。

當所有這些正在發生時，赫魯雪夫在他克里姆林宮的沙發椅上睡覺。大使的報告直到第二天早上才到蘇聯外交部手上。在他被簡報羅伯・甘乃迪所說的，赫魯雪夫草擬另一封公開信，這將準時在下午五點、東部標準時間早上九點廣播。（這應該更早一些，但傳信的人在交通顛峰壅塞時段卡住）。這次赫魯雪夫就只有說，在古巴的飛彈將會拆下、裝箱以及送回國。這樣便結束。「我感覺要大笑或大叫或大跳，」一位大大舒解的國安執委會成員說。英國記者阿利斯泰爾・庫克看見一隻海鳥在他頭上的天空往天衝高，懷疑為何不是一隻鴿子？然而海鳥或許是正確的鳥類。因為在同時之間，赫魯雪夫送出兩道個人訊息給甘乃迪。第二道訊息說飛彈會正在撤退，只「因為您已經同意土耳其的議題」。後來，美國駐聯合國大使阿德萊・史蒂文森將被指責提出土耳其的議題。這是污衊；這其實是甘乃迪兄弟自己做的。但危機也非真得結束。五角大廈持續準備入侵古巴，仍不曉得（或是忽略）蘇聯士兵其實是十倍於他們所估計的數字，以及他們配備戰地核子飛彈。直到十一月二十日，當赫魯雪夫也同意撤回II-28轟炸機時，這「落跑雞」的遊戲才真正告終。

如我們已見，當兩邊的駕駛者都偏離時，沒有贏家。的確，在隱瞞美國公眾他隨時要放棄推翻卡斯楚或是土耳其飛彈上，甘乃迪可以在蘇聯人自己拆除飛彈時，裝出硬漢的姿態。但是他的軍事首長對此深感厭惡。勒梅當著甘乃迪面前稱它為「我們歷史的最大挫敗」。另一方面，甘乃迪聲稱說讓赫魯雪夫在古巴問題上先眨了眼，是如此令人相信，所以在剛剛超過一年的時間之後，一位卡斯楚的同情者哈維・奧斯華將他射死。*赫魯雪夫在這危機後變得較為弱勢。在十一月二十三日的中央委員會的會議中，他以他典型的農夫幽

*設法揭發牽涉到五角大廈鷹派的，更不用說是黑手黨的陰謀，並沒有成功，雖然克里姆林宮相當確定存在著這樣的陰謀。其它理論則將指頭指向KGB本身策劃這樁暗殺。

默設法做出最好的結果：「沒必要像沙皇的官員一樣，在舞會放個屁，然後自殺。」一枚蘇聯飛彈擊落美國飛機。「射的好！我們換到不入侵古巴的承諾。不錯！」但是胸前掛滿勳章的人覺得他行動魯莽，卻獲益甚少。在一九六四年十月，以古巴飛彈交換土耳其飛彈兩年之後，赫魯雪夫本身被交易掉，換成里奧尼德・布里茲涅夫。實際上，卡斯楚是唯一獲益的人，而他也是在這三位領導人中，唯一對和平結果失望的人。根據埃內斯托・切・格瓦拉（Ernesto 'Che' Guevara），當卡斯楚聽到這妥協時，「他咒罵、踢牆、打碎一個玻璃杯」。然而卡斯楚的地位因為這危機而大為強化。甘乃迪死掉，赫魯雪夫出局。然而古巴領導人將會享有另外四十年的權力。

第三世界的戰爭

古巴飛彈危機顯示出，儘管她們大為提高的摧毀能力，美國以及蘇聯可能會如何地靠近第三次世界大戰。但這也透露出來，她們即使在核子「落跑雞」的大遊戲中，會選擇同時偏離車道，但戰爭仍然可以以其它方式進行。有時候有人主張這種「保證互相毀滅」的到來，開始了世界和平的時代。但這是誤解冷戰的性質。真正以及血腥的第三次大戰事實上是由如卡斯楚之流的人在第三世界本身進行。世界大戰過去一直是世界帝國之間一系列車頭與車頭的正面對撞，在歐亞陸塊兩端的關鍵衝突地帶展開。第三次世界大戰，相形之下，則是間接地在新的及遙遠的戰場上開打，在那裡戰略籌碼（——但人命代價則沒有——）較低。

這種衝突位置的改變有三個理由。首先，在歐亞陸塊的西邊及東邊國界地帶族群衝突的可能性，這二十世紀上半的主要戰場，已經戲劇般地銳減。在二戰期間及之後的族群淨化，已經殺害許多少數族群人口，並前所未有地將社會同質化；同時之間，最爭議性的疆界被與世隔離：在一九五三年以後，北韓及南韓的邊界被轉化成高度防衛的地區，沒有人膽敢冒險來往；在一九六一年，如我們已見，一道圍牆橫過柏林修建起來，穿過德國心臟地帶，意圖阻止東德人流潛逃到西邊的聯邦共和國；然而其效果不僅將德國的分割，而且也把歐洲的分割給正式化。中歐消失。從此將只有西歐及東歐。邱吉爾之前已經警告過一道從「波羅的海斯德丁到亞德里亞海得里雅斯特」所延伸之鐵幕的危險，然而一旦這道鐵幕下降，這地緣政治的簾幔結果卻有沒預料到的好處。政治上的隔離結果終止了曾經是中歐及東歐衝突主要來源之一：帝國邊界間諸民族的摩擦。如甘乃迪所觀察到的，「一道牆遠遠比一場戰爭來得更好」。

衝突移到其它地方的第二個理由是經濟。世界大戰是因為經濟的波動而被推動。過去因為一次世界大戰所造成全球化的大斷裂，使得世界經濟落入三十年的動盪。通貨膨脹、通貨緊縮、景氣、泡沫化以及蕭條；這些過去都是增加歐洲及東亞的不穩定力量。它們也削弱既有的帝國。它們也動搖新的民主政治。它們也增高了種族的仇恨。它們為在土耳其、俄羅斯、日本及德國新崛起的帝國國家鋪下道路，而這每一個政權都對族群同質化以及階層化有病態般的期望。經濟波動驗明了史達林創造出的計畫經濟，創造出一個以資本國家化以及不自由勞動的新奴隸國家。特別是，經濟波動鼓勵了一種新的以及殘酷的帝國主義，以「生存空間」的誘人概念為基礎，並透過領土的擴張來進行經濟的復原。

但一九五〇年代及一九六〇年代則相當不一樣。在西方及東方，經濟成長率上升到史無前例的高點。在一九五〇年到一九七三年這期間，平均個人所得的成長，除了印度之外，幾乎主要的經濟體都高於一九一三年到一九五〇年這期間。在西班牙這成長是三十四倍；在德國及奧地利，三十倍不到；在日本是九倍；義大利有六倍。東歐集團的經濟同樣表現良好；史達林的計畫經濟結果證明是重建被戰爭摧毀之經濟的有效方法。匈牙利在一九五〇年代及一九六〇年代的成長比在兩次世界大戰及大蕭條時，成長八倍；東歐整體享有幾乎三・八％的年均成長，是一九五〇年之前數字的四倍多。蘇聯獲得的經濟成長是稍稍在三・四％以下，幾乎較美國（二・四％）高出一個百分點。反諷地，所有最高的成長率是在被打敗的軸心國國家。除此之外，主要經濟體會受害於景氣衰退的狀況，已經明顯降低。在一九四五年到一九七一年之間，世界七個最大經濟體在成長上的波動，較一九一九年和一九三九年之間少掉一半。

經濟衝突開始取代戰略衝突，這變化很清楚地，尤其以副總統理查・尼克森在一九五九年七月訪問莫斯科。他的東道主喜歡嘲笑西方。「無論你喜歡與否，歷史是在我們這邊，」赫魯雪夫很出名地警告說，「我們將埋葬你們」。尼克森為莫斯科索科爾尼基園區的美國展覽館開幕，則是美國做出的回應。整個展覽的焦點是一個配備所有現代化便利的廚房：全配備的洗碗機、電爐以及一個巨大的電冰箱。尼克森高談闊論地宣布，這「像我們在加州屋子裡的那些東西」。赫魯雪夫回答說，「我們有這些東西」。但尼克森似乎沒聽到他說話：「這是我們最新款，數以千計地製造，直接安裝在家裡。在美國我們喜歡讓女人生活變得容易一些」。赫魯雪夫回敬：「你們資本主義對女人的態度，不會發生在共產主義裡」。無論尼克森如何向他介紹，赫魯雪夫斷然地不以為然。假如美國的廚房較蘇聯的先進，這只不過是歷史偶然的發生而已：

赫魯雪夫：美國存在多久了？三百年？

尼克森：一百五十年。

赫魯雪夫：一百五十年？那好，我們會說美國已經存在一百五十年，而這是它所到達的程度。我們存在尚不足四十二年，而在另外七年，我們將會與美國同一程度。當我們趕上你們，超越你們時，會向你們揮揮手。

滿口大話。對習於擁擠集合式住家原始設施的蘇聯，這博覽會提供對另一個平行世界的驚鴻一瞥。每天約有五萬參訪的人來看它、總共有兩百七十萬名蘇聯公民慕名而來。理查・尼克森國內的批評者時常問：「你要從這個人買一輛二手車嗎？」大多數在東歐的人將會很高興向他買一台用過的冰箱。

尼克森的冰箱像是冷戰的必勝武器。如赫魯雪夫正確地說：「我們真正辯論的不是廚房器具的問題，而是兩個敵對系統的問題：資本主義及社會主義」。美國人也瞭解這點。在美國展覽場另一個吸引點是最新的IBM RAMAC 305電腦，這會回答訪客有關美國文化以及物質成就的問題。在前十天，它回應了約一萬件詢問：

> 訪客：何謂美國夢？
>
> IBM：所有人皆應該能自由地尋找更好的生活，有自由的宗教崇拜、思想、集會、表達信念以及全民參政權和教育。

蘇聯或許沒辦法提供它的公民那些自由。但它的領導者經常堅持它在經濟上可以與西方一較長短。史達林自己在莫斯科興建一座蘇聯經濟成就園區，做為未來共產主義消費耐用品的櫥窗。一部俄羅斯的宣傳影片甚至表演出一部飛行車，一種飛天萬能車（Chitty Chitty Bang Bang）。美國展場讓人痛苦地理解到蘇聯距離如此的願景還有多遠。

但將冷戰斥之為美國一馬當先，遙遙領先，注定會贏的比賽，這必然是誤解了冷戰。儘管其經濟上的侷限，蘇聯還有其它可觀的武器可以使用。它在文化及運動的領域上＊，足以獨當一面，雖然蘇聯人通常幾乎是棋賽、鋼琴比賽以及冰上曲棍球最看好的贏家，而這些對蘇聯的自尊當然不會有害。但沒有多少美國人會如一些俄羅斯芭蕾舞星，如魯道夫・紐瑞耶夫和米凱爾・巴雷什尼科夫，高調地投奔到鐵幕的另一邊去。但蘇聯人透過沒有被察覺的招募，也吸收一些同樣靈敏但善變的角色，特別是金姆・費爾比及蓋伊・柏傑斯，無疑地更成功地滲透入另一邊的情報組織。在全球策略的領域，蘇聯是美國的對手，甚至有時候還更勝之。這是何以在超過四十年之後，冷戰的結果仍一點都不確定。而這也是何以在世界的許多部分，冷戰一點都還沒冷。因為全球衝突的第三個決定因素，帝國的衰退，持續在一九五〇年代及一九六〇年代運作。然而現在是不同帝國在世界不同的地方衰落。大英帝國的衰敗及崩解，伴隨著在印度裡印度教徒與穆斯林在社區之間、以色列及阿拉伯人在巴勒斯坦、遜尼教派與什葉教派在伊拉克、新教徒與天主教徒之間在愛爾蘭的激烈衝突。甚至今天都還沒完全清楚，還很難說對英國究竟何種方式較好：切斷並離開（如印度），或是賴下來並且作戰（如肯亞）。這樣說就足夠：當歐洲帝國嚥下最後一口氣，相當少有快樂的結局，即使在過渡到獨立的過程平順之處，不需很久時間便淪落到暴力相向。這是整個沙哈拉以南非洲大部分國家，所經歷的過程。

在產生這一堆衝突的衰落帝國中，其中之一是美國在中美洲及加勒比海地區那或多或少的非正式帝國。

＊眾所皆知，美國人最喜歡去將自己想成勇敢、處於不利地位的弱勢者（underdogs）。當一位德州男孩范・克里本贏得一九五八年莫斯科的柴可夫斯基鋼琴競賽時，他們歡天喜地。當鮑比・費雪在一九七二年擊敗俄羅斯的西洋棋大師波利士・史帕斯基，他們陷入狂喜。九年之後，當他們的冰上曲棍球隊以極小差距擊敗世界冠軍蘇聯，他們幾乎無法克制自己。蘇聯人就他們自己而言，在鄉村音樂、衝浪或是棒球上，沒有顯示出任何跡象想要去挑戰美國的主宰地位。

在一九五二年瓜地馬拉總統雅各布·阿本斯領導的左翼政府，執行「行政命令九〇〇」，這是一個將閒置土地從國家裡最大地主拿來，重新分配給貧窮農民。因為這種發展而感到沮喪的地主之一是美國聯合水果公司，這擁有瓜地馬拉約一〇%的上等農業土地。在一九五三年二月，阿本斯政府沒收這公司百萬畝土地的四分之一，提供價值超過十億美金的政府債券來做交換，這是聯合水果公司所認為土地價值的二十分之一。當瓜地馬拉最高法庭宣布這項改革違憲，政府將法官開除。「沒有審判團，我們可以活下去，」一位工會領袖宣稱說，「但沒有土地，我們沒法生存」。聯合水果公司在美國政府高層有朋友（未來國務卿約翰·福斯特·杜勒斯是它的律師之一，而他的兄弟艾倫是中情局的副局長），但這並不需要聯合水果公司的遊說團體來說服美國政客，便認定阿本斯政府是蘇聯在美國後院安置的特洛伊木馬。美國駐瓜地馬拉大使詹姆士·帕維利夫伊綜合了美國的官方路線，當他說：「全球共產主義是由克里姆林宮來指揮，不這麼想的人是不知道自己在說什麼」。以一位國家安全會議幕僚人員的話來說，瓜地馬拉將會是「測試與共產主義作戰方式及方法的原型地區」。類似的東西似乎也在伊朗進行中。這兩個例子最後的答案都是由中情局主導的政變。首先是一九五三年在伊朗，然後次年在瓜地馬拉，而艾森豪都同意政權的轉變。

事實上，一九五四年六月的反共產主義入侵行動幾乎是場徹底的失敗。但這次的危機暗示瓜地馬拉軍方去從阿本斯那裡奪權。新的軍事政府正是從副總統理查·尼克森那裡得到華盛頓的正式祝福；尼克森在拜訪瓜地馬拉時，聲稱蘇聯已經送來「一座山又一座山數量的文宣…企圖改變人們的心靈，將它們扭曲去支持國際共產主義」。他又聲稱有明顯的證據，阿本斯的政府曾經「在國際共產陰謀的直接控制之下」。這送給莫斯科的訊息是毫不含糊。以美國駐聯合國大使的話來說：「離開這西半球，不要想在這裡進行你們的計畫及陰謀」。然而事實是：蘇聯並不需要真正直接干預拉丁美洲，因為拉丁美洲自己有馬克思主義份子；他們自已不覺得需要蘇聯的任何協助，就可以推翻資本主義，而這蘇聯的協助，無論如何，也並不曾存在過。這並非最後一次，美國中情局的秘密活動會有沒預料到的後果。在軍事接管之前，一位敏銳的年輕阿根廷醫生已經抵達瓜地馬拉。在政變之後，他逃到墨西哥，在那裡他遇見另一位政治難民，一位行為誇張的古巴律師。五年之後，這醫生埃內斯托・格瓦拉協助律師菲德爾・卡斯楚接收了古巴。

古巴革命對美國反共產黨策略是項嚴重的挫敗，一口氣瓦解了瓜地馬拉政變的成功。儘管屢次嘗試，中情局始終無法在哈瓦納做出同樣的把戲。但是美國假設古巴現在變成了蘇聯共產黨某種加勒比海的分支，則在許多方面是錯誤的。如蘇聯後來承認，他們對卡斯楚只有有限的影響力。因為卡斯楚是個皮諾丘，一個沒有繩子控制的傀儡。他幾乎沒有從莫斯科得到任何鼓勵，來進行自己的策略，在後來被稱為第三世界國家中點燃革命。他和格瓦拉設法在多明尼加共和國、尼加拉瓜以及海地醞釀模仿古巴的政變。後來卡斯楚運送古巴武器到阿爾及利亞，以及派遣古巴軍隊到剛果、幾內亞比索和伊索匹亞；一九七五年卡斯楚下令進行他到目前為止最大的干預活動，派遣一支古巴軍隊，去擊退入侵新獨立安哥拉的南非軍隊。為美國人所不知的是，他如此做其實違反莫斯科要他不去碰觸此事的指示。

安哥拉是冷戰明顯加熱的典型地區。一邊是解放安哥拉群眾運動（MPLA），這在葡萄牙於一九七五年允許安哥拉獨立後，在盧安達（Luanda）奪得權力；另一邊則是兩個敵對的游擊組織，UNITA和FNLA。正如派去支援MPLA的部隊大多數是古巴人，而非俄羅斯人，所以UNITA是從南非、而非從美國得到大部分的軍事協助。在一九八七年九月，當在這國家東南部一個偏遠的軍事基地，離納米比亞邊界不遠的奎托・瓜那瓦列，安哥拉戰爭達到高潮時，安哥拉政府軍配備著蘇聯製的T55坦克以及米格戰機，但是坦克的成員及飛行員主要是古巴人。在另一邊則是八千名的UNITA部隊，得到三千兩百名的南非人支持，這些人屬於第三十二

「水牛」營的一個連，配備十六門巨型G-5火砲的重型火砲連，以及第六十一機械營，配備Ratel-90裝甲車，並由南非空軍協助，它們飛行去突擊MPLA沿著隆巴河的陣地。

諸如這些遙遠的戰事，會讓我們天真地回想冷戰是段和平以及穩定的時期，於是變得十分荒謬。這箇中事實是二十世紀的下半部與上半部相比沒有比較不激烈。在一九四五年到一九八三年期間，總計約有一千九百萬或兩千萬人在大約一百場主要戰役中喪生。只是發生暴力的地點改變而已。超級強權不再直接對上，如一九六二年在古巴差點如此做。它們現在在它們認為邊緣戰場，透過代理人，來彼此交戰。但是對那些陷入其中的人，這些無數的熱戰一點都不冷、不邊緣。超級強權的贊助及涉入，依不同情形而變。有些時候如越南或阿富汗，美國及蘇聯的軍隊處在前線。但更常的是它們是在陣線後方，訓練或補給當地的軍隊。有些時候，如在非洲或中東，這支持本身會被下包給其它國家。然而在此，正如在冷戰時期其它如此多的方面，美國發現它是處於基本上不利之處。

當托洛斯基在一九一七年呼籲世界革命時，結果令人失望。但當赫魯雪夫有信心地提及「當社會主義、共產主義以及全球革命將會勝利的時代時」，這是另一個故事。在整個第三世界國家中，有群眾性的民族主義運動，目標是要推翻西歐殖民主義的痕跡，以及建立某種以群眾為基礎的自治政府。蘇聯證明自己相當擅長運作許多如此的運動，採用他們自己的政治及經濟模式。在去殖民化的浪潮上蘇聯人乘風破浪；「人民解放」是他們知道如何善加運用的詞語。當然，美國本身的政治系統，過去也是反叛帝國統治的產品。然而列寧、史達林以及毛澤東，在一九六〇及一九七〇年代似乎比華盛頓、傑佛遜以及麥迪森更有吸引力。美國的民主政治加資本主義的模式，相較於蘇聯一黨統治加社會主義的選項，接受的人較少。這部分是因為貧窮的前殖民地如瓜地馬拉、古巴以及安哥拉擁有龐大的貧農，這類人民是支持俄羅斯及中國革命時的決定性因素，但只有少數的中產階級，而這類人民會創造出支持美國式革命的人。第三世界的「革命戰士」喜歡這明顯不自由的蘇聯系統所提供給他們的機會：在一黨專政的國家中，最先的贏家得到所有；他們不必處於幾年內，要將權力移交給對手的風險。而且以一個計畫經濟，新的政治統治者可以以「國有化」之名，獲得任何他們所喜歡的經濟資產。

蘇聯人還有一項優勢。他們比其他人都還知道以廉價、可靠和使用者友善的武器，去武裝目不識丁的農夫。米凱爾・卡拉什尼科夫在一九四七年製造出他第一把步槍（—從此縮寫為AK-47—），在去殖民化腳步正加快，而超級強權關係正在惡化，這類武器被以木箱裝載，運送到第三世界國家。這是低調武器競賽的一部份，平行於會捉住頭條新聞的核子武器競賽。不久之後AK-47自動步槍成為馬克思主義游擊隊首選的武器。美國有何可以回應呢？除了乾脆將南半球讓給赫魯雪夫以及其繼任者，還有三種可能。他們可以支撐或恢復那些第三世界，亟欲摧毀舊殖民政權的列寧們。這對美國的領導人並不容易，因為他們有其來有自的反帝預設，但在有些地方他們願意嘗試。例如說，沒有人在華盛頓抱怨英國人在馬來亞擊敗共產黨。美國人也鼓勵英國人在波斯灣較小國家，延長他們非正式的影響圈。一個更吸引人的回應是去尋找親美的自由戰士；換言之，去支持偏好多黨選舉的政治派系，更不用提自由市場。但二次大戰剛剛結束時，在東歐及亞洲的經驗顯示，真正的自由主義者在相對落後的國家中是瀕臨危險地弱勢。在所有美國政策制訂者的記憶中，還有波蘭、捷克斯洛伐克、匈牙利以及其它的例證，在那裡所有的非共政黨，實際上已經都被消除或是削弱。蘇聯人擔心這些記憶沒有消失，所以會毫不遲疑地去鎮壓他們歐洲衛星國裡的群眾異議運動：在一九五三年的東柏林、一九五六年的布達佩斯、一九六八年的布拉格和一九八一年的格但斯克。

美國外交政策的第三個選項是打骯髒戰爭，事實上，就像蘇聯人一樣地髒。在實踐面上，蘇聯的勝利經常意謂獨裁政權以及隨之而來的鎮壓。對美國人來說，因此去支持任何顯示出可以擊敗蘇聯所撐腰之革命份子的人，即使這意謂著要另外支持一位資本主義的獨裁者。這問題是，很快地美國人便發現自己與那些和東歐或亞洲共產暴政一樣邪惡的政權發生關連以及給予支持後，自己也會被玷污。更糟的是，很少能毫無疑問地顯示，那些由華盛頓所支持的獨裁者會是比較小的邪惡，因為獨裁者所鎮壓的群眾運動，通常都沒機會去顯示出他們在當權時的樣子。那些由中情局支持之政權來加以推翻的或暗殺的左翼領導人，很快地變成殉道徒，不僅出現在蘇聯的宣傳，而且也現身在西方自由主義的新聞界。雖然經驗強烈顯示出，馬克思主義一旦當權，很少對人權尊重，而那些沒拿到權力或是只有短暫時間掌權，通常都會被給姑且相信之的好處。就像變身博士一樣，美國在冷戰時期的外交政策似乎以兩種面貌出現：在白天以自由、民主及山丘上璀璨城市的語言，侃侃而談；在夜晚卻使用骯髒的伎倆去污衊被懷疑的蘇聯跟班，並且提拔地方性的「強人」：「強人」，這是對獨裁者的禮貌說法。這沒有一個地方會比美國認為是自家地緣政治的後院，來得更加明顯：中美洲。中美洲是這句名言的出生地：「他是否母狗生的，無所謂，只要他是我們母狗生的，那就可以」。這是有些評論者所稱呼之現實主義的嚴酷本質。

共產黨最後在瓜地馬拉掌權的時候，他們訴諸大規模逮捕、酷刑以及處決。現在十年河東十年河西，局勢反轉。在美國鼓勵下，一份七萬兩千名共產黨同情份子的名單被蒐集起來。但正如蘇聯在古巴所發現到的，美國人很快地被提醒到中美洲（及南美洲）的美國傀儡，在出現時是沒綁上控制的繩線。到一九六〇年代中期時，非正式軍事組織的暗殺隊，如「白頭」在瓜地馬拉街上及鄉下遊蕩，從事美國國務院所承認的綁架、酷刑以及就地處決。很快地美國人必須承認，以湯姆斯・休斯的話來說，「反顛覆行動」變得「猖獗失控」。中情局幹員約翰・隆根被派遣去控制局面。但是他的「清理行動」（Operation Cleanup）一點都不乾淨。在一九六六年三月二日及五日之間，有超過三十名的左翼領導人，包括前工會領袖維克托・曼努埃爾・古鐵雷斯，被逮捕、帶到在馬塔馬若斯的瓜地馬拉軍事指揮部。他們在那裡被酷刑以及殺害。然後瓜地馬拉軍方將他們的屍首放在袋子中，從飛機上丟到太平洋。描述這行動的中情局備忘錄只說：「這些人員的處決將不會被宣布，而瓜地馬拉政府將會否認他們曾經被拘禁過」。這是中情局所謂的「清理」；一場沒留下會陷人於罪痕跡的骯髒戰爭。「清理行動」開始了後來變成在拉丁美洲冷戰代理戰爭的招牌戰術：讓敵人「失蹤」。在接下來的三十年間，有超過四萬人在瓜地馬拉消失。在這區域裡的其它軍事政權都有相同的故事：阿根廷、烏拉圭、巴西以及智利。Los Desaparecido（「強迫失蹤」）變成那些被軍方謀殺的美稱。在瓜地馬拉美國使館的二號人物維容・伐奇，有很好的道理去哀悼美國在這區域裡名聲受到玷污。

但到底是哪些人被弄得消失？就中情局的人來說，這答案單純地是共產黨同情份子，這些莫斯科或許已經招募到他們那邊的潛在革命份子。然而在事實上，那在整個冷戰時期折磨第三世界的社會衝突，經常是族群性的，就如是意識型態性的。在這方面，第三世界的戰爭與世界大戰有許多共通之處；這是在新地點的舊暴力。正如在安哥拉的冷戰，基本上是在主要為金本督部落的MPLA以及主要為歐允本督部落的UNITA，兩者之間的部落戰爭。同樣在瓜地馬拉，政府與「顛覆勢力」的鬥爭明顯有族群的性質。瓜地馬拉是一個階層秩序的社會，以征服者與他們土著妻妾所生之相對富有的拉迪諾人後代，居於社會上端，而缺乏土地的原住民居於底端。中情局在瓜地馬拉背書的代理戰爭，因此比較不是資本主義者與共產主義者之間，而是拉迪諾人的大地主與馬雅農民之間的戰爭。在被指控同情共產主義游擊隊的瓜地馬拉窮人游擊軍隊，馬雅的伊可西及介克奇部落因此不僅遭受到全面性屠殺，而且還有強迫遷居以及監禁在「戰略性村落」。數以百計被認定為「紅色」的村落，實際上等於被消滅殆盡；他們的居民被酷刑、強暴以及謀殺；他們的家園被毀滅，周遭的森林被焚燒。當內戰在一九九〇年代終於結束，總共的死亡人數到達約二十萬人。因為有如此多的受害者是馬雅人，聯合國所支持的真相調查委員會認定瓜地馬拉軍方犯下種族屠殺的犯行。

關於冷戰的實情是，在大多數南半球的國家中，美國對「自由」做的和蘇聯對「解放」做的，幾乎都一樣少。美國的政策不僅涉及護衛西方民主政治，像是義大利、法國及西德，這些蘇聯無疑地設法盡其所能地去顛覆；但這也意謂在如瓜地馬拉這樣的國家中，以對平民大規模殺戮來和共產黨作戰（──有時是真的共產黨，有時是想像出的──），以維持獨裁政權。這意謂著所謂的冷戰是「長期的和平」，只是提供給美國和蘇聯公民，以及那些在北半球與他們直接相鄰的人。對世界公民裡的很大比例，沒有如此的和平。這些就是第三次世界大戰的實情：如之前第一次及第二次大戰一樣，這戰爭幾乎牽涉到一樣多的族群衝突。但種種跡象顯示出這是一場美國到一九六〇年代末期時，正在輸掉的戰爭。

尼克森在中國

當理查・尼克森在一九六九年一月二十日就職為美國總統時，對美國人來說，越來越難以對冷戰感到樂觀。他們多所誇耀的資本主義系統，這尼克森自己在十年前於莫斯科驕傲地加以展示，現在欲振乏力，蹣跚而行。通貨膨脹正在升高，但與凱因斯在一九六〇年代的經濟理論相反，失業率卻降不下來。進口成長比出口快。在此同時，外國人迅速不再喜歡美元，使得更難去支付這所導致的赤字。美國社會本身似乎正在分裂中。在市中心的貧民區有種族衝突，在大學有示威活動；年輕的和老的戰、黑人和白人鬥、保守貧農和嬉皮爭、學生和警察吵。種族是主要的爭端。在一九六〇年代中，一群受良好教育的非裔美國人與自由派的白人形成聯盟，成功地推翻仍然在南部各州運作的種族隔離系統，例如有十六州仍然有禁止異族婚姻的法律。只有在一個最高法院的判決，羅芬茵控訴維吉尼亞州（Loving v. Virginia），異族通婚的法律禁令才被裁定在全美國違憲，雖然田納西州直到一九七八年三月，而密西西比州直到一九八七年十二月，都還沒正式廢止其州憲法中的相關條文。事實上，這些衝突的政治效應該比社會效應更為深刻，因為異族結合即使在被允許下，仍然進展相當緩慢。尼克森在一九六八年贏得選舉，主要是因為民主黨的票源在民權議題上發生分裂，幾乎有一千萬票（總數的十三・五%）支持種族主義的阿拉巴馬州州長喬治・華勒斯以及他的美國獨立黨。

然而最大的國內衝突不是種族，而是越南；這是許多內戰中之一，但卻被冷戰膨脹到完全不成比例地大。從軍事觀點來看，這戰爭並非無法贏得，但從政治觀點，這戰爭在尼克森就任之前，就已經因為民眾支持的衰落而輸掉。尼克森知道他必須結束戰爭；從早期階段，這便是他在一九七二年競選連任策略的關鍵。但他不要依據北越的條件來結束。他因此採用一個複雜的紅蘿蔔及棍子的策略。紅蘿蔔是美國減少軍隊；棍子則是戰略性轟炸空襲，這規模在最後到達在第二次世界大戰所有空軍武力共同加起來的總和。不幸地是，尼克森提供越多的紅蘿蔔，北越就越相信值得再堅持下去，無論他向他們投擲多少的炸藥棍子。改變冷戰戰略的時間到了：要放棄代理戰爭的戰略，而代之以強權外交。

在一九六九年春天及秋天，美國政府官員已經觀察到蘇聯和中華人民共和國之間的政治分裂，已經升級為滿洲邊界的戰鬥。這證明這區域仍如往昔，容易發生戰略上的地震。但對尼克森和他的國家安全顧問暨哈佛歷史學家亨利・季辛吉而言，這不是危機，而是良機。季辛吉未曾完全接受這世界自一九四五年以來，已經分裂為兩個相互敵對的集團。在實際上，他相信，二十世紀儘管它所有極端化的政治語言，並沒有那麼不像十九世紀。其他人或許將冷戰看待為一個粗糙的「落跑雞」遊戲。對亨利・季辛吉來說，這應該像是古典的外交棋局。正如俾斯麥過去以一個強權去鬥另個強權的遊戲，來提高德國的權勢；季辛吉現在設法利用蘇聯和中國之間的對抗，來改善美國的地位。他在一九七〇年九月時宣布：「在今日世界裡，那最尖銳的對立或許存在蘇聯和中國之間」。南斯拉夫、羅馬尼亞或阿爾巴尼亞脫離莫斯科懷抱是一回事，因為其中沒有一個算得上強權，而且只要她們的獨裁者仍然堅持一黨專政以及計畫經濟，蘇聯就可以聳聳肩，不以為意。但中國以其龐大人口，則是另一回事。這比較不是季辛吉期望中國人協助美國人在越南脫困；而是他相信在開一扇門到北京時，將強迫蘇聯去聆聽美國有關「戰略武器限制協議」。低盪和解（Détente）是季辛吉的通關密語：這種降低超級強權之間緊張的目的，是要停止這負擔越來越沈重的核武競賽。雙方現在都擁有足夠多的彈頭來將對方人口滅絕好幾次。先發一擊已經出局，因為雙方很顯然都能進行報復性的第二擊。製造越來越多、越來越致命的飛彈的要點何在？

問題是這樣的計畫意謂要和中國來往打交道，而自從一九四九年以來沒有美國官員曾踏足該地。而且這也不是一個特別恰當的時機來重新建立外交關係。在一九六〇年代末。中國正陷入毛澤東激進主義的第二波：文化大革命。在官方上來說，這是毛主席努力抗拒官僚化傾向，並恢復革命熱忱；在實際上，這是共產黨最高層的搏命權力鬥爭，釋放出恐怖的世代衝突。年輕好戰份子得到毛澤東鼓勵，形成紅衛兵以及後來的革命委員會，去毆打、酷刑以及儀式性地羞辱他們的老師以及其他具有權威性的人物。一九六六年夏天，僅在北京就有超過一千七百人被打死。有些受害人是因為沸水淋身而死；其他人則被迫吞嚥鐵釘。超過八萬五千人被下放到鄉間，被迫在「勞改」營強制勞動。在一九六八年「肅清階級」運動時的北京大學，受懷疑的老師被迫公開坦白他們的「問題」，並互相指控。那些被指認為反革命份子要接受所謂的專案小組的調查，這經常會用刑。老師會被拘禁在臨時搭建的「牛棚」監獄，而教師們被稱為牛鬼蛇神。許多人被逼得自殺。一名人類學教授以及達爾文作品譯者潘光旦，告訴一位朋友說：「我一向依循三S原則：投降（surrender）、屈服（submit）以及活下來（survive）。現在我再加上第四個S：聽天由命（succumb）」。在北大至少有二十三位教職員因為這種方式被迫害而死亡。（紅衛兵提及自殺是「自絕於黨及人民」。）一九七〇年在除「四舊」（舊思想、舊文化、舊風俗、舊習慣）的運動中，約有二十八萬人被標籤為「反革命份子」或是「資本主義同路人」而遭到拘捕。所有這些都是以毛澤東之名以及在他唆使下進行，而他本人則被敬拜如神。早晚人們必須在他的肖像之前排隊歌頌：「偉大的領導毛主席萬歲」。他們歌唱如「毛主席您是我們心中永遠不落的紅太陽」。總計，約有四十萬到一百萬之間的人被認為在文化大革命的動亂中死去。以一位親近季辛吉的共和黨記者威廉‧巴克禮的話來說，與北京親近，意謂著和那使南美獨裁者大為失色的謀殺兇手打交道。甚至現在很清楚了，毛澤東的極權主義在迫害自己的同胞上，是和史達林的蘇聯同列一級。

但對季辛吉來說，這樣的考量是次要的；在外交的大棋局之中，必須要做的是去「將」對方紅帥一軍，而不要擔心所犧牲的小卒。一九七二年二月，在國家安全顧問季辛吉苦心積慮的鋪路下，尼克森前往中國。這次他來不是要誇口美國生活方式高人一等，如他在一九五九年於莫斯科時所做的。相反地，他相當願意去隱藏他對共產主義根深蒂固的厭惡。「您們不瞭解我，」尼克森開場說，不經意地聽起來又像是位推銷員，「但任何我說的事，我會做到」。在尼克森愉快地和周恩來舉杯致意時，那些仍然在華盛頓哀悼將中國「輸給」共產黨的人，只能目瞪口呆。和毛澤東握手、在長城上拍照以及中國軍樂團在人民大會堂中演奏「美麗的阿美利加」，即使在尼克森在他最狂野的想像裡，他實在無法希望得到更多。更重要的是，中國與美國恢復邦交，成功地將蘇聯帶到談判桌，正如季辛吉所希望的。在三個月內，尼克森和布里茲涅夫已經簽署了兩個武器管制協議。這是外交上以及尼克森競選連任活動的徹底勝利。超級強權棋局的大師很適當地被提拔為國務卿。

但尼克森及季辛吉在某種意義上會是另一個人棋盤上的旗子？他們假設毛澤東想要三個東西：提升中國的國際地位、更進一步去兼併台灣以及將美國趕出亞洲。這是低估另一方。這惜別餐會中澆灌著酒精以及美國的善意，但中國利用這善意去博取種種讓步。是的，台灣現在可以被邊緣化，她在聯合國的席位讓給中國。但那並非全部；隨著美國現在是如此貼近與人民共和國維持良好關係這種想法，中國可以去霸凌她的鄰居成為衛星國，而不受處罰。在一九五一年被人民共和國併吞的西藏，現在可以被漢族的中國人強行殖民。而且不只美國，甚至蘇聯，都被從印度支那踢出。而那對越南所具有之意涵，卻與尼克森及季辛吉心中所想的相當不同。

結果是即使是亨利．季辛吉那種馬基維利式的天才，沒有任何東西可以從越南的廢墟中挽回美國的顏面。但並非是國外失敗摧毀了尼克森的總統任期，而是倒回去一九五九年時，如此激怒赫魯雪夫的那種對家庭家電的熱忱。尼克森並非是第一位美國總統去竊聽電話以及錄製談話內容，但他前任沒有一位像他如此像有強迫症地去做。以一種富於意涵的反諷，正是他自己談話的錄音帶（—這在他自己要求下錄製的—），透露出尼克森涉入水門醜聞的程度，因此強迫他辭職。但即使他在一九七四年八月九日年宣布他的失勢，尼克森仍然堅持對中國的開放已經為他在歷史上取得一席之地。如同他提醒他的觀眾：

我們已經打開那四分之一世紀以來，豎立在美國及人民共和國之間的門戶。我們必須保證在中華人民共和國生活的全球四分之一人口，將會以及一直會是我們的朋友，而不是敵人。

但究竟尼克森在北京真正地交了哪種朋友？就中國人而言，美國的脆弱提供給中國一個機會，去解決兩個歷史的痛處。一個是蘇聯：毛澤東希望去挑戰她在共產世界的領導權；另一個則是和北越，這竟然敢投向莫斯科而非北京，來尋求援助，以便和美國作戰。但這種算老帳的衝擊卻是由柬埔寨這小國家來承受。

柬埔寨被北越用作庇護越共游擊隊以及補給路線的地方。這曾是尼克森下令所謂秘密轟炸的目標。這國家的統治者西哈努克親王曾經常是拉一邊打一邊，但徒勞無益。在一九七〇年三月十八日，西哈努克被親美的龍諾所主導的政變推翻；西哈努克決心要贏回權力，所以和柬埔寨共產黨「赤柬」（或「紅色高棉」）聯手。一九七〇年代初期提供赤柬絕佳的機會。北越不僅能避開美國的入侵，而且也戰勝龍諾較弱的軍隊。美國人加強轟炸，但是所導致的民間損害只不過協助赤柬能招募到更多的新血輪。當北越撤軍時，龍諾政權的末日也指日可待。將他趕走的人是沙洛特・紹，一名不順利的電子學學生，在法國求學時成為共產主義者，以假名「波布」為人所知。一位他的同志對他領導人的冷漠態度以及對敵人徹底的殘酷無情，大為驚訝，將他比喻為一位已經進入「圓成實性」的佛僧：「您已經完全無我。沒有東西讓您動心。這是最高境界。」在這種超越的狀態之中波布能夠做出什麼事來，在一九七五年四月十七日首都金邊淪陷到赤柬手中之後，將立即清楚。他以及他面無表情的軍隊下令要將全城立即以及完全清空。

波布政權拒絕任何經濟上的進步，設法將柬埔寨送回去前工業、前商業以及前資本主義的烏托邦。「零年」正式宣告開始。城鎮要清空。所有市集要廢除。沒有貨幣。每個人現在要在集體農場工作，那裡沒有私人財產。他們只穿黑色衣物。他們集體進食。目標是要建立「新的柬埔寨」，一個全然共產農業國家。每種形式的西方文明污染將被根除，甚至是現代醫學。就赤柬自己而言，有多少人在這過程中死掉，則完全無所謂。正如他對困惑的城市居民，在內戰中沒站在正確方向的所謂「新人類」，曾經說過：「要你們活沒有好處，要你們死沒有損失」。毀滅的確是波布的唯一強項，因為他唯一嘗試去興建的東西（—要復原吳哥窟寺廟的新運河及水壩網—），以難堪的失敗做終。前政權的主要支持者被立即處決，還有他們的家屬。任何人質疑安卡（Angkar），「組織」，會被以相同的方式對待。甚至生病也是透露出「欠缺革命意識」。如在中國的文化大革命，教師被懷疑看待，但同樣地，學生和大學畢業生亦然。赤柬因為子彈不夠，所以他們用斧頭、刀具以及竹棍。被選來處決的孩童，被以頭撞擊榕樹來處死。處決經常在稻田裡以尖鋤來執行—這是所謂的殺戮戰場。吐斯廉監獄成為「滅絕營」，在那裡有一萬四千人被酷刑至死，其中許多被懷疑的人是赤柬幹部。有些受害人士被公然開腸破肚，肝臟被處決者拿出來煮食。革命會反噬自己所生出的後代，並非不尋常；只是在柬埔寨，這些是真正地吃下去。總計，從原來僅有的七百萬人之中，有一百五十萬到兩百萬人因為處決、虐待或是飢餓而死。

柬埔寨的命運例證了在那些崩潰的帝國以及在代理戰爭是為狂熱份子製造機會的地方，冷戰一點都不會冷。但波布政權的戰爭不只是單純的階級戰爭。就如在瓜地馬拉和冷戰的其它非主要戰場，它也具有族群的層面。赤柬對種族純粹概念的投入，正如它對基本教義派的共產主義一樣。「在新柬埔寨，只有一個民族及一種語言⋯從現在開始，不同的民族⋯在新柬埔寨不再存在」。在波布掌權之前，這國家內對越南人的仇視已經顯現出來。然而在赤柬之下，這暴力變得系統性，並擴及國內所有少數族群。大約有十萬名越南裔的人被殺。或許有二十二萬五千名華裔以及十萬名穆斯林的占族（大約各佔這些少數族群社區的一半人口）被認為因為疾病、飢餓或處決而死。同樣容易受害的是許多處於跨族婚姻中的柬埔寨人，因為在此不同團體之間的界線也非截然分明。甚至「純種」柬埔寨裔的人也不是安全的。這政權也瞄準佛教僧侶來進行迫害；它同樣也針對在這國家東部的居民，因為這些人發現自己是落在「組織」內鬥中錯誤的一邊，所以被指控懷有「越南人的心」。似乎所有二十世紀的仇恨：階級、宗教以及族群，都被純化蒸餾到一個有毒性的運動之中，而這運動除了野蠻殘酷之外，無法成就任何事。

最後摧毀這瘋狂的政權是它在一九七七年對越南發動戰爭。這戰爭有明白的種族屠殺意圖。「到目前為止我們已經達成目標，」政府電台在一九七八年五月十日宣布，「對每位喪命的柬埔寨人，會有三十位越南人被殺掉…所以我們可以犧牲兩百萬人，來滅絕五千萬的越南人，而我們將仍然是六百萬人」。美國希望能利用共產集團中的內鬨，在此處被怪異地達成目的。兩個共產政權以及兩支民族，彼此交戰，一邊是由蘇聯撐腰，另邊波布政權則是中國支持。但正是尼克森所協商出的中美復交，導致冷戰的現實政治進入到荒謬的境界。在越南入侵柬埔寨，美國站在赤柬這邊，而這政權戰敗已經撤退到山區去進行另一次的游擊戰。

於是冷戰只部分是這兩個敵對經濟系統之間的鬥爭。它只有部分是美國及蘇聯戰略武力的「落跑雞」遊戲。只有部分是季辛吉大型強權之間的棋局。在實際情形上，冷戰是一大堆內戰，許多都是由超級強權所贊助，但只有極少數是完全在它們的控制底下。一些族群屠殺的最惡劣事件，幾乎與超級強權之間的衝突完全無涉。這當然是一九七一年巴基斯坦的情形，當時穆罕默德・阿尤布・汗的軍事政權，對東巴基斯坦的人民進行一場真正地族群屠殺戰爭，徒勞無功地企圖要藉著「將這多數族群降低成少數族群」，來避免他們分裂退出。在一九八八年的伊拉克亦然，當時薩達姆・海珊進行所謂的安法爾（Anfal，意為「戰利品」）之役，來對付庫德族時；在其它武器之外，他還動用到毒氣來撲滅掉整座村落。現實政治意謂著要和像阿尤布・汗以及薩達姆・海珊等令人反感的領導人打交道；對他們破壞人權視若無睹，只是為了要對另一超級強權，來贏得小利。

最後在這種美國及蘇聯之間的經濟對抗中，只有一個贏家；即使在一九七〇年代時一點都還不能確定贏家會是前者。「落跑雞」的遊戲結果沒有勝者。但是在華盛頓、莫斯科以及北京的大師們在下棋時，在眼不見為淨的地方，如火如荼發生衝突的是第三世界的輸家，這輸贏是以百萬人命來計算。

世界重新導向

我們喜歡將一九八九年的革命想成是二十世紀的高潮大結局，一個標記西方大獲全勝以及意識型態的快樂結局時刻。隨著東歐共產主義的崩潰，以及兩年之後蘇聯本身的瓦解，許多人都結論說西方資本主義的民主政治終於贏得勝利。一些人期望新世界秩序，其他人則提及歷史的終結。看起來似乎這世紀所有的問題終於要被解決。國際經濟整合的過程，勢不可擋；自由貿易及資本流動是今日的風潮。二十世紀中的戰爭國家（warfare state）以及福利國家（welfare state）被國際經濟自由化的浪潮所削弱，這由英國的瑪格麗特・柴契爾夫人的政府做急先鋒。西歐也顯示出，自從戰爭之後，經濟整合可以將不同民族聚在一起，結束古老的軍事對抗，而現在那似乎正以全球的規模在發生之中。共產主義與法西斯主義的極端意識型態，也瀕臨死亡狀態。在同時之間，基因科學也正透露出種族是個沒有意義的概念，而一些社會（—特別是美國，還有英國—）似乎正在朝向一個真正種族及族群整合的狀態。曾撕裂世界的超級強權衝突，也已經結束。蘇聯突然之間不見。美國已經贏得冷戰，卻在同時之間不停表白它自己沒有帝國主義的野心。樂觀主義者希望，只需要一些鼓勵，世界將同時採用資本主義與民主政治的模式。簡言之，世界大戰似乎終於結束。

但巴爾幹的事件很快地便嘲笑這快樂歷史的結局。南斯拉夫的各民族似乎轉身背離這自由資本主義的美麗新世界。在東歐共產主義崩潰的數月內，他們在以殘酷對待平民以及系統性「就地淨化」為特色的繼承戰爭中，將他們的國家撕裂。看起來歷史不想結束。它要回到這世紀的開始之初。

在一九一四年六月二十八日，加夫里洛・普林西普因為謀殺奧地利皇儲法蘭西斯・費迪南，在巴爾幹點燃戰火。他的目的是要創造出一個聯合的南斯拉夫。七十五年之後，塞爾維亞共產黨總統史洛波丹・米洛塞維奇以一場煽動群眾、紀念科索夫之戰六百週年紀念的演說，又再一次點燃讓這地區再陷火海的引信。他的目的是要瓦解普林西普的成就。米洛塞維奇在塞爾維亞是以對少數族群之鬥爭，特別是科索夫的穆斯林，要從南斯拉夫聯邦首都貝爾格勒手上爭取他們的自治，採取強硬路線，而贏得他的政治名聲。但是在波斯尼亞，族群仇恨的果實最先被收割。

在塞拉耶佛保存普林西普遺骸之墳墓的對街，在一九八四年冬季奧林匹克運動會舉行的體育館陰影之下，有第二個塞爾維亞民族主義的紀念建築：數以千計的白色十字架，每一個都標記波斯尼亞內戰一位受害者的墳墓。由塞爾維亞領導人米洛塞維奇和克羅埃西亞領導人弗拉尼奧・圖吉曼，在一九九一年三月所構想出瓜分波斯尼亞的計畫，在意圖上一直都是要進行族群屠殺。如圖吉曼自己稍後說，在瓜分之後，將不會有「穆斯林的部分」，儘管事實上穆斯林構成波斯尼亞人口的五分之二。在一九九二年十月二日，約有十萬人遊行穿過塞拉耶佛街上，示威支持和平。次日，最先的迫擊砲攻擊是由塞爾維亞人主宰的南斯拉夫國防軍從環城的丘陵發射出。有將近四年，聯合國用飛機運送物資到塞拉耶佛機場，而塞爾維亞擊發砲彈、子彈到市中心去。當世界在一旁觀望，有一萬兩千人在為期長達一千兩百天的圍攻中失去性命。他們必須開挖足球場來為死者找到下葬的空間。在這時候，英國外交官以及政客反對任何種類的干預，來停止這血腥的行為，或甚至是武裝波斯尼亞的穆斯林到可以自保的程度。他們聲稱「古老的仇恨」已經被冷戰結束所釋放出來。狄托只不過讓這些仇存在於一種假死的狀況；現在如往常一樣地，仇恨又回到巴爾幹的屠殺。

在乍看之下，波斯尼亞內戰似乎與之前二十世紀的族群屠殺形成明顯的對比。南斯拉夫並不貧窮、它是東歐集團國家中最富庶的一個，主要是因為經濟改革比其它地方來得早。南斯拉夫已經不再是帝國之間的戰略斷層線。在狄多背離史達林的帝國之後，南斯拉夫在西方是以度假勝地和季節性勞工來源而更為人所知。至於古老的仇恨，在一九八九年之前則少有徵象。在如維謝格勒的城鎮中，教堂與清真寺在一個相當世俗的文化中比鄰而立。在波斯尼亞大約有十二%的婚姻是異族聯姻的，這比例自從一九六〇年代以來甚少改變，而且或多或少與南斯拉夫平均比例一致。在一九八九年，例如說，有十六%在波斯尼亞的克羅埃西亞人、十三%在波斯尼亞的塞爾維亞人，和六%在波斯尼亞的穆斯林婚娶共和國內中其他族群之一的女性，結為髮妻。在塞拉耶佛及莫斯塔這些城市，異族連姻的比例甚至更高。與南斯拉夫其它部分（特別是科索夫）的穆斯林相比，波斯尼亞穆斯林更有可能與異族通婚。波斯尼亞人是如此混雜，所以只能用最可怕的暴力來將他們分離。

然而有關米洛塞維奇動機的一個線索，在於南斯拉夫的人口趨勢。這些趨勢不是往塞爾維亞人那邊發展。塞爾維亞人口幾乎沒有增加；主要是波斯尼亞以及科索夫的穆斯林人口，他們在一九八〇年代分別成長十五%及二〇%。在一九六一年到一九八一年期間，波斯尼亞人口中的穆斯林比例從二十六%升高到四〇%；科索夫中的阿爾巴尼亞人比例則是從六七%增加到七七%。另一個摩擦的來源是經濟。在一九八〇年代南斯拉夫經濟減緩，但南斯拉夫某些部分表現比其它更好。斯洛文尼亞和克羅埃西亞成長較快，而波斯尼亞和科索夫則明顯較差。到一九八八年人均社會生產毛額在後面那兩個地方分別是南斯拉夫平均值的七六%及二四%，相較於在一九五五年的八〇%和五五%。米洛塞維奇競選的口號是，在波斯尼亞及科索夫裡的塞爾維亞人「面臨危險」。就每一個情形中，他們的確是在一個停滯的經濟裡中逐漸縮小的少數族群。正是針對塞爾維亞少數族群所導致的不安，米洛塞維奇及他的隨從來加以操弄。

在一九九二年春天塞爾維亞半軍方的暗殺隊，標著如「老虎」或「白鷹」的名稱，橫掃東波斯尼亞。在四月結束時，他們到達維謝格勒，一個人口超過五分之三為穆斯林的城鎮。在「白鷹」之中有位二十五歲的前維謝格勒居民，叫米蘭・路奇吉。在路奇吉的恐怖統治之下所發生的事，像是重演二次大戰中一些最殘酷的場景。在六月的兩個事件中，路奇吉及他的人馬將穆斯林關在他們家中，然後點燃燃燒彈之後，活活燒死一百三十五人。在七月十一日，一輛路奇吉偷竊的紅色福斯Passat旅行車，被開到因安德里奇《德瑞納河的橋》而名流千史的橋樑上：城鎮居民數世紀以來在這座橋上見面聊天。這輛車擠進六位穆斯林以及至少一位武裝的塞爾維亞人。另一群塞爾維亞人已經在橋中央等待他們。他們的領導者透過麥克風向「藏在周圍的穆斯林」宣布，他們將會有一個「巴爾幹風格的血腥假期」。他也宣布「保護穆斯林的每個塞爾維亞人，將會被立即格殺，」以及為每一位被穆斯林殺害的塞爾維亞人，將要以一千名穆斯林來犧牲。這群人接著將這六個人砍頭，身體丟到德瑞納河。大約半小時之後，一輛旅行車帶著另外八名穆斯林抵達。他們以相同方式被殺害。在大約下午七點時，第三群被帶到，包括女人及小孩。這殺戮在整個大部分夜晚持續進行。當一具屍體在河流下游幾里被發現到時，這條河流是最先將屠殺的景象透露給鄰近的村落。在接下來幾個月，共有八十二具男人、女人以及小孩的屍體被從河流中拖起來。總計有八百六十位城裡的穆斯林被殺害；另外七百三十八人在二〇〇五年八月時，仍然被列為失蹤。從戰爭之前總共超過一萬三千穆斯林的人口中，大約只剩一百名留下。這種型態在整個波斯尼亞的村落及城鎮中重複。屠殺的目的不是要殺盡所有的穆斯林，而是殺的足夠多，來確保倖存者會離開，不再回來。對那些所有被殺害以及失蹤者（——這包括所有族群的成員

—），所進行蒐集最詳盡的資料庫，包括了超過九萬兩千個名字。

在二〇〇一年八月五日，屠殺下的倖存者回到維謝格勒，去安葬從萬人塚裡挖掘出來，並使用DNA檢測，千辛萬苦才認定出來一百八十具遺體。這其中的反諷之處是，在這裡及波斯尼亞其它埋葬處所進行的檢測，確認了在穆斯林、塞爾維亞人以及克羅埃西亞人之間，沒有任何基因上的差異。於是無論在波斯尼亞的戰爭所為為何，它其實並非關於驅逐或殺害不同種族的成員，因為種族上的差異幾乎不存在。甚至塞爾維亞人的一個戰略，還有進一步混淆基因紀錄的效果。如我們已見，二十世紀一個不斷出現的特色：從一九一五年的亞美尼亞，到一九三七年的中國，到一九四五年的德國，大規模強暴會伴隨著大規模謀殺而來。聯合國人權委員會稱呼在波斯尼亞的強暴事件是「大規模、組織性以及系統性」，其執行是為了「羞辱、欺凌、降級以及恐嚇整個族群團體」。有兩百位女性，其中一些只是女孩，被「白鷹」人員從家中擄走，帶到附近的維利納•弗拉斯療養院。他們在那裡被多次強暴。類似罪行在消防站、比卡發斯旅館、高中以及運動中心被犯下。

維謝格勒亦非獨一無二。歐洲聯盟估計，總共有兩萬名女性在波斯尼亞戰爭中被強暴；波斯尼亞的資料來源，將總數認定為五萬人。沒人真正知道。有些受害人被殺死；其他人（—再度地，我們無法確定有多少人—）則懷孕。看起來好像這些犯罪的人回歸到最原始的部落行為。他們不僅只滿足於殺害男性穆斯林，他們也要讓他們的女眷身懷「小切特尼克」，好像不只是要增加塞爾維亞人所佔有的波斯尼亞領土的比例，也要增加波斯尼亞的基因庫。但是如此原始的行為，與細膩的政治算計同時進行。很清楚地，米洛塞維奇玩弄塞爾維亞民族主義牌的主要動機，是要避免在其他東歐國家裡共產黨領袖所遭受到的命運。雖然那些人被一九八九年後民族主義的浪潮席捲走，但米洛塞維奇卻能踏在浪頭上；甚至激起浪花。而且長達十年，他的策略一直行得通。

在波斯尼亞所發生的只是那後來一向被稱為一九八九年後「新世界失序」（New World Disorder）的一部份。在一九九〇年代國家之間的戰爭變得較不平常，但國家之內的內戰數量卻是往上衝。南斯拉夫的瓦解絕非這些衝突中最血腥的。在盧安達，一架載有這國家總統（以及浦隆地新總統）的飛機被擊落之後，來自大多數呼圖族的極端份子，企圖滅絕國內百萬左右的圖契族。在一九九四年一百天的時間內，八十萬人（—大多數為圖契族，但也有拒絕合作的呼圖族—）被殺害。一支圖契族流亡人士組成的軍隊（盧安達愛國陣線）於是從烏干達入侵，並將呼圖族的殺手以及許多其他害怕報復的呼圖族人，驅逐過邊境，進入剛果及坦尚尼亞。很快地幾乎所有剛果的鄰國都陷入野蠻恣意的暴力行為。在「中非大戰」（Central Africa's Great War）中，據估計總共有兩百五十萬到三百萬人失去生命，大多數是因為飢餓或疾病，這些都是現代之前戰爭的附帶狀況。再度地，正如在波斯尼亞，性暴力至為猖獗，但是加上一個意外轉折：在盧安達的強暴加速了非洲愛滋傳染病的散播。再度，有些人從混亂之中得利：政客現在可以抗拒要求真正代表性民主政治的壓力，而及收保護費的人可以將他們的幫派升格為全面的私人軍隊。再度地，「國際社區」發現可以很方便地將這暴力歸諸古老的（因此根據其含意：「無法治癒的」）部落仇恨。

有人認為在盧安達的流血，應該被瞭解為是人口壓力以及生態危機的結果。就像鄰近的浦隆地，盧安達在一九九〇年時有極高的人口密度，然而原始農業方式正導致土壤衰竭以及侵蝕，造成平均土地持有降到無法自給維生的大小。在暴力退去之後，有些盧安達人甚至被聽聞到有「必要去清除過多人口，使數量符合可用之土地資源」的說法。然而湯姆士・馬爾薩斯在他的一七九八年原創性的《關於人口原則的論文》（*Essay on the Principle pf Population*），未曾預測過自給維生農業的危機，會導致人們以手斧將彼此砍死；

他所預見到的是「悲慘」或「罪惡」，不是族群屠殺。大規模屠殺的動機更歸諸於現在大家所熟悉的：一個族群混雜的社會中，在種族意識型態以及現實狀況這兩者間的衝撞。在東非大湖區（Great Lakes）的社會中有二分的社會，一方是膚色較淺的圖契菁英（放牧／受教育／貴族），另方是膚色較暗的呼圖民眾（農夫／不識字／奴役）；這種概念源自於殖民強權常見到的簡化人類學。如此的概念在這兩個國家被獨立後的政權延續下去，甚至更加扭曲；這用來合法化在浦隆地持續的少數統治（「含族主義」，'Hamitism'），也合法化在盧安達呼圖族的社會革命（「反含主義」，'anti-Hamitism'）。然而社會現實與這種兩層次的種族秩序相當不同。封建氏族比這兩個所謂的種族有更長久的歷史。無論如何，在盧安達及浦隆地尚有其它的族群團體。像是干瓦族及特瓦族或是黑矮人。但更重要的是，正如在波斯尼亞，呼圖族與圖契族在社會上一點都沒隔絕開來。他們說相同的語言，生活在相同的村落。特別是（—這是在當時時常被忽略的一點—）他們已經通婚很久。甚至，盧安達第一位呼圖族總統，格雷瓜爾・凱伊邦達，據說有位圖契族的妻子。雖然呼圖族父親與圖契族母親之後代在身份證上被歸為呼圖族，但在一九九四年內戰爆發之前，對異族婚姻以及他們所產生的後代的不容忍，急遽升高。這族群屠殺因此不是加諸在一個長久以來被隔絕的受排斥團體，而是鄰居，甚至有時候是親戚。的確，在卡那麻社區中，呼圖的謀殺者及圖契的受害者之間沒有清楚的區隔；呼圖人殺呼圖人；父親殺兒子。歐洲人對非洲的「部落主義」大為搖頭，但是發生在盧安達的事：將少數族群標籤化為「蟑螂」，將整個家庭殘酷地屠殺，以及使用強暴做為武器，這些明確地呼應在歐洲自己「黑暗大陸」五十年前的事情。相信盧安達人彼此相殺是為了多幾畝的農地，就像是相信德國人入侵蘇聯，只是因為他們同樣會定期在生存空間上有所不足。

在波斯尼亞及盧安達族群屠殺的一個顯著特徵，使它們與一九〇四年到一九五三年之間類似的屠殺有所不同之處，這是它們在地緣政治上的無關緊要。例如說與中東相比，在那裡族群衝突往往會採取恐怖主義行動、而非族群屠殺的型態，巴爾幹以及中非在戰略上的價值可以被忽略掉。而正是這點耽誤了國際介入波斯尼亞以及插手盧安達。＊同時之間，在整個一九九〇年代沒有與美國匹敵的帝國對手（——在這世紀的大部份時期是未曾有過的「單極」狀態——），降低了所涉及的籌碼，即使是當區域衝突發生在戰略上關鍵的波斯灣（如發生在當伊拉克入侵科威特時）。因為這理由，「新世界失序」未曾威脅過會變成「新世界戰爭」。當俄羅斯政府在一九九九年六月，衝動地派遣部隊到普里什替納機場，似乎意圖要制止美國所領導的北約前進科索夫，但結果是鬧劇，不是悲劇。因此最後一個問題浮現出來：這種事態可以被仰賴會繼續維持下去？換言之，我們是否能在二十一世紀期盼不會有超過區域化的失控，相對於一場到處蔓延的世界大戰？當我在寫作時，有些理由讓人審慎樂觀。根據一個最近的估計，全球性的戰爭自從一九八〇年代中以來已經減少六〇％；現在是自一九五〇年代末最低的狀況。自從二〇〇三年有至少十一場戰爭已經結束，從亞洲的印度尼西亞及斯里蘭卡，到撒哈拉沙漠以南的盧安達、獅子山、安哥拉以及賴比瑞亞。

一九三一年時，阿爾柏特・愛因斯坦邀請西格蒙・佛洛伊德加入，一起建立「一個具有真正地位之知識份子的協會」，其目的將是「做出積極努力，來取得宗教團體的協助，共同對抗戰爭」。佛洛伊德懷疑地回應，堅持存在著一種人類永恆「去摧毀及殺戮的本能」，這與「要保存以及結合」之「情慾」的本能，是相

＊盧森堡外長雅各・普斯（Jacques Poos）宣布說「歐洲的時刻」已經降臨，好像布魯塞爾多少可以停止殺戮。事實上，歐洲外交上的主動，無助於停止種族淨化，而且在聯合國主持下行動的歐洲軍隊幾乎只是在協助，甚至唆使一九九五年七月在斯雷布雷尼察（Srebrenica）八千名沒武裝的穆斯林被殺害。這需要美國的火力以及克羅埃西亞人的陣前倒戈，來停止在波斯尼亞的殺戮，正如是美國的火力終止、然後反轉了米洛塞維奇設法也在科索夫省所執行的種族淨化。

對立的命題：

> 如您所見，這裡有眾所皆知的對立，愛與恨，被轉化為理論上的個體；它們或許是那些永恆對立，彼此吸引且排斥，這落入到您的領域之中…這些本能中的每一項都和其對立一樣地不可或缺，而所有生命的現象是源自於它們的活動，無論它們是和諧或是對立運作…以那最小思辯的努力，我們被帶到這樣的結論，（破壞性的）本能在每個有生命的個體中運作，努力去造成它自己的毀滅，將生命還原到它最初沒有生命時的原初狀態。甚至，這或許能名之為「死亡的本能」；而情慾的本能，則是確保要努力存活下去。死亡的本能會變成毀滅的衝動，當在某些器官協助下，它將其行動外指，對付外在的目標。也就是說，生命存在會以毀滅外來個體來護衛自身的存在…這些觀察的結論是…我們不可能去壓制人性中侵略的傾向…我們，您及我及許多其他人何以要如此激烈地抗議戰爭，而不去接受它是生命中那令人討厭、會對人強求的另一項？因為它似乎是足夠自然之事，在生物學上合理，而且在實際上無可避免。

佛洛伊德在他對第一次世界大戰的反思時，已經提出過他的論證，雖然沒有他現在提供給愛因斯坦那種嚴酷社會達爾文主義的結論。無論我們如何理解佛洛伊德的理論，我們甚難將這種對人性的洞見完全忽略，因為它如此完美地捕捉到那種毀滅的衝動，這衝動在只超過十二年又多一些的時間裡，會去摧毀中歐德國的猶太環境，而他及愛因斯坦正都是來自於那樣的環境。儘管佛洛伊德的分析所具有的非科學及臆測屬性，但它直入仇恨那難以捉摸的核心，捕捉到那根本上的矛盾—它同時結合Eros（性愛）和Thanatos（死亡），情慾和病態。我們現在已經在這些頁數之中經常遇見那樣的組合，從性結合的社區之中爆發出族群屠殺的行為；在集體強暴之中，那種淫慾以及嗜血的結合；在主宰（種族）與奴隸（種族）之間的關係，由米蘭・路奇吉和伊革巴拉・拉夫洛維奇（—一位他所加害的穆斯林寡婦，並據說保留下來做為性伴侶俘虜—）兩人所代表；然而這雙重的強暴及謀殺衝動，在文明社會裡仍然是被壓抑的。只有在文明崩潰或是被擊潰時，如發生在波斯尼亞及盧安達，那衝動才會被釋放出來。而且只有在某些狀況之下，它才會從迫害殺戮，升級為族群屠殺。再重複一次：經濟上的波動經常提供機會去觸動，將族群差異給政治化。鄰近戰略性邊界，這通常是帝國的邊界，則決定暴力如何變化的程度。

有兩個不太相關的現象，都是各自從一九七九年左右開始顯示出新世界失序的時代現在正逐漸靠近尾聲。在許多方面，蘇聯在一九九一年末的瓦解以及之後的餘震，往往會將注意力轉移到世界其它地方正在發生的變化。因為在那裡，有另一個共產黨政權（—以及一個其來有自的帝國—）正在運作出如何進行經濟改革，但無需做出政治上的讓步。何以中國共產黨能夠擁有改革，以及竄升的經濟成長，卻無需犧牲對權力之壟斷？這簡單的答案是當在一九八九年一個潛在性的革命情勢發展時，這政權做出共產黨政權在冷戰時期，在面對內部異議時，一貫會做的事。它送進坦克車。在一九八九年六月四日，民主牆活動被無情地鎮壓。在天安門廣場集會的學生中，有不知數量的人被逮捕；在作秀審判之後，領導的異議份子被囚禁起來。在中國所發生的，與同時間在東歐的事件，形成截然的對比。在蘇聯領導階層設法同時進行經濟重建以及政治改革，但卻以政治革命及經濟崩潰收場。中國人要、而且得到經濟重建，但無需政治改革。從一九七九年起，中國以每年平均剛好不到一〇%的成長率來成長，對迅速拉近西方與亞洲收入之間的差距，貢獻良多（見圖E.1）。這不是由右翼的柴契爾信徒，而是有黨員卡的黨員做到的。甚至，這造成中國經濟奇蹟的人，正是同一位下令坦克車進入天安門廣場的人。

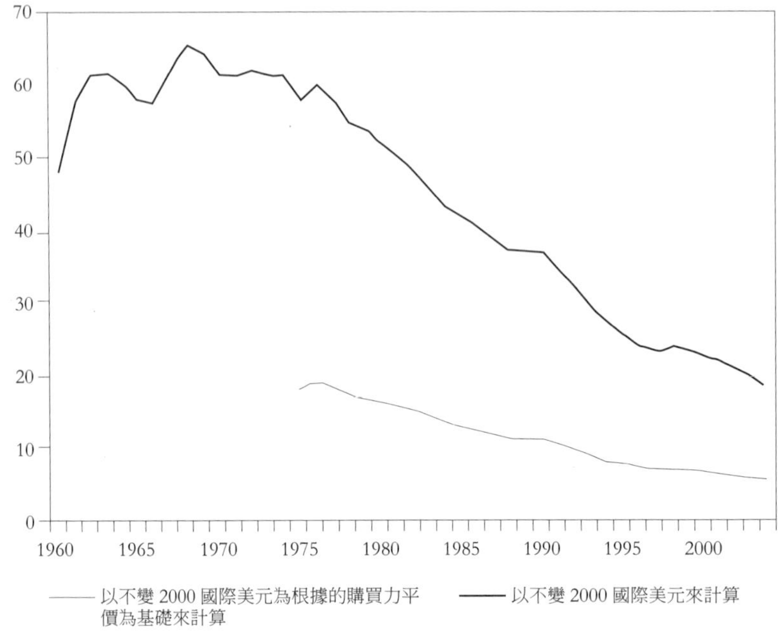

圖 E.1 歐洲對東亞人均生產總額的比例，1960 年到 2004 年

當鄧小平在一九七九年一月二十八日到達華盛頓時，這是中國共產黨的領導人第一次去造訪美國。鄧小平時年七十四，是中國革命偉大的倖存者。他曾伴隨毛澤東長征，並且從文化大革命的黑暗日子中存活下來，當時他被紅衛兵列為「第二號資本主義同路人」。在他被平反之後，毛澤東惡毒的妻子江青所領導的四人幫，曾兩度設法除掉他。但鄧小平佔有上風。他的美國行是因為中國共產黨內部的一項重大紛爭所促成。一九七八年十二月中國共產黨第十一次全國代表大會三中全會，在鄧小平的鼓勵下，決定要將中國經濟重新導向市場。毛澤東曾想藉由國家主導工業化而進行的大躍進，結果變成犧牲多達三千萬人的大後退。鄧小平真正躍進的策略是打破社區對農業的控制，並鼓勵發展鄉鎮及村落的創業。在幾年之間，如此鄉村創業貢獻了將近三分之一的全部工業生產。另一個關鍵的成分是四散海外的華人，即使中國大陸在毛澤東的暴政之下變得凋零枯萎，但他們繼續在資本主義體系下運作。從香港到吉隆坡，從新加坡到舊金山，一群有經驗及富有的資本家菁英正隨時等待被邀請。

有關鄧小平美國行的關鍵之點是，它確保中國在工業化時，中國的出口品可以使用龐大的美國市場。它也確保在鄧小平沿著中國海岸成立自由貿易經濟特區時，美國必然會優先在當地直接投資，帶來寶貴的技術知識。就美國公司而言，它們見到中國自由化是個絕佳機會來將物品生產進行「外包」，降低成本，供美國消費者使用。有些分析家甚至預測經濟特區將會變成美國在東亞的殖民地，而其他人則一廂情願認為，暴露在自由市場中，必將削弱中國共產黨對政治自由的反感。對這美國的世紀來說，有什麼更好的結論能夠被想像出呢？但結果並不全然是那樣發展。

就像其它亞洲經濟奇蹟一樣，中國的經濟是由貿易來推動。在一九七八年和一九八八年之間，以美元計價，中國外銷成長了四倍，而從那之後又成長超過十倍。中國物品主要的目的地過去是、而且現在仍然是美國。今天美國超過十一％的進口品是來自中國，而且數量一直增加。雖然美國希望透過投資在中國的子公司，來成為中國外銷景氣的受益者，但在中國國內的外國直接投資中，幾乎不到一〇％是來自美國。相反地，這角色正在反轉中。因為美國的貿易赤字已經升高到超過國民生產總值的六％，所以現在是中國人借錢給美國使用。在此同時，有越來越多的美國製造業者從中國競爭那裡承受極大的壓力，不僅是因為中國的薪資僅是美國的一小部分；中國人也限制他們貨幣對美元升值。而且他們外銷到美國的不是只有便宜的衣鞋；超過五分之二的中美貿易逆差是因為電器設備及發電機組而來。美國人曾經認為中國將會變成美國一個在經濟上的巨型子公司，類似重演在二十世紀初期的「門戶開放」時代。相反地，他們現在發現自己是在面對一個新的經濟對手。有些人預測認為中國國民生產總值將會提早在二〇四一年時趕上美國。

焦慮的評論者開始懷疑，這經濟上的競爭會否最後導致衝突？有人論及未來貿易戰爭的緊張說法，而且不會只是貿易戰爭。

因此在一九八九年所謂的西方勝利，結果是個幻影。鄧小平在一九七九年訪美之行所推動的革命，比任何發生在瑪格麗特・柴契爾夫人所治理之英國裡所發生的，還有更多長遠的意涵。而鄧小平在一九八九年無情地鎮壓政治反對力量，比米凱爾・戈爾巴契夫在面對它時的投降，更是重要的事件。但儘管所有這些，鄧小平的革命不是一九七九年諸多革命中最重要的。畢竟中國人正在擁抱至少部分我們認為是西方文化的成就：自由市場，雖然這是一個遠東版的自由市場，由一黨專政的國家來規劃及監督的。但在近東當時正發生的則是涉及完全摒棄掉西方價值。在那裡革命並非關乎「利潤」（profits），是關乎先知（Prophet）。而遠東是在輸出貨品，近東則是輸出人口。

一九七九年，瑪格麗特・柴契爾掌權，而鄧小平拜訪華盛頓的同一年，在伊朗的灰暗城市庫姆中的馬德拉撒（madrassa）或宗教學校，則是另一場非常不一樣革命的震央，一場將會如自由市場全球經濟一樣深刻地轉變世界的革命。一九七九年讓一位女性在英國執政，一位完全相信救贖是在於自由市場的想法。但一九七九年也讓阿亞圖拉・魯霍拉・穆薩維・何梅尼在伊朗掌權，一位一樣堅信救贖是在先知穆罕默德的教誨之中。一個領導者是閱讀海耶克的《到奴役之路》，另一位則是《可蘭經》。一個革命指向以自由貿易為基礎的世界，另一個則是以聖典為根據的世界。當然有許多理由使得伊朗人圍繞聚集在一位固定譴責美國是「大撒旦」的領導者。在一九五三年美國中情局（以及英國軍情局第六處，MI6）推翻了受人歡迎的總理穆罕默德・摩薩台，並安插沙阿・穆罕默德・禮薩・巴勒維為獨裁者。巴勒維政權絕非美國在一九六〇及一九七〇年代所資助中的最邪惡政權；但他那種個人享樂主義以及公開鎮壓的組合，足夠在他的孔雀王座底下放進一個火藥桶。一九七九年的伊朗革命，部分是要對巴勒維的軍事及秘密警察算帳。但在何梅尼領導之下，革命的主要目標變成將時鐘往後撥；它要將伊朗社會裡的每個西方腐化的痕跡給清除掉。同時之間，它意圖要挑戰美國不僅在中東，而且在伊斯蘭世界裡自己封給自己的地位。

這不只是伊斯蘭的復興。伊斯蘭做為宗教當然絕非鐵板一塊。這其中有深刻的分裂，主要是在伊朗（及伊拉克）裡主宰的什葉派以及在阿拉伯國家裡主宰的遜尼派。但「伊斯蘭主義」是個好戰的政治運動，帶有反西方的政治意識型態，具有潛力散播到、甚至超越過整個伊斯蘭世界。反諷地，美國在它的散播上插了一手。畢竟蘇聯發覺佔領阿富汗如此難以維持，正是因為她發現自己和一支新的、有強烈動機的敵軍作戰，聖戰士（mujahidin），這由中情局依據「我敵人的敵人是我的朋友」這老原則，來武裝訓練。從一九七九年以後，是哪個政權比任何其它的，對伊斯蘭基本教義的傳播貢獻最多？這答案是沙烏地阿拉伯，美國在阿拉伯世界中最重要的盟友。不是中東的窮人急忙去加入聖戰；而經常是那些接受過西方教育的人。

激進伊斯蘭所有長處中最強的是：人口學是站在它那邊。它所宣布發動聖戰的對象，西方文化，不可能在生育方面和傳統的穆斯林社會的能力相比。伊斯蘭革命一口氣終結了伊朗女性生活上的西化。根據對伊斯蘭教法（shariah）所採取的嚴格詮釋，女性現在被迫在所有的公開場合裡要以面紗蒙面。在學校及公共運輸中引進嚴格的性別隔離。廣播及電視禁止女性播報員、演員及歌手。女性不得研讀工程、農業以及財經。她們被系統性地從所有高階的政府職務以及司法系統中移除。在一九七九年十二月，前教育部長法羅克魯・帕爾撒被處決，因為提倡賣淫、「腐化地球」以及「與上帝為敵」而被定罪。避孕及墮胎被禁止，而婚姻同意權的年紀被降低到只有十三歲。伊斯蘭共和國的憲法毫不含糊地表達出在新神權政治中，女人所應有的適當角色：

家庭單位是社會的基礎，而且是人類成長及提升的真正焦點：女人被吸引脫離家庭，因此是被置於「只不過是件東西」的處境，或「只是勞動的工具」，來服務消費主義和壓榨掠奪。重新擔任撫養有宗教心態之男女的任務、願意工作以及一起在人生的活動領域裡奮鬥，是個嚴肅以及珍貴的母親職責。

雖然穆斯林國家從一九七〇年代以來的平均生育率在衰退，如此的態度解釋何以它仍然是歐洲平均的兩倍。

雖然瑪格麗特・柴契爾絕非一位女性主義者，本身卻具現二十世紀末隨著西方經濟自由化所帶來的一種深刻社會變化。隨著傳統工會的衰敗以及新型態的彈性工作方式，英國女性比之前都更容易進入職場。反對性別歧視的立法，開始開放給她們所有種類的職業生涯，而這些之前都是由男人主宰。市場力量鼓勵女性工作。同時之間，在西方容易取得避孕方式以及墮胎，使女性對自己的生育有前所未有的控制。這兩件事綁在一起。女性要工作，或者也許經濟壓力強迫她們工作。但有三個或四個孩子要照顧，則相當難以工作；所以女性選擇只要兩個或一個或完全都不要。從一九七〇年代末期，平均西歐夫婦少於兩個孩子。到一九九九年，這數字僅稍稍超過一・三個，然而要維持人口恆定，則需要比兩個稍多一些。簡單地說，歐洲人已經停止複製。美國人口部門預測，假如生育率持續在如此低的層次，在五十年內西班牙將會少掉三百四十萬人，義大利則是五分之一。「本土」歐洲人的數量的總共減少將會是在一千四百萬之譜。即使是兩次世界大戰，也沒造成人口會有如此絕對的減少。

這兩種截然不同趨勢的後果會是戲劇性的。在一九五〇時，英國人口是伊朗的三倍。在一九九五年時，伊朗人口超過英國。到二〇五〇年時，伊朗人口會多出五〇%以上。在寫作此書時，伊朗人口年成長率是英國的七倍。一百年前，當歐洲多餘的人口跨海去定居美洲及澳大拉西亞，那些後來形成歐盟的國家構成全世界十四%的人口。到二十世紀末，這數字降到六%，而且根據聯合國，到二〇五〇年時，它可能會降到只有四%。這至少提出一個尷尬的問題：誰要去繳那必要的稅，來支付老邁歐洲豐厚的國家年金？隨著時間來到二〇五〇年時，希臘人、義大利人以及西班牙人的平均年齡預計會超過五十歲；這些國家中，三個人中有一位將會超過六十五或更多。在二次大戰之後所創造出的福利國家看起來將面臨報廢，或是新生的歐洲人將會在它們工作生涯中，繳交七十五%的稅，或是退休以及受補貼的健康照護只能廢除。另外的方式（或是外加這方式）是歐洲人必須容忍相當數量的更多合法移民。聯合國預估要讓工作與非工作的人口比維持在一九九五年的水準，歐洲直到二〇五〇年必須每年接受一百四十萬名移民。在一九九〇年代每年的淨移民人數為八十五萬人。

新移民將從何處來？明顯地，有高比例會是從鄰近國家來。東歐無法提供任何像是數字所需要的。甚至聯合國預期東歐人口到二〇五〇年會減少四分之一。那些擔心從東歐來的移民潮是看錯方向：不是東方而是南方。事實是，歐洲人口在一九九〇年結束前，成長最快速的鄰居是主要是、若非全然是穆斯林的國家。以摩洛哥做為例子，那裡的人口成長率是鄰居西班牙的七倍。在摩洛哥最北端，直接面對直布羅陀之處，有個小小的西班牙飛地休達，西班牙帝國過去少數尚存的遺跡。然而今日它不再是一個侵略擴張帝國主義的前哨站，而是被圍困之大陸所維持的一座防禦性堡壘。在休達紮營著數以千計來自北非馬格里布以及之外地區的人，有些人逃離衝突地區，其他則尋求更好的經濟機會。他們日復一日地停留在此，等待機會可以溜過西班牙巡邏的衛哨。歐盟則是補貼興建一條五哩長的邊境藩籬，裝配有刀片的鐵絲網、監視瞭望臺以及紅外線攝影機。

歐洲官員承認他們不清楚有多少人非法進入歐洲。每年大約有五萬名非法移民在歐洲港口及海上被擄獲，但不可能說出到底有多少成功登陸，或是在這樣的企圖中死去。每週西班牙警察在巡邏非洲及歐洲之間的海域時，會捉到幾打的人，多數是摩洛哥人，他們設法以叫做帕特拉斯的小型走私船，潛入南西班牙以及加納利群島。對那些存活過這旅程的人，耶基多是進入歐洲的門口。在此有令人窒息熱度的溫度中，有兩萬名移民在甚少西班牙人願意忍受的條件下工作。而耶基多只是一些人稱為「歐羅阿拉比亞」（'Eurabia'）的一個呈現。一個在地中海以南及以東的年輕社會，正在安靜地殖民（——以羅馬人對這字的原先意義來說——）一個在北方及西方的衰老和世俗化社會。今天至少有一千五百萬穆斯林以歐盟為家，這數字似乎確定會再上升。柏納德・路易斯預言穆斯林在二十一世紀末將會在歐洲成為多數，這或許是太過，但因為上教堂人數以及宗教信仰的崩潰，他們很有理由會超過信教的基督徒。

可以預測到，穆斯林社區的成長會在那我們或許可名之為老歐洲人那邊引起一些怨恨。有明確證據顯示，無論移民的經濟效益為何，沒有技能的本土勞工必須要付出真正的代價。暴力會週期性地爆發。對移民進行攻擊；有時候逕自針對他們的清真寺。在二〇〇五年巴黎東郊，來自主要為伊斯蘭移民社區的不滿青年，在他們兩位成員在躲避警察時死去時，開始暴動。有少數的歐洲穆斯林（——他們並非全都是第一代的移民——）與極端伊斯蘭組織牽扯上關係的事實，對原來彼此間已經悶燒的敵對火苗，更是火上加油。西班牙與英國曾經都同樣必須擔心由民族主義少數族群所進行的恐怖活動。但二〇〇四年三月在馬德里以及二〇〇五年七月在倫敦的攻擊事件，很清楚指出在國內有新的敵人出現。

史學家熟悉如此緊張的情形。今日的經濟樂觀主義者慶祝「地球是平的」的事實，是一片平坦的遊戲場，在那裡所有的國家都能以平等的條件來競爭、分享世界市場。在一百年前，全球化在物品、資本及勞動力自由地從英格蘭流動到世界的末端，也是以沒有不同的方式慶祝。然而在一九〇〇年左右的大量人口移動，伴隨著從海參崴到維謝格勒之間族群關係緊張的增加。在一九一四年第一次全球化的世代，因驚天一擊而終結，因為這是奧匈帝國內主要以穆斯林為主的行省中，一個激進化塞爾維亞人所進行的恐怖主義行為。戰爭升級，因為德國破壞另一個多元族群國家比利時的中立。在世界大戰的混亂中，一個極端反資本主義的派系控制俄羅斯以及它的帝國，然後接著去背叛它早先對那帝國內少數族群曾經承諾過的民族自決。在接下來數十年，三位魔鬼般的獨裁者：史達林、希特勒以及毛澤東分別崛起，控制從英吉利海峽延伸到中國海的大片歐亞陸塊。他們的集權主義政權以及類似宗教的個人崇拜，造成不可計數的苦難以及數以千萬計的暴力死亡，而那些生活在帝國國家交界的民族，相對來說，受害最大。類似的命運會否降臨到我們現在生活其中的第二次全球化時代？

今天是中國，不是日本，是亞洲崛起的強權。但勢必不難想像東方與西方的衝突，必將使得一世紀以前的日俄戰爭像是小巫見大巫。不願干冒群眾對他們壟斷權力（以及隨之而來猖獗的貪污腐敗）的抗議，中國共產黨是否被誘惑躲在愛國主義之中？就像一九一四年時比利時對英國及德國一樣，所以台灣可以是點燃中國與美國衝突的原因。中華人民共和國一直視台灣為一個叛離的行省，而且屢次聲明她任何宣布正式獨立的企圖，將是進行武力干預的理由。在我寫作的同時，伊朗因為被懷疑的核子武器計畫，被提交到聯合國安理會討論，波斯灣衝突再度發生的可能性增加。以色列努力從它在一九六七年所佔領的土地脫身，並建立一個它將能夠與之共存的巴勒斯坦國；但是巴勒斯坦人卻投票支持哈瑪斯，一個純粹致力於毀滅以色列的組織。美國在中東的霸權角色似乎在動搖，因為伊拉克拒絕遵照新保守主義的劇本，讓自己變成和平以及繁榮的民主政治；最後淪落到內戰狀況似乎仍是比較可能的結果。在亞洲往前奔馳的經濟成長，對全球能源供應造成一直升高的壓力，因此增加那些坐擁如此多世界石油以及天然氣儲藏的非民主政權的影響力，以及進入帝國競相爭奪稀有原物料這新時代的可能性。一個編寫劇情的人若完全忽略一場新世界大戰的危險（——一個族群衝突、經濟波動以及帝國競爭的新時代——），必將是一個天真樂觀、這世界一切都很OK的潘格羅斯（Pangloss）。

在《羅馬帝國衰亡史》第五十二章中，愛德華・吉朋提出一個歷史裡最大的反事實問題。假如法國人在七三二年的普瓦提耶（Poitiers）之戰，沒擊敗入侵的穆斯林軍隊，是否全部的西歐將屈服在伊斯蘭信仰之下？「或許，」吉朋以他那無法模仿的反諷去臆測，「對可蘭經的解釋現在想必在牛津的學院裡被教授，而它的講道壇或許會對一群環繞的人，證明穆罕默德神啟的聖潔以及真實」。這樣的想法是要娛樂他的讀者，或許是取笑他的老母校。但今天，在牛津新的伊斯蘭研究中心工程幾乎竣工，除了傳統牛津的方院外，還有一個有圓頂以及宣教塔的祈禱廳為其特色。那吉朋沒有意圖之預言的實現，完美地象徵這世界在根本上的重新導向，這是二十世紀底層的趨勢。西方的衰落不會採取奧斯華・史賓格勒在一次大戰之後，所立即寫作的《西方的沒落》心中所想的型態。而更應該正是那由史賓格勒所期待的「新凱撒」，重新呼喚起「血的力量」，以及他們對「大城市（Megalopolis）理性主義」發動攻擊，這些會加速了西方在物質上，但或許更重要的，道德上的衰落。*

*現在甚少有人去讀史賓格勒：他的文體太浮誇，他從尼采及華格納借用過多，他對國家社會主義的影響太明顯。但他那對文化之起落所採用的怪異季節理論，比幾乎所有人都表達更好那種在兩次大戰期間，對一九一四年前西方所獲得之成就的反感。他寫道：「上個世紀是西方的冬季，是唯物主義及懷疑主義、社會主義、國會主義以及金錢的勝利。但在這世紀，熱血和本能將會重新獲得它們在面對金錢及智性力量時的權力。個人主義、自由主義以及民主政治，人道主義以及自由的時代已近尾聲。群眾將會認命地接受凱撒、強人的勝利，並且會服從他們」。這是不差的預言。特別是史賓格勒瞭解到他所預見的反動，將會部分地彰顯成對大城市（——這墮落文明的具體化——）的戰爭。

一百年前西方統治世界。在經過一世紀歐洲帝國之間不停出現的內爭之後，這不再是事實。一百年之前，西方與東方的界線大約落在波斯尼亞—黑塞哥維那鄰近地帶。現在這似乎穿過每個歐洲城市。這並不是說沿著這些新的斷層線，衝突無法避免。但這是說，假如二十世紀的歷史可以做為任何引導的話，那文明脆弱的結構，在即使那些族群似乎整合相當好、共享相同語言，即使沒有共享相同信仰或相同基因的地方，還是可能會非常迅速地崩解。二十世紀也證明經濟上的波動會增加如此反作用力的可能性，特別是在這世紀上半葉所出現具有高層次所得再分配的新類型福利國家。少數族群在時局困難或是收入差異逐漸變大時，比較可能會被以較大敵意來對待。最後，二十世紀中最惡劣的殺戮戰場是在像波蘭、烏克蘭、巴爾幹以及滿洲這些地方，並非偶然；雖然在後來二十世紀的極端暴力轉移到更為分散的地區，從瓜地馬拉到柬埔寨，從安哥拉到孟加拉，從波斯尼亞到盧安達，以及最近的，在蘇丹南部達富爾地區。一再而再，這是在帝國衰落之後的後續發展，在爭議的邊界地帶，或是在權力真空之處，進行族群屠殺的政權及政策便會有機會。族群匯聚，經濟波動以及處於衰退之帝國；如此之屬在過去是、而且現在仍是致命的方程式。

在二十世紀前夕，H.G.威爾斯曾經想像過一個「世界間的大戰」：一次摧殘地球的火星人入侵。在接下來的百年之中，人們證明無需外星人干預，也力足以造成可以相比的破壞。所有他們要做的只是去指認出他們人類同胞中的這群或那群是外來人，然後加以殺戮。他們在不同地點、不同時間、以不同程度的殘酷來做。將二十世紀這些最血腥事件串連起來的共通因素，現在應該已經清楚明白。

「世界間的大戰」仍只是科幻小說。但「世界大戰」卻是歷史事實。或許就像威爾斯的故事，我們將會因為像是禽流感病毒這種極小有機體的干預而突然結束，而這病毒可能會產生比一九一八年更糟的突變以及更強的感染。然而直到那發生之前，我們仍是我們自己最糟的敵人。只有在假如我們理解那造成上世紀的力量，那從經濟危機中召喚出族群衝突以及帝國競爭的黑暗力量，而且在如此做時，否認了我們共通的人性，那我們才能避免另外一個衝突的世紀。這些是仍然還在擾動我們的力量。

附錄　從歷史視角看世界大戰

Appendix The War of the World Historical Perspective

在導論的部分，我提出主張說「在一九〇〇年之後的百年，無疑是現代史最血腥的世紀，就相對值以及絕對值而言，都較之前的時代來得更是暴力」。似乎值得去證實那主張。要設法如此做將會進入在統計學上極為混亂的領域。對二十世紀衝突死亡人數的估計已經夠不牢靠。那些為更早戰爭所做的估計，則是更糟。以對人口之估計來分割這些數字，往往只會拉大可能犯錯的範圍。

這裡有概念以及經驗的問題。暴力性死亡的概念（—這相對於自然死亡—），對現代讀者或許顯得直截了當。但許多以百萬計的戰爭、族群屠殺以及其它組織性暴力行為的受害者，不是因為其他人所操作之武器而直接受害。他們死於飢餓或是傳染病，而若不是之前「直接」暴力的行為，否則（似乎有可能）是不會發生的。許多由史學家所計算出之死亡數量是從中扣除之後的總數：在戰前或其它暴力事件之前的人口數，減掉之後的人口數，而這是在可以有人口普查數字或是可信之估計數字下來做。但明顯地，以這種方式取得的數字必然會包括一些因為自然因素的死亡。此外，究竟在何種程度上，這些因為戰爭所導致之飢餓或疾病所導致之死亡，是否應該可以真正地視同因為武器而致死，仍有待辯論。通常不能確定究竟如此間接導致之死亡，是否是原先侵略行為所意圖的結果。那關於沒有出生的人？有些時候史學家會以估計出一個反歷史事實的人口（這是假如沒有戰爭，那必將會有的人口數），來計算某一特定事件所帶來的淨值人口衝擊。但是在此有種傾向，會在受害者之中，加計事實上沒有誕生的「人」，因而膨脹了死亡人數。以這種方式計算出的人口數字，與軍事權威當局紀錄為在作戰中死去的士兵數量放置在一起，明顯是個可疑的程序。當傷亡的總計包括失蹤（但沒死去）、被俘虜或受傷的人口—），與戰場上死亡的數字相混一起，事情會變得更加混亂。在一些戰爭中，俘虜或受傷等於死刑；但在其它情形，則是從更加危險的戰鬥任務中得到豁免。隨著醫療科學的進展，士兵從戰場存活下來的機率有所改善。但是戰俘被如何對待的方式，卻沒有如此進步的趨勢。最後尚有非組織性之暴力。在戰爭及革命的時期，個別謀殺行為的機會比在承平以及政治秩序良好的時期，遠遠為多。但這一類的暴力通常被視為是不同於組織性暴力的另一類現象，而非只是另一種（——以或許對現代暴力在方法論上最講究謹慎的統計學家理查森（L. F. Richardson）所用的詞語——）「致命性爭執」的型態。

當為了考量在人口規模上的不同，所以以百分比的方式來表達非自然性的死亡，這裡要如何選擇分母，也有問題。將十八及十九世紀強權之間的戰爭估計出的死亡人數，是所估計之世界人口的百分之幾，而當時這些衝突沒有一項嚴格來說是世界大戰（可能除了七年戰爭外），這樣做是否是值得的努力？以國家人口數字為分母，所以我們可以，例如說，以三十年戰爭中德國人被殺死的比例，和在第二次世界大戰被殺死的德國人比例相比較，這不是更值得去做？在此同樣有問題，其中至少有那稱之為「德國」之個體，有不斷改變的性質。神聖羅馬帝國與第三帝國是相當不同的東西。在第三帝國這邊作戰而被殺死的人之中，有相當比例（或許十三人有一人）不是德國公民，而是其它國籍的人，被徵召或是動員進入德國國防軍、黨衛軍以及其它輔助性的編組。所以我們應該進一步縮減政治或地理單位，來比較區域或城市的死亡率？或許是，但如此做會冒險去結論說，在赫勒婁族（Herero）暴動中，德屬西南非的某村落所蒙受的人口屠殺，比在二戰期間華沙的毀滅是更暴力的行為，因為前者的死亡人數比後者構成更大的比例。小的分母會產生大的百分比，因為大體上來說要殺死一百名村民，會較殺死十萬名城市居民來得容易。

這又依序會提起毀滅技術的問題。我們是否應該調整到二十世紀武器科技中那比較多的「每塊錢有多少威力」？用手斧殺死一百人，比用一顆炸彈去做需要更大數量的暴力（雖然我仍不確定暴力是用哪種單位去計算）？最後，意圖重要嗎？出自種族或宗教偏見去殺人，比為追求某個戰略目標而去殺人是更惡劣嗎？在一些情形下，組織性暴力是不對稱性地針對手無寸鐵的平民犯下，而在其它則是由勢均力敵之雙方軍隊彼此加諸對方，我們應該考量這事實嗎？用不同方式說，「族群屠殺」不過是一場只有一邊有武裝之內戰的名詞？正如《世界大戰》清楚解釋，這些問題沒有一個容易回答。

毫無疑問，二十世紀見證到令人震驚之龐大死亡數量，是因為組織性暴力所導致的。對全部數量的估計，而這估計只能以一些大膽、但並非徹底魯莽的假設做為根據，這是在一億六千七百萬到一億八千八百萬之間。根據可取得之已公布死亡數字所做的一項調查，結論說在這世紀裡，每二十二件死亡，就有一件是因為其他人的行為而造成的。但如我在本書中設法證明，致命的組織性暴力在空間及時間上是高度集中。的確，在導論中所提及的二十世紀戰爭裡有項特色，便是它較之前數世紀的戰爭，都要來得更為強烈（就每一國家每年的死亡來說）。所以有趣的問題其實不是，「何以二十世紀會比十八或十九世紀來得更為暴力？」而是「為何極端暴力會發生在波蘭、塞爾維亞以及柬埔寨，而非英格蘭、迦納以及哥斯達黎加？」；還有「何以如此多的暴力會發生在一九三六年和一九四五年之間，而非在一九七六年和一九八五年間？」。總體來說，最好可得的估算是有五千八百萬或五千九百萬左右的人，因為第二次世界大戰而喪失生命。那可以以戰前全球人口的百分比來計算（二・六％），雖然應該牢記在心，有許多活在一九三八年的人，到一九四五年之前會死於自然原因，而一些在一九三八年之後誕生的嬰兒，會在戰爭中被殺死的。軍人與平民的死亡，在絕對值以及相對值上，一個國家會不同於另一個。如眾所皆知，就絕對值上來說，在一九三九年到一九四五年之間，蘇聯比其它國家有更多的公民因暴力而死＊：或許多達二千五百萬人，如果沒有更多

＊蘇聯的數字是出名地有問題。全部的蘇聯人口損失被一些近來的學者，估計高達到四千三百到四千七百萬人（亦即包括受阻的正常生育）。《時代世界史地圖》的兩千一百五十萬總數，包括了七百萬被流放到古拉格的蘇聯公民以及一百萬以「受懷疑」國籍而被流放的蘇聯公民。蘇聯對總共暴力死亡的官方數字是兩千六百六十萬人，但這可能包括二百七十萬戰爭期間和戰後的移民，以及正常的自然死亡。另方面，這或許低估被德國俘虜之蘇聯戰俘的死亡人數。

的話。這顯示每十位蘇聯公民，有超過一位是戰爭的受害者，但因為史達林內政措施所失去的性命，或許更準確應該是說：在一九三九及一九四五年之間，十位中有一位是集權主義的犧牲者。＊就百分比來說，波蘭是最受戰爭打擊的國家。波蘭的死亡率（全部軍人及平民死亡人數，佔戰前人口的百分比）到達略少於十九％，而其中有一大部分是在「大浩劫」之下被殺死的波蘭猶太人。在其它交戰國之中，只有德國（包括奧地利）和南斯拉夫，蒙受靠近一〇％的死亡率。†次高的是匈牙利（八％）以及羅馬尼亞（六％）。在其它數字已經公開的國家中，沒有一個死亡率超過戰前人口的三％以上，包括一些中歐及東歐的國家，捷克斯洛伐克（三％），芬蘭（二％）以及保加利亞（〇・三％）。四個主要交戰國：法國、義大利、英國及美國，全部的戰時死亡率都少於戰前人口的百分之一。❖對西歐三個國家而言，第一次大戰，至少就依這標準來看，是場代價更高的戰爭。土耳其當然是最受第一次大戰所影響（有些人將全部的死亡率估在十五％，包括亞美尼亞的種族屠殺），但在第二次大戰則保持中立。同樣要注意的是日本在二次大戰的死亡率（二・九％），明顯較德國為低，較中國（五％）亦然。這些差異反映出戰爭的兩個重要特徵。在中歐及東歐的戰爭是以比世界其它地方更高的人命代價在進行。德國人作戰是要殺戮。蘇聯指揮官同樣地浪費他們的人命。這地區也見證到對平民進行劇烈的組織性暴力。

在一九三九年到一九四五年之間，在中歐及東歐的暴力死亡發生率很高，但其它衝突不遑多讓。有九百萬到一千萬人在一次大戰裡被殺害，其中塞爾維亞人及蘇格蘭人蒙受最高的死亡率，雖然在協約國與土耳其

---

†呂迪格・歐伐曼斯（Rüdiger Overmans）已經相當程度地上修德國的軍事損失。他那五百三十萬人損失的總計，包括在一九三九年不到四十萬沒有德國公民權的人，但卻仍然被徵召或是動員進入德國國防軍或黨衛軍。

❖法國與義大利兩者皆是〇・九％；英國〇・七％；美國〇・二％。

之間的戰鬥中死亡率亦高，但在那裡疾病較嚴重，而且後備人員較少。對於在中國因為毛澤東政策而死的人數，在估計上變異極大，但他們必然會多達數千萬。在蘇聯之內史達林主義全部的受害人或許超過兩千萬。對於波布在柬埔寨的恐怖統治、墨西哥的內戰（一九一〇—一九二〇）以及赤道幾內亞（一九七二—七九）和接著蘇聯一九七九年入侵之後的阿富汗戰爭，死亡率都被估計會超過一〇%。根據一項估計，在十六場二十世紀的衝突中（戰爭、內戰、族群屠殺以及繁多的大規模殺戮），每次犧牲至少一百萬人，有另外六場造成在五十萬到百萬之間的受害人；有十四場是介乎二十五萬及五十萬之間。根據戰爭相關計畫資料庫（Correlates of War Project），在一九〇〇年到一九九〇年之間，總計至少有兩百場國際戰爭或是內戰。使用稍微不同的標準，斯德哥爾摩國際和平研究機構（Stockholm International Peace Research Institute）估計在過去十年有超過一百場的武裝衝突，其中有二十場在一九九九年仍然繼續進行。

或許有人會辯稱，在人類歷史中如此之高比例的致命組織性暴力是有前例可尋。首先，從考古及人類學研究，史前及現代前的社會，其實非常暴力。在亞馬遜森林中吉伐洛（Jivaro）印地安人之中男性由於戰爭而死的比例，在最近的過去據說高達六〇%。至少還有其它五個部落也被紀錄超過二〇%。

第二，有理由相信兩三名亞洲暴君犯下大屠殺，其規模可與他們在二十世紀對等的人物所犯下的相比。由十三世紀蒙古領導人成吉思汗，為殺雞儆猴所進行的暴力，據說導致中亞及中國人口減少超過三千七百萬人；這數字如果是對的，將近等於當時全世界人口的十分之一。＊帖木兒十四世紀末在中亞以及北印度的征服，亦出名地血腥，死亡總數據說超過千萬。滿洲在十七世紀征服中國或許犧牲多達兩千五百萬人。然而必

＊蒙古人習慣性以及系統性地屠殺擋在他們前進路線城市的全部人口。根據穆斯林史學家，在一二二一年在尼夏普爾（Nishapur）有一百五十萬人被殺。幾乎有一樣多的人在赫拉特（Heart）及莫夫（Merv）成為刀下亡魂。

須強調，在這些征服者的受害人之中，大多數幾乎確定是死於因為他們破壞性的入侵而導致的飢荒及疫情。受影響地區的人民非常危殆地生活在維生的邊緣，所以肆意破壞灌溉系統或是摧毀收成，會帶來毀滅性的影響，特別是對城鎮中心。然而這些數字可以協助我們將日本在征服中國東北部時所造成的死亡（這據說超過一千一百萬），放置在某種長期的視角來觀察。在一九〇〇年之後的百年有可能是歐洲歷史裡，無論就絕對值或相對值來說，都是最血腥的世紀。但相同之說法是否亦適用於亞洲則不甚確定，特別是刻意造成飢荒是否算做是一種殺人流血的方式。

第三，除此之外，有幾次一九〇〇年前的中國叛亂以及對其之鎮壓，所造成的人類苦難規模，或許可與二十世紀內戰對中國人所造成的傷害相比，甚或有過之。八世紀的安祿山之亂，據信犧牲了超過三千萬人。十九世紀中葉的太平天國之亂（一八五一年到一八六四年），一個由自稱是基督之弟所領導的農民之亂，來對抗被指控向西方商業入侵投降的清朝。這根據西方當時代之人所估計，造成了兩千萬到四千萬人的死亡。對受到影響之行省一樣有毀滅性結果，尚有同時期的捻亂及苗亂，還有雲南及中國西北的回亂。在此，又再度地，死亡人數必須從在亂前及亂後所做之人口普查來做推估。在一些情形下，衰退似乎影射死亡率是從四〇%到九〇%。至少這些在人口上的衰退，必然是由於從受蹂躪之區域移出，以及降低的生育率所使然。但是，這些明顯地是非常大規模的組織性暴力，尤其是就清朝指揮官如何在系統性地滅絕亂民，所採用的方式。飢荒是清朝用來對付以南京為中心之太平天國亂民，所採用之焦土政策的直接後果。《世界大戰》其中的一項假設是，就人命之損失來說，帝國最糟的時候是當它開始衰亡之時。這是叛變最容易發生的時候，但也是權威當局最可能訴諸警示性之殘酷的時候。證據顯示出這種情形在全世界其它地方變得明顯之前的一世紀，已經在中國痛苦地出現。所以另一種思考二十世紀的方式，或許是將其視為清朝十九世紀死前陣痛的西方翻版。

最後，有理由可以認為西歐征服及殖民美洲及非洲的一些事件，其所導致之死亡率與二十世紀的一樣高。無需說，歐洲征服美國中，大多數受害者是屈服在疾病、而非暴力之下，所以那些論及「種族屠殺」的人是在貶值歷史術語的通貨，就如那些稱呼十九世紀在印度的飢荒為「維多莉亞大浩劫」的人一樣。然而在一八八六年之後，比利時王室對剛果人民的強制奴役，以及德國殖民當局在一九〇四年對德屬西南非赫勒婁族暴動之鎮壓，都可以與二十世紀其它組織性暴力行為相比。在比利時統治之下的剛果，遭受殺害之人的比例，被估計出或許高達五分之一。在赫勒婁族戰爭中被估計的死亡率甚至更高，超過三分之一，依據這標準使它成為二十世紀最血腥的衝突。（然而，此處死者的絕對數字是七萬六千人，相對於在一八八六到一九〇八年之間在剛果死去的七百萬人。）歷史學家毫不怠惰地發現到從這些「滅絕」的行為，延伸出一條連續的線，連到「大浩劫」，雖然一條更直接連續的線或許是接到更早之前英國對其它南非部落，如馬塔貝里，所進行的戰爭。

所以當我們考慮進二十世紀人口爆炸，以及所見證到之組織性暴力在區域上及在時間上的集中，或許二十世紀並非如此獨特地血腥。但勢不可否認地它在兩方面獨特。第一是，它見證以開發之西方社會在對付彼此時，所進行之戰爭種類的轉變。在整個歐洲史中，過去對戰爭一直有社會體制以及技術上的極限，這限制了組織性暴力所能加諸之死亡率。誠然，偶而會有屠殺發生，但屠殺並沒有變成一個常態化的戰爭方式。即使三十年戰爭以及拿破崙戰爭，雖然讓當代人覺得，就個別來說，在戰爭的殘酷以及戰爭的規模上有明顯的增加，但它們並沒造成像二十世紀中那些戰爭所具有的死亡率。在一九一四年之後所發生的看起來特別可觀，這是因為歐洲在拿破崙戰敗於滑鐵盧之後，在那世紀中所享有的「長期和平」。就像命名錯誤的冷戰時期的「長期和平」一樣，這時期沒有一個時刻沒有戰爭，但是這是一個戰爭發生在歐洲之外的時期。在歐洲土地所開打的戰爭，通常都是以相當有限的方式來進行。最明顯的是由普魯士在創造德意志國時，所進行的簡短但強烈的戰爭。

或許可以說十九世紀帝國主義所犯下的罪，最後報應在二十世紀的歐洲人身上，雖然報應時常被加諸在錯誤的地方。（波蘭人幾乎無法被說成要為被征服之非洲的悲慘負責）。許多一次大戰的主要演員是在殖民地的衝突中學會滅絕的技術；立即在心中油然浮現的是基金納勛爵的例子：他是蘇丹恩圖曼的屠夫，在一九一四年被任命為戰爭國務大臣。在同時之間，二十世紀見證到中歐及東歐正歷經中國在前一世紀所經歷過的：一個帝國秩序的危機，孵化出帶來巨變的內戰。或許這也應驗那些二十世紀初期畏懼會有一支新的蒙古大軍，除了這次大軍是歐洲人自己。希特勒以及史達林證明值得成為成吉思汗和帖木兒的繼承人。

造成二十世紀無疑地獨一無二的第二項特徵（—而這在其本質上始終是種弔詭—），是那明顯身為文明社會的領導者，竟能夠釋放出他們公民同胞那最原始的謀殺本能。德國人不是亞馬遜森林的印地安人。然而在一位由民主政治選出的領導人之下，配備工業化的武器，在東歐所進行的戰爭，好像是被真正史前的動機所驅動。正是這種發展，所以威爾斯已經在他的《世界間的大戰》中朦朧、但本能地預見到。讓威爾斯的火星人如此令人厭惡、如此恐怖，但卻又如此吸引人，正是火星人結合了謀殺傾向及科技發展，就像擁有死光的自私基因。這些正是二十世紀人在進行這世界裡的內戰時，所流露出的特質。

史料及書目

在手稿階段，本書附有大約兩千道的頁末註。要將所有這些一起出版，必然會使本書變得無法接受地龐大；所以最後遺憾地決定要將其省略。在適當時候一個完整的參考資料清單，將會發表在我的個人網站（www.niallferguson.org）。另外，有關檔案史料以及參考文獻書目，由於繁多，不予重製，讀者若有興趣，可翻閱原著，這部分英、美版本皆有列印。

Sources and Bibliography

史料及書目

In manuscript form, this book had somewhere in the region of 2,000 endnotes. To have published these would have made the book unacceptably bulky, so it was decided with regret to omit them. In due course a full list of references will be published on my website (www. Niallferguson. Org).

ARCHIVES

Archivio Segreto Vaticano
Auswartiges Armt, Berlin
Beinecke Rare Book and Manuscript Library, Yale University, New Haven
Bibliotheque de l' Alliance Israelite Universelle, Paris
Landeshauptarchiv, Koblenz
The Library of Congress, Washington DC
Memorial Research Centrc, Moscow
National Archives, Washington DC
National Archives, Kew, London
National Archives at College Park, Maryland
Research and Documentation Centre, Sarajevo
Rothschild Archive, London
Russian State Archives, Moscow
Royal Archives, Windsor Castle
United States Holocaust Museum Library and Archives

PUBLISHED WORKS

Aceinoglu, Daron, Simon Johnson and James A. Robinson, 'Reversal of Fortune: Geography and Institutions in the Making of the Modern World Income Distribution', *Quarterly Journal of Economics*, 117 (November 2002), 1231-94

Adam, Peter, *The Art of the Third Reich* (London, 1992)

Adamthjte Anthony, 'France and the Coming of War', in Patrick Finney (ed), The Origins of the Second World War (London, 1997), 78-90

——'The British Government and the Media, r1937-1938',*Journal of Contetnpora,y History* ,18, 2, (April r983), 281-97

Addison, Lucy, *Letters from Latvia* (London, 1986)

Aida, Yuji, transl. Hide Ishiguro and Louis Allen, Prisoner of the British: *A Japanese Soldier's Experience in Burma* (London, 1966)

Akira, Fujiwara, The Role of the Japanese Military', in Dorothy Borg and Shompei Okamoto (eds.), *Pearl Harbor as History: Japanese-American Relations, 1931-1941* (New York, 1973), 189-96

Alanbrooke, Field Marshal Lord, ed. Alex Danchev and Daniel Todman, *War Diaries, 1939-1945* (London, 2001)

Alba, R. D. and R. M. Golden, 'Patterns of Ethnic Marriage in the United States', *Social Forces, 65* (September 1986), 202-23

Albert, June True, 'The Sexual Basis of White Resistance to Racial Integration', unpublished PhD thesis (Rurgers University, 1972)

Alexander, Jeffrey C., 'Core Solidarity, Ethnic Outgroup and Social Differentiation: A Multidimensional Model of Inclusion in Modern Societies', in Jacques Dufny and Akinsola Akiwowo (eds.), *National and Ethnic Movements* (London, 1980), 5-28

Alexiev, Aleksander and S. Enders Wimbush, 'Non-Russians in the Red Army, 1941-1945', *Journal of Slavic Military Studies, 6,3* (1993)

Alice, Countess of Athloae, *For My Grandchildren, Some Reminiscences of Her Royal Highness Princess Alice* (London, 1966)

Allen, Louis and David Sreeds, 'Burma: The Longest War, 1941-45', in

Salci Dockrill (ed.), From Pearl Harbour to Hiroshima: The Second World War in Asia and the Pacific, 1941-45 (Basingstolce, 1994)
Allport, Richard, 'The Battle of Cuito Cuanavale: Cuba's MythicaL Victory', http:// www.rhodesia.nl!cuito.htm (n.d.)
Almog, Shmuel, *Nationalism and Antisemitism in Modern Europe, 1815-1945* (Oxford / New York, 1990)
Aly, Gotz, *'Final Solution': Nazi Population Policy and the Murder of the European Jews* (London, 1999)
Ambrose, Stephen E., *Band of Brothers: F Company, 506th Regiment rorst Airborne from Normandy to Hitler's Eagle's Nest* (London, 2001[1992])
——'The Last Barrier', in Robert Cowley (ed.), *No End Save Victory: New Second* World War Writing (London, 2002), 527-51
——'D-Day Fails' in Robert Cowley (ed.), *More What If? Eminent Historians Imagine What Might Have Been* (London, 2002), 341-8
——'The Secrets of Overlord', in Robert Cowley (ed), *The Experience of War* (New York! London, 1992), 472-80
Ames, Jessie Daniel, *The Changing Character of Lynching 1931-1941* (Atlanta, 1942)
Andenaes, Johs, O. Riste and M. Skodvin, *Norway and the Second World War* (Oslo, 1966)
Anderson, George K., *The Legend of the Wandering Jew* (Providence, 1965)
Andrew, Christopher and Vasili Mitrokhin, *The Mitrokhin Archive: The KGB in Europe and the West* (London, 1999)
Andreyev, Catherine, *Vlasov and the Russian Liberation Movement: Soviet Reality and Emigre Theories* (London / New York I New Rochelle / Melbourne / Sydney, 1987)
Andric, Ivo, transl. Lovett F. Edwards, *The Bridge on the Drina* (New York, 1959[1945])
Angell, Norman, *The Great Illusion: A Study of the Relation of Military Power to National Advantage* (London, 1913 [1910])
Angress, Werner T., 'Die "Judenfrage" im Spiegel amtlicher Berichte 1935', in Ursula Buttner (ed), *Das Unrechtsregime: Internationale Forschunguber den Nationalsozialismus* (Hamburg, 1986), 19-44
Anon., *The Horrors of Aleppo, seen by a German Eyewitness* (London, 1916)
——*Verite sur Ic mouvement revolutionnaire Armdnien et les Inesures gonvernementales* (Constantinople, 1919)
——*SemHmp erator 1888-1918* (Munich, 1919)
——*Eagle's Nest, Obersalzburg, in a Historical View* (Bayreuth, n. d.)
——*Ostjuden in Deutschland* (Berlin, 1921)
——(ed), *Germany, Turkey and Armenia: A Selection of Documentary Evidence Relating to the Armenian Atrocities from German and other Sources* (London, 1917)
——(ed), *Dossier Kampuchea I* (Hanoi, 1978)
——(ed.), *Documents sur les atrocites Armeno-Russes* (Constantinople, 1917) Antonov-Ovscyenko, Anton, *The Time of Stalin: Portrait of a Tyranny* (New York, 1981)
Applebaum, Amae, 'Gulag: Understanding the Magnitude of What Happened', *Heritage Lecture* (October 16, 2003)
Arendt, Hannah and Martin Heidegger, ed. Ursula Ludz, *Briefe 192-1975* (Frankfurt, 1998)
Armstrong, John A., 'Collaborationism in World War II: The Integral Nationalist Variant in Eastern Europe', *Journal of Modern History, 40* (1968), 396-410
Arnold, James R., 'Coral and Purple: The Lost Advantage', in Peter G. Tsouras (ed.), *Rising Sun Victorious: The Alternate History of How the Japanese Won the Pacific War* (London, 2001), 83-119
Aron, Raymond, *The Imperial Republic: The United States and the World, 1945-1973* (London, 1975)
Aronson, I. M., 'The Prospects for the Emancipation of Russian Jewry doting the 1880s', *Slavonic and East European Review ,55* (January 1977), 348-69
——*Troubled Waters: The Origins of the 1881 Anti-Jewish Pogroms in Russia* (Pittsburg, 1990)

——'Geographical and Socioeconomic Factors in the 1881 Anti-Jewish Pogroms in Russia', *Russian Review,55, 1* (Jan. 1980), 18-31

Arthur, Max, in association with the Imperial War Museum (ed.), *Forgotten Voices of the Second World War: A New History of World War Two in the Words of the Men and Women Who Were There* (London, 2004)

Asada, Teruhiko, transl. Ray Cowan, *The Night of a Thousand Suicides: The Japanese Outbreak at Cowra* (Sydney! London / Melbourne I Singapore, 1970)

Ashworth, T., *Trench Warfare 1914-18: The Live and Let Live System* (London, 1980)

Aster, Sidney, '"Guilty Men": The Case for Neville Chamberlain', in Patrick Finney (ed.), *The Origins of the Second World War* (London, 1997), 62-78

Aston, Frederick Alfred, *The Menace of Anti-Semitism in America Today* (New York, 1938)

Astor, David, 'Why the Revolt against Hitler was Ignored: On the British Reluctance to Deal with German Anti-Nazis', *Encounter, 32, 6* (June 1969), 3-13

Baar, Jacob and Werner J. Cahnman, 'Interfaith Marriage in Switzerland' in Werner J. Cahnman (ed), *Intermarriage and Jewish Life: A Symposium* (New York, 1963), 51-6

Bacevich, Andrew, *American Empire: The Realities and Consequences of U.S. Diplomacy* (Cambridge, Mass. / London, 2002)

Bachi, Roberto, *Population Trends of World Jewry* (Jerusalem, 1976)

Bachmann, Gertraude, 'Coburg between England and Russia', in paper presented at Russian Academy of Sciences conference, European Monarchies in Past and Present (Moscow, May 26-28, 1998)

Bacque, James, Other Losses: *An Investigation into the Mass Deaths of German Prisoners at the Hands of the French and Americans after World War II* (Toronto, 1989)

Bagish, Martin and Hilary Conroy, 'Japanese Aggression against China: The Question of Responsibility', in Alvin D, Coox and Hilary Conroy (eds.), *China and Japan: The Search for Balance Since World War I* (Oxford, 1978), 323-35

Bagley, Christopher,' Interracial Marriage in England: Some Statistics', *New Community, I* (June 1972), 3 18-26

Bairoch, Paul, transl. Christopher Braider, *Cities and Economic Development* (Chicago, 1988)

Balderston, Theo, 'War Finance and Inflation in Britain and Germany, 1914-1918', *Economic History Review, 42* (1989), 222-44

Barber, John and Mark Harrison, 'Patriotic War, 1941 to 1945', in Ronald Grigor Suny (ed), *The Cambridge History of Russia, vol. III; The Twentieth Century* (Cambridge, forthcoming)

Barber, Laurie and Ken Henshall, *The Last War of Empires: Japan and the Pacific War* (Auckland, 1999)

Barbusse, Henri, transl. Robin Buss, *Under Fire* (London, 2003 [1916])

Barkawi, Tarak, 'Combat Motivation in the Colonies: The Indian Army in the Second World *War, Journal of Contemporary History* (forthcoming)

Barnard, Daniel, 'The Great Iraqi Revolt: The 1919-20 Insurrections against the British in Mesopotamia', paper presented at the Harvard Graduate Student Conference in International History (April 2.3, 2004)

Barnhart, Michael A., 'Japanese Intelligence before the Second World War: "Best Case" Analysis', in Ernest R. May (ed.), *Knowing One's Enemies: Intelligence Assessment Before the Two World Wars* (Princeton, 1984), 424-56

——*Japan Prepares for Total War: The Search for Economic Security, 1919-1941* (Ithaca, 1987)

Bartov, Omer, *Hitler's Army: Soldiers, Nazis, and War in the Third Reich* (New York / Oxford, 1992)

——*Mirrors of Destruction: War, Genocide and Modern Identity* (Oxford / New York, 2000)

——*The Eastern Front, 1941-45: German Troops and the Barbarisation of Warfare* (Basingstoke, 1985)

Bastide, R., 'Dusky Venus, Black Apollo', *Race, 3* (1961), 10-18.
Bateson, Patrick, 'Optimal Outbreeding', in Patrick Bateson (ed.) *Mate Choice* (Cambridge, 1982), 257-77
——'Sexual Imprinting and Optimal Outbreeding', *Nature, 273, 5664* (June 22, 1978), 659-60
Battestin, Martin, *Henry Fielding: A Life* (London, 1989)
Baxter, John, *Not Much of a Picnic: Memoirs of a Conscript and Japanese Prisoner of War, 1941-1945* (Trowbridge, 1995)
Bayly, C. A., *The Birth of the Modern World, 1780-1914: Global Connections and Comparisons* (Oxford, 2003)
——and Tim Harper, *Forgotten Armies: The Fall of British Asia,1941-1945* (London, 2004)
Bayur, yusuf Hikmet, *Türk Inkilabi Tarihi* (Ankara, 1952)
Bean, Richard, 'War and the Birth of the Nation State', *Journal of Economic History, 33,1* (March 1973), 203-21
Beatrice, Princess (ed.), *In Napoleonic Days: Extracts from the Private Diary of Augusta, Duchess of Saxe-Coburg-Saalfeld, Queen Victoria's Maternal Grandmother, 1806-1821* (London, 1941)
Becker, Elizabeth, *When the War Was Over: The Voice of Cambodia's Revolution and Its People* (New York, 1986)
Beckman, Morris, *The Jewish Brigade: An Army with Two Masters, 1944-1945* (Staplehurst, 1998)
Beevor, Antony, *Berlin: The Downfall, 1945* (London, 2002)
Begg, R. C. and Liddle, P. H. (eds.), *For Five Shillings a Day: Experiencing War, 1939-45,* (London, 2000)
Bein, Alexander, 'Der judische Parasit', *Vierteljahreshefte fur Zeitgeschichte, 13* (1965), 121-49
Bell, P. M. H., *The Origins of the Second World War in Europe,* and edn. (London, 1997 [1986])
Beller, Steven, *Vienna and the Jews 1867-1938: A Cultural History* (Cambridge / New York/Melbourne, 2997 ([1989])
Belov, Fedor, *The History of the Soviet Collective Farm* (New York, 1955)
Belova, Olga, 'Anti-Jewish Violence in Folk Narratives of the Slays', unpublished paper, Stockholm Conference on Pogroms (2005)
Ben-Israel, Hevda, 'Cross-Purposes: British Reactions to the German Anti-Nazi Opposition', *Journal of Contemporary History 20, 3* (1985), 423-38.
Bendiner, Elmer, *The Fall of Fortresses* (London, 1981)
Bennathan, Esra, 'Die demographische und wirtschaftliche Struktur der Juden', in Werner Mosse (ed.), *Entscheidungsjahre 1932: Zur Judenfrage In der Endphase der Weimarer Republik* (Tttbingen, 1966), 87-134
Bentwich, Norman, *I Understand the Risks: The Story of the Refugees from Nazi Oppression who Fought in the British Forces in the World War* (London, 1950)
Berg, A. Scott, *Lindbergh* (New York, 1998)
Berg, Alexander, *Juden-Bordelle: Enthtlllungen aus dunklen Hausern* (Berlin, 1892)
Bergamini, David, *Japan's Imperial Conspiracy* (New York, 1972)
Bergen, Doris L., 'The Nazi Concept of "Volksdeutsche" and the Exacerbation of Anti-Semitism in Eastern Europe, 1939-45', *Journal of Contemporary History, 29, 4* (October 1994), 569-82
Berghe, Pierre L. van den, *The Ethnic Phenomenon* (New York, 1981)
Bernstein, Herman (ed.), *The Willy-Nicky Correspondence, Being the Secret and Intimate Telegrams exchanged between the Kaiser and the Tsar* (New York, 1918)
Bertram, James, *The Shadow of a War: A New Zealander in the Far East 1939-1946* (London, 1947)
Beveridge, Sir William, *Social Insurance and Allied Services: Report... Presented to Parliament by Command of His Majesty, CMND 6404* (London, 1942)
Bickers, Robert, *Empire Made Me: An Englishman Adrift in Shanghai* (London, 2004)
Bidermann, Gottlob Herbert, transl. and ed. Derek S. Zombro, *In Deadly Combat: A German Soldier's Memoir of the Eastern Front* (Lawrence, Kansas, 2000)
Biggs, Chester M. Jr., *Behind the Barbed Wire: Memoir of a World War II*

U. S. Marine Captured in North China in 1941 and Imprisoned by the Japanese until 1945 (Jefferson, NC I London, 1995)
Biglova, Katerina, Zdenek Matejcek and Zdenek Dytrych, *Remembering: Voices of Prague Jewish Women* (np., 1994)
Bikont, Anna, *My z Jedwabnego* (Warsaw, 2005)
Bilinsky, Yaroslav, 'Methodological Problems and Philosophical Issues in the Study of Jewish-Ukrainian Relations during the Second World War', in Howard Aster and Peter J. Potichnyj (eds.), *Ukrainian-Jewish Relations in Historical Perspective* (Edmonton, 1990), 373-407
——'Assimilation and Ethnic Assertiveness among Ukrainians of the Soviet Union', in Erich Goldhagen (ed.), *Ethnic Minorities in the Soviet Union* (New York I Washington / London, 1968), 147-84
Bilyeu, Dick, *Lost in Action: A World War II Soldier's Account of Capture on Bataan and Imprisonment by the Japanese* (Jefferson, NC, 1.991)
Bing, Edward J. (ed.), *The Letters of Tsar Nicholas and Empress Marie, Being the Confidential Correspondence between Nicholas II, last of the Tsars, and his Mother, Dowager Empress Marie Feodorovna* (London, 1937)
Black, Conrad, *Franklin Delano Roosevelt* (London, 2004)
Black, George, *The Good Neighbor: How the United States Wrote the History of Central America and the Caribbean* (New York, 1988)
Blanke, Richard, *Orphans of Versailles: The Germans in Western Poland, 1918-1939* (Lexington, Kentucky, 1993)
Blau, Peter M. and Joseph E. Schwartz, *Crosscutting Social Circles: Testing a Macroeconomic Theory of Intergroup Relations* (New York, 1984)
Bloch, Ivan S., *Is War Now Impossible? Being an Abridgment of 'The War of the Future in its Technical, Economic and Political Relations'* (London, 1899)
Bloch, Marc, *Étrange Défaite: Temoignagé ecrit en 1940* (Paris, 1946)
Bloch, Michael, *Ribbentrop* (London / New York / Toronto / Sydney / Auckland, 1992)
Blumstein, Alexandre, *A Little House on Mount Carmel* (London, 2002)
Bobbitt, Philip, *The Shield of Achilles: War, Peace, and the Course of History* (New York, 2002)
Bokszanski, Zbigniew, 'The Representations of the Jews in Selected Polish Autobiographical Materials from the Period of die Second World War', in Marek S. Szczepanski (ed.), Ethnic Minorities and *Ethnic -Majority: Sociological Studies of Ethnic Relations in Poland* (Katowice, 1997), 247-56
Bond, Brian, *British Military Policy between the Two World Wars* (Oxford, 1980)
——(ed.), *Chief of Staff The Diaries of Lieutenant-General Sir Henry Powmall,* vol. I: 1933-1940 (London, 1972)
Bontemps, Alex, 'Startling New Attitudes on Interracial Marriage', *Ebony,* (July-December 1975), 144-51
Borchardt, Knot, 'Constraints and Room for Manoeuvre in the Great Depression of the Early Thirties: Towards a Revision of the Received Historical Picture', in *idem, Perpectioes in Modern German Economic History and Policy* (Cambridge, 1991), 143-60
Bordo, Michael, Alan Taylor and Jeffrey Williamson (eds.), *Globalization in Historical Perspective* (Chicago, 2003)
Bordo, Michael, Ehsan Choudhri and Anna Schwartz, 'Was Expansionary Monetary Policy Feasible During the Great Contraction? An Examination of the Gold Standard Constraint', NI3ER Working Paper, 1725 (May 1999
Borys, Jurij, *The Sovietization of Ukraine 1917-1923: The Communist Doctrine and Practice of National Self-Determination* (Edmonton, 1980)
Botev, Nikolal, 'Where East Meets West: Ethnic Intermarriage in the Pormer Yugoslavia, 1962 to 1989', *American Sociological Review, 59* (June 1994), 461-80
Boua, Chanthou, 'Genocide of a Religious Group: Pol Pot and Cambodia's Buddhist Monks', in P. Timothy Bushnell, Vladimir Shlapentokh, Christopher K. Vanderpool and Jeyaratnam Sundrain

(eds.), *State Organized Terror: The Case of Violent Internal Repression* (Boulder, 1991), 227-40

Bourke, Joanna, *An Intimate History of Killing: Pace-to-face Killing in Twentieth- Century Warfare* (London,1999)

Bowlby, Alex, *The Recollections of Rifleman Bowlby* (London, 1999)

Boyd, Carl, 'Japanese Military Effectiveness: The Interwar Period', in Allan R. Millett and Williamson Murray (eds.), *Military Effectiveness,* vol. II: *The Interwar Period* (Boston, 1988), 131-68

Boyle, John Hunter, *China and Japan at War, 1937-1945: The Politics of Collaboration* (Stanford, 1972)

Bradley, James, 'The Boys Who Saved Australia, i42', in Robert Cowley (ed.), *More What If? Eminent Historians Imagine What Might Have Been* (Macmillan, 2002), 291-304

Brainerd, Elizabeth and Mark V. Siegler, 'The Economic Effects of the 1958 Influenza Epidemic', Centre for Economic Policy Research Discussion Paper, 3791 (February 2003)

Brands, H. W., *The Devil We Knew: Americans and the Cold War* (Oxford, 1993)

Brass, Paul R. (ed.), *Riots and Pogroms* (New York, 1996)

Breitman, Richard, *Official Secrets: What the Nazis Planned, What the British and Americans Knew* (London, 1999)

Broadbent, Gilbert, *Behind Enemy Lines* (Bognor Regis, 1985)

Broadherry, Stephen and Peter Howlett, 'The United Kingdom: "Victo ry at All Costs"' ,in Mark Harrison (ed.), *The Economics of World War II: Six Great Powers in International Comparison* (Cambridge, 1998), 43-80

Brokaw, Tom, *The Greatest Generation* (London, 2002)

Bronsztejn, Ssyja, 'Polish-Jewish Relations as Reflected in Memoirs of the Interwar Period', in Antony Polonsky, Ezra Mendelsohn and Jerzy Tomaszewski (eds.), *Jews in Independent Poland: 1918-1939* (London) Washiogtnn, 1994), 66-88

Brook, Timothy (ed.), *Documents on the Rape of Nanking* (Ann Arbor, 1999)

Broscious, S. David, 'Longing for International Control, Banking on American Superiority: Harry S. Truman's Approach to Nuclear Weapons', in John Lewis Gaddis, Philip H. Gordon, Ernest R. May and Jonathan Rosenberg (eds.), *Cold War Statesmen Confront the Bomb: Nuclear Diplomacy Since 1945* (Oxford, 1999), 15-39

Brown, Callum, *The Death of Christian Britain: Understanding Secularization, 1800-2000* (London / New York, 2001)

Brown, Malcolm, in association with the Imperial War Museum, *The Imperial War Museum Book of the Western Front* (London, 1993)

——*Tommy Goes to War* (London, 1999)

Brown, William O. Jr. and Richard C. K. Burklekin, 'German Debt Traded in London During the Second World War: A British Perspective on Hitler', *Economica, 69* (2002), 655-69

Browning, Christopher, *Ordinary Men: Reserve Police Battalion 101 and the Final Solution* (London, 2001)

——*The Origins of the Final Solution: The Evolution of Nazi Jewish Policy, September 1939-March 1942* (London, 2004)

Brownmillet, Susan, *Against Our Will Men, Women, and Rape* (Harmond sworth, 1976)

Brull, Adolf, *Die Mischehe im Judentum im Lichte der Geschichte* (Frank furt, 1905)

Bruntz, George G., *Allied Propaganda and the Collapse of the German Empire in 1918* (Stanfnrd, 1938)

Bry, Gerhard, *Wages in Germany, 1871-1945* (Princeton, 1960)

Bryce, Viscount (ed.), *The Treatment of the Armenians in the Ottoman Empire, 1915-1916: Documents Presented to Viscount Grey of Falloden* (Beirut, and edn. 1972)

Buchanan, Mark, Ubiquity: *The Science of History... Or Why the World is Simpler than We Think* (London, 2000

Buckle, George Earle (ed.), *The Letters of Queen Victoria: A Selection from Her Majesty's Correspondence and Journal between the Years 1886 and 1901, 3rd Series* (London, '930, 1931, 1932.)

Buckley, Gail, *American Patriots: The Story of Blacks in the Military from*

the Revolution to Desert Storm (New York, 2001)
Buckley, Roger, *The United States in the Asia-Pacific since 1945* (Cambridge, 2002)
Budnitskii, Oheg, 'What the Cause of a Pogrom Is, or of Gunshots from Behind', unpublished paper, Stockholm Conference on Pogroms (2005)
Budrass, Lutz, Jonas Schemer aud Jochen Streb, 'Desnysrifying the German "Armament Miracle" during World War II: New Insights from tile Annual Audits of German Aircraft Producers', Yale University Economic Growth Center Discussion Paper, 905 (January 2005)
Buldakov, V. P., 'Frcedom, Shortages, Violence: The Origins of the "Revolutionary" And-Jewish Pogrom in Russia in 1917-1918', unpublished paper, Stockholm Conference on Pogroms (2005)
Bulgakov, Mikhail, transl. Richard Pevear and Larissa Volokhonsky, *The Master and Margarita* (London, 1997 [1966])
——transi. Michael Glenny, *The White Guard* (London, 1971)
Bull, Eric, *Go Right, Young Man* (Horuby, edn. 1997)
Bullock, Alan, *Hitler and Stalin: Parallel Lives* (London, 1991)
Burgdorfer, Friedrich, 'Die Juden in Deutachland rand in der Welt: Bin statistischer Beitrag zur biologischen, beruflichen uud sozialen Struktur des Judenrums in Deutschland', *Forschungen zurJudenfrage, 3* (1938), 152-98
Burk, Kathleen, Britain, *America and the Sinews of War, 1914-1918* (London, 1985)
Burleigh, Michael, *Death and Deliverance: 'Euthanasia' in Germany 1900-1945* (Cambridge, 1994)
——*Earthly Powers: Religion and Politics in Europe from the Enlightenment to the Great War* (London, 2005)
——*Germ any Turns Eestwards: A Study of Ostforschung in the Third Reich* (Cambridge, 2000)
——'Nazi Europe: What If Nazi Germany Had Defented the Soviet Union?', in Niahl Ferguson (ed.), *Virtual History: Alternatives and Counterfactuals* (New York, 1999), 321-47
——'The Racial State Revisited', in *idem, Ethics and Extermination: Reflections on Nazi Genocide* (Cambridge, 1997), 155-68
——*The Third Reich: A New History* (London, 2001)
——and Wolfgang Wippermann, *The Racial State: Germany 193 3-1945* (Cambridge, 1991)
Burtt, John D,, 'Known Enemies and Forced Allies: The Battles of Sicily and Kursk', in Peter G. Tsouras (ed.), *Third Reich Victorious: The Alternate History of How the Germans Won the War* (London, 2002), 169-96
Buruma, Ian, *Inventing Japan: From Empire to Economic Miracle, 1853-1964* (London, 2003)
Buruma, Ian and Avishai Margalit, *Occidentalism: The West in the Eyes of Its Enemies* (New York, 2004)
Bynum, Victoria B., '"White Negroesi" in Segregated Mississippi: Miscegenation, Racial Identity and the Law', *Journal of Southern History, 64, 2* (May 1998), 247-76
Cain, P. J. and A. G. Hopkins, British Imperialism, 1688-2000, 2nd edn. (Harlow, 2001)
Cala, Alina, 'The Social Consciousness of Young Jews in Interwar Poland', Polin, 8 (1994), 42-66
Calvocoressi, Peter, Guy Wint and John Pritchard, *Total War: The Causes and Courses of the Second World War,* znd edn. (Harmoodswortlı 1989)
Campbell, Horace, 'Cuito Cuanavale', in The *Oxford Companion to Politics of the World,* 2nd edn. (Oxford, 2001), 187
Campbell, Kim H., 'Holding Patton: Seventh Panzer Army and the Battle of Luxembourg', in Peter C. Tsouras (ed.), *Battle of the Bulge: Hitller's Alternate Scenarios* (London, 2004), 205-31
Camper, Carol (ed.), *Miscegenation Blues: Voices of Mixed Race Women* (Toronto, 1994)
Cannadine, David, *Ornamentalism: How the British Saw Their Empire* (Loodon, 2001)
Cantril, Hadley, 'America Faces the War: A Study in Public Opinion',

Public Opinion Quarterly, 4,4 (September 1940), 387-407

Carlton, David, 'against the Grain, In Defence of Appeasement' *Policy Review, 13* (Summer 1980), 134-50

Carpenter, Humphrey, Tolkien: *A Biography* (Boston, 1977)

Carpenter, W. S., *The Du Pont Company's Part in the National Security Program, 1940-1945:Stockholder's Bulletin* (Wilmington, Del., 1946)

Carr, Caleb, 'VE Day - November II, 1944', in Robert Cowley (ed.), *More What If? Eminent Historians Imagine What Might Have Been* (Macmillan, 2002), 333-45

Carr., E. H., The Twenty Years' Crisis, 1919-1939: *An Introduction to the Study of International Relations,* reissued with a new iotroduction and additional material by Michael Con (Basingstoke, 2001)

Carruthers, Bob and Simon Trew (eds.), *Servants of Evil: New First-hand Accounts of the Second World War from Survivors of Hitler's Arm ed Forces* (London, 2001)

Carson, Andrew D., *My Time in Hell: Memoir of an American Soldier imprisoned by the Japanese in World War II* (Jefferson, NC / London, 1997)

Casper, Bernard M., *With the Jewish Brigade* (London, 1947)

Castcllan, Georges, 'Remarks on the Social Structure o the Jewish Com munity in Poland between the Two World Wars', in Bela Vago and George L. Mosse (eds.), *Jews and non-Jews in Eastern Europe, 1918-1945* (New York, 1974), 187-201

——'The Germans of Rumania', *Journal of Contemporary History, 6, 1,* (1971), 52-7 5

Caure, David, *The Dancer Defects: The Struggle for Cultural Supremacy during the Cold War* (Oxford, 2003)

Cavalli-Sforza, Luigi Luca, transl. Mark Seielstad, *Genes, People. and Languages* (New York, 1999)

Cavalli-Sforza, Luigi Luca, Paolo Menozzi and Alberto Piazza, *The Hist ory and Geography of Human Genes* (Princeton, 1994)

Cell, John W., *The Highest Stage of White Supremacy: The Origins of Segregation in South Africa and the American South* (Cambridge, 1982)

——'Colonial Rule', in Judith M. Brown and Wm. Roger Louis (eds.), *Oxford History of the British Empire,* vol. IV: The Twentieth Century (Oxford I New York, 1999) 232-254

Celine, Louis-Ferdinand, *Voyage au bout de la nuit* (Paris, 1956 [1932])

Chalker, Jack Bridger, *Burma Railway Artist: The War Drawings of Jack Chalker* (London, 1994)

Chamberlin, W. H., *The Russian Revolution,* 2. vols. (New York, 1965)

——'Soviet Taboos', *Foreign Affairs, 13* (1935), 431-40

Chang, Iris, *The Rape of Nanking: The Forgotten Holocaust of World War II* (New York, 1997)

Chang, Jung and Jon Halliday, *Mao: The Unknown Story* (London, 2005)

Charmley, John, *Churchill: The End of Glory* (London, 1993)

——*Chamberlain and the Lost Peace* (London, 1989)

Chenevix-Trench, Charles, *The Indian Army and the King's Enemies, 1900-1947* (London, 1988)

Clime, Auguste, *Les rois de la Republique: Histoire des juiveries* (Paris, 1883)

——*L'agiotage de 1870 à 1884* (Paris, 1887)

Chiswick, Barry R. and Timothy J. Hatton, 'International Migration and the Integration of Labor Markets', in Michael D. Bordo, Alan M. Taylor and Jeffrey G Williamson (cds.), *Globalization in Historical Perspective* (Chicago / London, 2003), 65-120

Chmerkine, N., *Les Consequences de l' Antisemitisme en Russie* (Paris, 1897)

Chrétien, Jean-Pierre, *Burundi: L'histoire retrouvee: 25 ass de metier d'historian en Afrique* (Paris, 1993)

——Jean-Francois Dupaquier, Marcel Kabanda and Joseph Ngarambe, *Rwanda: Les ,nédias du genocide* (Paris, 1995)

Christiano, Lawrence J., Roberto Motto and Massimo Rostagno, 'The Great Depression and the Friedman-Schwartz Hypothesis', NBER Working Paper, 10255 (January 2004)

Chua, Amy, *World on Fire; flow Exporting Free Market Democrocy Bree ds Ethnic Hatred and Global Instability* (New York, 2003)

Churchill, Winston S., *The Hinge of Fate: The Second World War* (Boston, 1950)
Clarke, I. F. (ed.), *Voices Prophesying War. 1763-1984* (London / New York, 1992)
Clarke, Peter F., *The Cripps Version: The Life of Sir Stafford Cripps, 1889 -1952* (London, 2002)
Clayton, James D., 'American and Japanese Strategies in the Pacific War', in Peter Paint (ed.), *Makers of Modem Strategy from Machiav elli to the Nuclear Age* (Princeton, 1986), 703-32
Coble, Parks M., *Facing Japan: Chinese Politics and Japanese Imperia lism* (Cambridge, Mass,, 1991)
Coetzee, M. S., *The German Army League: Popular Nationalism in Wilhel mine Germany* (Oxford / New York, 1990)
Coghlan, F., 'Armaments, Economic Policy and Appeasement The Background to British Foreign Policy, 1931-7', *History,* 57, 190 (June 1972), 205-16
Cohen, Gary B., *The Politics of Ethnic Survival: Germans in Prague, 1861-1914* (Princeton, 1981)
Cohen, Israel, 'My Mission to Poland (1918-1919)', *Jewish Social Studies,* 13, 2 (April 1951), 149-72
Cohen, Paul, *History in Three Keys: The Boxers as Event, Experience and Myth* (New York, 1998)
Cole, Harold L, Lee O. Ohanian and Ron Leung, 'Deflation and the International Great Depression: A Productivity Puzzle', Federal Reserve Bank of Minneapolis Research Department Staff Report, 356 (February 2005)
Cole, Margaret, *The Webbs and their Work* (New York, 1974)
Cole, Wayne S., 'America First and the South, 1940-1941', *Journal of Southern History,* 22, I (February 1956), 36-47
Collier, Paul and Anke Hoeffler, 'On Economic Causes of Civil War', Oxford Economic Papers, 50 (1998), 563-73
Colville, J. K., *Man of Valour: The Life of Field-Marshal the Viscount Gort* (London, 1972)
Colville, John, *The Fringes of Power: Downing Sweet Diaries, 1939- 1955* (Dunton Green, 1986)
Colvin, Inn, *Vansittart in Office: An Historical Survey of the Origins of the Second World War Based on she Papers of Sir Robert Vansittart* (Lond on, 1965)
——*The Chamberlain Cabinet: How the Meetings in Io Downing Street, 1937-1939 Led to the Second World War, Told for the First Time from the Cabinet Papers* (London, 1971)
Comision para el Esclarecimiento Historico, *Guatemala Mensoria del Silencio: Las Violaciones de los Derechos Humanos y los Hechos de Vi olencia,* vol. II (Guatemala, 1999)
——*Guatemala Memoria del Silencio: Coeclusiones y Recomettdaciones,* vol. V (Guatemala, 1999)
Coolen, Paul, 'The Historical Genesis and Material Basis of Racial Endogamy in Racist Societies', unpublished thesis (University of Lund, 1974)
Connaughton, R. M., *The War of the Rising Sun and Tumbling Bear: A Military History of the Russo-Japanese War, 1904-5* (London, 1988)
Conquest, Robert, *The Great Terror: A Reassessment* (London, 1992)
——*The Harvest of Sorrow: Soviet Collectivization and the Terror-Famine* (London / Melbourne I Auckland /Johannesburg, 1986)
——*The Nation Killers* (London, 1970)
Constantine, Stephen, 'Migrants and Settlers', in Judith M. Brown and Wm. Roger Louis (eds.), *The Oxford History of the British Empire,* vol. IV: *The Twentieth Century* (Oxford, 1999), 163-87.
Cook, Theodore F. Jr.. 'Our Midway Disaster', in Robert Cowley (ed.), *What If?: The World's Foremost Military Historians Imagine What Mig ht Have Been* (London, 2001), 311-339
Cooper, Duff, ed. John Julius Norwich, *The Duff Cooper Diaries, 1915-1951* (London, 2005)
——*Old Men Forget* (London, 1953)
Coox, Alvin, 'The Effectiveness of the Japanese Military Establishment in tile Second World War', in Allan R. Millett and Williamson

Murray (eds.), *Military Effectiveness,* vol. III: *The Second World War* (Boston, 1988), 1-44

——'The Pacific War', in Peter Dons (ed.), *The Cambridge History of Japan,* vol. VI: *The Twentieth Century* (Cambridge, 1988), 315-385.

——*Nomonhan: Japan Against Russia,* 1939, 2 vols. (Stanford, 1985)

Corti, Egon Caeser Conte, *The English Empress: A Study in the Relations between Queen Victoria and her Eldest Daughter ,Empress Frederick of Germany* (London, 1957)

——*Alexander of Battenberg* (London, 1954)

Costello, John, *Days of Infamy: MacArthur, Roosevelt, Churchill* (New York, 1994)

Coyne, Jerry A. and H. Allen Orr, *Speciation* (Sunderland, MA, 2004)

Cozzens, James Gould, *Guard of Honor* (New York, 1948)

Crafts, Nicholas, 'Is the World a Riskier Place?', Merrill Lynch Global Securities Research and Economics Group (May 16, 2005)

——'Globalisation and Growth in tile Twentieth Century', International Monetary Fund Working Paper, 00/44 (March 2000)

Cray, Ed, *Chrome Colossus: General Motors and its Times* (Boston, 1980)

Creveld, Martin van, *Supplying War: Logistics from Wallenstein to Patton* (Cambridge, 1977)

Crowley, James B., *Jopan's Quest for Autonomy: National Security and Foreign Policy, 1930-1938* (Princeton, 1966)

Crowson, N. J., *Facing Fascism: The Conservative Party and the Europ ean Dictators, 1935-1940* (London, I7)

Cullather, Nick, *Secret History: The CIA's Classified Account of Its Opera tions in Guatemala, 1952-1954* (Stanford, 1999)

Dabney, Virginius, 'The South Looks Abroad', *Foreign Affairs,* 19, I (Oct ober 1940), 171-8

Dadrian, Vahnkn N., *German Responsibility in the Armenian Genocide: A Review of the Historical Evidence of German Complicity* (Watertown, Mass., c1996)

——'The Armenian Question and the Wartime Pate of the Armenians as Documented by the Officials of the Ottoman Empire's World War! Miles: Germany and Austria Hungary', *International Journal of Middle Eastern Studies,* 32 (2002), 59-85

——*The History of the Armenian Genocide* (Providence, 1997)

——*'The Key Elements in the Turkish Denial of the Armenian Genocide: A Case Study of Distortion and Falsification* (Cambridge, MA, 1999)

——'The Signal Facts Surrounding the Armenian Genocide and the Turkish Denial Syndrome', *Journal of Genocide Research,* (2003)

Dairnvaell, Georges ['Satao' (pseud.)], *Histoiré edifiante at curieuse de Rothschild Ier, roi des juifs* (Paiis, 1846)

Danchev, Alex, *Alchemist of War: The Life of Basil Liddell Hart* (London, 1998)

Davidson-Houston, J. V., *Yellow Creek: The Story of Shanghai* (London, 1962)

Davie, Maurice R., *Refugees in America: Report of the Committee for the Study of Recent Immigration from Europe* (New York, 1947)

Davies, Norman, *Europe: A History* (Oxford / New York, 1996)

——*God's Playground: A. History of Poland in Two volumes,* vol. II: *1795 to the Present* (New York, 1982)

——*Rising '44: The Battle for Warsaw* (New York, 2004)

——and Roger Moorhouse, *Microcosm: Portrait of a Central European City* (London, 2003)

Davis, Lance F. and K. A. Huttenhack, *Mammon and the Pursuit of Empire: The Political Economy of British Imperialism, 1860-1912* (Cam bridge, 1986)

Davis, Mike, *Late Victorian Holocausts: El Niño Famines and the Making of the Third World* (London, 2001)

Dawkins, Richard, *The Selfish Gene,* sad edn. (Oxford / New York, 1989)

Deist, Wilhelm, 'The Military Collapse of the German Empire: The Reality behind the Stab-in-the-Back Myth', *War in History,* 3, 2 (1996), 186-207

Della Pergola, Sergio, *Jewish Mixed Marriages in Milan 1901-1968, with an Appendix: Frequency of Mixed Marriage Among Diaspora Jews* (Jeru

salem, 1972)
Diamond, Jared, *Collapse: How Societies Choose to Fail or Succeed* (New York, 2005)
Dibold, Hans, transl. by H. C. Stevens, *Doctor at Stalingrad: The Passion of a Captivity* (London, 1958)
Dilks, David, '"The Unnecessary War"? Military Advice and Foreign Policy in Great Britain, '931-1939', in Adrian Preston (ed.), *General Staffs and Diplomacy before the Second World War* (London, 1978), 98-132
——(ed.), *The Diaries of Sir Alexander Cadogan, 1938-1945* (London, 1971)
Dinter, Artur, *Die Sunde wider das Blut: Fin Zeitroman* (Leipzig, 1920)
Divine, Roberr A., *The Illusion of Neutrality* (Chicago, 1962)
Djilas, Aleksa, *Contested Country: Yugoslav Unity and Communist Revolution, 1919-1953* (Cambridge, Mass. / London, 1991)
Dobkin, Marjorie Housepian, *Smyrna 1922: The Destruction of a City* (Kent, Ohio / London, 1988)
Dobson, Christopher, John Miller and Ronald Payne, *The Crete/lest Night: Germany's Dunkirk and the Sinking of the Wilhelm Custloff* (London, 1979)
Donovan, Tom (ed.), *The Hazy Red Hell: Fighting Experiences on the Western Front, 1914-1918* (Staplehurst, 1999)
Dorril, Stephen, *Ml6: Fifty Years of Special Operations* (London, 2000)
Dower, John W., *War without Mercy: Race and Power in the Pacific War* (London I Boston, 1986)
Doyle, Michael W., 'Liberalism and World Politics', *American Political Science Review, 80,4* (1986), 1151-1167
Dralle, Lothar, *Die Deutschen in Ostmittel- und Osteuropa: ein Jahrtausend europaischer Geschichte* (Darmstadt, 1991)
Draper, Alfred, *The Amritsar Massacre: Twilight of the Raj* (London, 1985)
Dreyer, Edward L., *China at War, 1901-1949* (London, 1995)
Drucker, Peter, *Die Judenfrage in Deutschland* (Vienna, 1936)
Drucker, Peter F., *The Concept of the Corporation* (New York, 1946)
Drumout, Edouard, *La Prance juive: Essai d'histoire contemporaine,* 2 vols. (Paris, 1885)
——*Les Juifs contre Ia France* (Paris, 1899)
——*Le Testament d'un antiscimite* (Paris, 894)
Dubnow, S. M., transl. I. Friedlaender, *History of the Jews in Russia and Poland front the Earliest Times until the Present Day,* vol. II: *From the Death of Alexander I until the Death of AlexanderIII* (1825-1894) (New York, 1975)
Dudley, Wade G., 'Be Careful What You Wish For: The Plan Orange Disaster', in Peter G. Tsouras (ed.), *Rising Sun Victorious: The Alternate History of Hnw the Japanese Won the Pacific War* (London, 2001.), 39-61
Dugdale, E. T. S. (ed.), *German Diplomatic Documents, 1871-1914,* 4 vols. (London, 1918)
Dunbabin, J. P. O., 'British Rearmament in the 1930s: A Chronology and Review', *Historical Journal, 18, 3* (September, 1973), 587-609
Dungan, Myles, *They Shall Not Grow old: Irish Soldiers and the Great War* (Dublin, 1997)
Dunlop, E. E., *The War Diaries of Weary Dunlop; Java and the Burma-Thailand Railway, 1942-1945* (London, 1987)
Durand, Yves, *La vie quotidienne des Prisonniers de Guerre dans les Stalags, les Oflags at les Kommandos, 1939-1945* (Paris, 1987)
Durham, W. H., *Coevolution: Genes, Culfure, and Human Diversity* (Stanford, 1991)
Durschmied, Erik, *The Hinge Factor: How Chance and Stupidity Hava Changed History* (London, 1999)
Duus, Peter, 'Japan's Informal Empire in China, 1895-1937: An Overview', in Peter Dons, Ramlon H Myers and Mark R. Peattie (eds.), *The Japanese Informal Empire in China, 1895-1937* (Princeton, 1989), xi-xxix
Easton, Laird M., *The Red Count: The Life of Harry Kessler* (Berkeley, 2002)
Echenberg, Myron, *Colonial Conscripts: The 'Tirailleurs Senegalais' in French West Africa, 1857-1960* (London, 1991)

Edelstein, Michael, 'Imperialism: Cost and Benefit', in Roderick Floud and Donald McCloskey (eds.), *The Economic History of Britain since 1700,* 2nd edn., vol. II (Cambridge, 1994), 173-216

Edgar, Donald, *The Stalag Men: The Story of One of the 110,000 other Ranks who ware POWs of the Germans in the 1939-45 War* (London, 1981)

Edgerton, Robert B., *Warriors of the Rising Sun: A History of the Japan ese Military* (London, 1997)

Edwardes, Allen, *Erotica Judaica* (New York, 1967)

Ehrenburg, Ilya, *Men, Years-Life,* vol. V: *The War, 1941-45* (London, 1964)

Ehrenburg, Ilya and Vasily Grossman, transl. David Patterson, *The Complete Black Book of Russian Jewry* (New Brunswick, NJ, 2002)

Eichengreen, Barry, *Golden Fetters: The Gold Standard and the Great Depression, 1919-1939* (New York / Oxford, 1992)

——'Still Fettered After All These Years', NBER Working Paper, 9726 (October 2002) Einstein, Albert and Sigmund Freud, 'The Einstein-Freud Correspondence (1931- 1932)', in Otto Nathan and Heinz Norden (eds.), *Einstein on Peace* (New York, 1960), 286-203

Ekblom, Robert, 'Inbreeding Avoidance through Mate Choice', unpublished paper, Evolutionary Biology Centre, Department of Population Biology, Uppsala University, Sweden (n. d.)

Eksteins, Modris, *Walking Since Daybreak: A Story of Eastern Europe, World War II, and the Mean of our Century* (Boston, 1999)

Elkins, Caroline, *Britain's Culag: The Brutal End of Empire in Kenya* (London, 2005)

Ellis, John, *The World War I Databook: The Essential Facts and Figures for alt the Combatants* (London, 1993)

Endicott, Stephen Lyon, *Diplomacy and Enterprise: British China Policy, 1933-1937* (Manchester, 1975)

Erickson, John, *The Road to Stalingrad: Stalin's War with Germany,* vol. 1 (London, 1975)

——'New Thinking about the Eastern Front in World War II', *Journal of Military History,* 56, 2 (April 1992), 283-92

Erny, Pierre, *Rwanda 1994: Cles pour comprendre le calvaire d'unpeuple* (Paris, 1994)

Errera, Leo, *The Russian Jews: Extermination or Emancipation?* (New York / London, 1894)

Evans, Richard, *Rituals of Retribution: Capital Punishment in Germany 1600-1987* (Oxford, 1996)

——*The Third Reich in Power* (New York, 2005)

——*The Coming of the Third Reich* (London, 2003)

Falls, Cyril, *Caporetto 1917* (London, 1965)

Falter, Jurgen W., *Hitters Wahler* (Mnnich, 1991)

Fanon, Frantz, Black Skin, *White Masks* (London, 1952)

Farmer, Rhodes, *Shanghai Harvest: A Diary of Three Years in the China War* (London, 1945)

Farquhar, George, 'The Twin Rivals', in William Myers (ed.), *The Recruiting Officer and Other Plays* (New York, 79-159

Farrar-Hockley, Sir Anthony, 'The China Factor in the Korean War', in James Cotton and Ian Neary (eds.), *The Korean War in History* (Manchester, 1989), 4-11

Fay, Peter Ward, *The Forgotten Army: India's Armed Struggle for Independence, 1942-1945* (Ann Arbor, 1993)

Feinstein, C. H,, *National Income, Expenditure and Output of the United Kingdom, 1855-1965* (Cambridge, 1972)

Feldman, Eliyahu, 'British Diplomats and British Diplomacy and the 1905 Pogroms in Russia', *Slavonic and East European Review, 65, 4* (October 1987), 579-608 Feldman, Gerald D., *The Great Disorder: Politics, Economics and Society in the German Inflation* (New York / Oxford, 1993)

Felsenstein, Frank, *Anti-Semitic Stereotypes: A Paradigm of Otherness in English Popular Culture,* 1660-1830 (Baltimore,1995)

Feltz, Gaetan, 'Ethnicite, etat-nation et demdcratisation au Rwanda et au Burundi', in Manasse Esoavelomandroso and Gaetan Feltz (eds.), *Démocratie et développement:*

Mirage ou espoir raisonnable? (Paris / Antananarivo, 1995), 277-97

Fenby, Jonathan, Generalissimo: *Chiang Kai-shek and the China He Lost*

(London, 2003)
Ferguson, Niall, *Empire: How Britain Made the Modern World* (London, 2003)
——*Paper and Iron: Hamburg Business and German Politics in the Era of Inflation, 1897-1927* (Cambridge, 1995)
——'Political Risk and the International Bond Market between the 1848 Revolution and the Outbreak of the First World War', *Economic History Review ,59* (2006), 70-112
——'Prisoner Taking and Prisoner Killing in the Age of Total War: Towards n Political Economy of Military Defeat', *War in History, II, I* (2004), 34-78
——'Sinking Globalization', *Foreign Affairs 84, 2* (March / April 2005), 64-77
——*The Cash Nexus: Money and Power in the Modern world, 1700-2000* (London, 2005)
——*The House of Rothschild,* vol. I: *Money's Prophets;* vol. II: *The World's Banker* (New York, 1999)
——'The Paradox of Diminishing Risk Perception in a Dangerous World', Drobny Associates Research Paper (July 2005)
——*The Pity of War* (London, 1998)
——'The Unconscious Colossus: Limits of (and Alternatives to) American Empire', *Daedalus, 134, 2* (2005), 18-33
——and Moritz Schularick, 'The Empire Effect: The Determinants of Country Risk in the First Age of Globalization, 1880-1913', *Journal of Economic History 66, 2* (2006), 283-322
Fermi, Laura, *Illustrious Immigrants: The Intellectual Migration from Europe, 1930-1941* (Chicago / London, 1968)
Fermor, Patrick Leigh, *A Time of Gifts: On Foot to Constantinople from the Hook of Holland to the Middle Danube* (London, 2005)
Feuerwerker, Albert, 'Japanese Imperialism in China: A Commentary', in Peter Duus, Ramlon H. Myers and Mark ft. Peattie (eds.), *The Japanese Informal Empire in China, 1895-1937* (Princeton, 1989), 431-8
Field, Alexander J., 'The Impact of World War lion US Productivity Growth', unpublished paper, Santa Clara University (September 2005)
Figes, Orlando, *Peasant Russia, Civil War: The Volga Countryside in Revolution (1917-1921)* (New York, 1989)
——'The Red Anny and Mass Mobilization during the Russian Civil War, 1918-1920', *Past and Present, 129* (November 1990), 168-211
——*A People's Tragedy: The Russian Revolution, 1891-1924* (London, 1996)
Fink, Carol, 'The Minorities Question at the Paris Peace Conference: The Polish Minority Treaty, June 28, 1919', in Manfred F. Boemeke, Gerald D. Feldman and Elisabeth Glaser (eds.), *The Treaty of Versailles: A Reassessment after 75 Years* (Cambridge, 1998), 249-74
Fisch, Harold, *The Dud Image: The Figure of the Jew in English and American Literature* (New York, 1971)
Fischer, Conan, *The German Communists and the Rise of Nazism* (London, 5991)
Fitzpatrick, Bernard T. and John A. Sweetser III, *The Hike into the Sun: Memoir of an American Soldier Captured on Bataan in 1942 and imprisoned by the Japanese until 1945* (Jefferson, NC / London, 1993)
Fitzpatrick, Sheila, *Everyday Stalinism: Ordinary Life in Extraordinary Times - Soviet Russia in the 1930s* (Oxford, 1999)
Flandreau, Marc and Frederic Zumer, *The Making of Global Finance, 1880-1913* (Paris, 2004)
Fleischhauer, Ingehorg and Benjamin Pinkus, ed. Edith Rogovin Frankel, *The Soviet Germans: Past and Present* (New York, 1986)
Fleming, Donald and Bernard Bailyn (eds), *The Intellectual Migration: Europe and America, 1930-1960* (Cambridge, Mass., 1969)
Fleming, Thomas, 'Illusions and Realities in World War F, *Historically Speaking* (September / October 2004), 7-9
Flora, Peter et a!, (eds.), *State, Economy and Society in Western Europe, 1815-1975: A Data Handbook,* ,, vols. (Frankfurt, 1983)
Fogel, Robert W., *The Escape from Hunger and Premature Death,1700-2100: Europe, America, and the Third World* (Cambridge, 2003)
Folcher, Gustave, *Marching to Captivity: The War Diaries of a French*

Peasant, 1939-45 (London I Washington DC, 1996)

Fooks, Herbert C., *Prisoners of War* (Federalsburg, Md, 1924)

Foot, Rosemary, *The Wrong War: American Policy and the Dimensions of the Korean Conflict, 1950-1953* (Ithaca, 1985)

Forbes, Neil, 'London Banks, the German Standstill Agreements, and "Economic Appeasement" in the 1930s', *Economic History Review,* 2nd Series, 40, 4 (Novesm ber,1987), 571-87

Fordham, Benjamin O., '"Revisionismi" Reconsidered: Exports and American Intervention in the First World War', unpublished paper, Department of Political Science, Binghamton University (SIJNY) (2004)

Foreign Office, *Correspondence Relating to the Asiatic Provinces of Turkey: Part I: Events at Sassoon, and Commission of Inquiry at Moush* (London, 1895)

Forster, Jurgen, 'The Germsn Army and the Ideological War against the Soviet Union', in Gerhard Hirschfeld (ed.), *The Policies of Genocide: Jews and Soviet Prisoners of War in Nazi Germany* (London / Boston! Sydney, 1986), 15-29

Forsyth, James, *A History of the Peoples of Siberia: Russia's North Asian Colony, 1581-1990* (Cambridge / New York / Port Chester / Melbourne I Sydney, 1992)

Fort, Adrian, *'Prof': 'The Life and Times of Frederick Lindemann* (Lon don, 2004)

Foster, Alan, 'The Times and Appeasement: The Second Phase', *Journal of Contemporary History, 16, 3* (July 1981), 441-65

Fotiadis, Constantinos E. (ed.), *The Genocide of the Pontus Greeks* (Thess aloniki, 2002)

Frank, Andre Gunder, *ReOrient: Global Economy in the Asian Age* (Berk eley I London, 1998)

Freud, Sigmund, 'Thoughts for the Time on War and Death', reprinted in John Rickman (ed.), *Civilization, War and Death* (London, 1939)

Friedman, Barton, 'Tolkien and David Jones: The Great War and the War of the Ring', *Clio,* II, 2(1982), 117-35

Friedman, Benjamin M., *The Moral Consequences of Economic Growth* (New York, 2005)

Friedman, Milton and Anna J. Schwartz, *A Monetary History of the United States, 1867-1960* (Princeton, 1963)

Friedrich, Jōrg, *Der Brand: Deutschland im Bombenkrieg,* (Berlin, 2003)

Fritz, Stephen G., *Frontsoldaten: The German Soldier in World War II* (Lexington, 1995)

Fromkia, David, *Europe's Last Summer: Why the World Went to War in 1914* (London, 2004)

Froschauer, Hermann and Renate Geyet, *Quellen des Hasses: Aus dem Archiv des 'Stunner' 1933-1945. Eine Ausstellung des Stadtarchivs Nur nberg Okt. 1988-Feb, 1989* (Noremberg, 1988)

Frymann, Daniel [Heinrich Class], *Wenn ich dir Kaiser war' - Politische Wahrheiten end Notwendigkeiten* (Leipzig, 1912)

Fuchs, Edouard, *Die Juden in der Karikatur: Ein Beitrag zur Kulturrgesch ichte* (Berlin, 1985)

Fukuyama, Francis, 'Capitalism and Democracy: The Missing Link', *Journal of democracy, 3* (1991), 100-110

——*The End of History and the Last Man* (New York, 1992)

——*The Great Disruption Human Nature and the Reconstitution of Social Order* (London, 1999)

Fursenko, Aleksandr and Timothy Naftali, *One Hell of a Gamble: Khrus hchev, Castro, Kennedy and the Cuban Missile Crisis, 1958-1964* (London, 1997)

Gabrielan, M. C., Armenia: *A Martyr Nation: A Historical Sketch of the Armenian People from Traditional Times to the Present Tragic Days* (New York! Chicago, 1918)

Gackenholz, Hermann, 'The Collapse of Army Group Centre in 1944', in Hans-Adolf Jacobsen and Jurgen Rohwer (eds.) transl. Edward Fitzgerald, *Decisive Baffles of World War II: The German View* (London, 1965), 355-83

Gaddis, John Lewis, *The Cold War: A New History* (London, 2006)

——'Korea in American Politics, Strategy, and Diplomacy, 1945-1950', in

Yōnōsuke Nagai and Akira Iriye (eds.), *The Origins of the Cold War in Asia* (Tokyo, 1977),277-99

——*We Know Now: Rethinking Cold War History* (Oxford, 1997)

Gahama, Joseph, *Le Burundi sous administration Belge: La période du ma ndat, 1919-1939* (Paris, 1983)

Gallup, George H., *The Gallup Poll: Public Opinion, 1935-1971* (New York, 1972)

Galton, Francis, *Hereditary Genius* (London, 2978 [1869])

Gantt, William Horsley, *Russian Medicine* (New York, 1937)

Garrett, Richard, *P.O.W.* (Newton Abbot / London, 1981)

Garrett, Stephen A., *Ethics and Airpower in World War II: The British Bo mbing of German Cities* (New York, 1993)

Gasiorowski, Mark J,, 'The 1953 Coup d'État Against Mosaddeq', in Mark j. Gasiorowski and Malcolm Byrne (eds.), *Mohammad Mosaddeq and the 1953 Coup in Iran* (Syracuse, 2004)

Gatrell, Peter, *Government, Industry and Rearmament in Russia, 1900-1924: The Last Argument of Tsarism* (Cambridge, 1994)

Gay, Ruth, *The Jews of Germany; A Historical Portrait* (New Haven / London, 1992)

Gayler, Robert, *Private Prisoner: An Astonishing Story of Survival under the Nazis* (Wellingborough, 1984)

Geiger, Jeffrey E., *German Prisoners of War at Camp Cooke, California: Personal Accounts of 14 Soldiers, 1944-1946* (Jefferson, NC / London, 1996)

Geiss, Immanuel, *Der lange Weg in die Katastrophe: Die Vorgeschichte des Ersten weltkrieges, 1815-1914* (Munich, 1990)

——*July 1914: The outbreak of the First World War-Selected Documents* (London, 1967)

Gellasely, Robert, 'The Gestapo and German Society: Political Denun ciation in the Gestapo Case Files', *Journal of Modern History, 60,4* (December 1988), 654-94

Gercnann, Holgor, *Alfred Rosenberg: Sein politischer Weg his zur Neu-(Wieder-) Grundung der NSDAP im Jahre 1925* (London, 1988)

Gerstenfeld-Maltiel, Jacob, *My Private War: One Man's Struggle to Survi ve the Soviets and the Nazis* (London, 1993)

Getty, J. Arch and Oleg V. Naumoy, *The Road to Terror: Stalin and the Self- Destruction of the Bolsheviks,1932-1939* (New Haven, 1999)

Geyl, Pieter, *Encounters in History* (London / Glasgow, 1963)

Gibbons, Herbert Adams, *Les Derniers Massacres d'Arménie: Les Respo nsabilités* (Paris/Nancy, 1916)

Gilbert, Martin, *The First World War: A Complete History* (London, 1989)

——*Second World War: A Complete History* (London, 1989)

——and Richard Gotr, *The Appeasers* (London, 1963)

Gill, John H., 'Into the Caucasus: The Turkish Attack on Russia, 1942', in Peter G. Tsouras (ed.), *Third Reich Victorious: The Alternate History of How the Germans Won the War* (London, 2002), 146-68

Gill, Lesley, *The School of the Americas: Military Training and Political Violeuce in the Americas* (Durham, 2004)

Gilman, Sander, *The Jew's Body* (New York / London,1991)

Gilmore, Allison B., *You Can't Fight Tanks with Bayonets: Psychological Warfare against the Japanese Army in the Southwest Pacific* (Lincoln / London, 1998)

Gitelman, Zvi Y,, *Jewish Nationality and Soviet Politics: The Jewish Secti ons of the CPSU, 1917-1930* (Princeton, 1972)

Glenny, Misha, *The Balkans, 1804-1999: Nationalism, War and the Great Powers* (London, 2000)

Gobineau, Joseph Arthur, comte de, *Essai tier l'inegalite des races hurn aines* (Paris, 1967 [1853-5])

Goeschel, Christian, 'Suicide at the End of the Third Reich', *Journal of Contemporary History, 41, 1* (2006), 153-73

Goetzmann, William N., Andrey D. Ukhov and Ning Zhu, 'China and the World Financial Markets', *Economic History Review* (forthco ming)

Goldberg, Mina, 'Die Jahre ,88H88, in der Geschichte der russischen Juden', unpnblished PhD thesis, Friedricb-Wilhelms-Universitat zu Berlin (1934)

Golden, Joseph, 'Patterns of Negro-White Intermarriage', *American So ciological Review, 19* (1954), 144-7

Goldhagen, Daniel Jonah, *Hitler's Willing Executioners* (London, 1997)

Goldsmith, Raymond, 'The Power of Victory', *Military Cultures, 19* (Spring 1946), 69-81

Goldstein, Erik, 'Great Britain: The Home Front', in Manfred F. Bocmeke, Gerald D. Feldman and Elisabeth Glaser (eds.), *The Treaty of Versailles: A Reassessment after 75 Years* (Cambridge, 1998), 147-66.

——'Neville Chamberlain, the British Official Mind and the *Munich Crisis', in Igor Lukes and Erik Goldstein* (ens.), *The Munich Crisis, 1938: Prelude to World War II* (London, 1999), 276-93

Golomstock, Igor, traosl. Robert Chandler, *Totalitarian Art in the Soviet Union, the Third Reich, Fascist Italy and the People's Republic of China* (London, 1990)

Goltz, Colmar Freiherr von der, transı. G. F. Leverson, *The Conduct of War: A Short Treatise on its Most Important Branches and Guiding Rules* (London, 1899)

Gooch, G. P. and Harold Temperley (eds.), *British Documents on the Origins of the War, 1898-1954, II* vols. (London, 1927)

Gordon, Milton M., *Assimilation in American Life: The Role of Race, Rel igion, and National Origins* (New York, 1964)

Gordon, Sarah, Hitler, *Germans and the Jewish Question* (Princeton, 1984)

Gorky, Maxim, transl. Ronald Wilks, *My Universities* (London, '979 [1922])

Gorlitz, Walter, 'The Battle for Stalingrad, 1942-3', in Hans-Adolf Jacobsen and Jurgea Rohwer (eds.), transl. Edward Fitzgerald, *Decisive Battles of World War II: The German View* (London, 1965), 219-53

Gorodetsky, *Gabriel, Grand Delusion: Stalin and the German Invasion of Russia* (New Haven, 1999)

Gorter-Gronvik, Waling T. and Mikhail N. Suprun, 'Ethnic Minorities and Warfare at the Arctic Front, 1939-1945', *Journal of Slavic Military Studies,13, I* (March 2000), 127-45

Gott, Richard, *Rural Guerrillas in Latin America* (Harmondsworth 1973 [1970]) Gonld, Stephen Jay, The Mismeasure of Man (New York, 1996)

Graebuer, Norman A., 'Introduction', in Richard Dean Burns and Edward M. Bennett (eds.), *Diplomats in Crisis: United States-Chinese-Japanese Relations, 1919-1941* (Oxford, 1974) ix-xvii

Graml, Hermann, *Reichskristallnacht: Antisernitismus und Judenverfolgung im Dritten Reich* (Munich, 1988)

Graudin, Greg, *The Last Colonial Massacre: Latin America in the Cold War* (Chicago, 2004)

Greasley, D. and L. Oxley, 'Discontinuities in CompetitiveneS5 The Impact of the First World War on British Industry', *Economic History Review, 99* (1996), 83-101

Green, Abigail, 'Anti-Jewish Violence and, the Philanthropic Response', unpublished paper, Stockholm Conference on Pogroms (2005)

Greenberg, Louis, *The Jews in Russia, vol. 1: The Struggle for Emancipati on* (New Haven, 1944)

Griffith, Paddy, *Battle Tactics of the Western Front: The British Army's Art of Attack, 1916-18* (New Haven / London, 1994)

——'The Hinge: Alamein to Basra, 1942', in Peter G. Tsouras (ed.), *Third Reich Victorious: The Alternate History of How the Germans Won the War* (London, 2001), 126-45

Grigg, John, *1943: The Victory that Never Was* (London, 1999 [1980])

Grill, Johnpeter Horst, *The Nazi Movement in Baden, 1920-1945* (Chapel Hill, 1983)

Gross, Jan, *Revolution from Abroad: The Soviet Conquest of Poland's West ern Ukraine and Western Belorussia* (Princeton, 2002)

——*Neighbours: The Destruction of the Jewish Community in Jedwabne Poland, 1941* (London, 2003)

——'Themes for a Social History of War Experience and Collaboration', in Istvan Dcak, Jan Gross and Tony Judt (eds.), *The Politics of Retribu tion in Europe: World War II and its Aftermath* (Princeton, 2000), 15-35

——*Polish Society under German Occupation: TheGeneralgouvernement, 1939-1944* (Princeton, 1979)

Gross, Natan, *Who are you, Mr Grymek?* (London / Portland, Oreg., 2001)

Grossman, Anita, 'A Question of Silence: the Rape of German Women by Occupation Soldiers', *October*, 72 (1995), 43-63
Grossman, Herschel I. and Juan Mendoza, 'Annexation or Conquest? The Economics of Empire Building', NBER Working Paper, 8109 (February 2001)
Grossman, Vasily, transl. Robert Chandler, *Life and Pate: A Novel* (London, 1985)
Grotta, Daniel, *The Biography of J. K. R, Tolkien* (Philadelphia, 1976)
Guderian, Heinz, *Panzer Leader* (London, 2000)
——transl. Christopher Dully, *Achtung - Panzerl The Development of Armoured Forces, their Tactics and Operational Potential* (London, 1992)
Gudmundsson, Bruce I., 'Okinawa', in Robert Cowley (ed.), *No End Save Victory: New Second World War Writing* (London, 2002), 625-38
Gürūn, Kamuran, *The Armenian File: The Myth of Innocence Exposed* (London I Nicosia / Istanbul, 1985)
Gutman, Yissael and Michael Berenbaum (eds.), Anatomy of the *Auschwitz Death Camp* (Bloomington, Ind., 1994)
Hackett, David (ed.), *The Buchenwald Report* (Boulder / San Francisco / Oxford, 1995)
Haffner, Sebastian, *Defying Hitler* (London, 2002)
Hagen, William NV., *Germans, Poles, and Jews: The Nationality Conflict in the Prussian East, 1772-1914* (Chicago / London, 1980)
——'Before the "Final Solutioni": Toward a Comparative Analysis of Political Anti- Semitism in Interwar Germany and Poland', *Journal of Modern History,* 8, '(June 1996), 351-81
Haigh, R. H, and D. S. Morris, *Munich: Peace of Delusion* (Sheffield, 1998)
Haimson, Leopold, 'The Problem of Social Stability in Urban Russia, 1905-1914', *Slavic Review, 23* (1964), 619-42 and 24 (1965), 2-22
Halévy, Elie, ed. Henrierte Guy-Lo *et al., Correspondence, 1891-1937* (Paris, 1996)
Halifax, The Earl of, *Fullness of Days* (London, 1957)
Haniann, Brigitte, *Hitters Wien: Lehrjahra eines Diktators* (Munich, 1997)
Hanauer, W., 'Die judiseh-christliche Misehehe', *Allgemeines Statistisches Archly, 17* (1928), 513-37
Handy, Jim, *Revolution in the Countryside: Rural Conflict and Agrarian Reform in Guatemala, 1944-1954* (Chapel Hill, 1994)
——'A Sea of Indians Ethnic Conflict and the Guatemalan Revolution, 1944-1952', *The Americas, 46, 2* (October 1989), 289-204
Hanhimaki, Jussi M., *The Flawed Architect: Henry Kissinger arid American Foreign Policy* (Oxford / New York, 2004)
Hardy, Henry, *Isaiah Berlin: Letters, 1928-1946* (Cambridge, 2005)
Hargrove, Hondon B., *Buffalo Soldiers in Italy: Black Americans in World War II* (Jefferson, NC / London, 1985)
Harries, Meirion and Susie Harries, *Soldiers of the Sun: The Rise and Fall of the Imperial Japanese Army, 1868-1945* (London, 1991)
Harrison, Kenneth, *The Brave Japanese* (Adelaide, 1967)
Harrison, Mark, *Medicine and Victory: British Military Medicine in the Second World War* (Oxford, 2004)
——'The Economics of World War II: An Overview', in Mark Harrison (ed), *The Economics of World War II: Six Great Powers in International Comparison* (Cambridge, 1998), 1-42
——'Resource Mobilization for World War II: The USA, UK, USSR and Germany, 1938-1945', *Economic History Review,* 2nd Series, 41,2(1981), 171-92
——(ed.), *The Economic s of World War II: Six Great Powers in International Comparison* (Cambridge, 1998)
Hart, S., R. Hart and M. Hughes, *The German Soldier in World War II* (Staplehurst, 2000)
Harvey, A. D,, *Collision of Empires: Britain in Three World Wars, 1792-1945* (London, 1992)
Hasegawa, Tsuyoshi, *Racing the Enemy: Stalin, Trumann and the Surrender of Japan* (Cambridge, Mass., 2005)
Hašek, Jaroslav, transl. Cecil Parrot, *The Good Soldier Švejk and his Fortunes in the Great War* (Harmondsworth, 1974)
Hassell, Ulridi -von, *The von Hassell Diaries, 1938-1944: The Story of the Forces against Hitler inside Germany, as recorded by Ambassador lunch*

von Hassell, a Leader of the Movement (London, 1948)
Hastings, Max, Armageddon: *The Battle for Germany, 1944-45* (London, 2004)
——*Bomber Command* (London, 1979)
Hata, Ikuhiko, 'Continental Expansion, 1905-1941', in Peter Dun, (ed.), *The Cambridge History of Japan,* vol. VI (Cambridge, 1988), 272-324
——'From Consideration to Contempt: The Chaoging Nature of Japanese Military and Popular Perceptions of Prisoners of War Through the Ages', in Bob Moore and Kent Fedorowich (eds.), *Prisoners of War and their Captors in World War II* (Oxford / Washington DC, 1996)
Hatton, Timothy J. and Jeffrey G. Williamson, 'International Migration in the Long-Run: Positive Selection, Negative Selection and Policy', NBER Working Paper, 10529 (May 2004)
Hauser, William L., 'The Will to Fight', in Sam C. Satkesian (ed.), *Combat Effectiveness: Cohesion, Stress, and the Volunteer Military* (Beverly Hills I London, 1980), ,86-211
Heller, Joseph, *Catch-22* (London, 1962)
Henderson, Sir Nevile, *Failure of a Mission, Berlin 1937-1939* (London, 1940)
Heoriques, Fernando, *Children of Calban* (London, 1974)
Heppner, Rabbi Dr A. and J. Herzberg, *Aus Vergangenbeit und Gegenwart derJuden used der judischen Gemeinden in den Posener Landen,* vol II (Breslau, 1929)
Heppner, Ernest C., *Shanghai Refuge: A Memoir of the World War II Ghe tto* (Lincoln, 1993)
Herberg, Will, *Protestant, Catholic, Jew* (New York, 1960)
Herbert, Ulrich, transı. William Templer, *Hitler's Foreign Workers: Enforced Foreign Labor in Germany under the Third Reich* (Cambridqel New York / Melbourne, 1997)
Herlihy, Patricia, *Odessa: A History, 1794-1914* (Cambridge, Mass., 1986)
Hermann, Georg, *Der doppelte Spiegel* (Berlin, 1926)
Hernton, Calvin C., *Sex and Racism* (New York, 1970 [1965])
Herrmann, David C., *The Arming of Europe and the Making of the First World War* (Princeton, 1996)
Hersey, John, *Into the Valley: A Skirmish of the Marines* (New York, 1943)
——*A Bell for Adano* (New York, 1944)
Herzberg, Isaak, *Geschichte der Jude's in Bromberg, zugleich em Beitrag zur Gesch ichte der Juden des Landes Posen* (Frankfurt am Main, 1903)
Hezel, Marius, *Die Anfechtung der Rassenmiscbehe in den Jahren 1933-1939* (Tub ingen, 1997)
Hevia, James L., 'Leaving Brand on China: Missionary Discourse in the Wake of the Boxer Movement', *Modern China, 18, 3* (July 1992), 304-32
Hewitt, Nicholas, *The Life of Céline: A Critical Biography* (Oxford, 1999)
Heyd, Uriel, *Foundations of Turkish Nationalism: The Life and Teachings of Ziya GökaIp* (London, 1950)
Heyman, Neil M., 'Leon Trotsky's Military Education From the Russo-Japanese War to 1927', *The Journal of Modern History 48, 2* (June 1976), 72-98
Heywood, Linda M., 'Uuita and Ethnic Nationalism in Angola', *Journal of Modern African Studies, 27, I* (March 1989), 47-66
Hicks, George, *The Comfort Women: Sex Slaves of the Japanese Imperial Forces* (London, 1995)
Hiemer, Ernst, *Der Giftpilz: Ein sturmerbuch fur Jung und Alt. Erzählunq en. Bilder von Fips* (Nuremberg, 1938)
Hinz, Bcrthold, transı. Robert and Rita Kimber, *Art in the Third Reich* (Oxford, 1980)
Hiter, Adolf, *Mein Kampf,* transı. Ralph Manheim (London, 1992)
Ho,Ping-ti, Studies on the Population of China, 1368-1953 (Cambridge, Mass., 1959)
Hobsbawm, Eric, *The Age of Extremes: The Short Twentieth Century, 1914-1991* (London, 1994)
Hobson, J. M., 'The Militaty-Extraction Gap and the Wary Titan: The Fiscal Sociology of British Defence Policy, 1870-1913', *Journal of Eur opean Economic History, 22* (1993), 461-506
Hobson, John, *The Eastern Origins of Western Civilization* (Cambridge, 2004)

Hoffman, Eva, Shtetl: *The Life and Death of a Small Town and the World of Polish Jews* (London, 1998)

Hoffman, Peter, *The History of the German Resistance, 1933-1945,* 3rd edn. London, 1977 [969])

——'The Question of Western Allied Co-operation with German Anti-Nazi Conspiracy, 1938-1944', *The Historical Journal, 34, 2* (1991), 437-64

Hofmann, Tessa, *Der Völkerenord an den Armeniern vor Gericht: Der Prozess Talaat Pascha* (Gotriogen, 1980)

Holmes, Richard, *The Western Front: Ordinary soldies and the defining battles of World War I* (London, 1999)

Holquist, Peter, 'The Role of Personality in the First (1914-1915) Russian Occupation of Galicia and Bukovina', unpublished paper, Stockholm Conference on Pogroms (2005)

Holroyd, Michael, *Bernard Show,* vol. III 1918-1950, *The Lure of Fantasy* (London, 1993)

Home, Alistair, *To Lose a Battle: Prance 1940* (London / Bnsingstoke / Oxford, 1990 [1969])

Home, Charles F. (ed.), *Source Records of the Great War,* vol. III (New York, 1923)

Horne, John and Alan Kramer, 'German Atrocities and Franco-German Opinion, 1914: The Evidence of German Soldiers' Diaries', *Journal of Modem History, 66, I* (March 1994), 1-33

Horton, George, *The Blight of Asia: An Account of the Systematic Extermination of Christian Populations by Mohammedans and of the Culpability of Certain Powers; with the True Story of the Burning of Smyrna* (Indianapolis, 1926)

Hosoya, Chihiro, with an introduction by Peter A. Berton, 'Northern Defense: The Japanese-Sovier Neutrality Pact', in James William Morley (ed.), *The Fateful Choice: Japan's Advance into Southeast Asia, 1939-1941* (New York, 1980), 3-115

Hough, R. A. (ed.), *Advice to a Granddaughter: Letters to Princess Victoria of Hesse* (London, 1975)

Housden, Martyn, *Hans Frank, Lebensraum and the Holocaust* (New York, 2003)

Hovannisian, Richard G., 'Intervention and Shades of Altruism during the Armenian Genocide', in *idem* (ed.), *The Armenian Genocide: History, Politics, Ethics* (Basingstoke, 1992)

Howard, Michael, *The Continental Commitment: The Dilemma of British Defence Policy in the Era of Two World Wars* (London, 1972)

Howarth, Stephen, 'Germany and the Atlantic Sea-War: 1939-1943', in Kenneth Macksey (ed.), *The Hitler Options: Alternate Decisions of World War II* (London, 1995), 102-19

Hrabar, Roman, Zofia Tokarz and Jacek E. Wilcznr, *The fate of Polish Children Dating the Last War* (Warsaw, 1981)

Human Rights Watch / Middle East Watch, *Iraq's Crime of Genocide: The Anfal Campaign Against the Kurds* (New Haven, 1995)

Humphreys, Leonard A., *The Way of the Heavenly Sword: The Japanese Army in the 1920s* (Stanford, 1995)

Hunter, Edna J., 'Prisoners of War: Readjustment and Rehabilitation', in Reuven Gal and David A. Mangelsdorff (eds.), *Handbook of Military Psychology* (Chichester, 1991), 741-58

Hossey, John, 'Kiggell and the Prisoners: Was He Guilty of a War Crime?', *British Army Review* (1993)

Hyam, Ronald, *Empire and Sexuality* (Manchester, 1990)

Hynes, Samuel, *The Soldiers' Tale: Bearing Witness to Modern War* (London, 1998)

lenaga, Saburo, traosl. Frank Baldwin, *Japan's Last War: World War II and the Japanese, 1931-1945* (Oxford, 1979)

Ignatieff, Michael, *Empire Lite: Nation-building in Bosnia, Kosovo and Afghanistan* (London, 2003)

Ike, Nobutaka, *Japan's Decision for War: Records of the 1941 Policy Conferences* (Stanford, 1967)

Inkeles, Alex and Raymond A. Bauer, with the assistance of David Gleicher and Irving Ross, *The Soviet Citizen: Daily Life in a Totalitarian Society* (Cambridge, Mass., 1959)

Institut für Armenische Fragen (ed.), *The Armenian Genocide: Documentation* (Munich, 1987)

Iriye, Akirt, *Power and Culture: The Japanese-American War, 1941-1945* (Cambridge, 1981)

——*The Origins of the Second World War in Asia and the Pacific* (London, 1987)

Isby, David C., 'Luftwaffe Triumphant: The Defeat of the Bomber Offensive, 1944-45', in Peter G. Tsouras (ed.), Third Reich Victorious: *The Alternate History of How the Germans Won the War* (London, 2002), 197-215

——'The Japanese Raj: The Conquest of India', in Peter G. Tsouras (ed.), *Rising Sun Victorious: The Alternate History of How the Japanese Won the Pacific War* (London, 2001), I 66-85

Jackson, William, 'Through the Soft Underbelly: January 1942-Decembet 1945', in Kenneth Macksey (ed.), *The Hitler Options: Alternate Decisions of World War II* (London, 1995), 120-43

Jacobsen, Hans-Adolf (ed.), *Dokumente zur Vorgeschichte des westfeldzuges, 1939 -1940* (Gottingen, 1956)

Jnggers, Keith and Ted Robert Gurr, *Polity III: Regime Type and Political Authority, 1800-1994* [Computer file], 2nd ICPSR version, Ann Arbor, MI: Inter.university Consortium for Political and Social Research [distributor) (Boulder, 1996)

Jahr, Christoph, *Gĕwöhnliche Soldaten: Desertion and Deserteure im deutschen and britischen Her 1914-1918* (Gottingen, 1998)

James, Harold, *The German slump: Politics and Economics, 1924-1936* (Oxford, 1986)

——'Economic Reasons for the Collapse of Weimnr', in Ian Kershaw (ed.), Weimar: *Why Did German Democracy Fail?* (London, 1990), 30-5

——*The End of Globalization: Lessons from the Great Depression* (Cambridge, Mass., 2001)

——*The Roman Predicament* (forthcoming)

Janowitz, M. and B. A. Shils, 'Cohesion and Disintegration in the Wehrmacht in World War if, in M. Janowitz (ed.), *Military Conflict: Essays in the Institutional Analysis of War and Peace* (Beverly Hills / London, 1975), 177-220

Jansen, Marius B., *Japan and China: From War to Peace 1894-1972* (Chicago, 1975)

Jasny, Naum, *The socialized Agriculture of the USSR Plans and Performance* (Stanford, 1949)

Jeffery, Keith, 'The Second World War', ha Judith M. Brown and Wm. Roger Louis (eds.), *The oxford History of the British Empire,* vol. IV The *Twentieth Century* (Oxford / New York, 1999), 306-28

Jesmanowa, Teresa et al. (eds.), *Stalin's Ethnic Cleansing in Eastern Poland: Tales of the Deported, 1940-1946* (London, 2000)

Johe, Werner, 'Die Beteiligung der Justiz an der nationalsozialistiheo Judenverfolgong', in Ursula Buttner (ed.), *Die Deutscben and die Judenverfolgung im Dritten Reich* (Hamburg, 1992), 179-90

John, Michael, 'Die judische Bevolkerung in Wirtschaft und Gesellschaft Altosterreichs (1867-1918): Bestandsaufnahme, Uberblick und Thesen', in Rudolf Kropf (ed.), *Juden im Greneraum: Geschichte, Kultur und Lebenswelt der Juden im Bargtnlandisch- Westungarischen Raurm und in den angrenzendel Regionen vom Mittelalter bis zur Gegenwart* (Eisenstadt, 1993), 198-244

Johnson, Eric, *The Nazi Terror Gestapo, Jews and Ordinary Germans* (London, 1999)

Johnson, Pdul, *A History of the Modern World, from 1917 to the 1990 s* (London, revised edn.1991)

Johnston, James Hugo, *Race Relations in Virginia and Miscegenation in the South* (Amherst, 1970)

Jonas, Susanne, *The Battle for Guatemala: Rebels, Death Squads, and U.S. Power* (Boulder, 1991)

Jones, James, *From Here to Eternity* (New York, 1951)

——*The Thin Red Line* (New York, 1962)

Jones, Larry B., *German Liberalism and the Dissolution of the Weimar Party System, 1918-1933* (Chapel Hill, 1988)

Jones, Steve, *In the Blood: God, Genes and Destiny* (London, 1996)

Jordan, Nicole, 'The Cut Price War on the Peripheries: The French General Staff, the Rhineland and Czechoslovakia', in Robert Boyce and Esmonde M. Robertson (eds.), *Paths to War: New Essays on the Origins of the Second World War* (London, 1989), 128-66
Jordan, Ulrike (ed.), *Conditions of Surrender: Britons and Germans Witness the End of the War* (London / New York, 1997)
Jordan, Winthrop D., *White over Black: American Attitudes toward the Negro, 1550-1812* (Baltimore, 1969)
Kacel, Boris, *From Hell to Redemption: A Memoir of the Holocaust* (Colora do, 1998)
Kahn, David, 'Enigma Uncracked', in Robert Cowley (ed.), More *What If? Eminent Historians Imagine What Might Have Been* (London, 2002), 305-16
Kalmijn, Matthijs, 'Trends in Black/white Intermarriage', *Social Forces, 72* (Sept. 1993), 119-46
——'Shifting Boundaries: Trends in Religious and Educational Homo gamy', *American Sociological Review, 56* (1991), 786-800
Kamenetsky, Ihor, *Secret Nazi Plans -for Eastern Europe: A Study of Lebe nsrawn Policies* (New York, 1961)
Kang, Gay Elizabeth, *Marry-out or Die-out: A Cross Cultural Examination of Exogamy and Survival Value* (Buffalo, 1982)
Kaplan, Marion A., *Die jüudiscbe Frauenbewegieng in Deutschland: Orga nisation und Ziele des Judischen Frauenbundes, 1904-1938* (Hamburg, 1981)
Kaser, M. C. and E. A. Radice (eds.), *The Economic History of Eastern Eur ope, 1919-1975,* 2 vols. (Oxford, 1986)
Katsumi, Usui, with an introduction by David Lu, 'The Politics of War, 1937-1941', in James William Morley (ed.), *The China Quagmire: Japan's Expansion on the Asian Continent, 1933-1941* (New York, 1983), 289-435
Katz, Jacob, Richard Wagner: *Vorbote des Antisemitismus* (Konigstein am Taunus, 1985)
Keegan, John, 'How Hitler Could Have Won the War: The Drive for the Middle East, 1941', in Robert Cowley (ed.), *What If?: The World's Foremost Military Historians Imagine What Might Have Been* (London, 2001), 295-305
——(ed.), *The Times Atlas of the Second World War* (London, 1989)
——*Waffen SS: The Asphalt Soldiers, Purnell's History of the Second World War,* Weapons Book No. 16 (London, 1970)
——and Richard Holmes, *Soldiers: A History of Men in Battle* (London, 1985)
Keeley, Lawrence H., *War Before Civilization: The Myth of the Peaceful Savage* (Oxford, 1996)
Kelly, Alfred, *The Descent of Darwin: The Popularization of Darwinism in Germany, 1860-1914* (Chapel Hill, 1981)
Keltie, J. Scott (ed.), *The Statesman's Yearbook: Statistical and Historical Annual of the States of the World for the Year 1913* (London, 1913)
Kennedy, David M., *Freedom from Fear: The American People in Depre ssion and War, 1929-1945* (New York / Oxford, 1999)
Kennedy, Paul, 'Japanese Strategic Decisions, 1939-1945' in Paul Kennedy (ed.), *Strategy and Diplomacy 1870-1945* (London, 1983), 179-95
——*The Realities Behind Diplomacy: Background Influences on British External Policy, 1865-1980* (Glasgow, 1981)
——*The Rise and Fall of the Great Powers: Economic Change and Milita ry Conflict from 1500 to 2000* (New York, 1989)
——'The Tradition of *British Appeasement' British Journal of International Studies, 2,3* (1976), 195-215
Kennedy, Randall, *Interracial Intimacies: Sex, Marriage, Identity, and Adoption* (New York, 2003)
Kennedy, Ruby Jo Reeves, 'Single or Triple Melting Pot?', *American Jour nal of Sociology, 58* (1950), 331-9
Kernholt, Otto, *Vom Ghetto zur Macht: Die Geschichte des Aufstiegs der Juden auf deutschem Boden* (Leipzig / Berlin, 1921)
Kershaw, Ian, *Hitler, 1889-1936: Hubris* (London, 1998)
——*Hitler,1936-45: Nemesis* (London, 2000)
——*Making Friends with Hitler: Lord Londonderry, the Nazis and the Road to War* (London, 2004)

——'Nazi Foreign Policy: Hitler's "Programme" or "Expansion without Object"?', in Patrick Finney (ed.), *The Origins of the Second World War* (London, 1997), 121-48

——'Reply to Smith', *Contemporary European History, 14, 1* (2005), 131-4

——'War and Political Violence in Twentieth-Contemporary Europe', *Contemporary European History,14, 1* (2005), 107-2-3

Kessler, Harry, Count, transl. Charles Kessler, *Berlin in Lights: The Diaries of Count Harry Kessler* (New York, 1999)

Keylor, W. K., 'Versailles and International Diplomacy', in Manfred F Boemeke, Gerald D. Feldman and Elisabeth Glaser (eds.), *The Treaty of Versailles: A Reassessment after 75 Years* (Cambridge, 1998), 469-505

Keynes, John Maynard, 'War and the Financial System, August 1914', *Economic Journal, 24* (September 1914), 460-86

——*How to Pay for the War: A Radical Plan for the Chancellor of the Exchequer* (London, 1940)

——*The Economic Consequences of the Peace* (London, 1919)

——*The General Theory of Employment, Interest and Money* (London, 1936)

Khiterer, Viktoriya, 'The October 1905 Pogrom in Kiev', *East European Jewish Affairs, 22, 2* (Winter 1992), 22-37

Khrushchev, Nikita, transl. and ed. Strobe Talbott, *Khrushchev Remem bers: The Last Testament* (Boston, 1974)

Kibata, Yoichi, 'Japanese Treatment of British Prisoners: The Historical Context', in Philip Towle, Margaret Kosuge and Yoichi Kibata (eds.), *Japanese Prisoners of War* (London / New York, 2000), 135-48

Kiernan, Ben, 'Genocidal Targeting: Two Groups of Victims in Pol Pot's Cambodia', in P. Timothy Bushnell, Vladimir Shlapentokh, Christopher K. Vanderpool and Jeyaratnam Sundyam (eds.), *State Organized Terror: The Case of Violent Internal Repression* (Boulder, 1991), 207-26

——'Kampuchea's Ethnic Chinese Under Pol Pot: A Case of Systematic Social Discrimination', *Journal of C0ntemporary Asia, 16, 1* (1986), 18-29

——*Cambodia, the Eastern Zone Massacres: A Report on Social Conditions and Human Rights Violations in the Eastern Zone of Democratic Kampuchea Under the Rule of Pol Pot's (Khmer Rouge) Communist Party of Kampuchea* (New York, 1980)

Killingray, David, 'Africans and African Americans in Enemy Hands', in Bob Moore and Kent Fedorowich (eds.) *Prisoners of War and their Captors in World War II* (Oxford / Washington DC, 1996), 181-204

Kimitada, Miwa, 'Japanese Images of War with the United States', in Akira Iriye (ed.), *Mutual Images: Essays in American-Japanese Relat ions* (Cambridge, Mass., 1975), 115-38

Kindersley, Philip, *For You the War is Over* (Tunbridge Wells, 1983)

King, James F,, 'The Case of Jose Ponciano de Ayarza: A Document on Gracias al Sacar', *The Hispanic American Historical Review, 31, 4* (Nove mber 1951..), 640-47

King, Wunsz, *China and the League of Nations: The Sino-Japanese Contro versy* (New York, 1965)

Kinhide, Mushakoji, 'The Structure of Japanese-American Relations in the 1930S', in Dorothy Borg and Shumpei Okamoto (eds.), *Pearl Harbor as History: Japanese- Amen can Relations, 1931-1941* (New York, 1973), 595-607

Kinvig, Clifford, 'Allied POWs and the Burma-Thailand Railway', in Philip Towle, Margaret Kosuge and Yoichi Kibata (eds.), *Japanese Prisoners of War* (London / New York, 2000), 17-57

Kinzer, Stephen, *All the Shah's Men: An American Coup and the Roots of Middle East Terror* (New York, 2003)

Kirkpatrick, Ivone, *The Inner Circle: The Memoirs of Ivone Kirkpatrick* (London, 1959)

Kirwin, Gerald, 'Allied Bombing and Nazi Domestic Propaganda', *European History Quarterly, 3* (1985)

Kissinger, Henry, *Diplomacy* (New York / London / Toronto / Sydney / Tokyo / Singapore, 1994)

——*The White House Years* (London, 1979)

Kittel, Gerhard, *Die historische Voraussetzung der judischen Rassenmisehung*

(Hamborg, 1939
Kiyoshi, Ikeda, 'Japanese Strategy and the Pacific War, 1941-1945', in Ian Nish (ed.), Anglo-Japanese Alienation, 1919-1952: Papers of the *Anglo-Japanese Conference on the History of the Second World War* (Bristol, 1982), 115-45
Klanska, Maria, 'Die deutschsprächige Literator Galiziens und der Bukowina von 1771 bis 1945', in Isabel Röskau-Rydel (ed.), *Deutsche Geschichte im Osten Europas: Galizien* (Berlin, 1999), 379-482
Klemperer, Victor, transl. Martin Chalmers, *I Shall Bear Witness: The Diaries of Victor Klemperer 1933-41* (London, 1998)
——transl, Martin Chalmers, *To the Bitter End: The Diaries of Victor Klem perer, 1942-45* (London, 1999)
——transl. Martin Chalmers, *The Lesser Evil: The Diaries of Victor Klem perer, 1945-1959* (London, 2003)
Klier, John D., 'Solzhenitsyn and the Kishinev Pogrom: A Slander against Russia?', *East European Jewish Affairs, 33, 1* (2003), 50-59
——'The Blood Libel in the Russian Orthodox Tradition', unpublished paper (2005) —'Were the Pogroms of 1881-2 a "Deadly Ethnic Riot"?', unpublished paper, Stockholm Conference on Pogroms (2005)
Klivert-Jones, Tim, 'Bloody Normandy: The German Controversy', in Kenneth Macksey (ed.), *The Hitler Options: Alternate Decisions of World War II* (London, 203-19
Knapp, Grace H., *The Mission at Van: In Turkey in War Time* (n. p., 1916)
Knock, Thomas J., *To End All Wars: Woodrow Wilson and the Quest for a New World Order* (New York / oxford, 1992)
Knox, MacGregor, *Mussolini Unleashed 1939-1941: Politics and Strategy in Fascist Italy's Last War* (Cambridge / London / New York / New Rochelle / Melbourne / Sydney, 1982)
Knox, Robert, *The Races of Men: A Fragment* (Philaderphia 1850)
Koestler, Arthur, transl. Daphne Hardy, *Darkness at Noon* (London, 1964)
Koistinen, Paul A. C,, *Arsenal of World War II: The Political Economy of American Warfare* (Lawrence, Kan., 2004)
Komjathy, Anthony Tihamer and Rebecca Stockwell, *German Minorities and the Third Reich: Ethnic Cermans of East Central Europe Between the Wars* (New York, 1980)
Kopczuk, Wojciech and Emmanue Saez, 'Top Wealth Shares in the United States, 1916- 2000: Evidence from the Estate Tax Returns', NER Working Paper, 10399 (2004)
Korean Society for Solving the Problems of 'Japanese Comfort Women' (Hangnk Chongsindae Munje Taechaek Hyobuihoe Chongsindae Yonguhoe pyon), *Enforced Sex Slaves in the Japanese Army (Kangje ro Kkullyogan Chosunin kun wianbudul)* (Seoul, 1993)
Korey, William, 'The Legal Position of Soviet Jewry: A Historical Enquiry', in Lionel Kochan (ed.), *The Jews in Soviet Russia since 1917* (Oxford / London / New York, 1978), 78-105
Koschorrek, Gunter K., transl. Olav R. Crone-Aamot, *Blood Red Snow: The Memoirs of a Gennan Soldier on the Eastern Front* (London, 2002)
Kosiek, Rolf, *Jenseits der Grenzen: 1000 Jahre Volks- und Auslandeucbe* (Tubingen, 1987)
Kotkin, Stephen, *Magnetic Mountain: Stalinism as a Civilization* (Berkeley, 1995)
Kravchenko, Victor, *I Chose Freedom: The Personal and Political Life of a Soviet Official* (New York, 1946)
Krolik, Schiomo (ed.), *Arthur Kuppin: Briefe, Tagebücher, Erinnerungen* (Königstein am Taunus, 1985)
Kubica, Helena, *Zaglada w KL Auschwitz Polaków wysiedlonych z Zamo jszczyzny w latach 1942-1943* (Oswiecim / Warsaw, 2004)
Kugelmann, Ciuy and Fritz Backhans (eds.), *jüdische Figuren in Film und KarIkatur: Die Rothschilds und Jose ph Süß Oppenheimer* (Sigmaringen, 1996)
Kulka, Otto Dov, 'Die, Nurnberger Rassengesetze und die deutsche Bevolkernng im Lichte geheimer NS Lage- uod Stimmungsberichte', *Vierteljahrshefte far Zeitgeschichte,* 32 (1984), 582-624
Kydd, Samuel J., *For YOU the War is Over* (London, 1973)
Lal, Deepak, *In Praise of Empires: Globalization and Order* (New York, 2004)

Lamb, Richard, *The Drift to War, 1922-1939* (London, 1989)

Lammers, Donald N., *Explaining Munich: The Search for Motive in British Policy* (Stanford, 1966)

Landau-Czajka, Anna, 'The Images of the Jew in the Catholic Press dnring the second Republic', in Antony polonsky, Ezra Mendclsohn and Jerzy Tomaszcwski (eds.), *Jews in Independent Poland: 1918-1939* (London, Washington 1994), 146-75

Landwehr, Richard, *Lions of Flanders: Flemish Volunteers of the Waffen-SS, Eastern Front 1941-1945* (Bradford, 1996)

Laqneur, Walter (ed.), *Fascism: A Reader's Guide, Analyses, Interpretations Bibliography* (Aldershot 1991)

Larsen, Stein Ugelvik, Bernt Hagtvet and Jan Peter Myklebust, *Who Were the Fascists? Social Roots of European Fascism* (Bergen / Oslo / Tromso, 1980)

Le Poll, C., 'The Byelorussian Case in the 1881-1882 Wave of Pogroms: Conditions and Motives of an Absence of Violence', unpublished paper, Stockholm Conference on Pogroms (2005)

Leavitt, G. C., 'Sociobiological Explanations of Incest Avoidance: A Criti cal Review of Evidential Claims', *American Anthropologist, 92* (1990), 971-93

Lehra-Chapman, Joyce, *Japanese-Trained Armies in Southeast Asia* (Hong Kong / Singapore / Kuala Lumpur, 1977)

——(ed.), *Japan's Greater East Asia Co-Prosperity Sphere in World War II: Selected Readings and Documents* (Kuala Lumpur, 1975)

Lebzelter, Gisela, 'Die "Schwarze Schmach": Vorurteile – Propaganda – Mythos', *Geschichte und Gesellschaft, II* (1985), 37-58

Ledig, Gert, transl. Michael Hofmann, *The Stalin Organ* (London, 2004 [1955])

——transl. Shaun Whiteside, Payback (London, 2003[1956]

Lec, Gerald Geunwook, ' "I See Dead People": Air-raid Phobia and Britain's Behavior in the Munich Crisis', *Security Studies, 13, 2*(2003), 230-72

Leers, Johann von, 14 Jahre *Judenrepublik: Die Geschichte eines Rassenkampfes* (Berlin-Schoneberg, 1933)

Leggett, George, *The Cheka: Lenin's Political Police* (Oxford, 1981)

Leon, George P., *Greece and the Great Powers, 1914-1917* (Thessaloniki, 1974)

Lepsius, Johannes (ed.), *Deutschland and Armenien 1914-1918: Sammlung diplo-matischer Aktenstucke* (Bremen, 1986 [1919])

Lerner, Daniel, *Psychological Warfare against Nazi Germany: The Sykewar Campaign, D-Day to VE-Day* (Cambridge, Mass., 1971 [1949])

Levene, Mark, 'Frontiers of Genocide: Jews in the Eastern War Zones, 1914-1920 and 1941', in Panikos Panayi (ed.), *Minorities in Wartime: National and Racial Groupings in Europe, North America and Australia during the Two World Wars* (Oxford / Providence, 1993), 83-117.

——*Genocide in the Age of the Nation State, vol. I: The Meaning of Genoc ide;* vol. II: *The Rise of the West and the Coming of Genocide* (London, 2005)

Levi, Primo, transl, Stuart Woolf, *If This is a Man* (London, 1959)

——transl. Stuart Woolf, *The Reawakening* (New York, 1995 [1965])

Levi, Trude, *A Cat Called Adolf* (Ilford, 1995)

Levine, Alan J., "Was World War II a Near-run Thing?', *Journal of Strat egic Studies, 8, I* (1985), 38-63

Levine, Isaac Don (ed.), *The Kaiser's Letters to the Tsar* (London; 1920)

Levy, Jack S., *War in the Modern Great Power System* (Lexington, 1983)

Lewin, Moshe, "Who Was the Soviet Kulak?', in *idem, The Making of the Soviet System: Essays in the Social History of Interwar Russia* (New York, 1985), 121-41

Li, Lincoln, *The Japanese Army in North China, 1937-1941:Problems of Po litical and Economic Control* (Tokyo, 1975)

Lieberson, Stanley and Mary C. Waters, *From Many Strands: Ethnic and Racial Grorps in Contemporary America: The Population of the United States in the 1980s* (New York, 1988)

Lieven, Dominic C. B. (ed.), *British Documents on Foreign Affairs: Reports and Papers from the Foreign Office Confidential Print, Part I: From the Mid-Nineteenth Century to the First World War, Series A: Russia, 1959-*

1914, vol. IV: Russia. 1906-1907 (Frederick, Md, 1983)
——*Empire: The Russian Empire and Its Rivals* (London, 2000)
——*Russia and the Origins of the First World War* (New York, 1983)
Lin, Han-sheng, 'A New Look at Chinese Nationalist Appeasers', in Alvin D: Coox and Hilary Conroy (eds.), *China and Japan: A Search for Balance Since World War I* (Oxford, 1978), 211-43
Lindbergh, Charlcs A., 'Aviation, Geography and Race', *The Reader's Dige st, 35, 211* (November 1939), 64-7
Lindert, Peter H., *Growing Public: Social Spending and Economic Growth since the Eighteenth Century,* 2 vols. (Cambridge, 2004)
Lindquist, Sven, *A History of Bombing* (London, 2002 [2001])
Lindsey, Forrest R., 'Hitler's Bomb, Target: London and Moscow', in Peter G. Tsouras (ed.), *Third Reich Victorious: The Alternate History of How the Germans Won the War* (London, 2002), 216-30
——'Nagumo's Luck: The Battles of Midway and California', in Peter G. Tsouras (ed.), *Rising Sun Victorious: The Alternate History of How the Japanese Won the Pacific War* (London, 2001), 120-43
Lipman, V. D., *A H istory of the Jews in Britain since 1858* (Leicester, 1990)
Livezeanu, Irina. *Cultural Politics in Greater Romania: Regionalism, Nation Building and Ethnic Struggle* (Ithaca, 1995)
Loewenstein, Rudolph M., *Christians and Jews, a Psychoanalyitc Study* (New York, 1951)
Lohr, Eric, *Nationalizing the Russian Empire: The Campaign against Enemy Alicns during World War I* (Cambridge, Mass., 2003)
Londonderry, Marquess of ,*Ourselves and Germany* (London, 1938)
Longford, E. (ed.), *Darling Loosy: Letters to Princess Louise,* 1856-1939 (Lond on, 1991)
Loomis, Charles P. and Allan Beegle, 'The Spread of German Nazism in Rural Areas', *American Sociological Review, II, 6* (December 1946), 724-34
Loshak, David, *Pakistan Crisis* (London, 1971)
Lotink, Waldemar, *Nine Lives: Ethnic Conflict in the Polish Ukrainian Borderlands* (London, 1999)
Louis, Wm Roger and Ronald Robinson, 'Thc Imperialism of Decolonization', *Journal of Imperial and Commonwealth History, 22, 3* (1994), 463-511
Lowe, Peter, 'Great Britain and the Coming of the Pacific War, 1939-1941', *Transactions of the Royal Historical Society,* 5th Series, 24 (1974), 43-62
——*Great Britain and the Origins of the Pacific War: A Study of British Policy in East Asia, 1937-1941* (Oxford, 1977)
Lower, Robert Coke, *A Bloc of One: The Political Career of Hiram W. Joh nson* (Stanford, 1993)
Lu, David J., *From the Marco Polo Bridge to Pearl Harbor: Japan's Entry into World War II* (Washington DC, 1961)
Luard; Evan, *War ni International Society: A Study in Inteniatioual Socio logy* (New Haven / London, 1987)
Lubll, Samuel. 'Who Votes Isolationist and Why?', *Harper's Magazine,* 202, 1211 (April 1951)
Lucas, James, 'Operation WOTAN: The Panzer Thrust to Capture Moscow, October-November 1941', in Kenneth Macksey (ed.), *The Hitler Options: Alternate Decisions of World War II* (London, 1995), 54-81
Lukacs, John, *The Last European War,September 1939-December 1941* (London / Henley, 1976)
Lukas, Richard C., *The Forgotten Holocaust: The Poles under German Occupation 1939-1944* (New York, 1997)
Lumans, Valdis O., *Himmler's Auxiliaries: The Volksdeutsche Mittelstelle and the German National Minorities of Europe, 1933-1946* (Chapel Hill / London, 1993)
Lundin, Charles Leonard, *Finland in the Second World War* (Bloomington, 1957)
Lussu, Emilio, transl, Mark Rawosn, *Sardinian Brigade* (London, 2000)
Lyons, Eugene, *Assignment in Utopia* (London, 1938)
Lyttelton, Adrian, *The Seizure of Power* (1987)
M, C., *La défense héroïque de Van (Arménie)* (Geneva, 1916)
MacCoby, Hyam, 'Nietzsche's Love-Hate Affair', *Times Literary Supple*

ment (June 15, 1999)

MacDonald, C. A., 'Economic Appeasement and die German "Moderates", 1937-1939: An Introductory Essay', *Past and Present, 56* (August 1972), 205-35

MacDonald, Lyn, *Somme* (London, 1983)

Mackenzie, S. P., 'Oil the Other Losses Debate', *International History Review, 14, 4* (1992), 661-731

——'The Treatment of Prisoners of War in World War II, *Journal of Modern History, 66, 3* (September 1994), 487-520

Macksey, Kenneth, 'Operation Sea Lion: Germany Invades Britain, 2940', in Kenneth Macksey (ed.), *The Hitler Options: Alternate Decisions of World War II* (London, 1995),13-34

Maclean, Fitzroy, *Eastern Approaches* (London, 1991 [1949)

MacLeish, Archibald, *Jews in America* (New York, 1936)

MacMillan, Margaret, *Peacemakers: The Paris Conference of 1919 and its Attempt to End War* (London, 2001)

Maddisoa, Angus, *The World Economy: A Millennial Perspective* (Paris, 2001)

Magocis, Paul Robert, *Historical Atlas of East Central Europe* (Seattle and London, 1993)

Maier, Charles S., *The Unmasterable Past: History, Holocaust, and German National Identity* (Cambridge, Mass., 1997)

——*Among Empires* (Cambridge, Mass., 2006)

Mailer, Norman, *The Naked and the Dead* (New York I Toronto, 1998 [1949])

Maksudov, S., 'The Geography of the Soviet Famine of 1933', *Journal of Ukrainian Studies, 15*(1983), 52-8

Malaparte, Curzio, transl. Cesare Foligno, *Kaputt* (New York, 2005)

Malcolm, Noel, *Bosnia: A Short History* (London, 2001 [1994])

Malik, Amita, *The Year of the Vulture* (New Delhi, 1972)

Malkasian, Carter, *The Korean War, 1950-1953* (Chicago, 2001)

Manela, Erex, *The Wilsonian Moment: Self-Determination and the internati onal Origins of Anticolonial Nationalism* (New York / Oxford, 2006)

——A Man Ahead of His Time? Wilsonian Globalism and the Doctrine of Preemption', *International Journal* (Autumn 2005),-1115-24

Mann, James, *About Face: A History of America's Curious Relationship with China from Nixon to Clinton* (New York, 1999)

Mann, Michael, *Incoherent Empire* (London / New York, 2003)

——*The Sources of Social Power,* vol. II: *The Rise of Classes and Nation-States, 1760-1914* (Cambridge, 1993)

Manning, Frederic, *Middle Parts of Fortune: Somme and Ancre, 1916* (Lon don, 2003[1929)

Manning, Roberta Thompson, *The Crisis of the Old Order in Russia: Ge ntry and Government* (Princeton, 1982)

Mansfield, Edward D. and Jack Snyder, *Electing to Fight: Why Emerging Democracies Co to War* (Cambridge, Mass., 2005)

Manstein, Erich von, transl. Anthony G. Powell, *Lost Victories* (London, 2958)

Marashlian, Levon, *Politics and Demography: Armenians, Turks, and Kurds in the Ottoman Empire* (Cambridge, Mass. / Paris I Toronto, 1991)

Marcuse, Max, *Über die Fruchtbarkeit der christlich-jüdischen Mischehe* (Bonn, 1920)

Margalit, Avishai, 'On Compromise and Rotten Compromise', unpublished essay (ad.)

Marie of Batteuberg, *Reminiscences* (London, 1925)

Markoff, A., *Famine in Russia* (New York, 1934)

Marks, Frederick W. III, 'Six between Roosevelt and Hider: America's Role in the Appeasement of Nazi Germany', *Historical Journal, 28,4* (1985), 969-82.

Marshall, Monty G. and Ted Robert Gurr, *Peace and Conflict 2005: A Global Survey of Armed Conflicts, Self-Determination Movements, and Democracy* (College Park, Md, 2005)

Marshall, S. I.. A., *Men against Fire: The problem of Battle Command in Future War* (New York, 1966 [1947])

Martin, Terry, 'The Origins of Soviet Ethnic Cleanaing', *The Journal of Modern History, 70, 4* (December 1998), 813-61.

——*The Affirmative Action Empire: Nations and Nationalism in the Soviet Union, 1923-1939* (Ithaca/London 2001)
Marx, Karl, 'On the Jewish Question', in idem and Friedrich Engels, *Collected Works,* vol. III: *1843-1844* (London, 1975), 146-74
Mascarenhas, Anthony, *The Rape of Bangla Desh* (Delhi, 1971)
Maschke, Erich, with Kurt W. Bohme, Diether Cartellieri, Werner Ratza, Hergard Robel, Emil Schieche and Helmut Wolff, *Die deutschen Kriegsgefangenen des Zweiten Weltkrieges: Eine Zusammenfassung* (Munich, 1974)
Massie, Robert K., *Castles of Steel: Britain, Germany and the Winning of the Great War at Sea* (New York, 2003)
Massing, Paul W., *Rehearsal for Destruction: A Study of Political Anti-Semitism in imperial Germany* (New York, 1949)
Maupassant, Guy de, transı. Douglas Parmée, *Eel-Ami* (London, 1975 [1885])
Mauro, Paolo, Nathan Sussman and Yishay Yafeh, 'Emerging Market Spreads: Then Versus Now', Hebrew University of Jerusalem Working Paper (September 2000)
May, Ernest R., Strange *Victory: Hitler's Conquest of France* (New York, 2000)
May, R. B., *Mischchen und Ehescheidungen* (Munich I Leipzig, 1929)
Maylunas, A. and S. Mironenko, *A Lifelong Passion* (London, 1996)
Mazower, Mark, *The Balkans* (London, 2000)
——*Salonica, City of Ghosts: Christians, Muslims and Jews, 1430-1950* (London, 2004)
McCoy, Alfred W., 'Introduction', in Alfred W. McCoy, *Southeast Asia under the Japanese Occupation* (New Haven,1980),1-12
McDonough, Frank, '*The Times,* Norman Ebbut and the Nails, ,1927-37, *Journal of Contemporary History, 27, 3* (1992), 407-24
McKee, A., *Dresden 1945: The Devil's Tinderbox* (London, 1982)
McKernan, Michael, *All In! Fighting the War at Home* (St Leonards, 1995 [1983])
McQuaid, Kim, *Uneasy Partners: Big Business in American Politics, 1945-1990* (Baltimore / London, 1994)
Mehlinger, Kermit, 'That Black Man-White Woman Thing', *Ebony* (Jnly-December 1970), 130-33
Meinecke, Friedrich, *Die deutscha Katastrophe* (Wiesbaden, 1946)
Meiring, Kerstin, *Die christlich-jüdische Mischehe in Deutschland 1840-1933* (Hamburg, 1998)
Melosi, Martin V., *The Shadow of Pearl Harbor: Political controversy over the Surprise Attack, 1941-1946* (College Station, 1977)
Melson, Robert, *Revolution and Genocide: On the Origins of the Armenian Genocide and Holocaust* (Chicago, 1992)
Menand, Louis, *The Metaphysical Club* (New York, 2001)
Mencke, John G., *Mulattoes and Race Mixture: American Attitudes and Images, 1865-1918* (Ann Arbor, 1979)
Mendelsohn, Ezra, *The Jews of East Central Europe Between the World Wars* (Bloomington, 1983)
Messenger, Charles, 'The Battle of Britain: Triumph of the Luftwaffe', in Peter C. Tsouras (ed.), *Third Reich Victorious: The Alternate History of How the Germans Won the War* (London, 2002), 65-96
Meyers, Reinhard, 'British Imperial Interests and the Policy of Appeasement', in Wolfgang J. Mommsen and Lothar Kettenacker (eds.), *The Fascist Challenge and the Policy of Appeasement* (London, 1983), 339-52
Michel, Wilhelm, *Verrat am Deutschtum: Line Srreitschrift zur Judenfrage* (Hanover / Leipzig, 1922)
Miguel, Edward and Shanker Satyanath, 'Economic Shocks and Civil Conflict: An instrumental Variables Approach', New York University Working Paper (October 2003)
Milward, Alan S., War, *Economy and Society 1939-1945* (London, 1987 [1977])
Minear, Richard FL, *Victors' Justice: The Tokyo War Crimes Trial* (Princeton, 1971)
Ministere des Affaires Ettangeres, *Documents diplomatiques: Affaires Arméniennes: Projets de reformes dens l'Empire Ottoman, 1893-1897* (Paris, 1897)
——*Commission de publication des documents relatifs aux origines de la*

guerre de 1914, documents diplomatiques francais (1871-1914), Ist Series (1871-1900), vol. XI (Paris, 1947)

Mirelman, Victor A., *Jewish Buenos Aires, i8po-ijo: in Search of an identity* (Detroit, 1990)

Mirsky, N. D., 'Mixed Marriages in Anglo-Indian and Indo-Anglian Fiction', unpublished M. Litt. thesis (Oxford, 1985)

Mitchell, B. R., *Abstract of British Historical Statistics* (Cambridge, 1976)

——*International Historical Statistics: Europe, L750-1993* (London, 1998)

——*International Historical Statistics: Africa, Asia, Oceania, 1750-1993* (London, 1998)

——*International Historical Statistics: The Americas, 1750-1993* (London, 1998)

——and H, C, Jones, *Second Abstract of British Historical Statistics* (Cambridge, 1971)

Modder, Montague Frank, *The Jew in the Literature of England to the End of the Nineteenth Century* (New York, 1939)

Modelski, George and Gardner Perry UI, 'Democratization in Long Perspective', *Technological Forecasting and Social Change, 39* (1992), 23-34

Moggridge, D. E., *Keynes: An Economist's Biography* (London, 1992)

Mokyr, Joel, *The Gifts of Athena: Historical Origins of the Knowledge Economy* (Princeton, 2002)

Mombauer, Annika, *Helmuth von Moltke and the Origins of the First World War* (Cambridge, 2001)

Mommsen, Hans, 'The Dissolution of the Third Reich: Crisis Management and Collapse, *German Historical Institute Bulletin, 27* (2000), 9-24

Monahan, Thomas, 'Are Interracial Marriages Really Less Stable?', *Social Forces, 37* (1970), 461-73

——'The Occupational Class of Couples Entering into Interracial Marriages', *Journal of Contemporary Family Studies,7* (1976), 173 -92

Moore, Bob, 'Unruly Allies: British Problems with the French Treatment of Axis Prisoners of War, 1943-1945', *War in History, 7,2* (2000), 180-8

Moran, Rachel F., *Interracial Intimacy: The Regulation of Race and Romance* (Chicago, 2001)

Morgan, E. V., *Studies in British Financial Policy, 1914-1925* (London, 1952)

Mosier, John, *The Myth of the Great War: A New Military History of World War One. How the Germans Won the Battles and How the Americans Saved the Allies* (London, 2001)

Moss, W. Stanley, *Ill Met by Moonlight* (London, 1950) Motyl, Alexander J., 'Ukrainian Nationalist Political Violence in Inter-war Poland, 1921-1939', *East European Quarterly*, 19,I (March 1985), 45-55

Mowat, C. L, *Britain between the Wars, 1918-1940* (London, 1969)

Mueller, John E,.,

War, presidents and Public Opinion (New York, 1973) Muller, Arnd, 'Das Sturmer-Arc ins stadtarchiv Nurnberg', *Vierteljahrshefte fur Zeitgeschichte*, 32 (1984), 326-9

Murdoch, J., *The Other Side: The Story of Leo Dalderup as told to John Murdoch* (London, 1954)

Murfett, Malcolm H., John N. Miksic, Brian P. Farrell and Chiang Ming Shun, *Between Two Oceans: A Military History of Singapore from First Settlement to Final British Withdrawal* (Oxford / New York, 1999)

Murphy, David B., *What Stalin Knew: The Enigma of Barbarossa* (New Haven, 2005)

Murray, Williamson, 'The War of 1938: chamberlain Fails to Sway Hitler at Munich', in Robert Crowley (ed.), *More What If? Eminent Historians Imagine What Might Have Been* (Loudon, 2002), 255-78

Musil, Robert, transl. Eithne Wilkins and Ernst Kaiser, *The Man without Qualities*, 3 vols. (London, 1979 [1930])

Myer, Dillon s., *Uprooted Americans: The Japanese Americans and the War Relocation Authority during World War II* (Tucson, 1971)

Myrdal, Gunnar, *An American Dilemma: The Negro problem and Modem Democracy* (New York / London, 1944)

Nagel, Joane, 'Political Competition and Ethnicity', in Susan Olzak and

Joane Nagel (eds.), *Competitive Ethnic Relations* (Orlando, 1968), 17-44

Naimark, Norman, *Fires of Hatred: Ethnic cleansing in Twentieth-century Europe* (Cambridge, Mass. / London, 2001)

——*The Russians in Germany: A History of the Soviet Zone of Occupation 1945-1949* (Cambridge, Mass., 1995)

Nair, Parvati, 'Fire under Plastic: Immigration, or the Open Wounds of Late Capitalism', unpublished MS, Queen Mary college, University of London (n. d.)

Nalty, Bernard C., 'Sources of Victory', in Bernard C. Nalty, *The Pacific War: The Story of the Bitter Struggle in the Pacific Theater of World War II (London, 1999), 252-65*

Naman, Ann Aresty, *The Jew in the Victorian Novel: Some Relationships between Prejudice and Art* (New York, 1980)

Nassibian, Akaby, *Britain and the Armenian Question 1915-1923* (London / Sydney / New York, 1984)

Nawratil, Heinz, *Die deutschen Nachkriegsverluste unter Vertriebenen, Gefangenen und Verschleppten. Mit einer Ubersicht uber die europaischen Nachkriegsverluste* (Munich / Berlin, 1988)

Neidpath, James, *The Singapore Naval Base and the Defence of Britain's Eastern Empire, 1919-1941* (Oxford, 1981)

Nelson, Donald H., *Arsenal of Democracy The Story of American War Production* (New York, 1946)

Neustatter, Hannah, 'Demographic and Other Statistical Aspects of Anglo-Jewry, in Maurice Freedman (ed.), *A Minority in Britain: Social Studies of the Anglo-Jewish Community* (London, 1955), 55-133

Newland, Samuel J., *Cossacks in the German Anny, 1941-1945* (London, 1991)

Newton, Scott, *Profits of Peace: The Political economy of Anglo-German Appeasement* (Oxford, 1996)

——'The "Anglo-German" Connection and the Political Economy of Appeasement' in Patrick Finney (ed.), The *Origins of the Second World War* (London, 1997), 293-316

Nichol, John and Tony Rennell, *Tail-end Charlies: The Last Battles Of the Bomber War, 1944-1945* (London, 2004)

Nicolson, Harold, ed. Nigel Nicolson, *Diaries and Letter*s, vol. II: *1939-1945* (London, 1967)

Nish, Ian, 'The Historical Significance of the Anglo-Japanese Alliance', Santory Centre, London School of Economics, Discussion Paper, IS/c3)443 (January 2003), 40-47

Nitobe, Inazo, transl, Tokuhei Sucisi, *Bushido: The Soul of Japan - An Exposition of Japanese Thought* (Tokyo, n. d. [1900])

Noakes, Jeremy, *The Nazi Party in Lower Saxony, 1921-1933* (London, 1971)

Noakes, Jeremy and Geoffrey Pridham (eds.), *Nazism, 1919-1945*, vol. II *State, Economy and Society, 1933-1939* (Exeter, 1984)

——(eds.), *Nazism, 1919-1945*, vol III: *Foreign Policy, War and Racial Extermination* (Exeter, 1988)

Nogales, Rafael de, *Four Years beneath the Crescent* (London, 1926)

Nossack, Hans Erich, *The End: Hamburg 1943* (Chicago, 2005)

Nove, Alec and J. A. Newth, 'The Jewish Population: Demographic 'Trends and Occupational Patterns', in Lionel Kochan (ed.), *The Jews in Soviet Russia since 1917* (Oxford / London) New York, 1978), *132-67*

Novkov, Julie, 'Racial Constructions: The Legal Regulation of Miscegenation in Alabama, 1890-1934', *Law and History Review, 20, 2* (Summer 2002)

Nye, John V. C., 'Killing Private Ryan: An Institutional Analysis of Military Decision Making in World War U', Washington University inst Louis, draft prepared for the ISNIE conference in Boston (2002)

O'Brien, Patrick Karl and Armand Clesse (eds.), *Two Hegemonies: Britain 1846-1914 and the United States 1941-2001* (Aldershot / Burlington, Vt, 2002)

Offer Avner, 'Costs and Benefits, Prosperity and Security, 1870-1914', in Andrew Porter (ed.), *The Oxford History of the British Empire*, vol. III: *The Nineteenth Century* (Oxford (New York, 1999), *690-711*

Offner, Arnold A., 'The United States and National Socialist Germany', in Patrick Finney (ed.), *The Origins of the Second World War* (London, 1997), *245-261*

——'Appeasement Revisited: The United States, Great Britain and Germany, 1933- 1940', *Journal of American History, 64, 2* (September 1977), *373-93*

Ogan, Bernd and Wolfgang W. Weiss, *Faszination und Gewalt: Zur Politischen Asthetik des Netionalsozialismus* (Nuremberg, 1992)

Ogota, Sadako N., *Defiance in Manchuria: The Making of Japanese Foreign Policy, 1931-1932* (Berkeley, 1964)

Ohandjonian, Artern, *Armenien: Der verschwiegene Volkermord* (Vienna / Cologne) Graz, 1989)

O'Loughlin, John, 'The Electoral Geography of Weimar Germany: Exploratory Spatial Oats Analyses (ESDA) of Protestant Support for the Nazi Party', *Political Analysis 10,3* (2002), *217-43*

——Cohn Flint and Luc Anselin, 'The Geography of the Nazi Vote: Context, Confession, and Class in the Reichstag Election of 1930', *Annals, Association of American Geographers, 84* (1994), *351-80*

Olson, Steve, *Mapping Human History: Discovering the Past through Our Genes* (London, 2002)

Olsson, Audreas, Jeffrey P. Ebert, Mahzarin R. Banaji and Elizabeth A. Phelps, 'The Role of Social Groups in the Persistence of Learned Fear', *Science, 309* (July 29, 2005), *785-87*

Olzak, Susan, *The Dynamics of Ethnic Competition and Conflict* (Stanford. 1992)

Onoda, Hiroo, *No Surrender: My Thirty Year War* (London, 1975) Oram, Gerard Christopher, Military Executions during World War One (London, 2003)

O'Rourke, Kevin H. and Jeffrey G. Williamson, *Globalization and History: The Evolution of a Nineteenth-Century Atlantic Economy* (Cambridge, Mass./ London, 1999)

Ovendale, Ritchie, *'Appeasement' and the English Speaking World: Britain, the United States, the Dominions, and the Policy of Appeasement. 1937-1939* (Cardiff, 1975)

Overmans, Rüdiger, 'German Historiography, die War Losses and the Prisoners of War', in G. Bischof and S. Ambrose (eds.), *Eisenhower and the German POWs: Facts against Falsehood* (Baton Rouge / London, 1992), 127-69 ——*Deutsche militdrische Verluste im Zweiten Welthrieg* (Munich, 1999)

Overy, Richard, 'Air Power and the Origins of Deterrence Theory before 1939', *Journal of Strategic Studies, 14*(1992)

——'Germany and the Munich Crisis: A Mutilated Victory?', in lgor Lukes and Erik Goldstein (eds.), *The Munich Crisis, 1938: Prelude to World War II* (London, 1999), *191-216*

——*Russia's War* (London, 1997)

——*The Air War, 1939-1945* (London, 1980)

——*The Dictators: Hitler's Germany and Stalin's Russia* (London, 2004)

——*Why the Allies Won* (London, 1996)

Oxaal, Ivar, 'The Jews of Young Hitler's Vienna: Historical and Sociological Aspects', in Ivar Oxaal, Michael Pollak and Gerhard Eotz (eds.), *Jews, Antisemitism and Culture in Vienna* (London and New York, 1987), 11-39

Padfield, Peter, *Himmler: Reichsfuhrer SS* (London, 1990)

Padover, Saul K., *Psychologist in Germany: The Story of an American intelligence Officer* (London, 1946)

Pagnini, Deanna L. and S. Philip Morgan, 'Intermarriage cad Social Distance among U.S. Immigrants at the Turn of the Century', *American Journal of Sociology, 96* (1990), *405-32*

Paikert, G. C., 'Hungary's National Minority Policies, 1920-1945, *American Slavic end East European Review, 12, 2* (April 1953), *201-18*

——*The Danube Swabians: German Populations in Hungary, Rumania and Yugoslavia and Hitler's Impact on their Patterns* (The Hague, 1967)

Paine, Sarah C. M., *Imperial Rivals: China, Russia and Their Disputed Frontier* (Armonk, NY / London, 1996)

Pallis, A. A., 'Racial Migrations in the Balkans during the Years 1912-1914', *Geographical Journal, 66* (October 1925), *325-31*

Pallud, Jean Paul, 'Crime in WWII: The Execution of Eddie Slovik', *After the Battle, 31* (1981), *28-42*

Pappritz, Anna, *Der Madchenhandel und seine Bekampfung* (Schwelm, 1924)

Parker, R. A. C., 'British Rearmament 1936-9: Treasury, Trade Unions and Skilled Labour', *English Historical Review, 96, 379* (April 1981), *306-43*

——*Chamberlain and Appeasement: British Policy and the Coining of the Second World War* (London, 1993)

——*Churchill and Appeasement* (London, 2000)

——'Economics, Rearmament, and Foreign Policy: The UK before 1939- A Preliminary Study', *Journal of Contemporary History, 10,4* (1975), *637-47*

Pascoe, Peggy, 'Miscegenation Law, Court Cases, and Ideologies of "Racei" in Twentieth-century America', *Journal of American History, 83,* ' (June 1996), *44-69*

Payne, Robert, *Massacre* (New York. 1973)

Peach, Ceri, Ethnic Segregation and Ethnic Intermarriage: A Re-examination of Kennedy's Triple Melting Pot in New Haven, 1900-1950', in Ceri Peach, Vaughan Robinson and Susan Smith (eds.), *Ethnic Segregation in Cities* (London, 1981), *193-217*

Peattie, Mark R., 'Japanese Strategy and Campaigns in the Pacific War, 1941-1945', in Loyd E. Lee (ed.), *World War II in Asia and the Pacific and the War's Aftermath, with General Themes: A Handbook of Literature and Research* (Westport, 1998), *56-72*

Peden, G. C,, 'A Matter of Timing: The Economic Background to British Foreign Policy, 1938-1939', *History, 69,225* (February, 1984), *15-28*

——'Sir Warren Fisher and British Rearmament against Germany', *English Historical Review, 94, 370* (January 1979), *29-47*

——*The Treasury and British Public Policy, 1906-1959* (Oxford, 2000)

Pecters, Benoit, *Herge: Fits cit Tintin* (Paris, 2002)

Perrett, Bryan, 'Operation SPHINX: Raeder's Mediterranean Strategy', in Kenneth Macksey (ed.), *The Hitler Options: Alternate Decisions of World War II* (London, 1995), *35-53*

Petropoulos, Jonathan, The *Faustian Bargain: The Art World in Nazi Germany* (London, 2000)

Petzina, Dietmar, Werner Abelsh'anser und Anseim Faust, *Sozialgesch ichtiiches Arbeitsbl2eh,* vol. III: *Materialien zur Statistik des Deutschen Reiches, 1914-1945* (Munich, 1978)

Piketty, Thomas and Emmanuel Saez, 'Income Inequality in the United States, 1913-1998', NBER Working Paper, *8467* (Sept. 2001)

Pinchuk, Ben'Cion, *Shtetl Jews under Soviet Rule: Eastern Poland on the Eve of the Holocaust* (Oxford / Cambridge, Mass., 1990)

Piotrowski, Tadeusz, *Vengeance of the Swallows: Memoir of a Polish Family's Ordeal under Soviet Aggression, Ukrainian Ethnic Cleansing and Nazi Enslavement, and their Emigration to America* (Jefferson, NC I London, 1995)

Pipes, Richard, 'Assimilation and the Muslims: A Case Study', in Alex Inkeles and Kent Geiger (eds.), *Soviet Society: A Book of Readings* (London, 1961), *588-607*

——*Russia under the Bolshevik Regime, 1919-1924* (New York I London, 1995)

Pleshakov, Constantine, *Stalin's Folly: The Tragic First Ten Days of World War lion the Eastern Front* (Boston, 2005)

Pogge von Strandmann, Hartmut, 'Nationalisierungsdruck und konigliche Namensanderung in England', in Gerhard A. Rider and Peter Wende (eds.), *Rivalität und Partnerschaft: Studien Cu den deutsch-britischen Beziehungen im 19. und 20. Jahrhundert. Festschrift fur Anthony J, Nicholls* (Paderborn / Munich / Vienna / Zurich, 1999), 69-91

Polish Ministry of Information, *The German Fifth Column in Poland* (Lon don / Melbourne, 1941)

Pollock, James K., 'An Area] Study of the German Electorate, 1930-1933', *American Political Science Review, 38, I* (February 1944), *89-95*

Polonsky, Antony and Michael Riff, 'Poles, Czechoslovaks and the "Jewish Questioni", 1914-1921: A Comparative Study', in Volker K. Berghahn and Martin Kitchen (eds.), *Germany in the Age of Total War* (London, 1981), *63-101*

Pomeranz, Kenneth, *The Great Divergence: China, Europe and the Making of the Modern World Economy* (Princeton / Oxford, 2000)

Pomiankowski, Joseph, *Der Zusammenbruch des Ottomanischen Reiches: Erinnerungen an die Turkei aus der Zeit des Weltkrieges* (Zurich / Leip zig / Vienna, 1928)

Ponchaud, Francois, transl. Nancy Amphoux, *Cambodia Year Zero* (New York, 1978)

Poppel Martin, transı. Louise Willmot, *Heaven and Hell: The War Diary of a German Paratrooper* (Staplehurst, 2000 [1988])

Porter, Bernard, *The Absent-minded Imperialists: What the British Really Thought about Empire* (Oxford, 2004)

Pottle, Mark (ed.), *Champion Redoubtable: The Diaries and Letters of Violet Bonham Carter, 1914-45* (London, 1998)

Pouodstone, *William, Prisoner's Dilemma* (Oxford, 1993)

Power, Samantha, *'A problem from Hell': America and the Age of Genocide* (London, 2003)

Prados, John, 'Operation Herbstnebel: Smoke over the Ardeones', in Peter G. Tsouras (ed.), *Battle of the Bulge: Hitler's Alternate Scenarios* (London, 2004), 181-205

Praisman, Leonid, 'Pogroms and Jewish Self-Defence', *Journal of the Academic Proceedings of Soviet Jewry, I,I* (1986), *65-82*

Prasad, Sri Nandan and S. V. Desika Char, ed, Bisheshwar Prasad, *Expansion of the Armed Forces and Defence Organization, 1939 -1945* (Calcutta, 1956)

Price, Alfred, 'The Jet Fighter Menace, 1943', in Kenneth Macksey (ed.) *The Hitler Options: Alternate Decisions of World War II* (London, 1995), 172-85

Pridham, Geoffrey, *Hitler's Rise to Power: The Nazi Movement in Bavaria, 1923- 1933* (London, 1973)

Pritsak, Omeijan, 'The Pogroms of 1881', *Harvard Ukrainian Studies, II, 1/2* (June 1987), *8-41*

Prosterman, Roy L,, *Surviving to 3000: An Introduction to the Study of Leth al Conflict* (Belmont, Calif. 1972)

Prysor, Glyn, 'The "Fifth Column" and the British Experience of Retreat, 1940', *War in History, 12* (November 2005), 418-47

Przyrembel, Alexandra, *'Rassenscbande' Reinheitsmythos and Vernichtungslegitimation in Nationalsozialismus* (Göttingen, 2003)

Rabe, John, transl. John E. Woods, *The Good Man of Nanking: The Diar ies of John Rabe* (New York, 1998)

Rahden, Till van, 'Mingling, Marrying and Distancing: Jewish Integration in Wit'helminian Breslau and its Erosion in Early Weimar Germany', in Wolfgang Benz, Arnold Paucker and Peter Pulzer (eds.), *jüdisches Leben in der Weimarer Repuhlik / Jews in the Weimar Republic* (Tubingen, 1998), *197-221*

Rainey, Lawrence, 'Making History', *London Review of Books* (January I, 1998), *18-20*

Rakowska-Harmstone, Teresa, '"Brotherhood in Arms: The Ethnic Factor in the Soviet Armed Forces', in N. F. Dreisziger (ed.), *Ethnic Armies: Polyethnic Armed Forces from the Time of the Habsburgs to the Age of the Superpowers* (Waterloo, Ontario, 1990), *123-57*

Ranke, Leopold von, 'The Great Powers', in R. Wines (ed.), *The Secret of World History: Selected Writings on the Art and Science of History* (New York, 1981 [1833]), 122-55

Rasor, Eugene L., 'The Japanese Attack on Pearl Harbor', in Loyd B. Lee (ed.), *World War II in Asia and the Pacific and the War's Aftermath, with General Themes: A Handbook of Literature and Research* (Westport, Conn., 1998), *45-56*

Rauchway, Eric, *Murdering McKinley: The Making of Theodore Rooseve lt's America* (New York, 2003)

Reck-Malleczewen, Friedrich Percyval, *Diary of a Man in Des-pair* (New York, 1970)

Redding, Robert arid Bill Yenne, *Boeing: Planemaker to the World* (Hong Kong, 1983) Reder, Rudolf, *Bełżec* (Krkow, 1999)

Rees, Laurence, *War of the Century: When Hitler Fought Stalin* (London, 1999)

Reichswehrministerium, *Sanitatsberich uber das Deutsche Fleer (deutsches*

Feld- und Besatzungsheer) im Weltkriege 1914-1918, 3 vols. (Berlin, 1934-5)

Reid, James J., 'Total War, the Annihilation Ethic and the Armenian Genocide, 1870- 1918', in Richard Hovannisian (ed.), *The Armenian Genocide: History, Politics, Ethics* (Basingstoke, 1992), *21-349*

Remarque, Erich Maria, *All Quiet on the Western Front* (London, [1929])

Reuter, Edward Byron, *Race Mixture: Studies in Intermarriage and Miscegenation* (New York, 1931)

——*The Mulatto in the United States: Including a Study of the Role of Mixed-blood Races Throughout the World* (Boston, 1918)

Reurh, Ralf Georg, *Goebbels* (London, 1993)

Reynclds, Nicholas, *Treason was No Crime: Ludwig Beck, Chief of the German General Staff* (London, 1976)

Rezzcri, Gregor von, *The Snows of Yesteryear: Portraits for an Autobiography* (London, 1989)

Rhee, M. J., *The Doomed Empire: Japan in Colonial Korea* (Aldershot / Brockfield / Singapore / Sydney, 1997)

Rhodes, Richard, *The Making of the Atomic Bomb* (New York, 1986)

Richardson, L. F., *Statistics of Deadly Quarrels* (Pittsburgh, 1960)

Richerson, Peter J. and Robert Boyd, *Not By Genes Alone: How Culture Transformed Human Evolution* (Chicago, 2005)

Rigg, Bryan Mark, *Hitler's Jewish Soldiers: The Untold Story of Nazi Racial Laws and Men of Jewish Descent in the German Military* (Lawrence, Kan., 2002)

Ritschl, Albrecht, *Deutschlands Krise und Konjunktur: Binnenkonjunktur, Auslandsverschuldung und Reparationsproblem zwischen Dawes-Plan und Transfersperre 1924-1934* (Berlin, 2002)

——'Spurious Growth in German Output Data, 1913-1938', Centre for Economic Policy Research discussion paper, 4429 (June 2004)

Ritter, Gerhard, *Der Schlieffen Plan: Kritik eines Mythos* (Munich, 1956)

——transl. R. T. Clark, *The German Resistance: Carl Goerdeler's Struggle Against Tyranny* (London, 1958)

Roberts, Andrew, 'The House of Windsor and Appeasement', in idem, *Eminent Churchillians* (London, 1994)

——'Prime Minister Halifax', in Robert Cowley (ed.), *More What If? Eminent Historians Imagine What Might Have Been* (London, 2002), *279-90*

——*The Holy Fox: A Biography of Lord Halifax* (London, 1991)

Roberts, Marie, *Gothic Immortals: The Fiction of the Brotherhood of the Rosy Cross* (London, 1990)

Robinsohn, Hans, *Justiz als politische Verfolgung: Die Rechtsprechung in 'Rassenschandefallen' beim Landgericht Hamburg 1936-1943* (Stuttgart, 1977)

Robinson, Charles F. II, *Dangerous Liaisons: Sex and Love in the Segregated South* (Fayetteville, 2003)

Rocknff, Hugh, 'The United States: From Ploughshares to Swords', in Mark Harrison (ed.), *The Economics of World War II: Six Great Powers in International Comparison* (Cambridge, 1998), 81-121

Rodgers, Eugene, *Flying High: The Story of Boeing and the Rise of the Jetliner Industry* (New York, 1996)

Rohl, John C. G., 'The Emperor's New Clothes', in *idem* (ed.), *The Corfu Papers* (Cambridge, 1992)

——*The Kaiser and His Court: Wilhelm II and the Government of Germany* (Cambridge, 1994)

——transi. Sheila do Bellaigue, *Wilhelm II: The Kaiser's Personal Monarchy, 1888- 1900* (Cambridge, 2004)

Rohwer, Jurgen, 'The U-Boat War Against the Allied Supply Lines', in Hans-Adolf Jacobsen and Jurgen Rohwer (eds.), transl. Edward Fitzgerald, *Decisive Battles of World War II: The German View* (London, 1965), *259-313*

Rolf, David, *Prisoners of the Reich: Germany's Captives, 193 9-1945* (Dunton Green, 1989)

Rolfe, M., *Looking into Hell: Experiences of the Bomber Command War* (London, 2000)

Rose, Elihu, 'The Case of the Missing Carriers', in Robert Cowley (ed.), *What If? The World's Foremost Military Historians Imagine What Might Have Been* (London, 2001), *340-50*

Rosefielde, Steven, 'Excess Deaths and Industrialization: A Realist Theory of Stalinist Economic Development in the 1930s', *Journal of Contemporary History, 23, 2* (April 1988), *277-89*

Rosen, Sara, *My Lost World: A Survivor's Tale* (London,

Rosenberg, *Edgar, From Shylock to Svengali: Jewish Stereotypes in English Fiction* (London, 1960)

Rosenfeld, Gavriel, *The World Hitler Never Made: Alternate History and the Memory of Nazism* (Cambridge, 2005)

Rosenthal, Erich, 'Some Recent Studies about the Extent of Jewish Out-Marriage in the USA', in Werner J. Cahnman (ed.), *Interm arriage and Jewish Life: A Symposium* (New York, 1963), 82-91

Roskau-Rydel, Isabel, 'Galizien', in *idem* (ed.), *Deutsche Geschichte im Osten Europas: Galizien* (Berlin, 1999), 16-212

Roth, Joseph, transl. Joachim Neugroschel, *The Radetsky March* (Wood stock / New York, 1995 [1932])

Rothschild, Joseph, *East Central Europe Between the Two World Wars* (Sea ttle I London, 1974)

Rozcnblit, Marsha L., *The Jews of Vienna, 1867-1914: Assimilation and Iden tity* (Albany, 1983)

Rubin, Abba, *Images in Transition: The English Jew in English Literature, 1660-1830* (Westport, Conn., 1984)

Rubinstein, Hilary L., Dan Cohn-Sherbok, Abraham J. Edelheit and William D. Rubinstein, *The Jews in the Modern World: A History Since 1750* (London, 2002)

——'Jewish Participation in National Economic Elites, 1860-1939, and Anti Sesnitism An International Comparison', paper presented at the Australian Association for Jewish Studies Conference, Sydney (1997)

Rubinstein, William D., *The Myth of Rescue* (London, 1997)

Rudnicki, Szymon, 'Anti-Jewish Legislation in Interwar Poland', in Robert Blobaum (ed.), *Antisemitism and its Opponents in Modern Poland* (Ithaca, 2005), *148-70*

Rummel, Rudolph J., *Democide: Nazi Genocide and Mass Murder* (New Jersey, 1992)

——*Lethal Politics: Soviet Genocide and Mass Murder Since 1917* (New Brunswick, NJ, 1990)

Ruppin, Arthur, *Die Juden der Gegenwart: Eine sozialwissenschaftliche Studie* (Berlin, 1904)

——*Soziologie der Juden,* vol. I: *Die soziale Struktur der Juden* (Berlin, 1930)

Rusbridger, James and Eric Nave, *Betrayal at Pearl Harbor* (New York, 1991)

Russett, Bruce, 'Counterfactuals about War and Its Absence', in Philip E. Tetlock and Aaron Belkin (eds.), *Counterfactual Thought Experiments in World Politics: Logical, Methodological and Psychological Perspectives* (Princeton, 1996), *171-86*

Russo-Jewish Committee, *Russian Atrocities, 1881: Supplementary Statement issued by the Russo-Jewish Committee in Confirmation of 'The Times' Narrative* (London, 1882)

Rutchford, B. U., 'The South's Stake in International Trade', *The South ern Economic Journal, 14,4* (April 1948), *361-75*

Rytina, Steven, Peter Blau, Terry Ilium and Joseph Schwartz, 'Inequality and Intermarriage: A Paradox of Motive and Constraint', *Social Forces, 66* (1928), *645-75*

Sainsbury, Keith, *Churchill and Roosevelt at War: The War They Fought and the Peace They Hoped to Make* (London, 1994)

Sakamoto, Pamela Rotner, *Japanese Diplomats and Jewish Refugees: A World War II Dilemma* (Westport, Coon. / London, 1998)

Sapolsky, Robert M., 'A Natural History of Peace', *Foreign Affairs, 85* (January / February 2006), *104-20*

Sarafian, Ara (ed.), *United States Official Documents on the Armenian Genocide,* vol. II *The Peripheries* (Watertown, Mass., 1993)

——(ed.), *United States Official Documents on the Armenian Genocide,* vol. I: *The Lower Euphrates* (Watertown, Mass., 1993)

Saxon, Timothy D., 'Anglo-Japanese Naval Cooperation, 1914-1918', *Naval War College Review, 53, 1* (Winter 2000); http://www.nwc.navy.mil/press/review/2000/winter/art3-woo.htm

Scalapino, Robert A., 'Southern Advance: Introduction', in James William Morley (ed.), *The Fateful Choice: Japan's Advance into Southeast Asia, 1939-1941* (New York, 1980), 117-25

Schechtman, Joseph B., *Postwar Population Transfers in Europe, 1945-1955* (Philadelphia, 1962)

Schell, Jonathan, *The Unconquerable World: Power, Nonviolence, and the Will of the People* (London, 2004)

Schiel, Juliane, 'Pillars of Democracy: A Study of the Democratisation Process in Europe after the First World War', unpublished BA thesis (Oxford University, 2000)

Schimmelpenninck van der Oye, David, *Toward the Rising Sun: Russian Ideologies of Empire and the Path to War with Japan* (DeKalb, Ill., 2001)

Schitmer, Jennifer C., *The Guatemalan Military Project: A Violence Called Democracy* (Philadelphia, 1998)

Schlesinger, Arthur, Jr., 'Hopeful Cynic', *Times Literary Supplement* (May 27, 2005), 12-13

Schleunes, Karl A., *The Twisted Road to Auschwitz: Nazi Policy toward the Jews, 1933-39* (London, 1972)

Schmidt, Gustav, 'The Domestic Background to British Appeasement Policy', in Wolfgang J. Mommsen and Lothar Kettenacker (eds.), *The Fascist Challenge and the Policy of Appeasement* (London, 1983), *101-24*

Schmidt, Sabine, Jan Blaszkowski, Izabela Darecka, Franz Dwertmann, Bogdan Krzykowski, Marcin Milancej, Hanna Olejoik and Danuta Schmidt, In Gdansk *unterwegs mit Gunter Grass* (Gdansk, 1993)

Schorske, Carl E., *Fin-de-siècle Vienna: Politics and Culture* (London, 1980)

Schroeder, Paul W., 'Embedded Counterfactuals and World War Las an Unavoidable War', in Philip Tetlock, Richard Ned Lebow and Geoffrey Parker (eds.), *Unmaking the West: Counterfactual Thought Experiments in History* (forthcoming)

Schulman, Gary I., 'Race, Sex and Violence: A Laboratory Test of the Sexual Threat of the Black Male Hypothesis', *American Journal of Sociology, 79* (March 1974), *1260-77*

Scott, John, *Behind the Urals* (Bloomington / Indianapolis, 1989 [1942])

Scurr, John, *Germany's Spanish Volunteers 1941-45: The Blue Division in Russia* (London, 1980)

Seabright, Paul, *The Company of Strangers: A Natural History of Economic Life* (Princeton, 2004)

Sebag Montefiore, *Simon, Stalin: The Court of the Red Tsar* (New York, 2004)

Sebastian, Mihail, ed. Radu Ioanid and transl. Patrick Camiller, *Journal, 1935-1944* (Chicago, 2001)

Segel, Harold B. (ed.), *Stranger in Our Midst: Respresentations of the Jew in Polish Literature* (Ithaca / London, 1996)

Sellers, Leonard, *For God's Sake Shoot Straightl The Story of the Court Martial and Execution of Temporary Sub-Lieutenant Edwin Leopold Arthur Dyett, Nelson Battalion, o3rd (RN)-Division during the First World War* (London, 1995)

Service, Robert, *Stalin: A Biography* (Cambridge, Mass., 2005)

——*A History of Twentieth-Century Russia* (London, 1997)

——*Lenin: A Biography* (London, ,2000)

Seth, Ronald, *Caporetto: The Scapegoat Battle* (London, 1965)

Seth, S. S., *The Decisive War: Emergence of a New Nation* (New Delhi, 1972)

Seton-Watson, Hugh, *Eastern Europe Between the Wars, 1918-1941* (Cambr idge, 1945)

Settle, Arthur, 'Model-T Anti-Semitism', *Protestant Digest* (Angust-Septem ber 1940), 21-7

Shawcross, William, *Deliver Us From Evil: Warlords and Peacekeepers in a World of Endless Conflict* (London, 2000)

Shay, Robert Paul Jr., *British Rearmament in the Thirties: Politics and Prof its* (Princeton, 1977)

Sheffield, Gary, *Forgotten Victory: The First World War, Myths and Realities* (London, 2001)

Shelden, Michael, *Orwell: The Authorized Biography* (Loadon, 1991)

Sherman, A.J,, *Mandate Days: British Lives in Palestine, 1918-1948* (New York, 1997)

Sherwin, Martin J., 'The Atomic Bomb and the Origins of the Cold War', in David S. Painter and Melvyn P. Leffler (eds), *Origins of the Cold War: An International History* (London, 1994), *77-95*

Shillony, Bea-Ami, *Politics and Culture in Wartime Japan* (Oxford, 1981)

Shippey, T. A., *J. R. R. Tolkien: Author of the Century* (London, 2000)

Shirer, Frank K., 'Pearl Harbor: Irredeemable Defeat', in Peter G. Tsouras (ed.), *Rising Sun Victorious: The Alternate History of How the Japanese Won the Pacific War* (London, zoo1), *62-82*

Shirer, William L, *The Collapse of the Third Republic: An Inquiry into the Fall of France in 1940* (London, 1972)

Shochat, Azriel, 'Jews, Lithuanians and Russians, 1939-1941', in Bela Vago and George L. Morse (eds), *Jews and Non-Jews in Eastern Europe* (New York, 1974), *301-14*

Sieradzki, Mietek, *By a Twist of History: The Three Lives of a Polish Jew* (London, 2002)

Silber, William, 'Birth of the Federal Reserve: Crisis in the Womb', *Journal of Monetary Economics* (forthcoming)

—*The Summer of 1914: Birth of a Financial Superpower* (forthcoming)

Silverstein, Josef, 'The Importance of the Japanese Occupation of Southeast Asia to the Political Scientist', in *idem* , *Southeast Asia in World War II: Four Essays* (New Haven, Conn., 1966), 1-13

Simmons, Robert R., 'The Korean Civil War', in Frank Baldwin (ed.), *Without Parallel:The American-Korean Relationship since 1945* (New York, 1973), 143-79

Simms, Brendan, *Unfinest Hour: Britain and the Destruction of Bosnia* (London, 2001)

Singer, J. David and Melvin Small, *Correlates of War Database,* University of Michigan, www.umich.edu/-cowproj

Sington, Derrick and Arthur Weidenfeld, *The Goebbels Experiment: A Study of the Nazi Propaganda Machine* (London, 1942)

Sisson, Richard and Leo P. Rose, *War and Secession: Pakistan, India, and the Creation of Bangladesh* (Berkeley, 1990)

Slezkioe, Yuri, *The Jewish Century* (Princeton, 2004)

Slusser, Robert M., 'Soviet Far Eastern Policy, 1945-1950: Stalin's Goats in Korea', in Yonosnke Nagai and Akira lriye (eds.), *The Origins of the Cold War in Asia* (Tokyo, 1977), *123-47*

Smal-Stocki, Roman, *The Captive Nations: Nationalism of the Non-Russian Nations in the Soviet Union* (New York, 1960)

Smelser, Ronald M,, 'Nazi Dynamics, German Foreign Policy and Appeasement', in Wolfgang J. Mommsen and Lothar Kettenacker (eds.), *The Fascist Challenge and the Policy of Appeasdment* (London, 1983), *31-48*

Smith, Elberton K., *The Army and Economic Mobilization* (Washington DC, 1991)

Smith, Lillian, *Killers of the Dream* (London, 1950)

Sodol; Petro R., *UPA: They fought Hitler and Stalin: A Brief Overview of Military Aspects from the History of the Ukrainian Insurgent Army, 1942-1949* (New York, 1987)

Sollors, Werner, *Neither Black nor White yet Both* (New York, ,9?)

Solzhenitsyn, Aleksandr I., transl. Thomas P. Whitney, *The Gulag Archipelago 1918-1956* (London, 1974)

—transl. Aone Kichilov, Georges Philippenko and Nikito Strove, *Deux siecles ensemble* (1917-1972), vol. II *Juifs et Russes pendant la période soviétique* (Paris, 2003)

Spector, Ronald H., *Eagle against the Sun: The American War with Japan* (London, 1987)

Spector, Scott, 'Aof der Suche nach der Prager deotschen Kultor: Deutsch-jadische Dichter in Prag von der Jahrhundertwende bis 1918', in Deutsches Historisches Museum (ed.), *Deutsche im Osten* (Berlin, 1995), 83-91

Speer, Albert, transl. Richard and Clara Winston, *Inside the Third Reich* (London, 1970)

Spengler, Oswald, ed. Helmut Werner, transl. Charles Francis Atkinson, *The Decline of the West: An Abridged Edition* (London, 1961)

Spiller, Harry (ed.), *Prisoners of Nazis: Accounts by American POWs in World War II* (Jefferson, NC / London, 1998)

Stanlislawski, Michael, *Tsar Nicholas I and the Jews: The Transformation of Jewish Society in Russia. 1825-1855* (Philadelphia, 1983)
Stanton, William, *The Leopard's Spots: Scientific Attitudes toward Race in America, 1815-59* (Chicago / London, 1960)
Stargardt, Nicholas, 'Victims of Bombing and Retaliation', *German Historical Institute, London, Bulletin, 26, 2* (2004), *57-70*
Stedman, James, *Life of a British Po W in Poland. 31 May 1940 to 30 Apri 1945* (Braunton, Devon, 1992)
Steigmann-Gall, Richard, *The Holy Reich: Nazi Conceptions of Christianity, 1919-1945* (Cambridge, 2003)
Steinberg, Mark D. and Vladimir M. Khrustalev, *The Fall of the Roma novs: Political Dreams and Personal Struggles in a Time of Revolution* (New Haven, 1995)
Stember, Charles Herbert, *Sexual Racism: The Emotional Barrier to an Integrated Society* (New York, 1976)
——Marshall Sidare and George Salomott, *Jews in the Mind of America* (New York, 1966)
Stephan, John J., *The Russian Far East: A History* (Stanford, 1994)
Stevenson, David, *Armaments and the Coming of War: Europe 1904-1914* (Oxford, 1996)
——*Cataclysm: The First World War as Political Tragedy* (New York, 2004)
Stewart, Graham, *Busying Caesar: Churchill, Chamberlain and the Battle for the Tory Patty* (London, 1999)
Stockmar, Baron E. von, *Memoirs of Baron Sockmar,* 2 vols. (London, 1872)
Stoler, Ann, 'Making Empire Respectable: The Politics of Race and Sexual Morality in zoth Century Colonial Cultures', in Jan Breman (ed.), *Imperial Monkey Business: Racial Supremacy in Social Darwinist Theory and Colonial Practice* (Amsterdam, 1990), 35-71
Stoltzfus, Nathan, *Resistance of the Heart: Intermarriage and the Rosenstrasse Protest in Nazi Germany* (New York, 1996)
Strachan, Hew, *The First World War,* vol. 1: *To Arms* (Oxford, 2001)
——*The First World War: A New illustrated History* (London I New York / Sydney I Tokyo / Singapore / Toronto) Dublin, 2003)
——'Training, Morale and Modern War', *Journal of Contemporary History* (forthcoming)
Strack, Hermann L., *Jüdiscbe Geheimgesetze* (Berlin, 1920)
Strik-Strikfeldt, Whined, *Against Stalin and Hitler: Memoir of the Russian Liberation Movement 1941-5* (London and Basingstoke, 1970)
Stromberg, Roland N., 'American Business and the Approach of War, 1935-1941', *Journal of Economic History, 13,1* (1955), *58-78*
Stueck, William, *The Korean War: An International History (Princeton, 1995)*
Sugihara, Kaoru, 'The Economic Motivations behind Japanese Aggression in the Late 1930s: Perspectives of Freda Utley and Nawa Toichi', *Journal of Contemporary History,* 32, a (April 1997), *259-80*
Surh, Gerald, 'The Jews of Ekaterinoslav in 1905 as Seen from the Town Hall: Ethnic Relatioins on an Imperial Frontier', Ab Imperio: *Theory and History of Nationalism and Empire in the Post-Soviet Space, 4* (2003)
Suvorov, Victor [Vladimir Rerun], *Icebreaker Who Started the Second World War?* (London, 1990)
Swain, Geoffrey, *Russia's Civil War* (Strom), 2000)
Symon, Jack, *Hell in Five* (London, 1997)
Tachauer, D., 'Statistische Untersuchungen uher die Neigung zn Mischehen', *Zeitschrift für die gesamte Staatswissenschaft 71, I* (1915), *36-40*
Talaat Pasha, 'Posthumous Memoirs of Talaat Pasha', *New York Times Current History, 15, I* (October, 1921), *287-93*
Tang, Hua, *et al.,* 'Genetic Structure, Self-Identified Race/Ethnicity, and Confounding in Case-Control Association Studies', *American journal of Human Genetics, 76* (2005), *268-75*
Tatar, Maria, Lustmord: *Sexual Murder in Weimar Germany* (Princeton, 1995)
Taylor, A. J. P., *English History, 1914-1945* (Oxford, 1965)
——*The Course of German History: A Survey of the Development of Germany since 1815* (London, 1945)
——*The Origins of the Second World War* (London, 1964 [1961])

——*The Struggle for Mastery in Europe: 1848-1918* (Oxford, 1954)

Taylor, Brandon, *Art and Literature under the Bolsheviks* (London, 1991)

Taylor, Christopher C., *Sacrifice cs Tenor: The Rwandan Genocide of 1994* (Oxford / New York, 1999)

Thatcher, Ian D., *Trotsky* (London, 2003)

Theilhaber, Felix A., *Der Untergang der deutschen Juden: Fine volkswirtschaftliche Studie* (Munich, 1911)

Theweleit, Klaus, *Male Fantasies,* vol. I: *Women, Floods, Bodies, History* (Minneapohs, 1987)

Thio, Eunice, 'The Syonan Years, 1941-1945', in Ernest C. T. Chew and Edwin Lee (eds.), *A History of Singapore* (Singapore, 1991)

Thomas, Mark, 'Rearmament and Economic Recovery in the Late 1930s', *Economic History Review,* New Series, 36,4 (November 1983), *552-79*

Thompson, Neville, *The Anti -Appeasers: Conservative Opposition to Appeasement in the 1930s* (Oxford, 1971)

Thorne, Christopher, *The Far Eastern War: States and Societies, 1941-1945* (London, 1986)

Timasheff, Nicholas S., *The Great Retreat: The Growth and Decline of Communism in Russia* (New York, 1946)

Timms, Edward, *Karl Kraus, Apocalyptic Satirist: Culture and Catastrophe in Habsburg Vienna* (New Haven, 1986)

Tinker, Hugh, *A New System of Slavery: The Export of Indian Labour Overseas, 1830-1920* (London / New York/Bombay, 1974)

Todd, Emmanuel, *Après L'Empire: Essai sur Ia décomposition du système américain* (Paris, 2002)

Todorov, Tzvetan, *Facing the Extreme: Moral Life in the Concentration Camps* (London, 1999)

Tokaca, Mirsad, 'Violation of Norms of International Humanitarian Law during the War in Bosnia and Herzegovina', unpublished manuscript, Sarajevo (February 2005)

Tokayer, Marvin and Mary Swartz, *The Fugu Plan: The Untold Story of the Japanese and the Jews during World War II* (New York / London, 1979)

Toland, John, *The Rising Sun: The Decline and Fall of the Japanese Empire, 1936- 1945* (London, 2001)

Tolkien, J. R, R., *The Lord of the Rings* (London, 1994 [1954,1955])

Tooze, Adam J., *The Wages of Destruction: The Making and Breaking of the Nazi Economy* (London, 2006)

——*Statistics and the German State, 1900-1945: The Making of Modern Economic Knowledge* (New York, 2001)

——Toussenel, Alphonse, *Les Juifs, mis de l'epoque: Histoire de Ia feodalite financiere* (Paris, 1847)

Towle, Philip, 'Introduction', in idem, Margaret Nonage and Yoichi Kibata (eds.), *Japanese Prisoners of War* (London / New York, 2000), xi-xx

——'The Japanese Army nod Prisoners of War', *in idem,* Margaret Kosuge and Yoichi Kibata (eds.), *Japanese Prisoners of War* (London I New York, 2000) 1-16

Trachtenberg, Marc, 'A "Wasting Asseti": American Strategy and the Shifting Nuclear Balance', *International Security, 13,3* (Winter 1988/89), *5-49*

Treue, Wilhelm, 'Hitlers Denkschrift zum Vierjahresplan 1936', *Vierteliahreshefte für Zeitgeschichte, 3* (1955), *184-210*

Trevor Roper, H. K. (ed.), *Hitler's Table Talk, 1941-44: His Private Conversations,* transl. Norman Cameron and K. H. Stevens (London, 1973 (znd edn.) [1953])

Trexler, Richard C., *Sex and Conquest: Gendered Violence, Political Order and the European Conquest of the Americas* (Cambridge, 1995)

Trilling, Lionel, 'The Changing Myth of the Jew', in Diana Trilling (ed.), *Speaking of Literature and Society* (Oxford, 1982), *50-76*

Trubowitz, Peter, *Defining the National Interest: Conflict and Change in American Foreign Policy* (Chicago / London, 1998)

Trumpener, Ulrich, *Germany and the Ottoman Empire: 1914-1918* (Princeton, 1968)

Tsouras, Peter, *Disaster at D-Day: The Germans Defeat the Allies, June 1944* (London, and edn. 2004 [1994])

——'Operation ORIENT: joint Axis Strategy', in Kenneth Macksey (ed.), *The Hitler Options: Alternate Decisions of World War II* (London, 1995) *82-101*

——'Rommel versus Zhukov: Decision in the East, 1944-45', in Peter G. Tsouras (ed.), *Third Reich Victorious: The Alternate History of How the Germans Won the War* (London, 2002), *231-56*

Turczynski, Emanuel, 'Die Bukowina', in Isabel Roskau-Rydel (ed.), *Deutsche Geschichte im Osten Europas: Galizien, Bukowina, Molday* (Berlin, 1999) , 218-328

Turner, Henry Ashby, *German Big Business and the Rise of Hitler* (Oxford, 1985)

——*Hitler's Thirty Days to Power: January 1933* (Reading; Mass., 1996)

United Nations Population Division of the Department of Economic and. Social Affairs of the United Nations Secretariat, *World Population Prospects: The 2004 Revision and World Urbanization Prospects: The 2003 Revision* (http://esa.un.org/unpp,14 July 2005)

United Nations War Crimes Commission, *Law-Reports of Trials of War Criminals,* vol. I (London, 1947)

Vago, Bels, *The Shadow of the Swastika: The Rise of Fascism and Anti-Semitism in the Danube Basin, 1936-1939* (London, 1979)

Vatter, Harold G., *The US Economy in World War II* (New York, 1985)

Veen, Harm ft. van der, *Jewish Characters in Eighteenth-Century English Fiction and Drama* (Groningen, Batavia, 1935)

Verney, John, *Going to the Wars* (London, 1955)

Vernon, J. R., 'World War II Fiscal Policies and the End of the Great Depression', Journal of Economic History, 54,4 (December 1994), *850-68*

Vidsl, Gore, *The Decline and Pall of the American Empire* (Berkeley, 1992)

Vishniak, Mark, 'Antisemitism in Tsarist Russia: A Study in Government-Fostered Antisemitism', in Koppel S. Pinson (ed.), *Essays on Antisemitism* (New York, 1946), *121-44.*

Vital, David, *A People Apart: The Jews in Europe 1789-1930* (Oxford / New York, 1999)

Volkogonov, Dmitri, *Lenin: Life and Legacy* (London, 1994)—*Trotsky: The Eternal Revolutionary* (London, 1996)

Vulkov, Solomon (ed.), *Testimony: The Memoirs of Dmitri Shostakovich* (New York, 1979)

Vonnegnt, Kurt, *Slaughterhouse-five: or the Children's Crusade: A Duty-Dance with Death* (St Albans, 1991 [1970])

Waldeck, B. G., *Athene Palace, Bucharest: Hitler's 'New Order' comes to Rumania* (London, 1943)

Walker, Ernest, *The Price of Surrender: 1941 - The War in Crete* (London, 1992)

Walker, Martin, *The Cold War and the Making of the Modern World* (London, 1990)

Walker, S., 'Solving the Appeasement Puzzle: Contending Historical Interpretations of British Diplomacy during the 1930s', *British Journal of International Studies, 6* (April 1980)

Wallenstein, Peter, *'Tell the Court I Love My Wife': Race, Marriage, and Law-An American History* (New York, 2004)

Wan-yao, Chou, 'The Korninka Movement', in Peter Dous, Ramon H. Myers and Mark K. Peattie (eds.), *The Japanese Wartime Empire, 1931-1945* (Princeton, 1996)

Wang, Youqin, 'The Second Wave of Vinlent Persecution of Teachers: The Revolution of 1968', http://www.chinese-memorial.org/(n.d.)

—Student Attacks Against Teachers: The Revolution of 1966', http://www.chinesemcıporial.org(n.d)

War Office, *Statistics of the Military Effort of the British Empire during the Great War, 1914-20* (London, 1922)

Ward, Michael D, and Kristian Gleditsch, 'Democratizing for Peace', *American Political Science Review, 92, 1*(1998), 51-61

Wark, Wesley K., 'British Intelligence on the German Air Force and Aircraft Industry, 1933-1939', *Historical Journal, 25, 3* (1982), *627-48*

Warmbrunn, Werner, *The Dutch under German Occupation, 1940-1945* (Stanford / London, 1993)

Warner, Denis and Peggy Warner, *The Tide at Sunrise: A History of the*

Russo- Japanese War, 1904-1905 (London, 1975)
Warren, Charles, 'Troubles of a Neutral', *Foreign Affairs, 12, 3* (April 1934), *377-94*
Washington, Joseph B. Jr., *Marriage in Black and White* (Boston, 1970)
Wassermann, Jacob, *My Life as German and Jew* (London, 1934)
Waterford, Van, *Prisoners of the Japanese in World War II: Statistical History, Personal Narratives and Memorials Concerning Prisoners of War in Camps and on Hellships, Civilian Internees, Asian Slave Laborers, and Others Captured in the Pacific Theater* (Jefferson, NC, 1994)
Watt, D. C., 'British Intelligence and the Coming of the Second World War in Europe', in Ernest R. May (ed.), *Knowing One's Enemies: Intelli gence Assessment before the Two World Wars* (Princeton, 1984), *237-70*
Waugh, Evelyn, *Sword of Honour* (London, 1999 [1965])
Weber, Eugen, *The Hollow Years: France in the 1930 s* (London, 1995)
——*Peasants into Frenchmen: The Modernization of Rural France, 1870-1914* (Stanford, 1976)
Weber, Frank, *Eagles on the Crescent: Germany, Austria, and the Diplom acy of the Turkish Alliance, 1914-1928* (Ithaca I London, 1970)
Weber, Marianne, *Max Weber: A Biography* (New York, 1975)
Weber, Thomas, *Lodz Ghetto Album: Photographs by Henryk Ross,* select ed by Martin Parr and Timothy Prus (London, 2004)
Wegner, Bernd, 'The Ideology of Self-Destruction: Hitler and the Choreo graphy of Defeat', *German Historical Institute London, Bulletin 26, 2* (November 2004), *18-33*
Weihns, W., *Bordell-Juden und Madchenhandel* (Berlin, 1899)
Weinberg, Gerhard, *A World at Arms: A Global History of World War II* (Cambridge, 1994)
——'Reflections on Munich after 60 Years', in Igor Lukes and Erik Golds tein (eds.), *The Munich Crisis, 1938: Prelude to World War II* (London, 1999) 1-13
——'The French Role in the Least Unpleasant Solution', in Maya Latynski (ed.), *Reappraising the Munich Pact: Continental Perspectives* (Washington DC, 1992), 21-47
——'The German Generals and the Outbreak of War, 1938-1939', in Adrian Preston (ed.), *General Staffs and Diplomacy before the Second World War* (London, 1978), *24-40*
Weindling, Paul, *Health, Race and German Politics between National Unifi cation and Nazism, 1870-1945* (Cambridge, 1989)
——*Epidemics and Genocide in Eastern Europe, 1890-1945* (Oxford, 2000)
Weiner, Amir, *Making Sense of War: The Second World War and the Fate of the Bolshevik Revolution* (Princeton, 2001)
Weingart, Peter, *Doppel-Lehen: Ludwig Clauss: Zwischen Rassenforschung und Widerstand* (Frankfurt / New York, 1995)
Weiss, Aharon, 'Jewish-Ukrainian Relations in Western Ukraine during the Holocaust', in Howard Aster and Peter J. Potichnyj (eds.), *Ukrainian-Jewish Relations in Historical Perspective* (Edmonton, :r990), 409-20
Weiss, Joho, transl. Helmut *Dierlamm and Norbert Juraschitz, Der lange Weg zum Holocaust* (Berlin, 1998)
Weissman, Neil, 'Regular Police in Tsarist Russia, 1900-1914', *Russian Revi ew, 44, I* (January 1985), *45-68*
Welch, David, *Propaganda and the German Cinema, 1933-1945* (Oxford, 1983)
Wells, II. C., *The War of the Worlds* (London, 2005 [1898])
Wellum, Geoffrey, *First Light* (London, 2004)
Wendt, Bernd-Jurgen, *Economic Appeasement: Handel und Finanz in der britischen Deutschlandpolitik, 1933-1939* (Dusseldorf, 1971)
——'"Economic Appeasement": A Crisis Strategy', in Wolfgang J. Mom msen and Lothar Kettenacker (eds.), *The Fascist Challenge and the Policy of Appeasement* (London, 1983), *157-72*
Werner, Lothar Heinrich, 'Richard Walther Darre und der Hegehofgedaoke', unpublished PhD thesis (University of Mainz, 1980)
Wessely, Simon, 'Twentieth-century Theories on Combat Motivation and Demotivation', *Journal of Contemporary History* (forthcoming)
Wheeler-Bennett, John W., *The Nemesis of Power: The German Army in*

Politics, 1918-1945 (London, 1953)

White, Matthew, *Historical Atlas of the Twentieth Century,* http://users.erols.com/ mwhite28/20centry.htm (n.d.)

Whiteside, Andrew G., 'Nationaler Sozialismus in Osterreich vor 1918', *Vierteljahrshefte fur Zeitgeschichte, 9*(1961), 333-59

——*The Socialism of Fools: George Rifler von Schonerer and Austrian Pan Germanism* (Berkeley, 1975)

Whymant, Robert, *Stalin's Spy: Richard Sorge and the Tokyo Espionage Ring* (London, 1996)

Wiener, Charles, 'A New Site for the Seminar: The Refugees and American Physics in the Thirties', in Donald Fleming and Bernard Bailyn (eds.), *The Intellectual Migration: Europe and America, 1930-1960* (Cambridge, Mass., 1969), *190-322*

Williamson, Jeffrey G., 'Land, Labor and Globalization in the Pre-Industrial Third World', *Journal of Economic History, 62* (2002), *55-85*

Williamson, Joel, *New People: Miscegenation and Mulattoes in the United States* (New York, 1980), *190-324*

Williamson, Samuel R.. Jr., 'The Origins of the War', in Hew Strachan (ed.), *The Oxford Illustrated History of the First World War* (Oxford / New York, 1998), 9-25

Willmott, H. P., *The Barrier and the Javelin: Japanese and Allied Pacific Strategies, February to June 1942* (Annapolis, Md, 1983)

Wilson, Dominic and Roopa Purushothaman, 'Dreaming with the BRICs: The Path to 2050', Goldman Sachs Global Economics Paper, 99 (Octo ber 1,2003)

Winiewicz, Józef Marja, *Aims and Failures of the German New Order* (Lon don, 1943)

Winter, Dennis, *Death's Men: Soldiers of the Great War* (London, 1978)

Wippermann, Wolfgang, 'Christine Lehmann and Mazurka Rose: Two "Gypsies" in the Grip of German Bureaucracy, 1933-60', in Michael Burleigh (ed.), *Confronting the Nazi Past: New Debates on Modern German History* (London, 1996)

Wiskemann, Elizabeth, Czechs and Germans: A Study of the Struggle *in the Historic Provinces of Bohemia and Moravia* (London / Melbourne I Toronto, 1967 [1938])

Wistrich, Robert S., *Socialism and the Jews: The Dilemmas of Assimilation in Germany and Austria-Hungary* (London / Toronto / East Brunswick, NJ 1982)

——*The Jews of Vienna in the Age of Franz Joseph* (Oxford, 1989)

Wohlstetter, Roberta, Pearl Harbor: *Warning and Decision* (Stanford, 1962)

Wood, Frances, *No Dogs and Not Many Chinese: Treaty Port Life in china, 1843- 1943* (London, 1998)

Woodhouse, John, *Gabriele D'Annunzio: Defiant Archangel* (Oxford, 1998)

Woodward, E. L. and Rohan butler (eds.), *Documents on British Foreign Policy, 1919-1939,* 3rd Series, vol.1 (London, 1949)

——(eds.), with assistance from Margaret Lambert, D*ocuments on Britisir Foreign Policy, 1919-1939,* 3rd Series, vol. II (London, 1949)

Wright, Jonathan, *Gustav Stresemann: Weimar's Greatest Statesman* (Oxf ord, 2003)

Wyman, David S., *The Abandonment of the Jews: America and the Holoc aust, 1941- 1945* (New York, 1984)

Wynot, Edward D. Jnr., ' "A Necessary Cruelty": The Emergence of Offic ial Anti- Semitism in Poland, 1936-39', *American Historical Review, 76,4* (October 1971), 1035-58

Yalman, Emin Ahmed, *Turkey in the World War* (New Haven, 1930)

Yasuba, Yasukichi, 'Did Japan Ever Suffer from a Shortage of Natural Resources before World War II?', *Journal of Economic History, 56, 3* (September1996), 543 -60

Yeghiayan, Vartkes (ed.), *British Foreign Office Dossiers on Turkish War Criminals* (La Verne, 1991)

Ye'or, Bat, Eurabia: *The Euro-Arab Axis* (Madison, NJ, 2005)

Yergin, Daniel, *The Prize: The Epic Quest for Oil, Money and Power* (New York / London, 1991)

——and Joseph Stanislaw, *The Commanding Heights: The Battle between Government and the Marketplace That is Remaking the Modern World* (New York, '998)

Young, Louise, *Japan's Total Empire: Manchuria and the Culture of Warti me Imperialism* (Berkeley / Los Angeles / London, 1998)

Young, Robert C., *Colonial Desire: Hybridity in Theory, Culture and Race* (London / New York, 1995)

Zabecki, David T., *World War II in Europe: An Encyclopedia* (New York / London, 1999)

Zahra, Tara, 'Reclaiming Children for the Nation: Germanization, National. Ascription, and Democracy in the Bohemian Lands, 1900-1945', *Central European History 37,4* (2004), *501-43*

Zayas, Alfred M. de, *Nemesis at Potsdam: The Anglo-Americans and the Expulsion of the Germans: Background, Execution, Consequences* (London, 1979)

Zeman, Z A. B., *Pursued by a Bear: The Making of Eastern Europe* (Lon don, 1989)

Zenner, Walter P., 'Middleman Minorities and Genocide', in Isidor Walli mana and Michael N. Dobkowski (eds.), *Genocide and the Modern Age* (New York, 1987), *253-81*

Zhuravleva, Victoria, 'Anti-Jewish Violence in Russia and American Missionary Activity (1881-1917)', unpublished paper, Stockholm Confer ence on Pogroms (2005)

Zimmermann, Moshe, Wilhelm Marr: *The Patriarch of Anti-Semitism* (New York / Oxford, 1986)

Zionistische Hilfsfonds in London, *Die Judenpogrome in Russland* (Colo gne / Leipzig, 1910)

Zola, Emile, *Les Rougon-Macquart,* vol. V: *Histoire naturelle et sociale d'une famille tons le Second Empire: L'Argent* (Paris, 1967)

Zuber, Terence, 'The Schlieffen Plan Reconsidered', *War in History, 6, 3* (1999)

Zubok, Vladislav M., 'Stalin and the Nuclear Age', in John Lewis Gaddis, Philip H. Gordon, Ernest H. May and Jonathan Rosenberg (eds.), *Cold War Statesmen Confront the Bomb: Nuclear Diplomacy Since 1945* (Oxford, 1999), 39-62

誌謝

雖然這本書大體上是依據二手研究資料，但我決心要在某些議題上追溯到第一手原始史料。在如此做時，我及我的研究者幸運地從許多公共及私人的檔案得到協助。來自溫莎古堡的Royal Archives的文件，其引用得到女王陛下仁慈的同意。來自羅斯柴爾德檔案的文件，其引用得到檔案之委託管理單位的同意。我也感謝以下檔案館工作人員：the Archivio Segreto Vaticano; the Auswärtiges Amt in Berlin; the Beinecke Rare Book and Manuscript Library at Yale University; the Bibliothèque de l'Alliance Israélite Universelle in Paris; the Imperial War Museum, London; the Landeshauptarchiv, Koblenz; the Library of Congress, Washington DC; the Memorial Research Centre, Moscow; the National Archives, Washington DC; the National Archives, Kew; the National Archives at College Park, Maryland; the National Security Archive at the George Washington University, Washington DC; the Research and Documentation Centre, Sarajevo; the Rothschild Archive, London; the Russian State Archives, Moscow; the Royal Archives, Windsor Castle, and the United States Holocaust Museum Library and Archives, Washington DC。

本書在寫作製作過程歷時十年，許多人對本作品做出貢獻。至少有一打的學生在假期中協助研究，亦即Sam Choe, Lizzy Emerson, Tom Fleuriot, Bernhard Fulda, Ian Klaus, Naomi Ling, Charles Smith, Andrew Vereker, Kathryn Ward and Alex Watson。Ameet Gill在開始時事以兼職身份，但繼續成為Blakeway Productions的研究員。Jason Rockett在我轉任哈佛教職時，成為我的研究助理。他們完美地各司其職。我從我的研究人員那裡深為受惠；他們不僅協助挖掘，而且也協助建設。

並非所有相關文件是以我所能閱讀的文字書寫。我因此要感謝以下翻譯者所做的工作：Brian Patrick Quinn（義大利文）；Himmet Taskomur（土耳其文）；Kyoko Sato（日文）；Jaeyoon Song（韓文）；Juan Piantino及Laura Ferreira Provenzano（西班牙文）。

許多學者慷慨地回應我或是我的研究人員所要求的協助。特別是，我要感謝Anatoly Belik，Central Naval Museum資深研究員；聖彼得堡的Michael Burleigh，他慷慨地閱讀草稿，並且在計畫最初期時便提供建議；芝加哥大學的Jerry Coyne；Naval War College, Newport, RI的Bruce A. Elleman；Wolfson College, Oxford的Henry Hardy；Bibliothèque de l'Alliance Israélite Universelle, Paris 的Jean-Claude Kuperminc；Hebrew University of Jerusalem的Sergio Delia Pergola； University of Hawaii的Patricia Polansky；在Harvard Department of Anthropology的David Raichlen；Slavic Division of the Widener Library at Harvard的Bradley Schaffner；Research and Documentation Centre, Sarajevo的Mirsad Tokaca和Lara J. Nettelfield。

我很高興說，這本書在大西洋兩岸都是由企鵝叢書出版。在倫敦及紐約具有才氣的團隊在極為緊迫的期限下，將我的手稿轉變為一本完整的書。在倫敦，首先必須提到的是我的編輯Simon Winder。他及他在紐約的對等人物Scott Moyers全力以赴來改善文本；我無法期望到會有更好的編輯建議。Michael Page身為編審，做了極佳的工作。我也感謝（在倫敦）Samantha Borland，Sarah Christie，Richard Duguid，Rosie Glaisher，Helen Fraser和Stefan McGrat。在紐約的Ann Godoff在調整這書的形式及方向時，做了寶貴的工作。

就像我的前兩本書，《世界大戰》是與製作一套電視系列節目同時進行。其中之一無法獨立於另一之外。在此我無法向那些負責為第四頻道製作這六單元節目的Blakeway Productions的人員一一致謝，而這正是在每部電影結束之後，會列出有功人員的原因，但不去承認電視團隊的人員以各種方式來對本書及影集系列做出貢獻，則是不對的。在創造影集時，在場的Janice Hadlow以及其第四頻道的接任人Hamish Mykura；執行製作人Denys Blakeway；系列製作人Melanie Fall；導演Adrian Pennink及Simon Chu；攝影指導Dewald Aukema；助理導演Joanna Potts；檔案研究員Rosalind Bentley。我還要感謝Guy Crossman，Joby Gee，Susie Gordon 以及最後，但絕非最不重要的Kate Macky。在許多協助拍攝這系列的人之中，有一些「能搞定事情的人」特別協助我來為此書進行研究。我的感激歸於Faris Dobracha，Carlos Duarte，Nikoleta Milasevic，Maria Razumovskaya以及Kulikar Sotho，還有Marina Erastova，Agnieszka Kik，Tatsiana Melnichuk，Funda Odemis，Lèvent Oztekin，Liudmila Shastak，Christian Storms和George Zhou。

我極其幸運有Andrew Wylie這全世界最好的作家經紀人以及他在英國電視界的相當人物Sue Ayton。我也感謝Wylie Agency 在倫敦及紐約辦公室的Katherine Marino，Amelia Lester以及所有其他工作人員。

一些歷史學家慷慨地閱讀在草稿階段的章節。我要感謝Robert Blobaum，John Coatsworth，David Dilks，Orlando Figes，Akira Iriye，Dominic Lieven，Charles Maier，Erez Manela，Ernest May，Mark Mazower，Greg Mitrovich，Emer O'Dwyer，Steven Pinker以及Jacques Rupnik。這裡無需說明，所有事實及詮釋上的錯誤仍然只是我的錯誤。

因為這本書是一位四處奔波學者的書，我對學術機構有超過一般的恩情。這起源於Jesus College，Oxford，所以我必須感謝我在那裡之前的同事，特別是那時的院長Sir Peter North以及資深歷史指導老師Felicity Heal，還有那些現在及以前的研究員，特別是David Acheson，Colin Clarke，John Gray，Nicholas Jacobs以及David Womersley—他們協助我澄清我從族群到帝國的想法。院產司庫Peter Mirfield以及院內司庫

Peter Beer深知學院要如何在財物上以及知識上協助我的方式，所以我對他們也表示謝意。Vivien Bowyer以及她的繼任者Sonia Thuery提供我重要的秘書協助。我要特別感激Oriel College的院長及研究員院士，他們因為Jeremy Catto之故，在我從Jesus學院的導師一職辭去後，慷慨地提供我躲避牛津風雨的庇護之所。

在紐約大學，我很幸運地待了非常豐收的兩年，與（除了其他人外）David Backus、Adam Brandenburger、Bill Easterly、Tony Judt、Tom Sargent、Bill Silber、George Smith、Richard Sylla、Bernard Yeung以及Larry White分享想法。我也深深虧欠John和Diana Herzog，還有John Sexton和William Berkeley，他們說服我試一試去對商學院學生教歷史。

每年我有一個月退居到史丹佛大學胡佛研究中心，只做閱讀、思考以及寫作，不做它事的機會。沒有這機會，我必然無法完成手稿。我因此感謝主任John Raisian以及他傑出的同事，特別是Jeff Bliss、William Bonnett、Noel Kolak、Celeste Szeto、Deborah Ventura以及Dan Wilhelmi。胡佛中心研究員他們有意或無意間協助我，包括了Martin Anderson、Robert Barro、Robert Conquest、Larry Diamond、Gerald Dorfman、Timothy Garton Ash、Stephen Haber、Kenneth Jowitt、Norman Naimark、Alvin Rabushka、Peter Robinson、Richard Sousa以及Barry Weingast。

然而這本書是在哈佛大學誕生，而且我對哈佛也虧欠最多的感激。我特別感謝Larry Summers、Bill Kirby以及Laura Fisher，他們首先說服我前往麻州劍橋。哈佛歷史學系是個極棒去加入的學術社區；我要感謝所有成員的歡迎及支持，特別是前系主任David Blackbourn以及現任Andrew Gordon。提供想法及建議來協助完成此書的新同事人數太多，無法羅列。歷史系得到其行政人員極佳的協助。我特別感謝Janet Hatch以及Cory Paulsen和Wes Chin，她們所有人一直原諒我在官僚行政上的忽略或犯錯的過失。The Center for

European Studies證明是個理想的家；我怎麼讚美主任Peter Hall及他傑出的同事都不為過，特別是執行主任Patricia Craig還有Filomena Cabrai、George Cumming、Anna Popiel、Sandy Seletsky和Sarah Shoemaker。在查里河（River Charles）的另一邊，我在哈佛商學院發現另一個極具啟發性的環境。前任院長Kim Clark及代理院長Jay Light大膽地提出嘗試一下合聘的想法，為此我感謝他們。我感謝在「國際經濟中的商業及政府」（'Business and Government in the International Economy'）單位裡的所有成員，他們引領我進入個案研究方法，特別是 Rawi Abdelal、Regina Abrami、Laura Alfaro、Jeff Fear、Lakshmi Iyer、Noel Maurer、David Moss、Aldo Musacchio、Forest Reinhardt、Debora Spar、Gunnar Trumbull、Richard Vietor以及Louis Wells。最後我感謝在商學院Section H的學生，他們與我一起在學習曲線一起成長（—有時候在我前頭—）以及感謝Tisch家族他們慷慨地贊助這講座。

哈佛會使人上癮（我在寫的時候，瞭解這點）是來自各方的刺激。除了我正式歸屬的機構之外，還有許多其它場合讓我能夠精緻化以及改善在此所提出的辯論：Graham Allison的Belfer Center for Science and International Affairs；Martin Feldstein的Seminar in Economics and Security；Harvey Mansfield的Seminar in Politics；Stephen Rosen的Seminar in International Security at the Olin Institute for Strategic Studies；Jorge Domínguez的Weatherhead Center for International Affairs；Jeffrey Williamson的Workshop in Economic History。不要忘記Lowell House的餐廳，以及最後，但絕非最不重要的Marty Peretz無比的劍橋沙龍。

但橫跨大西洋的生活，除了時差之外，還有其它懲罰。對我的妻子Susan以及我們的孩子Felix，Freya以及Lachlan，這本書是令人不悅的對手，將我拖離到遙遠的彼岸去，或是在許多的週末及假期，將我限制在我的書房。我懇求他們的原諒。在將《世界大戰》獻給他們時，我希望能我能做一些去維持《國內／家庭的平和》（*The Peace of the Home*）。

劍橋，麻州，二〇〇六年二月